"十三五"国家重点图书出版规划项目

媒介融合与传媒转型丛书 / 钱晓文　孙宝国 ◎ 主编

广告公司经营模式数字化转型

李名亮　著

中山大学出版社
· 广州 ·

版权所有　翻印必究

图书在版编目（CIP）数据

广告公司经营模式数字化转型/李名亮著. —广州：中山大学出版社，2021.9

（媒介融合与传媒转型丛书/钱晓文，孙宝国主编）

ISBN 978-7-306-07182-8

Ⅰ. ①广… Ⅱ. ①李… Ⅲ. ①广告公司—企业管理—研究 Ⅳ. ①F713.8

中国版本图书馆 CIP 数据核字（2021）第 069100 号

出 版 人：	王天琪
策划编辑：	邹岚萍
责任编辑：	邹岚萍
封面设计：	曾　斌
责任校对：	邱紫妍
责任技编：	何雅涛
出版发行：	中山大学出版社
电　　话：	编辑部 020-84110283，84113349，84111997，84110779，84110776
	发行部 020-84111998，84111981，84111160
地　　址：	广州市新港西路 135 号
邮　　编：	510275　　传　真：020-84036565
网　　址：	http://www.zsup.com.cn　E-mail：zdcbs@mail.sysu.edu.cn
印 刷 者：	佛山市家联印刷有限公司
规　　格：	787mm×1092mm　1/16　16.25 印张　318 千字
版次印次：	2021 年 9 月第 1 版　2021 年 9 月第 1 次印刷
定　　价：	50.00 元

如发现本书因印装质量影响阅读，请与出版社发行部联系调换

本书系国家社会科学基金一般项目"多元理性比较视阈下网络交往行为与合理引导研究"(项目编号:18BXW107)阶段性研究成果

作者简介

李名亮,传播学博士,上海师范大学影视传媒学院教授、硕士研究生导师;美国密苏里大学新闻学院访问学者,中国网络传播学会理事;数家在线公司数字传播战略顾问。主要研究方向为媒介文化、社会化媒体与广告等。主持国家社会科学基金一般项目"多元理性比较视阈下网络交往行为与合理引导研究"。出版专著《广告传播学引论》《创新融合与平台共享:广告产业的数字化发展路径》《网络新闻编辑实务》等。发表论文80余篇,代表作为《微博、公共知识分子与话语权力》《虚拟世界的虚拟新闻存在与本体追问》等。

内 容 简 介

本书专注于数字技术驱动下的中国广告产业业态，以正在蓬勃兴起的数字广告产业及产业链上的核心主体为对象，研究基于广告产业的现实状态，聚焦于"数字技术"这一产业发展的核心要素。

首先，简要梳理了广告公司经营模式的历史转型特征，探讨多次转型的内在和外在的驱动因素。继而，研究专注于数字化生态，将广告公司经营模式创新转型的研究置于数字技术演进这一当下最显性的驱动因素之下。并将研究触角深入中观的广告业态与产业链重构层面，探讨大数据、算法与人工智能等数字技术要素如何渗透广告产业，不断衍生、演化出新兴的广告技术、服务方式与服务业态，推动广告产业的数字化运作与产业链重构呈现出勃勃生机。

本书首次建立了一种中观的广告公司战略分析单元，有利于我国本土广告公司在数字化时代提升战略高度，在产业融合的市场竞争中提升核心竞争力和绩效，增强与跨国广告集团竞争的能力。

总　序

党的十八大以来,以习近平同志为核心的党中央着眼于党和国家事业的长远发展,高度重视传统媒体与新兴媒体的融合发展,作出了一系列重要的论述和部署。2014年8月18日,习近平总书记主持中央全面深化改革领导小组第四次会议,审议通过了《关于推动传统媒体和新兴媒体融合发展的指导意见》,首次将媒介融合提升为国家战略。2019年1月25日,中共中央政治局就全媒体时代和媒体融合发展举行第十二次集体学习,习近平总书记在主持学习时强调,推动媒体融合发展、建设全媒体成为我们面临的一项紧迫课题;推动媒体融合向纵深发展,做大做强主流舆论,巩固全党全国人民团结奋斗的共同思想基础,为实现"两个一百年"奋斗目标、实现中华民族伟大复兴的中国梦提供强大精神力量和舆论支持。党的十九届四中全会提出构建以内容建设为根本、先进技术为支撑、创新管理为保障的全媒体传播体系。媒介(体)融合是现代化进程的典型表征,不但是国家的发展战略和中国特色社会主义制度的有机组成部分,而且媒介融合与传媒转型已然成为传媒业发展的战略选择和必由之路。当下,我国传媒融合转型已进入县级融媒体建设的新阶段,媒体融合发展在取得显著成效的同时,面临的挑战和问题也不少,因而成为新闻传播业界和学界共同关注和探讨的热点与重心所在。

为贯彻落实党的十九届四中全会精神和国家发展战略,适应媒介融合与传媒转型实践的需求,促进学界相关研究的深入,推动新闻传播学科建设,上海师范大学新闻学学科点、上海师范大学广播电视与媒介融合发展研究中心和中山大学出版社,联合江苏淮阴师范学院传媒学院、东方网等单位,共同策划、组织和实施了"媒介融合与传媒转型丛书"项目。经中山大学出版社推荐申报和国家新闻出版署集中评审,2018年7月,本丛书被列入"'十三五'国家重点图书、音像、电子出版物出版规划"增补项目(《国家新闻出版署关于公布国家重点出版物出版规划调整情况的通知》,国新出发〔2018〕7号)。本丛书定位于原创性学术研究,项目设计为:①理论专著。以党的十九大精神为指导,结合国家的政策发布以及新闻传播学等理论,将理论研究融入政策的宏大叙事,从跨学科的视角加强对媒体融合转型的理论探讨。②实践研究。着重研究报刊、广播电视、图书、新媒体等融合转型发展的过程、特点、战略与策略、经验与教训等,为传媒融合转型实践提供镜鉴与启示。③专题研究。针对媒体融合转型中的传媒监管、电视信息服务、对外传播等进行专门研究。总体而言，本丛书主要有以下几个特点。

第一，从丛书内容来看，它系统研究传统媒体融合转型，选题主要涉及报纸、杂志、图书、广播电视等不同介质的融合转型研究。有人可能会提出这样的疑问：媒介融合不是打破了不同媒介之间的界限而融为一体吗，为什么还要做报刊、广播电视、互联网这样的区分，难道不同媒介的融合并不相同？麦克卢汉认为，"媒介是人体的延伸"[1]，也就是说，媒介是人的感觉能力的复制和外化，比如，文字和印刷媒介是人的视觉能力的延伸，广播是人的听觉能力的延伸，电视是人的视觉、听觉和触觉能力的延伸，互联网则是人的中枢神经系统的延伸。就像人的视觉、听觉、嗅觉、触觉等不同感官难以相互取代一样，作为人的感官延伸的不同媒介也难以相互取代。不同媒介有不同的媒介文化，比如，图书和报刊属于以读写文化为特征的印刷文化，广播属于声音文化，电视属于图像视觉文化，而互联网则是交互文化。图书、报刊、广播、电视等不同的媒介形态形成了不同的媒介文化、发展路径，不同媒介各有优势和特长，对应不同的细分市场和受众群，其融合逻辑和实现路径虽有相同之处，却不可能完全相同。就媒介融合而言，适合《纽约时报》的未必适合 CNN，适合《人民日报》的也未必适合中央电视台，通往罗马的道路并非只有一条，说的正是这个道理。媒介融合在技术上表现为"多功能一体化"，并不意味着不同媒介之间的相互取代，反而是不同媒介文化的相互补充与协同发展，包括不同媒介背后的权力关系的重新调整与重塑，更重要的是，媒介融合在消融旧的边界的同时，也会形成新的边界。如果从媒介生态学来看，不同媒介各有自己的"生态位"（niche），不同媒介在长期发展过程中形成了不同的路径依赖，新技术及其范式的引入可能会打破既有媒介之间相互依赖又相互制衡的媒介生态平衡，但必须重新建立新的媒介生态平衡，否则会造成难以预料的媒介生态灾难。媒介融合（media convergence）之"融合"对应的英文是"convergence"而非"integration"，或许能够从中得出这样的启示，即媒介融合既要尊重互联网思维和新闻传播的规律，更要尊重不同媒介的内在逻辑与发展规律，如此，媒体方能找到属于自己的融合转型之路。

第二，从研究性质来看，伴随着媒介融合的是社会媒介化程度越来越深，媒介研究已成为一门显学，媒介融合与传媒转型研究作为学界和业界关注的焦点与热点，属于应用型学术研究。理论研究包括基础理论研究和应用型理论研究，这两大领域各有自己的特点与价值，不存在高低优劣之分。换言之，彼此

---

[1] ［加拿大］马歇尔·麦克卢汉：《理解媒介——论人的延伸》，何道宽译，译林出版社 2019 年版，第 78 页。

是相辅相成而不是相互取代的关系，不应厚此薄彼。如同新闻传播学一样，传媒融合转型研究具有很强的实践性特点，正在如火如荼开展的融合传播实践是理论研究的源头活水，学理研究不能脱离传媒业实践。本丛书并非纯理论研究，而是理论与实践相结合的应用型学术研究，或者说它是应用型理论创新亦可，其特色在于"道"与"术"兼顾，既有对传媒融合转型的特点、动因和规律等的理论探讨，又有对当下媒介生态环境中报刊、广播电视、图书出版、新媒体等融合转型的特点、问题、成因与策略等的深度分析。与此同时，媒介融合与传媒转型作为独立的研究对象，需要在马克思主义思想的指导下，从新闻传播学、政治经济学、文化研究、社会学等多学科进行深入研究，因为传媒融合转型融入政治、经济、社会文化、技术等整体发展之中，不是单一学科就能够窥其全貌揭其真谛的。

第三，从研究队伍来看，本丛书是由不同单位的学者主要是高校教师撰写而成的，作者队伍具有老中青相结合、业界与学界相结合等特点，其中，既有资深教授、高级编辑，也有年富力强的副教授、讲师等青年学者，绝大多数作者都有丰富的业界经验和丰厚的学养或理论素养，用现在的流行语来表达，属于双栖型或专业化复合型人才，而且都有相当的前期成果积累。由于丛书作者来自不同单位，跨地区、跨部门、跨行业，并且项目持续时间较长，为了保障丛书的质量，协调并推动项目的顺利开展，我们举办过多次小型专题研讨会，以及通过微信群等非正式的沟通渠道，就丛书的框架结构、内容编写、市场定位等相关问题进行深入研讨，对提高丛书的质量和水平颇有裨益。

感谢中山大学出版社的大力支持和帮助，特别是邹岚萍编审玉成此事，从选题策划、"十三五"国家重点图书出版规划项目的申报，一直到编辑出版，她都亲自指导、统筹和把关，做了大量的工作，功不可没。感谢兄弟单位特别是江苏淮阴师范学院传媒学院史晖院长的鼎力支持和帮助。媒介融合时代是合作与共赢的时代，独木不成林，没有学术共同体的支撑就没有这套丛书的出版。感谢为各分册撰写序言的各位专家学者，他们从专业角度对书稿进行把关，有助于提高书稿的学术质量和水平。感谢各位作者在繁忙的工作之余的辛勤努力和付出，一分耕耘一分收获，这才有了这套国家级丛书的面世。感谢读者的厚爱和不吝赐教，服务读者，满足读者和市场的深层次需求，将是我们继续前进的方向和不竭动力。

钱晓文　孙宝国

2020 年 2 月

序

在建设创新型国家的大背景下，广告产业创新是当今中国产业发展的一大核心话语。《广告产业发展"十三五"规划》指出，"十三五"时期，我国广告业面临创新发展的重大战略机遇。一些广告学者在思索中国广告产业该如何抓住这一战略机遇，通过创新提升产业能级，进而实现对广告发达国家的超越。

早在2012年，我的博士研究生导师许正林教授即安排我以广告产业为攻读博士学位的研究方向。2014年，我顺利通过了论文《广告公司经营模式转型研究》的答辩。论文的思考基点是，经营模式及其创新可以成为广告公司维持专业分工地位，获得核心竞争力、经营绩效和竞争优势的新依托。论文首次建立了一种中观的广告公司战略分析单元，从经营模式的全新视角构建公司经营与竞争战略的分析框架。现代企业战略管理理论提出，由于企业边界与产业边界模糊性的增强，实际上，包含企业、供应商、合作伙伴及客户等利益相关者在内的经营模式，应当成为一种新的战略分析单元，从而与传统战略分析单元（微观的企业或宏观的产业）形成有效互补。

我的硕士研究生导师姚曦教授在肯定论文理论基础与框架的同时，也指出了存在的主要问题，即对广告产业当下转型驱动力的把握未能聚焦于"数字技术"这一核心要素。恩师指出的不足成为我的一个心结，我希望能够在博士学位论文的基础上，出一两本专著，从研究深度上弥补缺憾。

博士毕业后的数年间，我的研究方向与广告有所偏离，但也一直没有放弃对广告产业数字化转型的关注和思考。兜兜转转之间，一份研究计划逐渐清晰。我意识到，我的弥补性研究可分为两个阶段，可以相应出版两本专著，两份成果既可有机交融，又可独自深入成篇。

我首先从产业发展路径——数字化融合这一宏观层面，把握广告公司经营模式转型的产业生态背景。平台、数字数据技术与人工智能等，正成为当今广告产业融合发展的核心驱动要素，由其推动的广告产业内外结构转型以及广泛包容的跨界融合，是广告产业发展演进的必由之路。当前，广告产业正在经历方向多元、路径纷繁的融合转型；广告产业结构调整剧烈，导致广告产业生态陷入混沌状态。

两年的努力，即有了专著《创新融合与平台共享：广告产业的数字化发展路径》(学林出版社 2020 年版)这一阶段性成果。这项研究基于对现代广告业融合的基本内涵和发展历史的理解，立足于对广告公司经营现实状况的分析，检视当前广告业融合转型的核心问题，包括融合的路径、核心驱动与效应等。研究目的是透过混沌的表象，厘清广告产业发展的主轴和转型的逻辑，进而正确认识广告产业在数字时代的现状，客观认识其转型的结局与发展的前景。

在融合转型的广告产业生态中，以4A广告公司为代表的传统广告经营主体转型不及时，正陷入某种窘境。广告公司的套路与惯有模式逐渐失效；新兴的数字广告网络产业链正在形成，一批依托数字技术的广告市场主体正获得后发优势和行业话语权。广告公司如何创新转型，进而获得竞争优势和发展能力？如何抓住这次数字产业革命带来的机会？

为了回答上述问题，我进入研究计划的第二阶段，即对博士学位论文的深化，希望弥补博士学位论文"未聚焦于数字化"的缺憾。令人高兴的是，《广告公司经营模式数字化转型》一书作为相应成果即将顺利出版。本书的出版，尤其要感谢"媒介融合与传媒转型"丛书主编之一钱晓文教授和本书责任编辑邹岚萍女士，他们提供了这次宝贵机会，帮助我实现了多年的夙愿。

本书的理论模式和研究框架，均承接了我的博士学位论文的研究成果。研究基于对广告产业发展历史环境和核心业务模式的考察，立足于对广告公司经营现实状况的分析；而研究的目标指向在当下的数字化时代广告公司经营模式如何进行创新转型。具体而言，本书着力解决以下问题。

一是当下社会已进入数字化时代，广告公司为什么必须进行经营模式创新转型？哪些因素构成了其创新转型的主要驱动力？数字技术的核心推动作用表现在哪些方面？

二是经营模式创新是以核心顾客价值和商业模式等核心战略创新为主导。新兴的数字广告产业链上，不同类型的公司如何完成核心的数字化战略创新转型？如何依次完成战略性资源管理、公司成长、顾客界面等层面的经营模式创新转型？其提升竞争优势的作用机理是什么？

需要补充说明的是，从研究方法来看，本书主要运用定性分析方法，分析转型因素与绩效提升、竞争优势的关系和作用路径，因此，无须广告公司提供机密的财务信息。虽然个别公司的财务数据可能有据可查，或可通过调查获得，但在全面的、涉及不同公司的客观数据难以获取的情况下，用公司高层主观感知的方法来评价企业竞争优势和绩效仍然是一种有效的方法，并且，以前的相关研究已有证明，企业所感知的竞争能力和绩效被认为是有实际价值的可信赖的指标。主观评价法已经在组织研究中被广泛采用，有时比财务数据更加可靠，因为企业可能采用了不同的账目惯例，也可能出于其他意图，使数据的真实性存在可疑之处，且难以获取。

  我的两届研究生均参与了两本专著的资料搜集和部分章节初稿的写作，在这里一并致谢。在参与写作的过程中，学生们系统学习、积极讨论，认真修改和完善，研究能力得到很大提升。统稿和终稿工作由本人完成。本书初稿写作参与者和具体分工如下。

  李名亮：绪论、第七章、结语；谢芷诺：第一章、第六章；程雪瑶：第二章、第三章；韩慧慧：第四章、第五章。

李名亮

2021年6月

目　录

绪　论 …………………………………………………………………… 1
　一、数字经济与媒介转型期的中国广告业态 …………………………… 1
　二、广告产业及公司经营研究的视野与局限 …………………………… 12
　三、广告产业发展与公司竞争优势的理论路径 ………………………… 20
　四、广告公司战略的中观研究：经营模式数字化转型 ………………… 27

第一章　广告公司经营模式的系统架构与转型历史 …………………… 33
第一节　广告公司经营模式与经营模式创新转型 …………………… 33
　一、基于系统观的架构：广告公司经营模式的组成要素 ……………… 33
　二、广告公司经营模式创新转型的内涵、价值与分析框架 …………… 37
第二节　广告公司经营模式的历史形态与转型特征 ………………… 38
　一、世界广告业发展的三个历史阶段 …………………………………… 39
　二、改革开放后中国广告公司经营模式形态 …………………………… 44
　三、21世纪初至今：数字化转型、扩张与数字融合传播服务 ………… 47
第三节　广告公司经营模式转型的核心驱动力 ……………………… 50
　一、互动与分享的消费追求 ……………………………………………… 50
　二、数字技术创新与大数据 ……………………………………………… 53
　三、大数据与算法驱动的精准营销革命 ………………………………… 56
　四、广告主对数字营销的强烈需求 ……………………………………… 59
　五、广告产业融合转型及其效应 ………………………………………… 63

第二章　数字技术渗透下的广告新形态与新业态 ……………………… 69
第一节　数字广告新形态 ……………………………………………… 69
　一、互联网广告的传统形态 ……………………………………………… 69
　二、社交平台的广告形态 ………………………………………………… 70
第二节　广告产业新业态：数字化运作与产业链重构 ……………… 72
　一、广告产业的数字化运作与主体角色的嬗变 ………………………… 72
　二、计算广告技术体系的创新应用 ……………………………………… 78
　三、价值创造逻辑下的网络广告产业网络与广告组织经营模式分类 … 84

四、广告产业链格局扩张与多元动态的"协同共生结构"的形成…… 88
　第三节　人工智能与广告产业…… 90
　　一、人工智能向广告产业的渗透…… 90
　　二、人工智能驱动广告运作流程的改变…… 96
　　三、广告产业生产与运营机制的调整…… 99

第三章　核心战略转型：价值链延伸与价值创造…… 101
　第一节　广告公司价值链历史转型的特征…… 101
　　一、广告公司价值链转型的内涵与类型特征…… 102
　　二、价值链扩张路径与整合营销代理热…… 104
　　三、归核化与专业化：基于生存与竞争的重新选择…… 108
　第二节　传统广告公司的内生型价值创造转型路径…… 110
　　一、4A广告公司的数字化战略路径与策略创新…… 110
　　二、媒体型广告公司的数字化转型路径：以昌荣传播为例…… 115
　第三节　广告交易平台生态系统与实时竞价广告模式…… 117
　　一、数字广告交易平台生态系统与实时竞价广告模式…… 117
　　二、实时竞价广告模式的生态链主体构成与价值转型…… 119
　第四节　数字与互动广告公司的价值与经营模式…… 126
　　一、各类数字广告平台公司…… 126
　　二、自主独立型互动广告公司的核心经营模式…… 130
　第五节　核心战略转型要点…… 133
　　一、技术创新与大数据思维为先导…… 133
　　二、全产业链延伸与价值创新方向…… 135
　　三、以数字媒体为中心的融合营销传播服务…… 143

第四章　战略资源的拓展：数据与数字化人才…… 146
　第一节　媒体资源：广告公司的战略资源…… 147
　　一、传统广告公司的媒体资源…… 147
　　二、互联网平台构建的融合性媒体生态…… 150
　　三、广告传媒集团的平台化资源整合…… 153
　第二节　资本资源：公司扩张的基础资源…… 154
　　一、资本资源的整合…… 154
　　二、资本资源作为数字化转型的核心驱动力…… 158
　第三节　大数据：数字时代广告公司的核心生产要素…… 161
　　一、大数据成为广告公司的基础资源与核心竞争力…… 161

二、大数据对广告公司运作嬗变的推动作用 …………………………… 163
　　三、大数据广告运作面临的挑战 …………………………………………… 167
　第四节　人力资源：创新生产机制保障 ……………………………………… 169
　　一、数字时代广告行业人力资本的变化趋势 …………………………… 169
　　二、数字人才考察标准 ……………………………………………………… 171
　　三、数字广告人才与团队建设措施 ………………………………………… 172

第五章　公司边界扩张：从规模扩张到平台经营 ………………………… 176
　第一节　广告公司边界扩张的传统路径 ……………………………………… 176
　　一、广告产业集中路径：集团化与战略联盟 …………………………… 176
　　二、广告企业的并购 ………………………………………………………… 180
　　三、项目下的专业协作与连锁运营 ………………………………………… 183
　第二节　数字化驱动下的规模扩张 …………………………………………… 184
　　一、传统广告公司巨头之间的合并及其对数字营销公司的并购 ……… 185
　　二、数字广告公司的并购与战略联盟 …………………………………… 187
　　三、并购绩效的保证与风险 ………………………………………………… 190
　第三节　趋势：平台化经营与小微服务端 …………………………………… 192
　　一、产业趋势：建构平台、共享与微经济三位一体的分工新体系 …… 192
　　二、平台赋能广告产业新生态 ……………………………………………… 193
　　三、平台化与小微化经营 …………………………………………………… 195

第六章　从差异化竞争到协同竞合 ………………………………………… 198
　第一节　广告公司的传统竞争战略模式：差异化代理 ……………………… 198
　　一、广告市场的"劣币逐良"与同质化代理 …………………………… 198
　　二、差异化代理的核心价值：信号传递机制 …………………………… 199
　　三、差异化竞争的两个战略方向与五种策略 …………………………… 200
　第二节　广告公司核心竞争力的系统建构 …………………………………… 202
　　一、核心竞争力与广告公司的核心竞争力 ……………………………… 202
　　二、中国广告公司建构核心竞争力的系统思考 ………………………… 204
　第三节　协同进化的竞合 ……………………………………………………… 206
　　一、广告产业数字融合促进广告公司的竞合深化 ……………………… 207
　　二、广告公司协同进化的竞合态势 ………………………………………… 209

第七章　智能广告信息伦理风险 …………………………………………… 213
　第一节　相关研究 ……………………………………………………………… 214

一、广告智能化趋势及信息伦理、人工智能伦理研究……………… 214
        二、智能广告的信息伦理及其基本分析框架…………………………… 217
    第二节　伦理风险与核心议题……………………………………………… 219
        一、信息资源的伦理风险……………………………………………………… 219
        二、信息化产品的伦理风险…………………………………………………… 221
        三、信息化环境的伦理风险…………………………………………………… 223
结语：重构与张扬广告代理业的话语权力………………………………… 227
    一、边界的模糊：广告产业自我悲观的缘由………………………………… 227
    二、落寞的代理：技术冲击下广告业话语权力的衰弱……………………… 228
    三、风光不再的创意技能：亟须数字化和智能化升级……………………… 229
    四、专业代理价值的弘扬……………………………………………………… 230
    五、以知识建构专业权威……………………………………………………… 231

参考文献………………………………………………………………………… 233

绪　　论

现代管理学之父德鲁克曾说："企业作为一种同时具有经济属性和生物属性特征的组织，持续成长是其永恒追求的目标，也是其长期面临的挑战。面对环境的不断变化，企业只有不断创新，对自身进行变革以保持与变化了的环境相匹配，才能实现持续成长。"[①] 广告产业的发展史，实际上就是一部广告公司不断适应市场环境和媒介环境变化、不断变革和创新的历史。当前，广告公司经营面临的环境比历次转型时期的更为复杂多变，因此，不同类型的广告公司均面临一个个全新的课题。

一、数字经济与媒介转型期的中国广告业态

广告是经济发展到一定阶段的产物，广告产业的增长方式与其社会生态环境、社会经济增长方式等息息相关。

（一）数字技术推动社会进入数字经济时代

考察广告业的发展过程和趋势，需要重点考察当代经济发展的基础背景——由数字技术革命推动的数字经济。

近年来，随着信息技术革命的发展，人类社会正逐步进入数字经济时代。2016 年 G20 杭州峰会发布的《二十国集团数字经济发展与合作倡议》，对数字经济给出了一个权威的定义："数字经济是指以使用数字化的知识和信息作为关键生产要素、以现代信息网络作为重要载体、以信息通信技术的有效使用作为效率提升和经济结构优化的重要推动力的一系列经济活动。"[②]

数字技术正在向社会经济生活全面渗透，并成为经济增长的新动能；具体表现在：一是数据成为推动经济发展关键的生产要素。数据是未来企业和国家之间竞争的核心资产。二是数字基础设施成为新的基础设施。三是供给和需求

---

① ［美］彼得·德鲁克：《创新与企业家精神》，彭志华译，海南出版社 2000 年版，第 56 页。
② 中共中央网络安全和信息化委员会办公室：《二十国集团数字经济发展与合作倡议》，http://www.cac.gov.cn/2016－09/29/c_1119648520.htm。

的界限日益模糊；数字化技术的成熟，推动供给侧和需求侧逐渐走向融合。

世界各国为了争夺数字空间，抢占数字经济时代的制高点，纷纷制定了各种战略，以推动经济社会向数字化转型。面对数字经济发展的浪潮、社会数字化转型的趋势，传统产业主动推动与新技术的融合是大势所趋。

（二）广告产业的全新生态与发展机遇

1. 广告产业的全新生态

20世纪90年代以来，描述广告产业环境的变迁，有三个重要的关键词："全球化""碎片化"与"数字化"。经济全球化与传播全球化，通过企业在营销革命下的需求变化，造成广告产业全球化经营业态的某种改变。而媒介的数字化与碎片化，消费者相应的信息生存与消费状态，则首先被广告主更为直接和深刻地感受到。从营销者来看，碎片化、数字化、大数据与人工智能正在扮演重要的角色：一方面，这些因素从媒体、消费者、广告与营销战略策划、效果评估等多个层面解构了传统的体系，同时又重构了碎片化背景下全媒体整合的营销体系；另一方面，这些因素也是未来产品宣传、品牌定位、媒介选择与沟通方式的主要依据。

整合营销和数字媒介的发展，促使广告主对广告业提出新的更高的服务需求，当前的核心是"融合"。科学进步、技术更新、生产力发展逐步瓦解了大众消费市场，新媒体的出现带来了信息传播途径的多元化，消费者媒体接触形态呈现出"碎片化"趋势。一方面，复杂的市场营销环境呼唤着各种营销工具和手段的系统化结合，以便跟随市场环境进行即时性的动态修正；另一方面，具有"生产无限、传播无限、需求接近无限"特征的数字媒体，在表现出"个性化、去中心化"的同时，也表现出"共性化、再中心化"的一面，即数字媒体打破了时空限制，为形形色色有共同喜好和需求的消费者提供了"重聚"的平台。① 整合营销和数字媒介对广告提出了新要求，即实现从简单的传播工具向集多种交流渠道和多类交流方式于一体的沟通平台的演化，实质是要求广告产业进行"融合"。为此，广告产业主体必须迅速进行业务转型以适应这种营销环境和媒体环境的变化。

2. 中国广告产业的发展机遇

在全新的生态环境中，中国广告产业也面临强劲的发展机遇。

当今国家社会、政治与经济改革为广告产业带来了增长机会。党的十八大报告明确指出要"……加快传统产业转型升级，推动服务业特别是现代服务

---

① 黄升民、杨雪睿：《碎片化：品牌传播与大众传媒新趋势》，《现代传播》2005年第6期，第6～12页。

业发展壮大,合理布局建设基础设施和基础产业。建设下一代信息基础设施,发展现代信息技术产业体系,健全信息安全保障体系,推进信息网络技术广泛运用"。"要促进文化和科技融合,发展新型文化业态,提高文化产业规模化、集约化、专业化水平"。① 党的十九大报告确定的发展战略目标是"建设现代化经济体系";报告指出,"我国经济已由高速增长阶段转向高质量发展阶段,正处在转变发展方式、优化经济结构、转换增长动力的攻关期,建设现代化经济体系是跨越关口的迫切要求和我国发展的战略目标"。② 报告提出的发展目标,注重整体性、总布局,这是由新时代特征所决定的,尤其注重平衡发展和结构优化,以平衡发展促进结构的优化和质量效益的提高。党的十八大和十九大报告确定的这些措施,必将进一步激活我国的经济活力,尤其表现在现代服务业、文化产业和信息服务业等领域。

国家"十二五"规划实施以来,广告产业地位得到夯实。《国民经济和社会发展第十二个五年规划纲要》明确提出"促进广告业健康发展"③,广告业纳入国民经济和社会发展规划体系。国家和地方出台了一系列支持、促进广告业发展的产业政策和措施,广告业对经济、文化的拉动作用得到重视,为广告业持续健康发展奠定了坚实基础。

中国经济目前正处于重要的转型与升级期,中国广告产业也迎来了战略机遇期。世界广告中心正向东方尤其是中国转移;深入实施广告战略是实现中国由"广告大国"向"广告强国"转变的重要举措。一方面,中国经济的快速增长,无疑给中国广告产业带来了巨大的增量空间;另一方面,自2008年以来,国家出台的一系列鼓励和促进广告产业的政策文件,为本土广告公司的发展创造了良好的外部条件,本土广告公司需要充分利用国家政策支持的良好机遇,迅速提升规模实力和专业实力。

中国广告产业与中国经济同步快速增长,产业规模正在快速扩大,而且发展空间巨大。自1979年中国广告市场重开以来,中国广告产业迅猛发展。成为全球广告业增长最快的国家之一。据国家市场监管总局2019年初的数据,2018年中国广告经营额为7991.48亿元,占国内生产总值(GDP)90万亿的

---

① 胡锦涛:《坚定不移沿着中国特色社会主义道路前进,为全面建成小康社会而奋斗——在中国共产党第十八次全国代表大会上的报告》,2012-11-08,http://www.xj.xinhuanet.com/2012-11/19/c_ 113722546.htm。

② 习近平:《决胜全面建成小康社会 夺取新时代中国特色社会主义伟大胜利——在中国共产党第十九次全国代表大会上的报告》,2017-10-18,http://www.xinhuanet.com/politics/19cpcnc/2017-10/27/c_ 1121867529.htm。

③ 《国民经济和社会发展第十二个五年规划纲要》,2011-03-16,http://www.gov.cn/2011lh/content_ 1825838.htm。

0.88%，较上年同比增幅达到15.88%，增幅远大于GDP同期增幅6.6%；较2013年5019.75亿元增幅59%，6年平均增幅9.83%，大于GDP同期7.01%的平均增幅。（如图0-1）

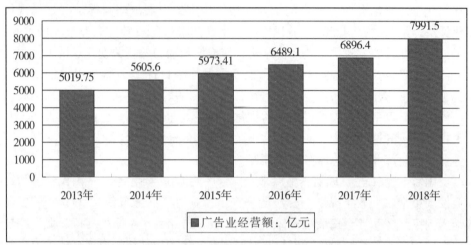

图0-1　2013—2018年我国广告业经营额

（资料来源：《2018年中国广告行业营业额、从业人员及经营单位数量分析》，2019-06-21，https://baijiahao.baidu.com/s?id=1636924307827590036&wfr=spider&for=pc。）

2018年，我国广告从业人员增幅为27.04%，是自2013年以来的最高值，6年间增幅112.89%（如图0-2）；广告经营单位同比增长22.51%，6年间增幅209.21%，增长稳定，年均增幅34.87%（如图0-3）。

图0-2　2013—2018年我国广告从业人员数量

（资料来源：《2018年中国广告行业营业额、从业人员及经营单位数量分析》，2019-06-21，https://baijiahao.baidu.com/s?id=1636924307827590036&wfr=spider&for=pc。）

图0-3 2013—2018年我国广告经营单位数量

（资料来源：《2018年中国广告行业营业额、从业人员及经营单位数量分析》，2019-06-21，https://baijiahao.baidu.com/s?id=1636924307827590036&wfr=spider&for=pc。）

我们可以结合中国的国情，预估中国广告业未来5年内的发展情况。如果以2018年我国广告经营总额7991.48亿元为基数，按照广告经营额年均增幅9.83%来计算，到2023年，我国广告经营额将达1.28万亿元。如此巨大的增量空间，无论是对国际广告公司还是对本土广告公司来说都意味着市场机会。

总之，经济全球化以及数字媒介发展的环境，必然引发广告业态的根本变革。虽然在中国当代现实的政治与经济环境中，本土广告产业面临重要的发展机遇，但广告产业环境的变迁、内外在的压力，使得我国广告产业在乐观的市场前景中，却面临极大的危机，挑战也更为严峻。对中国本土广告公司目前面临的危机，陈刚将其总结为"结构性危机与转型期交织的双重危机"①，危机也是当代中国广告产业转型的核心驱动力。

正如《广告产业发展"十三五"规划》指出的，"十三五"时期，我国广告业面临创新发展的重大战略机遇，国家综合实力增强为广告业发展打下坚实的经济和社会基础，国家经济结构战略性调整，经济发展步入新常态，社会消费需求持续增长以及供给侧结构性改革增强了广告业发展的内在动力。国家推动实施一系列重大发展战略，为广告业发展提供了更广阔的空间。新技术革命推动新媒体和新的信息传播渠道的快速发展，极大地开拓了广告服务领域，实现了市场对广告服务的多种需求。经济全球化和国家实施"一带一路"倡议，

---

① 陈刚：《结构性焦虑与转型期焦虑的交织——对当代广告公司现状的一种解读》，《广告大观（综合版）》2007年第6期，第23页。

广告业的国际化发展机遇增多。①

（三）数字时代广告产业创新突破的方向

广告产业创新，是当今中国产业发展的一大核心话语。如何实现中国广告产业的顺利转型？在建设创新型国家的大背景下，近几年来，许多学者在广告产业层面，探索如何通过产业创新实现中国广告产业升级，因为只有创新升级，才能实现广告业后发展国家对广告业发达国家的超越。

迄今为止，国内外有许多关于创新的理解和定义。创新理论的创始人熊彼特认为，所谓创新，就是"建立一个新的生产函数"，也就是说把一种从来没有过的关于生产要素和生产条件的"新组合"引入生产系统。② 德鲁克认为，"创新的行动就是赋予资源以创造财富的能力"。在他看来，"创新并非在技术方面"，"凡是能改变已有资源的财富创造潜力的行为，都是创新"，如体现在管理、市场营销和组织体制等方面的新能力、新行为，即属于管理创新、市场创新和组织创新。③ 传统上关于创新的理解主要指技术创新。但随着研究的深入，制度创新日益受到学界的重视，从而演化为创新理论的两大学派——技术创新学派和制度创新学派。自20世纪80年代之后，两大学派呈现合流之势。创新作为经济增长的"内生变量"，是一个国家和企业永葆活力和竞争力的源泉，中国特色社会主义的成功实践也是坚持创新发展的结果。

中国经济和中国社会创新发展的问题已经被提到国家发展战略的高度。党的十九大报告强调创新对经济的推动作用。通过创新促进新技术、新产品和新业态发展，大力发展新兴产业，真正使创新形成的新经济动能成为推动我国经济增长的不竭动力。"更好发挥并激励市场主体的创新动力和创造活力，从宏观上不断提高全社会资源配置效率、经济整体竞争力和经济增长的可持续性"④。

数字技术发展的无限可能决定了21世纪的不确定性。"互联网+"、媒介融合、5G、工业4.0、供给侧改革、云计算、大数据与人工智能都是与产业有关的。中国正迎来一次史无前例的产业革命或者产业震荡。几乎所有的产业都

---

① 工商总局：《广告产业发展"十三五"规划》（2017年第12号），2016-07-07，http://www.gov.cn/gongbao/content/2017/content_5189210.html。

② ［美］约瑟夫·熊彼特：《经济发展理论》，何畏等译，商务印书馆1990年版，第82～88页。

③ ［美］彼得·德鲁克：《创新与企业家精神》，蔡文燕译，机械工业出版社2007年版，第72～80页。

④ 习近平：《决胜全面建成小康社会 夺取新时代中国特色社会主义伟大胜利——在中国共产党第十九次全国代表大会上的报告》，2017-10-18，http://www.xinhuanet.com/politics/19cpcnc/2017-10/27/c_1121867529.htm。

无法逃脱这一次产业的大洗牌。演化经济学的"技术—经济范式"认为，每一次重大的技术革命都提供了一种由通用技术、基础设施和经济组织原则所构成的新的技术—经济范式，促进了社会经济新一轮的增长，也深深影响了各产业的发展和企业行为。在当代数字与计算技术范式下，广告产业正发生经济范式的重大转换，"引发了广告产业从生产运作方式、经济组织方式到产业结构的颠覆性重构"。① In-house 广告公司、咨询公司、互联网媒介、IT 云计算公司、广告交易平台公司、创意热店等引发的广告业的同业与异业竞争，是现代广告自其诞生以来从未有过的大变局。

PubMatic 发布了《2020 年全球网络广告趋势报告》，报告要点包括：2019 年，美国数字广告支出首次超过传统媒体支出，到 2023 年，数字广告支出预计将超过全部媒体总支出的 2/3（如图 0-4）。全球前五大网络广告支出继续保持两位数的速度增长（如图 0-5）。全球数字广告维持强劲增长率。2018 年，数字广告花费即超过全部媒体广告花费的一半，预测至 2022 年仍然维持强劲增长（如图 0-6）。

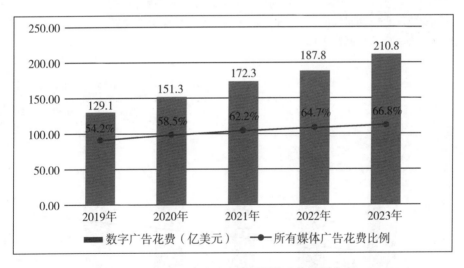

图 0-4　2019—2023 年美国网络广告预测支出

（资料来源：《PubMatic：2020 年全球网络广告趋势报告》，2020-01-11，http://199it.com/archives/991825.html。）

这一次由互联网推动的变革，中国和世界处在同一起跑线上，没有发展的

---

① 曾琼、刘振：《计算技术与广告产业经济范式的重构》，《现代传播（中国传媒大学学报）》2019 年第 2 期，第 132 页。

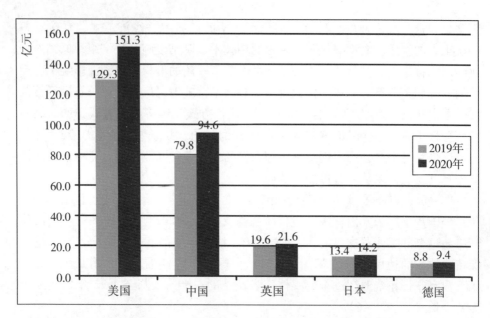

图0-5 全球前五大广告市场网络广告支出

（资料来源：《PubMatic：2020年全球网络广告趋势报告》，2020-01-11，http://lggit.com/anchiues/991825.html.）

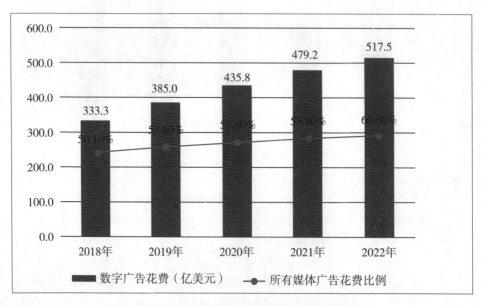

图0-6 2018—2022年全球网络广告市场增长趋势

（资料来源：《PubMatic：2020年全球网络广告趋势报告》，2020-01-11，http://lggit.com/anchiues/991825.html.）

时间差所带来的经验优势和专业优势，一切都是全新的变局，处处呈现快速流变的现象。主要由数字科技推动的数字广告产业，正成为中国信息产业、现代服务产业创新的一个重要战场。"诸多广告业的新动向，如广告市场服务类型的多元化、媒介形式的碎片化、大众需求的个性化、广告主体的微型化等，在引发原有广告价值链颠覆的同时，也开始建构一个新的产业生态"[1]。

2010年，中国成为世界第二大广告市场。目前，互联网广告已成为广告增长的主力，几乎占据整个广告贡献的半壁江山。许正林指出，中国是新媒体数字广告创新的最大现场，也是最新现场，世界广告的中心正在向东方转移，中国广告增速将很快超越美国。[2]

中国互联网广告行业发展迅速。根据艾瑞咨询2019年度中国网络广告核心数据显示，中国网络广告市场规模达到4844亿元，同比增长29.2%。移动广告市场规模达到3663亿元，移动广告占网络广告比例超过75%，移动广告整体市场增速高于网络广告市场增速。信息流广告市场规模为1090.4亿元，发展速度保持高位。[3]

互联网改变了广告产业链生态与各主体环节原有的关系，已成为广告产业创新的根基。基于互联网，网络新媒体已经成为广告的重要平台；技术的赋权使得广告主、媒介与广告代理的主体界限在模糊；品牌和消费者之间的关系均发生了根本性改变，消费者参与品牌形象塑造。就广告形态而言，广告和内容之间的界限变得越来越模糊，信息流广告、原生广告受到了越来越多的重视，广告的表现形态正在发生改变。广告主体也日益微型化，众多创意热店、新兴互联网公司和服务型企业借助自身的网络平台开展广告活动而异军突起，技术类的营销公司、自媒体广告运营也是遍地开花，这使得国际广告公司和本土广告公司的力量对比发生了很大变化，国际广告公司独霸中国广告市场的局面已经改观。

（四）问题的提出

广告公司处于代理地位，显然成为广告产业的主导。广告产业的发展、完善的状况制约着不同类型的广告公司的经营。社会运行的碎片化状态，以及数

---

[1] 中国传媒大学广告学院：《2011—2019：价值与生态的再造之路》，《媒介杂志》2019年第7期，第52页。

[2] 许正林：《世界广告中心向东方转移，中国如何打造"大国广告"？》，2017-11-23，http://mini.eastday.com/mobile/171123065834169.html。

[3] 艾瑞咨询：《2019年中国网络广告市场报告!》，2019-06-28，http://www.opp2.com/145025.html。

字传播、大数据、云计算、人工智能等技术的快速发展，引发了传统市场的变革，引发了企业战略与营销实践与理论的又一场革命。这些变化必然刺激现代广告产业链的变革与延展，也必将重组广告公司的市场行为与企业行为，推动广告公司从业务内容、核心战略到经营模式的整体变迁和整体转型。（如图0-7）

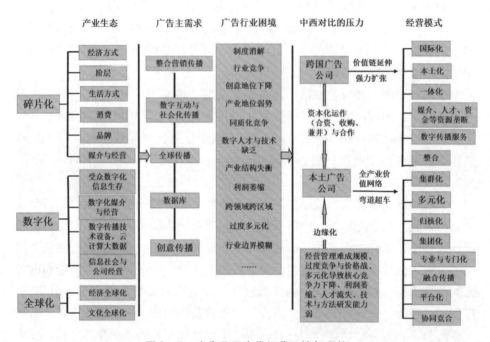

图 0-7 广告公司当代经营环境与现状

在全球范围内，广告产业在转型期的适应性调整，引发或进一步暴露了广告产业原本即存在的结构性危机，表现为：广告产业业态融合后产业边界趋势模糊；广告产业业务形态趋向多元后有泛化危险；广告产业链延伸，产业结构失衡状态进一步加剧；等等。

而在中国，广告公司面对的广告产业环境情况更为复杂。改革开放40多年来，中国本土广告公司以低起点、高速度的特点获得了长足发展。中国广告产业早期更多的是借鉴欧美发达国家广告业成熟的经验和模式，如广告代理制模式、独立产业发展模式等。欧美广告业这些成功的经验和模式在中国的推广，某种程度上推动了中国广告产业的快速发展，广告公司的专业服务能力在过去40多年也有了质的提升。但是，中国广告产业的结构失衡危机除存在以上三个问题外，还有更危重的表现。

在新的环境下，中国广告产业自20世纪90年代后期即开始艰难地转型。

对尚不成熟的中国广告公司而言，还没有完全掌握广告服务模式的精髓，又必须加以调整，以面对新的变化和要求，而新的广告服务模式目前还未成型。中国本土广告公司面对的核心问题，一是自身不具备如跨国广告公司那样强大的专业服务能力和营利能力，加之规模小、实力弱、核心竞争优势不明显，其地位更容易被行业竞争者所取代。二是在前述问题上又叠加了新的问题。近十几年来，随着基于大数据、云计算、人工智能等技术的平台经济的快速崛起，一方面，广告公司的业务模式迅速向数字化转型，同时，一大批数字、技术和平台型传播机构如雨后春笋般进入广告领域；另一方面，数字化产业融合带来的广告产业边界模糊、业务形态泛化等问题，客观上驱使广告主和媒体不谋而合地"去乙方化"（指媒体自营广告和品牌自营内容，摆脱广告代理机制，将广告公司原核心业务内容纳入自身经营范围的一体化行为），[①] 相关行业如公关业、咨询业、网络平台、数据经营业等延伸进入广告产业，传统广告公司的核心价值被肢解。

广告公司个体经营管理能力的加强、个体发展规模的壮大，必然从整体上带动产业力量的提升。在正在进行深刻转型，且相对复杂、恶劣的产业环境中，作为经营个体的广告公司如何生存下来，继而打造核心竞争力，提升市场竞争优势，这是目前许多广告公司经营者正在思考的重要问题。经营模式理论及企业经营模式创新转型的成功实践应该可以提供给广告经营者新的思考方向和实践方向。

20世纪90年代中期，由于电子商务模式的巨大成功，经营模式（商业模式）概念引起理论界的关注。而20世纪末互联网泡沫的破裂，更使人们意识到，没有合适的经营模式显然是行不通的，而不及时创新经营模式，他们辛辛苦苦建立起来的企业帝国就会有瞬间崩塌的危险。也是在这段时间，经营模式被扩展到了其他产业领域。总之，越来越多的企业认识到，经营模式创新是决胜的关键。广告产业属于专业服务行业，而在"服务经济条件下，经营模式的重要性愈加凸显，正逐渐成为一个企业创造价值的核心逻辑"[②]。成功的经营模式不仅可以增强企业的核心竞争力，成就企业本身，而且可以带动整个行业的发展，提升整个行业的地位。

现在，广告公司迫切需要加强经营管理，并及时进行经营模式的创新与转型，这是应对环境变动和外部竞争压力的需要，是解决内部管理问题的法宝。

---

① 姚曦、李斐飞：《价值重构——数字时代广告公司商业模式的创新》，《广告大观（理论版）》2016年第6期，第10页。

② 郭毅夫：《商业模式创新与企业竞争优势——内在机理及实证研究》，东华大学博士学位论文，2009年，第3页。

在新的经济形态和行业背景下,广告公司的竞争核心已经从生产、服务领域转移到管理领域。如果不注重管理,提升公司管理的层次与制度化水平,势必在与同行业竞争对手的较量中处于劣势。管理混乱、管理方式落后,还必将造成广告公司资源的浪费、管理成本和经营费用的增加、人才的流失、客户的减少甚至是公司信誉的降低,上述种种后果都将直接影响广告公司的经营水平和盈利状况。

总之,当前,企业在进行经营和传播实践、理论的创新变革,广告市场与广告产业链呈现出新的特点和状态。只有抓住产业转型所带来的机遇,不断学习和提高符合新的市场环境和传播环境需要的专业服务能力,中国的广告公司才能突破目前的产业结构的瓶颈。在此环境下,广告公司实现经营模式的转型有其当代的迫切性。

二、广告产业及公司经营研究的视野与局限

前人相关的研究成果及其对本书研究的理论贡献,可以从经营模式相关理论、广告产业发展与数字化融合研究、广告公司经营模式及其数字化转型研究三个层面来扫描,在此基础上,本书将进一步探讨相关研究的理论视野与存在的局限。

(一)企业经营模式的内涵与相关理论

迄今为止,学术界对于经营模式的界定尚未形成共识,如经营模式与商业模式(均为 Business Models)等相关概念使用混乱;"经营模式创新"概念成为常被提及却莫衷一是的含混术语。经营模式实质内涵的界定是本书研究的前提和基础。在内涵界定方面不断探索的专家,国外主要有 Timmers[1]、Mahadevan[2]、Weill 和 Chesbrough[3] 等。国内,翁君奕认为经营模式是客户界面、内部构造和伙伴界面等核心界面要素形态的有意义的组合。[4]

---

[1] Timmers, "Business Models For Electronic Markets", *Journal on Electronic Markets*, 1998, 8 (2): 3-8.

[2] B. Mahadevan, "Business Models for Internet-based E-commerce: An Anatomy", *California Management Review*, 2000, 42 (4): 55-69.

[3] H. Chesbrough, R. S. Rosenbloom, "The Role of the Business Model in Capturing Value from Innovation: Evidence from Xerox Corporation's Technology Spinoff Companies", *Industrial and Corporate Change*, 2002, 11 (3): 529-555.

[4] 翁君奕:《商务模式创新:企业经营魔方的旋启》,经济管理出版社 2004 年版,第 130 页。

通过梳理经营模式的本质内涵，可以发现，识别经营模式的本质需要把握四个要素：经营模式关注的是企业获利，只有获利才是赢得竞争优势的根本；经营模式总体上体现为描述性而非规范性；经营模式同时包含企业内部构成和外部网络；经营模式以某个从事商业活动的企业为主体。

同时，经营模式的定义具有以下两个特征：一方面，经营模式是一个整体的、系统的概念，而不仅仅是单一要素的组合；另一方面，经营模式的组成部分之间紧密联系，这种联系把各组成部分有机地衔接起来，使它们互相支持，共同作用，形成一个复杂的动态系统。[1]

对经营模式的构成要素虽然没有统一认识，但其中一些重要项目包括价值提供、经济模式、顾客界面/关系、伙伴关系、内部基础设施/活动等，被大多数研究者多次提到和认可。对经营模式创新的具体内容也没有取得一致意见，虽然如此，但研究者普遍认为经营模式创新就是经营模式构成要素的创新，或者是构成要素组合的创新；它不是与竞争者对抗的一种方法，而是绕开竞争的一种方法，是企业为了发现利润区、突破零和游戏、适应新的生存环境而建立的新经营模式、新价值体系。

国内有两篇相关论文，在方法论、研究方向、边界、重点等方面对本书研究有重要的指导意义，它们对大部分企业的研究也成为本书重要的研究参照和比较对象：鲁东亮、李志刚的文章梳理了国内外学者对经营模式概念与实质内涵的表述，重点介绍了哈默尔的经营模式的内容架构和组成要素理论，认为哈文是相关研究的主要代表，相对比较完善和成熟，也是近年来比较流行的一种理论。郭毅夫完成于2009年的博士学位论文，用的是"商业模式"的概念，研究范畴着重于公司价值创造的创新与竞争优势的获得，但论文实质上全面梳理了经营模式的概念、内涵与内容框架理论。[2]

由于经营模式具有高度概括性和抽象性特征，以及并无成熟的获得公认的概念，要单独为广告公司的经营模式做特别的定义，似乎既无必要，也比较困难。我们完全可以在对经营模式内涵的系统把握中理解广告公司的经营模式。

（二）广告产业发展与数字化融合研究

产业组织理论源于西方，且成果丰硕，国外学者较早运用产业经济学来研究广告产业的相关问题。以广告业最为发达的美国为例，美国关于广告产业的

---

[1] 鲁东亮、李志刚：《企业经营模式理论研究综述与前瞻》，《内蒙古大学学报（人文社会科学版）》2007年第3期，第94～98页。

[2] 郭毅夫：《商业模式创新与企业竞争优势——内在机理及实证研究》，东华大学博士学位论文，2009年。

研究长期集中在两个领域：一是广告公司如何实现集团化发展与规模经济效应；二是跨国广告集团的国际化发展。

2005 年之前，国内有关广告产业的文章，大多集中于微观广告公司的功能性研究。随着市场竞争的日趋激烈和跨国广告集团大军的进入，学者们开始从产业层面对作为中国广告产业主导的广告公司做整体解读。国内关于广告产业层面的研究始于 20 世纪 90 年代后半期，2006 年之后形成研究和讨论的高潮。

中国广告产业发展研究早期阶段的目标取向，是在广告产业处于困境时，为中国广告产业发展作路径的选择，为广告公司的壮大寻求出路。综观国内学界和业界关于中国广告产业发展的重要研究成果，在产业组织研究层面主要从以下三个方面展开，即产业环境的变迁与广告产业发展问题，产业市场结构、产业资源的分散与广告公司的规模化发展问题，产业发展危机与广告产业发展模式选择问题。廖秉宜、刘传红、姚曦等学者在此领域有突出的理论贡献。

廖秉宜在其 2009 年的专著《自主与创新：中国广告产业发展研究》中，首次提出"自主"与"创新"成为中国广告产业发展新的关键词。这项研究运用产业经济学和创新经济学的理论范式和研究方法，对跨国广告集团全球扩张模式的选择及在中国市场的扩张战略，中国广告产业市场结构、市场行为和市场绩效，中国广告产业战略转型与产业核心竞争力等问题做了深入研究。[①] 此后，廖秉宜等努力构建一个系统的广告产业经济学研究框架，即"广告产业经济学重点研究广告产业组织、广告产业结构、广告产业政策和国际广告产业发展等影响广告产业发展的关键性因素"。成果体现在其国家社会科学基金后期资助项目成果《广告产业经济学理论与实践研究》中。[②]

2012 年后，系统性的广告产业研究专著开始涌现。如刘传红的《广告产业组织优化研究》，将竞争力理论引入广告产业研究中，建构出适用于中国广告产业竞争力模型和评价指标体系，探索竞争力构建的路径。[③] 再如代婷婷做了一项中国广告产业竞争优劣势的实证研究。[④] 正是在 2012 年前后数年，核心竞争力问题成为热点。随着广告主营销理念的日渐成熟和行业竞争的不断加剧，如何打造核心竞争力成为广告公司得以生存发展的关键性问题。从研究来看，专业服务能力、代理经验和业内声誉是目前广告公司最为看重的竞争力。

[①] 廖秉宜：《自主与创新：中国广告产业发展研究》，人民出版社 2009 年版。
[②] 廖秉宜、付丹：《广告产业经济学理论与实践研究》，学习出版社 2012 年版。
[③] 刘传红：《广告产业组织优化研究》，湖北人民出版社 2012 年版。
[④] 代婷婷：《中国广告产业竞争优劣势研究——基于全球前五广告大国的实证分析》，人民出版社 2015 年版。

此外，专业人才优势、关系资源优势、先进经营理念及科学规范化的运作、公司的资产规模及资金优势等竞争优势也受到广告公司不同程度的重视。

2014年以来，广告产业①数字化融合发展研究开始成为热点。

产业融合是产业经济学研究的重要问题之一。刘徐方认为，产业融合是"指不同产业或产业内部不同行业，在边界与交叉处打破界限，经过产品、业务与市场的融合，逐步形成新产业的动态发展过程"。他对产业融合理解的还有一个要点："产业融合是在其他层次上对产业分工、细化的辩证复归；或者说，分化、融合是产业发展趋势的一体两面，融合在消灭本层次分工的同时，往往会带来其他层次更多的分工和专业化"。

现代服务业与信息技术和其他新型技术密不可分。刘徐方参照产业融合的定义，认为现代服务业融合是指"由于科技创新和放松管制，现代服务业内部以及边界和交叉处打破原来的产业界限，使之相互介入、相互渗透，从而改变了原有产品的特征和市场需求，形成一种新型的竞争与合作关系，最终实现现代服务业之间产品、业务与市场的全面融合"。②

国内外管理学者对产业融合的研究，侧重于产业宏观层面，分析产业融合与产业结构、产业升级等方面的问题；虽然也有以产业融合为背景分析不同产业发展的成果，但鲜有深入至广告产业。国内刘徐方③、匡导球④各有侧重地总结了现代服务业融合的内涵与融合类型，分析了动因，且从产业、企业和产品三个层面探讨了融合的效应。

广告学界以产业融合为背景的研究，以近十几年广告产业集群研究的成果较为集中。但近几年，由于技术带来的广告业变化更为彰显，广告学者多以平台、数字和数据化为研究背景，以技术作为融合发展的核心动力，进行广告形态与运作流程再造、广告产业价值链张大与产业发展模式、市场结构重构等方面的研究。大数据的价值与社会变革效应仍在发酵中，但学者们对其投入了极

---

① 由于广告内涵的延展、运作服务模式的演进，当我们具体讨论广告产业时，需要立足于广告业的某种层次。广告业对产业未来前景的担忧，多是出于对传统广告策略创意、媒介代理服务运作业态辉煌时代的留恋，因此，本书所讨论的广告产业，取狭义的广告代理服务业内涵，融合的主体以传统广告公司如4A为典型。
② 刘徐方：《现代服务业融合研究》，首都经济贸易大学博士学位论文，2010年，第23页。
③ 刘徐方：《现代服务业融合研究》，首都经济贸易大学博士学位论文，2010年。
④ 匡导球：《现代服务业的跨产业融合发展：动因、模式与效应》，《经济决策分析》2012年第3期。

大关注。如谭辉煌①、鞠宏磊②、李亦宁、杨琳③等学者集中探讨了大数据带来的广告业的重构效应。

学者们尤为重视对广告产业数字化发展路径的探索，发表了对广告产业数字融合的丰富多元的洞见，尽管聚焦的角度莫衷一是，但总体特征基本一致。廖秉宜的论文实质上研究了数字广告产业的融合发展路径④。而段淳林、李梦直接认定未来广告产业将向程序化购买的 DSP 转型⑤。秦雪冰⑥、倪宁⑦、韩文静⑧等少数学者展开的融合动因、效应的研究相对系统。王菲对广告产业融合的效应——"大广告产业"形态的形成进行了相对宏观的描述性阐释。她认为，直观来看，广告产业链进行了垂直整合，除了策划、创意、营销等产业链环节的渗透重组外，通过兼并、收购等资本扩张，依托大型营销集团和大型互联网企业得以继续生存的数字广告公司重新恢复了活力。此外，广告业与内容、网络、终端的融合，广告业与企业、与媒介业的融合，也彰显了广告业的融合与扩张状态。⑨

每一次重大的技术革命，都提供了一种由通用技术、基础设施和经济组织原则所构成的新的技术范式，这是演化经济学的核心观点。学者们敏锐观察到数字技术正在促进社会经济新一轮的增长，深深影响各产业的发展和企业行为。因此，开始从产业经济学的 SCP 分析框架，深入到演化经济学的理论运用中。如秦雪冰以演化经济学的创新演化理论为着眼点，分析创新对广告产业演化的影响，以及数字技术与制度变革中中国广告产业的创新发展模式。她认

---

① 谭辉煌：《广告的大数据生存：形态、价值与产业》，《广告大观（理论版）》2015年第2期，第34～38页。

② 鞠宏磊：《大数据精准广告的产业重构效应研究》，《新闻与传播研究》2015年第8期，第98～106页。

③ 李亦宁、杨琳：《大数据背景下广告产业生态的嬗变与重构》，《当代传播》2014年第2期，第86～88页。

④ 廖秉宜：《大数据时代数字广告产业的发展模式与战略》，《广告大观（理论版）》2015年第8期，第27～31页。

⑤ 段淳林、李梦：《移动互联网时代的广告产业链角色重构与平台化转型》，《华南理工大学学报（社会科学版）》2015年第4期，第58～64页。

⑥ 秦雪冰：《广告产业特征与数字化发展》，《重庆社会科学》2015年第2期，第90～95页。

⑦ 倪宁、王芳菲：《新媒体环境下中国广告产业结构调整分析》，《广告大观（理论版）》2014年第4期，第13～19页。

⑧ 韩文静：《数字背景下的市场融合与广告产业扩张》，《前沿》2015年第3期，第74～79页。

⑨ 王菲：《大广告产业之变》，《广告大观（综合版）》2014年第1期，第25～26页。

为"数字技术推动了广告产业的虚拟化发展;决定了广告产业的融合化发展;促进广告产业规模、市场结构与产业素质的演化;制度创新促进广告产业集群化发展,并提高集中度"①。

之后,又有一些学者将演化经济学的应用深入到"技术—经济"范式理论框架。曾琼、刘振在回顾广告产业经济范式历史演进的基础上,提出"技术—经济"范式,为研究广告产业融合的演进提供了一种新的理论分析框架,认为当前在"计算技术范式下,广告产业发生从人力密集型到技术密集型经济范式的重大转换",这种范式的转换"引发了广告产业,从生产运作方式、经济组织方式到产业结构的颠覆性重构"。②

2016年后,广告产业发展要素的研究成为热点。正如姚曦等所言,对广告产业自身可持续发展的研究是广告产业的基础性研究,研究发展问题应遵循发展理论的线索。发展要素之于产业发展而言既是基础问题又是核心问题,只有确定了与我国广告产业发展相匹配的发展要素,才能进一步规划产业发展目标,选择适合的产业发展路径。③ 姚曦等也曾提出:"人力资源、资本、技术、知识与制度是广告产业发展的重要内生变量,也是驱动广告产业发展的重要要素。"④ 陈刚立足中国广告产业发展的特殊性,并借助发展经济学关于制度、结构、要素的分析框架,提出"广告业最重要的发展资源包括人力资本、金融资本和技术资本"⑤。许正林、李名亮从制度层面提出"激励性的产业保护与扶持政策,基于广告产业的制度创新,加快管理机构改革是影响广告产业发展的因素"⑥。

总之,学者们的研究对广告产业融合的背景、路径、动因与效应等层面均有不同程度的涉及,且普遍意识到技术对广告产业生态的全面影响和渗透,数字、数据技术是当前驱动融合转型的基础力量。而基于对数字技术的深刻认

---

① 秦雪冰:《基于创新的中国广告产业演化研究》,武汉大学博士学位论文,2011年,第5页。

② 曾琼、刘振:《计算技术与广告产业经济范式的重构》,《现代传播(中国传媒大学学报)》2019年第2期,第132页。

③ 姚曦、韩文静:《再论广告产业发展要素》,《湖北大学学报(哲学社会科学版)》2016年第3期,第104～109页。

④ 姚曦、秦雪冰:《社会科学的使命与发展广告学》,《广告大观(理论版)》2013年第1期,第15页。

⑤ 陈刚:《发展广告学的理论框架与影响因素研究》,《广告大观(理论版)》2013年第1期,第4页。

⑥ 许正林、李名亮:《以国家的名义:广告产业发展战略的新境界——"实施国家广告战略"的内涵、保障与路径》,《广告大观(理论版)》2012年第4期,第14页。

知,一些学者在构建广告产业发展逻辑的理论框架时,已初步从产业经济学的SCP范式延伸至演化经济学的创新范式。

总体而言,上述研究视野仍有所局限,尤其是系统性的融合研究成果仍显不足,以至在复杂的分化、融合路径中,无法厘清主线,对产业结构变动、发展路径的探索不免失之偏颇。如一些研究将作为基础和环境的技术力量上升到"技术决定融合""技术主导融合"的高度;将依托广告技术衍生的数字技术类公司如数字营销、互动公司、数据服务类、实时竞价(Real Time Bidding, RTB)产业链上公司作为广告产业融合的主导力量和主要载体。为解决系统视野不足的问题,笔者2020年出版了专著《创新融合与平台共享:广告产业的数字化发展路径》①,研究基于对现代广告业融合的基本内涵和发展历史的理解,立足于对广告公司经营现实状况的分析,检视当前广告业融合转型的核心问题,包括融合的路径、核心驱动与效应等。目的是透过混沌的表象,厘清广告产业发展的主轴和转型的逻辑,进而正确认识广告产业在数字时代的现状,客观认识其转型的结局与发展的前景。

(三)广告公司经营模式以及数字化转型研究

相比于宏观研究成果的丰厚,2010年之前,广告公司经营领域的研究相对欠缺。如康瑾在2010年的一项广告学术史实证研究认为,学者们"对广告公司的研究相对贫乏","研究资助方面,广告公司经营与业务仅占3.7%"。②成果虽然不够丰硕,但对各个经营领域和层面均有涉及,主要集中在三个层面:一是广告公司经营的战略层面研究,如市场定位、差异化经营、经营理念、集中化与集团化经营、跨国经营、战略合作伙伴关系等;二是广告公司管理制度性研究,如客户关系管理、组织再造、财务制度、人力资源管理制度、行政管理制度、公司文化等;三是广告公司的经营业务性研究,如业务操作流程的研究、计费方式的研究等。

2009—2013年,广告产业进入新媒体环境时代,广告公司的生存环境出现了战略性的变化,新媒体形态的出现、媒体间的融合、消费者和信息沟通方式的变化,在各方面影响着广告公司未来的经营发展。广告公司数字化经营转型的研究成为学界关注的焦点之一。陈丽娜在2013年对广告公司相关问题研究做了综述。她总结了此阶段的学术研究主题,即主要关注六个重点领域:民营广告公司的未来创新发展;新媒体环境时代广告公司的经营战略转型;国际

---

① 李名亮:《创新融合与平台共享:广告产业的数字化发展路径》,学林出版社2020年版。

② 康瑾:《交叉学科视角下的广告学术研究》,《国际新闻界》2010年第9期,第28页。

4A广告公司发展的经验与启示；网络广告产业链与网络广告公司的经营与发展；互动广告公司的经营与发展；广告公司资本化运作战略与上市广告公司研究。①

随着大数据技术在广告产业走向的深入，2013年之后，大数据对广告公司经营模式的冲击、相应转型的紧迫性和路径探索等研究受到了学者们的关注。一些学者对传统广告业务模式及公司价值面临挑战的前景深为忧虑，认为"传统广告业务变得可有可无"②；更多的学者则是抱着积极和乐观态度，分析技术带来的精准、高效、低成本等机遇；③ 强调数据资源、处理和应用能力可成为广告公司未来核心的资源要素、专业服务整合方向。④ 至于大数据与算法驱动下广告公司形态⑤、业务模式与发展战略转型⑥等的相关研究，更是成为学者们研究的核心问题，如马二伟、俞倩提出广告业正由人力智慧向机器智能转变，传统广告公司转型路径应该遵循专业化、垂直化方向发展与平台化、融合化发展两种趋向。⑦

姚曦、李斐飞的两篇文章是上述研究领域的经典成果。其中一篇文章从数字社会"技术—价值"范式入手，分析大数据时代广告产业价值链和业务链的形态转变，提出"大平台型＋小前端"的模式是数字社会"技术—价值"范式的价值网络基本形式，要求广告产业价值网络系统的建构方向与之相适应。⑧ 在另一篇文章中，姚曦等的研究深入至数字时代广告公司的商业模式创新和业务模式重构模式，他明确提出，"广告公司的商业模式创新必须符合新

---

① 陈丽娜：《知行合一，突破与转变——广告界对广告公司问题的研究成果综述》，《广告大观（理论版）》2013年第4期，第36~43页。

② Nyilasy, K. Robin, J. Peggy. "Ad Agency Professionals' Mental Models of Advertising Creativity", *European Journal of Marketing*, 2013, 47 (10): 1691 - 1710.

③ F. Gian, "Big Data: Friend or Foe of Digital Advertising? Five Ways Marketers Should Use Digital Big Data to Their Advantage", *Journal of Advertising Research*, 2013, 53 (4): 372 - 376.

④ Insight: Media Debate-Big DATA-Agencies in Competition with Tech Firms. Campaign Asia-Pacific. 2013 (8): 55.

⑤ 陈刚、石晨旭：《数字化时代广告公司形态研究》，《湖北大学学报（哲学社会科学版）》2016年第3期。

⑥ H. C. Lee, Chang-Hoan, "Digital Advertising: Present and Future Prospects", *International Journsing*, 2020, 39 (3): 332 - 341.

⑦ 马二伟、俞倩：《大数据时代广告中国广告公司的现实困境与转型路径——基于广告从业人员的深度访谈分析》，《新闻与传播评论》2019年第1期。

⑧ 姚曦、李斐飞：《价值重构—数字时代广告公司商业模式的创新》，《广告大观（理论版）2016年第12期，第10~18页。

的营销传播价值网络系统的需求,在自身能力和资源的基础上,选择构建'大平台'型商业模式或者'小前端'商业模式","广告公司的业务模式,应该以'数据'作为核心生产要素,而大数据管理平台将成为广告公司业务流程中的中介平台,五大业务内容模块通过与大数据管理平台的实时精准互动,而实现与其他业务模块的信息交互和协同作业"。①

综合考察国内外文献,广告公司经营模式转型的相关问题研究越来越成为广告学界和业界共同关注的重要实践课题。值得指出的是,虽然相关成果数量不够丰硕,但研究作者却庞杂多元,研究不成体系,也没有延续性,因此,成果零散,概念与结论混乱,这与仍没有建构学者们展开研究的共同的概念平台和大体明确的内容框架等不足有关,也可以说,相关成果有待于在新的经营模式框架下进一步梳理、归纳。笔者2014年的博士学位论文即以《广告公司经营模式转型研究》为题,以一种全新的视角,科学地把握广告公司经营模式的基本内涵和实质,系统构建了广告公司经营模式理论和模式框架。②

我国广告公司经营与管理的研究既不能也无法照抄西方既有的研究成果,而必须根据我国广告市场的特殊情况和现实,分析新问题,总结新经验,在此基础上逐渐建构系统的、中国化的广告公司经营与管理的理论体系。

另外,本书也认同陈丽娜的观点,即"目前,广告学术界对广告公司的理论研究仍然处于对实践经验的分析、提炼和总结层面,其贡献的思想不能引导和指导业界广告公司的未来发展"。学界应前沿规划,抓住关键问题进行重点突破型研究,以解决实务之需。陈丽娜所提出的关键问题是:"大数据时代,广告业将发生深刻变革,未来的广告公司必须同时是技术公司和增值服务公司,甚至还是信息内容公司和数据挖掘公司。"③ 广告公司在这种产业链变革环境中,如何抓住机会?如何顺利转型?本书研究深入广告公司当代的数字化经营模式转型领域,也是一种系统论研究方法,可以说是朝向这种突破型研究所做的努力之一。

三、广告产业发展与公司竞争优势的理论路径

广告产业的现状是广告公司开展经营的背景之一。但本书的研究并非着眼

---

① 姚曦、李斐飞:《精准·互动——数字传播时代广告公司业务模式的重构》,《新闻大学》2017年第1期,第123页。
② 李名亮:《广告公司经营模式转型研究》,上海大学博士学位论文,2014年。
③ 陈丽娜:《知行合一,突破与转变——广告界对广告公司问题的研究成果综述》,《广告大观(理论版)》2013年第4期,第38页。

于广告产业的整体,而是深入公司经营层面,目的是解决广告公司的竞争能力和竞争优势提升问题。本节在展开研究前,先梳理与介绍企业竞争优势研究路径与范式,以作为本书研究重要的理论基础。

"竞争优势"概念由英国经济学家张伯伦(Chamberlin)在 1939 年最先提出,后由霍菲和申德尔(Hofer & Schendel)引入战略管理领域。而波特认为,企业竞争优势是指企业在有效的"可竞争性市场"上、在向消费者提供具有某种价值的产品或服务的过程中表现出来的超越或胜过其他竞争对手,并且能够在一定时期之内创造市场主导权和超额利润,或者创造高于所在产业平均水平盈利率的属性或能力。①

对企业竞争优势来源和企业持续竞争优势的研究,从 20 世纪初至今,经历了从外生到内生、从竞争到竞合、从静态到动态、从核心价值创造到经营模式的理论演进,并形成了多样化的理论体系。对此演进过程与理论体系,郭毅夫在其博士论文中有所梳理。②

(一)从组织外部到组织内部

1. 产业组织理论的"结构—行为—绩效"(SCP)范式

1959 年贝恩(Bain)的《产业组织》的出版标志着产业理论的诞生。该书首先提出了一个由市场结构(Structure)—市场行为(Conduct)—企业绩效(Performance)(梅森-贝恩 SCP 分析范式)组成的研究框架,该研究框架假定市场结构决定市场行为,市场行为再决定市场绩效。后来的经济学家对贝恩等人的 SCP 框架做了修改,认为市场绩效,尤其是市场行为,也会影响市场结构。SCP 研究框架一直是正统产业组织理论研究的核心。

因为产业组织理论源于西方且成果十分丰硕,国外学者较早运用产业经济学来研究广告产业的相关问题。中国 2006 年形成的研究广告产业的热潮,其对广告公司的研究范式正是比较典型的产业宏观的 SCP 范式,集中于关注广告公司整体在产业链系统中面对的机会和问题,而很少涉及对公司个体在产业内的竞争优势提升来源的研究,研究的视角显然集中于广告公司外部。③

广告产业的 SCP 范式能揭示广告产业市场结构的状况及其影响因素,能对广告企业市场行为和市场绩效状况有一个总体的把握,因此,是揭示广告产业内部可持续发展的因素的一种十分有效的理论工具。广告产业独特的广告公

---

① [美]迈克尔·波特:《竞争战略》,陈小悦译,华夏出版社 1997 年版。
② 郭毅夫:《商业模式创新与企业竞争优势——内在机理及实证研究》,东华大学博士学位论文,2009 年。
③ 廖秉宜:《自主与创新:中国广告产业发展研究》,人民出版社 2009 年版。

司中间双向代理市场结构，以及随产业环境变动而改变的广告公司地位，一直是影响广告市场行为以及广告产业运作绩效的根本要素。同样，社会环境、市场环境以及制度与监管的缺失，决定了广告行业的竞争状态从来就是复杂的。广告产业集中度不高，大量中小公司完全无序、同质化的竞争，以及依附于权利、资本或媒体的垄断经营和进入壁垒并存，这些因素决定了中国广告产业特殊的市场结构，也影响着广告市场的行为与绩效。而反过来，广告市场的各种不良行为和绩效，如同质、无序竞争、价格战、利润率低等，又导致市场结构的固化，或推动新的市场结构的形成。这是一种双向、动态的分析范式。

2. 企业资源学派的"资源—战略—绩效"（SSP）范式

当人们开始从企业内部视角探寻企业竞争优势的来源的时候，战略资源论和核心能力论（以下简称"资源能力论"）兴起并受到重视。资源能力论是20世纪80年代兴起的一种战略学说，从不同的视角对企业业绩差异进行了解释。资源能力论，作为从组织内部来寻找企业竞争优势的一种理论，逐步兴起并成为主流战略理论之一。1984年，沃纳菲尔特（Wernerfelt）在美国的《战略管理杂志》（*Strategic Management Journal*）上发表了《企业资源基础论》一文，标志着资源基础学派的正式形成。该文认为企业是资源的集合体，企业资源对企业的绩效有重要影响，进而对企业竞争优势的获取和保持具有决定性的作用，[①] 这一观点对20世纪90年代的战略理论产生了重大影响。之后，巴尼（Barney）在此基础上于1991年在《管理学杂志》上发表了《企业资源与保持竞争优势》一文，明确了企业资源学派的基本假设：企业是异质的；企业资源是不完全流动的。基于这一假设，他推导出企业资源的四个特性：价值性、稀缺性、不完全流动性和不完全替代性，并以此为基础，分析了企业竞争优势的可持续性。[②]

如果说产业组织理论为企业竞争优势提供了"结构—行为—绩效"的分析范式，那么，企业资源学派则为它提供了"资源—战略—绩效"的分析范式。[③] 进而可以看出，企业资源学派打开了企业"黑箱"，为人们从企业内部视角研究企业竞争优势提供了方便，促使人们更加重视企业资源。但是企业资源学派没有进一步研究企业的"黑箱"里存在的情况，即没有就对企业竞争

---

① B. Wernerfelt, "A Resource-Based View of the Firm", *Strategic Management Journal*, 1984 (15): 171–180.

② J. B. Barney, "Firm Resources and Sustained Competitive Advantage", *Journal of Management*, 1991, 17 (1): 99–120.

③ 郭毅夫：《商业模式创新与企业竞争优势——内在机理及实证研究》，东华大学博士学位论文，2009年，第6页。

优势尤为重要的企业资源的产生和积累过程进行深入研究,且资源能力论否认了经济学中关于企业不存在差异的假设,其结果可能导致资源与其配置者之间相互分离。

(二) 从技术创新理论到"技术—价值"范式

创新理论的创始人约瑟夫·熊彼特认为,所谓创新就是"建立一个新的生产函数",也就是说把一种从来没有过的关于生产要素和生产条件的"新组合"引入生产系统。① 熊彼特将技术进步和技术创新作为核心要素,构建其创新经济发展的理论体系,强调技术创新与组织创新、管理创新等创新要素的组合,共同推动经济的创新发展。德鲁克(Peter F. Drucker)认为,"创新的行动就是赋予资源以创造财富的能力"。在他看来,"创新并非在技术方面","凡是能改变已有资源的财富创造潜力的行为,都是创新",如体现在管理、市场营销和组织体制等方面的新能力、新行为,即属于管理创新、市场创新和组织创新。②

传统上关于创新的理解主要指技术创新,但随着研究的深入,制度创新日益受到学界的重视,从而演化为创新理论的两大学派——技术创新学派和制度创新学派:前者侧重产品、工艺创新研究,形成了技术创新理论;后者主要以组织变革和制度创新为研究对象,形成了制度创新理论。20世纪80年代以来,在经济进化论和内生增长理论的旗帜下,技术创新理论和制度创新理论显现出分久欲合之势。

技术创新和制度创新的模型对分析中国广告产业创新具有重要的参考价值。目前,国内很多企业已经通过创新发展模式和经营模式,成长为国内顶尖的广告公司,为中国广告产业的整体升级提供了重要启示。

一般理解,商业模式是经营模式的核心部分,这一概念伴随着数字技术与知识经济的兴起而开始受到关注。虽然对商业模式的内涵界定仍存分歧,但学者们都认为这一概念强调的是企业的价值系统,即它是从企业价值流动的角度进行界定的,包括如何创造价值和如何获取价值。③

商业模式创新的影响因素众多,既存在于外部环境,也存在内部的主体选

---

① [美] 约瑟夫·熊彼特:《经济发展理论》,何畏等译,商务印书馆1990年版,第86页。

② [美] 彼得·德鲁克:《创新与企业家精神》,蔡文燕译,机械工业出版社2007年版,第79页。

③ H. Chesbrough, "Business Model Innovation: Opportunities and Barriers", *Long Range Planning*, 2010, 43 (2-3): 354-363.

择性。从价值系统逻辑的角度来观察，姚曦等认为，引发企业商业模式创新的外部决定性力量是其生存的外部价值系统的"技术—价值"范式，而企业作为社会价值系统中的子系统，会主动识别外部价值系统"技术—价值"范式的变化，从而进行商业模式创新。①

而姚曦所提出的"技术—价值"范式，即技术具体化的价值系统的运作规律和内在范式，它是以核心技术簇为基础的社会价值系统生产和消费的内在逻辑。"技术—价值"范式的技术不是具体的一项专业领域技术，而往往是一束具有相似原理的社会基础技术簇，它们是社会价值系统中总体知识水平的外显性特征。②

（三）从竞争到竞合

无论是强调竞争优势来源于外部行业定位的竞争战略理论，还是强调竞争优势来源于组织内部的资源能力论，对竞争优势的思考都建立在对抗竞争的基础上，侧重于探讨如何通过有效的竞争来获取优势。但许多企业的竞争优势实际上并不是仅仅依靠自身的力量来获得的，而是来自企业所处的企业群体——企业群中的其他企业既可能是该企业的合作者，也可能是该企业的竞争对手。企业经营的本质不应该是竞争，而是挖掘市场价值和创造价值，从而使企业从竞争转向竞合。

竞合是发生在企业或组织之间、涉及不同企业或组织的一种关系。一些学者开始从企业或组织间的角度来寻求企业竞争优势的来源，提出企业竞争优势来自组织间的"关系租"。杰弗里（Jeffrey）和哈比辛（Harbisingh）开创性地对关系租做出了如下定义：如同超常报酬，从厂商彼此的交换关系中产生，单一厂商无法产生，必须通过特定联盟伙伴共同的努力才能创造。联盟伙伴通过整合、交换或投资于特定资产、知识与资源（能力），利用有效的治理机制来降低交易成本，或有效地整合资产、知识或能力以获得租金。③他又进一步指出，通过旨在组织之间建立关系的特定投资，可以以独特的方式对资源进行整合。因此，厂商之间的特殊关系是关系租与竞争优势的来源。厂商的重要资源可拓展厂商的边界，这些资源可能镶嵌于厂商间的资源与惯例之中。在过去的

---

① 姚曦、李斐飞：《价值重构——数字时代广告公司商业模式的创新》，《广告大观（理论版）》2016年第12期，第10～18页。

② 姚曦、李斐飞：《价值重构——数字时代广告公司商业模式的创新》，《广告大观（理论版）》2016年第12期，第10～18页。

③ H. Jeffrey, Harbir Singh. "Academy of Management", *The Aeademy of Management Review*, 1998, 23 (4): 660.

十几年里，企业联盟的数量剧增，成对企业或企业网络已成为日益重要的分析单位。"关系租"可能来源于关系专属资产，具有互补性的稀缺资源或能力，以及共同学习、知识交换或更有效的治理机制等。

（四）从静态到动态

20世纪90年代，企业经营环境的最大特点是竞争全球化，国际竞争越演越烈。全球统一大市场的出现，使得国家的边界变得模糊。时间和速度已经成为新的竞争手段。而在激烈动荡的市场环境中，企业竞争呈现动态化特征，企业原有的核心能力有可能成为阻碍企业发展的一个包袱。因此，提斯（Teece D）等人针对李奥纳德·巴顿（Leonard Barton）于1992年提出的核心能力存在核心刚性的问题，提出了动态能力概念。①

在快速变化的环境中，美国著名的战略家戴·维尼（D. Aveni）研究也表明，在变革条件下，任何行业中企业竞争优势的来源正以逐渐加快的速度被侵蚀掉，维持优势时期的长度也在缩短。戴·维尼称这种现象为"超级竞争"。② 因此，在超级竞争的战略环境下，企业洞察环境适应环境、应变环境的能力成为企业制胜的关键。动态能力理论构造出了"动态环境—应变战略—持续优势"这样一个战略思维框架。③

（五）经营模式创新：企业竞争优势的系统分析框架

从系统论的角度研究经营模式创新，可以分为两个方面，一个是对单个企业经营模式创新要从系统的角度出发，因为经营模式本身可以看作由产品流、服务流和信息流构成的一个系统流程。正如袁新龙和吴清烈提出的，经营模式是一个系统，由不同部分组成，各部分之间相互关联组成一个互动的机制。具体表现在，企业既为客户提供价值，同时，企业又和其他参与者分享利益；既包括产品及服务、信息和资金流，又包括对不同参与者的角色描述及利益分配。④

---

① Teece D, Pisano G, Shuen A, Dynamic Capabilities and Strategie Management, *Strategic Management Journal*, 1997, 18 (7): 509 – 533.

② R. Veliyath, "Bookreviews, Hypercompetition: Managing the Dynamics of Strategie Maneuvering, by Richard A. D. Aveni", *Academy of Management Review*, 1996, 21 (1): 291 – 294.

③ 郭毅夫：《商业模式创新与企业竞争优势——内在机理及实证研究》，东华大学博士学位论文，2009年，第7页。

④ 袁新龙、吴清烈：《江苏企业信息化与电子商务应用现状分析》，《科技与经济》2003年第3期，第33～36页。

经营模式作为一种描述和反映企业运营的工具，具有系统性。经营模式关注企业运营的各个方面，包括对企业自身及其产品和服务的定位、选择客户、获取和利用各种必要资源、进入市场等，而且，构成企业运营的各方面、各层次存在着相互联系、相互依赖的逻辑关系。因此，经营模式的创新是一个系统工程，而不是仅仅就某一环节进行改良的企业改革。在创新经营模式的过程中，应该更多地基于系统的观点，对经营模式的关键环节做出成功创新后，还要对整体经营模式进行审视，并以系统功效最大的原则做出相应的调整和创新。

这里可以引用威汉营销传播公司（以下简称"威汉传播"）的经营模式创新经验来说明这种系统思考观。威汉传播在电子商务领域迈开了创新的步伐，即率先将服务触角伸向了电子商务和移动商务领域，建立了以实效营销为导向的服务模式，成为行业直接涉足品牌终端销售的先行者。这一步对广告行业的发展有着积极的影响。目前进入到这一新领域的传统广告公司并不多，而威汉传播突破了传统的营销方式，给行业带来新的增长空间。在谈到经营模式创新的经验时，原威汉传播首席执行官陈一枬认为，除了要抓住稍纵即逝的机会，还要在明确核心竞争优势的基础上，进行系统化的经营模式创新转型，她的经验是：首先，要明确自己的核心竞争优势，形成强大的品牌力，在不断巩固创意理念、消费者洞察等传统业务的基础上，才能够向未知领域延伸。其次，要把寻找真正有经验的团队放在重要的位置，人才的挑选与储备依然是广告公司能否做大做强的保障。最后，只有保证传统广告、社会化营销以及电子商务之间独立又互相融合的运营模式，构建专业、灵活、适应性强的服务体系，才能够助力品牌形成更持久的市场。此外，对广告行业来说，除了苦练内功、强化竞争力，还需要与客户建立彼此信任的合作关系，客户的信赖是代理公司能够放手求变的前提。①

从系统论的另外一个角度来看，对企业与企业之间、企业与企业利益相关者之间乃至企业与环境之间的关系，以及经营模式创新的系统思想，均要加以重视。在过去，公司主要精力花在与直接竞争者有关的市场竞争中，近年来，公司则强调加强与客户和供应商的关系以及对社会责任的关注，在很多情况下直接与竞争者共同形成战略联盟，共同研制大型的复杂产品，共同开发新市场，互相利用对方核心资源，等等。

由于广告产业作为代理服务业所具有的独特性，以及数字化条件下经营模式创新要素和模式更为多元和复杂，任何一种理论都难以有效和全面地解释广

---

① 李君霞：《威汉传播：重新的解构营与销》，《现代广告》2014年第4期，第82~83页。

告公司的经营模式创新,因此,需要从不同角度、运用多种理论才能对经营模式的数字化创新转型进行有效的诠释。如价值链理论更多地体现在经营模式创新的路径上,资源基础论则从经营模式创新所需的资源出发,分析经营模式创新所带来的公司竞争优势,而创新理论和系统理论则是从全局角度,对经营模式的创新进行探讨。

四、广告公司战略的中观研究:经营模式数字化转型

(一)专注于数字技术驱动下的中国广告业态

本书研究专注于数字技术驱动下的中国广告产业业态,研究边界有几个方面的问题需要澄清。

一是传统广告定义已经无法阐释数字传播环境下的广告运作的内涵,对"广告"的共识仍有待达成。陈刚等根据数字传播的特点和趋势,提出了广告的新定义:广告是由一个可确定的来源,通过生产和发布有沟通力的内容,与生活者进行交流互动,意图使生活者发生认知、情感和行为改变的传播活动。[①] 实质上,陈刚是将"广告"的内涵上升至"营销传播",他将新媒体时代的营销传播概括为以人的智慧与数字技术相结合为基础的"创意传播管理"(Creative Communication Management,CCM)。创意传播管理是在对数字生活空间的信息和内容管理的基础上,形成传播管理策略,依托沟通元,通过多种形式,利用有效的传播资源触发,激活生活者参与分享、交流和再创造,并通过精准传播,促成生活者转化为消费者和进行延续的再传播,在这个过程中,共同不断创造和积累有关产品和品牌的有影响力的、积极的内容。舒咏平等强调与深化阐释广告在新时代的品牌传播服务内涵。他们认为,广告的概念正在淡化,但企业比以往任何时间都更加需要品牌传播,能够提供以品牌传播为导向的专业化服务者将会受到企业欢迎。[②]

二是本书研究以正在蓬勃兴起的数字广告产业及产业链上的核心主体为对象。由于数据的可获得性以及其他原因,本书所称的中国广告产业,指的是中国内地广告产业及其产业组织。数字广告产业是当代数字技术与广告产业的融合业态,而其产业链上的核心主体,是专业广告代理公司在数字媒介环境下的

[①] 陈刚、潘洪亮:《重新定义广告——数字传播时代的广告定义研究》,《新闻与写作》2016年第4期,第27页。

[②] 舒咏平、祝晓彤:《品牌传播服务取向的广告产业转型》,《广告大观(理论版)》2018年第1期,第49~58页。

转型业态，以及依托数字技术渗透广告产业价值链内的新兴业态公司，如数字广告产业网络中的各类广告、营销传播公司与数字广告平台公司、互动公司等。

狭义的广告产业，在国外也称广告代理业，是从事调研、策划、创意、制作、媒体购买、发布等广告活动，为广告主提供营销与信息传播服务的企业集合，即所有生产或提供广告产品的广告公司的集合。[①] 目前，人们对广告产业的内涵和外延的认识并不统一。新兴的数字营销产业链，如各类广告平台、数据与监测服务商等正在快速形成当中，如何重新定义广告产业及其主体，仍是值得探讨的问题。

无论如何，广告公司是广告市场的经营主体之一，也是广告产业的主体之一。在广告市场活动中，广告公司居于核心地位。广告公司的专业化程度，标志着一个国家或地区广告产业的发达程度。广告公司的创新发展，将直接推动中国广告产业升级。

三是有关广告产业领域的经营研究，传统上有两个层面：一是产业研究，即对广告产业做整体观照和普遍审视。二是经营管理研究，即广告公司经营管理的微观层面，其研究是以某个从事广告专业活动的代理公司为单独主体。重点关注的是广告公司作为经营主体，如何通过规范化和专业化的经营运作提高专业服务能力，从而提升公司在广告市场上的竞争力。广告公司个体在广告市场中的经营活动，当然具有作为广告产业一分子的共性，但更具有独特性。但是，现代企业战略管理理论也提出，由于企业边界与产业边界的模糊性增强，实际上，包含企业、供应商、合作伙伴及客户等利益相关者在内的经营模式，应当成为一种新的战略分析单元，从而与传统战略分析单元（微观的企业或宏观的产业）形成有效互补。

（二）一项有关广告公司战略的中观研究：经营模式数字化创新转型

本书聚焦于"数字技术"这一产业发展的核心要素，是因为当代数字技术对广告产业发展带来了革命性的转型驱动力，拉开了广告产业新一轮转型的序幕，即由数字化产业融合带来的产业结构性转化的大幕。技术的变迁与广告产业的发展联系密切，而技术是通过影响需求结构来影响产业结构的。广告产业的发展是一个动态的过程，当一种成熟的产业运作模式、产业业态与结构面临新的环境变动时，即可能陷入某种产业成长的困难，也只能通过动态的创新与转型来解决。广告产业发展的当前现状与出现的核心问题，凸显了广告产业

[①] 刘传红：《广告产业研究的几个基本问题》，《武汉大学学报（人文科学版）》2007年第2期，第56页。

进行数字化转型的必要性和必然性，也提供了广告公司转型的空间。如广告公司在其广告运作中，必须注入技术元素以更好地满足客户需求，这也引发广告服务与运作模式的改变，从受众画像、策划创意、实施投放到效果评估，技术的运用贯穿始终。

本书基于广告产业的现实状态。在互联网、数字与数据技术的驱动下，广告产业正在经历方向多元、路径纷繁的融合转型；产业结构调整剧烈，产业生态由此一片混沌。以4A广告公司为代表的传统广告业转型不及，正陷入窘境，对其在数字时代的发展前景，广告界多持悲观态度。

广告公司如何适应互联网带来的变化，并抓住这次数字产业革命带来的机会？传统广告产业所习惯的套路与模式确实逐渐失效，如何创新转型的答案也并不可能那么清晰。

正如陈刚所言，"正在进行的这场产业变革，是工业革命之后最重大的一次革命"。"互联网所带来的产业变化，是一场系统的整体革命，绝不是某些局部的改良。企业要适应互联网的变革，必须进行数字化的再造和重构。对企业来说，最困难的是，这场变革刚刚开始，还处在过程中，新的格局还未成型。因而，在目前的产业震荡阶段，企业最重要的是要把握互联网变化的基本逻辑，准确地判断数字化转型的大方向，针对企业具体的特点，明确发展的思路和模式，不断推进数字化的进程"。①

当前，新兴的数字广告产业链正在形成之中。数字广告行业应该属于高新技术范畴，和传统行业一样同样需要进行经营模式创新。人们总是习惯用既定的经营模式来衡量和规约新兴技术及其带来新的经营形态，对其是否具有商业价值充满怀疑与责难。在这一点上，正如时代华纳前首席技术官迈克尔·邓恩（Michael Dunne）所说，相对于经营模式而言，高技术反倒是次要的。如何把媒介技术转化为经营优势和盈利方式？一种新兴技术并不是在其羽翼丰满的时候才出现在经济领域，相反，在进入经济领域时，它往往是不成熟的，其发展演变在许多方面必须依据在应用中所产生的抑制和刺激。唯有与经营模式创新动态联合，才能真正构成科技型企业的核心竞争力。企业应该依据所拥有的新兴技术特点，以创新的经营模式来取得竞争优势。所以，对新兴技术市场来说，永远不缺乏新价值，缺乏的只是一种相应的经营模式来对新价值进行探索和发现。

目前，跨国广告集团凭借历史的领先地位、资金和专业优势，进行全球战略扩张，其扩张战略包括全球化战略、信息化战略与一体化战略，试图获得进

---

① 陈刚：《序》，载刘立丰等：《服务化：移动互联网时代的商业变革》，中国人口出版社2016年版，第3页。

一步的发展优势。和西方跨国广告公司相比，中国广告企业的专业能力、市场竞争力、营利能力和可持续发展能力等均有较大的差距，除了制度、技术、资金和人文等因素作用外，经营模式水平的差距也许是最根本和最直接的原因。在全面信息化、国际化背景之下，中国的广告公司仅运用单一的价格、成本等比较优势，或仅利用地域经营的区位优势、媒介代理的人脉优势，是无法参与竞争的，更无法跟随国内企业的全球扩张，实现跨国广告经营。

中国广告公司必须借助中国信息化和数字化快速发展提供的弯道超车的机会，通过世界级管理的经营实践和创新，提升自身的核心竞争力，建立强势的竞争优势，进而释放和创造后发优势。只有在公司战略、经营模式等各方面全面提升，才能增强市场和国际竞争力，真正实现可持续发展。

前文所提笔者的博士论文，已初步建立了一种全新的视角，通过科学把握广告公司经营模式的基本内涵和实质，系统构建广告公司经营模式理论和模式框架。本书在前两章简要承接了前述的模式建构成果；而根本的研究目标指向，是基于对广告产业发展历史环境和核心业务模式的考察，立足于对广告公司经营现实状况的分析，重点研究广告公司经营模式在当下的数字化时代，如何进行创新转型且获得竞争优势和发展能力。研究希望进一步解决以下两个方面的问题。

（1）当下社会已进入数字化时代，广告公司为什么必须进行经营模式创新转型？哪些因素构成了其创新转型的主要驱动力？数字技术的核心推动作用表现在哪些方面？

第一章简要梳理了广告公司经营模式的历史转型特征；探讨多次转型的内在和外在的驱动因素。同时，研究专注于数字化生态，将广告公司经营模式创新转型的研究置于数字技术演进这一当下最显性的驱动因素之下；但其他因素，如媒介、技术、市场、竞争等的演化，以及数字融合生态的形成，作为产业生态系统的重要部分，显然也不能被忽视。

如果说第一章重心在于转型的宏观背景因素，第二章即深入至中观的广告业态与产业链重构层面，讨论数字技术包括大数据、算法与人工智能等，渗透广告产业，不断衍生、演化出来新兴的广告技术、服务方式与服务业态，而广告产业的数字化运作与产业链重构呈现出勃勃生机。

（2）经营模式创新，是以核心顾客价值和商业模式等核心战略创新为主导的。广告公司如何完成核心的数字化战略创新转型？如何依次完成战略性资源的开发与管理、公司成长、顾客界面等层面的经营模式创新转型？其提升竞争优势的作用机理是什么？

第三章至第七章，分别研究公司经营模式各个层面的转型核心问题。

第三章是本书的重心所在，研究核心战略转型或者说商业模式转型问题，围绕公司的价值链和价值创造这两个关键词而展开。

第四章的写作遵循公司战略资源的拓展逻辑。这是考虑到在传统广告公司中，媒介资源以及人力资源是广告公司的核心要素，而在数字化时代下，人工智能、大数据等新技术不断兴起，数据和新型技术人才成为广告公司资源的核心要素。

第五章，公司边界扩张：从规模扩张到平台经营。当前，中国广告市场正在进入以数字化、数据化驱动的资本并购、联合为主要特征的新一轮产业扩张与整合阶段；大数据和人工智能技术正成为并购的重要目标。在万物互联的今天，新经济正在建构平台、共享与微经济三位一体的分工新体系。在此趋势下，广告公司发展壮大的路径，应该如何迎合新的产业分工体系？

第六章，从差异化竞争到协同竞合。竞争战略转型问题实质上也是核心战略转型问题的重要方面。从差异化竞争战略出发，培养核心竞争力，是中国广告公司摆脱同质代理、价格战等不良竞争的有效经营战略。而当下正在进行的广告产业数字化融合，进一步促进了广告公司的竞合深化态势；这种态势极为考验广告公司在数字信息产业及复杂的数字广告产业网络中，协同前行的竞合能力。

第七章涉及顾客界面层面，本章研究仅从网络广告伦理讨论出发，深入研究广告公司在运作网络与智能广告时可能面对的伦理风险问题。

（三）广告公司经营战略理论的深化

目前，广告公司经营及创新处于实践先于理论的状态。虽然广告公司在环境变化的压迫下，正在进行着艰难的转型，但理论发展的不足使当前的广告公司经营的创新转型实践受到制约。本书对广告公司经营模式创新转型的问题研究，深入至当下正在火热发展中的数字化转型方面，因此有着特别突出的意义。具体而言，其研究价值体现如下。

1. 深化了广告公司战略理论

德鲁克认为，当今企业之间已经不是产品竞争，而是经营模式的竞争。随着数字经济的快速发展，广告公司内外部运营环境都发生了巨大变化，促使广告公司实践着各种各样的经营模式。经营模式及其创新，应该成为广告公司维持专业分工地位，获得核心竞争力、经营绩效和竞争优势的新依托。建立合理的经营模式，成为广告公司走出竞争困境、划分市场区隔、组建资源体系并最终获得成功的首选战略。

过去，广告公司战略制定的起点，经历了从关注企业外部环境到关注企业的内部资源和能力，直到寻求外部环境和内部资源能力的有效结合的三个阶段。

在关注公司外部环境和竞争环境阶段，曾经认为选择一个好的行业或者定位就能成功，如广告代理制的引进和制度推广，就是为了确保广告公司在广告产业链中的专业分工地位和独特价值，直到发现在广告行业，同样在代理制保护下、定位为广告专业中间代理的公司却有极为悬殊的绩效表现，于是我们开始关注公司内部资源和能力，如人才、品牌客户、媒介资源和社会资源、广告技术和某种广告策划理念、客户关系管理能力等，认为一个公司所掌握的资源和能力是保持竞争优势以及获取超额利润的决定性因素，直到发现过于关心公司内部导致公司内外部分析失衡，于是最终认为应该强调核心能力的构建、维护与产业环境分析相结合。

今天我们又面临新问题，即面临同样的行业外部环境和拥有类似的资源与能力，公司的表现为何仍然会有不同。其实根源主要在于经营模式的不同。正是经营模式的不同，导致公司经营效率的差异，导致公司核心能力的不同。在这个意义上可以发现，公司的核心能力变成了一种结果，而不是原因。

2. 引入了新的模式理论研究方法，尝试进行新的系统构建

广告公司经营模式创新问题的研究，无疑会促进广告公司战略管理思想的发展，具有较强的理论价值和现实意义。一是首次建立了一种新的中观的广告公司战略分析单元。不同产业领域的经营模式架构要素研究各有特殊性，与该产业的特点、企业运营实践密不可分，很难有统一的模式可供直接引用。本书把新的模式理论研究方法引入广告经营理论领域，并进行广告公司经营模式与模式转型内容框架与组成因素的系统构建，可以说是广告学经营研究的首次尝试，具有重要的理论建构意义。二是希望进一步提升广告公司在数字化时代的战略理论高度，为科学指导公司经营实践奠定基础，并希望能为中国本土广告公司在产业融合进程中提升在复杂的竞争市场中的核心竞争力、绩效，获得竞争优势，进而增强对抗跨国广告集团的能力提供理论支持。

3. 研究视角具有创新性

传统的广告经营理论运用管理理论、经济学理论，如行业结构理论、产业组织理论、资源基础理论等，对广告公司竞争优势的分析都是采取静态的方法，这样研究不断变化的环境和新出现的问题显得片面。如行业结构理论，由于其相关操作或分析模型的内在缺陷，使得广告公司越来越难以把握基于行业结构的竞争优势来源。再如资源基础论，其操作性（难以识别战略资源或核心能力）和片面性（忽视外部因素）方面受到的批评，另外，资源的锁定也可能阻碍公司的变革。

而经营模式创新是针对以往对单一因素创新的过于关注所带来的负面影响而提出来的，也是对以往过于关注某项资源、某项能力和管理流程创新的一种突破，因而是对公司竞争优势的整合分析框架。

第一章 广告公司经营模式的系统架构与转型历史

经营模式架构要素研究是随着经营模式的概念、内涵拓展而不断发展的过程,同时与不同领域的产业特点、企业经营实践密不可分,强调各要素地位和功能的因果逻辑交序。本书将此研究方法引入广告公司经营领域。本章基于系统观,初步建构广告公司经营模式的内容架构和组成因素,目的是为本书的深入打下理论基础,即明确广告经营模式研究的边界,识别模式各要素之间的关系,借此进一步提出广告公司经营模式创新内容方向或因素。

当代广告公司的经营实践是在广告产业的发展环境之中展开的,我们可以讨论广告公司经营模式的历史分期,并研究不同时期广告公司主导经营模式——核心顾客价值创造的特征与演变过程,探讨多次转型的内在和外在的驱动因素。广告公司经营模式的新变化,必然与当今产业生态环境、核心驱动因素的演变密切相关。因此,本章第三节专门讨论了在当今数字化时代,广告公司经营模式转型的核心驱动力和推动作用,主要涉及消费需求的互动与分享,大数据、算法与人工智能等数字技术创新带来的精准营销变革以及广告主对数字营销的强劲需求等多维层面。同时,笔者认为,作为广告公司经营的产业背景,融合发展是产业的基本生态;平台、数字与数据技术成为当今广告产业融合发展的核心驱动要素,由其推动的广告产业内外结构转型以及广泛包容的跨界融合,是广告产业发展演进的必由之路。

第一节 广告公司经营模式与经营模式创新转型

一、基于系统观的架构:广告公司经营模式的组成要素

近些年来,在经济全球化和一体化、数字技术、互联网技术发展催生的巨大商机下,广告公司已从原来的行业配角转变为行业主力军,一些公司的经营已从原来的高速度、粗放式的发展转向专业化、重品质的精细化管理。然而,学术界对广告公司经营模式的系统研究仍然较少,对其分类研究更为鲜见。虽然我们没有必要纠结于广告公司经营模式的独特概念,但完全应该在系统理解经营模式的基本内涵的基础上,深入至广告产业,分析广告公司经营模式的一

般组成要素,并构建广告公司经营模式的系统架构。本书重点应用加里·哈默尔提出的经营模式和架构模式,他的模式理论相对成熟和完善,可以作为我们分析广告公司经营模式的重要理论参照。

(一) 哈默尔企业经营模式的内容架构与组成要素

虽然不同学者对经营模式的解释差别很大,但这些解释都是围绕企业及其相关者利益的获得展开经营模式的研究,所要回答的问题是企业如何获取利益和竞争优势。想用个别或部分的因素,来解释企业的收益来源和竞争优势,或想用简短的几句话来说清经营模式,都是很困难的。因此,学者们纷纷以构建模型的方式做进一步研究、解释,即运用系统方法,可以更好地解释经营模式。

系统论的核心思想是系统的整体观念、要素之间相互关联,构成了一个不可分割的整体。系统论的基本思想方法,就是把所研究和处理的对象当作一个系统,分析系统的结构和功能,研究系统、要素、环境三者的相互关系和变动的规律性,并优化系统观点。

经营模式具有系统特征,产生系统价值,系统价值高于各个体要素价值的总和。一方面,经营模式是一个整体的、系统的概念,而不仅仅是单一要素的组合;另一方面,经营模式的组成部分之间紧密联系,这种联系把各组成部分有机地衔接起来,使它们互相支持,共同作用,形成一个复杂的动态系统,并不存在适用于所有企业和产业的唯一经营模式。

由于企业内部结构和外部关系都比较复杂,只有正确运用系统分析方法,才能从企业系统的维度、层次、要素等方面较为系统地、有层次地进行分析、认识。既要避免将不同维度、不同层次的组成部分混在一起,又要避免遗漏掉重要组成部分,还要着重关注重要组成部分。

经营模式组成要素的深入研究,以哈默尔为主要代表,其提出的企业经营模式是近年来比较流行的一种理论(如图1-1)。哈默尔认为经营模式包括四个主要组成部分:客户界面、核心战略、战略资源和价值网络。而这四个部分两两之间又都形成一个连接,分别是客户利益——实际提供给顾客的特定利益组合;配置——企业以独特方法结合能力、资产与流程来支持特定策略;公司边界——代表公司哪些事自己做、哪些业务外包。这三个界面将四个要素紧密地连成一个协调运作的整体。当然,经营模式还要关注效率、独特性和一致性,且需要在利润助推因素的作用下才能充分发挥效力。

哈默尔的企业经营模式分析几乎包括了企业战略的所有方面,是一个全面认识企业整体状况的框架。当然,这个模式包含内容广泛,但仍无法指明企业凭借什么获得优于其他企业的绩效和优势,也未能更好地说明细分要素之间的因果关系；尽管利润助推因素很重要，却没有被包括在模式的基本要素中。[①] 实质上，这些不足是现有模式共有的问题，也是模式在具体运用于个体企业经营中所固有的不足。

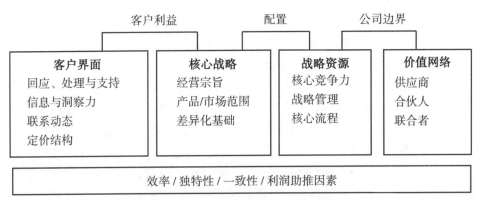

图1-1 哈默尔经营模式要素组合

（资料来源：加里·哈默尔《领导企业变革》，曲昭光、赖溟溟译，人民邮电出版社2001年版，第36页。）

学者们对经营模式的关键要素仍没有形成一致意见。虽然研究方法和角度不同，但在所有研究者的研究中几乎都包括如下的一些基本要素：市场结构（参与者、角色、目标），价值理念（包括顾客、合作者），范围（市场细分、产品界定），业务流程，核心能力（能力、资产），定价策略和收入来源，战略（整合竞争战略、在价值链和价值网络中的定位战略），协调机制，技术，等等。企业要进行经营模式创新，就应当优化构成商业模式的一个或多个或全部构成要素。

（二）广告公司经营模式内容架构与组成要素

广告公司经营模式主要从广告公司内部运作及客户、公司与价值网之间的关系展开研究，主要关注广告公司内部经营与竞争的基础，描述公司各部分、客户及公司的价值网怎样构成一个系统，强调公司本身是否具有巨大的营利潜力。

为了对广告公司结构和企业绩效的作用路径做定量研究，刘萍曾基于一些学者对一般企业经营模式的理论分析，提出了一个概念模式，把经营模式结构

[①] 鲁东亮、李志刚：《企业经营模式理论研究综述与前瞻》，《内蒙古大学学报（人文社会科学版）》2007年第3期，第94～98页。

分为四个维度：战略选择、运作流程、价值获取和价值维持。① 显然，她的结构图较为粗略，也没有交代为什么选择此四个维度。她结合不同学者的经营模式测量题项，又根据广告行业情况做了相应调整，并打乱次序，最后形成了广告公司经营模式结构测量题项。这些题项包含了广告公司经营的多个方面，但系统性和模块性不够。

本书参照哈默尔的经营模式结构图，结合广告公司的经营现实，提出独特的，具有系统性、模块特质的结构图——广告公司经营模式要素与竞争优势来源组合（如图1-2）。广告公司的经营模式由四个主要部分组成：多元服务客户界面、核心战略、战略资源与管理和成长价值网络。而这四个部分两两之间又都形成一个连接，分别是服务价值模式——实际提供给多元顾客（客户、消费者、媒介、社会）的特定利益组合；商业模式——广告公司以独特方法结合能力、资产与流程来支持顾客价值创造的核心策略；公司成长模式——代表广告公司如何通过价值网络的延伸，扩张自己的业务和利益边界，或者哪些

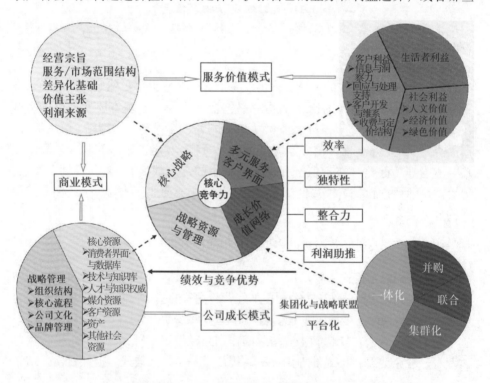

图1-2 广告公司经营模式要素与竞争优势来源组合

---

① 刘萍：《广告公司商务模式结构和企业绩效的关系研究》，《经济与管理》2013年第1期，第69～76页。

事自己做、哪些业务外包。这三个界面将四个要素紧密地连成一个协调运作的整体,并围绕核心竞争力这种差异化优势而运作。

二、广告公司经营模式创新转型的内涵、价值与分析框架

随着经营环境的变化,公司主导经营模式也应做相应的调整,进行经营模式创新。经营模式创新是针对以往对单一创新过于关注所带来的负面影响而提出来的,它是以客户为导向,在充分把握客户需求的基础上,充分运用各种信息技术、管理工具和手段,对企业内外部各个创新要素和创新内容进行选择、集成和优化,形成优势互补的有机体的动态创新过程。

对广告产业而言,广告公司个体的经营成功有赖于其所应用的经营模式、所处广告行业的经营特点以及公司经营能力三者之间的协调关系。广告公司的经营模式的转型,实质就是广告公司在数字传播技术和整合营销传播所引发的市场环境和媒介环境的剧变中,为了谋求持续成长,在公司核心战略创新(自身使命、服务目标、顾客价值等)的推动下,在公司组织结构、企业文化、资源和核心能力的相继创新转型的支撑下,通过内部培育、购并、置换、剥离、分立等手段或方法,不断变更自身核心业务,推进业务结构向具有更高附加值的高级化迈进的过程。推动企业整体转型,从而实现企业持续成长。通过以上界定,可以发现,本书对广告公司经营模式转型的研究,是基于广告公司以战略业务创新为核心和先导的转型。

影响广告公司经营模式创新的因素有外在也有内在的多重因素,如,媒介和传播技术的进步,消费者的变化,广告市场的需求,资本市场的介入,竞争压力的加剧,企业家能力、组织学习能力的提升,等等,都对广告公司经营模式的创新起促进作用。广告商业模式创新也是外部环境与企业内部因素相互作用的结果。

本书从经营模式的组成要素的分析出发,运用模块化理论,对广告公司经营模式创新的模块构成进行了探索,将经营模式创新分成多个模块创新。这是因为,几乎所有企业的经营模式创新都是以某一两个单元为核心的各单元不同形式的组合。本书对广告公司经营模式转型内容模块框架的研究,拟采用何会文、许长勇的观点。他们认为,所谓经营模式创新,就是以核心战略创新为主导,依次在战略性资源、价值网络、顾客界面等三个作业层面完成创新,并最终达成创造顾客价值、赢得竞争优势的创新目标。[①] 当前,数字化是广告产业

---

① 何会长、许长勇:《事业模式创新的提出、内涵与特征》,《科学管理研究》2005年第10期,第19~23页。

的基础生态背景和发展推动逻辑,广告公司面临的数字化问题,最终体现在公司经营模式的各个层面,包括数字融合传播价值链延伸、新兴广告价值网络构建、技术资本与数据资源垄断、中外广告集团化竞争与公司边界扩张等问题;而这些问题均是围绕如何更好服务、更好满足广告主需求而产生的。考虑到这一点,为抓住主要矛盾,本次研究的设计重心在于,围绕以上主要问题,解决广告公司提供核心顾客价值的创新转型问题。(如图1-3)

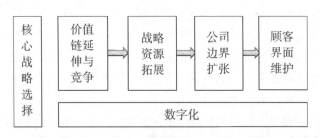

图1-3 广告公司经营模式创新转型的四个层面

具体而言,着重于研究广告公司数字化价值链延伸与竞争,以及战略性资源和公司边界扩张三个转型方向。至于顾客界面转型这个问题,因研究篇幅所限,也因此方面广告公司具有一般企业的普遍特征,如客户利益、消费者利益与社会利益的统一、人文经营、绿色经营等,本书不做重点讨论;仅从网络广告伦理讨论出发,深入研究广告公司与从业者应遵守的智能广告伦理问题。

第二节 广告公司经营模式的历史形态与转型特征

回顾从初创到今天200多年来世界广告业的发展历程,可以勾勒出一条十分明显的广告公司顾客价值创造的内在逻辑发展轨迹:媒体附庸—独立中介—综合型专业服务—消费者导向的整合营销传播服务—生活者导向的数字化融合传播服务(如图1-4)。正是沿着这一逻辑发展轨迹的历史转型,世界广告业成为越来越引人注目的热门行业,在当今社会发挥着越来越引人注目的重要作用。勾勒这一逻辑发展轨迹,总结其历史形态、转型特点,并论析其转型的核心驱动力,对我们从宏观上认识世界广告业的历史变迁,把握当今世界广告业的发展趋势,进而探讨中国产业的发展方向与公司经营战略模式,无疑具有重要意义。同时,本研究对广告产业历史发展模式及其核心驱动力的初步分析,也拟遵循如下思路:从外生到内生再到新的外生,从竞争型到竞合型,从传播者为主导到以生活者为主导,从静态到动态(静态竞争经营到动态竞争与以模式创新)的演进。

第一章 广告公司经营模式的系统架构与转型历史

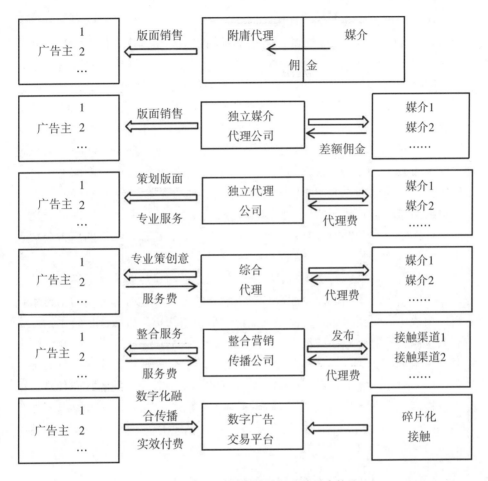

图1-4 广告公司顾客价值提升的历史轨迹

一、世界广告业发展的三个历史阶段

（一）19世纪：从媒介的附庸代理到独立中介

世界广告业是作为媒体（当时是报社）的附庸而出现的。经营模式是"媒介附庸代理—佣金型"，其基本方式是替报社招揽广告，从报社所收广告主的广告费中获取佣金，即所谓提成（代理费）。严格来说，此时广告业并非一个独立的行业，只能算是依附于媒体（报社）的业务代表或代理机构。从业人员中的一部分为报业自身的广告业务员，直接面对营销主即广告主销售报纸版面；另一部分则为受雇于报业的社会人员，代表报业向营销主推销版面。

39

这一时期为"广告代理业的版面销售时代"。

随着社会经济的发展，企业广告活动日趋频繁，早期广告代理的缺点和局限很快暴露出来。原先受雇于媒体、专为一家媒体做版面推销的雇佣推销人员，也同时推销起多家媒体的广告版面，成为自主的媒体版面或时间的掮客，并且逐渐独立，并非仅代理一家广告公司。① 如有人认为，虽然早在1610年英国的詹姆斯一世就建立了第一家广告代理店，但真正有事迹可考的、专业意义上的广告代理公司却是1800年，英国人詹姆斯·怀特（James White）在伦敦创立的。而1841年，伏尔尼·帕尔默（Volney Palmer）成立了美国第一家广告代理公司，为《镜报》招揽广告，几年后，业务就有了较大发展，不仅为多家报纸招揽广告，并开始成立多家分理处，而在中国，虽然19世纪后期广告代理业伴随报刊广告的日益兴盛而应运而生，但真正独立运作的广告公司直到20世纪初才出现。

独立运作广告公司的出现，意味着广告业务已与媒体脱钩；掮客型中介成为媒体与广告主之间进行独立运作、自主经营的公司。也有部分公司不再单纯为媒体招揽广告而获取佣金，而是开始以较低价格买进广告版面，转手给广告主获取差额利润。因此，此阶段广告公司的经营模式转为"独立媒介代理—佣金（差额利润）型"，公司的利润空间明显增加。这种广告代理虽具有独立经营性质，但在职能上仍保留媒体业务代理的性质，只是单纯的媒介代理，因此，以掮客型中介到广告代理的转型并非重大升级。转型的根本原因当然是"利益驱动"，或者说广告公司的发展也是广告活动日益频繁的结果，是外生型的自然增长驱动。②

（二）20世纪初至70年代：从中介到综合型的专业与品牌服务

由于市场的扩展和日益繁杂化，企业之间竞争的加剧，企业营销意识与广告意识的不断增强，单纯的媒介代理已经很难满足广告客户的要求，由此广告代理从单纯的媒介代理向独立且多样化的专业代理演进。19世纪60年代，广告业进入一个独立的专业化代理时代，其重大标志之一就是提供专业代理服务的广告公司的出现。第一家此类广告代理公司是1869年在美国费城创建的艾耶父子广告公司。该公司不仅从事报纸广告的媒介代理业务，并且向广告客户提供文案撰写、广告的设计与制作、媒介的建议和安排等方面的服务，甚至还开展市场调查，为客户提供广告宣传用的资料。此后，不同规模却同一类型的

---

① 张金海、程明：《广告经营与管理》，高等教育出版社2006年版，第66页。
② 杨晓明：《论世界广告业的逻辑发展轨迹》，《西南民族大学报（人文社会科学版）》2006年第13期，第127页。

广告代理公司相继涌现。

20世纪早期的经营模式是"媒介代理附服务—佣金"模式。事实上，早期的广告代理业主要负责媒介代理业务，广告策划、创意及制作等服务还只是其在提供媒介代理服务时的副产品，这一时期的广告代理收费模式也只是根据广告主的媒体投放量提取一定比例的佣金（即佣金制），这一制度保证了广告代理公司的经营收入，从某种程度上推动了广告产业独立化和规模化发展。1917年美国广告代理商协会成立，确立了15%为标准的媒介代理佣金，这标志着现代广告代理制的产生，形成了最基本的制度化的经营模式——广告代理制。

现代广告代理制确立了一种双向代理制，由此推动广告公司为广告主服务的比重逐渐加大。走向独立化发展之路的广告产业要想获得更大的发展空间，必然要实现服务的专业化。推动广告代理专业发展有两个方面的原因：一是广告代理公司寻求自身竞争优势的内在动因；二是外在动因，企业为实现营销战略目标对广告代理公司服务专业化提出更高要求。这两种动因，在20世纪早期至80年代，推动广告的经营模式逐步转型为"综合型服务—创意策划—代理费"模式。此模式的主要特征是：①综合型服务是在媒介代理基础上，围绕品牌服务进行专业分化；②创意策划是公司提供的核心顾客价值；③4A广告公司成为广告产业的代表组织，逐步壮大为广告集团。

整个20世纪上半叶，服务专业化成为广告代理公司的核心任务，一些广告大师更是有力地推动了这一进程，如霍普金斯（HopKins）、拉斯克尔（Lasker）、瑞夫斯（Reeves）等。1910年，"文案"写作服务已经成为广告代理公司服务的标准内容。20世纪60年代开始的"创意革命"更是使"创意服务"成为广告专业服务的重要服务项目。20世纪70年，广告策划成为广告标准内容。

总之，20世纪初至70年代，广告代理经历了从早期单纯的媒介代理走向全面服务的综合广告代理的过程，即从媒介代理出发，从两方面不断提升自己：专业能力方面，不断结合创意、策划、广告技术、数据统计调查等运作手段；经营上，策略、创意与媒介部门逐步专业分化。[①] 70来年的不断提升，实现了广告代理业的第一次重大升级，帮助广告业塑造了延续百年的现代广告业态，即以品牌塑造为目的，以策略创意为优势手段，仰仗大众媒介"广而告之"的强效果。美国广告代理商协会下的4A广告公司凭借品牌塑造的专业竞争优势，帮助广告业稳固了独立的产业地位，并进一步推动其获得商业传播领域的核心行业地位；自身也成为广告产业的代表组织。60年代起始，在追求

---

① 李名亮：《数字时代广告产业融合的效应与结局》，《山西大学学报（哲学社会科学版）》2017年第40卷第5期，第56～63页。

规模经济效益的驱使下，美国广告公司之间通过系列并购，产生了一些大型的广告集团。同时，为满足广告主对短期市场销售效果的重视，广告公司也开始向产业外营销传播领域扩张其价值链，还通过并购进入直效营销、销售促进和医疗健康传播代理等领域。

广告产业的第一次重大升级具有两大特点：一是广告公司的核心业务集中在广告代理服务领域；二是广告代理的专业化服务水平不断提升。广告公司在这一时期将广告代理作为其最核心的业务也是有其市场背景的，因为这一时期期被称为广告的"强效传播时期"，市场环境和传播环境比较单纯，广告在企业营销手段中占据突出地位。

这个时期广告产业的发展壮大，是由广告公司集体寻求产业竞争优势的内在动因，结合广告主的服务服务这个外因形成的，但主要是由于广告代理制度的保障，因为广告代理制的实施，保证了广告业在广告产业中的独立和专业地位，在制度上制止了广告业的不正当竞争。

作为传统广告产业的最初业务表现，媒介代理依托的关键生产要素即劳动力。早期的广告公司，以劳动密集为主导型生产模式。而在20世纪初—70年代，即广告业塑造现代广告业态期间，广告公司核心生产资源要素发生了转变：从劳动密集走向知识智慧密集。曾琼认为，广告业所实现的上述历史性跨越，虽然确立起新的知识智慧密集的产业核心生产要素，但这种新的知识智慧密集的产业核心生产要素，依然是建立在人力基础之上，并且未能发生直接的产业经济效益的转化。①

（三）20世纪80年代中叶至90年代末：从综合性广告代理到整合营销传播代理

20世纪80年代以来，国际广告业在组织结构、经营管理等方面均有了一些发展，广告公司开始进行集团化、跨国化经营。全球范围内的品牌营销活动加剧，跨国经营的广告主要求广告代理的服务全球化、多样化、专业化，因此，广告代理业只有通过集团化相应扩大规模、具备新技术，才能为跨国企业承担世界性服务。如英国萨奇兄弟公司，广告营销额在80年代即达到75亿美元，在28个国家有150多个办事处。

在欧美等市场经济国家，从20世纪80年代中叶开始，主要依托大众传播媒体的所谓"线上广告"广告预算就开始走下坡路。在以美国为主的全球性大品牌整合营销传播预算中，大众媒体的比例逐年下降。如，以美国宝洁为代

---

① 曾琼、刘振：《计算技术与广告产业经济范式的重构》，《现代传播（中国传媒大学学报）》2019年第2期，第132页。

表的客户，其大众传播媒体的广告预算已经下降到25%以下，让位给各种"线下活动"，例如促销、活动赞助以及销售终端的卖点广告（Point of Purchase，POP）等。因此，传统的综合性广告代理公司面对这种新的营销思路和传播生态，必然调整经营战略，加上新的传播科技突飞猛进、互联网络信息科技带动的互动营销和精准传播的可能性，都越来越多地把广告代理公司的传统业务分流出去。而接受线下活动传播业务的，主要是公关公司和活动/事件赞助公司，包括现在的数字与互动广告公司，这也就是奥美公关业务、互动业务都有十足发展的宏观因素。

在新的营销传播环境下，任何单一的营销传播手段都不可能成功执行营销，全球广告代理业正经历第二次重大转型，即从综合性广告代理到整合营销传播代理。经营模式可以用"综合代理—整合营销传播服务—代理费和服务费"来概括。

此次战略转型是新营销传播环境下对广告代理公司提出的更高要求。传统营销传播环境下，广告具有强大功效，并且成为一种主导的营销传播手段，单一的广告传播手段就可以实现企业的营销目标。但是，随着营销传播环境的改变，广告进入"有限效果时期"，出现了很多专业的代理公司，如管理咨询公司、公关公司、媒介购买公司、促销公司、市场调查公司、网络营销公司和事件行销公司等，瓜分和蚕食广告代理业的利润，广告代理业的核心业务策划创意和媒介购买的利润空间受到极大挤压。以美国为代表的欧美广告业发达国家率先看到这一趋势并成功实现战略转型，将产业经营的领域由广告服务拓展到企业整合营销传播的多个领域，包括企业管理与营销咨询、公关、媒介购买、促销、市场调查、网络营销、事件行销等。

如果用经济学的交易费用理论来解释，整合营销传播服务的成本低于企业选择多个单一型代理公司的成本，而且从传播效果上来说，整合营销传播服务也更利于企业整体形象的推广。因而，以美国为代表的欧美广告业发达国家的广告公司都在不断进行业务重组和产业价值链重构，并且在全球范围内进行扩张。

为了更好地整合各种不同的营销传播工具，西方许多传统广告公司都已经对自身的组织结构进行了不同层次的改革，开拓出不同形式的整合型组织。营销传播代理收入已成为广告集团收入的重要构成部分。[①] 2007年5月，美国《广告时代》杂志发布的统计数据显示，2006年全球广告集团各项业务收入构成中，广告收入占36.4%、直效行销占13.1%、互动行销（Interactire Marketing）占13.0%、公共关系占11.0%、媒介代理占10.0%、销售促进占

---

① 何佳讯、丁玎：《整合营销传播范式下的西方广告公司组织变革》，《外国经济与管理》2004年第44期，第25～29页。

8.8%，医疗保健传播收入占7.6%。从跨国广告集团的业务构成来看，除广告之外的直效行销、互动行销、公共关系、媒介代理、销售促进、医疗保健传播、客户关系管理等已经成为公司经营收入的重要构成，这些大型的跨国广告集团实质就是整合营销传播集团。广告代理业从综合型广告代理向整合营销传播代理的战略转型，适应了新的营销传播环境下企业对广告公司的新要求，成为广告代理业新的核心竞争力。

20世纪80年代，4A广告公司随跨国企业进入中国市场，如奥美1991年与上海广告公司合资成立上海奥美广告有限公司（以下简称"上海奥美"），至今，独立后的奥美集团中国有限公司（以下简称"奥美中国"）已成为全方位区域网络的组成部分，为客户提供广告、公共关系、顾客关系行销、互动行销、视觉管理、市场调研、促销规划和美术设计等全方位传播服务。90年代中期，为获得媒介议价和控制能力，资本推动媒介代理业务从4A广告公司中分化出来，成立独立发展的媒介购买集团，现在也逐渐拓展广告专业服务；一些新的行业进入广告主市场，如会展、活动、基于小规模数据库的直复营销行业等。

二、改革开放后中国广告公司经营模式形态

中国现代广告业从1978年伴随着改革开放起步，目前已有40多年的历史，也已历经多次转变。中国在20世纪七八十年代成立的广告公司，主要是媒介代理广告公司，代理发达国家来华广告的媒介发布以及户外广告发布，随后才不断增加包装设计、广告设计、广告制作、市场调查、文案制作等内容。然后从广告策划、品牌规划及整体代理、整合营销传播。为了使研究脉络更为清晰，本书采纳刘萍的观点，将我国广告公司发展时期划分为三个阶段：第一阶段是恢复和初步发展阶段（1979—1990）；第二阶段是快速发展阶段（1991—1997）；第三阶段是多元化成长阶段（1998年至今），分析了不同阶段广告公司经营环境、经营结构和状态，并进一步归纳了其经营模式的简要特点。①

（一）恢复和初步发展阶段（1979—1990）：简单的媒介代理—销售服务—代理费经营模式

此阶段，中国经济恢复发展，广告业开始复苏。行业环境不成熟，以行政监管为主。专业广告公司数量少，虽然经过1981—1991年10年的发展，但户

---

① 刘萍、周星：《我国广告公司发展阶段特点和商务模式初探》，《现代广告（学术刊）》2012年第5期，第26～30页。

数仅 1000 余家，占广告业经营总数 10% 以内，属于名副其实的弱势群体。而营业额增速虽然普遍超过 30%，但因整体基数较少，因此，截至 1991 年，专业广告公司营业总额仅 69.26 亿元。①

广告公司这一阶段的主要目标客户是外资公司以及计划经济转型后的国有企业；顾客价值内容主要是以销售为导向，即通过广告手段有效地促进销售。主要利用电视、报纸、杂志、广播四大媒体。这一阶段广告行业未完全放开，准入门槛较高，各个地区的广告公司各自为政，竞争性不明显。

1982 年，北京市委下达文件，明确规定北京的来华广告统一由北京广告公司代理，其他单位不准代理；北京的户外广告路牌统一由北京市场广告艺术公司管理。② 广告公司这种垄断性经营有效地阻止了竞争对手的进入，虽然有利于政府监管，但是由于缺乏正常的竞争氛围，不利于广告公司提升业务水平，因而阻碍了广告行业的发展。

总之，这一时期，广告公司数量较少，准入门槛高，广告市场供不应求，广告公司的收入模式也相对简单，营业额主要集中在发布费上，职能单一，以代理业务为主，客户推销产品的目的非常明确，广告公司选择传统四大媒体或者户外广告进行广告宣传，对激活产品销售产生立竿见影的功效，广告价格刚性强。

（二）快速发展阶段（1991—1997）：专业代理与媒体代理服务模式并存

1991 年以后，中国市场竞争机制进一步形成，消费需求和消费意识增强。广告业进入快速发展期，但广告行业各种问题也随之凸显，如广告公司不择手段违规制作、广告宣传涉嫌欺诈误导消费者、广告公司间恶性竞争等，亟须法制化和规范化。国家发布了一系列管理规定，试行广告代理制，行业的自律意识增强。

随着广告业的对外开放，国外广告公司巨头纷纷登陆设点，天联广告有限公司、奥美广告有限公司、麦肯光明广告有限公司、盛世长城国际广告有限公司等外资广告公司纷纷以合资的形式进入中国市场，促进了国际卓越经验和中国本土文化的融合，提升了中国广告业的专业化运作水平，同时，外资广告公司以巨大的资本优势和强大的购买能力，促进了行业的整合，提升了行业的专业化和规模化，促进了行业的成长。传媒购买集团如传媒巨亨传立媒体、实力传播等广告集团获得巨大发展。

这一阶段广告公司数量迅速膨胀，如 1992 年下半年开始，一年内广州市

---

① 中国广告协会编：《中国广告三十年大事记》，中国工商出版社 2009 年版，第 89 页。
② 中国广告协会编：《中国广告三十年大事记》，中国工商出版社 2009 年版，第 90 页。

发展广告公司481家，超过之前13年的总和，其中50%以上有广告代理功能；尤其在1994年呈现井喷式发展，迅速突破了1万家的数量大关。广告公司营业额也在迅速成长，1993—1997年，营业额占比均超过广告行业总额的1/3。[①]

广告公司的价值主张由"销售导向"转向品牌导向，"广告立竿见影推动销售"的神话不复存在，广告公司通过协助客户打造和维护品牌提升其竞争力。广告行业的准入门槛降低后，广告公司通过顾客接触管道、社会资源、历史渊源等多种渠道来建立阻隔机制。

广告公司收入模式呈现两极分化。传立媒体、实力传播等广告集团批量甚至买断经营电视或报纸媒体，获得优惠的媒体价格，通过提供全面的媒介服务，囊括媒介策划、媒介购买、调研、电视制作等一揽子业务，实力雄厚、利润率较高、竞争力较强，占据广告行业"微笑曲线"的高端，"微笑曲线"的左端是专业化运作公司，它们具有突出的专项能力，提供的产品技术含量高，具有不易复制的核心竞争力，可以针对某些细分客户量身定制个性化、专业化服务，因此，客户的价格弹性相对较小，运作成本低，利润率高。而以简单制作印刷类为主营业务的广告公司则利润率低，竞争力弱，处于"微笑曲线"的右端。

（三）多元化成长阶段（1998年至今）：多元化经营模式并存

从1998年起，广告行业进入多元化成长时期，营业额增长快速，广告公司以占据行业一半以上的经营户数成为广告行业的主体经营单位。

媒介的形式和内容也在不断变革，网络与移动新媒体产业展现了巨大的市场潜力。媒体容量扩大，并提升了广告公司的生存空间，在一定程度上冲击了传统媒体在产业链中的强势地位。而新媒体传播精准、互动性强，在广告公司的价值网络中的重要性日益提升。

广告公司内集团化、规模化加速。广告公司的入股、收购、兼并等运作频频。如2002年3月，TOM收购中国大陆四家主要的户外媒体公司，成为中国大陆最大的户外媒体经营者。中国本土的广告公司在资本领域也频频出手，利用上市来扩大自身实力。

专业广告公司的数量占据行业一半，成为广告行业的主力军。1998年起，广告公司数量迅速膨胀，成为行业的主力军，但是，值得注意的是，广告公司数量的增加并未带来总量的增加，市场份额长时间在占行业数量的40%左右徘徊，这也说明了广告公司的发展还停留在量变和裂变上，竞争实力并未增

---

① 《中国广告年鉴》编辑部编：《1998年中国广告年鉴》，新华出版社1999年版，第112页。

强,市场份额未发生显著改变。

规模化与个性化的专业服务是广告公司价值主张的两个端点,大部分广告公司处于两个端点之间,拥有相应的客户群体。国际知名广告公司携资本和人才服务高端客户,而众多的中小广告公司兢兢业业服务于中国众多的中小企业。跨媒体的整合营销传播服务是广告公司提供的最重要的顾客价值,并延伸至新媒体领域,成为广告公司新的阻隔利器,受到客户青睐。《现代广告》主持的2008年广告主的调查报告显示,在选择广告公司时,广告主把整合营销能力作为衡量专业能力的第二个重要的标准,仅次于创意。社会关系仍然是广告公司业务至关重要的竞争阻隔机制,客户的人事关系变动经常直接影响广告公司的客户源,因此,客户关系管理一直是广告公司高层工作的重点。

跨国广告集团规模与实力进一步增强,并且成功地通过资本运作,转向媒介购买垄断,对本土广告公司形成更强大的压迫。而本土广告公司核心战略业务向三个方向转向:一是转向媒体化发展,如自有媒体、承包媒体、代理媒体;二是转向产业链的延伸、营销化发展,如营销咨询、终端服务、活动经营甚至销售代理等;三是转向设计制作,如电视制作、包装设计、VI 设计、户外制作等。很多主流公司的媒介代理、营销服务、广告制作在其业务收入中的比重越来越大,整合传播的项目越来越少,策划创意的比重越来越低。

盈利状况在转变。20世纪八九十年代,广告主的广告意识开始觉醒,广告业人才缺乏,竞争不充分,广告主对广告业不熟悉,广告公司的收费与收益很理想,是广告业盈利的黄金岁月。很多现在知名的广告公司都诞生于此时期,获得第一桶金。1998年是广告发展的20年,这一年成为广告公司盈利分水岭,此后,广告公司盈利每况愈下,越来越微利。此后新成立的创意型广告公司,获得第一桶金越来越难,成功的越来越少。广告公司的收费模式更加多样化,有本土广告公司最常用的单项计费制、国际4A广告公司常见的全年广告代理费制、网络媒体创新带来的竞价收费模式以及基亿传媒等的标准套餐收费制等。广告公司的价格弹性与其专业能力、关系强度或客户依赖程度成反比,专业能力越强,或关系强度越高,或客户依赖程度越高,价格弹性越大,营利能力就越强。

三、21世纪初至今:数字化转型、扩张与数字融合传播服务

进入21世纪后,整合营销集团进一步扩张,数字化转型加速;广告产业在规模及行业跨度上进一步超出原有的范畴。虽然在互联网的冲击下,业界普遍认为传统广告代理制已越来越不合时宜,广告公司、广告业逐渐消失,显然这样的判断是不客观的。以数字技术为代表的新一代的信息技术革命和互联网

技术的普及，掀起了市场融合新的浪潮，如何利用好这次市场融合的机遇，对每个产业来说都是亟待回答的问题，广告产业也不例外。

2001年底，中国加入世界贸易组织（WTO），广告业顺应开放的趋势。2003年，中国允许设立外资控股的广告公司。同年，全球第二大广告传播集团法国阳狮（Publicis Group）与第三大广告传播集团美国宏盟（Omnicom Group）达成合并意向，产生了迄今为止规模最大的广告巨擘阳狮宏盟集团。而以收购和兼并起家的奥美母公司WPP则进一步形成整合营销集团，如其在进入21世纪后所进行的并购及投资案中，促使营销公司的数量激增。

为适应客户对整合营销和数字化推广服务的要求，数字与互动推广、消费者洞察、客户关系管理、公共关系、品牌咨询管理、信息咨询顾问及健康传播等业务比重不断提高，广告和媒介投资管理业务所占比重则逐渐下降。

在全球几大广告传播集团加快并购步伐的同时，中国本土广告公司也不甘示弱，同样选择通过并购来发展壮大自己。我国第一家上市公关公司蓝色光标，自从上市后，先后将思客、美广互动、今久广告等多家公司纳入旗下。2013年，北京蓝色光标品牌管理顾问股份有限公司（以下简称"蓝色光标"）开始通过收购布局全球业务。与此同时，与蓝色光标同年上市的广东省广告股份有限公司，上市以来先后入股青岛先锋广告、上海窗之外等多家公司，虽然它的收购动作没有蓝色光标频繁，但其资本运作基本围绕公司未来发展战略而开展，即"全面融合与延伸营销传播服务的价值链，建设具有强大而持久和竞争力的国际化整合营销传播集团"[①]。

当然，这一时期，广告主的采购媒体资源方式、投放方式也发生了颠覆性改变。程序化广告经历了从在线广告联盟（Ad Network）到广告交易平台（Ad Exchange），再到需求方平台（Demand Side Platform，DSP）的演变，从而在2012年步入程序化广告时代。而程序化广告的一些重要参与者大多都是在这段时间成立，并不断发展起来。例如，易传媒、悠易互动、品友互动、传漾等均成立于这段时间，并逐渐完成转型，进入程序化购买领域。

2014年至今，广告产业进入数字化扩张加速阶段。当今大数据时代的到来，人工智能、大数据、增强现实技术（AR）、虚拟现实技术（VR）、云计算等新技术的发展，广告产业数字化扩张加速。越来越多的广告公司通过大数据、人工智能实现精准的目标受众定位、精准的媒介投放以及精准的广告效果评估。传统的广告公司正通过转型、联合、并购等方式实现融合，不仅如此，数字广告产业链中的媒介供应平台（Supply Side Platform，SSP）、数据管理平台（Data Management Platform，DMP）、需求方平台等，在技术、市场等多重

---

① 李名亮：《广告公司经营模式转型研究》，上海大学博士学位论文，2014年。

驱动力下，催生出新的组织形态与合作模式。

2013—2016 年为爆发期，在资本的推动下，程序化购买市场迎来爆发期。① 据不完全统计，有上百家程序化购买平台涌现。与此同时，业内也掀起了并购潮，阿里收购易传媒、蓝标先后拿下多盟、晶赞、精硕科技、爱点击等，利欧收购聚胜万合，爱点击 iClick 并购智云众，百视通收购艾德思奇。

2017 年至今为调整期，随着宝洁等广告主对虚假流量的炮轰，程序化广告存在的流量作弊、广告投放不透明等问题开始引起人们的反思，广告主投放已趋于理性。与此同时，资本也开始退潮。整个程序化购买市场进入调整期。但是，程序化广告的大趋势是不可阻挡的，整个程序化产业链上下游也开始走向联合，并以实际行动从根本上杜绝虚假流量。此外，视频、OTT、户外等相继进入程序化购买领域，程序化广告更加多元化。未来，随着人工智能、区块链等技术的应用，程序化购买可能将逐步再次迎来繁荣期。

在移动互联网大行其道的今天，重新审视广告和广告业的未来，技术的飞速发展，为广告产业的融合发展提供了重要的条件。AI、VR、大数据等技术日臻成熟，5G 时代的到来，将赋予广告业强大的技术驱动力。在移动互联网时代，报刊、电视等传统的媒介广告受到极大的冲击，但是，传统的报刊、电视、广播媒介与新的技术融合后，广告的表现空间则可以获得更宽泛的延伸。比如即将到来的 "5G + 4k + AI + VR" 将为广播电视提供更强烈观感与更大的想象空间，推动传统电子广告再占据更高的竞争点。

技术的进步不仅仅推动广告制作水平的提高，也大大推动着广告创意者思维的融合。20 年前制作一条 TVC 广告片，3D、4D 制作，前期、后期、创意和制作常常因为技术而受限，如今，在人工智能技术的加持下，广告创意和制作实现了只有想不到，没有做不到。如是，无穷的数字传播空间，不仅是建立在技术基础上的融合，更需要健康、向上的价值观的融入和引领。不管是文化、场景、导向还是技术，都不是一种孤立而破坏的力量，而是一种融合的力量。

自 20 世纪 70 年代起，尽管营销传播环境日益复杂，来自整合营销传播的挑战对广告业的发起应对挑战，却也不见任何关键性技术因素的"横空出世"，所有广告业务都仍由人工操作来完成，所倚靠的也仍只是广告人的知识与智慧。直到围绕信息革命所发生的新的主导技术或新的通用技术体系逐步形成，互联网技术、数字化技术、大数据技术等向广告乃至社会各个领域不断渗透成为广告业的主导技术，成为广告业最核心的生产要素，便加速推进着广告业从人力密集到技术密集的演进，从而加速建立在新的数字技术范式下的新的

---

① Fmarketing：《2019 年程序化购买营销行业调研报告》，https://lmtw.com/mzw/content/detail/id/167904/keyword_id/−1。

产业经济范式。自此,"广告业才真正朝向'技术密集'发展,实现了从人力密集到技术密集范式转换"。①

总之,数字化时代,数字和数据催生了全新的技术体系和技术范式,有力地推动着各类产业的转型升级和社会经济的发展。当下,广告产业的数字化融合正在进行,内容不断创新,业态重新融合;同时,广告也在以各种新兴的、多样化的形态呈现出它的魅力。

媒体技术向深度发展,对传统媒体、营销、传统的传播方式进行颠覆性的革命,形成了新的广告业生态,这给广告公司以新的机会与挑战。新的数字与互动传播平台成为与受众沟通的有针对性的渠道,越来越多的广告公司主动或被动地介入数字营销与传播领域,在传统广告产业链的基础上,一条新的数字广告产业链正在形成之中。而传统的广告创意与策划的价值正在引发质疑,传统广告公司存在的价值也在下降。

需要指明的是,世界广告业经营模式演进的阶段划分,是就其总体逻辑发展轨迹而言,并非所有国家和地区的广告业都一定循此阶段而交替演进、以新汰旧的。相反,在很多时候,它们是叠加的。而中国广告产业从一张白纸开始,只花了40多年即快速走过了西方广告产业100多年的发展道路,也就是说,基本上反映出世界广告业的发展阶段。也因快速发展和变化,从总体上来看,中国广告业不同阶段的发展模式有历史次序与阶段性,但共时性特征也是比较明显的,这正是中国广告市场复杂、广告公司经营状态混乱、广告产业发展路径难觅的原因之一。

第三节 广告公司经营模式转型的核心驱动力

一、互动与分享的消费追求

在复杂的信息环境下,受众(即消费者,时至今日变成了数字化产品、服务和媒体的用户)的选择趋向多样化,信息本身也呈现出复杂化特点。首先,目标消费人群的差异性和社群化越发明显。在很多情况下,传统大众媒体的广告会使传播成本大幅增加,造成媒介资源的严重浪费。其次,目标受众接收信息的渠道多元化。最后,目标受众的不确定性。随着人们生活方式及消费观念的转变,目标客户呈现出分布广泛、匿名、异质、社群化的特征。

---

① 曾琼、刘振:《计算技术与广告产业经济范式的重构》,《现代传播(中国传媒大学学报)》2019年第2期,第135页。

新媒介的互动特质、信息获得的便利性使得受众在信息传播中由消极的接受者成为积极的传播者。受众的传统角色正在转变，他们不再是一个个孤立的个体，而是汇聚成一股股不可忽视的力量；在做出购买决策时，他们不再盲目地被商家引导，而是主动积极地搜集各种有关信息；他们不再被动地接受广告，而是主动向企业提出实用性的反馈。受众的碎片化和媒介数字化使得受众信息行为和媒体商业模式发生改变，一方面，新的媒介形态改变了受众的信息接收模式；另一方面，数字化与媒介融合带来媒介市场无限的生产、无限的传输和无限的需求，最终使得媒介的竞争愈演愈烈。

"碎片化"是近年来社会学领域的一个关注焦点，在媒介与消费领域同样也存在这样的"碎片化"趋势。大众品牌影响力的下降和消费者大众媒体接触的减少、零碎和即时性媒介接触行为的增加，是大众市场"碎片化"的两大特征。2006年，黄升民、杨雪睿在《碎片化背景下消费行为的新变化与发展趋势》一文中描述道："在阶层碎片化的基础上，消费、品牌、媒介、生活方式也正朝着碎片化方向发生着相应变化。从研究者的角度来看，这是一种不可避免的社会发展趋势。"[1] 随着互联网、新媒体以及移动媒体技术的不断成熟，这种碎片化的趋势在当下愈演愈烈。

"碎片化"所带来的受众变化，表现在受众的媒介接触上，就是"将受众原有的媒介接触时间、接触习惯完全打破，单一媒体垄断转化为多种媒体并存发展，权威坍塌而自我意识崛起"[2]。而从受众的角度来看，碎片化表明受众的兴趣与需求是多样化而分散的，他们进入了追求自我、追求个性的必然发展阶段。同时，受众在"碎片化"背景下，在分散和庞杂之中，开始重新聚合，拥有相似生活形态的受众重新聚集，形成分众和小众群体。信息技术的进步无疑也会让受众碎片化的速度不断提升，并且受众对"互动"的要求在大幅提升。互联互通的时代，受众接受互动、渴望互动，想要接触受众，了解他们真实的需求，获得他们即时的反馈，互动就成为了解决这些问题的重要源头（如图1-5）。

---

[1] 黄升民、杨雪睿：《碎片化背景下消费行为的新变化与发展趋势》，《广告大观（理论版）》2006年第2期，第5页。

[2] 涂子沛：《大数据》，广西师范大学出版社2012年版，第56页。

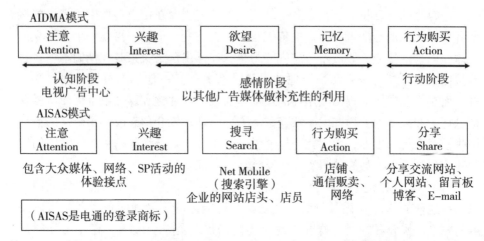

图1-5 电通的新生活者：从 AIDMA 到 AISAS 的消费行动

（资料来源：横山隆治、关良树、松矢顺一等《次世代広告コミュニケーション》，日本横浜：翔泳社2007年版，第105页。）

就消费者分层而言，消费群体的画像正在走向"青春化"。CBNData《2018中国互联网消费生态大数据报告》显示，"80后"是中国互联网消费的中坚力量，但"90后"的消费力正迎头赶上，线上人均消费持续走高，成为本轮消费升级的重要驱动力；作为互联网时代的原住民，以"90后"为代表的年轻消费群体不再具有整齐划一的特征，他们的职业观、生活观和消费观更有个性，展现出兴趣优先、注重体验、理性消费等多元特征，而这些都影响着互联网消费的未来走向。《报告》还总结出年轻消费力推动下的互联网消费八大趋势，分别是：原创消费大众化、内容付费多元化、颜值经济爆发、粉丝经济迭代、宠物消费升级、社交消费"圈子"化、租经济深入渗透、懒人经济全面展开。①

在互联网的环境下，传统意义的消费者的角色已然发生了变化，他们越来越成为广告的主宰者。这意味着广告公司和品牌方必须深刻了解互联网带来的变化，从观念到实践层面都要有效地连接消费者的需求，使得他们与品牌和企业保持深度的连接，让他们感受到自己在享受个性化服务的同时，也感受到对个人的尊重。

---

① 《注重品质和体验 "90"后推动消费升级——〈2018中国互联网消费生态大数据报告〉总结8大趋势》，《中国质量万里行》2019年第3期，第58～61页。

二、数字技术创新与大数据

当前"互联网+"时代,技术已经成为我们生活、工作和娱乐的时代背景,创造了经济领域的全新现象、业态甚至整体景观。新的技术将我们与过去的时代相分离,并创造了我们当前的财富、经济、生存与生活方式。众所周知,产业融合本质上是一种产业创新,其关键要素是科学技术的创新与扩散。技术创新是广告产业融合发展的核心驱动力,其对广告产业发展的主要促进体现在以下方面。

(一)基于"数字化"的全媒体产业链的兴起

当前媒体环境已经进入多屏互动、跨媒体资源共享的时代。就新媒体的传播特征而言,"互动"与"移动"是两个核心关键词。这是因为,互动和移动是数字技术的两个基本特征,是改变传播方式和人的生活方式的两种革命性力量。互动,改变了传统传播主体的单向优势话语地位,让接受主体不再被动,传与受的即时性、便捷性和主动性被充分激发出来;减少了中间环节,让信息效益直接可见。移动改变了媒体传播发生的环境逻辑,使受众媒体接触习惯更加符合其生活形态和消费形态;媒体与人的关系由此契合得更加紧密,也更加自由丰富,移动带来的利益在场感和媒体依存感令受众难以拒绝。同时,互动、移动已超出了传播技术的意义,扩展为人们的文化消费和生活方式,甚至渗透到人们日常的行为方式和感觉方式之中。借助感知计算、云计算和移动技术,庞大的传播价值链开始有了新的革命的可能,也因此才实现了产业重组、市场重构的逻辑转换。

美国《连线》杂志对新媒体有这样的定义:"所有人对所有人的传播。"[1]那么,同传统媒体一样,新媒体概念的核心依然是一种信息传播形式。广告业,作为一种利用媒体进行信息传播的业态,与媒体之间有着不可分割的关联性。事实上,无论是从中国还是世界范围来说,最早出现的广告公司就其本质而言都是媒介代理公司。现在,广告产业已经成为人们社会生活中不可或缺的文化创意和信息传播产业,深刻影响着人们的消费心理、消费习惯,乃至塑造着人们的消费思维方式。现实生活中,任何一则广告的发布乃至产生影响都离不开媒体重要的辅助作用,因此,当今世界上新媒体的快速发展,也将对广告的升级和转型产生深远的影响。

在数字化信息技术发展背景下,传统媒介无可避免地衰落,而以互联网为

---

[1] 景东、苏宝华:《新媒体定义新论》,《新闻界》2008年第3期,第57页。

代表的新媒体迅速成为未来传播的主力,并出现以下趋势:一是媒介数量增加之下媒介融合加速,信息传播表现出"去中心化"和"多中心化"趋势,个性化、互动性的富媒体传播趋于主流,数字终端向多功能、可寻址媒体转型,针对专业领域的垂直搜索引擎甚至能提供研究消费者特性的"意向数据库"。二是数字化媒体的兴盛,带来受众的数字化信息接触与生存状态,除了更加碎片化的状态,互动、移动成为他们的信息接触常态。三是随着互联网技术的发展、全媒体环境的全面爆发,并以其"丰裕""互动""平台"等特征,改造着传媒产业链。黄升民等在《三网融合下的"全媒体营销"建构》中指出,当下的媒体环境不仅仅是融合可以概括的,这是一个内容无限丰裕、传统渠道高度互动、数据信息平台化的时代,这三点共同组成了全媒体的核心要素,并改造了整个传媒产业链。① 四是"大数据"成为新的时代主题词,海量级的数据催生了海量数据的搜集、存储、管理、分析、挖掘与运用的全新技术体系,并利用这些技术服务于各行各业。

(二)大数据成为时代的核心资源和通用技术体系

随着移动互联网、物联网和云计算技术的高速发展与普及,人类社会进入了大数据时代,大数据所蕴含的时代价值开始在市场经济发展中得到迅速释放,这种价值表现在两个方面。

1. 大数据已经成为这个时代的核心资源

大数据技术的出现推动人类社会由 IT(Information Technology)时代进入 DT(Data Technology)时代,大数据成为 DT 时代的核心生产要素和公认的新型资产。各行各业的企业在不遗余力地收集数据、运用数据提升业务能力;数据已经成为企业发展不可或缺的基础资源要素,而采用数据驱动的战略决策模式,能有效推动企业的发展。一项通过对 179 家大型公司的调研发现,采用"数据驱动型决策"模式的公司能将其生产力提高 5%～6%。②

2. 大数据技术已经成为一种通用技术体系

大数据技术是数据价值变现的重要途径,缺少大数据技术对数据的处理,数据价值将无法获取。大数据技术是一个庞大而又复杂的体系,简而言之,就是处理数据的各种手段与方法,主要包括数据采集、数据处理、数据分析、数据可视化等。随着大数据的发展与应用的逐步深入,大数据技术已经成为这个

---

① 黄升民、刘珊:《三网融合下的"全媒体营销"建构》,《新闻记者》2011年第1期,第43页。

② 李辉、汤琦、梁偲:《数据驱动的创新——大数据时代经济社会动力分析》,《文汇报》,2013年7月10日。

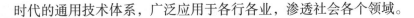

时代的通用技术体系，广泛应用于各行各业，渗透社会各个领域。

（三）5G 技术推动产业的融合升级

2019 年，正值中华人民共和国成立 70 周年，又适逢国家的广告行业发展 40 周年，我国的广告行业无疑处在一个前所未有的发展阶段。在国家综合实力不断提升以及大数据等高科技的出现并得到广泛应用的基础上，人工智能、虚拟现实技术的普及，提升了产品品质，加深了对消费者消费需求的挖掘，完善了用户的消费体验，随着我国第一张 5G 牌照的发放，广告行业又是到了一次变革的边缘期。

5G 带来的业态变化，对企业内部架构来说，它将在企业形态、人员架构、品牌战略、营销运营模式、办公设备智能化等方面产生影响；而在企业外部市场中，它将在用户消费形式、物流智能化、产品呈现方式、产品迭代及品类拓展、产品价值深度、品牌形象等方面产生影响。

那么在 5G 技术加持下，未来的广告产业融合发展如何升级？

第一，在内容上，VR 和 AR 将不再依赖于现实中的设备，而是通过更高层次的虚拟现实来实现，用户可以自行选择观看产品的内容、角度以及场景。

第二，在消费者和品牌的互动方面，5G 技术将为消费者提供不限于语音、视觉的全新互动方式。当 5G 终端和网络全面普及之后，用户对长视频、短视频的消费更加自如，原有通信网络使用体验感提高，新的使用场景、赋能对象拓展，最终创造线上线下统一、可沉浸式的视频互动广告，广告行业也将迎来新一轮的爆发式增长。

第三，5G 能够更加精准地定位消费群体，挖掘他们真实的内在诉求，为受众提供更好的个性化和定制化的服务。户外广告公司 OutFront Media Inc 表示，将依靠 5G 技术向户外屏分发动态视频，这些屏幕能够对经过的人做出反应。由附属安装在数字广告屏上的智能摄像头和感应器，敏感地实时判断受众和场景，迅捷地触发匹配的品牌内容，增强内容的场景关联度和消费黏性，广告商品牌将通过网络与消费者实时互动，从视觉共享到动作共享。不仅如此，在电梯、汽车、居家等私密封闭场景中，将根据个人兴趣喜好，精准推荐个性化广告。[1]

第四，5G 的极速体验，使得广告出现的次数提升到当前不可想象的量级，更快的速度意味着更少的页面加载时间以及更低的跳出率，这将大大增加在线视频广告的点击率和可交付率。比如，目前，短视频呈现快速爆发趋势，由于其用户流量红利及强互动属性，使得广告主在短视频上的投放意向和营销预算

---

[1] 花哥：《5G 广告行业的 22 个预测》，2019 - 07 - 29，https://www.digitaling.com/articles/183574.html?from=edm。

逐年增加。尽管当前行业面临着内容生产创意门槛高,效果评估数据及标准不明确,多渠道匹配难,多频道网络(Multi-channel Network,MCN)孵化周期长,等等多种困难,绝大多数广告投放效果难以得到保障,但是,随着5G时代的到来,短视频平台的广告模式依然有巨大的变革空间,在广告主、代理商、明星网红、传播渠道、短视频平台、消费用户之间将诞生一个跨介质的开放型交易平台。同时,短视频广告将引领新一轮的众包广告创意模式。

总之,数字技术创新是当下广告产业融合发展的核心驱动力。首先,媒介融合环境的形成,为广告产业融合打造了平台化基础环境;信息技术作为一种纽带,为广告及其相关的产业服务、业务与市场融合提供了条件;社会生活各方面的信息平台的融合,促使广告市场需求发生改变。数字技术营造了广告主与媒介、受众直接对接的平台路径,这种双向、点对点的沟通平台空间改变了原本单向、点对面的传播路径。广告活动的重心因此由获取注意力转向注重搭建沟通平台,包括商品/品牌与消费者的沟通平台,以及消费者与消费者之间的沟通平台。其次,技术驱动是广告专业服务向前发展的源动力,平台、数字与数据技术在广告产业的运用,不断衍生、演化出新兴的广告技术、服务方式与服务业态。

三、大数据与算法驱动的精准营销革命

如何立体、生动、有效地勾画当今更具个性的分众化、个性化消费群体?如何满足他们的需求,并有效地沟通?

因为难以满足个性化、互动化沟通的需求,主要利用大众媒介的传统营销与沟通方式已饱受冲击。从世界目前的趋势来看,中西方企业都已经开始摒弃以广告表现为唯一或为重点的传播模式。面对复杂的市场竞争态势,零碎的媒体载具,纷繁复杂的新传播技术和手段,如各类 App 应用、网络原生广告网络互动、活动赛事、分众媒介、影视植入广告等,企业普遍感到困惑和无助。虽然营销传播费用一直在增加,投入的重心也在向非传统渠道转移,但对如何使用好这些费用,如何与传统媒体整合,发掘最大的营销回报,企业并没有信心。投入是尝试性的,被动和盲目性成分居多。

从传统的营销思路向契合互联网营销思路变革的过程中,"精准营销"应运而生,也使广告主看到了希望,有了信心。在这场变革中,必须迫切进行的,是完善大数据发展的环境,推动大数据技术发展,让新的大数据技术成为网络精准营销的"掌舵者"。

门户网站中垂直内容的迅速聚集和搜索引擎技术,推动了精准营销的第一次飞跃。尤其是搜索引擎,能够帮助用户按自己的需求自主搜索;而用户的搜

索痕迹也给搜索引擎提供了最真实的消费者行为数据，这些数据的大规模化，助推搜索引擎进一步匹配消费者的需求。

大数据的精准营销效果，不仅要看数据的量，也要看数据链条是否足够长，甚至是不是立体的、多维的。互联网上，每天出现的新数据以几何级数递增，非结构化的数据增长速度更远超结构化数据。因此，"现在最迫切需要的不是数据，而是准确处理、分类数据的方法、系统，这是网络营销实现精准化及大发展的前提。数据与精准营销正如一个硬币的两面，数据的价值被挖掘得越来越透彻，营销的方向才会越来越清晰"①。

2012 年后，大数据技术逐渐成熟。大数据具有四个典型特征，即数据体积量大、数据多元非结构化、数据处理速度快、低密度高价值。② 今天，遍布在人类虚拟空间和现实空间的数据采集端汇聚了海量数据，互联网和物联网实现了多元主体的即时互动，云计算极大地拓展了人类数据处理的能力。

数据处理技术和数据库的发展，应用在营销传播领域，可以极大地提升传播决策的效能，强化数字营销传播"精准"和"互动"特征。③ 真正的大数据融入网络营销全程，将是多方共赢的局面：对广告主来说，不浪费每一分钱，而且还有很高的传播、转化效率。对用户来说，互联网的免费模式使他们需要浏览广告以获取服务，传统的广告投放无论用户是否需要都会出现。而大数据指导下的网络营销可以预判用户可能对什么样的广告感兴趣，这样的互联网对用户更友好。

目前，大数据技术的应用与数据管理，是广告主最期待解决的营销痛点。艾瑞咨询 2019 年的调查显示，"人机交互""机器学习""视觉识别""虚拟现实"这四种人工智能（AI）相关技术均有五成以上的广告主了解（如图 1－6）④，这主要与四种技术名称在媒体宣传中出现的频率比较高有关，也与具体营销应用场景的使用程度比较频繁有关。

同时，在广告主期待营销相关技术解决的痛点中，数据管理成为广告主最期待解决的痛点，这说明数字时代消费者数据的激增确实给调查带来了挑战。（如图 1－7）

---

① 秦雯：《大数据驱动营销革命》，《广告大观（综合版）》2013 年第 7 期，第 17 页。
② 李文莲、夏健明：《基于"大数据"的商业模式创新》，《中国工业经济》2013 年第 5 期，第 84 页。
③ 姚曦、李斐飞：《精准·互动——数字传播时代广告公司业务模式的重构》，《新闻大学》2017 年第 1 期，第 116～124 页。
④ 艾瑞咨询：《2019 年中国网络广告市场报告!》，http://report.iresearch.cn/201906/3393.shtml。

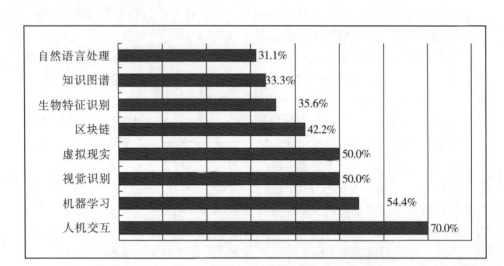

图1-6 2019年中国广告主有所了解的AI技术TOP8

(资料来源:艾瑞咨询《2019年中国网络广告市场报告》,http://report.iresearch.cn/201906/3393.shtml。)

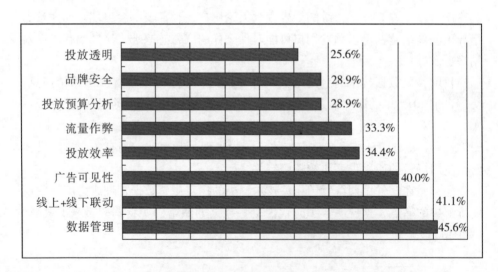

图1-7 2019年中国广告主所期待营销相关技术突破的痛点TOP8

(资料来源:艾瑞咨询《2019年中国网络广告市场报告》,http://report.iresearch.cn/201906/3393.shtml。)

四、广告主对数字营销的强烈需求

碎片化的社会大众被各种媒体、各种信息无限分割,营销者与广告主很难再通过某一单一媒体全面覆盖各种目标人群;营销成本逐年上升,让业界开始怀疑广告的有效性;传统模式中可以实现的低成本、可复制、大规模的掌控受众需求、预判市场走向、覆盖目标受众的"科学的广告体系"被解构。虽然如此,受众碎片化后的重聚也正在进行当中。网络化的媒体将受众的各种信息数据都暴露在网络上,他们的行为被监测,他们的需求可能通过互动的平台被洞察,他们正在因兴趣和需求重聚,成为全新的营销体系诞生的基石。

为了掌握受众的注意力,广告主采取了三种基本的传播战略,或者说需要广告公司能够提供这三种基本的传播服务:一是整合传播战略;二是借助于数字传播平台的数字化传播;三是传播基于"大数据"的数据库支撑。

兴起于 20 世纪 80 年代末的整合营销传播(Integrated Marketing Communications,IMC),是对传统广告和营销传播理论的革命性创新,目前已成为企业传播战略的常态强化与目标消费者有效和全面沟通的手段,是企业现实有效的一种选择。整合传播的核心要点是将各种沟通工具有机结合起来,使目标消费者在多元化的信息包围中对品牌和公司有更好的识别和接受。这种整合式营销沟通不仅突出了"沟通"在整个营销活动中的重要地位,而且强调了不能仅仅使用单一手段,而要通过多元取向的结合来运用和强化沟通攻势。[①] 同时,传播计划全面渗透企业的经营管理和营销策略的各个方面:从企业理念、品牌形象的设计定位到营销组合实施;从企业内部交流到对公众的公关、危机处理和信息发布;从产品的设计包装、商标设计到渠道与终端传播;从外聘的广告代理服务到企业网站建设与网络沟通,从传统媒体广告到数字广告与社会化营销。上述这些活动,无不是在与社会公众发生信息接触,无不是在与消费者沟通信息与感情、累积品牌形象资产。

以数字媒介发展背景下,新兴的数字广告和营销产业链处于快速形成中,新的交易模式如 RTB 依托数字化传播平台,正在为广告主提供大规模、可精准、可测量的互联网长尾流量接触服务。传统营销体系的科学调查基于抽样,并以抽样数据进行分析和推断,然而,当社会环境处在急剧变动之中,出现了前所未有的传播平台之后,既往的抽样方法应对如此复杂的环境显得力不从心,再也无法进行精准的推断和预测。因此,这种全媒体的变革给媒体、营销

---

① [美] 唐·E. 舒尔茨等:《整合营销传播》,吴怡国等译,中国物价出版社 2002 年版,第 85~95 页。

者均带来了新的挑战,此时,数据库成为广告产业链上各方争夺和竞争的核心资源之一。

目前,消费增长红利时代渐逝,大部分行业已经成为买方市场,提供给消费者选择的商品种类极为丰富,而消费者的复杂程度呈爆炸式增长。营销痛点在旧有模式下找不到有效的解决路径,传统营销模式遭到冲击,效率快速下滑,企业面临前所未有的压力,不得不重新思考营销本质,探求符合新市场规律的营销操作体系,重新构建与消费者的有效连接。

在云计算、大数据、人工智能发展大趋势下,数字营销成为企业数字化转型升级中最核心、市场受众最广、发展潜力和空间最大的一个版块。数字营销,是以"技术+数据"双驱动,帮助企业构建的面向消费者的全面触达、交易、运营的营销数字化平台与服务。相比于传统营销,数字营销以大数据为依托,沟通对象更加细分精准,通过用户画像和算法来推测用户可能感兴趣的产品,实施效果明显,成本可控,广告的投放效率更高。

随着中国数字经济的崛起,数字营销凭借着自身优势也在飞速发展,获得广大市场主的认同。胜三 & SCOPEN 在《2018 年中国营销趋势研究》中的调研数据显示,数字营销在中国企业平均营销预算所占的比重从 2016 年的 25.4% 增至 2018 年的 42.6%,涨幅惊人,而线下活动和传统广告在营销预算中所占的份额均出现下降,2018 年分别为 29.5% 和 27.8%。(如图 1-8)

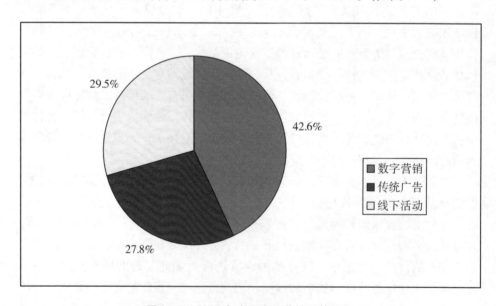

图 1-8　2018 年中国市场营销预算结构

(资料来源:胜三 & SCOPEN《2018 中国营销趋势研究》,2018 - 04 - 21,http://www.199it.com/archives/713819.html。)

根据 AdMaster 发布的《2019 年中国数字营销趋势》，2019 年，79% 的广告主会选择增加数字营销投入，其中选择增长 10%～29% 的比重最大，达到 37%，总体预算平均增长 20%。（如图 1-9）

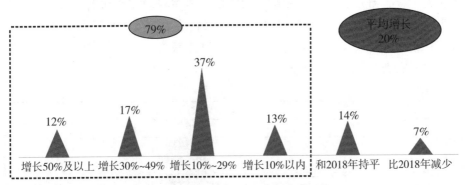

图 1-9　2019 年广告主数字营销预算的增长

（资料来源：AdMaster《2019 年中国数字营销趋势》，2018-12-19，http://www.199it.com/archives/809115.html。）

中国作为世界领先的数字技术和应用大国，前沿技术不断发展，数字营销市场潜力巨大。在中国宏观经济下行、经济结构转型升级、激烈的市场竞争等大背景下，数字营销市场规模保持稳定增长。据前瞻产业研究院数据，2018 年，中国数字营销解决方案市场规模达到 538.3 亿元，同比增速 21.20%；预计至 2021 年规模将超过 1000 亿元，实现 23.20% 的年均复合率（如图 1-10）。

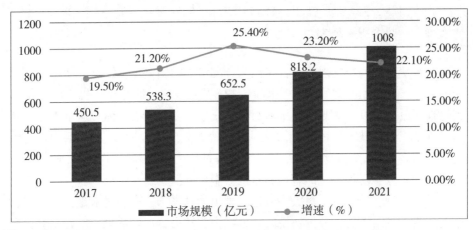

图 1-10　2017—2021 年中国数字营销解决方案的市场规模及增长

（资料来源：前瞻产业研究院《2019 年中国数字营销行业市场现状及发展趋势分析，营销云成为产业互联网时代新蓝海》，https://bg.qianzhan.com/report/detail/300/191105-9df6aa48.html。）

2019年广告主数字营销预算平均增长20%，较2017年和2018年有所提升（如图1-11）。自动化营销/营销云成为最受数字营销行业关注的营销技术，人工智能和DMP也备受追捧。81%的广告主将增加移动端投入，11%的广告主将增加PC端投入，社会化营销越来越成为广告主数字营销投入的重点。社会化营销和自有流量池是广告主2020年最为关注的数字营销形式，视频广告、社交电商关注度居第二梯队。

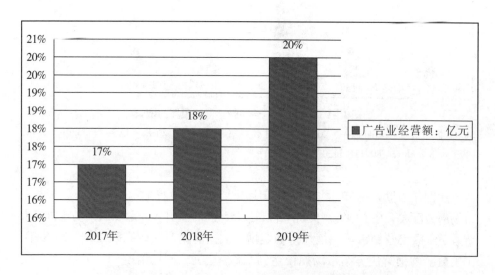

图1-11　2017—2019年广告主数字营销预算平均增长

（资料来源：艾瑞咨询《2019年中国网络广告市场报告》，2019-06-28，http://www.opp2.com/145025.html。）

而艾瑞咨询调查发现，广告主预算分配增加的侧重点，线上媒体是重点增加的部分，其次是营销管理（如图1-12）。值得注意的是，广告主将增加营销管理部分的预算，优先度高于新媒体、线下活动和线下媒体。这是因为，营销管理是以营销技术使用为主，一方面是对全渠道的用户触点、接触用户的流程以及获客的路径进行管理，另一方面是对以人为核心的工作流程进行管理，最终帮助企业实现精细化的管理和营销效率提升。

总之，现在的广告主对数字营销表现出强劲需求。市场需求是我国数字营销与广告服务最大的优势性环境因素或者说驱动力，换句话说，广告主对数字营销的强劲需求构成了广告公司数字化战略转型的根本驱动力。

第一章 广告公司经营模式的系统架构与转型历史

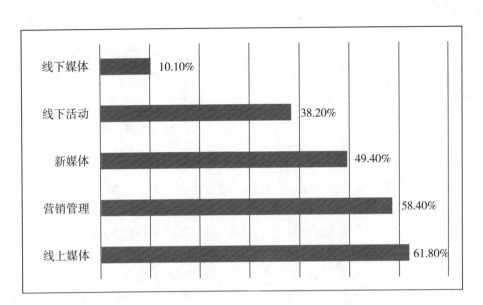

图 1-12 2019 年中国广告主所在营销部在未来 1~2 年将增加营销预算部分

（资料来源：艾瑞咨询《2019 年中国网络广告市场报告》，2019-06-28，http://www.opp2.com/145025.html。）

五、广告产业融合转型及其效应

（一）广告产业融合的内在逻辑

广告产业正在经历方向多元、路径纷繁的融合转型。产业的生态环境在变，产业自身也在变，网络化的社会导致广告产业全方位深度融合。数字技术和互联网技术带来了媒介的互联和信息互换，也由此带来了信息生产和接受的规模化。

1. 差异化

平台、数字与数据技术成为当今广告产业融合发展的核心驱动要素，由其推动的广告产业内外间的分化转型、广泛包容和跨界融合，是广告产业演进的必由之路。融合只是手段，而不是目的，通过融合实现跨越式发展，达到更高层次的多样化，这才是广告产业融合的终极目标。

广告产业的融合进程伴随的是产业内涵与外延的深化、拓展。数字化技术渗透产业融合进程，产业边界开始模糊并逐渐消融。广告产业内融合与跨产业间融合交替发生，业务流程的交叉和重构愈发常态化。构成传统广告产业链的广告主、广告公司、广告媒体和用户则纷纷注入数字化新鲜血液，甚至对广告产业链进行了重组。

数字技术作为广告产业融合的基础,其技术创新是广告产业融合的基础生态和内在驱动力。

新一代信息技术革命和互联网技术的普及以数字技术为代表,数字技术使得报纸、电视等传统媒体与互联网、智能手机、移动媒体相互交融,衍生出诸如电子报刊、数字电视、网络视频等多种新媒体形态。与此同时,数字技术介入广告产业的服务内容当中,对广告业务流程进行了整合重组,使得广告服务更加适应当下数字环境的需求,传统的广告业态产生重大变革。随着数字传播技术的应用不断加深,数字技术已成为技术创新的主导与推动因素,因此,广告产业的技术融合主要是数字技术的融合。数字技术的融合使得互联网这一信息平台在数字传播技术支持下成为了广告运行的"通用平台",进而将整合营销推到了一个新的风口浪尖上,广告运作亟待做出数字化改变。在原有的技术基础上,数字技术将广告产业与相关产业进行连接,降低了广告进入其他市场的壁垒,逐渐消融了行业间的边界,产业间架构出新的价值网络,创造新的产品和服务。数字技术的创新效应、协同效应和溢出效应则直接引发了广告市场融合。

2. 市场融合连接技术与产业融合

20世纪90年代后,信息经济时代来临,市场融合开始显露端倪,从一开始的几个产业发展到了越来越多的市场领域,多元化的生产经营连接新的价值网络,创造出新的产品与服务,更好地满足市场需求。然而,市场融合并非一个单独成立的因素,它连接技术融合与产业融合,在技术—市场—产业的联动中发挥着至关重要的作用,市场融合是技术融合的导向,也是产业融合的有力推动。

(二)广告产业的融合形式:渗透、延伸和重组

信息化浪潮下,产业发展总体表现为向技术密集、信息密集的价值环节升级,大数据背后反映出来的正是这种产业结构性调整的变化。数字技术驱动在不同产业间引发了溢出效应,产业之间和广告产业内部的传统边界正在逐渐模糊甚至消失。大型物业公司通过对社区视频数据分析能够开展个性化的广告业务;亚马逊、淘宝等电商网站可根据多年来的用户购买记录,打造强大的实时广告竞价产品。广告主不只是通过第三方数据来了解受众,还可直接介入消费者数据的分析、开发。[①] 技术驱动是广告专业服务向前发展的源动力,平台、

[①] 李亦宁、杨琳:《大数据背景下广告产业生态的嬗变与重构》,《当代传播》2014年第2期,第87页。

数字与数据技术在广告产业的运用,不断衍生、演化出新兴的广告技术、服务方式与服务业态。从技术推动服务与业务融合的方式来看,主要有以下三类。

1. 渗透融合

渗透融合主要是技术向传统广告产业的渗透,促动新兴数字广告产业链的产生。其渗透融合的路径大体有三:一是广告代理业在互联网、移动互联网平台上的渗透与业务的分化,产生一批数字与互动广告代理服务商,其提供的服务与传统广告公司的业务为替代和互补关系。如传统公司下设的奥美世纪、电众数码,媒体代理的昌荣互动等偏重于互动营销服务;而一批新兴数字广告公司则偏重精准营销服务,如华扬联众、三星鹏泰、悠易互通等,其广告策划、投放、效果监测都基于海量样本的数据系统,利用定向技术、搜索引擎营销、口碑营销等技术定位目标受众。二是技术向传统广告代理产业渗透与结合,促进了程序化购买广告产业链的兴起,诞生了一批基于数字平台化运营的互联网广告企业。三是服务于数字广告产业链前后端不同环节,所提供服务互补的各类技术服务商。[1]

2. 重组融合

重组融合是指广告产业与其有紧密联系的产业或广告产业内部不同行业之间,原本各自独立的专业服务,在某种标准的集合下,通过重组完全结为一体的过程,其所产生的服务有别于以往的新型服务。在传统媒体时代,品牌咨询或商业咨询服务、消费者和市场调查服务等与广告创意的结合,产生品牌管理服务;在碎片化媒体时代,企业对整合营销传播的要求,使各营销传播不同环节,如公关、营销、互动活动等,通过重组成为广告公司运作品牌管理不可分割的服务业务单元。而在信息技术高度发达的今天,重组融合更多地表现为以信息技术为纽带的、产业链上下游产业的重组融合;融合后生产的新产品、新服务表现出数字化、智能化和网络化的发展趋势。如消费者调查、市场调查与媒介数据行业在网络平台上融合;再如,原生型广告等也是重组融合的重要成果。另外,由于品牌与传播管理在企业管理层面级别的提升,广告公司对品牌消费者的洞察力需要借助数据得以延续和提升,这种洞察力不再是单纯的品牌、传播层面的洞察和策略,而是在企业汇聚的海量信息分析的基础上,针对产品设计、生产、营销、渠道、销售、售后服务一体化的咨询服务,这些洞察力服务需求也为重组融合提供了契机。

3. 延伸融合

延伸融合是指广告及其相关产业与第二产业或其他服务业间的互补和延

---

[1] 姜智彬、张静怡:《比较制度因素与中国网络广告产业发展》,《广告大观(理论版)》2013年第3期,第11~21页。

伸,实现产业间的融合。这类融合通过赋予原有产业新的附加功能和更强的竞争力,形成融合型的新产品、新业务,构造了广告产业的服务新体系。如广告业向数字内容产业的延伸融合,全球领先的传播集团电通安吉斯实施新内容营销,加强与内容供应方的多种合作,包括游戏开发、IP 运作、动画制作发行、电影拍摄、体育赛事、机器人艺人项目等。广告媒介商北京竞立媒体有限公司跨界服务于客户的电商营销;利用网络平台赋予电商网络营销与传播平台一体化的优势,一改传统渠道商的角色。再如,利用大数据的融合效应,平台商和电商根据用户记录,打造自己强大的实时广告竞价产品;而广告主直接介入消费者数据的数据分析和开发,如 2013 年可口可乐与微软联合成立大数据中心,宝洁为其纸尿裤品牌"Pampers"专门研制了让父母记录孩子成长的移动 App 应用。又如 2016 年我国领先的互联网公司腾讯联手电通安吉斯,共建开放的数据营销新生态,连接数据孤岛,帮助广告主达成人群的有效触达。

简要追溯现代广告产业融合发展的历史,可以发现,广告产业从专业分化到全面融合,到整合营销传播大放异彩,再到如今正在向"大广告产业"业态靠近的历程和未来趋势,广告产业融合发展演进范式的转型蕴藏着推动产业融合的内在逻辑,一方面,是技术创新带来的数字技术广泛应用于产业边界,同时,广告主的"一站式"购买需求对整合营销服务提出更高的要求,技术与需求的双重作用,使得广告产业打破原有的产业界限,从而形成市场融合。另一方面,市场融合会拓展原来的市场边界或者形成大量的新市场,在这一过程的泛化中,产业扩张渐渐得以实现。

考察广告产业融合态势中出现的三种融合类型,可以将重组融合理解为产业内融合的体现,而渗透和延伸融合则作为跨产业融合的体现。只有以一定的产业边界为划分标准,细致探究广告产业内和跨产业融合的具体发展模式,才能更高程度地理解和把握广告产业融合与细分协同演化的路径。

(三)广告产业融合效应

平台、数字与数据技术成为当今广告产业融合发展的核心驱动要素,由其推动的广告产业内外结构转型以及广泛包容的跨界融合,是广告产业发展演进的必由之路。

广告产业融合的深度和广度,直接决定当前广告产业的数字化转型升级能否取得成功。广告产业数字融合产生的效应主要表现在以下层面。

1. 带来产业组织间竞合关系的调整

竞合压力是广告产业融合的企业(产业组织层面)微观层面的、长期的动因,因此,融合发展必然伴随着公司之间竞争与合作关系的调整。在企业微观层面,广告公司在竞争与合作的压力下,对自身价值链的延伸和优化,对规模经济和范围经济的追求,构成了广告产业融合的基本和长期的动因。

广告产业组织的竞争、合作与共生提高了广告产业的复杂性和多样性。知识的复杂性和多样性通过产品与技术的复杂性和多样性表现出来。在20世纪初期广告产业形成之初便形成了广告产业内的竞争、合作与共生。同时,为了争夺广告主,与其他广告公司进行竞争,各个广告公司纷纷进行产品创新和技术创新,从而形成了广告产业系统内的复杂性和多样性。

广告企业的竞争、合作与共生改变了广告产业内广告企业的分布频率。广告企业在争夺自然选择环境的竞争、合作与共生等过程中为广告产业带来资源而推动广告产业演化,企业创新行为对广告产业环境具有塑造和反馈作用。广告企业间的竞争改变了不同企业的分布频率,进而形成主导型子系统,从而推动广告产业的演化。在广告企业竞争与合作关系的发展史上,在20世纪二三十年代,各广告公司的业务以报纸广告为主,报纸广告专业服务构成了广告产业内主导型的子系统。在广告产业伴随着改革开放全面恢复以后,广告公司的业务以影视广告为主,影视广告专业便构成了这个时期主导型的子系统。在互联网高速发展的时期,新媒体广告公司的业务迅速发展,通过与传统的广告公司的竞争与合作,新媒体广告终将会成为主导型的子系统。正是这种分布频率的变动和演替,推动了广告产业的不断演化。[①]

总之,数字技术尤其是大数据技术的发展,对不同规模、不同专业公司之间的作业关系带来了不可避免的冲击。这种冲击必然促使广告产业组织间产生新的互动与竞合关系。竞合压力的调整,一方面帮助参与融合的公司获得更大的空间,又强化了其面临的竞争。另一方面促成广告企业间的共赢思维,即利用在各自领域中的优势,进行合作与分工。

2. 数字化融合带来广告产业的跨越式发展

(1) 广告产业的深度融合必然促进品牌管理运作服务的延展和深化。广告产业的融合是在构建一个互联网化的产业生态链,有助于推动广告产业形成以消费者为中心的传播构架。

(2) 技术与创意的融合也在促进创意价值的拓展。技术推动下的广告产业融合,构建了融合化的品牌信息沟通时空,也必然拓展创意的价值。

广告产业融合一个明显的效应,是催生了许多不同于以往"新产品"的融合产品,满足了广告主对更高层次服务的需求。正是在由新产品和新需求构建的良性循环中,整个广告产业链的价值得以提升。

(3) 数字化融合促进广告产业结构优化,即融合可有效地扩大相关公司

[①] 秦雪冰:《自组织创新:广告产业演化的内部动力》,《广告大观(理论版)》2014年第2期,第29~37页。

的生存和活动空间，并优化产业的结构。

　　总之，技术创新是广告产业融合发展的核心驱动力，其表现为：基于"数字化"的全媒体产业链的爆发；在大数据推动下，中国智能广告产业竞争力提升；5G技术为产业融合加持。除此之外，消费者追求以及对广告市场的需求，广告产业内部的创新机制——产业组织间的互动与竞合关系，对广告产业演化均有重要的推动作用。

第二章 数字技术渗透下的广告新形态与新业态

第一节 数字广告新形态

在互联网的颠覆与赋能下,广告的形态正呈现出无穷的变幻。从传统的互联网广告形式出发,(大数据)计算广告技术体系的创新应用方兴未艾。从影视剧中的创意中插、网红直播卖货,到天猫"双十一"晚会,广告传播的新形态正绽放不缀。总之,传统上"平面+商业电视广告"(Television Commercial,TVC)的"老三篇"已经逐步让位于百花齐放的广告新形态。[①]

一、互联网广告的传统形态

互联网先后发展出丰富的广告形式,最为传统的在线广告类型有电子邮件广告、短信广告、游戏植入广告、内容营销广告等。

目前,在不区分终端的情况下,互联网广告形式可以分成四大类:常规展示类广告;搜索广告;社交媒体平台上的社交广告;原生广告;等等。

常规展示类广告,包括图文类广告、富媒体广告、视频贴片广告等。

(1)图文类广告包括横幅(banner)广告、文字链、按钮(button)广告、弹出式广告、页面悬浮广告等。

(2)富媒体广告是指能达到2D及3D的Video、Audio、JAVA等具有复杂视觉效果和交互功能的网络广告形式,其广告表现形式多样,内容丰富,通常有很强的沉浸感和交互体验,主要包括插播式富媒体广告、扩展式富媒体广告和视频类富媒体广告等形式。

(3)视频贴片广告。指在网络视频播放前、播放暂停或者播放后插播的图片、视频、Flash等广告。

---

① BBI品牌智库:《广告的"破四旧"与"立四新"》,https://mp.weixin.qq.com/s/bE_fC7Az_ORlFzCA6HotAg。

搜索广告通常指的是通过关键词搜索引发搜索结果、广告展示在搜索结果之中的广告,其中较为典型的是百度竞价搜索。

另外,无线移动终端(手机)上常见的 App 内广告类型,除了互联网四大类广告形式外,还有闪屏广告、信息流广告、推送广告等。

二、社交媒体平台的广告形态

根据中国互联网络信息中心发布的《第 45 次中国互联网发展状况统计报告》的数据,截至 2020 年 3 月,我国网民规模为 9.04 亿人,手机上网比例达 99.3%,互联网普及率达 64.5%。巨大的网民基数正在悄然改变着网民结构,下半场已然开战,中国互联网面临新辟战区的主场争夺战。

社交媒体(Social Media)指互联网上基于用户关系的内容生产与交换平台,是人们彼此之间用来分享意见、见解、经验和观点的工具与平台,现阶段主要包括社交网站、微博、微信、博客、论坛、播客等。社交广告即存在于社交媒体平台上的广告形态。

(一)平台种类多样,广告类型多样化

腾讯,作为中国最大的社交平台,旗下拥有 QQ 和微信两大账号体系。截至 2020 年 8 月,微信及 WeChat 合并月活跃账户数达 12.06 亿,QQ 智能终端月活跃账户数为 6.47 亿。[①] 众多的用户意味着庞大的广告曝光量。综观当今消费市场,不难发现,消费者日常所接触的媒体已由传统媒体向互联网媒体转变,尤以移动互联网端的转变最为明显,这就为线上广告的兴起奠定了基础。

腾讯依托 QQ 和微信两大载体,以 QQ 空间、QQ 浏览器、QQ 客户端、微信朋友圈、应用宝、腾讯广告联盟等为具体的广告投放平台,实现了线上广告产品形式的多样化。从广告位置看,有横幅广告、插屏广告、开屏广告等;从广告形式看,有平面广告、视频广告、文字链广告等。广告主可以在进行市场调研分析、目标市场确定的基础上,选择具体的广告形态。

(二)捕捉用户需求,广告产品沉浸化

自 2015 年"互联网 +"元年开始,中国进入社交时代的步伐加快,广告主对社交媒体广告的投放意愿明显加强,近 55% 的广告主选择在社交媒体平台上投放广告。在对具体广告产品实现形式的探索上,腾讯社交广告选择了占

---

① 周小白:《微信及 WeChat 合并月活跃账户数达 12.06 亿》,http://www.techweb.com.cn/finance/2020-08-12/2800515.shtml。

据明显优势的原生广告,这一种广告被证明是最不受排斥的广告形式,深受广告主和广告平台青睐。一方面,腾讯社交广告依托大数据平台和人工智能技术等新技术,有效地捕捉用户需求,实现原生广告价值性,将广告准确推送给目标受众,尽可能实现广告所推送的信息对受众的价值和意义。另一方面,腾讯社交广告实现了和平台的完美融合,广告产品沉浸化,确保了内容的原生性,使得广告的呈现不会太过突兀,不影响画面,不会对广告受众产生干扰,在不知不觉、不露痕迹的过程中将广告信息传递给广告受众。

原生广告(Native Advertising)是 2012 年提出的新概念,对其定义,目前众说纷纭。虽然众多人士理解的角度有所不同,但总结来看,从形式而言,原生广告的本意就是指原生态的广告,它的形式不受标准限制,是随场景而变化的广告形式,包括视频类、主题表情原生广告、游戏关卡原生广告、安卓系统(Launcher)桌面原生广告、信息流、手机导航类等。而作为一种新的消费者体验,原生广告是一种互动的广告,是从消费者平常的使用习惯切入,没有隔阂地成为消费者原有的体验。

(三) 高效精准投放,广告产品生态化

腾讯社交广告平台依托大数据和人工智能技术,以海量用户为基础,以大数据洞察为核心,采用"ADX(平均趋向指数)+DMP(数据管理平台)"组合服务模式,使广告主的投放更加精准、明确、高效。DMP 对广告受众的数据,如年龄、职业、兴趣爱好等进行收集、分析,构成初步的用户画像,每个用户形成独具个性的特色标签,借助腾讯用户标识体系,实现跨屏识别。广告主在利用腾讯广点通进行广告投放时,可以选择各种标签,对广告受众人群进行精确化的筛选。腾讯社交广告广点通平台对广告的内容、质量进行审核,审核通过后借助平均趋向指数(Average Directional Indicator,ADI)和 Ad Exchange(Adx)广告实时竞价交易平台、采用 RTB 的方法让广告主进行大量的动态竞价交易,无疑增加了广告产品的生态化。[①]

---

① 周连勇:《"互联网+"时代下社交广告形态研究——以腾讯社交广告为例》,《数字营销》2018 年第 2 期,第 67 页。

第二节 广告产业新业态：数字化运作与产业链重构

一、广告产业的数字化运作与主体角色的嬗变

数字技术作为当下广告产业最主要的技术环境，在营销传播业、通信领域、互联网市场的扩散和应用上发生溢出效应，重塑了广告业态，引发了广告产业运作各环节的巨大变化；大数据为广告市场运行提供全新的数据基础，广告产业主体运用数字技术、大数据和算法，推动原有业务能力强化，并迸发出新的业务形态。同时，数字技术的扩散效应与溢出效应，也推动了广告产业的全方位融合，为广告产业加入了新的引燃剂，广告主、广告媒体、广告公司、受众这四大广告活动的主体，在广告产业链运作价值链条上的地位和主体角色也因此发生了重构。

（一）广告产业的数字化运作嬗变的基本特征

1. 广告产业核心运作环节的数字化，最基础的是市场分析和消费者画像的大数据技术应用

品牌的差异化竞争，首先表现为对市场、品牌的内容定位和目标受众群的差异化了解。

大数据及其技术突破了传统小样本有限数据的局限，可以实现全样本数据收集、整理与处理。市场、竞争对手或消费者网上的任何行为痕迹，都可以以数据的形式被抓取，并可以进行数据深度挖掘与分析。数据来源的多元化与真实性，保证了数据之间的相互印证，减少了对数据的误判。对目标用户的画像，可以帮助经营者准确推测消费者的兴趣、态度以及需求，进而生产定制化的内容广告，有针对性地进行广告信息推送，即"增强了广告的可读性、针对性和实效性，实现精准推送，大大提高了广告的转化率和成交率"[①]。

传统的广告实践因为缺少数据，造成了"一半广告费被浪费"的常见现象。数据是智能决策的基础，也是用户画像的依据。随着大数据技术的普及发展，"大数据+广告"改变了模式，在计算广告这一广告运作体系下，广泛收集用户的行为数据和广告反馈数据，运用云计算的基础设施将用户标签化，并进行深入的用户画像，在多个广告主竞争同一次广告展示机会时以数据做出展

[①] 储冠群、文星：《论新媒体广告与内容融合的嬗变路径》，《传播力研究》2017年第9期，第162页。

示决策，再将广告的效果数据反馈给广告操作人员以调整投放策略。① 对市场的把握和对用户的了解都有可靠的数据分析结果作为依托，也使得精准营销、效果营销有了进一步发展。

2．技术开始与广告策划、创意深度结合，丰富了互动和创意的空间

美国广告大师威廉·伯恩巴克于 20 世纪 60 年代提出 ROI 理论，将关联性（relevance）、原创性（originality）、震撼性（impact）即 ROI 视为广告创意的实用指南和重要法则。进入数字化时代，广告创意由 ROI 进入到 SPT 时代，即可搜索性（searchable）、可参与性（participative）、可标签化（tagable）。但无论是 ROI 理论还是 SPT 理论，创意主体依然以广告主或广告公司为主，消费者还是处于客体的位置。数字技术的运用使消费者成为广告创意的主角，使其从广告的创作客体转向主体，这是彻底的"以消费者为中心"尝试。②

2017 年和 2018 年两届的戛纳广告节，创意全场大奖作品大部分都已不是传统意义上的平面或影视创意。如 2017 年获金狮奖（cyber lions）的"人脸寻亲"案例，选择了机器学习、智能技术与社交网络技术的融合，切入"技术打拐"的领域，用科技来造福那些失散的亲人们。建立在智能采集、智能识别、图像识别、声纹识别等 VI 技术与大数据基础上的"百度智能眼镜"，是一个通过技术与创意结合来解决阿尔茨海默症失忆难题的尝试。这些以技术为核心的创意赢得了国际评委与观众的充分认同。实践已经证明，技术不仅没有阻碍创意，相反，它极大地丰富了创意的空间，甚至拓展了广告创意的可能性。③ 再如苏格兰语音公司 CereProc 受《泰晤士报》委托，重新创建肯尼迪的演讲，用 AI 语音科技来辅助广告创意，为《泰晤士报》带来了 17000 人次的新订阅量和 10 亿媒体曝光量。技术就这样一步一步改变着品牌与消费者的互动方式，也为广告开辟了更宽广的舞台。

3．数字化信息产品，推动广告与内容的融合

当前，"互联网＋"浪潮突破了传统的媒介形式和产业界限，媒介内容采编和媒介广告经营这两个原本部门相对独立、职能相对不同的板块，在发展和演进过程中也表现出了十分明显的融合趋势，并产生了诸如个性化新闻推荐、内容付费推广、原生广告等兼具内容属性与广告属性的数字化信息产品，形成

---

① 段淳林、杨恒：《数据、模型与决策：计算广告的发展与流变》，《新闻大学》2018 年第 1 期，第 128～136 页。
② 李星熠：《新媒体环境下的广告创意与创新》，《出版广角》2016 年第 17 期。
③ 张惠辛：《技术改变广告，从哪几个方向？》，《中国广告》2017 年第 10 期。

了"内容广告化"与"广告内容化"的媒介新景观。① 从生硬组合式的硬广,到巧妙嫁接的植入式广告,再到有机融合的软文广告,直至实现内容与广告一体化的原生广告,广告形态与内容的融合由浅入深,由"显性"到"隐性",直至"无形",这一脉络是由数字媒体技术的创新发展引发的,其带来的连锁反应,最终推动了广告与内容在数字技术环境下的融合趋势。②

4. 数字技术凸显受众的主体地位,推动人、内容与场景的有机结合

受众不再是被动的接受者,而是拥有视听选择权的互联网用户,由被动到主动,受众的主体地位逐渐凸显。数字化技术推动媒介实现从内容、网络到终端的多层级融合,也帮助用户脱离了线性的媒介接触,打破了时空和"屏幕"的界限。无论何时何地,用户都有可能接触到品牌内容,都能决定是否购买或传播品牌内容,还能通过搜索关键词以及微博微信、短视频和内容植入等平台,与品牌进行深度接触与互动。正因用户主动性攀升,"注意力经济"炙手可热,广告的精准营销与效果营销成为主流;同时,广告流程已可支持即时的消费转化,用户点击广告界面,可能从浏览者迅速转化为消费者,广告投放价值进一步实现。

移动互联网帮助了消费者,使其行为始终处在各类场景之中,这也是场景营销诞生的基础;线下商场、线上购物和交通出行等环境都构成了场景营销的条件。"场景"围绕"人"展开,"人"重新回到了市场的核心。场景营销通过将人、内容与场景有机结合,将营销的效果最大化。可以说,"场景"正在重构新型的传播与商业模式。而随着技术手段的演变,未来的场景营销内容也将会更精准,更即时,更具关联性和互动性,也更贴近消费者需求,更易被接受,更易被传播。③

5. 技术推动了广告产业链的变化与数字化融合

在全球数字传播向纵深挺进的时代,由技术所推动的融合力量,成为决定广告走向并构成决定性价值的新要素。融合的趋势,给以4A广告公司为代表的传统广告代理商带来冲击,促进广告产业链各环节发生重大变化;广告主从媒体购买到受众购买,广告媒介从媒介代理迁移到广告交易平台,广告公司从创意代理走向技术驱动。复杂的数字广告产业链正在形成,无论是传统的广告公司甚或传播集团,或是新兴的互动公司、技术公司或平台公司,均无法包揽

---

① 刘庆振:《媒介融合新业态:数字化内容与广告融合发展研究》,《新闻界》2016年第10期,第55~59页。

② 储冠群、文星:《论新媒体广告与内容融合的嬗变路径》,《传播力研究》2017年第9期,第161~162页。

③ 陈逸舟:《场景营销的时代》,《中国广告》2018年第7期,第80~81页。

业务、一家独大、独立生存。这种变化考验广告公司在数字信息产业中协同前行的能力。广告产业开始大融合，依托数据资源和算法，重组业务模式，简化工作流程，协调跨平台资源和跨模块团队统一作业；促使产业链进行 DNA 重组，为广告产业融合注入技术活力。同时，在拥抱数字化的进程中，广告产业链上下游之间、广告业与相关产业之间的渗透、延伸、重组水乳交融，协同共进。

（二）广告产业链上各主体角色的演变

1. 广告主：受众购买与广告投入的集中

（1）从媒体购买到受众购买。在传统广告产业链中，广告主在定位其目标用户之后会购买相应的媒体资源，使广告信息得到传播，其本质上是对媒体进行购买而非用户。随着传播的碎片化和智能化，受众接受信息的模式发生转变，广告主不仅需要更加精准地把握用户的需求，更为重要的是能够有效触达受众，与其进行"面对面"的沟通，程序化购买应运而生。程序化购买就是基于自动化系统（技术）和数据来进行的广告投放，购买根据大数据分析，借助智能平台，能够更加准确地瞄准目标用户，提高广告投放的效率。然而，在程序化购买产业链中，是先对用户进行数据分析找到目标用户，然后购买这些用户浏览的广告位，其整个过程变为对用户的购买。[①] 在这种情况下，广告主在意的不再是广告出现的具体位置，而是能否精准找到其目标用户。对广告主而言，由媒体购买到用户购买，最重要的效益就是提高了广告投放率，节约了资源，避免了资源的浪费。

广告投放集中与广告主的分布离散。从投放规模上来看，随着新媒体的出现以及人工智能技术的推动，广告主有了直接面对用户并与之进行沟通的机会，这也改变了许多广告主广告投放的思路——从最初的促进销售转变为构建品牌，取得消费者对品牌的认知、认同和认可，这种思路的变化不仅促成了许多品牌广告模式的变化（如从以往单纯的硬广投放转移至社交媒体上的"众包"与共创广告、制作植入品牌价值的微电影等），更使得品牌广告主的广告花费进一步提升，广告投放走向集中化。

在行业分布上看，虽然近年来媒体广告投放的主要行业较为固定，如日化、食品、饮料、商业及服务性行业，药品等"大消费"行业长期以来都是传统广告投放市场的主力，而交通、网络服务类、食品饮料等则是互联网广告投放的主要领域，但随着人工智能技术的应用和新媒体平台的出现，其余各行

---

① 段淳林、李梦：《移动互联网时代的广告产业链角色重构与平台化转型》，《华南理工大学学报（社会科学版）》2015 年第 17 卷第 4 期，第 58～64 页。

业、行业内广告投放的增长速率却出现了分化。如随着搜索引擎技术的不断完善和搜索引擎应用在我国网民中的普及,以及得益于搜索引擎广告投放便捷、灵活、见效快、性价比高等特点,我国数千万的中小企业加入了广告投放的队列,这一"长尾市场"的开发无疑使得各行业内广告主的分布更为离散。

2. 广告媒介:从传统广告到广告交易平台

在传统广告产业链中,媒体通常是把资源打包销售给媒介代理公司,由媒介代理公司与广告主或是广告代理公司进行交易。对媒体而言,这样不仅能省去与广告主或代理公司打交道的很多麻烦,还可以尽可能多地出售自己的资源。

然而,在移动互联网时代,媒体所拥有的资源无论在数量上和种类上都取得了爆发式增长,无论是媒体资源的购买方式还是广告主对资源的需求,都呈现出多样化的态势,广告投放将不同渠道的资源进行整合并且统筹运用成为必需。在程序化购买产业链中,通过与优质资源捆绑打包方式进行售卖,媒体库存广告的价值得到最大程度的发挥,推动其实现程序化购买的重要原因就是广告投放的自动化以及剩余库存的消化需求。整个广告的交易通过 Ad Exchange 来进行,媒介代理公司在这个过程中逐渐趋于消解。

Ad Exchange 是广告交易发生的场所,是一个开放的、能够将出版商和广告商联系在一起的在线广告市场,任何程序化购买的方式都可以在这个场所进行,广告主可以在对的时间、地点触达其目标用户。Ad Exchange 需要有海量的媒体作为支撑,因此,互联网巨头成为其主要的运营商,这些网络媒体巨头本身拥有的平台化效应使得它们能够满足广告交易平台运营商的要求。[1]

3. 广告受众:既是接受者,也是互动者

广告的效果最终要在广告受众身上体现,广告受众的表现是检验一个广告是否成功的标准。

在传统广告时代,受众作为接受者一方,更多时候是被动接受,广告主只管将广告投放出去,对广告产生的效果也是难以评估的。

在智能广告时代,这种情况不会存在,在大数据、人工智能、社交媒体蓬勃发展的今天,受众不再是被动的受众,受众不仅是信息的接受者,更是信息的生产者。消费者的信息被越来越多的平台、机构搜集,得益于智能技术、大数据、云计算等先进的数字技术,智能机器和智能算法会深入到信息内部,充分挖掘有用的信息,了解消费者真正的消费意图。所以说,受众接受的广告不再是千篇一律,而是千人千面的状态。广告公司通过平台对"用户画像"的

---

[1] 段淳林、李梦:《移动互联网时代的广告产业链角色重构与平台化转型》,《华南理工大学学报(社会科学版)》2015 年第 18 卷第 5 期,第 60 页。

描绘，为每个消费者制定合适的广告，进行精准营销。受众的信息是广告进行制作的基础，受众不再是单一的接受者，而是对广告的运行起到决定性作用。

4. 广告公司：智能化转型与组织调整

在新技术影响下，传统广告公司不断受到技术驱动的瓦解。为了适应新挑战，传统广告公司做了一系列调整，引入智能技术因素，实现智能化转型。

（1）资本与人工智能技术推动下的广告公司分化与融合。在早期，我国广告公司以媒体代理为主，媒体代理佣金是大多数广告公司早期收入的主要来源。但是，由于新媒体所带来的平等和互动的传播格局，消费者对信息接收和筛选的主导性增强，以往的硬广告和强制式广告更是收效甚微，这使得广告界对广告的运营理念发生变化，由单纯的媒介代理走向整合营销传播。加之随着智能技术与大数据等不断成熟与发展，新媒体广告的市场价值和发展潜力受到重视，广告公司针对新媒体广告领域的并购行为愈发常见，其通过资本运作，囊括了传统广告公司和网络广告公司，从而能为广告主提供"全媒体"的广告代理服务。

随着数字技术、智能技术的不断成熟，产业融合成为一个产业要生存下去的必然选择。首先，在技术背景下，单一业务的广告公司很难在竞争中脱颖而出，而大型广告公司的业务不断拓展，不断对小型广告公司进行侵蚀，最终形成并购的结果。其次，小型数字技术公司越来越得到广告主的青睐，尤其是在智能广告等一系列新的广告形态出现之后，广告公司注重的不仅是创意，而是创意加技术。像4A这样的传统广告公司，企业组织很难在短时间内完成转型，无法满足广告主对技术的高标准要求，而小型数字技术广告公司在起步时就特别重视技术部门和技术人才的建设，所以能够在竞争中脱颖而出。传统的广告公司在开展业务时与这些数字技术公司组成联盟，数字技术公司借助传统广告公司的平台和影响力，传统广告公司借助数字技术公司的数字技术平台，二者相互合作，共同发展。

（2）技术驱动为本土广告公司提供新机遇。新型技术为我国广告公司带来一定的发展机遇。新媒体广告逐渐占据主导，广告投放和广告代理在很大程度上由技术驱动，能够缩短我国本土广告公司与跨国广告公司的差距，为本土广告公司的发展提供契机，改善我国广告市场结构。由于新媒体平台上的广告投放与广告代理在很大程度上受技术驱动和主导，这为本土广告公司的发展提供了新契机。

（3）广告公司人员制度的相应调整，技术部门成为公司担当。智能广告时代的来临，改变了广告行业人才供应需求的现状，更多的广告公司将广告创作交给机器制作，人工劳动力正被取代，尤其是在一些重复性、机械性、智能性的工作中，人工就显得有点多余。与此同时，一些新的岗位应运而生，广告公司在组织方面需要做出一定的调整。如 2017 年 4 月，阿里集团在 UCAN2017 年度设计师大会上正式公开了人工智能设计系统"鲁班"，其原理是通过人工智能算法和大量数据训练，机器学习设计，输出设计能力。在 2016 年"双十一"期间，"鲁班"把"双十一"站内投放广告形式呈现为千人千面，根据主题和消费者特征进行个性化呈现，平均每个分会场需要投放 3 万张图片素材，整个"双十一"期间累计生产了 1.7 亿数量级的素材。

从"鲁班"设计系统的发展即可看出，人工智能技术部门的成立于广告公司的发展至关重要，在广告公司的运作流程中处于领头羊的地位。比如，利欧集团技术部门作为平台对接集团的子公司，向琥珀和氩氪输出广告文案（例如段子手、短文案），向 MediaV、微创、智趣输出程序化购买支撑技术。在电通安吉斯，技术部门作为溢出的工具平台对其他各个广告业务部门进行支持。相应地，在技术部门成立的同时，人工智能技术人员也是不可或缺的组成部分，提高广告工作人员的技术意识，让技术部门成为广告公司的中流砥柱。

(4) 广告从业人员的新要求与结构重组。技术型广告人占比不断增长，对数字技术的掌握成为现代广告人的基本素养。越来越多的广告人时刻关注数字技术的发展和新变，获取新的创意灵感。比如，4A 广告公司成立了单独的技术部门，给技术型广告人的发展提供了新的平台。同时，随着广告进入智能化时代，对广告从业人员也提出了新的需求。面对条件的变化，广告从业人员必须做出相应的调整，以适应智能技术所带来的变化。首先，广告从业人员必须全面提升自身的综合素质，应该懂得更多跨学科知识，尤其是掌握信息技术，在智能化时代，主要依靠信息技术知识进行创造，掌握必要的信息技术知识是不可或缺的。其次，当今的广告人必须是跨学科、跨领域的综合型人才。也有学者提出"泛广告人"的概念，囊括广告创意设计师、广告数据分析师等新兴岗位。

二、计算广告技术体系的创新应用

最初，互联网被视为广告传播的一种新媒体渠道，从"在线广告"到"互动广告"，对互联网广告的传播方式的探索不断深入。随着技术范式的不断演进，互联网广告发展中涌现出一系列技术和算法，数据、网络和计算的引入在广告运作过程中使决策转化成为计算问题，并在此基础上形成了新的广告运作体系——"计算广告"。

（一）计算广告改变广告运作方式和体系

2008 年，雅虎研究院资深研究员安德雷·布罗德（Andrei Broder）首次提出"计算广告"这一概念,他认为,在特定语境下,为特定用户和广告之间找到最佳匹配方案,是计算广告的主要任务。计算广告的发展历经搜索广告（Sponsored Search Ads）、定向广告（Targeted Advertising）、广告网络（Adnetwork）、广告交易平台（Ad Exchange）、实时竞价（Real Time Bidding）、程序化广告（Pro-grammatic Advertising）和原生广告（Native Advertising）等流行的互联网广告技术的应用。基于信息检索技术的搜索引擎广告、基于用户数据分析与挖掘的定向广告和个性化推荐广告就是最早出现的计算广告的几种主要类型。第一阶段，搜索广告首创的关键词匹配、竞价排名和按效果（点击）收费的方式，开创了计算广告的核心技术和经济理念；第二阶段的定向广告，使得广告匹配从搜索引擎拓展到其他数字媒体，各种形式的展示广告都逐渐可以根据网页上下文标签，或者广告受众的地理、位置、性别、年龄、兴趣等属性，匹配出具有针对性的广告；第三阶段的广告网络和广告交易平台，将海量的数字媒体都纳入一个开放的、规模化、实时竞价和程序化的广告交易市场，使得各种数字媒体都可以分享到广告收益；第四阶段是在移动时代社交网络发展下出现的包括原生广告在内的新变化，试图把广告与用户场景进一步匹配起来。[①]

数据、网络和计算的引入催生了广告数字化运作体系。借助海量数据、广告网络和强大的计算能力，新体系不仅能提高广告决策效率和效益，也能推动广告市场的产业结构和交易方式的完全重构。广告产业由此开启颠覆式创新。

数字化运作体系的新特征在广告运作各环节均有体现。

1. 消费者洞察环节：定制化投放

计算广告可以通过数据分析、机器算法、人群选择和参数设定，触达更理想的目标群体或精准用户。传统广告在投放过程中，广告主通过购买广告版面、广告时段向同质化的大众进行广告信息的传播。数字与数据技术的广泛应用，使得传统广告媒体和新型广告媒体都大踏步进入数字化行列，通过技术手段对用户或媒体受众进行拆分，挖掘出具有相似行为特征的人群，从用户的人口属性、兴趣、意图和社交关系四个维度来判别用户需求、匹配广告信息。这样能发现每一位用户的消费需求和媒介使用习惯，并有针对性地进行广告投放和营销传播，以使广告主高效率按照用户类型进行媒介购买与投放成为可能。同时，数字化环境下的用户的每一种行为、每一次点击都反映出其想法和动机，哪怕他们是无意识的。这些动作会被算法分析记录汇集成大数据，用以洞察用户的消费心理。例如，通过大数据洞察，广告主可以通过捕捉某个精准用

---

① 马澈：《计算广告对数字媒体的影响：基于技术、数据和市场的重构》，《中国出版》2017年第24期，第54～57页。

户日常浏览网站的内容、线上购物的偏好、搜索引擎的使用等来预测该用户潜在的需求,使用搜索引擎时输入关键词,搜索引擎便会通过高效算法向用户推送特定广告。例如天猫、京东、亚马逊等购物网站通过分析用户的海量浏览和购买数据,发现每一个消费者的潜在需求,预测并推荐其可能感兴趣的商品信息:"你可能喜欢的宝贝"。目前,腾讯开发的一种定向能力便基于人群定向技术,主要是通过基础属性、媒体环境、用户环境、用户行为、兴趣爱好、用户状态等一系列数据划分的维度,在此基础上进一步开展商业兴趣定向、关键词定向、相似人群定向再营销等服务。此外,广告定向对广告媒体而言也是一种有利业务,可以将同一个广告位置按照不同的受众出售给不同的广告主,提高广告市场的流动性。

2. 广告创意环节:个性化推送

随着媒体生态的改变,"一招鲜吃遍天"的时代已一去不复返。广告的边界消融再拓展,每一个流程和链条都对创意提出了更高的要求。广告主通过定制化投放,一定程度上实现了精准化投放与传播,触及理想的精准用户,但这仅仅是广告呈现层面的更大触及,用户进一步购买行为的转化才是广告主的终极目的。单从广告定位投放上下功夫只能让广告主节约一定的资金投入,如果广告内容仍是面向不确定性的大众化广告内容,那些愿意了解、购买产品或服务的精准用户或潜在用户便无法被广告主牢牢"笼络"。可见,业务流程前端的广告创意在当前广告业态下至关重要,尤其是电子商务、电影、图书、音乐等需要在用户面前呈现某件商品的基本信息的服务业务,充分研究用户历史浏览与购买行为以及兴趣偏好,生产与精准用户需求高度相关的个性化广告内容,例如,今日头条和微博"千人千面"的智能排序与推荐。当前,计算广告业态客观上要求广告的创意环节进行改进,以使创意能够洞察具体用户的特定意图,并创作出相应的广告。

事实上,程序化广告对创意表达的支持恰恰体现了艺术与技术结合的理想状态,一方面,它可以带来更多、更互动的数字化广告创意形式,另一方面,它也支持即时调整的动态创意呈现,从而向不同情境下的不同用户表达不同的创意诉求。① 针对海量的用户,个性化广告的创意优化工作,仅凭人工很难完成,还需要借助程序化自动进行,这使得广告创意环节分化出程序化创意的方向。

3. 业务流程延展:效果优化

效果营销、精准营销成为一种主流。数字化环境下的广告一改以往在投放

---

① 刘庆振:《计算广告:"互联网+"时代的广告业务流程重构》,《中国广告》2017年第6期,第127页。

动作完成后就结束的广告流程,支持即时的消费转化,通过点击直接进入广告主的登录页面,购买欲望向消费行动的转化过程被大幅度压缩。需要注意的是,广告公司或广告主自身需要根据对用户的洞察、个性化广告创意的内容,使其从浏览者迅速转化为消费者,从而提升广告效果。否则,当用户进入广告界面后,如果广告内容使得其预期没有被匹配与满足,便会毫不犹豫点击关闭退出界面,而产生的流量费用是广告主已经支付过的,此时便造成了浪费。同时,对用户从点击到转化购买这一过程的数据分析洞察使得广告效果也更加可以被评估和把控,对接下来广告业务的其他环节也有优化推进作用。

4. 统一数字化广告标准:融合化传播

当前,在媒介融合的大环境中,在高科技的带动下呈现出多功能一体化的发展趋势,内容融合、网络融合、终端融合都是媒介融合进程中不可或缺的层面。随着传统媒体的数字化转型以及"互联网+"背景下媒介融合的快速发展,新兴媒体与传统媒体几乎已打破技术壁垒差异,通通演变成为数字化媒体,用户不再单纯拥有报纸、杂志、电视机这样的媒介,而是拥有越来越多的融合了多种内容要素和信息服务功能的智能设备,一部手机便是一个融合化的屏幕,在用户与用户、设备与设备、用户与设备之间架设起互动的桥梁;呈现在数字化媒体上的广告绝大部分也都是数字化的广告,可以对用户数据实时监测和分析,从而也就具备了进行程序化改造的可能性。人民日报"中央厨房"的内容生产便采取了"一次采集,多种生成"的形式,适应不同媒介形态的内容传播。同样的,多屏时代下程序化购买的核心要素是实现多屏 ID 的识别与整合,以此精准地分析目标受众和定位目标人群。[①] 广告也需要在创意跨屏展示的流程当中考虑到不同终端的创意尺寸统一化和关键接口的标准化,确立统一的标准,实现所有媒体和终端、线上和线下、内容和广告的融合化屏幕传播。这也直接关系到广告主能否通过一个系统完成多个屏幕的程序化购买,从而推动程序化市场和计算广告标准体系深化,扩大计算广告市场规模。目前,视频广告投放标准(VAST)和实时竞价(Open RTB)标准是比较普遍和典型的接口标准。未来,广告的多屏传播、跨屏传播将会成为越来越多广告主、广告公司以及广告媒体趋向的行业标准和广告重要业态。

(二)程序化广告——计算广告的典型表现

程序化广告,又称程序化交易或程序化购买,"是指利用技术手段进行广

[①] 廖秉宜:《中国程序化购买广告产业现状、问题与对策》,《新闻界》2015 年第 24 期,第 43~46 页。

告交易和管理"①；也可以理解为在广告技术平台上实现广告资源自动购买的过程。2005年，美国的数字媒体广告交易平台RightMedia成立，标志着程序化购买的开始。2016年，美国广告程序化购买市场规模达到252.3亿美元；2019年即达到570亿美元，比2018年增长20.7%，相比2016年实现了126%的增长。②

　　程序化广告的交易过程，实质是在一个数字广告交易平台生态系统里完成的。这一生态系统包括实时竞价模式或非实时竞价模式与一系列广告平台，包括需求方平台、广告网络、供应方平台、数据管理平台、采购交易平台、广告交易平台。目前，程序化广告的大致流程可以简单描述为：将受众与用户在浏览终端如手机端App、网页等时所产生的流量，导入广告交易平台，广告主通过需求方平台，在这些交易平台上通过实时竞价模式和非实时竞价模式两种交易方式购买所需的流量，整体上，这一过程非常智能、快捷、高效，对媒体端来说，也不会浪费太多的流量。

　　本书在随后展开的第三章，将详述程序化广告生态的主体构成与相应价值，并讨论此生态目前所存在的一些缺憾。

　　若把计算广告看成一种广告形式，则程序化交易广告是其中的一个分支。从广告运作流程来看，计算广告关注广告运作的几乎所有过程，而程序化广告关注的主要是购买过程。程序化交易从本质上就是运用最新的信息计算技术和大数据处理技术低成本、高效率地实现这种受众定向或流量拆分，从而完成广告主从购买粗放的广告资源向购买精细的广告受众的转变。因此，在当前广告产业转型时期，程序化交易虽然不是计算广告的全部内容，但我们仍然既可以说它是计算广告产业链的核心环节，也可以说它是计算广告新业态的典型表现。因为，传统广告的交易模式根本不需要任何强大的计算技术支撑和大规模的数据处理能力，而技术和数据驱动恰恰成为程序化交易的最引人入胜的重要特征。③

　　通过技术和数据进行受众定向并优化购买和投放，的确是程序化的基本价值体现。随着程序化的深入发展，其对广告产业的影响已不仅停留于交易环节，从受众洞察到创意表达，再到广告执行、跨屏投放，再到广告效果监测与

---

　　① 梁丽丽：《程度化广告：个性化精准投资实用手册》，人民邮电出版社2017年版，第5页。
　　② eMarketer：《2020年广告程度化购买将占美国网络展示广告支出的84.5%》，http://199it.com/archives/1108795.html。
　　③ 刘庆振：《计算广告："互联网+"时代的广告业务流程重构》，《中国广告》2017年第6期，第125～129页。

优化的所有环节，市场分工都更趋于合理，围绕广告形成了一条清晰的价值生态链，业务流程进化逐步完成，比如品友互动、传漾科技、爱点击等程序化购买广告公司充分利用"大数据"开展程序化投放相关业务，广告与受众价值实现了合理创造与分配。

以上我们将"计算广告"作为了解与探讨的对象，介绍了计算广告的概念以及发展流变的阶段。置身于产业发展的大环境，广告产业正处在一个颠覆性的创新变革时期，"互联网+"浪潮使得技术和数据成为广告产业的关键要素，各种广告形态都离不开数据和技术的支持，它们与广告产业的具体需求相结合，催生了与传统广告模式差异巨大的计算广告新业态。定制化推荐、融合化传播、程序化购买和业务流程的延展无一不是计算广告的新景观的体现。计算广告在运用技术和数据手段实现情境、广告和用户三者之间完美匹配目标的过程中，广告的程序化购买是关键环节。交易平台给广告业带来的最大改变，就是把买时间、买位置（媒体）转变为买目标用户（消费者），而且是用最适合的价格（在交易平台上完成竞价）买到目标消费者。这种形式完全颠覆了传统的广告购买方式。

（三）OTT 广告

OTT 全称 Over The Top，是指通过互联网来向用户提供各种应用的服务，也可以理解为互联网电视相关业务，比如智能电视，各类盒子等终端。OTT 广告属性为流媒体平台广告，与网络广告不一样的是，电视屏的广告视觉效果更好，并且电视广告是处于相对封闭的家庭场景。

目前，OTT 广告主要有两大类型。

一是系统层广告。系统层广告依托 OTT 操作系统，由终端厂商所有，主要包括开机、关机、屏保、专区互动等广告形式，多以 CPT 和 CPM 售卖。

二是内容层广告。内容层广告依托视频内容，主要包括贴片、暂停、角标等形式，以贴片广告为代表，终端厂商、牌照方、内容提供方、应用开放商等均有此部分广告资源，主要通过 CPM 售卖。

OTT 这块家庭视频大屏的市场已然成为各资本方与视频网站巨头竞相追逐的蛋糕；而 OTT 广告也成为广告主投放广告以及网络视频流量变现的新战场。① 2018 年 OTT 总用户（包括智能电视和 OTT 盒子）规模 1.64 亿户，同比增长 12.08%，一举超越 IPTV 用户总量 1.55 亿户，收视份额 36.69%，位居

---

① 符彦姝：《OTT 广告：重返"客厅消费"的大屏传播》，《视听界》2019 年第 6 期，第 49 页。

第二。①

勾正数据广告和媒体事业部现任副总经理陈正轩提到，小范围地测试OTT广告，广告主很愿意，但一旦涉及大规模的投放，广告主就会顾虑重重。效果难以评估、受众难以真正精准触达、缺乏广告投放经验，是掣肘OTT广告发展的三大主要因素。② 面对OTT广告市场这片浩瀚的蓝海，各行各业都在设法"破局"。但解决精准和定向问题的关键，归根结底还在于对大数据的掌控和运用。

从数据的归属方来看，OTT行业的数据可以分为"一家独大"和"抱团取暖"。例如，2018年10月，小米OTT即突破了1亿台，拥有充足的数据，又自建生态形成闭环，选择不和外界合作，这种情况称为"一家独大"；"抱团取暖"则指几个OTT厂商、数据公司和第三方机构、平台走到一起，相互合作，共享数据。

三、价值创造逻辑下的网络广告产业网络与广告组织经营模式分类

（一）价值创造逻辑下广告公司经营模式的传统分类

经营模式本身涵盖的内容很广泛，行业间的差异也很大，因此，目前国内外学术界在经营模式概念、结构等基础性问题上尚未达成共识，对经营模式的类型研究也是如此。现有的一些分类方法，行业针对性不强，无法揭示广告行业的特性。同样，中外学术界对广告公司经营模式的系统研究较少，对其分类研究更为鲜见。

传统上广告公司的分类可根据不同的依据划分，如广告类型可分成专业广告公司、企业广告公司以及媒介广告公司三类；根据资本构成，可划分为公营、民营、中外合资和外商独资四类；根据经营范围与服务功能，分为广告代理公司、广告制作公司、媒介购买公司三类。这些分类标准不能揭示广告公司经营模式的内在价值的构成逻辑，实践意义不强。也有一些业务模式或盈利模

---

① 《2019年上半年中国OTT市场发展现状分析及OTT产业链发展分析》，https://www.chyxx.com/industry/201909/782423.html。

② 《OTT广告，爆发与挑战并存》，https://mp.weixin.qq.com/s/r9M9b2AExjXiPQEksh9JtA。

第二章　数字技术渗透下的广告新形态与新业态

式的分类,^① 但基本上是简单罗列式的分类,概括性不够,停留在广告公司的业务操作层面,缺乏理论指导意义。

Shafer 等认为商务模式体现企业在价值网络中创造和获取价值的潜在核心逻辑和战略选择[2]。因此,广告公司的分类标准也必须围绕价值创造核心逻辑展开。基于此观点,刘萍提出了以资源和技术含量作为价值创造的核心逻辑路径的二维法,将国内广告公司主流的经营模式划分为四种:整合型、创意或工艺型、媒介或专项型和加工型。其分类标准:一是资源。这里的资源主要指广告公司能够获取的媒介资源、客户资源。基于关系资本、地缘、从业历史、投标、机遇等因素,广告公司获取的资源存在很大的差异,在短期或长期内对企业的经营起着很大的影响作用。资源富裕型的广告公司可以通过垄断资源形成较高的进入门槛,而资源贫乏的广告公司则被迫在专业性方面突围。二是技术。这里的技术主要指广告公司能够获取的智力资本、工艺技术含量和复杂程度,包括技术专利、创意能力等。技术含量和复杂程度高的广告公司创新能力强,提供的知识性产品和服务可模仿性低,价格弹性低,可以获得较高的利润率,竞争力较强;反之,技术含量和复杂程度低的广告公司可能提供同质化程度高的一般性产品和服务,风险大,竞争相对激烈。对这四种类型,刘萍做了简单分述[3]。

(1)整合型广告公司。这些广告公司占据国内广告金字塔的顶端,携资本和智力优势,拥有先进设备和管理体制,通过资源整合和科技手段,打造了涵盖传统媒体和新媒体,线上和线下无缝连接的价值传递链条,提供市场调查、媒体策划、创意执行、效果评估等整合营销服务。这个阵营中包括国际4A 广告巨头如奥美、盛世长城、电通扬雅株式会社等。

(2)媒介或专项型广告公司。这些广告公司往往利用历史原因、关系资本、地缘优势等垄断某种媒体资源,准入门槛较高,但业务品种较单一,在某一领域可以获得一定的规模优势,虽然短期内可凭借垄断资源获取高额利润,但政策风险大,受国家媒介监管政策影响深。这个阵营中既包括四大传统媒体下属的广告公司,如经营央视媒体的北京未来广告公司,也包括提供专项媒体服务的广告公司,如 TOM 户外传媒,或者专业为某一行业如汽车行业或房地

---

① 卢山冰、黄孟芳:《本地广告公司的多元化盈利模式》,《新闻知识》2005 年第 4 期,第 41~43 页。

② S. M. Shafer, H. J. Smith, J. C Linder. The Power of Business Models, *Business Horizons*, 2005 (48): 201.

③ 刘萍:《广告公司商务分类》,《石家庄经济学院学报》2012 年第 10 期,第 74~78 页。

产行业提供广告服务的广告公司。

（3）创意工艺型广告公司。这种类型与原磊提出的"基于专有技术的知识性服务提供商"相一致。这些广告公司的核心竞争力在于人才资本，拥有高端创意和制作人才，有些还拥有技术专利，能满足顾客对创意或者先进工艺等高端服务的需求，产品和服务的价格弹性低，即使规模不大，但是利润率高于同行业平均水平。既包括创意型广告公司，也包括提供高端工艺技术的广告制作执行公司，这些公司拥有高端制作设备或技术专利，创新能力强。

（4）加工型广告公司。这些广告公司资源和业务单一，规模通常不大，技术含量不高，产品和服务上同质化严重，因此，竞争激烈，利润率较低，长期处于广告金字塔的底层。我国众多中小广告公司，如一些从事简单设计印刷或者小型广告安装的广告公司，既无创意优势，又无特殊技术专长，陷入行业中竞争激烈的"红海"，生存状况不佳。

刘萍的分类，实质上是按照广告公司创造核心顾客价值的差异而提出的，抓住了分类问题的核心，有其合理性，可以作为本书经营模式模块研究的思考分类出发点。但由于经营模式的系统性，仅从顾客价值方面来做分类显然是不够的。并且，这种分类没有考虑新的数字广告产业链上的公司单元，如数字和互动型广告公司、数字营销公司、交易平台公司等。对此，本书在讨论广告公司数字化战略转型时将给予补充和完善。

（二）新兴的网络广告价值网络与广告组织细分

2013年，姜智彬等将中美两国数字广告产业网做比较，主要围绕新兴的平台技术服务商参与并占有网络广告产业价值链的核心地位这一趋势，系统梳理与介绍了中国新兴数字广告产业网的价值结构与价值流动特点。他提出，"广告主→广告代理服务商→平台技术服务商→广告发布媒体"是我国网络广告产业价值网中主要的价值链。这条价值链实际上是传统广告产业价值链在网络环境中的进化。[1]"广告主→平台技术服务商→广告发布媒体"价值链在我国处于初步形成阶段，其形成的关键是链上各环节的进化。而"广告主→广告发布媒体"价值链在我国形成，其关键是以百度等为代表的广告发布媒体自身开发，以及拥有与独立网络平台技术服务商可匹敌的技术产品和服务体系。我国的数据技术服务商、效果优化技术服务商、第三方数据监测及研究服务商等在数字广告价值网上的应有作用还没有得以发挥。

具体来看，我国网络广告产业价值网呈现以下特点：一是"广告主→广

---

[1] 姜智彬、张静怡：《比较制度因素与中国网络广告产业发展》，《广告大观（理论版）》2013年第3期，第20～27页。

告代理服务商→平台技术服务商→广告发布媒体"是最主要的价值链,而其他价值链仍在初步形成阶段;二是价值网各环节上的物种都还不成熟,没有形成强有力的关键物种;三是数据技术商,尤其是第三方监测和分析服务商——的物种稀缺性和低权威性阻碍和减弱了数据流的活跃性和增值能力,是整个网络价值网的脆弱一环。相比之下,美国网络广告产业的价值网的环节更多,各价值链的实力更均衡,信息、资金和数据三条价值流(数据流)的流动更为复杂。

数字广告产业的成长和发展,需要有多样性的价值提供主体和不同的运作模式的支持。因此,近几年,各类广告产业相关联的公司,为了在这个新兴的广告产业价值网上,或占有自己的一席之地,或维护自己的地位,或获得竞争优势,纷纷参与进来,并努力寻找合适的生态位。不同历史、不同背景的公司,由于其经验、资源等不同,其数字化战略的成长路径或者发展方向以及公司专注顾客价值的方向也大不同,它们的努力丰富了广告产业整体生态系统的物种多样性,促使了中国网络广告产业细分领域多点绽放。(如图2-1)

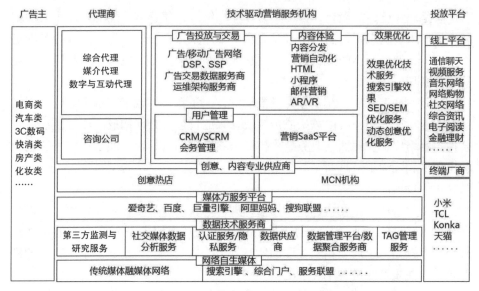

图2-1 中国网络广告细分领域

[资料来源:根据艾瑞咨询(www.iresearch.com.cn.)公开资料改编。]

四、广告产业链格局扩张与多元动态的"协同共生结构"的形成

(一) 广告产业链格局扩张

产业链理论来源于亚当·斯密关于企业内部分工的论断,他认为,产业链是生产企业的内部活动,是把采购的原材料和零部件通过生产和销售活动传递给零售商和用户的过程。马歇尔把企业内部分工扩展到企业与企业之间,强调企业之间分工协作的重要性,这是产业链理论的真正起源。"产业链是同一产业或不同产业的企业,以产品为对象,以投入产出为纽带,以价值增值为导向,以满足用户需求为目标,依据特定的逻辑联系和时空布局形成的上下关联的、动态的链式中间组织。"[①]

广告产业链本来就是一个动态的平衡过程。在数字化的推动下,广告产业链的格局也随之发生相应的变化。

一是产业链更加庞杂,分工更为专业和细致。随着全球经济一体化的加剧和中国加入世贸组织,国内广告企业竞争日趋激烈,国外广告企业又纷纷涉足中国市场,使得原本的广告产业链更加庞大和复杂,分工更加细致和精确,竞争十分激烈。

同时,最近几年,在多方力量推动下,一条新兴的数字广告产业价值网络正在快速形成之中,其由数条或传统或新兴的价值链共同构成。原有传统广告公司与网络广告公司面临业务架构扩展与新能力储备的转型问题;数字营销市场也催生和推动了一批新型数字与互动广告公司、数字广告交易平台、内容营销公司等发展。

二是广告产业正在构建新的传播构架。广告产业的融合是在构建一个以数字技术为基础的产业链,有助于推动广告产业形成以消费者为中心的传播构架。产业链是一个产业相互关联的所有环节构成的网状结构,基于产业链的产业扩张,注重产业链各个环节的协调扩张。

市场融合拓展了广告业务领域,产业链格局加速调整,不再局限于广告创意、策划、设计、制作、发布等传统环节,向上可延伸至信息咨询、市场调查、公关活动、媒介购买、事件营销、包装、产品促销、会展策划、战略决策、网站建设、客户关系管理、内容营销等广告主相关活动中,向下可延伸至

---

① 刘贵富:《产业链基本理论研究》,吉林大学博士学位论文,2006年,第21页。

媒体资源开发和信息传播活动中，向综合的媒介经营的转型。[①] 随着数字时代的来临，新的产业力量如移动应用开发机构、品牌互动营销机构、数字整合营销机构、电子商务服务机构等纷纷登场，因此，广告产业链不仅要与广告业上下游专业化企业与机构的产业环节相联系，也要与其他产业的产业链交织融合在一起，共同延伸和拓展广告产业链。

（二）广告产业多元动态的"协同共生结构"正在形成

传统广告公司的业务在新技术环境下仍在向前迈进。率先掌握了新兴技术的公司与企业正在成为广告产业新的"生力军"：互联网公司、网络广告服务商、数据服务商、技术供应商、咨询统计机构、监测公司、品牌安全公司、过滤公司等，都能凭借自身资源与优势，涉足广告活动的不同交易环节，在不同层面上开始参与广告经营与服务。正是基于技术这一关键要素产生的连接，这些不同性质的单位或企业之间的关联度越来越高；而传统广告经营企业，则通过资本运营等行为弥补自己的短板，扩大自身业务体系和规模，适应新技术环境下的生存需求。

在中国，拓展数字业务，进行人才业务架构调整和并购，已成为很多广告公司或集团快速提升数字营销能力的途径。不仅如此，企业均感受到自己已经被卷入了一场强大的产业生态系统进化之中。如果说2020年之前的10年，中国数字广告就像启发达尔文进化论的加拉帕戈斯群岛一般，在岛内相对独立地进行着系统的进化，那么，今天的数字化已经渗透到各个领域，变成了推动所有物种进化的动力，并且它内部的物种进化依旧还未停歇。各类广告及其关联企业因为"技术"这一纽带而紧密地关联在一起，呈现出互相协作、紧密配合的局面。这种局面充分凸显出广告结构要素之间相互作用、相互影响、相互促进的关联效应。"参与广告产业经营活动的要素越来越丰富多元，我们已经无法用一个简单的框架来勾画这一时代的产业结构，广告产业呈现为一种多元动态的协同共生结构"。[②]

[①] 张金海、黎明：《国家经济发展战略与中国广告产业发展》，《广告大观（理论版）》2011年第6期，第25～30页。

[②] 姚曦、李春玲：《中国广告产业结构演化效应》，《新闻大学》2019年第8期，第9页。

第三节 人工智能与广告产业

随着广告产业内涵与外延的不断延伸,广告公司在不断谋求发展的过程中,不可避免地与人工智能结合起来。人工智能以其内容定制、生产、发布、监测的智能化不断向广告产业渗透,衍生出一系列的智能广告表现形态,例如VR广告、AR广告、信息流广告等。同时,智能广告也在重塑广告产业链,推动广告产业链各个主体的嬗变。

一、人工智能向广告产业的渗透

人工智能给广告业带来了革命性的变化,即衍生出智能广告。智能广告与传统广告相比,有其独特性。

(一)智能广告及其特征

1. 智能广告的含义

姜智彬、黄振石以"基础—工具—目的—本性"为框架,对智能广告做出新的定义:智能广告是以数据驱动为基础,利用人工智能技术实现广告内容的耦合生产、精准投放与互动反馈,从而个性化满足消费者生活信息需求的品牌传播活动。[1] 从中可以看出,智能广告的技术基础是数据驱动,实现工具是人工智能,从而基于特征建模技术实现广告内容的精准投放,基于深度学习技术建立双向互动的反馈机制,满足消费者生活信息需求的个性化,最终实现技术驱动下的品牌传播。[2]

随着互联网技术的飞速发展、"三网融合"的持续推进,依托于网络的智能电视、网站、移动端、智能机顶盒聚集了大量用户群体,他们拥有较高的消费能力,是社会主流消费群体。随着用户在网络端的聚集,网络广告的市场份额也逐渐扩大,在买卖双方强烈需求的推动下,网络广告的用户群体和市场规模急剧扩张,广告营销模式快速升级,由传统排期采买媒体流量触达人群的方

---

[1] 姜智彬、黄振石:《"基础—工具—目的—本性"框架的智能广告定义探析》,《中国广告》2019年第11期,第80~82页。

[2] 姜智彬、郭钦颖:《技术驱动融合,智能引领创新——2019年中国广告十大现象盘点》,《编辑之友》2020年第2期,第50页。

式升级为精准投放的方式,从而催生了智能广告系统。① 智能广告系统,依托信息技术对传统广告业进行重构。它以强大的技术为支撑,整合有高度的用户、有黏度的内容、有广度的渠道,多元拓展流量运营空间,最大限度地提升每一次曝光的价值,助力各方运营商打破传统广告壁垒,构建新型广告生态。

2. 智能广告的特征

人工智能技术应用于广告运作的消费者洞察、广告创作、广告投放和广告效果调查等环节,颠覆了传统的广告行业的流程生产,呈现出新的特征。

一是广告内容的个人定制化。在现在快节奏生活中,一个消费者一般在一则广告上浏览的时间绝对不会超过 5 秒钟,除非这个广告有非常吸引他的地方。在碎片化信息传播时代,信息的爆炸式增长造成了受众注意力经济的分散,单纯地依靠阅读量、收视率以及点击率很难实现广告的传播效果。面对庞大的消费信息,如何抓住消费者的眼球就成了关键的一点,这就使得广告主不得不根据消费者的口味与需求来制作广告。在这个千人千面的世界,要想做到这一点,必须为每个人制定合适的传播策略,制作个性化的广告。目前,广告市场已经开启一种全新的个人市场和精准的个人广告投放模式。获得大量消费者的场景数据之后,广告主能够跟踪、获取、记录并分析消费者生活中的每一个瞬时场景,根据这些数据挖掘出消费者的潜在需求,在消费者对其商品或服务感兴趣的瞬间将内容化广告推荐出来,通过更加精准的个性化内容去激发消费者的消费欲望和消费行为,从而使得潜在消费需求向着实际消费需求和实际消费转化。②

二是广告内容生产的智能化。广告内容的智能化生产更多的是模仿人脑,生产出更具创意的广告内容。在这个环节,智能广告的生产耗时短、质量高,能够完成人工难以完成的工作量,并且在创意方面能够与工作人员相媲美。

在紧跟人工智能浪潮的同时,广告人的工作应该被重新定义。在当下弱人工智能阶段,智能广告系统只能替代较为简单、重复性高的工作,因此,广告人及其所具备的创新性、想象力仍在广告运作中起主导作用。未来,随着人工智能技术的不断成熟,广告人与智能技术将形成人机协同的运作模式,共同推进个性化广告向定制化、精准化、规模化方向发展。③

---

① 马静、娜仁:《网络时代下的广告播发平台——智能广告系统》,《数字传媒研究》2019 年第 8 期,第 4 页。
② 高渊:《智能广告时代行业从业者的职能转向》,《记者摇篮》2018 年第 11 期,第 13~15 页。
③ 姜智彬、郭钦颖:《技术驱动融合,智能引领创新——2019 年中国广告十大现象盘点》,《编辑之友》2020 年第 2 期,第 48~55 页。

三是广告发布方式的智能化。据艾瑞网消息,一个完全自动化的广告网络业已发布,它能将几种价格模式和定向方式混在一起,以保证广告获得最好的设置,广告主获得最大的投资回报。消息详细报道了数据广告公司(Turn)发布的与众不同的广告网络 Turn Smart Market。Turn 的机器知识平台可以预测什么广告和价格模式结合后,能给广告主带来最大的收益。这种广告发布方式依赖于人工智能技术的发展,人工计算绝对是一个庞大的数据量。智能广告的发布方式不仅仅是智能化,还有精准、高效的投放效率。①

四是用户识别的智能化。智能广告时代,无须纠结哪些是目标消费者,无须通过繁琐的市场调查,主要通过四种方式识别目标用户:网络用户使用行为、页面内容、内容过滤、协同过滤。

近年来,区块链技术的发展对用户画像的精准度有所提升。区块链技术还可以解决传统互联网广告中用户画像的问题②。用户画像,即用户信息标签化,就是企业通过收集与分析用户消费行为、社会属性、生活习惯等信息,运用大数据技术抽象出的用户商业全貌。

移动互联网时代消费者的聚合使得广告主可以利用大数据技术对消费者的媒介属性、消费时段、使用位置进行监测,自然意义上的"消费者"已成为数字系统中可跟踪分析、可预测行为的"消费者画像"。③

五是广告监测的智能化。广告在进行一系列生产、投放之后需要进行实时的监测,智能广告亦是如此。目前,最有效的网络广告监管方式是智能检测系统,比如,美国网络广告服务商双击公司(Double Click)推出的 DART 是业界领先的广告智能管理监测系统,该系统能够随在线广告和其他数字传播渠道进行管理、跟踪服务和报告,实现最大限度的广告的命中率。

(二)人工智能与广告产业的结合形态

人工智能技术逐渐显示出在广告领域的特殊张力与创造力,创造出新型的广告形式,不仅极大地丰富了广告内容,更契合了现代人的生活习惯和审美导向,实现了最佳、最优品牌形象铸造的理想化,达到了事半功倍的产品服务宣传效果。

1. VR、AR 广告与多感官广告

近几年,"沉浸式体验"不仅在新闻领域有所发展,在广告领域也引起行

---

① http://baike.baidu.com/item/智能广告/50941903。
② 窦春欣:《区块链技术如何改变广告产业》,《传播力研究》2018 年第 34 期,第 119 页。
③ 廖秉宜、付丹:《中国广告市场的结构失衡问题及对策研究》,《湖北大学学报(哲学社会科学版)》2011 年第 3 期,第 84~88 页。

业变革。现在,简单的平面广告抑或视频广告对消费者的吸引力正在逐步下降,AR、VR、MR 广告成为广告表现的一枝新秀。VR、AR、MR 广告通过全方位刺激受众的听觉、视觉、触觉等感官,带给用户更好的广告体验。[①] 在数字化、智能化如此发达的今天,人机交互、传感设备、人工智能不断发展,很少广告只是触动消费者的一个感官。平面广告在今天的竞争力已经很弱,消费者更倾向于能够调动更多感官的广告,广告所调动的感官越多,消费者的体验效果就越好。

2. 信息流广告、弹幕广告与原生广告

近年来,微博、微信、抖音等社交媒体不断涌现,衍生出一种新的广告形态——信息流广告。2006 年,脸书首先推出信息流广告,2012 年,微博开始出现信息流广告。信息流广告是位于社交媒体用户的好友动态或者资讯媒体和视听媒体内容流中的广告,广告形式有图片、图文、视频等。微信、微博现在已经成为人们社交不可或缺的工具,商家也因此倾向于微信、微博中的信息流广告。通过人工智能、算法推荐,可以将广告进行定向投放,如果用户不喜欢,可以将其关闭。信息流广告致力于广告与内容的完美融合,既消除了用户对广告的反感效应,又能精准对准用户。

2018 年 3 月 28 日,哔哩哔哩弹幕网(以下简称"B 站")在美国纳斯达克上市。这个网站基于新媒体平台,将同一圈层的年轻人连接起来,弹幕作为 B 站脱颖而出的主打,不但在维护圈层上打造了共同的话语体系,而且在宣传品牌方面有着低成本的优势。弹幕广告最大的特点就是隐藏自己的广告诉求,做到与视频即时内容的完美配合与衔接,俏皮而不生硬。[②]

移动端的飞速发展对各行各业产生了深远影响,广告行业也不例外。在手机等较小屏幕的移动终端,网络广告如果复制 PC 时代的弹窗、横幅广告形式,会严重影响用户体验。广告主对"去广告化"效果的诉求,使得与内容具有高度关联性的原生广告应运而生。原生广告可以统一生产内容与广告,实现"广告即内容"。[③]

3. 智能搜索引擎广告

智能搜索引擎被称为第三代搜索引擎,是区别于以人工进行目录分类的雅虎等第一代搜索引擎和当今以百度、谷歌所代表的以关键词搜索为核心技术的

[①] 邵敏等:《试论智能广告的形式、特点及监管》,《湖南大众传媒职业技术学院学报》2017 年第 5 期,第 29~31 页。

[②] 赵冬梅:《圈层文化语境下哔哩哔哩网站的广告形态探究》,《声屏世界》2019 年第 6 期,第 44 页。

[③] 蔡畅:《原生广告的程序化融合发展探析》,《青年记者》2019 年第 7 期,第 79 页。

第二代搜索引擎而提出来的全新的搜索方式。作为对第二代搜索的一种超越，第三代搜索的范式革命主要在于呈现方式以及参差多态的演化路径，其呈现方式有 clusty、bbmao 的自动分类、聚合功能，以及 Autonomy 基于某种专有的模式匹配和概念搜索的算法，可以自动根据文本中的概念进行分类，自动标引，并基于用户兴趣自动匹配出个性化、多侧面的直接或隐含的相关数据。其演化路径有个性化搜索、社会化搜索、本地化搜索、知识问答社区、社区内容搜索。在核心技术上，大致包含人工智能、模式识别、语义分析、神经网络等发展方向。

4. 移动户外广告

在智能时代，提到户外广告，不再是满大街的广告牌，数字技术、智能技术、移动设备的出现对户外广告来说无疑是一次新生。数字化媒体户外广告，利用大数据资源和智能技术，通过对用户的识别，能够实时对不同的用户展现不同的广告，从而实现精准投放。颠覆传统广告时代受众目标不明确、面向全体大众的局面，打破了传统媒体广告传播的局限性，移动化、互动化成为智能广告的主要传播形态。移动户外广告能够融入用户生活的方方面面，拉近与用户之间的距离，产生情感共鸣。[①]

人工智能技术给广告业带来了翻天覆地的变化，在人工智能影响下，广告业的创新主要体现在受众洞察、广告策划与创意、广告媒介以及广告效果评估等方面，不仅重塑了广告业的生产流程，而且创造出全新的智能广告形态。总的来看，人工智能技术在广告产业的应用颠覆了原有的广告运作方式，极大地提升了广告产业的运作效率，在现有情况下，借助人工智能实现广告业的革新需要学界业界的共同努力。

5. 程序化购买广告

互联网的技术迭代推动数字营销不断升级，形成了众多的网络广告形式，其中聚焦展示类广告的程序化购买成为数字广告市场的一大创新。程序化广告能够贴合用户需求进行个性化精准推荐，在正确的时间和场景，通过正确的方式，将商品展示到适合的用户面前。程序化购买能够精准获知用户所在的特定场景，并预测出具体消费需求，原生广告能够实现广告信息与内容的高度融合，优化广告效果。聚合两者优势的程序化原生广告将内容、广告、用户和场景完美匹配，既能促使用户主动获取广告信息，又能达到贴合用户需求的营销

[①] 吕雅欣：《数字技术下广告形式的革新》，《今传媒（学术版）》2019 年第 7 期，第 26～27 页。

效果，开启了全新的个人精准广告投放模式。①

6. 信息即刻劫持广告

信息即刻劫持广告（Domain Name System，DNS），指的是在特定网络环境下，网络管理方根据网络浏览人近期对网络广告的关注程度进行智能分析，当打开感兴趣的信息时，瞬间把信息浏览请求拦截下来，被替换为既往的目标页面，悄无声息地"劫持"到推送广告。这种类似"强盗式"的信息劫持广告，看似简单粗暴、强买强卖，但从广告运营商的角度出发，无疑是别出心裁的，且强行捆绑给受众的广告毕竟也是其近阶段感兴趣的内容，是一种智能分配式营销提醒，即时唤醒和激发购买意识，这类广告宣传具有不经意提醒的效果，不致遭到受众抵制。

7. 追踪定位推送广告

人工智能技术利用大数据分析，能够更好地了解用户，可以对用户所浏览的网页内容进行深度挖掘，根据语境和内容，算法经过分析，推测出用户的需求，然后在合适的时间和地点，通过合适的媒介推送给用户，向用户精准推荐，实现满足用户真实需求的高价值信息传递。近年来，欧美许多国家的书店与商场已经将追踪定位广告与现场营销无缝对接。顾客只要走进书店或百货商场公司，所需要的新商品、新服务、新折扣等信息就会通过智能终端得以显示。2018年，腾讯公司专门成立了智慧零售战略合作部，通过流量、体验、数据助力零售商家，实现线上线下一体化服务，借助线上商城、内容、社群、礼品卡、支付等功能为零售商家带来海量流量，帮助商家精准转化流量，实现全渠道获客，然后从顾客进店开始，通过智能识别、个性化推荐、场内服务、交易体验优化，到顾客出店后的售后及客服服务，全链路优化用户体验。最后，利用腾讯大数据能力，将零售商家会员、门店、用户画像、客流、店铺管理等方面全面数字化，助力商家提升运营效率。

8. 智能跨屏熔屏广告

智能跨屏熔屏广告指的是在人工智能技术的支撑下，广告推送业务可以将报纸、杂志、广播、电视等传统媒体发布平台和移动互联网等新媒体创意平台在需要时实现跨媒体、跨屏幕的彻底融合，并且可以随心所欲地做到手机屏幕、电视屏幕、电脑屏幕"熔屏协作"。透过各个广告发布平台的信息反馈，自动化、智能化适时调整广告发布内容、广告发布形式、广告发布终端、广告发布区位。在移动互联网智能传播时代，一人同时拥有多部手机、电脑及电视等多设备已成为主流，通过IP地址定位"一人多设备"的场景还不够精准，

---

① 蔡畅：《原生广告的程序化融合发展探析》，《青年记者》2019年第7期，第78~79页。

而人的声纹跟指纹一样是独一无二的,借助声纹识别技术,可以标示唯一人,把一个人与多设备很好地关联起来,做到跨屏营销和熔屏营销。

9. 智能视频场景广告

智能视频场景广告即智能营销中屡试不爽的视频打点技术、视频转写技术、图像识别技术所带动和支持的广告业态。视频打点技术可以用于分析视频内容,比如电影里的台词、视频场景里的画面等;视频转写技术可以识别视频内人物讨论的内容;图像识别技术可以识别视频画面内出现的品牌。通过这三种技术的结合运用,可以在视频相应的画面或语音出现的时候推送与内容强相关的场景广告。通过语音识别、语音合成、语义理解等技术,将人机交互数据应用到移动广告中,形成了语音互动广告。借助移动设备上自带的麦克风、陀螺仪等,让人与广告互动。比如优酷、爱奇艺等视频类应用程序在播放广告的时候,正常30秒的广告,在播放5秒时,会有语音问用户一个问题,用户也可以通过语音来回答,如果回答正确,用户就可以从这个广告跳过去。此外,还将哼唱识别技术、声纹识别技术应用到广告中,创新了广告形式,强化了广告品牌与消费者之间的互动。[①]

二、人工智能驱动广告运作流程的改变

广告产业的智能化发展是人工智能技术在不同产业之间外溢的过程,也是广告产业根据实际问题寻求智能化解决方案的过程。[②] 在数字技术传播背景下,大数据、人工智能给广告行业以及广告产业带来了深刻的变化,最显著的影响发生在广告公司运作上的表现,即不断颠覆传统广告公司一系列的运作流程,提升广告工作的效率和质量。

(一) 人工智能优化广告调查与分析

人工智能技术在消费者分析方面的应用体现在对非结构化数据的处理与数据的实时获取上。非结构化数据处理主要是通过人工智能的自然语言处理与数据预处理技术处理图片、视频、音频等数据,使其转换成可分析的内容。如电通安吉斯提供了一则相关案例:一家连锁餐饮企业要求分析华南地区销售量低于其他地区的原因,电通安吉斯对微博、大众点评上餐饮图片进行识别、分

---

① 曾静平、刘爽:《智能广告的潜进、阵痛与嬗变》,《浙江传媒学院学报》2018年第6期,第11页。

② 姜智彬、郭钦颖:《技术驱动融合 智能引领创新——2019年中国广告十大现象盘点》,《编辑之友》2020年第2期,第48页。

析，研究广东人在什么时间段喜欢吃什么东西。① 人工智能的强大之处在于能够处理各种数据，人工智能以大数据和算法为基础，对人工难以处理的材料能够准确地转化成所需要的数据，比如各种图片、视频、语音。在人工智能环境下，广告运行的每一个环节都可以做到数据的准确，面对海量的数据，我们可以通过追踪、记录、分析用户在网络上的行为。我们评判广告的效果不再单纯依赖受众反馈，更多的是依赖广告点击率与转化率，最终的调查数据都将依赖智能化。更重要的一点是，人工智能能够及时获取并识别消费者的实时信息，比如，消费者在商场购物时，路过有消费记录的商店，通过嗅探或者智能摄像头就能够识别此消费者，通过调出这个消费者以往的消费记录，播放适合这个消费者的广告，充分体现了智能广告的精准化。所以，在人工智能面前，我们都是透明人。人工智能的存在，为传统广告调查与分析节省了时间和成本，使得调查出的数据更加准确，在数据的基础上让广告更加智能。

（二）广告创意多元化

人工智能与广告结合的第一个变化是广告创意设计的变化。在人工智能时代，智能化的机器可以模仿人脑进行创作，生产创意，省时省力，不但可以减轻创意人员的压力，创作效率和质量更是人工难以企及的。人工智能生产广告可以充分节省劳动力，给予人工创意更多的时间和空间。日本麦肯公司举办过一场人类和人工智能对决创意的比赛，内容是生产一则视频广告，最后的结果是人类以微弱的优势战胜人工智能。但是，众所周知，人工智能仍处于初级发展阶段，未来的力量无法丈量。人工智能的学习能力是超出我们想象的，它能够学习各种各样的知识，做大量的知识储备，工作之时可以将这些知识综合加以运用，以最快的速度和质量生产出创意产品。例如，2016 年，丰田上市了一款未来型轿车 Mirai，丰田把这款车的目标消费者定位为科技发烧友这个目标群体，为了迎合科技发烧友的喜好，广告代理商 Saatchi LA 可谓是煞费苦心，准备制作 1000 条广告。但是广告也有很强的时效性，等到广告出来，新一代的汽车也该上市了。于是，Saatchi LA 利用人工智能完成了这个难以完成的任务。②

（三）广告制作

人工智能的发展分为三个阶段：计算智能阶段、感知智能阶段和认知智能

---

① 秦雪冰、姜智彬：《人工智能驱动下广告公司的业务流程重组》，《当代传播》2019 年第 3 期，第 93 页。

② 《人工智能制作的广告真的出街了》，https://www.sohu.com/a/143。

阶段。我们现在所说的智能广告是处于第一阶段的计算智能广告,与真正意义上的智能广告还有一段距离。计算智能广告主要通过数据技术、算法技术对用户的数据库进行分析,利用智能技术对所得结果进行匹配,制定适应每个消费者的个性化广告,在此基础上进行推送,主要依附的平台有搜索引擎平台、电商平台、社交平台、信息分发平台等,主要形态有程序化购买、信息流广告。

(四) 广告代理

广告代理制,即广告公司向广告主收取购买媒介版面的实际费用,另按一定的比例收取一笔代理佣金,这一收费方式正式建立了广告公司与客户的代理与被代理关系。[①] 在以往的广告运作中,广告主、广告代理公司、广告媒体结成牢固的联盟,其他力量很难在其中分得一杯羹。在智能时代,这种情况不复存在,大小型的数字型技术公司开始崛起,广告主看中的是广告投放效果,而现在谁拥有了大数据,谁就拥有了第一手资源。我国的广告代理公司大部分属于中小型企业,就数据技术而言,远远不及专业的数据公司,在新的产业链中处于劣势的竞争地位。大数据时代下,广告产业对数据资源的挖掘、分析和应用使得大数据价值嵌入广告产业价值链中。目前,更多的广告代理公司将贯穿广告产业链中的关于大数据服务的业务外包给专业的数据公司,在获得大数据、为广告产业带来的价值的同时,还能发挥自身优势,给客户提供优质的服务。

(五) 广告发布

广告的一系列制作的最终目的是能够征服用户,让用户接受。大数据、人工智能、算法等这些新技术产生之后,完全颠覆了以往的传播模式,受众已变身成为用户,以用户需求为主导的传播模式逐渐显现。

智能平台构建的根本目的在于精准地将内容与用户智能匹配,个性化、人性化地为用户提供最优的服务。[②] 在大数据与算法不断完善的基础上,实现平台的智能化服务,为用户提供特定场景下最优化的需求供给匹配,即建构一条有效的、实现个性化连接的数据通路。

(六) 广告效果监测

一般意义上的广告效果可以分为两部分:一是心理传播效果,二是销售效

---

① 陈刚、孙美玲:《结构、制度、要素——中国广告产业的发展的解析》,《广告大观(理论版)》2011年第8期,第15页。

② 喻国明、兰美娜等:《智能化:未来传播模式创新的核心逻辑》,《新闻与写作》2017年第3期,第42页。

果。前者为知名度、美誉度的提升水平以及企业或品牌形象的建立水平,后者为广告的转化率。对前者的测量相对容易,但是,由于数据量相对庞大,很难对后者进行评估,在大数据时代,凭借人力资源,海量的关于广告效果的信息是无法处理的,这给传统时代的广告监管带来了难度。智能时代,利用智能技术可以根据数据挖掘对消费者的广告效果进行追踪,并基于机器学习实现深度的个性化应对。由于精准化广告投放的实现,用户接触广告的千人成本(CPM)也就能得到精准测量,再加上众多广告投放平台也充当了产品销售平台的角色,能利用POS系统对产品销售业绩进行精准计算,为广告的可监测提供了技术上的可能。互联网广告数量庞大,如百度累计广告物料超过30亿次,2019年9月期间,广告主每日向系统发送的广告物料高达4500万次,每小时有25%的广告主更新物料。① 依靠智能技术,广告生产的量达到了前所未有的境地,相应地,广告监管的量成正比增长趋势,智能技术下的广告监测远远超出人力监测的能力。

三、广告产业生产与运营机制的调整

人工智能及大数据技术作为一种新兴技术手段,在广告产业领域得到了充分运用。基于人工智能及数据技术驱动的业务形态使得广告产业地位有所提升,由原来处于企业营销末端的执行环节上升为企业的战略合作伙伴,为企业提供数据传播管理服务,促使广告产业的运营机制优化升级。

(一)广告产业生产机制由"人工智力密集"转向"机器智能密集"

人工智能带来的技术创新,可以进一步增加广告产业的技术含量,促进广告产业向技术密集型产业转型,进一步优化广告产业结构。技术创新成为产业发展的重要推动力量,新技术的使用带来产业劳动生产率的提高,机器的发明与应用可以取代部分人力劳动,产业的技术含量逐步提高技术密集型产业转型,进一步优化广告产业结构。人工智能时代,技术成为广告产业的重要驱动力。为了满足广告主智能时代的需求,基于大数据的广告技术创新相继出现,并且快速地得到了广泛的应用,开发出一系列以数据为基础、以智能为导向的产品和服务,为企业决策和营销管理提供有力支持。由于这些新型的创新广告产品和服务满足了广告主精准的营销需求,具有强大的生命力,受到广告主的欢迎,这使得与之有关的生产要素逐渐向智能广告产品和服务流动。最为典型

---

① 秦雪冰:《智能的概念及实现:人工智能技术在广告产业中的应用》,《广告大观(理论版)》2018年第2期,第30页。

的就是科技公司向广告产业的扩张。一些大型的互联网公司利用自己在长期发展过程中建立的数据积累和数据优势，开发出一些基于用户行为数据挖掘与分析的智能技术产品，业务触角向广告领域延伸。

（二）广告产业运营机制由"低附加值的营销工具"转向"高附加值的数据服务"

人工智能在广告产业中的应用带来产品研发及生产工艺的革新，创新产品由于更能够满足市场需求，因此具有较高的溢价能力，能够为企业带来超额利润。技术创新一旦在各个产业组织间传导和扩散，就会快速波及整个产业，产业结构优化升级得以实现。伴随着数字媒体的崛起，广告主逐步减少通过传统媒体的广告投放，换言之，广告主对低附加值的传统广告产品和服务的需求在逐步减少。竞争是此消彼长的过程，当人工智能技术向广告产业渗透时，传统广告产业面临收缩的局面。供给与需求引领产业结构变动的方向，技术供给与市场需求双重变动推动着广告产业逐步由"低附加值的营销工具"向"高附加值的数据服务"的方向发展。近年来，一大批智能服务型的广告公司如雨后春笋般涌现，加速改变了原有广告的产业结构。与传统广告公司不同的是，这些新型智能服务型公司不再仅仅是广告主和广告媒介之间的中介，而是充分利用大数据、智能技术，通过对数据的挖掘与分析来进行广告运作。由于其广告策划、媒体投放、效果监测等广告活动都是以海量样本的数据系统为支撑，充分利用大数据挖掘与智能分析技术、人群定向技术、搜索引擎技术等手段进行目标用户定位、程序化购买，因此能够做到精准广告传播，取得更为理想的广告效果。这些新兴的智能服务型广告公司将会从根本上提高广告产业的技术含量，推动广告产业结构向"高附加值的数据服务"方向发展，实现产业优化升级。

综上所述，互联网环境带来了消费升级、媒介生态的变化，基于数据的挖掘分析使得数据的价值已然远远超过了数据本身。数据、人工智能技术与广告需求相结合，催生出了计算广告新形态与新业态；数字广告产业通过运用技术和数据手段，解决了情境、广告和用户三者之间完美匹配的核心问题。当前，程序化广告交易日益成为网络媒体和移动媒体占主导的交易模式，使得广告投放更加精准、有效，传媒数字化转型为数字传媒的程序化广告交易提供了条件。同时，在数字化推动下，广告产业链的格局正在重构，产业链更为庞杂，分工更为专业和细致；新兴的数字广告价值网络正在快速形成之中，这是一种多元动态的"协同共生结构"。

第三章　核心战略转型：价值链延伸与价值创造

本章重点关注广告公司的商业模式问题。按一般的理解，商业模式是经营模式的核心部分，是关于企业怎么获利的关键问题。迪博松（Dubosson）等人认为，商业模式是企业为了进行价值创造、价值营销和价值提供所形成的企业结构及其合作伙伴网络以及产生有利可图且得以维持收益流的客户关系。[①] 商业模式创新本质上是对企业的价值链或价值体系进行重构的过程[②]，也可说是企业价值创造路径转型的过程。

具体而言，广告公司需要思考，在当前广告产业演变的环境下，服务于什么市场？提供给市场什么样的服务价值？如何凭借资源和经营管理能力，采取什么样的竞争战略以获得竞争地位和优势？应采取何种结构模式服务广告主？为此，本章引入价值链理论对广告公司商业模式开展研究，并延展至数字时代广告公司的商业模式范畴。广告公司经营能力的提升过程，也是其价值链不断依据市场和经营状况而相应调整的过程，如集聚、延伸或张大等。也可以说，价值链问题是经营模式的核心问题。

第一节　广告公司价值链历史转型的特征

本节所谈的历史转型，是指的改革开放之初至21世纪初近30年的广告产业发展期。虽然21世纪初，网络广告已大行其道，但数字化广告形态与产业布局仍在萌芽中。彼时，广告公司经营转型的最终方向是提升自身的整合营销传播服务能力；面对的核心问题，可用数个关键词来描述："专业化"是广告产业的立身之本，"整合"与"归核化"是对当时转型困境——多元化"导致"的专业模糊化的一种修正。这几个关键词所表达的内涵和反映的问题，其实在进入数字时代的当今仍没有实质性变化，只是加入了新的表象和特征。

[①] M. Dubosson, A. Osterwalder, Y. Pigneur, "E-Business Model Design Classification and Measurement", *International Business Review*. 2002, 44 (1): 63.

[②] 高闯、关鑫：《企业商业模式创新的实况方式与演进机理》，《中国工业经济》2006年第11期，第25页。

一、广告公司价值链转型的内涵与类型特征

(一) 广告公司价值链转型的内涵

价值链理论是哈佛大学商学院教授迈克尔·波特于1985年提出的。波特认为,"每一个企业都是在设计、生产、销售、发送和辅助其产品的过程中进行种种活动的集合体,且所有这些活动可以用一个价值链来表明"。[①] 企业的价值创造是通过一系列活动构成的,这些活动可分为基本活动和辅助活动两类。这些互不相同但又相互关联的生产经营活动,构成了一个创造价值的动态过程,即价值链。

在价值链分析中,重点要讨论的是基本价值链,也即企业内部各业务单元之间的连接关系。基本价值链可以用来表明如何为一个特别的企业建立一个反映它所从事的各种具体活动的价值链。企业进行新商业、新技术、新供应源、新渠道、新营销和组织结构的创新,这正是价值链创新的一部分内容,也可以说是企业商业模式创新的部分内容。

通过对价值链的分析可以看到商业模式创新的途径:延长自身基础价值链(如前向一体化和后向一体化),价值链分拆,价值链延展与分拆相结合;或者不延长或缩短企业价值链,而是只针对基础价值链上的价值活动进行创新。此外,企业可以通过将前三种方式中的一种与对价值活动进行创新相结合来实现企业商业模式的创新。[②]

广告公司作为服务型企业,其基本价值链表现为广告公司为广告主提供广告或其他营销传播服务所开展的各项基本活动(如市场调研、策划创意、设计制作、媒体计划与购买、广告效果测定与广告战略调整以及其他营销传播服务)和辅助活动(广告公司基础设施和资源、人力资源管理、财务管理等)的集合,这些活动最终能为广告公司带来利润。

基本价值链转型又称为业务转型,通常是企业在内外环境发生剧烈变化的驱动下,对其创造顾客价值的范畴进行变革,即自身使命、目标、核心业务与流程等进行调整和改变,进而通过战略创新的驱动,并伴以组织结构、企业文化等的转型得以实现,目的是推动企业整体转型,实现企业持续成长。

广告公司的价值链转型,是广告公司经营模式创新转型的核心内容,受公

---

① [美]迈克尔·波特:《竞争优势》,陈小悦译,华夏出版社2005年版,第27页。
② 郭毅夫:《商业模式创新与企业竞争优势——内在机理及实证研究》,东华大学博士学位论文,2009年,第34页。

司核心战略创新的驱动。当前,对广告公司而言,转型就是在数字传播技术和整合营销传播所引发的市场环境和媒介环境的剧变中,为了谋求持续成长,广告公司在战略创新的推动下,在公司组织结构、企业文化、资源和能力相继转型的支撑下,通过内部培育、并购、置换、剥离、分立等手段或方法,对自身核心业务的不断变更,推进业务结构向具有更高附加值的高级化迈进的过程。

价值链转型(业务转型)是不同于业务流程再造和业务重组的重大变革。不同于致力于短期效率改进的业务流程再造和业务重组,业务转型的目标是实现企业长期绩效的提高。业务流程再造和业务重组的前提是环境并没有发生根本的变化,原来的核心业务还可以支撑企业持续成长。业务流程再造主要是对核心业务流程加以改进,以此提高效率和效益,降低企业运营成本,提升企业组织灵活性和响应速度的一种战术性手段;业务重组也不会改变企业核心业务的性质和内容,只是对企业业务组合进行重新优化、调整,是企业在面临威胁的情况下采取的一种应急性策略,一般情况下以收缩性重组为主。

对广告产业而言,数字传播技术和整合营销传播是传播环境和市场环境的巨大变化,广告公司原有的专业性广告代理服务的核心业务和策划创意这种核心能力已经受到严峻的挑战,难以支撑广告产业后续发展。在这样的生存危机面前,仅仅依靠再造或重组已经无法解决公司的内外部问题。只有考虑进行业务转型,改变核心业务的内容和性质,改变企业经营方向和成长路径,才能推动广告公司迈上成长新平台,继而实现跨越式发展。

(二)广告公司价值链转型的类型特征

对广告公司来说,业务转型指的是公司的核心业务中的一部分或全部发生了变化。按照转型程度可以分为强扩张型、扩张—收缩型、强收缩型和脱胎换骨型。不同公司因为处在不同的经营状态中,可能采取不同的转型策略。在广告公司的转型过程中,并不是所有广告公司都需要转型或者说都有能力转型,这就需要广告公司对自身能力和组织结构进行评估。

1. 强扩张型

强扩张型是指广告公司进入一些新的业务领域,但也不退出原有的业务领域,而是新业务将局部或全面取代现存业务在广告公司中的核心地位,这类业务转型往往发生在具有一定的资源剩余和成长意愿强烈的企业中,如奥美等跨国广告公司成立公关公司、互动公司,或合资组建媒介购买集团等。在奥美集团中,传统策划创意业务的核心地位被其他业务所分散或取代。

2. 扩张—收缩型

扩张—收缩型指的是广告公司部分退出原有的业务领域,所扩张的新业务也只是部分取代现存核心业务的地位，这类业务转型主要发生在综合性广告公司对其经营业务链优化重构的过程中。传统的广告公司价值链主要集中于广告专业代理领域，很少涉及营销传播的其他方面，如促销、公关、网络行销等。

3. 强收缩型

强收缩型指的是广告公司退出大部分原有的核心业务领域，把资源转移到新的核心业务上，通过量的收缩来换取质的提高。对很多中小型广告公司而言，可以集聚价值链，在某些专门的领域发展自己的核心竞争力，成为大型综合型广告公司的下线公司，专营创意制作等业务；或转型为媒介资源型公司，均未尝不是一个明智的选择。

4. 脱胎换骨型

脱胎换骨型指的是广告公司在进入一些新的业务领域的同时，从原有的业务领域完全退出，且新业务取代现存业务的核心地位。这是所有业务转型中难度最大、风险最高的一种，往往发生在现存业务领域全面衰退的广告公司中。如一些公司放弃传统的广告策划创意业务，转型为新媒体技术、代理或平台公司。当然，广告公司的业务转型也是需要转型成本的。广告公司业务转型成本包括三种，搜寻成本、进入壁垒成本、退出壁垒成本。[①]

二、价值链扩张的路径与整合营销代理热

1. 价值链的扩张与整合

传统广告代理的核心价值——策划创意的地位在下降，利润空间在萎缩。这种趋势意味着广告公司传统价值链（广告调查—策划—创意制作—大众广告媒介投放）的消解。由于广告公司提供的是单一的广告传播代理服务，而不是上升到企业战略层面的营销传播代理，因而地位也在不断下降，策划创意服务的利润因而也大幅缩水。

因此，自20世纪90年代以来，整合营销传播一直是企业界、广告界和学界关注的焦点话题之一。从企业的角度来看，单一的营销传播手段已经无法成功执行营销，企业开始重视多种营销传播手段的整合，以期实现营销传播效果的最大化。从广告公司的角度来看，传统的广告代理正遭受极大挑战，顺应广告主营销传播需求的变化，由传统的专业代理广告公司向整合营销传播型广告公司转变成为很多广告公司的一种选择。从学界的角度来看，研究整合营销传

---

① 代婷婷：《整合营销与数字技术背景下广告产业业务转型》，《中国出版》2013年第6期，第65页。

第三章 核心战略转型：价值链延伸与价值创造

播理论、探讨整合营销传播在中国的执行等话题，自然也成为学者们关注的重要课题。

整合营销传播的目的，其实是广告公司在扩张其营销传播功能价值链上之后，为了达到统一实效所采取的融合。广告公司试图整合营销传播的核心产业，实现对其他营销传播手段的整合，这是因为，一方面，相较于其他营销传播服务，广告产业在营销传播领域有更长的服务历史，发展更为成熟；另一方面是奥姆尼康（Omnicom）、WPP集团（Wire & Plastic Products Group）、IPG（Interpublic）、阳狮（Publicis）等跨国广告集团在整合营销传播方面实践探索的成功。因此，广告公司价值链的转型扩张，必将首先以广告公司以广告为核心传播工具，并整合其他营销传播手段。

从我国广告产业的基本价值链的扩张整合的实践来看，有两个方向。

一是传播功能价值链的扩张，也即广告公司在传播领域业务的扩张与融合。如从综合性广告代理公司相关的服务行业细分来看，包括媒体购买代理、媒体销售代理、媒体监测、媒体研究、广告策划创意制作、CI与品牌管理、促销管理、公关活动、互动营销、包装设计、事件推广等广告传播业业务范畴等。广告产业借助这种整合，实现了一种新型的营销传播产业形态，跨越了原有的相互分立的营销传播产业之间泾渭分明的界限；由单一的广告代理服务业走向提供多元化整合营销代理服务，在融合的营销传播市场中，为消费者提供融合的营销传播服务，并接受融合的产业管制。如果说这种传统的基本价值链的扩张整合还限于营销传播服务价值链内的话，那么，在数字传播时代，广告公司业务扩大的趋势将使广告主、中游广告公司、媒体之间的界限也变得模糊起来。

二是营销功能价值链扩张，也称为广告公司的营销化发展。广告公司不仅是在传播功能上进行横向业务的扩张，也进行营销价值链的纵向扩张，即站在企业发展和品牌战略的高度，提供企业与品牌战略咨询、市场调研、消费者研究、产品研发、通路研究、终端服务、活动经营甚至销售代理等，实质上成为传统营销咨询公司的对手。在美国，由于企业营销战略的管理较成熟，广告传播业与营销分野还是比较清晰的。但在中国特色的广告主市场中，由于市场与广告主处在成长的过程中，营销与传播的分野难以界定，广告代理商的服务性质和范畴自然也就模糊起来。

总体而言，整合营销传播理念在我国的实践并非坦途，在明显过热的介绍、推广与宣扬之后，成功的经典案例却并不多。事实上，整合营销传播的运用和执行是需要具备相当的条件的。而国内很多并不具备实力的广告公司纷纷向整合营销传播代理公司转型，只能消解着广告公司核心竞争力。舒尔茨等

（1993）明确提出，"组织结构本身即是整合行销传播的障碍"[①]，也就是说，从企业的角度来看整合营销传播的执行，首先要从组织结构整合着手，这就需要广告公司进行组织变革。组织变革可以在广告公司内部展开，如消除传统的层级制组织观念，以团队合作方式将各种"营销专才"编成"客户价值管理团队"，也可以整合集团内部其他公司的人力资源，组建营销传播团队。法国第一大广告传播集团哈瓦斯下属的两个公司就曾做过这方面的努力，哈瓦斯的广告公司"灵智大洋"就曾与市场服务机构"精实整合营销"合作，充分利用双方的优势，成立"品牌小组"，为客户提供度身定制的广告代理、市场调研、公关活动、品牌推广和营销渠道管理等系列服务。此外，整合营销传播的执行需要有完备的资料库，需要分众市场的普遍存在、媒体的高度多样化以及科学的市场细分及媒体细分手段，还需要有传播效果测定技术的支撑，以便及时了解消费者反馈，建立消费者与品牌之间长期的密切关系等。

（二）价值链扩张的路径

一些大型的外向型广告公司如何通过价值链的扩张，实现企业整合营销传播的代理？跨国广告公司发展的轨迹为我国广告公司的发展提供了有益的启示。广告公司到底采取上述何种方式，则视广告公司自身的实力和公司的总体战略目标而定。广告公司的战略扩张转型主要有以下三种路径。

一是增设营销传播职能部门，如果广告主客户需要使用多种营销工具，就无须从外部寻找专业营销服务机构合作，可以交由一家广告公司统一完成。如浙江思美广告公司的价值链扩张主要是基于自生增长的一种多元化营销传播服务路径，这也是一家本土广告公司在发展过程中，不断扩大业务范畴和提升服务能力的经典案例。

二是新组建或并购专业的营销传播公司。许多大型广告公司近年来都积极地收购其他类型的传播服务公司。例如，2017年，WPP对旗下数字、媒介和创意代理商进行了大刀阔斧的改革，奥美全球宣布旗下子品牌将逐渐合并成一个统一的、单一的集团品牌；2013年，电通完成对数字营销集团安吉斯的收购；汉威士也于2017年3月初宣布在全球范围内重新整合创意及媒介业务，打造更统一、简化，以客户为核心的组织架构。

三是与其他专业营销传播公司建立战略联盟。广告公司执行媒体广告的工作，帮助客户制定总体战略，并决定采用哪些营销手段，而公共关系、直销和促销等活动则外包给联盟公司。整合工作则由广告公司的客户团队承担，即协

[①] ［美］唐·E.舒尔茨等：《整合营销传播》，吴怡国等译，中国物价出版社2002年版，第218页。

调各个专业代理机构以确认信息、形象和时间安排等是否得到有效的整合。

四是渠道下渗，铺陈新市场①。近年来，品牌渠道下沉到三、四线城市的现象异常明显。一、二线城市渐趋饱和，竞争成本急剧增加，甚至成为无法承受的负担，有的品牌直接撤离一、二线城市，产品只提供给三、四线城市。无疑，品牌针对这部分市场拿出的推广费用，对许多新型广告公司来说是一个机会，而对那些老牌的传统广告来说，也是一个业务转移和新生的机会。

（三）过度多元化带来专业化的消解

20世纪90年代，在企业的整合营销传播市场需求的背景之下，各类专业化公司加强了对这个领域的市场争夺。大量的专业管理咨询公司、公关公司、形象策划公司等专业化公司都在这个领域展开了营销传播业务的全面争夺。从积极方面讲，就理论意义而言，广告公司由广告服务代理走向整合营销传播服务代理，标志着专业广告公司业务领域与盈利空间的拓展，也意味着广告产业借此实现了第二次重大升级。

虽然中国广告公司的整合营销传播转型仍在进行中，但是这次升级并没有朝着我们预期的理论目标去发展；相反，造成了专业广告公司业务过度多元化的问题，而业务的过度多元化又导致广告公司核心竞争力的消解以及企业对广告公司专业能力的信任危机。

从广告公司的层面来说，实现战略转型面临两方面困难，"第一，广告公司推行整合营销传播服务，甚至营销服务，由于需要兼顾多方面范畴，亦未必能做到样样皆通，样样皆精。第二，对广告公司而言，要提供整合营销传播，做到全面及专业化兼备，不但要招揽更多的各方面专业人才，更要重新作出公司架构上的配合，便需要大量人力、物力和资金"。②

与欧美广告产业发展不同的是，中国广告产业是在第一次产业升级条件还不是很充分的情况下，面临第二次产业升级的迫切需要，因而挑战和困境更大。由于广告公司在从传统领域向整合营销传播代理领域拓展的过程中没有实现相应的组织变革和相关人才的储备与培养，造成广告产业核心竞争力在逐步消解。核心竞争力具有不可替代性，在过去，传统广告公司把"创意"作为其核心竞争力，具有不可替代性，而在业务多元化背景下，广告公司几乎所有业务，如市场调查、公关、促销、媒介代理、互动行销等，都是可替代的。

广告公司专业化的消解，使得广告产业发展面临可替代危机。"公关崛

---

① 《现代广告》课题组：《2013年度中国广告公司生态调查报告》，《现代广告》2014年第3期，第28页。

② 陈欢：《重新审视整合营销传播》，《中国广告》2002年第1期，第37页。

起、广告消亡"的说法正是在这一背景下产生的。不只发生在中国,所有国际性的代理公司、跨国集团,在这次转型和升级过程中,都面临着同样的问题,只是这一问题在中国表现得更为突出。由于专业领域不断扩大,广告产业竞争优势逐渐在消失,不可替代性的优势在消失。

三、归核化与专业化:基于生存与竞争的重新选择

(一)广告公司的业务归核化战略

所谓归核化,是指多元化经营的企业将其业务集中到其资源和能力具有竞争优势的领域。归核化不等同于专业化,也不是简单地否定多元化,而是强调企业的业务与企业核心能力的相关性,强调业务向企业的核心能力靠拢,资源向核心业务集中。归核化后的企业仍是多元化的,但业务间的关联度较高,企业的经营绩效较好,竞争优势明显,竞争力增强。归核化是以美国为首的西方发达国家多元化发展到一定阶段的产物,基本思想是剥离非核心业务、分化亏损资产、回归主业保持适度相关多元化。

我国广告公司在经历40多年的市场洗礼之后,尽管在策划创意、设计制作等方面取得了非常大的进步,但是整个产业高度分散与高度弱小的状况一直没有改变,这与我国广告公司发展路径的选择有很大关系。欧美国家的广告公司大都经历了由多元化向归核化演变的过程,通过集中发展自己的核心业务,从而形成不可替代的竞争优势。因此,强调和主张广告公司业务的归核化,是基于对我国广告代理公司目前现实生存与竞争环境所做出的一种合理化选择。

归核化可以形成广告公司的竞争优势。根据迈克尔·波特的研究,企业竞争优势的形成有三个基本战略,即成本领先战略、标歧立异战略和目标集聚战略。目标集聚战略有两种变形,即成本集聚和标歧立异集聚。每一种基本战略都涉及通向竞争优势的迥然不同的途径以及为建立竞争优势而采用战略目标景框来框定竞争类型的选择。成本领先和歧异战略是在多个产业细分的广阔范围内寻求优势,而目标集聚战略是在一个狭窄的单个产业细分中寻求成本优势(成本集聚)或标歧立异(歧异集聚)。推行每一种经营战略所要求的具体实施步骤因产业的不同而差别很大,正如特定产业当中可行的基本战略互不相同一样。然而,尽管选择和推行一种基本战略远非轻而易举之事,但它们却是任何产业必须认真探索的通向竞争优势的必由之路。[①]

对广告产业而言,这三种基本战略对形成广告公司的竞争优势同样具有重

---

① [美]迈克尔·波特:《竞争优势》,陈小悦译,华夏出版社2005年版,第11~12页。

要价值。长期以来,我国广告公司往往出于市场需要而非自身实力,随意延展自己的服务边界,导致业务过于多元化问题的出现,其实质是造成广告公司服务的非专业化,导致广告主对广告公司专业服务能力的普遍质疑,严重影响整个中国广告产业的持续健康发展。广告公司选择标歧立异和目标集聚战略,可以集中优势资源形成竞争优势。由于广告公司在专门领域积累的市场经验和行业声誉,也提升了其他广告公司进入该领域的市场壁垒。随着广告公司专业服务水平的提升,广告客户数量的增加,可以降低广告公司经营运作的成本,如市场调研数据资料的共享等,从而实现成本领先战略。

2. 以归核化实现高度专业化

高度专业化是广告公司存在的根本,是广告公司不可替代的核心竞争力。无论如何,维持专业化是基于本土广告公司生存与竞争的必然选择。广告业是一个知识密集、技术密集、人才密集的"三密集型产业",属于专业性服务业的重要组成。广告公司的核心竞争力体现在为广告客户提供专业化的代理能力,不仅广告运作各个环节、广告代理各个行业领域是高度专业化的,而且营销传播的各个领域也是高度专业化的。那么,要提升广告公司的专业化服务水平,应该采取哪些主要措施呢?

首先,传统广告公司组织结构已经无法满足企业整合营销传播代理的需求,本土广告公司亟须转型,或进行组织再造,在广告公司内部可以增设营销传播代理服务的专门化部分,引进相关领域的专门化人才;或者在广告公司外部成立或并购专门的营销传播代理公司。

其次,一方面是发展专门化,另一方面是要倡导广告的专业主义,提高广告公司的专业化水平。广告公司的专门化有利于形成广告公司在某领域的竞争优势,节省广告公司经营的成本,提高广告主的转换成本,从而提升广告主对广告公司的品牌忠诚度。"专业性广告公司的大量出现是适应市场需求的多样性,社会分工进一步深化的发展","专业性广告公司的大量出现也是广告行业竞争激烈、优胜劣汰的结果"。[①]

最后,以归核化实现高度专业化。"在大型广告公司不断整合、组建大型广告集团的同时,广告业的社会分工也越来越细,这为那些小广告公司提供了生存空间。而且,那些不被大广告公司重视的地方小型广告主也是小广告公司得以生存的主要原因之一。通过从事专业化的工作,诸如广告调查、创意、咨询以及广告设计等工作,成为大型广告公司的重要工作伙伴。典型代表如盛世长城全面代理总部设于广州的宝洁中国。而同时在广州、北京、上海出现了专

---

① 张翔、李青:《中国广告公司专业发展模式研究》,载丁俊杰等主编:《中国广告业生态环境调查》,中国工商出版社 2003 年版,第 98 页。

门做地产、药业、服装的广告公司,也有专门做公关活动、危机公关处理、新闻软文规划撰写的广告公司,甚至出现了专门卖策略的广告公司"[1]。

一些实力雄厚的企业往往有自身精干的营销传播团队,它们需要的广告公司是"能干的下属型"。当企业已经达到一定规模、成为市场上的成功者时,它们已经能做到战略明确,内部人才济济,组织分工明确。但这些成功的企业仍需要利用外界最好的资源,去贯彻落实其营销战略或广告战略;或者说,它们往往需要广告公司在广告运作的某个环节,或在营销传播的某个领域,或在某个特定的行业,具有高度专门化和专业化的服务能力。而对一些成长中的中小企业而言,因财力有限,无力聘请大广告公司全面代理,通常是寻找一家中小型的广告公司或几家专门化的广告代理公司共同承担广告业务,这种方法不仅灵活易行,而且可以使企业降低成本费用。

总之,国内广告公司目前存在一个重大问题,即广告公司经营的多元化消解了自身的核心竞争力,应以专业化与归核化强力重建广告产业核心竞争力。广告公司的归核化可以通过选择标新立异战略和目标集聚战略来实现,而标歧立异战略和目标集聚战略的实施关键是要明确市场的需求和自身的竞争优势,将其业务定位于广告运作的某个领域、广告代理的某个行业或营销传播代理的某个部分等。

第二节 传统广告公司的内生型价值创造转型路径

一、4A广告公司的数字化战略路径与策略创新

在2020年之前,苏铭天通过收购兼并的手段,将奥美、智威汤逊、扬罗必凯、葛瑞等广告业无数辉煌代理厂牌纳入WPP发展旗下,带领WPP成为全球最大的传播集团。大型营销传播集团在广告与营销传播运作上有着丰富的经验,但数字化时代的到来,使得多年来固若金汤的广告传播路径被改变,WPP等广告传播巨头都在多方变革探寻新的成长空间。随着广告技术迅速发展,数字技术和人才成为广告集团竞相争夺的香饽饽,如2012年,WPP宣布打败电通集团,以5.4亿美元收购独立数字营销公司AKQA。

近几年,国内传播集团在数字化成长之路上,也逐渐组建了有数字化传播能力的企业机构,业务范围涉及数字广告产业运作的各环节(见表3-1)。

---

[1] 陈培爱:《台湾广告业的国际化历程对中国大陆本土广告公司的启示》,《广告大观(综合版)》2007年第3期,第32页。

第三章 核心战略转型：价值链延伸与价值创造

表3-1 部分广告经营单位扩展概况

企业名称	企业结构	业务范围
蓝标集团	多盟、亿动、晶赞、iClick、密达美渡、思恩客、精准阳光、博思翰扬、美广互动、电通蓝标、今久传播、博杰传媒、金融公关有限公司、社交媒体传播公司	消费者洞察、内容创意、活动管理、自媒体智能投放、媒体购买、企业销售等
省广集团	晋拓文化、畅思广告、大数据联盟	数字营销、品牌管理、内容营销、公益营销
利欧数字	聚胜万合、氩氪互动、琥珀传播、漫酷广告、万圣伟业、微创时代、碧橙网络、秀视智能、智趣广告、世纪鲲鹏	数字创意、数字媒体、数字流量、数字电视、社会化媒体、娱乐内容营销等
昌荣传播	昌荣广告、昌荣数字、昌荣精准、昌荣体育、昌荣娱乐	整合传播、电视传播、内容营销、品牌全案、数据营销、程度化营销等
思美传媒	爱德康赛、智海扬涛、观达影视、掌维科技、科翼传播	消费者调研、品牌管理、全国媒体策划及代理、广告创意设计、娱乐行销、公关推广活动、户外媒体运营、互动营销等

随着数字营销进入白热化阶段，广告的生态也变得越来越复杂，广告巨头们逐渐意识到：单单收购兼并是远远不够的，集团内囊括的广告公司真正协同作战，融合在一起，才能为客户提供更加一体化的营销解决方案，于是，新一轮的内生型整合与重组成为主题。

一是横向上对子公司进行业务整合。2015年11月，WPP旗下包括奥美、群邑、智威汤逊（J. Walter Thompson，JWT）等在内的26家公司的3000多名员工陆续进驻上海静安的达邦协作广场。这一堪称上海广告界的"史诗级的搬家工程"，实则是WPP进行内部整合，以提升整体业务效率的一个市场缩影；2017年，WPP合并媒介代理公司尚扬（MEC）和迈势（Maxus）；随后将旗下5个品牌咨询设计公司整合为一个新的全球性品牌咨询代理机构Superunion；之后宣布旗下的公共关系公司博雅公关（Burson-Marsteller）和凯维公关（Cohn & Wolfe）合并，WPP的整合触角伸到了创意、媒介、咨询、设计、公关等各个领域。2018年11月，WPP正式发布声明，将旗下传统广告公司智威汤逊和数字营销公司伟门（Wunderman）合并，组建新的公司伟门汤逊

（Wunderman Thompson），成为"传统广告公司+数字营销公司"的组合。

二是纵向上在单一公司上进行结构重组。以奥美为例①，作为360度的品牌管家而不是单一的广告公司，奥美集团经历了电视广告的勃兴、互联网泡沫和生活数字技术主流化等多个阶段，对它数字化战略路径和价值创造重心的追索，可以帮助我们站在一个更广阔的历史背景下考察数字技术在广告传播领域的角色。（如图3-1）

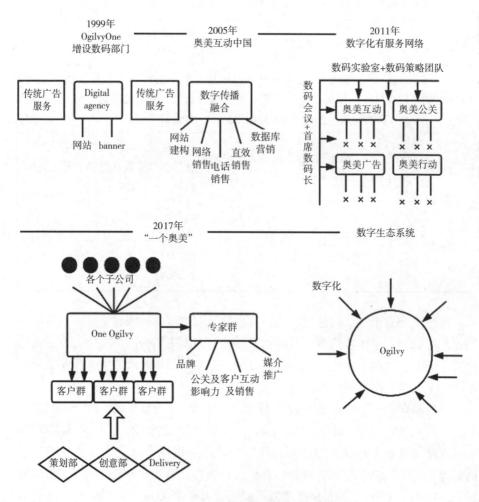

图3-1 奥美的数字化发展战略路径

---

① 何菲：《奥美的"算法"》，《IT经理世界》2012年第17期，第81~86页。

第三章　核心战略转型：价值链延伸与价值创造

（一）从涉足到数字传播融合

互联网初期，奥美集团（OgilvyOne）的未雨绸缪，涉足数码代理业务。OgilvyOne 作为当时全球最大的客户关系行销机构，招募大量有过科技或互联网从业经历的高管和员工、创建并使用奥美的数字化方法论。设立互联网部门，借助数码代理商的角色，来解决客户问题。1999 年，OgilvyOne 进入中国，适逢互联网泡沫破裂，公司调整为奥美顾客关系行销公司。为进入数字时代赢得了先机。2005 年，中国企业开始大量触网，奥美关系营销公司开始全面回归 OgilvyOne，中文名改为奥美互动中国（以下简称"奥美互动"）。此时今日，积累了将近 40 年经验的 OgilvyOne 成为全球最大的直效营销和互动营销网络，而奥美互动已经成为中国第一家专注于数字和一对一营销的 4A 代理商。配合奥美互动的还有奥美世纪（Neo@Ogilvy）和主要负责数字广告网络的 ITOP。

（二）实施全面数字化战略

2011 年，社交媒体、电子商务和移动互联网在中国相继火起来，数码业务成为奥美集团中国公司（以下简称"奥美中国"）业务增长的主要驱动器。为了开发、利用新的数码技术，奥美中国成立了奥美数码实验室，并设立了数码议会和首席数码长。奥美中国是一家业务线比较长的公司，以往有些客户找到奥美中国，但不知道该首先和哪家分公司对接，而数码议会机制可以迅速传达每个分公司在数码领域的需求，打通各条业务线，并且节约人力和成本资源。如奥美中国为洋酒品牌尊尼获加（Johnnie Walker）设计了一个结合社交网络和视频渠道的方案，通过"迈步向前（keep walking）"这个主题，与年轻族群分享了 12 种追逐梦想的人生，这个基于社交平台的传播方案迅速对接了奥美中国各个分公司的资源。因此，一个集合了奥美社会化营销专业人才的 Social@Ogilvy 成立了，参与其中的公司和业务单元包括奥美公关和奥美互动各自的社会化营销团队，负责数字媒体投放策略的奥美世界以及集团的创意人员。这个来自一家分公司的客户最终设立了一个跨部门协作的团队共同为其运营项目。

策略（Planning）也一直是奥美中国引以为傲的部分，除了消费者层面的洞察，奥美中国还有一个强于媒体选择洞察的渠道选择部门，根据客户的属性和消费者群体，提供多终端的互动解决方案。此外，奥美中国还有专门的数码策略团队。通过这些集团的细分团队和部门，可以帮助客户提供更深层次的数码服务。

（三）重组 DNA，构建数字生态系统

奥美中国已经不满足于仅公司构架层面进行改革，它更希望重组公司的 DNA，构建一个新的数字生态系统，这意味着它要改变至少两类人：在数字化生活中成长起来的天然的数字新鲜人以及被数字技术改变的客户，奥美因此采取了三种做法：一是培养和利用具有互联网知识和应用经验的员工，或者说，需要与互联网争夺人才。二是面对更为复杂的广告主环境，培养客户的数字营销能力。三是除了专业技能培训之外，奥美中国还向一些资深人士提供商业层面的培训。2011 年，面向客户的奥美行销研习中心建立，这个中心除了为中国企业度身定制品牌、营销与传播的作业系统和策划工具外，还致力于引导企业内部的自行运用，梳理数字化流程，从根本上提升企业营销运作与管理能力。总之，奥美中国的 DNA 正在裂变。除了内外数字化生态系统的建构，还分别通过社交进入更多内容营销层面，通过电子商务进入真正的营销层面。

（四）品牌重塑，"一个奥美"

2017 年 2 月，时任奥美全球主席兼首席执行官苏腾峰（John Seifert）正式提出了"一个奥美（One Ogilvy）"的改革口号与目标，奥美集团的各个子品牌将被整合为一个"单一的、具有强品牌的、整合性的代理公司"。8 月 13 日，奥美集团在各个自媒体和行业媒体上发出了信息：#BeOne。自此，奥美集团旗下的各个不同的子品牌：奥美互动（OgilvyOne）、奥美公关（OgilvyPR）、奥美红坊（RedWorks）、奥美世纪（Neo@ Ogilvy）等 17 个品牌都将消失，新的奥美架构一目了然：从纵向上，将公司划分成"客户群"，真正实现以客户为中心来组织各领域人才；从横向上，设立"专家群"，为客户在品牌、公关及影响力、客户互动及销售、媒介推广四个特定领域提供咨询服务，并不断迭代升级奥美的专业优势，确保奥美在行业内的思想领导力。此外，还有横跨客户群的三个核心部门——策略部、创意部及全新部门"交付（Delivery）"。Delivery 将成为好作品的加速器，通过完美执行实现创意落地的"最后一公里"。①

风雨几十年，奥美集团从一家整合型营销公司裂变出不同业务类型的分公司，驻扎全球各大市场，不断细分着市场和产业链。然而，在数字化环境下。这种经营模式已经无法适从。这不仅是奥美一家的自我改变与升级，4A 广告公司作为广告营销届的中流砥柱，也亟待对自身重新定义，在数字化时代趋势下与时俱进。

---

① 《奥美合体，转型成为单一品牌整合代理商》，《中国广告》2017 年第 9 期，第 16 页。

第三章　核心战略转型：价值链延伸与价值创造

二、媒体型广告公司的数字化转型路径：以昌荣传播为例

数字化营销时代给传统媒介代理带来了强大的冲击与影响。应对时代和市场环境挑战，优化集团资源，补齐营销技术环节的短板，俨然成为了媒介代理公司亟须解决的首要任务。与此同时，面对广告主们不断削减的营销成本，重新调整组织架构和商业模式，使营销朝着更简单高效的方向发展也已成为行业共识。如 2017 年 12 月，由尚扬和迈势合并后诞生的蔚迈（Wavemaker）就是群邑优化资源、补齐技术短板的具体体现。蔚迈中国首席执行官、亚太区总裁 Gordon Domlija 说："蔚迈是没有任何陈规束缚的新型代理商，能够为客户提供最合适的业务，打破客户对媒介代理的刻板印象。"①。

昌荣互动隶属于昌荣传播集团（以下简称"昌荣传播"），其组建时间是 2010 年 1 月，主要针对原电视广告客户潜在的数字需求而诞生，并独立服务客户的数字营销业务。目前已为迈高乳业、雪中飞、三洋、隆力奇、华夏银行、荣昌制药、养元、露露等提供数字广告服务。其数字化转型战略举措包括以下方面②。

（一）积极推动与跟上客户数字营销的步伐，增加数字业务

昌荣传播服务的客户很多都有巨大的电视广告体量，而它们对数字营销的任何试水与扩大，都是互联网广告代理所渴求的业务。但是，由于昌荣传播的客户的行业属性以及营销经验偏于保守，更熟悉并信任电视广告，因此，尽管把数字广告纳入营销战略是大势所趋，但是，如果昌荣传播不积极推动，也许这个过程会减缓不少。

（二）补足昌荣传播实施"整合营销传播"的业务短板

2009 年底至 2010 年初，昌荣传播和电通安吉斯结成战略联盟，向数字、户外延伸；2010 年 5 月，昌荣传播在纳斯达克挂牌上市。这些资本与业务运作指向的目标都是"整合营销传播公司"，当时业界曾以"中国式 WPP"来比喻这个愿景。昌荣互动的业务是从视频广告的媒介投放开始的，并获得了优

---

① 《与时代共成长，与客户共成就——访 Wavemaker 中国首席执行官、亚太区总裁 Gordon Domlija》，http://www.ad-cn.net/read/10464.html。

② 孟丽君：《昌荣互动：圆梦整合传播的关键》，《现代广告》2013 年第 8 期，第 2～5 页。

酷、爱奇艺、搜狐视频、中国网络电视台（CNTV）等视频类媒体的大力支持，这为昌荣互动团队前期快速熟悉互动营销、提升数字营销能力起到了极大的推动作用。

从昌荣互动的案例中，我们可以发现，从 2011 年开始，他们开始注重以策略入手，给客户提供整合性的数字营销方案，并以比稿的形式逐渐拿下了一些客户的数字代理业务。如 2011 年，在服务迈高乳业网上会员俱乐部推广项目上，昌荣互动为其策划了"宝宝罐上 show、妈咪澳洲游"的主题活动，举行了第一届澳洲迈高见证之旅，提高了会员的热情。2012 年，昌荣互动又策划了分享体验，收获惊喜第二届澳洲游活动主题，以漂流瓶和大富翁两个大型线上互动活动为依托，整合了门户、垂直类媒体以及搜索引擎、公关口碑，进行整合营销传播，把澳洲第一乳业品牌和迈高奶粉六大产业链的信息完整传递给消费者，巩固了产品的影响力。

（三）业务扩张

2011 年，昌荣互动通过收购方式成立昌荣精准传播，建立起了进入数字广告领域的另一个支点。2012 年下半年，在华北团队之外，昌荣互动开始组建华东、华南团队，以满足各区域客户发展的需求。

（四）推动集团全员数字营销的提升

在业务扩张的同时，昌荣传播在集团层面也在采取更多元的措施与合作，推动昌荣传播全员数字营销的提升，这种措施同时也在惠及客户。2010 年开始，昌荣传播联合中国传媒大学广告学院，每年举办"昌荣互动营销学院"，提供集中培训活动。

（五）与百度签订战略合作协议，共赢大数据时代

2013 年 4 月，昌荣传播成为首家与百度达成战略合作伙伴的广告代理商，双方首先将在基于百度消费者搜索洞察的研究领域展开深度合作，此举标志着昌荣传播进一步强化在大数据领域的战略布局。昌荣传播的价值在于其专业的数据处理能力，已进入国内一流数据代理商阵营；而百度尚缺乏对海量数据的分析和运用，因而百度亟须引进第三方来完善数据管理的不足，因而昌荣传播的数据处理能力是百度极为看重的。而昌荣传播是希望借助百度在消费者端拥有的强力数据和提炼能力，为客户提供针对性的消费者洞察研究，从而制定更加精确有效的产品策略和市场策略，共同提升昌荣传播的客户服务质量。昌荣＋百度模式，双方期望实现昌荣传播的优势媒体资源与百度强大的数据累积和分析能力的强强联合。

(六) 布局 IP 内容营销, 植根数字时代

2016 年是 IP 内容营销的爆发期, 昌荣传播的产业链布局在这场传播革命中发挥了出色的整合平台优势, 为昌荣传播的合作伙伴实现了品牌价值化的升级。昌荣传播与华人文化控股集团 (CMC) 结成战略合作伙伴关系, 并建立专门服务于 CMC 的资源整合部门, 致力于将 CMC 的内容进行产品化, 同时借助昌荣传播的整合传播能力, 为合作企业提供良好的营销服务。

第三节 广告交易平台生态系统与实时竞价广告模式

一、数字广告交易平台生态系统与实时竞价广告模式

2012 年是中国"数字广告交易平台生态系统"(DAd-Exchange-System) 发展的元年, 2013 年就迎来了这个产业系统的高速发展, 不仅世界知名品牌广告主开始加大在广告交易平台系统上广告投放的预算, 而且广告交易平台上每天的媒体流量也已经达到了数十亿之巨。整个产业也慢慢形成了更清晰的生态链。(如图 3-2)

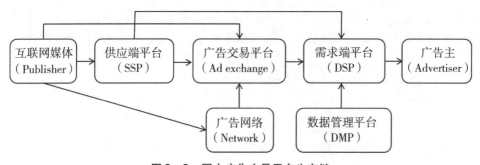

图 3-2 国内广告交易平台生态链

(资料来源: 现代广告编辑部《AD Exchange 开启广告零售时代》,《现代广告》2013 年第 10 期, 第 37 页。)

广告交易平台生态系统由三部分构成: 即作为媒体端的互联网媒体 (Publisher); 供应端平台 (Supply-side Platform, SSP), 广告交易平台 (AD Exchange)、网盟 (Network); 以及下游客户端的需求端 DSP 和广告主; Publisher 指互联网媒体（站点），目的是进行流量出售。作为平台方的 SSP、Ad Exchange、Network 有一个共同点，即对媒体资源（流量）都具有聚合作用。如果将流量比作水，那么整个生态链就是一条由众多支流汇成的大河，我们可以把 Publisher 比作水源，SSP、Ad Exchange、Network 是三种类型的蓄水水库。最后是作为客户端存在的需求端平台和广告主。

目前，人们往往将广告交易平台生态系统与实时竞价广告捆绑在一起讨论。目前，RTB 产业链越来越清晰，各种广告交易层出不穷。而作为整个 RTB 产业链条中最为核心的广告交易平台，最为枢纽的竞价广告平台以及供应平台等渐渐成为市场部营销人员最关注的热词，这些平台均正在成为新兴数字型广告公司的战略发展方向。本书简要分析新兴广告交易平台与实时竞价广告模式，了解广告交易平台的构成与各平台价值、RTB 运转的模式、产业链的生态缺憾以及发展方向等，以便在庞杂的数字广告发展的现实中，梳理出 RTB 产业链中各单元平台具有不同的功能与价值以及发展脉络（如图 3-3）。

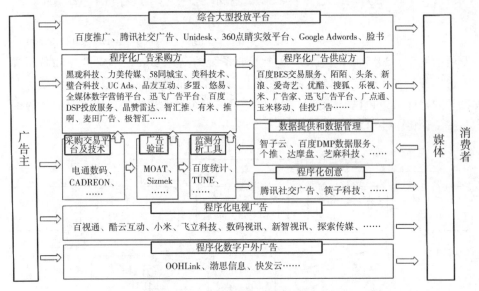

图 3-3 中国程序化广告技术生态

（资料来源：根据 RTBChina 公开资料改编，http://www.199it.com/archives/1080272.html。）

"即时性购买"特征是整个广告交易平台生态链中的最核心源头之处。当流量进入"即时性购买"这个环节时，广告交易平台最核心部分的价值就已经全部实现了。而 RTB 寄生的母体本就是广告交易平台系统，RTB 的能力是"即时性购买+竞价"，竞价能力是平台技术赋予 RTB 的功能。RTB 作为整个广告交易平台态链中的一种模式，是整个广告交易生态系统所形成的产业链中的一种主流产出形式，是完全独立的概念。RTB 中包含即时性购买，但即时性购买并不仅是 RTB，准确地说，它是广告交易平台生态链的一种固有特性，而 RTB 则是这个生态链中的技术手段。

以有米科技"苏宁易购 8.18"为例，可以对中国程序化购买广告市场的背景及现状做进一步了解。2010 年成立的有米科技是目前移动营销行业代表性企业，也是业务线最全的移动营销企业之一，致力于运用大数据挖掘技术，通过全景流量的整合优化，为广告主实现效果突出的品牌营销与产品推广服务，其业务范围涵盖 DSP、Ad Network、DMP、社会化媒体营销、ASO 等，目前已形成了横跨 App 与微信两大生态、国内与海外两大战场的业务布局，以及国内效果广告、海外效果广告、社会化媒体广告、自媒体与内容、整合营销等五大业务矩阵。在"苏宁易购 8.18 发烧节"店庆营销活动中，有米科技通过对苏宁易购 App 的已有用户情况分析，结合 Youmi DMP 的人群数据，挖掘出苏宁易购 App 的潜在用户对"生活服务""餐饮美食""旅游""家装"等具有强烈的特征倾向，在具体投放操作中，有米广告运营人员把上述属性作为基调，通过 Lookalike 技术建立了多个细分单项的人群包进行组合投放，包括基础范围人群包、精细定义人群包、商业兴趣人群包、潜力消费人群包。根据不同的人群包设定，将不同的投放素材匹配化上线。从 2016 年 8 月 1—19 日的活动推广，苏宁易购 App 新增注册用户数环比"6.18"活动上涨 365.44%，最高单日广告平均点击率达 2.08%，实现新增下单用户数量、推广投入产出比等关键 KPI 指标超过 100%。[①]

二、实时竞价广告模式的生态链主体构成与价值转型

（一）供给端平台，广告交易平台、网盟

SSP 被称为供给方平台（Publisher）的源头，可以直观理解为服务于网站媒体的流量汇聚与管理。中小网站大都没有机会接触大广告主，还有些中间媒体没有能力自建平台，就借第三方 SSP 接入。同时，媒体站点数量众多繁杂，作为 Public Ad Exchange，不可能一一都对接，就通过 SSP 解决问题。SSP 向需求方（DSP）进行流量供给，如果 SSP 积累的量足够多，自身无法消耗，就会流向更大的蓄水池——公开广告交易平台（Public Ad Exchange）。

---

① 易观发布：《中国程序化购买广告市场专题研究报告 2017》，https://www.analysys.cn/article/analysis/detail/1000735。

网盟曾是独立存在的广告系统，随着广告交易平台兴起，市场份额逐渐被蚕食。网盟属于比较封闭的独立系统，流量主要来自上游采购，下游向广告主出售，是一种赚取差价的模式。但其无论财务成本，还是流量来源和客户覆盖，规模均受到限制。

产业链的核心角色是广告交易平台。广告交易平台起到汇聚和输出流量的作用，对上游汇聚，并对这些来自各方的流量进行整合，起到了积累第一手素材的作用。对下游，就像一根输送管道，将这些素材进行派出，使流量面向更多的广告主，向广告主展示广告资源，并使其得到最有效利用。

（二）需求端平台：以独立需求端平台品友互动为例

需求平台端（DSP）是一个网络广告平台，为广告主或广告代理商提供购买数字广告资源的途径，数据处理技术永远是其核心关键。在它的下游接入广告资源的流量提供方，譬如广告交易平台、广告网络平台以及供应端平台等。这个平台区别于广告网络平台最根本的优势在于实时竞价和人群购买功能。DSP最核心的功能包括：连接大量的网络广告流量，最主要的是支持实时竞价的流量；优化投放的算法；实时出价；第一及第三方数据集成等。

DSP可通过与数据平台（通常是数据管理平台）的集成来实现人群购买。具有以下两种功能：一是定向功能，这是一般的广告平台都需要的功能，DSP更强化支持人群定向功能，基于其上可实现访客找回等策略。二是报表功能。优秀的DSP通常提供实时报表功能，让广告主能及时更改广告投放策略，提升效果。

基于以上核心功能，DSP为品牌广告主提供的价值主要在如下几个方面：提升投资回报率（Return on Investment，ROI）；提升投放效率；广泛的覆盖面；价格透明——DSP商业模式是技术服务的模式，超越了广告网络的代理模式，价格透明化得到了极大改进。美国著名的食品供应商Kellogg's数字策略副总监Bob Arnold在2012年底接受的一次采访中指出：使用基于DSP的广告投放让他们的ROI提升了六倍，他将之归结为使用DSP效率更高、效果更好及透明度更高。由于这些原因，Kellogg's的未来广告投放都将在DSP上实现，而抛弃了原来的非程序购买的模式。时任爱点击（iClick）产品总监陈治平指出："形象地说，广告购买方平台是为广告主打开'黑箱'，帮助广告主进行多维度的广告投放分析，以达成更好的优化流量管道组合。"[1]

其实，一家DSP公司背后的技术实力非常重要。DSP的核心竞争力包括

---

[1] 引自新浪资讯，《爱点击iClick助力广告主三步掌握投放策略》，http://cs.sina.com.cn/minisite/news/201306097023.html。

其对接的流量、数据质量、算法能力和优化经验。而这一切都与这家 DSP 公司拥有的技术经验和技术实力有着极大关系。更重要的是，广告主需要看到 DSP 公司的系统，以判断它是否真的有能力按照不同的定向条件进行投放和科学竞价。比如在品友的优驰 TM 系统中，开发了近 290 个不同的功能点，5 分钟的实时报表系统。这在世界范围也是领先的。

技术、数据和独立性，在一个成熟的 RTB 生态圈中，是 DSP 不可缺少的重要属性，也是其能持续推动行业发展的重要因素。RTB 生态链中存在一些问题，如数据不透明、恶性竞争、暴露用户隐私等。在这种环境中，独立 DSP 将成为中国 RTB 市场的中坚力量，其发展决定着中国 RTB 的未来。下面以品友互动的经营模式为例加以说明。①

真正的 DSP 业务具有非常高的技术门槛，必须具备强大的 RTB 架构和算法实力，以及拥有先进的人群定向（Audience Targeting）技术和庞大的人群数据。需要对接每天 50 亿人次的流量，就必须具备国际化水平的实时竞价架构和算法，至少上百台服务器，搭建云计算平台，能够运算几百 T 的数据，这完全不是传统广告公司擅长的。

品友互动专注于人群定向技术创新和海量人群数据积累。作为中国最大的实时竞价广告需求端平台，品友互动创立于 2008 年，是中国最早将人群定向、行为分析等概念引入并应用到中国的互联网广告技术公司。经过多年的坚持和发展，于 2012 年 3 月初率先在中国推出第一家具备实时竞价能力的 DSP，成为中国 DSP 领域的拓荒者以及中国 RTB 市场的引领者。

在中国 RTB 产业链中，DSP 是最为核心的一个环节，DSP 的质量决定了中国 RTB 市场的发展成熟。中国的 RTB 产业有一个共识：DSP 的独立性非常重要，不能拥有媒体，否则难以完全客观地为广告主完成竞价。在美国，一个非常大的广告网络公司想转型做 DSP 业务，就会义无反顾地中断其所有的广告网络业务，原因是一个好的 DSP 是不会拥有媒体的，否则就会有利益冲突。RTB 的生态链之所以能够给广告主带来不一样的价值，是因为它把服务广告主的 DSP 和服务媒体的 SSP/exchange 分离出来了，这样，DSP 在和媒体没有任何利益关系的情况下，可以完全客观地为广告主挑选适合它的广告曝光，并进行最科学的竞价。

专注于 DSP，品友互动还发现了巨大的深挖价值。通过细分领域的深挖，比如专注服务大品牌的 DSP、专注服务 4S 店的 DSP、专注服务电商的 DSP 等，DSP 可以做得非常立体化。不同垂直 DSP 都对接了不同的算法，从而能够保

---

① 黄晓南：《独立 DSP 将成为中国 RTB 市场的中坚力量》，《广告大观（综合版）》2013 年第 8 期，第 96～97 页。

证专业。品友互动还与很多行业伙伴合作，推出了以优驰 TM 系统为核心、针对不同行业广告主需求的定制化 DSP，前景非常广阔。

近几年，品友互动经营拓展动作频频，着力提升服务经营能力[①]。

一是提升在移动、跨屏、视频等程序化购买方面的能力。除了加大技术研发力度外，还与互联网媒体和移动硬件提供商、移动通信服务商等建立战略合作，提升相关领域的服务能力。如品友互动从 2014 年开始布局移动程序化广告市场，率先对接优酷土豆、腾讯视频、爱奇艺、搜狐视频、PPTV、乐视、风行、暴风影音 8 家主流移动视频流量；2015 年 5 月，与腾讯广点通、今日头条等优质 App 的交易平台完成流量对接；2015 年 7 月，与优酷、爱奇艺、腾讯视频实现私有程序化购买（Programmatic Direct Buying，PDB）的对接。这些举措大大提升了品友互动在视频程序化购买和移动程序化购买方面的代理能力。2015 年 10 月，与小米对接流量，这对品友互动继续布局移动 DSP 业务、提升跨屏程序化购买能力具有重要意义。

二是通过整合，领衔打造大数据营销生态圈。2015 年 12 月，品友互动在国内完成高达 5 亿元人民币的融资后，开始打造升级的大数据营销生态圈，通过行业整合并购进一步确立市场龙头地位，加快在移动、电视、户外等终端的程序化战略布局，全面拓展国际化业务。

三是与领先的广告技术公司之间建立战略联盟，提升服务能力。2015 年 10 月，品友互动和美国广告环境技术公司 IAS（Integral Ad Science）联合发布，双方达成战略合作，联手破局程序化广告的难题之一——广告环境，重点解决品牌安全、可见性等重大问题。

（三）数据管理平台

数据管理平台（Data Management Platform，DMP）是把分散的第一和第三方数据整合到统一的技术平台，再通过机器学习算法对这些数据进行标准化和细分管理，并把这些细分结果实时地应用于现有的互动营销环境，帮助营销取得最大化效果。第一方数据是广告主自有数据，如网站访问数据、移动应用数据、广告投放数据、客户关系管理（Customer Relationship Managemant，CRM）数据、电子邮件营销（Email Direct Marketing，EDM）数据等。这类数据质量较高、安全性高，广告主拥有唯一的控制权和使用权；第三方数据是第三方独立数据供应商提供的数据，包括 BAT 数据、运营商数据、高质量媒体数据、第三方监测平台数据、垂直领域平台数据等。

---

① 廖秉宜：《中国程序化购买广告公司经营的五大战略》，《数字营销》2016 年第 6 期，第 19～20 页。

在程序化广告生态系统中,DMP 扮演着一个类似人体大脑的重量级角色,为程序化投放提供智力支持和源动力,它和 DSP 都是程序化购买时代不可或缺的重要支柱。DMP 可以帮助广告主追踪受众所有交互行为,可以清楚地了解用户购买渠道、兴趣属性,识别哪些产品是最流行的,以及广告主如何优化设计和内容,从而指导投放,积极推动 ROI 的提升。总之,发挥 DMP 的最大价值,不仅能够帮助广告主提高投放效果,优化决策能力,还能够形成大数据资产以获得持久战略优势。

正如群邑中国邑策(Xaxis China)现任董事总经理张晓涓所言,DMP 平台建构的关键在于数据,包括数据来源的可靠性和真实性,以及"活跃"数据量。受众分类、更新、定向的逻辑算法,这些直接关系到广告活动的效果。[①]

(四)数字广告平台公司的技术驱动——易传媒公司的 RTB 经营模式[②]

广告平台需要庞大的数据技术。易传媒就是一个以技术驱动的公司,基于技术创新精神成长起来的公司,并建立起中国领先的技术驱动的整合数字广告平台。组建于 2007 年的易传媒,其技术平台是目前中国独有的底到顶、端到端的数字广告平台。现任易传媒总裁兼首席技术官程华奕认为,平台化整合与数据驱动将在未来广告的发展中扮演越来越重要的角色。

1. 以高效技术团队支持其业务一体化

易传媒的所有业务均采取一体化方式。整个技术团队分为 DNA 团队、平台产品团队以及运营支持团队。DNA 负责公司各产品线底层基础框架的开发工作,包括三项工作:一是广告投放,负责广告的媒介投放。二是新技术研究,优化算法,进行用户行为分析以及投放策略及预估等。三是数据处理,负责各个产品线的基础数据维护开发的处理系统。在 DNA 之上的是平台产品团队,支持各个业务线的产品和工具,是建立于基础架构之上的能满足不同业务运营需求的产品团队。四是运营支持团队,它是一个独特的部门,相当于业务部门和技术部门的缓冲地带。

易传媒的项目运行流程能够从技术团队的层次构成直观地看到。岗位职责明确,分工细致。为了更好地提高技术团队运行效率,易传媒自主研发了一套 ERP 和广告运营一体化系统,用来管理公司内部的运行流程,使得客户管理、

---

① 林莹:《构建优质媒介资源管理平台》,《中国广告》2016 年第 10 期,第 106～107 页。

② 王筱筱:《易传媒技术团队,夯实数据的能量》,《现代广告》2013 年第 2 期,第 60～63 页。

排期制作、广告投放以及媒体管理等实现自动化办公。这个系统能够让广告投放流水线作业，从客服人员接下订单开始到最后广告实际展示在媒体上，最短5分钟时间就能够完成。

2. 用数据打通所有关节

如何利用好数据是平台类公司最应该研究的方向，它是打通广告业务的关键，也是互联网广告市场最需要的东西。易传媒技术团队的精髓正是数据，它打通了易传媒技术团队运行的所有关节。

易传媒2008年之前就开始做大规模复杂的数据存储了；2008年，自主研发了针对网络广告的分布式数据库；2009年，建立了完善的订单、库存分析系统；2010年，中国第一个互联网人群分析系统eTA上线，开启了规模化的人群购买；2011年，人群数据库在端到端平台完成打通，用户可以按照人群售卖、购买广告。

在订单、库存、人群三个核心数据库中，订单分析帮助广告主持续优化广告ROI，库存系统帮助管理整个平台广告的流动性，也为之后eTV产品大规模建模预估目标受众到达打下了坚实基础；人群数据库是投放优化的核心，围绕每个网民的网络触点，从浏览、搜索、点击、购买等各个维度勾勒受众的兴趣爱好，并推送相关的产品广告。

易传媒公司主要从三个方面来抓好数据利用：首先，进行各个平台的融合，包括广告、搜索、社交、电商数据的整合，互联网和手机融合；然后围绕受众行为分析受众特点，对受众特征进行深入数据挖掘；最后，进行数据算法的不断迭代优化。

3. 整合需求端和供应端

易传媒整合数字广告平台由Admanager、ADP、ASP三个平台组成，是目前中国唯一整合了供应端（媒体）和需求端（广告主和代理公司）的数字广告平台。Admanager是指广告操作系统，是由底层数据到顶端应用技术的全面广告操作系统。

有了中间的核心系统Admanager，易传媒的管理团队开始考虑如何做好广告的流动性，如何做好广告需求和媒体库存的匹配。由此，端到端平台应运而生——ADP，它是需求端广告平台，能够帮助广告主和代理公司实现高效的媒体资源管理和购买，中国有很多顶尖的4A广告公司使用ADP。作为ADP的一部分，易传媒的DSP在2012年上半年完成了与各大广告交易平台的对接，并为各大代理公司完成了实际RTB购买。

4. 积极培育实时竞价广告市场

2012年，易传媒在实时竞价广告（RTB）上投入很大，DNA团队很多成员都在负责RTB的博弈算法。有很多广告主和代理公司已经开始在易传媒的平台上进行投放。

5. 从 PC 端到移动端的拓展

2014 年，易传媒在移动领域开始发力，其易传媒移动 DSP 已成为中国最大的移动 DSP。2014 年 1 月，易传媒完成与 PPTV 移动广告平台 PPADX 的对接。一个月之后，易传媒再次发力，成为首家成功对接优酷土豆广告交易平台优酷土豆移动端 ADX 的移动 DSP。① 两次对接，帮助易传媒移动 DSP 为广告主提供区别于常见的横幅、插屏等广告形式的移动视频前贴片广告，使通过 RTB 投放移动视频前贴成为可能。同时，易传媒移动 DSP 也可为视频网站带来更多的品牌广告主。

6. 被大型互联网企业收购

2015 年 1 月，易传媒被阿里巴巴集团战略并购并控股，但仍保持独立运营，与阿里巴巴集团旗下营销推广平台阿里妈妈一起，推动数字营销程序化在中国的发展。易传媒公司拥有大数据分析能力和专业的程序化购买广告交易工具，其 TradingOS 平台可以与阿里巴巴的大数据资源和媒体资源打通。双方可以合作建立端的数字广告技术和大数据营销基础设施平台，帮助网络媒体更好地提升流量变现能力，向广告主及第三方专业机构提供领先的技术和数据产品。此次合作对易传媒的发展具有里程碑式的意义。

（五）RTB 的价值与当下缺憾

RTB 广告实现了从购买"广告位"到购买"人群"的转变，实现了市场化竞价机制替代传统的广告买卖方式，从根本上颠覆创新了互联网展示广告的售卖模式。通过准确定位、提高交易效率和广告效率、降低成本来解决网络广告系列问题；为广告主实现了低成本海量覆盖目标人群的终极目标；同时，也实现了互联网海量剩余流量的有效变现。②

目前，中国 RTB 产业链不断完善，技术变革在继续深化中。更多 RTB 企业得到资本市场的认可，除有米科技之外，还有 AdTime、璧合科技、畅思广告等。技术的变革并非一蹴而就，随着技术变革的继续深化，RTB 产业链在中国将大有作为，将带来展示广告的新增长点，并从根本上冲击传统的广告投放产业。

中国 RTB 产业正在爆发增长，但产业生态仍存在缺憾。因广告交易生态

---

① 转引自王筱筱：《PC 之后，视频移动 DSP 的远行》，《现代广告》2014 年第 7 期，第 82～83 页。

② 《现代广告》编辑部：《Ad Exchange 开启广告零售时代》，《现代广告》2013 年第 10 期，第 29～30 页。

系统在中国落地不过数年时间，生态链条仍有很多不成熟的地方，甚至出现异化现象，如：

（1）RTB 概念泛滥，却鲜有精耕细作、脚踏实地的务实专业态度。

（2）存在严重的数据壁垒。要实现精准、适时，依赖于对数据的挖掘能力。但国内广告交易平台数据分割严重，媒体数据封锁导致有效数据缺失。而有效数据缺失导致流量价值再增值的效果大打折扣，DSP 面临无米之炊，生存艰难，由此严重削弱整个广告交易平台生态的核心价值。除"数据孤岛"问题，还有用户跨屏识别的技术难题、广告的可见性、虚假流量以及品牌安全等问题。[①]

（3）非中立倾向。出身于网盟和富足流量媒体的广告交易平台，其流量属于私有流量。而它们的快速崛起，造成所谓的第三方中立广告交易平台因为最初缺乏流量来源而遭遇发展困境。

（4）第三方数据体系存在缺失。虽然当下国内 DMP 非常火热，但多为 DSP 公司将 DMP 的功能纳入自身的职能体系中，这就造成了 DSP 在角色定位上的模糊和异化。建立公正、公开的第三方数据体系，分担 DSP 的负担，成为这个行业能否升级发展的关键。

（5）DSP 市场仍存在乱象，亟待规范。由于目前国内广告平台缺乏证监会的角色，导致广告主易陷入各种陷阱，如虚假 CPM、展示广告位及尺寸欺骗等。

第四节　数字与互动广告公司的价值与经营模式

一、各类数字广告平台公司

（一）移动广告平台的价值与经营模式

无线代理的前景似乎很让人兴奋，但因为产业链比互联网营销更为复杂，也存在很多问题，比如用户规模、广告模式单一、广告监测标准缺乏、通信速度慢，再比如无线与其他渠道的整合存在难度，等等，广告主目前投放量并不令人满意。在这个领域，可与广告主合作的公司属性是最多的，大公司如新浪、腾讯等门户网站；好耶、易传媒、互动通等大型互联网广告公司；甚至

---

① 廖秉宜：《中国程序化购买广告产业现状、问题与对策》，《新闻界》2015 年第 24 期，第 45 页。

admob、inmobi 等全球移动广告行业的大鳄,这些大公司与众多的创业型企业展开竞争,如 12580 原有的手机报、独立的 App 公司或平台等。

虽然国内个别无线营销服务机构如亿动互动广告传媒(Madhouse,简称"亿动")、百分通联等目前经营态势较好,但是,孤立的无线代理很难撑起一个行业当下的发展,这就造就了无线广告领域目前的纷乱,但也促成了移动广告平台的发展。如 mjoule 邑智推出国内第一个移动营销项目管理平台(Campaing Management System,CMS),是基于 MMA 中国 2012 年 12 月发布的手机监测标准下,由移动互联网广告代理商 mjoule 邑智独立自主设计、开发的后台管理系统(网页版),包含数据定理系统和内容管理系统两大部分功能。CMS 能够将 mjoule 邑智为客户提供的包括创意策划、开发制作、媒介管理等在内的各项和无线营销服务整合在统一的界面下,帮助广告主实时监控广告投放及项目访问的效果。通过此平台,客户可以对多个项目的历史数据进行深度挖掘,分析用户的人群属性,为新的项目创意制作及广告精准投放提供指导及建议;同时,CMS 还能够对各投入媒体进行监督,保证为广告主提供真实、直观的投放效果评估,实时考核优化媒体效果。CMS 的推出能够加速流程标准化、规范化的进程,并更加科学地优化投放机制,真正突出手机的优势——精准及个性化。

移动广告平台的经营模式表现为以下方面。

一是追逐媒体规模,掌控更多媒体资源,这是目前移动广告平台经营的核心战略。众所周知,无论一个广告平台的销售、创意和投放技术有多么强大,没有一定的媒体规模就不可能产生强大的影响力。因此,在移动广告平台之间,媒体规模争夺战一直都比较激烈。经历了 2011 年国内移动广告平台井喷式的诞生潮,目前国内的移动已经初步形成了一个相对稳定的第一集团。[①]

总体来看,各平台之间的差距有逐步缩小的趋势。这一方面反映了争夺的激烈,另一方面也说明市场上出现了更多有一定实力、成熟的移动广告平台,移动广告的整体实力比以前增强了,这对广告主引入以及移动广告行业热都有不可估量的意义。

第一集团在一定程度上代表着国内移动广告行业的发展水平,同时对其他移动广告平台的发展起到一定的引领作用。据观察,第一集团一些成员近期已渐渐将工作的重心从媒体积累转向品牌建设和广告主培养,这也预示着移动广

---

① 第一集团是指移动广告行业中,媒体规模相对较大的几家平台,其在芒果上的热门度指标长期保持在 10% 以上。芒果的热门度是指各移动广告平台在单位时间内通过芒果软件开发工具包(Software Development Kity,SDK)所收到的国内请求数占芒果国内总请求数的百分比,该指标是芒果衡量各移动平台间相对规模的重要依据。

告行业已悄悄迈出了向下一阶段过渡的步伐。

二是依然延续传统的每千次展示实际收入（eCPM）媒体分成指标，还未发展到更有效的数量分成。而平台开发者收入可以用"低迷、不稳定和分化"几点来总结。

三是广告形式的多元化与创新，但精准投放依然匮乏。一些较为成熟的移动广告平台正将目光投到广告形式的多元化和创新上。除了传统的横幅广告外，越来越多的移动广告平台开始支持富媒体广告、积分墙广告，甚至有巨大争议的推送广告。多样的广告形式加强了移动广告对广告主的吸引力，也让媒体增加了盈利方式的选择，还提升了最终用户的体验和新鲜感。但不得不指出的是，广告形式增加并不代表创新能力的加强，这些新增的广告形式大多由海外引入，相对于美国市场近期不断涌现的一些全新的移动广告商业模式，我们还需继续探索更适合中国的移动广告形式。更遗憾的是，与广告形式多元化这种显而易见的进步相比，精准投放这项投入大产出慢的工作还处在初级的发展阶段。

四是创新合作模式，提升服务价值。如 2011 年 11 月，亿动与游戏公司 EA（Eleetronic Arts）联合对外宣布，双方在移动广告领域达成深入战略合作伙伴关系，EA 在国内发布的免费手机游戏将首次接入亿动旗下的亿动智道（SmartMad）广告平台。双方的合作有助于实现客户捷豹中国的需求，已将其超跑系列车型 XKR 嵌入《极品飞车：变速 2 释放》在中国地区的游戏中，也推动了 EAR 商业模式从以前的下载为主向免费下载植入广告的方向发展。EA 中国与亿动在移动广告领域的合作是全方位的。目前，另有 20 余款游戏对接到亿动旗下的亿动智道广告平台。未来，亿动和 EA 会加大深度合作，这一方面有利于降低 EA 终端用户成本，为 EA 带来更多用户，另一方面也使得接入 SmartMad 广告网络的客户能更广泛地接触到高价值的用户群体。①

（三）数字化媒体广告效果数据监测服务及其价值

广告效果数据监测为广告交易提供了硬通货。数字化媒体广告效果数据监测公司作为第三方监测及分析服务商，对数字广告业的贡献，一方面是其作为第三方提供的信用服务，另一方面是其数字广告效果测评的技术基因；不仅是这些，还包括为新媒介环境下的广告交易需要的"通用货币体系"的建立提供基石。"一直被跟随模仿，必须不断创新"，这是秒针创新研究部总监高宝珠在秒针产品创新上的体会。目前，秒针公司已走在全世界行业先列，通过创

---

① 王博：《亿动广告助捷豹植入 EA 手机游戏》，《现代广告》2012 年第 3 期，第 52～53 页。

造解决方案，为广告主创造价值。① 其方案包括：

一是创造互联网广告的交易货币。2008 年，秒针的 AdMonitor 推出时，已经能对客户广告的到达率、频次提供准确的监测。此前，广告主仅能获取的是广告的曝光次数、点击次数，但是并不能精确统计出广告的受众规模和受众深度。因为这样的突破，宝洁、欧莱雅等品牌相继成为秒针 AdMonitor 产品的用户。

2009 年，秒针开始与 Millward Brown 合作。通过引入 LightSpeed Pos Inc. 的人口属性样本库（该公司拥有 120 万的真实用户样本库），将其与此前就已经实现的广告全流量监测数据结合，AdMonitor 产品的用户就可以获得广告活动在目标用户中的到达率、频次等一系列效果评估数据。

二是发挥技术和先发者优势；优化跨媒介预算。AdMonitor 在为广告主解决了投放后的监测问题后，又在 2011 年研发了 MixReach 与 VOptimizer 两个秒针产品，前者解决的是跨媒介整合投放的媒介计划问题，后者则专注于网络视频广告的媒介购买优化。2012 年，针对无线广告的发展，秒针推出了第三方移动广告 SDK 解决方案，开启了更多数字化媒体的广告效果监测业务。

（三）网络广告运营商的经营模式与竞争优势比较

由于市场增长空间逐渐变大，行业的吸引力也就越发强大，使得竞争愈加激烈。好耶、麒润和热点是网络广告市场中最为活跃的公司之一，这三家公司恰恰代表了网络广告企业的三种状态。面对激烈而残酷的竞争环境，好耶、麒润和热点三家网络广告运营商都有自己的独特优势。其他的公司还有随视传媒、易传媒、聚胜万合（Media V）、传漾科技、悠易互通、互动通，以及大量的独立第三方广告平台。② 众多的网络广告公司需要有突破的思路和全新的认识，瞬息万变的网络经济，激烈竞争的网络广告市场，期待新模式的出现。

好耶广告凭借 DMI 技术，构建智能一体化数字营销平台，帮助品牌凝聚用户，实现品牌与用户的多维互动。这是一种新模式的典型。目前市场上营销广告的各类数字化形式尤为多样，好耶广告是一家集网络广告技术服务、线上营销服务和效果营销服务于一体的专业网络互动营销服务公司。近年来，好耶技术团队一直在根据数字营销的发展趋势，不断完善自己的数据管理平台（Data Management Platform，DMP），进行技术迭代与产品更新；并根据大数据时代下客户需求的愈发多样与演进升级技术，将不同客户需求组合提炼，真正

---

① 孟丽君：《为广告交易提供硬通货》，《现代广告》2013 年第 9 期，第 90～91 页。
② 杨冬梅：《网络广告公司盈利模式分析》，《中国商界》2010 年第 4 期，第 199～201 页。

将技术落地产品化。DMI 先从点的层面服务用户，把每个点的小困难解决之后积累经验、沉淀心智，然后连接成面、成网，成为智能一体化数字营销平台。

　　DMI 的整体系统优势所在，一是帮助品牌主把不同数字渠道的所有数据用统一的标准收集起来；二是基于全渠道数据和统一标准，DMI 可以实现不同渠道来源的身份统一。找到人，有清楚的用户画像，知道要什么，知道用什么方式来沟通，拥有智能创意生成系统＋智能内容生成系统，清晰地意识到自己的营销目标，利用 DMI 等这样的数字技术手段自主完成相对应功能，真正实现智能一体化数字营销的日子不远了。[1]

二、自主独立型互动广告公司的核心经营模式

　　自主独立型互动广告公司在产业价值网上的位置，也就是其专注价值提供方向：一是专门型。即专注于某项技术型，或专注创意与制作型；二是前述以 4A 广告公司为代表的全案整合型。同时，在新兴的数字与互动广告领域，拥有大量中小公司，提供的服务和核心能力多元而交叉，且是一个成长的过程，因此，很难精确分类描述不同的核心战略方向。

（一）专门型互动广告公司的专注力与独特价值

　　此类公司的经营模式是依托某项数字媒体技术、创意与制作能力或某类专门媒介等提供专业服务，竞争优势与主要利润来源均来自其提供的独特服务。一些新组建的中小型互动型公司，或自创，或从传统中小规模创意型公司转型而来。但其核心人员往往出身于广告行业名企，在某个专业领域有丰富的经验或能力。因此，公司专注于服务某类或某个客户，提供某项专业服务，如创意制作、媒介技术或某类媒介投放。考察这些公司经营模式的特点，共同点是它们服务于市场的专注力和独特的价值创造。

　　如新意互动公司，其成功之处在于专注于提供视频制作服务，但其内容却多元而有创意。[2] 2012 年 6 月成立的新意互动视频制作团队，提供专业的视频创意、拍摄、制作服务。但这项业务不仅仅是公司创意链条的一部分，更是其竞争优势的来源，专业视频技术是其核心优势。在这个优势方向上，公司大胆探索，一是尝试不同的视频技术手法，做别人没有做过的事，例如动画视频，

---

[1] 王林娜：《好耶深度发力 DMI，构建智能一体化数字营销平台》，《数字营销》2018 年第 3 期，第 66～67 页。

[2] 孟丽君：《新意互动一切从〈原点〉出发》，《现代广告》2013 年第 5 期，第 60～63 页。

第三章 核心战略转型：价值链延伸与价值创造

渴望在商业广告视频中不断尝试新的动画手法与技巧。二是提供更有原创性的、更有冲击力的内容。例如它们更看重的是观众的感受，也更热衷于从电影和国外一些优秀作品中寻求灵感和技巧。这种原创能让团队获得真正的独立，在视频技术之外获得另一层竞争力。

再如三星鹏泰作为微电影与多屏整合营销模式的开创者，其互动营销策划和媒介整合双方面的能力也在不断提升。除了最初的视频形式和社交网络服务（SNS）形式外，三星鹏泰还进行了 App 营销和基于定位的服务（Location Based Services，LBS）营销，实现了对"SNS + App + LBS"的整合，对主流媒体全覆盖，并开展"线上+线下"的全国性互动活动。①

（二）创意热店应运而生

"4A 已死"喊了十数年，在传统广告公司的艰难转型中，创意人频频出走，大多借助互联网的势力自立门户建立创意热店，从"小而美"上与 4A 广告公司的"大而全"全案式运作形成差异化竞争，广告"去中心化"服务的新物种应运而生。

2010 年有氧 Yoya Digital 成立、2012 年 Karma 成立、2013 年有门和天与空成立，2014 年 W 成立……越来越多的创意热店在这一时期集体涌现，这些熟悉的名字后面，是在近几年更为人们所熟悉的广告创意作品。例如，2018 年 5 月 16 日，中国国家博物馆联合抖音发起了第一届文物戏精大会，各大博物馆的镇馆之宝在抖音中纷纷变成戏精，打破了以往的严肃人设。接地气的新兴网红平台和传统文化的激情碰撞，让原本冷冰冰的文物瞬间充满生机，吸引了众多年轻人对中国传统文化的关注，继而也引发了一波品牌的跟风。4 天播放量突破 1.18 亿的抖音《文物戏精大会》让我们看到了创意驱动流量的巨大潜能，其间国家博物馆的抖音账号粉丝量一夜之间突破 36 万。而此次创意营销背后的创意热店 MadMonkey 上海也在圈内赢得了良好口碑。再如，淘宝刷屏广告《一千零一夜》是创意类的开山之作，也凭此打响了名号；大众点评 H5、姜文的《一步之遥》等出自"不做创意人，只做创造者"的 W 之手；F5 为百度做的人工智能眼镜拿回了戛纳的银狮奖杯；环时互动打造出各种微博刷屏的杜蕾斯广告和互动、可口可乐的昵称瓶；等等。

2017 年 10 月，W 创始人李三水、天与空总经理兼执行创意总监杨烨炘、F5 创始人范耀威、One Show 大中华区首席代表、Innokids 异开创始人马超，作为联合发起人，于 2017 年成立中国独立创意联盟（China Independent Agen-

---

① 尹丽珍：《三星盖世群英引领"微文化"》，《现代广告》2011 年第 15 期，第 48～49 页。

cies，CIA）（如图 3-4）；同年，中国商务广告协会决定成立中国 4A 创意热店联盟。一个是自发组织，一个是协会督办，这些举动也恰恰证实本土化创意公司迎来了黄金时代，扩张与规模化是大趋势，其触角会慢慢触及全球。

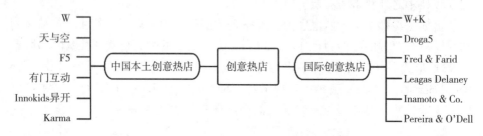

图 3-4 代表性本土创意热店和国际创意热店

（三）数字与互动广告代理公司的价值创造与价值链延伸

随着数字化的发展，从传统广告公司分走了互动营销费用的中小型互动代理公司，如果仅局限于数字广告与互动代理业务，不能拓宽自己的业务范畴或进行价值链的延伸，就很可能生存于传统广告公司的下游，客户资源难以保证。对一些有特色和独特优势的公司来说，也许可以凭借专业优势站稳脚跟，但对大多数没有独特竞争优势的公司来说，只会步履维艰。正因如此，一些公司在站稳脚跟后，逐步进行顾客价值的提升，并向互动广告产业链的其他位置拓展其业务。

1. 依托新技术或创意，与数字媒体和广告交易平台建立起更紧密的合作关系

如从技术上对接，或与媒体建立战略合作伙伴关系，甚至成长为媒体资源和平台公司。2012 年底，大众汽车品牌"我的大众故事"基于优酷"品牌 TV"平台，推出了一次成功的品牌互动活动。此活动由北京美广互动（Phluency）负责代理。①

2. 顾客价值的提升，提供全面的整合服务

电众数码通过合作，尤其是收购等方式，希望内部拥有各种职能，给客户提供它们所需求的整合传播或一站式服务，即从前期的调研，到策略和制定，再到创意乃至实施，最终到效果评估。一些公司甚至跨出互动领域，表现出全案的策划力与执行力。如奥美互动，可以为客户完成从制定传播策略、签约代

---

① 王筱筱：《视频互动之"我的大众故事"》，《现代广告》2013 年第 3 期，第 79~81 页。

言人、拍摄视频广告/微电影、投放网络广告、社交媒体、公关到线下活动的全过程；再如华扬联众，成立于1994年，自2003年后成功转型为提供互联网及数字媒体领域全方位服务的广告公司，致力于提供跨媒体领域的整合营销服务。

3. 广告运作中强调好的内容，强调其与屏幕资源匹配

如电众数码紧跟数字屏幕的延伸，但强调内容是唯一的力量。在其首席执行官金井耕一眼里，"形式无论怎样转变，内容是唯一的力量"[①]。内容才是竞争的核心，所谓的屏无非就是一个载体。多屏互动无疑是数字化的未来，但这里所说的多屏，不仅是对多种数字终端的系统与整合运用，也不仅是好的内容在终端上的呈现，而是好的内容如何在不同屏幕上进行资源的匹配。因此，对广告公司来说，一方面要针对品牌的需求，提供更完善的匹配方式，另一方面，在创新方面要有前瞻意识并有所准备，无论是内容上还是形式上，屏幕都不应该是广告创新的障碍。

4. 数字广告公司热衷于将新技术、新媒介转化为创意

2012年以后涌现了许多这样的创意以及一些值得继续探索的关键词，包括社会化、HTML5、LBS、无线、二维码（及NFC）、社交电视、AR等。尤其是上线的互动活动，很多品牌也陆续上线了互动活动，调用用户的社交行为数据生产创意，如互动游戏、奖励机制等。

第五节　核心战略转型要点

一、技术创新与大数据思维为先导

创新是网络广告产业生态系统进化的核心助推力。就我国网络产业生态系统来说，技术环境实际是产业生态环境中的"硬伤"。要改善这一问题，我国首先必须从根本上提升互联网及相关技术的原始创新能力。在互联网基础领域，我国应抓住当前互联网结构升级的契机，进一步推进5G应用，努力在承载大数据、云计算、物联网、人工智能的基础核心技术领域取得先机，以争取更多的互联网基础资源和一定的国际话语权。

在具体网络广告技术开发方面，目前，一批技术型、数字型公司正在发挥主体性的作用，一些基于创新技术的新产品、新形式、新工具不断涌现，公司

[①] 《现代广告》编辑部：《金井耕一：带着敬意上路》，《现代广告》2013年第8期，第23页。

也以此获得核心资源与能力,其注意力集中在以下方面。

(一)移动终端技术的研究

移动终端技术仍有极大发展空间。移动媒体已经成为营销新宠,受众已经将大部分的时间花费在移动终端。目前研发移动终端的技术仍面临诸多困难:①屏幕尺寸和操作系统各异,广告内容的标准也就难有定论,信息完美适用到多屏幕也有困难;②移动端的配置和芯片的局限,导致绚丽多彩、震撼眼球的广告无法呈现;③移动端上的各种应用形式不断出现,飞信已经是明日黄花,微博也渐处于停滞状态,如今微信、短视频已成为掌上明珠,如何掌握生命力越来越短的新应用?

(二)广告交易、监测系统与数据流处理前沿技术引进与适应性开发

一方面,积极引入国外的先进技术,特别是包括广告交易系统和数据流处理等方面的前沿热点技术;另一方面,网络广告技术也应有所突破创新。实际上,我国网络广告产业中的企业在基于中文环境的适应性技术开发方面是大有可为的,但从长期来看,要获得根本性的发展,仍需要在具有全球适应性和普及潜力的网络广告技术上有所突破,同时,要提高技术的转化能力,在商业模式上也有所创新。

(三)开发大数据挖掘与分析工具,拥抱大数据思维

目前,基于数字挖掘与分析的消费者洞察得到极大重视,大数据让数字与互动广告公司看到了一条精准实效之路。其实,自从互联网、手机出现以后,行业就开始了对数据的挖掘,但公司还需善用大数据。这就需要开发研究工具,实现从效果监测到效果预测的转变。

"路径依赖"(Path-Dependence)是指企业战略演进或变迁类似物理学中的惯性,即一旦进入某一路径就可能对这种路径产生依赖,惯性的力量会使这一选择不断自我强化。① 战略转型的实质即是企业原有的知识经验体系与能力,已不能适应环境的变化,因此,要突破思维定势,超越路径依赖。广告公司的决策者需要树立数据化思维,这是公司数字化战略转型能否成功的关键。数据化思维即是以获取数据、处理数据为前提;以数据驱动广告决策,通过数据发现问题、分析问题以及解决问题,有效避免传统基于经验与直觉的决策行为的一套思维模式。"在大数据的商业环境里,要既懂数据,又懂商业,还要

---

① 徐礼伯、施建军、张雪平:《企业战略转型的思维突破与路径依赖超越》,《江海学刊》2014年第2期,第217页。

拥有一套好的思维方法，而数据化思考正是这样一个崭新的事物"①。

（四）跨媒体、精准营销及其效果监测工具的开发

一方面，除了不断出现的新型媒体外，跨媒体之间的整合运用、不同媒体工具之间的交互影响与互动结合、消费者的媒体接触流程与跨媒体之间的使用交互关系等，使得跨媒体整合变得相当复杂，这就需要良好的媒体计划的技术工具来提供协助。另一方面，跨媒体营销效果监控与优化技术工具的研发，也是广告公司亟须发展的重点。如爱点击（iClick）的跨媒介广告优化平台 XMO 除了能够为广告制订有效的多渠道广告媒介计划外，还可以追踪用户的转化路径，并利用归因模型计算不同媒介的实际作用，最终形成"跨媒介辅助分析报告"，从而调节出搜索、展示与 RTB 广告投入的黄金比例。爱点击的跨媒介广告解决方案能够扩大受众覆盖面，提高定位精准度，广告主由此可以做出针对性的战略调整，使自己的网络营销投资回报最大化。

（五）洞察数字背后的人性需求

当越来越多的数字化营销策略被所谓的"大数据"占据，原本距离很近的消费者和品牌似乎正在被一串串晦涩的数字隔开。越来越多的广告公司认识到数据洞察的有限性，因而，对消费者的真实接近，效果精准的专业性需要建立在人性与文化洞察之上。在需求日渐多元、数据日益膨胀的今天，如何更有针对性地做到数字化营销成为各大广告公司的核心工作。正像如智威汤逊前董事总经理许菁文说的那样："数字化是目前中国每个广告公司的重中之重。我们将不仅仅局限于枯燥的数字，我们的策略是为数字时代提供根植于消费者洞察力之上的创意方案。"②

二、全产业链延伸与价值创新方向

（一）广告公司的全产业链延伸

广告公司作为服务型企业，其基本价值链表现为广告提供专业服务所开展的各项基本活动和辅助活动的集合；这些活动能创造顾客价值，为广告公司带来利润。传统上，广告公司的基本价值链围绕媒介代理和策划创意这一核心业

---

① 车品觉：《决战大数据：大数据的关键思考》，浙江人民出版社 2016 年版，第 87 页。
② 史林静：《洞察数字背后的人性需求》，《广告大观（综合版）》2013 年第 11 期，第 82 页。

务和核心能力而展开。当前，融合媒体、数字传播技术、大数据、云计算推动传播环境和市场环境产生巨大变化，使得广告公司原有的核心业务和能力受到严峻挑战，难以支撑广告产业后续发展。在这样的生存危机面前，广告公司只能进行业务转型，通过价值链的重构，改变核心业务的内容和性质，改变企业经营方向和成长路径，如此才能推动广告公司迈上成长新平台继而实现跨越式发展。

不同类型、规模的广告公司，其价值链重构或延伸的途径当然有别，总的趋势表现为全产业链延伸。而未来，大数据与算法驱动下，广告公司可能转向平台化经营或专门化的小微经营。本章第四节专门介绍与讨论了广告公司的平台化经营与小微服务端经营。以下就广告公司的典型形态，传统4A广告公司、中小型数字与互动广告公司两个类别，讨论广告公司的全产业链延伸的趋势。

如奥美集团、昌荣传播集团等传统大型广告公司或传播集团，借助数字技术推动下的产业融合进程，在多元方向拓展价值创造的路径。其转型路径，一是遵循内生型转型路径模式，将数字传播服务融合进原整合营销传播服务中。二是不再将公司业务局限于某个单一产业链条，而是通过并购联合等手段，业务向全产业链覆盖拓展。转型目标是建成自成一体的融合传播服务系统，以增强广告公司的整体服务能力，获得市场话语权；而首要的业务拓展目标就是技术和数据能力。

再如自生独立型互动广告公司，其数字战略发展路径与核心经营模式，是依托专注力与独特价值，逐步进行顾客价值的提升，并向互动广告产业链的其他位置拓展其业务。

较为典型的案例有利欧集团实施的全产业链并购战略（见表3-2）。2013年，利欧集团拟定了建立"数字营销业务生态圈"的转型发展战略，并开始实施全产业链并购；以擅长于数据、技术的精准营销公司漫酷广告为切入点，进行产业链布局；从横向、纵向两个维度，搭建了完善的数字营销服务生态。目前已经打通了数字营销全产业链，即构建了同时覆盖品牌客户和效果类客户、覆盖全部数字媒体、提供全品类服务的业务体系。2015年，利欧集团迅速成长为国内数字营销行业的龙头企业之一；荣获"大中华区艾菲实效控股集团TOP10"，成为紧随WPP等老牌控股集团之后排名最靠前的本土公司。

表3-2 利欧集团的全产业链并购

举措	价值链方向	业务目标
先后收购了上海漫酷、琥珀传播、上海氩氪数字营销公司	横向并购上海漫酷、琥珀传播、上海氩氪	覆盖了策略、创意、媒体投放、社会化营销等数字营销业务环节

续表3-2

举措	价值链方向	业务目标
收购万圣伟业和微创时代	横向并购,流量整合业务、搜索营销和移动营销	数字营销产业链的横向布局进一步完善,成为行业内首家有能力为客户提供一站式服务的数字营销传播集团
投资异乡好居、热源网络	布局垂直领域	加大对数字营销产业链垂直领域的布局
收购智趣广告,参股世纪鲲鹏、盛夏星空、上海西翠、广州悦途等公司	—	游戏行业数字营销服务等其他行业
布局互动娱乐产业和线下流量入口,并新设三只并购基金	—	向世界第一梯队广告服务商进军
成立子公司——利欧国际公司	—	国际化步伐在不断迈进,并购基金今后可能会在国际上寻求优质的标的
强化各业务板块的协作,进一步扩大公司业务规模及强化公司对外服务能力,公司将进一步强化互联网子公司及参股公司之间的业务协同	协同整合	各家子公司形成了良好的业务协同关系,业绩较去年同期均取得大幅的增长

(资料来源:《利欧股份互联网收入超过传统业务》,http://www.taizhou.com.cn/news/2017-04/11/content_3445749.htm。)

上述一些被并购的数字营销公司在大数据资源、媒介资源、人力研发资源和客户资源层面都有着较为明显的竞争优势,成为产业链和公司价值链上的重要组成部分。例如,上海漫酷主要以其全资子公司 Media V 为平台开展业务。Media V 是国内领先的数字营销公司,是中国最大的电商整合营销服务机构,中国前50大电商网站中,超过70%都是 Media V 的客户,包括国内知名的大型电商,如京东商城、易讯、1号店、唯品会等。漫酷广告的自有数据库已拥有超过7亿的文件存储数据(cookie),并根据消费者属性分成28个兴趣大类、超过500个兴趣小类,依靠这些大数据资源,能帮助客户充分挖掘数据价值,进行针对性极强的再营销;上海氩氪的优势在于其社会化营销服务能够与广告受众形成互动,建立更有效的沟通;大量优质的流量资源是万圣伟业的核心竞争力,它不仅从基数上保障了万圣伟业的盈利能力,更能强化对大客户的议价能力，获得更优惠的销售单价政策，从而增加销售收入。

（二）品牌内容营销驱动广告公司的战略布局调整

品牌内容营销（Branded Content Marketing，BCM）在广告业并非新概念，而广告主也已认识了品牌内容远胜广告的影响力。传播内容和渠道选择的多样化，以及信息选择权更多地转移到消费者手中，引发广告主提升消费者黏性的迫切性。而好内容变得珍贵，内容营销越来越受到行业重视；广告公司在硬广告之外，实施品牌内容营销策略，让品牌内容以非传统硬性广告信息的方式进入传播渠道。2018年以来频频出现的刷屏现象多与广告业有关，如百雀羚的长图文广告、"999感冒灵"的《总有人偷偷爱着你》以及《谢谢你，陌生人》等视频，它们都有一个共同特征，就是广告的内容化。

1. 品牌内容营销驱动广告新兴产业链的成长

正是广告主对电影电视、网络视频、社交媒体、游戏等形式的内容需求，驱动了现有广告公司的战略布局调整，也为新兴广告公司的加入创造了空间。一条链接广告主的品牌内容营销需求与内容传播平台（媒介/消费者）的产业链正在逐渐形成，而它将成为未来广告产业的支柱之一。

许多国际广告公司早就有品牌内容营销的部门，在名称上通常以娱乐、运动、音乐作为定语。例如在群邑，这样的业务板块叫作娱乐—运动伙伴关系（Entertainment Sports and Partnerships，ESP）；在奥美，这样的部门代表是奥美娱乐（Ogilvy Entertainment）。面对中国媒介环境的特点和广告主需求的增长，这些原有部门的业务重点正在发生变化，在战略上也被提升至更重要的地位。比如，宏盟集团在2012年正式宣布娱乐内容植入品牌FUSE中国正式成立，并且界定了FUSE在中国近几年业务的重点，即电视栏目合作（含冠名）、电视剧植入、创意性的电视购买、电影营销、网络视频营销以及基于娱乐内容的多媒体整合营销。2015年，电通安吉斯集团中国开始整合，成立了全新的业务单元Amplifi，并下设专门的团队"The Story Lab"来服务内容营销；电通安吉斯集团中国可以通过这一全球化团队资源优势，联合世界其他国家退队开展内容营销。

甚至一些以创意见长的广告公司也开始重视内容营销，并将其引入公司的战略布局之中。如2011年，独立代理公司BBH设立内容营销总监一职。2012年，智威汤逊也推出了智威汤逊娱乐营销（JWT Entertainment）。

除了内部布局，广告公司也直接加强了与内容方的合作。如2015年，电通安吉斯集团中国还与中国网络视频研究中心、阿里体育分别达成战略合作，向内容营销领域深入发展。①

在运作模式上,广告公司表现出的显著特点是"品牌驱动"路径,即依据既有客户的营销目标,确立内容产品的策略,然后去寻找媒介实现。

2. 品牌内容营销的趋势

当下的品牌内容营销具有以下趋势,启发广告公司应该更专注地去研究内容本身,即顺应"内容—渠道—营销"的品牌内容营销运作思路,做到去中心化、碎片化、互动性、有口碑,快速精准地直达人群,使长尾效应发挥最大化。

一是内容为王。通过内容营销一系列数据可以得知,如今的"80后""90后"更愿意为内容付费,很多项目是靠大众愿意自发传播的。只要你真的能打动他们,他们是愿意成为帮助你传播的渠道的。

二是兴趣社群。现在大众越来越喜欢按照同类喜好聚合,并且以相互的价值观判断是否认可对方。所以,在构思内容的时候,内容创作者需要提前锁定想要针对的人群,只有有的放矢才能更好地打动观众,引发在圈子内的讨论和传播。

三是消费升级,品质经营是重点。尤其是新一代人对品质和体验的支付意愿更高。内容营销是一个完全不同于传统的创意或媒介策划与购买的领域,要将广告变成内容进行营销,首先要保证的是"内容"对消费者的吸引力,否则,品牌内容营销也就失去了意义。也就是说,内容营销的有效性必须建立在一个基础之上,即人们喜欢这些内容。尽管当前内容营销边界不断扩展,媒体形象千变万化,广告随着场景和用户体验不断衍生出新的表现形式,但"内容为王"不会动摇,有品质的内容才是核心的制胜关键。②

如,奥利奥与上海巧言文化传播公司(CHOCO)的"跨世纪"合作,将品牌定制内容、阿里超级品牌日、电商平台销售以及艺人合作巧妙地连接起来,推出了娱乐内容传播的一道标配的菜。2016年8月初,在优酷平台上播放的达伯星球之《大薛配配配》节目中,不再以说段子为看点,而是集合直播、综艺、品牌和内容。"明知是广告,却还是会期待下一集",这是受众在看完节目后最直观的反应。行业的反应更多的则是:"原来广告也可以这么做。"这些直观的反应引起了我们对品牌内容开发的思考。CHOCO团队将节目定位为"广告式剧情综艺",这种品牌与娱乐联创的新模式开创了内容营销的

---

① 山岸由宽:《电通安吉斯:内容与技术双管齐下》,《成功营销》2016年第2期,第36页。

② 吴瑾:《互联网时代广告与内容的边界》,《中国广告》2018年第5期,第70~72页。

新玩法。①

3. 创造优质内容的路径

寻找好的内容，或者自己创造好的内容有以下多条路径。

一是专业化分工是解决内容品质问题的途径之一。

二是与媒体的深度内容合作。仅以常见的影视剧和节目资源为例，为了与栏目进行深度的内容合作，广告公司与其客户一起面对电视台的栏目组，同时也诞生了专业的代理公司，以嫁接栏目与广告公司之间的需求。

三是新兴媒体如视频网站对自制剧和自制节目的投入。如2018年初热播的都市情感剧《恋爱先生》，从衣食住行等方面全方位植入广告，却没有太多的违和感，可谓一个成功案例。除此之外，影视剧的植入合作也拓宽了合润传媒、新丽传媒等专业公司的发展空间。

四是技术赋能下，品牌跨界IP流行，创意再次升级。如百雀羚联合跨界合作热门IP故宫，推出系列中国风限定梳妆礼盒，将东方美融入产品魅力中，也为消费者带来新鲜感和趣味性；同时，由东方美学延伸的文化内涵也彰显了品牌的深度。IP衍生的发展壮大带动了极大的流量势能，也让品牌商看到了新的营销策划创意之道——品牌跨界IP。品牌进行IP跨界有助于将文化融入品牌和产品中，提升品牌的附加值，增强产品的吸引力，赢得消费者的认同，进而推动市场的扩张。②

五是用户生产广告（User Generated Ads，UGA）成为数字时代广告内容生产的一大重要趋势。数字媒体具有植入消费者日常工作生活的技术的优势，并通过彼此间技术和服务的互联，能够低价、高效、简易地满足使用者获得与分享信息的需求。这种优势表现在广告的内容生产上，就是受众主动参与广告内容生产流程，摆脱被动接受信息的状态，自主、主动地表达对品牌的态度，与他人分享对品牌形象的理解。

UGA的传播形式多样，传播的渗透性强。在SNS网站兴起的当下，社群好友间的病毒式传播、媒体口碑传播的优势，是传统媒介无法企及的。用户的高卷入度和高参与度，使得品牌与受众之间的距离拉近，表现手法也更加丰富。以视频网站为例，虽然当下盈利模式不被业界看好，但是视频网站无疑被视为富有前景的广告空间，视频网站这种媒体具备媒介终端的逆向生产功能，以及作为内容生产者的受众所创造出来的内容空间，具有聚集注意力的功效，

---

① 杨慧芝、夏晓龙：《奥利奥：开启内容新玩法——专访CHOCO CEO 符玉清、亿滋集团数字营销负责人Kelly Xing》，《中国广告》2017年第4期，第75～77页。

② 沈国梁：《品牌跨界IP，需要开哪些脑洞？》，《中国广告》2019年第9期，第108～110页。

成为潜在的广告空间,所以受到众多资本新贵的青睐。此类视频上传网络充分调动了融合终端的内容逆向生产能力,广告公司可以充分利用独到的内容资源,拓宽自身优秀广告作品的获取渠道,坚持广告产品创作和发布模式的优化转型,获得竞争优势。

另外,内容营销并不限于影视剧、电视节目这些形式,它的外延更加宽泛,有更多广告公司会继续推进内容营销形式的孵化,包括以下方面。

(1) 广告公司需要专业人士的加入,对分布在娱乐、文化、体育、游戏等领域的好资源进行分析,为品牌内容营销寻求资源与人才储备。

(2) 广告公司需要超越自有资源的整合能力,将品牌的传播链条与内容的生产传播链条进行更有效的对接。

(3) 扩大渠道想象力。内容营销的价值在于内容可以超越"媒体"概念,只要具备传播价值,它可以经由个人、媒体、机构完成自传播。而广告公司可以在这条路径上做一个锦上添花的助推者。

(4) 增强内容价值的观察力、判断力和创造力。

(5) 广告公司需要与广告主在内容营销策略上达成一致、有效的评估标准。

(三) 社会化媒体 (社交媒体) 媒体营销服务模式与价值

社交媒体正在受到广告主的关注,投放比例也在增加。有数字高管用一句话总结了这样一个事实:没有人会因为在脸书上投放广告而被解雇。在社会化媒体上,品牌要找到一群有共同兴趣、价值观之类的共性的用户——这远比传统媒体"撒大网"式的策略难得多。因此,品牌要根据自己企业的自身情况,选择涉足社会化营销的方式。但在寻求广告公司的服务上,合作法则仍是量力而行。现在,有越来越多的广告公司提供社会化媒体营销服务,那么,广告代理为广告主代理的合作模式有哪些?广告公司如何认识自己与广告主的合作模式,以及自己的服务价值所在?如何更好地提供服务?

通常来说,广告代理为广告主提供社会化营销传播服务的合作模式有三种。

第一种为全部外包模式。即是广告主将全部业务外包,由广告公司全权打理。这样的合作方法好处就是线上线下活动配合紧密连贯,并且反馈迅速,任何问题都能得到及时的处理,将危机公关发生的概率减到最低。但不可避免的问题是,由于繁冗的审核流程,代理商很难迅速获知企业内部的新闻从而及时发布,针对消费者对产品的深度问题无法给出快速的答复。对此,时任恒美广告集团 (DDB Worldwide) 北中国区副总裁伍一崧 (JitHoong Ng) 说:"我们认为,一些比较亲密性的、即时的,以及有相关背景的信息,例如某些抱怨或者投诉,这类回复如果由品牌本身来做效果会更好。"①

第二种则是部分外包模式。即日常运营的部分由企业自己来做,而线下活动或者品牌宣传则交由广告公司代理。这样一来,消费者可以通过社交媒体及时了解企业动态,互动性比较深入;对问题的解答反馈更专业,但需要品牌主有足够的人力资源。而对广告代理公司来说,省去了日常运营,但活动中的沟通和反馈不够及时,毕竟从广告主那里得到信息还需要时间。

第三种是企业自己打理。一些中小型企业多采取此种方式。毕竟,对品牌主来说,独自运营社会化业务是需要庞大的团队和专业的人才的,如果不能真正深入到社会化营销领域,而创新能力又不够的话,社交业务最终还是会转回广告代理公司的手里。

(四)创意优化媒介投放效果

除了技术上的创新、广告运作与经营上的整合以外,网络广告公司也需要广告形式与内容的创意。需要强调的是,创意不再是创意职位人的职责,它在互动领域表现得尤为明显,需要引导和激励全员改变"创意"理念,发挥客户、媒介等各自的创意力量。

一是基于技术、基于终端屏幕类型的广告形式创新。如易传媒在移动广告形式的创新开发。易传媒移动互联网广告现在已经有文字链、图片通栏、全屏、视频前贴片等多种广告形式;还可以运用 HTML5 技术,在移动设备上展示媲美 flash 的富媒体广告创意。另外,能够为品牌推广搭建活动 WAP 网站,在网站中实现微博转发、播放视频等多种高效互动形式。"移动广告的技术驱动作用比互联网广告更加重要,它需要更加精确的地理定向,并且广告转化率的需求会更高,所以技术是移动广告质变的关键"②。

二是整合媒介之后的创意方式个性化。在新媒介时代,信息生产和消费的规模化扩大了广告空间的既有规模,但同时又导致广告空间碎片化趋势进一步加剧。这就要求广告形式多样化,并且以优化媒介组合投放的方式减缓广告空间的碎片化趋势。从前的媒介组合仅仅停留在不同媒介模块的直接整合上,把不同类别的媒介组合在一起,在时间、空间层面上进行组合。而在数字媒介时代,媒介终端日趋融合,分众化媒体得到了长足发展,新媒介环境下的媒介组合在种类、时间、频率层面上将更加复杂。媒介使用不仅体现在高度交叉整合上,广告的创意方式也将根据不同媒介性质进行个性化再造。将不同的媒介终

---

① 现代广告编辑部:《广告公司篇——一把双刃剑》,《现代广告》2013 年第 8 期,第 38 页。

② 易传媒技术团队:《夯实数据的能量》,http://caijing.chinadaily.com.cn/2013/6/19。

端特点结合起来，有针对性地设计出与各个终端相适应的诉求方式和风格表现手法，开创多样化经营模式。在时间和空间的组合上，将不同终端媒介的特质结合起来，进行广告创意和媒介投放。在一个高度整合的媒介集群中，整合多媒体渠道可以为广告主进行全方位、立体化、多接触点的营销传播沟通，发挥协同优势，使得广告效果最大化。

三是运作场景营销，通过将人、内容与场景的有机结合，促使营销效果最大化。移动互联网帮助了消费者，使其行为始终处在各类场景之中，这也是场景营销诞生的基础；通过手机 App，我们能够以最简便的方式接触到千变万化的体验场景；同时，线下商场、线上购物和交通出行等环境都构成了场景营销的条件。"场景"围绕"人"展开，"人"重新回到了市场的核心。可以说，"场景"正在重构新型的传播与商业模式。而随着技术手段的演变，未来的场景营销内容也将会更精准，更即时，更具关联性和互动性，也更贴近消费者需求，更易被接受，更易被传播。①

如，加多宝将自身产品与吃火锅结合起来；宜家、无印良品在店内打造生活场景，一些品牌在地铁站、电梯厢内展现花式玩法……在这些品牌、环境或媒介中，我们都能发现场景营销的痕迹——品牌将自身的产品与各时间段、使用场景、动作行为、消费者感知点、消费者需求（即当时、当地、当事）相结合，带给人们一种更为直观、契合、关联度高的体验，激发消费者的购买行为。在滴滴打车这样一个打车软件上，阿里巴巴和腾讯就建造了用户在打车时利用支付工具付费的场景；饿了么基于拿外卖这一情景，推出了"谁去拿外卖"功能；肯德基基于排队点餐推出了手机自助点餐功能……都是根据场景来做文章。这些案例最大的价值是发现了消费者的可塑性，是"场景"进入大众视野的较为典型的案例。

三、以数字媒体为中心的融合营销传播服务

媒介融合多个层面如内容、网络、终端等的快速融合，也推动了传统媒体的数字化转型。新媒体与传统媒体的技术壁垒几乎被打破；数字化智能媒介终端融合了多种内容要素与信息服务功能，一个界面即架起了用户间、设备间、用户与设备间互动的桥梁；多屏 ID 的识别与整合已成为现实，用户数据可以在网络中实现实时监测、分析和共享，数字化广告得以无缝渗透，程序化广告正大行其道。如《人民日报》"中央厨房"的内容生产，即是采取"一次采集，多种生成"的形式、适应不同媒介形态的内容传播。广告也需要在创意

---

① 陈逸舟：《场景营销的时代》，《中国广告》2018 年第 7 期，第 80～81 页。

跨屏展示的流程当中，确立统一的创意和接口标准，实现所有媒体和终端、线上和线下、内容与广告的融合化屏幕传播。

广告的多屏传播、跨屏传播将会成为越来越多广告主、广告公司以及广告媒体趋向的行业标准和广告重要业态；互联网巨头也构建起了融合性的平台媒介生态；这些趋势对广告公司的融合传播的专业提出了新的要求。但目前，面对形态、属性各异的媒体，各类碎片化的应用形式，有经验的广告策划创意人员尚束手无策，更何况广告主。因此，对广告公司服务能力的挑战，首先来自整合运营的能力。这个整合并不仅仅是简单的数字媒体整合外加与传统媒体对接，而是需要融合传播的思考，即需具备一个真正全盘操控者的高度和角度、充分利用各种媒介特点进行创意辅陈和传播管理的能力。

整合也不是资源的简单叠加，这样其实没有发生质的变化，而是要产生"1+1>2"的营销效果。要达到这样的目标，互动通现任首席执行官郑斌认为，改变营销策略是重点。在以往，数字媒体只是作为传统媒体的补充而存在，作为新兴媒体，广告投放预算起初只有1%左右，后来逐渐增加到10%、20%，甚至更多。但从目前来看，数字媒体的营销策略还是按照传统媒体的思路来进行，只是在投放分配上更多地使用新的互联网媒体，吸引到受众的眼球。"未来，广告主在制定营销策略时会改变以往数字媒体为辅的状态，而以数字媒体为中心，进而串连起更多媒体开展年度策划案。这个将会使整个营销产生质的变化。"①

如传统广告公司，无论是如奥美这样的综合性代理公司，还是如昌荣传播、实力传播这种媒介型公司，都成立了专门的数字公司或部门，为客户提供整合了数字传播的广告服务。甚至在许多案例中，广告运作是以数字传播为中心的。

广告公司现在不仅是执行者，而且参与到信息获取、构建消费者洞察力、创意构思等环节中。编程员、数据管理员、内容开发人员、人口统计人员、网站开发人员、电子商务专员都是广告公司需要的员工。

数字时代颠覆了人们对媒体的一贯认知。人们经常把社交网站看成一种独立的传播方式，希望通过一个活动就打造出品牌，收获更多的免费媒体价值，但现实中没有人能达成这样的预期。广告公司单凭一个点子，就获取广告活动的真正价值，这种情况是非常少见的。大部分情况下，社交网络只起到推动活动进程的作用，同一个信息，要通过包括不同的互动性内容在内的平台传播，无缝连接 Paid、Owned、Eamed 媒体，才能算一个完整的广告活动。

---

① 陈晓燕：《郑斌：数字营销，务实自律实事求是》，《广告大观（综合版）》2013年第4期，第80~81页。

技术型公司同样需要整合服务。在数字化时代，广告技术（AdTech）、营销技术（MarTech）和传统 CRM 的融合已经发生。从 2012 年开始，MarTech 主要厂商的收购已经开始变得活跃起来。IT 巨头 Adobe、Salesforce、Oracle 和 IBM 从营销软件逐步渗透广告投放领域，将目光对准了在客户体验上的竞争，纷纷重金收购广告和营销技术公司，希望能从 CMO 手中争取到更多数字化转型的预算。

第四章　战略资源的拓展：数据与数字化人才

传统广告业是以人力资源性知识资本为核心，以文化品牌为基础，以市场资源作为潜力经济资本进行自主创新动力的文化创意产业。① 本章结合广告产业对媒体产业、信息产业以及其他相关产业高依附性的特点，将与传统广告公司获取竞争优势相关的主要资源归纳为六类：人力资源、知识资源、资本资源、媒体资源、信息资源与客户资源。其中，媒体资源是核心资源；资本资源、人力资源、知识资源和信息资源均属于基础资源；客户资源则是广告公司要追逐的对象。这六大资源的关系如图4-1所示。

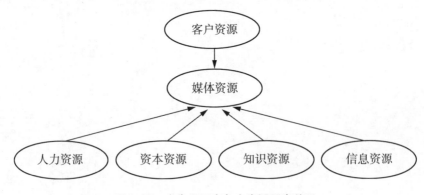

图4-1　广告公司竞争力资源要素关系

广告公司须借资源翻身，是当代广告理论界提出的一种广告产业战略发展方向。所谓依托资源的发展之路，是指广告公司在资本的帮助下，整合媒体资源、广告主、信息资源等，从而在广告产业链中取得与媒体与广告主平等的发展地位，从此改变三者之间不平衡的发展状态。② 在现实中，广告公司依托传统媒体资源和人才资源的经营之路正变得越来越艰难。从广告行业的实践现实来看，依托战略资源的数字化拓展是许多公司的战略重心所在。

---

① 董保堂：《经济严冬中广告业的破冰之道——广告公司参股企业发展路径探寻》，《广告大观（理论版）》2009年第3期，第17页。
② 陈徐彬：《无路可走，广告公司须借资源翻身》，《广告大观（综合版）》2008年第3期，第22页。

第四章 战略资源的拓展：数据与数字化人才

第一节 媒体资源：广告公司的战略资源

处于广告产业链中游的广告公司，在上游有客户资源，在下游有媒体资源。在这两大资源中，媒体资源于广告产业而言，是获取竞争优势的核心资源，也是掌控全局的资源。而长期以来，媒体导向型的中国广告市场并没有产生根本的改变，这就决定了媒体资源竞争依然会是广告公司竞争的重要领域；或者说中国广告市场的竞争高地是媒体资源。

一、传统广告公司的媒体资源

（一）媒体资源是获取竞争优势的核心资源

广告的三个环节涉及三个广告参与主体：广告主、广告公司和传播媒体，由此产生三种广告运作控制模式：企业主（广告主）掌控模式、广告公司掌控模式和传媒（新闻传媒）掌控模式。在广告公司、广告主和媒体的三方博弈中，广告公司始终是最弱的一方，这从侧面反映了媒体资源在广告运作中的重要地位。

媒体之所以在广告产业中占优势地位，首先，媒体是广告发布的载体，是承载广告的通路，与广告产业的关联更为紧密。其次，媒体资源较之客户资源更为稀缺，尤其是具有事业单位和企业运营双重属性的中国媒体，在发挥着党和政府的喉舌功能的同时，也获得了比其他行业更高的政策壁垒的保护。这不仅仅体现在媒体资源的垄断上，也体现在政策引导下媒体力量的愈加集中和增强上。再次，媒体资源与客户资源相比较，更容易整合和开发。一方面，客户资源较为分散，也较不容易掌控，而媒体资源相对而言更为集中，更容易整合；另一方面，新的媒体资源有较大的开发空间，诸如户外媒体、商务媒体、影院媒体、社区媒体、网络媒体等新媒体的自主开发能扩展出新的广告空间。

媒体对资源的垄断，使得媒体在与广告公司的博弈中长期居于强势地位。正因如此，跨国广告公司和国内大型广告公司无不重视自身媒体资源的整合和开发。为改变市场的弱势地位，跨国广告公司率先将原有的媒体部门剥离出来组建大型的媒体购买集团，通过大资本运作来购买媒体版面或时段。这些跨国媒体购买集团携巨资介入中央级和省市级媒体的可经营性资产的运营，如参与媒体节目的制作、买断媒体版面和时段等，以更低的折扣购买媒体资源，大大压缩了媒体的利润空间。

大型广告公司的背后往往都有传媒巨头相支撑。如盛世和奥美都是国际著名的广告公司，在20世纪90年代就进入中国，它们在摸索的过程中发现，媒体是进入中国广告市场的最大突破口。这些公司于是纷纷成立自己的传媒公司，如由智威汤逊和奥美广告媒介购买部门和策划部门合并而成的传立媒体，是世界最大的独立媒介公司。媒体购买公司凭借着丰富的客户资源、庞大的资本背景、专业化的服务能力，掌控了中国50%~60%的媒体市场。河南谈笑文化传媒有限公司（以下简称"谈笑文化"），是一站式媒体采购服务平台，作为专业媒体服务采购公司之一，谈笑文化包含并拥有全国媒体整合的网络，专长于媒体管理、采购等，为众多国际知名公司提供全方位的媒体采购服务。

媒体购买集团对媒体各个击破，对媒体形成强势控制。正是有了传媒巨头的支持，跨国广告公司才能掌握最优质的媒体资源，从而成为吸引广告客户和参与市场竞争的最大筹码，它们在媒体占有和媒体经营上的深厚功力成为对抗本土广告公司的最大竞争优势。

（二）媒体资源型广告公司的资源掌控

事实上，中国广告市场上已经存在三种媒体资源型广告公司，一是媒体购买公司，二是媒体代理公司，三是媒体型广告公司。

媒体购买公司即从事媒体信息研究、媒介购买、媒介企划与实施等的独立运作的经营实体，其将报纸、杂志、电视电台的广告版面以及时段买断整合，然后推荐给广告主。如目前两家上市广告公司广而告之和中视金桥都是依托于中央电视台（以下简称"央视"）的买断型媒体代理公司。媒体代理公司则是凭借与媒体千丝万缕的关系占据了特殊的媒体资源，成为一家或几家媒体广告时段或版面代理的经营实体。媒体代理公司与其所代理的媒体之间是一种依附性的关系。如北京未来广告公司是央视所属的唯一的全资广告公司，独家代理央视频道和节目大量的广告发布，央视这种稀缺的媒体资源就是北京未来广告公司生存所依。媒体型广告公司拥有自己的媒体。新近崛起的各类户外广告公司，如分众传媒、航美传媒等均是这类型公司，凭借自身的媒体吸引客户资源，获得广告收入。力图掌握丰富的、覆盖消费者生活时空的各类媒体，是媒体型广告公司的基本经营战略。

无论是以大资本运作，还是以独家代理垄断，或是以自有媒体入市，这些广告公司所不同的只是凭借的手段和方法，相同的却是共同的目的，就是对媒体资源的掌控。[①] 从广告市场上所有广告公司的运营状况和竞争态势来看，也

---

① 代婷婷：《中国本土媒体资源型广告公司发展的现状和路径》，《新闻界》2013年第6期，第65页。

正是这些拥有媒体资源的广告公司收益最丰，获利最大。媒体资源型广告公司的现实存在和运营状况，都证明以媒体资源为核心发展广告产业是可行的。在今后相当长的一个时期内，传统媒体将与数字新媒体共同存在于市场，两者之间不可能相互取代，却存在着相互融合和接近的趋势。在媒体产业自身进行着新旧共融的同时，也与广告产业渐渐模糊了边界。在这样的媒体环境中，对媒体的掌控更成为广告产业生存和发展的核心要素。这一点已经体现在外资广告公司不断地收购本土媒体广告公司和进行大批量媒体购买的操作中，也体现在分时广告传媒有限公司、江苏大贺国际广告集团有限公司、海南白马广告媒体投资有限公司等中国本土媒体广告公司迅速成长的现实中。可见，广告行业的脉搏逐渐转由手中握有媒体资源的广告公司所掌控，媒体资源成为广告产业竞争力的核心资源。

最具代表性的媒体是广告公司是日本电通集团（以下简称"电通"），电通在成长为全球第五大广告集团的历程中，自始至终都与媒体保持着紧密的关系，媒体资源是电通赖以生存和发展的最核心资源。日本电通的发展是围绕着媒体而开展的，其间经历了两次重要转型，而这两次转型更加深化了电通与媒体的关系。

第一次转型让电通从媒体转变为媒体代理公司。电通的前身是 1901 年成立的日本电报通讯社，其主要业务是为报纸提供新闻以换取广告版面。1936 年，日本电报通讯社收购了同盟通讯社的广告部门，并就此改名"电通"。重组后的电通转而负责报纸的广告版面销售，并从广告主支付的广告费中提取佣金，至此，电通完成了从媒体到媒体代理公司的第一次转型。第二次转型让电通从媒体代理公司转变为媒体伙伴，进一步加深了这种战略联盟关系。电通通过参股的方式成为媒体经营者，与媒体结成深层伙伴关系。电通的媒体经营范围很广泛，既包括富士电视台、东京放通、东宝电影公司等传统媒体，也与电信企业合作，渗入数字新媒体市场；还包括公交站牌、户外广告牌、商业设施等户外媒体市场。

（三）中小型广告公司的媒体资源型生存

实力弱小的中小广告公司也必须在媒体资源尤其是新媒体资源上有所作为，才能形成自己的竞争优势，才能突破自身的发展瓶颈。具体到中小广告公司自身，这些广告公司规模较小，呈现出高度分散、高度弱小的发展特点，由于在资金技术人才管理等方面无法与大型广告公司竞争，往往只能在整个广告生态链中处于边缘地位，由于大客户看重国际广告公司媒体计划的控制力和媒体购买方案的细节控制力，往往委托这些公司制订媒体计划。而中小企业又往往倾向于绕开广告公司，直接从媒体机构购买发布权，这些都使得中小广告公司在媒体资源上处于劣势,其生存空间被进一步压缩。在中国特殊的广告市场结构和环境下,随着新媒体的快速发展,整合开发必要的自有媒体资源已成为中小广告公司生存的核心资源。

然而,这并不是说中小广告公司在媒体资源竞争上就应该碌碌无为,而是应该摆脱传统的媒体资源竞争模式,寻找一条适合自己的发展道路,只有掌握一定的媒体资源,中小广告公司才能拥有生存的根基,才可能进一步做大做强,否则只能沦为捡拾市场下脚料的边缘角色,这显然不利于整个中国广告产业的可持续发展。中小广告公司要想在媒体资源上有所作为,不能与大型广告公司正面对抗,面对大型广告集团的规模化发展道路,中小广告公司必须寻找适合自己的草根型发展道路。而具体的竞争策略,一是避免在传统媒体上与大型广告公司正面交锋。新媒体相较传统媒体而言,市场空白较大,利用好新技术是众多中小广告公司进行媒体资源竞争的新途径。二是结合自身优势寻求局部差异化优势,也即寻找"利基市场"。事实上,中国广告市场,尤其是区域性广告市场,众多的分众性质的媒体资源仍未得到有效开发,这无疑是对媒体资源的极大浪费。中小广告公司如果能够很好地将这些媒体资源开发、整合起来,就能为自己创造一个潜力巨大的广告市场,形成一批优质的自由媒体资源,从而形成局部差异化优势。三是善于进行媒介开发和整合。对区域内新媒体资源的开发和整合是中小广告公司必由之路。

二、互联网平台构建的融合性媒体生态

"互联网+"是以互联网平台为基础,利用信息通信技术与各行业的跨界融合,推动产业的转型升级,并不断创造出新产品、新业务与新模式,构建连接一切的新生态。① 从传媒发展的角度来看,传媒产业整体正经历着一个以互联网作为社会传播范式重构传媒生态的激进式变革过程,目前处于"互联网+传媒"产业资源重组、以"跨界融合,连接一切"新生态构建新型传媒的关键阶段。实施平台战略,构建新型平台媒体将成为传媒产业资源重组和"互联网+传媒"新生态构建的主轴。

(一)互联网平台型企业已成为广告巨头

进入移动互联网时代,我国涌现出一大批各类互联网平台型企业,如阿里巴巴、抖音、今日头条、百度、腾讯等。这些多层次、各领域、融合型平台,融合性、生态型平台,集"平台+内容+服务"于一体,汇内容展示、用户

---

① 马化腾等:《互联网+:国家战略行动线路图》,中信出版社2015年版,第19页。

凝聚、编辑服务、资讯搜索、社交分享、广告营销等功能于一身,已成为媒体、信息与互联网产业融合发展的主流模式,共同打造包括广告在内的完整产业链和平台生态圈。目前,这些企业已化身为广告平台巨头,在各细分市场成为广告行业的领导者。

互联网广告平台所占的市场份额,已远超20世纪90年代央视广告媒介神话。如拥有抖音和今日头条等产品的母公司字节跳动,其广告收入从2016年的30亿元,到2017年的150亿元,2018年的500亿元,再到2019年的1200多亿元,呈现几何式的增长态势。

据相关媒体报道,2019年,快手完成广告收入约130亿元,2020年目标预估为400亿元。腾讯广告2019全年广告收入达683.77亿元,其中社交广告快速增长。《2019中国互联网广告发展报告》显示,2019年我国互联网前十个头部企业阿里巴巴、字节跳动、百度、腾讯、京东、美团点评、新浪、小米、奇虎360和58同城集中了我国互联网广告94.85%的份额,头部企业高度集中、赢家通吃的格局进一步巩固。

(二) 平台战略实施的核心要素是海量数据

这些互联网企业以互联网逻辑实施平台战略,打造自主演化的互联网生态圈,它们不断聚合海量数据,以互联网的开放与连接逻辑,充分释放海量数据的能源,激活线上线下资源,重构供需,跨界融合,连接一切,构建多边市场平台本体。

喻国明认为,"所谓'平台型媒体',就是不单靠自己的力量做内容和传播,而是打造一个良性的平台,平台上有各种规则、服务和平衡的力量,并且向所有的内容提供者、服务提供者开放,无论是大机构还是个人"[①]。这个概念揭示了平台型媒体系统的三个特征。

一是产消者适时在线。无论是传统的PGC,还是不断崛起的UGC,都将在同一个大平台上为用户服务,竞争夺取用户资源,适配用户数据。

二是自组织演化。平台媒体系统,作为一个生态系统,连接了草根民众和专业生产机构的力量,聚合最分散的底层创意与需要,形成巨大的自身不断演进、完善的生长动力。用户、技术、资本、协同主体等多方面的力量,促进这样的系统可能拥有生物体的自我进化、自我修复能力,不断演进和升级。

三是社会信息大规模协同化分享。如专注于"连接器"和"内容产业"的腾讯等所构造的社会信息传播系统,可以让所有个体或组织在上面找到自己的通道,找到能够激发自己活力的资源,生产出让用户离不开的、改变生活方

---

① 喻国明:《基于互联网逻辑的媒体发展趋势》,《人民日报》2015年4月19日。

式的优秀互联网社会信息产品。这样的自组织社会信息传播系统,已经彻底颠覆了过去的传统媒体概念,只要是社会信息的传播、分享系统,都属于传媒范畴。

最近几年,传媒研究者常常纠结于阿里巴巴、百度、腾讯"是不是传媒"等问题,因为它们与传统大众传播学理论所理解的"传媒"很不一样。事实上,它们不仅是今天有效的社会信息传播系统,而且是典型的社会信息大规模协同化分享的平台媒体系统。它们是新型平台传媒,是一种比日益衰落的传统媒体更有市场、更为"85后""90后""00后"等新一代主流社会群体所接受的媒体。这种在线社会信息传播系统,事实上只是一个社会信息大规模协同化分享的生态圈。它或许缺乏一个扩大传播者权力的"中央厨房系统",但却是一个能够有利于产消者之间互动、分享、体验、流动的字的、音频的、视频的在线社会信息分享的联盟。

按照连接与开放的互联网逻辑,实施平台战略,离不开"聚合海量的用户群数据"和"数据资源的共享"这两个关键点。

互联网规模用户群被喻为"互联网核岛",是因为海量用户群将为平台生态圈中的多边市场提供源源不断的需求和平台驱动力。聚合海量用户,是构建平台内生驱动力的关键。无论中外,已建成的互联网生态圈都具有海量用户群体。腾讯、百度、阿里巴巴、谷歌、脸书等均拥有数以亿计的海量用户群体,成为它们市场竞争的利器。"平台企业本身话语权的提升常常取决于其能否使一方群体吸引到一定规模的另一方群体;能否为特定用户提供好的营利机会,以鼓励用户参与"①,构成互联网核岛,以便"挟'用户'以令诸侯",这是平台经营的"秘诀"之一。

平台要实现共赢,要充分按照互联网逻辑,开放生态圈的边界,实施大规模、社会化协作。平台包含了共享经济、网络协同和众包合作三个方面,平台边界天然具有开放性;在开放之中,平台实现从竞争向协同的转化,努力将对手转变成合作伙伴。从实践来看,平台边界的开放至少有四类:众包合作,产品服务的开放;共享经济,价值网络的开放;网络协同,云、端、网向生态圈成员的开放;开放连接,数据资源的共享。

(三)互联网平台企业向广告业渗透,提升数据和流量变现能力

大型互联网企业往往通过收购或联合广告公司或 DSP 类平台公司,提升流量变现能力。大型互联网企业拥有大数据资源和媒体资源,广告公司拥有大客户资源、广告专业和品牌运营能力,DSP 公司拥有大数据分析能力和专业的

---

① 陈威如、余卓轩:《平台战略》,中信出版社 2013 年版,第 105 页。

程序化购买广告交易工具,双方之间的强强联合可以发挥各自优势,提升各自的核心竞争力。

从本质上看,互联网公司与传统广告公司或技术类广告公司之间的关系,更是互补而非替代,这是因为二者是基于不同价值逻辑的两种企业,技术、数据与内容、创意两方天然是互补结合。因此,从过去几年的发展态势来看,互联网公司和广告公司之间的合作正越来越深入。2015年1月,阿里巴巴战略投资并控股易传媒。控股后,阿里巴巴旗下营销推广平台阿里妈妈与易传媒一起,致力于推动数字营销程序化在中国的发展。依托于阿里的大数据和云计算能力,以及易传媒的TradingOS平台,通过双方数据的打通,双方将合作建立端到端的数字广告技术和大数据营销基础设施平台,帮助网络媒体更好地提升流量变现能力,向广告主及第三方专业机构提供领先的技术和数据产品。此次合作对中国数字广告领域也会产生深刻且深远的影响。2017年6月,阿里巴巴与阳狮集团宣布成为重要合作伙伴;同年6月,腾讯与电通安吉斯达成全球战略合作,并且在2017年中联合广告业界发起了"IDEA+实验室"探索创意与技术的结合。

三、广告传媒集团的平台化资源整合

在数字技术冲击下,传统广告公司生存艰难,客户流量急剧下降,大众传媒受到新媒体的挤占,客户媒介预算倾向于强势媒体和点对点推送,数字媒体广告公司开始风起云涌。传统的媒介资源型广告公司也必须寻找新的生存发展之道。

环球电广传媒集团(以下简称"环球电广")是一家全方位的媒体广告经营公司;现在也是字节跳动一级代理商,发展抖音等渠道的信息流广告、内容广告及网红达人。"作为资源型广告公司的典型,环球电广传媒集团多年按照媒介平台公司经营的思路在发展,走出了一条依托平台,整合媒介资源和内容资源,拓展全案服务的数字化转型之路"[①]。

一是媒介平台优化运营,内容服务两手抓。环球电广积极进入节目内容生产和影视剧生产领域,试图在媒介需求的前端为客户和消费者提供更多可选择的关联纽带。广告专业的细分化使得可选择的发展空间和可能变大,促使一批广告公司走进了内容产业这一陌生的领域去发展。媒介资源型广告公司的数字化转型可以进一步融合内容产业、更好地提供媒介整合营销服务。

---

① 刘银娣、苏宏元:《国内外出版集团数字化转型路径比较研究》,《中国出版》2015年第10期,第63页。

二是依托平台整合媒体资源，效果为先。环球电广在广告传媒服务领域已是行业佼佼者，但对全案代理行销整合而言，环球电广还是一个新兵。结合环球电广自身的资源特点，环球电广重点做好广东卫视、重庆卫视这两个媒介平台的深度服务，解读南粤与大西南两个核心市场的行销规律与媒介要求，继而做好客户的引入和服务工作。

三是从幕后到台前，纵深延展服务内容。多年来，环球电广一直按照媒介平台公司的思路在发展，服务十余家省级卫视和多家地面电视媒体的资源平台，建立了良好的媒体关系，并合理规划和利用各种媒体资源的有效组合，为广告客户提供多元化跨区域的传播平台。近年来环球电广大胆出击，为广东卫视和重庆卫视提供整合运营合作，这也是一直以来坚持的媒体资源型广告公司思路的延续和大发展。

面对目前的市场变化和企业营销视野的新需求，环球电广在坚持既有的媒体资源服务和内容生产服务的基础上，以"有效行销、诚信行销"为根本，结合广告媒体购买和营销策略研究，扩展全案服务职能，纵深延展服务内容。

第二节 资本资源：公司扩张的基础资源

资本资源作为广告公司获取竞争优势的基础资源，在广告公司竞争力资源要素中扮演着举足轻重的角色，在广告公司的五大资源要素中，资本运作在广告集团的迅速成长和扩张中起到了非常重要的作用，广告公司竞争力的提升应以资本资源为基础实现规模的扩张，提升广告公司的整体实力，实现广告业的健康良性增长。[1]

一、资本资源的整合

（一）资本资源的整合方式：从投资、融资到上市

广告公司须借资源翻身，是当代广告理论界提出的一种广告产业战略发展方向。所谓依托资源的发展之路，是指广告公司在资本的帮助下，整合媒体资源、广告主资源、客户资源，从而在广告产业链中取得与媒体和广告主平等的

---

[1] 代婷婷、尹楗：《资源要素在广告产业中的地位和作用》，《理论与改革》2013年第5期，第101页。

发展地位，从此改变三者之间不平衡的发展状态。① 在传统广告时代，我国广告公司主要借助投资、融资到上市的方式进行资源整合。进入数字化时代，我国广告业新一轮的资本整合已然到来。

由于广告行业具有一定的特殊性，企业提供担保的证明较难验证，所以，相对于其他行业来讲，规模并不是很大。在我国，债券融资的主体以政府和大型国企为主，广告公司很少通过发放债券、到市场上直接交易而获得融资。但一些企业员工的内部股购买，其实具有某种债券融资的特点。企业会为员工每年支付一定的股息，但并没有准确的兑息期限。债券收益与企业的经营效益有着十分紧密的关系。然而，广告行业的众多企业在上市成功后，如何利用债券融资等金融手段，扩大自己的业务版图，其实是亟待解决的问题。

广东省广告集团股份有限公司（以下简称"省广股份"）的股权融资与整个上市过程，为中国本土广告业的资本化运作提供了一个良好的典范。2002年，伴随我国国企改制的浪潮，省广股份变利用资本的力量进行了改制。2002—2010年是省广资本化运作活跃期。2002年10月，省广股份有限公司成立，随即拉开了一系列资本化运作（包括股权融资）的大门。而开启资本运作大门的，正是省广股份的控股份——广新集团自己。2007年开始，省广股份有限公司为了规范股权结构，满足公司上市要求，从而进行了内部大规模的股权改造。在省广股份自身内部股份改革、资本运作的同时，省广股份也充分利用了资本的力量，或与外资合开公司，或通过公司资金实力收购其他广告公司，从而构筑了完整的业务产业链，为公司的上市做好了充足的业务准备。最终，省广股份IPO成功，于2010年5月6日，成功登录深交所企业创业板，股票代码002400，成为中国本土第一家上市的广告公司。②

近年来，由于价值受到资本认可，一大批优秀的广告技术类新创公司，或以IPO方式"出售"部分股权并转变为公众企业，或以上"新三板"为目的整理自己的结构和筹措上市。如北京璧合科技股份有限公司（以下简称"璧合科技"）在2013年和2014年分别完成A、B轮融资后，2015年8月又在"新三板"挂牌，同时完成了定向增发。上市后，璧合科技加大了对大数据挖掘和应用以及算法升级等方面的投入，以提高广告效果转换率。

广告公司参股企业是"捆绑式"的发展，其参股方式分为知识资本参股和金融资本参股。随着企业经营体制的成熟化发展，广告公司商业模式调整和

---

① 陈徐彬：《无路可走，广告公司须借资源翻身》，《广告大观（综合版）》2008年第3期，第22页。
② 李彦仪：《中国广告行业的资本化运作实操与案例研究》，《广告大观（理论版）》2011年第8期，第103～111页。

重构应该是多元化的，参股企业客户也是广告公司发展壮大的路径。

广告公司参股后不是简单地提供广告创意给企业，而是提供全程跟踪服务和解决方案，达到可控性策划咨询营销，在与企业长期共同发展过程中结成战略性紧密型合作伙伴。在中国，传统强势广告涉及医药、食品、家电、化妆品、房地产、汽车业等行业，但知识经济时代下的信息社会，金融服务业、通信服务业、经纪人公司、教育培训咨询公司等新兴产业也需要广告塑造。市场上实力雄厚的大企业自设分管的策划市场部门在吸引高级人才、综合市场调研和产品品牌策划能力等方面都远不及广告公司，科学化、专业性、综合性，以及具有高知识资本成为本土广告公司参股的优势。因此，从广告公司优势出发，鼓励广告公司参股企业，要以知识资本入股为主，以金融资本入股为辅，与传统强势行业和新兴产业进行多元合作，不仅可以最大程度地利用知识资本的潜力，而且更有利于壮大产业链。

拓宽融资渠道，获取社会资本，对新兴的互联网广告公司而言非常重要。如，近年来，程序化购买广告公司受到资本市场的青睐。"DSP 公司获取资金的主要渠道是风险投资、互联网企业资本、上市广告公司资本等，其中以风险投资为主。"[①] DSP 广告公司借上述渠道获得融资，为公司发展提供资金支持。如 2015 年 12 月，品友互动宣布拆除 VIE 架构回归国内资本市场，并于同期完成高达 5 亿人民币的巨额融资。品友互动希望嫁接中国资本市场的力量，打造升级的大数据营销生态圈融，通过行业整合并购进一步确立市场龙头地位，加快在移动、电视、户外等终端的程序化战略布局，全面拓展国际化业务，也借投资方对其支持这一信息，向市场显示其专业能力和市场前景。

（二）广告公司上市的驱动因素、条件与方式

上市是企业发展壮大最迅速、最便捷的方式。上市不仅给企业带来发展和壮大所需要的资金，同时给企业带来了一个广阔的融资平台和现金的公司治理结果以及品牌和声誉。

1. 上市的驱动因素

一是资本逐利。对各类投资机构来说，旗下投资企业能够快速上市，从而实现巨额的投资回报，是它们的第一诉求。所以，从资本的角度来讲，很多企业是"被上市"的。例如蓝色光标的上市道路，达晨创业创投有限公司一直在幕后全力相助，并最终获得数十倍的投资溢价。

二是企业发展的内生扩张需求。如蓝色光标在获得资本市场融资以后，便

[①] 廖秉宜：《中国程序化购买广告公司经营的五大战略》，《数字营销》2016 年第 6 期，第 19 页。

采取收购和扩张策略，吸引更多的人才，获取更多的媒体或媒体代理资源。大数据、技术和创意是决定 DSP 广告公司核心竞争力的关键性因素，技术和平台类广告公司融资获取的资金，可以将使用重点放在获取大数据资源、开发专业技术工具、提升策划创意水平、吸引高端专业人才等方面。

三是树立品牌的需要。广告公司通过上市，一方面提高了自己的资本实力，同时也从客观上提升了公司的知名度，能够降低开发新客户时的谈判成本，提高自身对服务的议价能力。如品友互动 2015 年的巨额融资事件被国内专业媒体广泛报道，对巩固和提升品友互动的行业知名度与品牌影响力具有积极作用。

四是其他的无形收益。通过上市，广告公司可以规范公司的治理结构、财务制度、商业模式，使企业的发展符合时代潮流，顺应趋势。更为重要的是，许多世界 500 强公司在选择广告业务的合伙伙伴时，评估的一个重要因素就是对方是否为上市公司。此外，广告企业上市可以提升企业在行业中的地位，增强企业的公关能力。

2．上市条件

广告公司上市要符合五方面的条件：一是符合行业的发展趋势，并在一定时间内（一般是 3～5 年）能够获得可观的资本回报。二是良好的财务表现，这是广告企业上市的基本条件。三是上市广告企业需具备规模复制和综合扩张能力。四是上市企业需要具有卓越的商业模式。广告企业的上市公司，业务模式在不断地发展变化，正是不断变化的商业模式，才使企业能够保持竞争力，通过与资本的联谊，获得丰厚的业务和资金回报。五是企业上市后，是否能够获得令投资者满意的投资回报率。

从以上分析我们可以看出，传统的广告代理公司、现阶段的综合性传播集团或新兴的技术类公司，之所以能够成功上市，是因为其满足了上市所需要的基本条件和要求。这些条件和要求，不仅仅是来自股票交易所的一些"硬性"指标，还有来自投资者的投资要求。

3．上市方式

我国公司上市的方式，多选择直接上市。白马户外媒体、华视传媒、广而告之、大贺传媒、航美传媒和分众传媒均选择了直接上市的方式，这是广告业公司最常用的上市路径，也是最正规的上市方式。

北京赛迪传媒投资股份有限公司、上海新华传媒股份有限公司即属于买壳上市的广告业企业代表。买壳上市，属于企业的间接上市，即企业通过资本注入一家壳公司，成为实际控股股东，即"买壳"。广告公司收购成功后，再将其业务注入"壳"公司，并且进行业务和资产重组。买壳上市，最大的优点就是为企业上市提供一条便捷的途径。但是如何有效利用"壳"资源以及如何在"买壳"后重整业务，进行业务导入，并给资本市场满意的答卷，是一个需要解决的问题。

财讯传媒集团有限公司、北京巴士传媒股份有限公司是通过上市后重组进军广告业。上市后投资（重组），在这里主要指的是上市公司通过资本市场获得资金后，投资广告公司，从而实现对广告公司的控制，并将广告作为其上市母公司的主营业务之一。分众传媒在上市成功后，依靠资金实力大举整合户外广告市场；昌荣传播在上市成功募资后，也开始整合广告代理市场，从区域性大鳄向全国性经营迈进。

各类数字和技术型广告公司具有高新技术公司特质，其价值和快速增长的营收被资本市场普遍认可，现在的"新三板"上市或 IPO 上市，为这些新兴企业提供了极好的融资渠道。事实上，"新三板"远不是广告技术公司发展的终点，随着主板 IPO 重启等新动向，之后更大规模的并购和"新三板"公司转向主板会是真正的重点。

公司上市虽然给广告企业带来广阔的前景，但是，资本是一把双刃剑，上市后，也会给企业带来了巨大的市场压力以及巨大的资本回报。对许多广告业公司来说，上市仅仅是第一步，如何利用上市所带来的巨大资金，实现企业的战略性前进，实现本土广告业的国际化目标，才是重要的问题。

二、资本资源作为数字化转型的核心驱动力

任何产业的发展都离不开资本的助推，广告业也不例外。从 20 世纪 80 年代开始，在资本的支撑下，国际上，广告业已逐渐转向以集团竞争为主、全球化竞争的趋势。运用资本运作的手段，可以帮助广告公司在多个行业领域进行布局；拓展业务种类，完善服务链条，提升经营能力水平。如蓝色光标、WPP 等充分利用资本运作的手段，在传统领域的基础上，积极布局数字领域，不断谋求公司发展的新路径。

（一）资本作为数字化运行的核心驱动力：以蓝色光标为例[①]

2010 年上市至 2013 年，蓝色光标利用大量超募资金迅速开展了一系列的投资并购活动，着重拓展公司在广告综合服务、活动管理、媒介代理等领域的业务，使蓝色光标从重点关注公共关系服务领域的传统广告公司，发展成为集广告、公关、活动管理以及其他服务于一体的大型综合营销传播集团。

[①] 陈罗湘子：《蓝色光标资本运作的动因及绩效分析》，江西财经大学博士学位论文，2019 年，第 26 页。

2013年，蓝色光标启动了10年战略规划，正式确立了"数字化、全球化、10年10倍"的战略目标。在数字化方面，蓝色光标加快了在大数据、移动互联网、电子商务等领域的布局。在大数据领域收购了大数据处理类的公司、RTB相关公司，投资建造了精准广告投放平台。随着互联网技术的飞速发展，商业模式的日趋成熟，蓝色光标也在资本运作行为上积极向移动互联网领域延伸，业务范围涉及汽车、社交、游戏等多个行业领域，产品包括网络游戏、移动应用程序、移动互联网设备等。此外，在北京、上海等地收购了多家电子商务类公司，战略投资了多家电商代运营公司，并成立了电商事业部进行专门管理。2015年，蓝色光标的数字化收入接近60亿元，在总收入中已占比71.06%。

2015年，蓝色光标斥巨资收购多盟和亿动两家公司，借此开启了向数据科技公司进行战略转型之路。通过投资收购数据科技公司，蓝色光标将原有数字营销业务逐步升级为数据科技业务，包括全案推广服务、电商运营以及数据分析和流量变现等。借助最新的技术与数据手段，公司加强了对消费者的深入洞察与理解，给市场提供诸如BlueMC营销捕手、CRM等科技产品，以此实现与消费者的沟通，以及互动的自动化、精准化和个性化。

除了增加在大数据和智能算法上的投资，蓝色光标也开始在云计算、服务机器人及区块链等技术方面进行探索。例如，与考拉科技成立大数据研究院，以支撑数据科技业务的发展。新技术工具如区块链、VR、AR等可能极大地改变营销传播行业。为了探究和评估相关技术可能产生的影响，更好地适应这种趋势，蓝色光标通过开放式合作和其他手段，加强同数据科技领域内高精尖的研究机构或组织的联系。目前，蓝色光标设有专门的技术研发部门，拥有数百名技术专家，每年投入数亿元用于研究和开发，并拥有87项软件知识产权以及19项自己的技术专利。目前，每天的营业收入中有近200万是通过机器自动产生的，通过智能匹配的程序化创意已经占到整个营销创意总量的20%，孵化的蓝标电商、欧泰谱（CRM业务）、迈片（O2O场景营销）、大颜色科技（社会化媒体营销科技平台）等数字科技业务也已经开始进入规模化成长的阶段。

（二）资本资源加速数字化并购

蓝色光标正是在资本资源的推动下，通过组建基金和直接投资的方式，持续地进行数据科技领域的业务布局。而WPP在全球背景下的广告产业链扩张，也主要是在数字和科技领域。目前，诸如亚马逊、谷歌、脸书、微软、阿里巴巴和腾讯等互联网巨头，以及埃森哲、IBM、德勤等咨询公司，均将发展目标锁定在未来的互联网广告上，一步步改变着营销市场格局。[1] WPP 这样的大型传统广告集团，只能运用资本资源加速数字化并购，直面数字化带来的机遇和挑战。

WPP 在 2016 年一共完成 36 宗收购，其中针对数字代理商和科技公司的交易占 80%，全年数字营收比例占 35%～40%。早在 1995 年，WPP 便在数字领域进行了一系列战略收购和投资，其中较为重要的包括：2007 年成立 WPP digital，WPP 动用 5.79 亿英镑在数字领域投资和收购，其中包括收购 24/7 Real Media、Radius 以及 Schematic；2010 年，WPP 与 Buddy Media 建立了战略合作伙伴关系；2012 年，WPP 收购全球最大的独立数字营销机构之一 AKQA，并在同年成立数据联盟，这项收购代表 WPP 战略的重大转向——拥有了全球 7 大数字营销公司的 4 家，在数字领域拥有了最大话语权。

目前资本并购的对象青睐数字广告领域，目标是完成数字化业务的布局。如互联网企业资本青睐 DSP，主要是提升自身在程序化购买方面的服务能力，实现广告代理的内部化。上市广告公司资本投资 DSP，目的主要是实现公司的数字化转型，提升在程序化购买广告代理能力，从而提升公司竞争力。而 DSP 公司则可以通过吸收风险资本、互联网企业资本、上市广告公司资本获取资金资源、大数据资源、策划创意资源和客户资源等。

（三）资本资源是公司扩张的基础资源

资本资源是基础资源，对广告公司的成长和扩张有着巨大的推动作用。这一点在诸如 WPP、宏盟、IPG、阳狮等世界大型广告传播集团发展壮大的历程中已经得到了验证。同样，资本在中国广告产业竞争力提升的实践中也是决定性的因素。

不同于天生秉持广告基因的宏盟、IPG、阳狮、电通，WPP 从一个与广告毫无关系的购物车制造公司——Wire & Plastic Products，通过持续数十年收购扩张，成为六大国际广告传播集团之首。截至 2018 年 3 月，WPP 在全球 113 个国家运营。WPP 2016 年年度财务报表显示，美国、英国、中国、德国、澳大利亚 5 个市场的收入更是超过 10 亿美元，充分展示了 WPP 在世界以及一些关键成熟市场的实力。到现在，WPP 已经拥有超过 400 个广告公司、3000 多个办公室，业务分布在全球 113 个国家和地区，职员超过 20 万人。[2]

---

[1] 李慧：《资本爱上广告——从世界第一传播集团 WPP 并购重组看广告产业发展轨迹》，《新闻研究导刊》2019 年第 11 期，第 227～228 页。

[2] 李慧：《资本爱上广告——从世界第一传播集团 WPP 并购重组看广告产业发展轨迹》，《新闻研究导刊》2019 年第 11 期，第 227～228 页。

第四章 战略资源的拓展：数据与数字化人才

WPP凭借30多年的发展见证了资本的一个神话。资本提高了广告产业的规模化、集约化、专业化水平，促进了广告产业链的延伸和整合。在资本推动下，跨国广告集团通过并购实现资源有效配给和协同效应，快速进入新市场，并以最快速度获取新客户，全球广告产业发展速度加快。但是资本不看创意，只以金钱论英雄，因而冲击了创意在广告业的核心地位，广告资源资本化带来服务同质化，业务的延伸也淡化了企业的专业性，个性化渐行渐远。而并购活动只是广告集团实现扩张的第一步，协同效应能否真正实现面临许多挑战，并购后出现的企业文化不一致、管理层流失、协同效应无法兑现、员工抵制、日常业务运营低迷、客户流失等一系列问题更是企业在整合过程中棘手的一环。

蓝色光标在资本运作中，先后展开了多次国际并购行动，最引人注目的就是2013年以约3.5亿元人民币收购全球公关巨头Huntsworth中19.8%的股份，成为其第一大股东。这是中国本土公关公司第一例海外重大收购，也是中国企业第一次在营销传播领域投资世界巨头公司，具有标志性意义。①

第三节　大数据：数字时代广告公司的核心生产要素

大数据资源和大数据技术的不断发展与应用，改变了广告理念和广告业务，催生了大数据营销时代下的"新广告"，从而使得大数据成为广告公司的"核心生产要素"以及核心竞争力的来源。②

一、大数据成为广告公司的基础资源与核心竞争力

在2013年的国际消费电子大展（CES2013）上，一家名叫Gracenote的公司推出了一项全新的电视广告服务，利用广告替换系统将收视习惯和用户个人资料整合，不同属性的人群会在同样的广告时间看到不同的广告。这项服务其实就是司空见惯的电视受众数据统计，而这种和人们生活息息相关的数据资源可谓无处不在。但让Gracenote风光的"秘密武器"其实正是在信息时代的大数据分析。与其说是Gracenote的创新引发了业界的关注和期待，倒不如说是大数据又一次令人刮目相看。

传统广告时代数据库，主要是作用于媒介策划及目标消费者分析，统计数

---

① 《蓝色光标拟3.5亿元收购全球公关巨头》，《中国证券报》2013年4月24日。
② 姚曦、李斐飞：《精准·互动——数字传播时代广告公司业务模式的重构》，《新闻大学》2017年第1期，第116页。

据的方法简单、数据量少。正是社交和移动驱动了数据爆炸,以往那些统计数据的方式已被更加及时的大规模度量方式所取代。因此,现在大数据功能不仅能够进行更大规模的媒介分析与消费者分析,还能够支持传统媒介策划之外的工作。例如,在一个客户策划实践中,网络广告监测分析和优化方案提供商Annalect 使用其关注分划工具来为客户研究、创新和媒介团队推论观点;阳狮锐奇集团(Vivaki)主要负责操作阳狮的媒介代理,它正在整个控股公司内部扩展其业务范围,其中包括媒介、公关和创新。

对广告主和广告公司来说,大数据的价值就在于它像一台"显微镜",可以将每个消费者的生活细节都分解为一个个看似无关但实为一体的信息节点,例如百度上的搜索结果、淘宝上的某次购物以及新浪微博发布的消息等,这些都使得营销人员可以对受众的行为、消费习惯甚至情绪细节进行精确的测量。也正是这些未经筛选或加工过的海量数据蕴含着难以估量的商业价值。但如何发掘其商业价值,需要有先进的技术与工具。

任何企业或产业想要在产业价值体系中取得竞争优势,其核心竞争力的培养则是最关键的步骤。在大数据时代,广告公司利用大数据资源和大数据技术将大大提升其市场调查、战略制定、产品或服务的创意设计等环节的效率和质量,在产业价值链纵向竞争效应作用下不断地锻造出价值链核心竞争力,重新定位广告公司在广告主、广告公司和广告媒介三者博弈中的中心地位,促进广告代理制度的成熟和整个广告产业的健康发展。横向竞争战略能够激发广告公司的创新灵感,利用大数据资源和大数据技术,在广告公司同行竞争中拔得头筹。

大数据技术与大数据价值与广告产业及其价值链进行充分整合,使得广告产业能够利用大数据来加深广告产品或活动各环节对消费者的影响,进而提升广告产业价值链环节的附加值,这突出表现在广告产业价值链中的广告创意设计和广告发布环节中。大数据技术能够在准确定位消费者并洞察到消费者的具体需求的基础上进行有针对性的广告产品设计,还能够将消费者对广告产品的实时体验数据投入到下一轮的广告产品设计中,在维持传统竞争优势的同时提高了模仿难度。另外,广告发布环节中的整合营销传播也利用大数据广告的互动性和动态性加深了广告产品与消费者之间的联系,为广告主创造出更多的消费者注意力和购买力。①

有了大数据,品牌营销仿佛如虎添翼,迅速成长和发展,不断地构建自己的品牌生态圈。当大数据分析和数据云结合后,场景化应用企业的服务将更为人性化,这让品牌营销更加赢得广告主的青睐。例如,在大数据领域处于领先

---

① 游琪:《大数据时代的广告产业重构》,《新闻世界》2015 年第 12 期,第 81~82 页。

水平的晶赞科技在外滩全景会所召开产品发布会，宣布最新版 DMP 产品 zamp-dmp 晶赞天机正式上线。而广告公司手里有很多客户，越来越多的广告公司需要做用户洞察，它们会去寻求晶赞这样的生产平台，向其订购"数据"产品。通过这些"数据"能够对收到的画像进行精准的分析，从而达到精准投放。也可以根据用户在站内的行为进行算法推荐和个性化的页面设置等，提高用户体验，并在消费者未完成订单的情况下，进行后续再营销投放，增强转化率。①

总之，传统广告时代延续至当今数字传播时代，创意能力一直是广告公司不可丢失的核心能力；现在，核心数据的获取和使用能力成为广告公司更为基础的核心资源和核心能力。正如姚曦等所认为的，"广告业形成由大数据为核心驱动力，以创意为导向的多元业务内容，其业务的范畴会延伸到营销传播的各个部分和环节，甚至会向上溯至整个营销决策领域"②。传统广告公司需要依靠大数据和创意，向其他产业延伸；而拥有数据资源和数据使用能力的潜在进入者，将和传统广告公司一起，造就新的广告市场增长点，并极大地拓展广告产业的边界。

二、大数据对广告公司运作嬗变的推动作用

对广告公司而言，大数据成为与创意同样重要的核心资源之一；而大数据技术应用在营销传播领域极大地提升了传播决策的效能。虽然我们仍只能以消费者洞察、传播策划、创意、媒介策划、传播效果评估来区分主要的业务内容，但在新的数字营销传播环境下，大数据作为新的核心资源，改变了传统的业务基因，它驱动五大业务内容板块显现出新特征。大数据的驱动作用表现在以下方面。

（一）基于大数据的消费者洞察

广告作为一种"说服"的艺术，追求的是对消费者的精确针对和互动效果；而消费者洞察是实现这种效果的基础。大众传播时代的消费者调查，一是基于大样本的抽样问卷调查，采用基本人口统计学特征和消费行为数据。二是基于小样本质化如访谈等的认知、态度与情感挖掘，用以解释深层的动机心理

---

① 秦先普：《大数据、场景化应用：重塑品牌生态链》，《中国广告》2015 年第 11 期，第 32～34 页。
② 姚曦、李斐飞：《精准·互动——数字传播时代广告公司业务模式的重构》，《新闻大学》2017 年第 1 期，第 119 页。

维度。两者的结合反映了"消费者"大众群体和"生活者"类型群体的特定行为模式。

但传统洞察方式有两种局限性：一是成本巨大，操作不易，效度不高，即数据获取渠道有限，且存在各种障碍。二是技术上只能分析少量结构化数据。但数字化时代，受众被各种媒体和信息资源无限分割，呈现出一种明显的"碎片化"状态，结构稳定性逐渐丧失。上述局限使得我们对消费者群体的临摹只能是模糊近似的。

大数据技术依赖多平台无数终端汇聚的整合数据，以近似全样本覆盖研究对象；大数据可以"无时限取样"，可以进行多元场景数据，以及虚拟空间或现实场景的交叉分析，因而可以立体、多角度还原消费者的真实状态、生活行为和态度。如 DMP 等平台能够整合多源消费者数据，实现针对性、智能的广告投入。同时，大数据挖掘技术突破了我们过去只能分析少量结构化数据的技术障碍，冗杂的非结构化数据获得价值的极大释放。[1] 除了全样本数据处理和分析外，基于 cookie 的消费者行为模式分析，或是基于无线社交平台的自然语言处理、文本挖掘、语义分析，都是在挖掘和反映"消费者真实生活中留下的痕迹，而非在特定的实验环境以及调查语境下的表现，因此，这种数据对消费者的解读真实性更高，更能代表消费者的现实状态"[2]。总之，大数据驱动下的消费者洞察，不是模糊地描绘消费者群像或特定类型化的"生活者"，而是全面、实时还原用户的真实面貌，它给我们展示的是生活场景中的"人"。[3]

（二）基于消费者洞察的个性化互动创意与内容生产

从创意乃至大创意，一直是广告公司最重要的客户价值主张。依赖个人的创新思维和经验，广告业发展出 USP（独特销售主张）、ROI（关联性、原创性和冲击力）创意原则和 3B（美女、动物、婴儿）等表现法则。

对依赖个人经验和思维的"创意"在大数据时代是不是会完全被技术所取代，仍是一个极有争议性的话题。但是，在数字化广告运作过程，一些大创意的原点已转变为以数据挖掘为基础的消费者洞察，取代了创意小组的头脑风暴。这种转变有必然性：一是在海量数据面前，受众需要"有效解决问题的信息"，而非"丰富的信息"；二是在碎片化消费形成的"长尾"市场上，品

---

[1] 涂子沛：《数据之巅——大数据革命，历史、现实与未来》，中信出版社 2014 年版，第 63 页。
[2] 陈培爱、闫琰：《数字化时代的广告传播》，《编辑之友》2012 年第 9 期，第 8 页。
[3] 姚曦、李斐飞：《精准·互动——数字传播时代广告公司业务模式的重构》，《新闻大学》2017 年第 1 期，第 116～124 页。

牌功能逐渐减弱，感性的情感创意可能不如"理性的产品功效"诉求有效；三是"窄众"甚至"个人"的广告到达，伴随的必定是定制化的信息内容和创意表达；四是消费者需要更加深入的品牌卷入和共鸣，这就需要更加生动的、基于消费者生活场景和内心共鸣的创意内容。

大数据、人工智能和自主学习算法，促使大数据成为关键的创意驱动要素。广告公司可以借助大数据的消费者情感和需求挖掘，以及对市场和社会行为变化的实时预测等功能，并借助广告交易平台，实现广告创意表现的智能生产和分发。当然，也可以实时调整创意策略。

（三）数字技术带来创意制作的"无限"可能

数字新技术结合大数据，成为广告创意表达和表现制作的基础能力，也带来了数字媒体时代创意的"无限"可能性。

一是泛媒体化带来的新媒体技术，如可穿戴设备、VR、AR 等技术，在广告领域已经获得广泛应用，广告表现有了新的舞台与技术支持。如虚拟游戏场景中的原生广告，再如商品的仿真影像直接呈现在手机 App 上等，这些技术必须集成数据的获取、分析、仿真、显示等大数据处理技术。可以说，大数据技术作为基础资源，已参与数字广告制作过程。

二是广告受众参与互动完成的协同创意广告，也是人工智能与大数据分析的杰作。这种广告需要受众与品牌进行互动；围绕特定的主题，受众可根据自身的需求偏好，也可参与作品表达的方向、方式选择。当然，这种广告类型有一个前提，即数字传播制作团队需要通过大数据的分析和模型预测，首先，预测受众的广告需求偏好；其次，通过素材库的扫描匹配，寻找最佳的广告制作素材；最后，针对不同受众在互动过程中展现出的需求意愿，进行程序化编辑，利用人工智能完成广告作品的制作环节。

（四）实现消费者接触追踪、精确与互动

媒体投放或者说如何实现消费者的品牌信息接触，面临几大难题：一是追踪并锁定目标消费者；二是用何种媒体或方式进行信息匹配；三是品牌与消费者难以有效互动和反馈。也因此，大众广告的媒体投放一直在承受费用浪费和效果难证的质疑。

数字传播带来了媒体投放规则和标准的改变，也带来了解决上述难题的新路子。可以说，追踪、精确和互动本身就是大数据支持下的数字化广告的本质特征。

大数据支持下的消费者洞察，帮助品牌精确找到信息需求的个人；而新广告的交易和投放技术，基于寻址技术，可以较低的成本，跨屏精确追踪每一个

个体的媒介接触点，实现品牌信息在特定时间和场景的信息曝光。如目前通过实时竞价系统，可以实现追踪消费者的数字生活空间多屏浏览的行为痕迹；广告商可以在极短的时间内，将广告内容定制化传递给目标用户，并且实时根据目标用户与广告内容的互动和卷入度水平，判断和调整广告投放策略。①

传统媒介购买的模糊匹配原则，被精准匹配、一对一追踪所取代。多元来源的数据，经过整合处理，可以镜像般地反映消费者的完整生活图景；而基于语义分析的大数据挖掘技术，通过处理文本、图像等非结构数据，精确匹配个体的需求与爱好；再通过流数据处理技术，提高消费者对广告内容的参与度和反馈，实现更有效的互动。

（五）广告效果评估的动态、精准与全时反馈

广告效果评估是一个复杂的多层次的评估体系。广告公司通过综合运用各种大数据管理平台，能够达成多重的效果评估，进而可以动态地监测广告效果，以达到优化媒介载体和广告内容，提升消费者的媒介体验感，对媒介成本进行精确控制等目标。大数据对广告效果评估的影响体现在以下方面。

一是在量化评估和价值评估均可以实现优化。平台可以实现广告效果数据全方位的采集。每一次终端界面的点击、信息曝光与互动记录，通过平台网络系统被上传到数据库以供分析。而在价值评估方面，平台通过结合历史数据的价值研究模型，可以实现对多元跨种类媒体进行价值估算。比如精硕科技（AdMaster）提出的"可见曝光"的概念。

二是解决了创意效果评估的难题。传统的认知或态度调查，基于心理学调查或实验方法，成本高昂，实施起来专业要求高。大数据技术支持多种非结构数据的分析，广告创意评估可以在用户评价的基础上，加入语义检索、影视听检索技术，从消费者角度评估创意的传播效果。②

三是大数据技术可以实现广告效果的全时反馈、实时反馈；其评估机制可以实现事前模拟预测、事中动态反馈、事后整体效果，三者为一体的评价机制。

四是提高长期效果评估。将分散的多元数据进行连接，全面记录、分析广告内容如何影响消费者，广告信息曝光与消费者行为的联系和及时变化。在此基础上，锁定网民的二次访问或实际购买。

---

① 段淳林、李梦：《移动互联网时代的广告产业链角色重构与平台化转型》，《华南理工大学学报（社会科学版）》2015年第8期，第59～63页。

② 姚曦、李斐飞：《精准·互动——数字传播时代广告公司业务模式的重构》，《新闻大学》2017年第1期，第116～124页。

三、大数据广告运作面临的挑战

(一) 围绕数据资源的博弈

广告公司购买、开发数据库加以合适利用时,也要注意保护自己的数据库的安全。数据成为一种热门的营销货币后,广告公司和广告主之间的关系变得有些微妙。许多广告主的营销人员表示,当下数据分析能促进大多数策略的执行,所有代理公司都试图成为数据的看门人,以此维护自己的竞争地位。一些广告客户可能意识不到数据的重要性,在不知不觉中就分发了自身数据。但广告公司出于对自身利益的保护,不能够与其他人分享,这些数据是它们在竞争中保持优势的砝码。① 每当广告主要求某家媒体代理公司通过第三方,与该客户的其他代理合作伙伴分享这些数据时,广告公司一般都会拒绝。

数据营销公司对广告代理公司对数据的控制权造成威胁。广告主和广告公司间之所以不和谐,还因为客户很喜欢的第三方——数据营销公司的加入。广告主能够从数据营销公司得到想要的数据,而且数据营销公司在技术上更先进。如数字营销供应商 Turn 正在创建一个有效系统,通过该系统,广告公司能够与某一特定客户分享数据报告。

而为了应对数据营销公司的威胁,广告公司可能会转而采取数据联盟模式。在这种模式中,数据由客户管理,但客户需要使用广告公司的软件。将来,广告公司可能看不到客户的数据,只拥有可供客户下载安装的应用程序,只有客户自己运行该程序。

同时,现在的广告控股公司也开始在更高层面上尝试挑战大数据,并开发相关软件,这会导致广告公司在数据库上的竞争优势部分丧失。因为这意味着今后公关公司、创意公司、数字公司都会从整理、储存和使用消费者定向数据的软件中获益,如宏盟媒体集团现在有好几百的职员关注数据,其一致的目标就是整个宏盟能够拥有营销技术,并能成为营销界的彭博社。

(二) 相关产业基础薄弱制约大数据价值的利用

与其他任何资源一样,大数据本身的价值是有限的,只有加以充分的挖掘利用,其价值才能彰显。随着结构化与非结构化数据的指数级增长,其复杂程度也不断增强,因此,大数据价值挖掘既有赖于科学的数据分析架构——包括

---

① Shareen Pathak:《数据创新进行时——数据之战白热化》,《数字营销》2017 年第 8 期,第 66~67 页。

可视化分析、科学算法、预测性分析、语义引擎以及数据管理等方面，更需要坚实的产业基础作为支撑。就当前我国广告产业的现实而言，大数据产业基础依然较为薄弱。从产业外部基础来看，目前，我国多数地区在电力供应和互联网宽带等方面的基础设施建设上还不足，难以有效保障和应对数据洪流的冲击。从产业内部基础来看，其一，大数据广告产业人才结构不合理，"数据科学家""数据架构师"还极为短缺，现有的从业人员大都是从传统广告行业过渡而来，除数据分析技能以外，其互联网思维尚未有效建立。互联网思维是随着互联网行业的发展和实践总结出来的方法论，是对用户、产品、营销和创新，乃至对整个价值链重新审视的一种思维方式，这种思维对大数据的应用理念和成效有重要影响。其二，大数据广告营销相关技术与装备基础亟待提高。现阶段，大量广告公司和广告媒介部门的数据搜集、挖掘、分析、整合利用等工作所需的基础技术架构、应用系统和硬件装备依然极为匮乏，既难以实现对实时海量数据的检测、保障数据的真实性和可靠性，也无法运用大数据分析来优化自身的营销内容以提升服务水平。

（三）大数据生态链尚未成熟，影响了大数据价值利用的效率

在经济全球化浪潮下，本土广告企业的主要竞争对手，已变成了谷歌、脸书等已储备大量有价值数据的广告巨头。在这一环境下，大数据广告的运作离不开成熟的大数据生态链的支撑。大数据的生态链主要由平台商、数据商、开发者和运用者等构成，平台商和数据商提供自由交易的"数据集"，开发者提供基于数据集的应用和服务，以及定制化的分析和呈现。[①] 大数据生态链成熟与否的关键，在于"数据集"能否通过自由交易或共享而形成，这对大数据广告营销显得尤为重要，因为从数据的获取渠道来看，广告业界所拥有的数据大多是从自身的产品和服务中获得的，因受到自身定位和目标受众差异性的影响，其数据也必然缺乏整体性，并呈现出条块化、孤立性、封闭性的特点，而这样的数据，其价值无疑有着很大的局限性。受到行业的特殊性和风险性等不确定性因素影响，当前稳固的数据交易和共享机制尚未在产业中全面形成，它容易导致在数据搜集与分析中的重复性现象，这样，广告业界就必然会形成"数据孤岛"，既极大地影响广告运作中对大数据利用的效率，也难以实现高效的全域数据营销。

---

① 喻国明、何睿：《大数据时代传媒经济研究框架及工具的演化》，《国际新闻界》2013年第1期，第24页。

(四）相关法制建设的滞后，导致数据的利用暗含法律与道德风险

制度的建设往往落后于技术的发展，这在信息技术突飞猛进的当下更加凸显。当前，我国数据利用的相关法制建设相对滞后，使得广告产业在大数据的利用上暗含法律与道德风险。现行法律对数据资产的安全性保护不足，现行法律也尚未实现用户隐私保护和用户数据开发利用之间的平衡。在大数据技术的驱动下，互联网的"面具时代"已经结束，用户不再"匿名"——广告营销传播者借助用户数据所获得的"用户画像"已变得前所未有的清晰，用户的大量隐私无疑受到侵犯，我国目前虽然对网络隐私权的保护做了相关规定，但是没有具体规定网络隐私权的内容和侵犯隐私权行为的方式，从而导致这些条款在司法实践中缺乏可操作性，难以系统地对大数据营销中的用户网络隐私权加以保护。但从道德风险来看，用户隐私保护被日益重视的大环境已然形成，广告营销中开发利用这些用户数据无疑会触及用户以及舆论对保护隐私的敏感神经，极易引发公关危机。因此，无论是对业界还是用户而言，一个透明的、边界明晰的数据安全法律框架应该及早形成，这样既能充分挖掘用户数据价值，又可以合理规避对用户隐私的威胁，进而实现对大数据价值的大规模开发。

第四节　人力资源：创新生产机制保障

在传统广告时代，广告的创意策划完全依赖于广告人的个人经验、灵感。随着数字广告业的发展，广告公司对技术型、数字型人才的需要增加，对人才的技术要求更高，对数字技术的掌握成为现代广告人的基本素养，越来越多的广告人时刻关注数字技术的发展和新变化，以获取新的创意灵感。面对数字技术的冲击，广告公司必须创新生产机制，保障数字人才的标准与建设。

一、数字时代广告行业人力资本的变化趋势

广告行业人力资本需要的一些变化趋势已逐渐显现出来，表现在以下两个方面。

（一）一般型与技能型人力资源贬值，人才需求量大幅下降

数字科技的发展，以及高等教育的普及，促使社会整体人力资本向更高要求变更。广告行业人力资本也正面临数字科技带来的冲击，计算机、大数据云

计算以及人工智能,正在取代一般型、技能型与广告设计等人力;广告公司对初级和中级岗位的人力资本依赖降低。一些岗位被机器取代,岗位数下降,专业要求降低。如基础文案人员负责大量的短文案或信息流广告标题,设计人员一般负责海报、修图或简单工序性设计,其实已无法应付大量原生性广告页面。或者,文案人员专业技术降为文案审核员,传统媒介购买人员转换成交易员。①

(二)创新型人力资本价值进一步提升

1. 高级客户人员的顾问咨询工作越来越专业和技术化,其价值自然相应提升

高级客户人员要能够针对广告主的要求制定数字化广告策略,如投放中PDB与PD的选择、比例控制等;数字广告产业链上的环节增加,如DMP公司、数据监测公司等,也需要更多的协调工作。

2. 机器无法取代消费者分析人员

虽然数字技术在结构化与非结构化数据(图片)的整理、抓取上替代了基础数据分析人员,但在解读、利用消费者数据方面,能深度思考的分析人员仍无法替代。

3. 创新型高阶文案人员价值更大

创意文案、长文案或所谓爆款文案,现在远未实现自动生存。因此,高阶文案人员的异质性较强,替代性较弱,人才生存空间会更大。

4. 高级媒介策划成为机器算法和广告主的桥梁

高级媒介策划要负责战略性的媒介策划,同时要就算法优化和迭代的调参、投放的数据和报表、广告投入与效果之间的因果关系等向广告主做分析与解释。

5. 对资深设计人员的能力要求更高

机器设计帮助高级设计人员从简单重复加工的设计工作中解脱出来,使他们能够有更多的时间打磨出人性化、有内涵、创意感更强的作品。

技术驱动型的公司,对人才的需求理念以技术的高新和优势为导向。创造或保持技术领先,如新的广告表现技术、新的算法等,需要技术人才沉迷于独特或高新的技术,以获得技术创新与优势而自豪。

需要强调的是,数字时代,优秀创意人员仍稀缺和无可取代。对"创意"能否在数字广告时代维持其在广告公司的核心价值地位,仍有相当的争议。大

---

① 秦雪冰:《人工智能应用下广告产业的人力资本变迁研究》,《新闻大学》2019年第6期,第108~119页。

数据虽然能够基本了解一个消费者,但要打动他,创意散发的人性的光辉仍不可缺少,否则只能是停留于冷冰冰的数据。目前的人工智能已能很大程度上模拟人的"左脑"——逻辑思维,但却不能够代替右脑,无法产生人类独有的发散性思维能力、人性情感和艺术表现力。在人机融合还远未能真正实现、智能广告仍停留于素材搭配阶段的当下,伟大的创意需要灵感迸发、创意迭现的创作者,尤其是大创意开发者。总之,不论是传统广告时代的文案设计型创意人员,还是数字时代的技术型创意创新人才,均是广告公司的核心资源。

二、数字人才考察标准

2013年,华扬联众王海龙即在其发表于《广告大观》的一篇文章中,结合其经营实践,深入谈及他对互联网广告人才标准的认识。[①] 在数字化已渐入佳境的当下广告业,他以下观点仍有意义。

第一,保持在变革中突破勇进的心态和拥抱变革的热情。互联网革命,或者说信息革命,是一场和第一次、第二次工业革命旗鼓相当甚至更有突破性的社会变革。在这样的过程中,互联网改变了我们很多,更不用说是广告和营销行业。也因此,当大家把工作上升为一种抱负时,将带给个人极有益的收获。我们无法接受身处巨大的变革时自己却无动于衷、漠然处之。

第二,强调学习和积累能力。互联网广告人面临的一大挑战就是拥有合理、宽阔的知识结构。

(1) 拓宽知识面。即广泛地接触和了解各种知识,包括文学、影视、视觉艺术、音乐、科技、技术和工艺、历史、社会文化、经济等。当然,这样的知识结构并不容易建立和拥有足够的深度。但是,至少要拥有足够的开口和合理的结构。从这一点上来说,互联网广告人的知识结构反而非常适应互联网时代的检索型知识体系——拥有强大的知识结构、检索能力、学习能力,同时运用好对知识的贯通。

(2) 学习专业知识。即必须建立对这个领域内基本的认知。这种认知是基于对各种知识的充分理解:无论是对一个专业名词还是对一种技术的了解,抑或对一种工作思路和工作方法的了解。

(3) 了解信息。掌握大量信息的本身就是一种巨大的认知资本。了解前沿发展、了解汇总和采集的数据、了解动态和变化。

(4) 掌握规律。即便是在大时代、大变革下,纷繁变化和快速演进也有

[①] 王海龙:《数字营销时代,广告人的颠覆成长》,《广告大观(综合版)》2013年第2期,第31~32页。

它们背后必然的规律。学到其中深刻内敛的规律将极大地提升对一切事物的理解和预知，真正获得学习上的自由和判断，真正能够给予自己相对正确的方向和路径。有人可以在20世纪90年代创造门户站点，有人可以始终投身搜索引擎，有人放弃高利润的传统广告业务转型互联网，有人可以在早期各种条件尚未完全具备的情况下展开网络视频业务。这些前瞻都是对规律的把握，当然尤其是对正确规律的把握。

第三，基于创意创新的思考与洞察能力。创意创新能力，无论是在传统广告时代，抑或数字时代，一直会是广告从业者的核心竞争力。除了保持对广告创意策略的基本思考外，还需保持对环境、思维方法、全新的思路的洞察和认知。这就需要在学习中融入大量的思考和总结。或者说，思考与洞察能力是保持源源不断的创意创新能力的前提。无论是案例阅读、数据分析、他人的观察和评论等，在其中获得自己对周围的洞察和理解，获得行之有效可以被运用的洞察。洞察是能够实现有效做事的基础和起点，也是必要的条件。当我们可以从学习中获得洞察的时候，也就意味着我们可以学以致用。互联网广告领域有大量的知识是零散和空白的，通过洞察并组织这些知识，发现其中的因果，是会让广告人欣喜和愉快的。

第四，分享、团队沟通、团队学习。这是吻合互联网精神的，也是当下最佳的学习方法。在团队内部建立分享和团队学习的文化，不仅能形成良好的氛围，也会帮助每个个体快速地掌握集体的智慧和知识。

三、数字广告人才与团队建设措施

（一）数字广告行业尤其需要高级的数字化管理人才和优秀的数字化团队

在这方面，各公司近几年都有大运作，并且进行相应的组织架构的变革，以适应人才才能和效率的发挥。

高级的数字化管理人才及其领导的数字化团队不仅只有策划与媒介购买能力，也能够参与传播策略的制定，并能提供新的思想方法与工具。如凯络传播的葛芸2013年被正式宣布升职为凯络上海高级传播策划总监，新闻稿强调了她的升职理由，包括"帮助凯络建立超越传统媒体思维的策略，并且协助凯络成为整合营销传播公司的主导公司"[①]，这也让葛芸和她所在的部门传播策划组在凯络变得越发重要。"我们的职责是跟客户商议确定传播策略和方案，

[①] 孟丽君：《三国时代的凯络策略》，《现代广告》2013年第9期，第66页。

而不只是媒体层面的策划与购买。"① 实际上，除葛芸所在的部门，凯络在人力、策略与工具上的布局都在同步进行。"在数字、移动、内容和社交媒体方面的人力配备都在加强"。② 而对团队的要求是有跨平台的视野，对数字更敏感，有相应的考核工具。

2013 年 1 月，美国广告界 75 位高管在纽约城市大学曼哈顿校区，就"未来理想的高管是什么样"进行了讨论。泰格（Tag）教授认为：下一代广告高管将会是群数字狂人，他们拥有艺术家般的潜质、沃伦·巴菲特（Warren Bueffet）那样的商业头脑和唐德·雷柏（Don Draper）那样的述说技巧。他重点指出：数据分析和管理技能至关重要。哥伦比亚大学的数据 Netzer 表示，能够提出设想，并为数据专家指明方向的高管将会很稀缺。根据麦肯锡全球研究报告预计，2018 年美国单方面就缺乏 14 万～19 万拥有深度分析能力的人才，同时，还缺乏 150 万名知道如何通过分析大数据来有效行事的管理人才和分析师。③

优秀数字化团队的组建，还需大量吸收计算机、数学、统计学等异质性人力资本。不同专业背景的人力资本进入广告业，能够发挥不可或缺的作用。

（二）岗位创新应该渗透在广告运作的各个环节，并推动集团全员数字营销的提升与人才整合

数字技术驱动下，广告公司增设新的岗位以满足数字化的要求，主要是两类人员：一是运维工程师或操作工程师，主要是负责控制广告投放；二是运营者（操盘手或规划师）。此外，新设置的岗位还包括开发人员、产品经理、交易员、审核员、优化师等岗位，这些岗位是传统广告业没有的。随着智能化程度的提升，优化师也将被机器所取代。④

例如，在业务扩张的同时，奥美和昌荣传播均在集团层面采取更多元的措施与合作，推动全员数字营销能力的提升；同时，这种措施也在惠及客户。全员数字营销能力的提升，人才整合可能是必要的。目前，广告产业的各种人才正逐步出现整合的状态，很多有广告策划背景的专业人才会出现在数字营销公司，而技术公司的专业人才也正流动到广告公司，形成你中有我、我中有你的

---

① 翁君奕：《商务模式创新：企业经营魔方的旋启》，经济管理出版社 2004 年版，第 130 页。
② 孟丽君：《三国时代的凯络策略》，《现代广告》2013 年第 9 期，第 66 页。
③ Natalie Zumda：《未来广告高管将是数字狂人》，《现代广告》2013 年第 8 期，第 94 页。
④ 秦雪冰：《人工智能应用下广告产业的人力资本变迁研究》，《新闻大学》2019 年第 6 期，第 115 页。

格局，将这个行业最好的技术、最优秀的人才聚合在一起，无论是传统人才还是数字创意人，都需要走出自己的固有领域，保持相互的尊重和学习。未来的传播没有传统和数字之分，只有跨媒体的创意才能和传播管理技巧。行业并购或传统团队的融入当然可以加速这一进程，但问题的真正解决还需要数字营销人自身的修炼与提高。

（三）提高员工待遇，吸引与稳定人才

扩大在广告营销科技的技术研发投资与团队，并通过提高员工福利待遇、工作环境及股票期权计划，吸引的同时也能稳定更多的优秀人才，以迎接未来的考验与挑战。几乎所有的互联网企业或者信息科技企业，都特别重视两个最重要的资源：人才与科技。当然，科技也需要科技人才的支撑。为了增强竞争力，公司持续增加对技术部门的投资；而为了吸引人才，公司给员工发股票期权。通常给员工的股票期权都被设计为四年左右，而股票期权的最大获利方式在于公司创造绩效、获利提升，从而使股价得到市场认可而增值。在数字领域，广告公司也要与互联网公司进行人才竞争。而互联网公司几乎都以大量的股票期权来吸引员工，谷歌跟国际4A广告公司争取同一个人才，谷歌赢得这位人才的机会比较大。既然人才是广告公司最重要的资产，那么，无论是传统广告公司还是数字型广告公司，为什么不能安排员工的股票期权计划？为什么还在以旧企业、旧思维来面对新企业、新世界的挑战？

发给员工股票期权，既可吸引人才，又可以增加员工的向心力。

（四）推动团队的整合与协作

广告公司人力资本对公司效益的贡献，表现为专业知识和相关经验的积累。除了想办法大幅度提高员工的专业熟练程度外，并购是一种快速升级团队的办法，可以减少企业人才培养的成本，更可以积累宝贵的经验财富。只是并购完成后，伴随而来的往往是整合难题。很多并购的失败都是源于整合不力造成团队解体，从而导致原本维系的运营系统彻底瓦解。如美国宏盟与法国阳狮集团取消已达成的350亿美元的合并交易，很大程度上是由于并购后所产生的控制权、业务范围、客户冲突、文化差异等问题无法妥善解决。因为整合不是简单的"1+1"式的公司合并，也不是一味地扩张规模，而是能够变得更加敏捷、专业，能以团队的力量，应对媒体形态的变化和客户需求，也只有如此，才能确保并购后广告公司的持续发展。

（五）与高校进行战略合作，培养数字化人才

如，从2010年开始，昌荣传播联合中国传媒大学广告学院每年开办"昌

荣互动营销学院",提供集中培训;再如,2012年华扬联众与厦门大学新闻传播学院建立了战略合作伙伴关系。

(六)创广告人的共享空间

创广告人的共享空间是共享经济在广告行业的一种有趣表现。如一款专属于身处广告圈内的人的App——Ader,它有几个共享理念:一是共享创意或工作简报;二是共享媒介,供广告方进行选择;三是共享创意,甚或以此收费;四是共享公司机动的办公位;五是共享客户排名名单;六是共享加班文化,让加班的广告人有了一个情感寄托和产生共鸣的地方。[①]

[①]《共享的广告业,会变得怎样?》,2017-09-10,http://www.sohu.com/a/191108219_651653。

第五章　公司边界扩张：从规模扩张到平台经营

张金海认为，"中国广告业发展的一个重要目标，就是集约化。这一发展目标要解决的一个核心问题，就是高度分散、高度弱小的问题"①。陈刚也认为，"随着广告业资本化时代的到来，运用资本的力量所进行的并购和整合将成为广告业的主题，这种调整将有利于广告业逐渐形成更健康的竞争环境"②。并购与联合战略一直是我国广告产业集约化发展的重要路径选择。当前，中国广告市场正在进入以数字、数据化驱动的资本并购、联合为主要特征的新一轮产业扩张与整合阶段；大数据和人工智能技术正成为并购的重要目标。在万物互联的今天，平台经济应运而生，协同竞合与共生的发展路径正在取代规模扩张，成为公司实现边界张大的现实选择。

第一节　广告公司边界扩张的传统路径

一、广告产业集中路径：集团化与战略联盟

（一）广告产业集中与规模经济、范围经济

广告产业作为服务型产业，规模经济和范围经济效应并不明显。有很多大型的广告集团有很高的企业效率，但也有很多小型的广告公司能够获得较高的利润。但是，随着广告产业竞争环境的改变，规模经济和范围经济效应正在逐渐显现。一些大型的广告集团凭借其雄厚的资金，国际化的策划创意资源，各地开展营销传播活动的经验，以及成熟规范的经营运作模式，等等，通过向全球市场强力扩张来扩大整个集团的规模，服务于跨国企业拓展全球市场的需要，产生规模经济效应。媒介购买集团凭借对媒体资源的规模控制，获得明显

---

①　张金海：《集约化是中国广告业发展的一个核心目标》，《声屏世界·广告人》2012年第9期，第42页。
②　陈刚：《迎接中国广告业资本的新时代》，《声屏世界·广告人》2012年第5期，第42页。

的规模经济。同时,随着市场环境和传播环境的改变,传统的集中于广告运作领域的广告代理公司已经无法满足企业对广告的新要求,因而必须转型,通过在广告公司内部组建专门化的营销传播部门,或是新成立专门化的营销传播公司等方式实现范围经济。

广告产业的集中化是一种必然。在中国,目前的集中化趋势背后,是跨国广告集团在中国广告市场垄断地位仍日益强势,本土广告公司高度分散与弱小的状况仍然没有改观。国际广告公司加速在中国市场并购扩张,尤其是以媒介购买公司为竞争龙头,并提升专业实力,逐步形成垄断。中国广告市场自2005年底向外资完全开放以来,国际广告公司开始了在中国市场的新一轮强势扩张,采取的主要策略,一是并购本土优秀的广告公司和营销传播公司,提升其在中国市场的整合营销传播代理能力,并重点发展数字营销代理领域;二是拓展在中国市场的服务网络,从原来的一线、二线城市向三线城市延伸;三是在服务国际客户的同时,积极争取本土优质客户资源。国际广告公司在中国市场的发展战略,对本土广告公司发展将会带来比较大的冲击。①

当前,数字化时代来临给中国本土广告公司提供了难得的战略机遇期,充分利用国家政策的支持和国家经济的刺激,充分利用中国互联网经济和平台经济在全世界的优势地位,提升专业代理实力和规模经济效益,理应成为当前本土广告公司发展的重心。

(二)集团化发展战略路径

1. 横向一体化

在广告产业内,横向一体化是经常被采用的战略。广告公司实行横向一体化战略的主要目的是:

(1)赢得新的客户。以往大型跨国广告公司之间的并购时有发生,这种大规模的公司并购,其中一个很重要的目的就是为了赢得更多客户,并将自己的经营模式和品牌工具复制,从而产生更大的经济利益。

(2)进入新的市场。如广告公司和营销传播公司在新市场建立与母公司服务类型一致的子公司,或并购、联合当地同类型的广告公司和营销传播公司,以达到迅速进入该市场的目的。当初奥美进军中国时便是采取了与上海广告有限公司合资的方式,成立了上海奥美,开始了其在中国的发展历程。现在发生的很多海外并购几乎也都多多少少有这方面的原因。

(3)提高市场势力、降低运营成本和提高议价能力,一直是广告公司共

---

① 廖秉宜:《并购之外的博弈:专业化、集群化、集约化、国际化》,《广告大观》2013年第1期,第28~30页。

同的诉求。如，通过横向并购框架媒体和聚众传媒，分众传媒确立在该市场的垄断地位。

2. 纵向一体化

广告产业的纵向一体化，是指广告公司在广告行业价值链中参与许多不同层次活动，通过纵向并购手段，在内部把不同供应、生产、销售或其他经济过程结合起来，其实质是将外在价值链内部化，即将前后相关产业或经济过程由市场契约关系转变为内部关系。纵向一体化可以整合公司内部资源、客户资源和媒体资源，降低交易成本，消除市场外部化风险。

这种纵向并购有多种路径。

（1）有实力的广告公司，并购其他处于广告运作不同环节、领域的广告公司，发展成为大型的、专业化程度较高的综合型广告代理公司。如某家广告公司为了实现价值链的营销化和数字化延伸，可能并购其他公司，诸如企业管理与营销咨询、市场调查与分析、客户关系管理、公关、促销、网络行销、事件行销、展会行销、数字互动行销等某个领域的公司，提高公司整合营销传播代理的执行能力。

（2）广告公司对媒体资源型公司的并购。对广告公司来说，要想持续增长，不仅要拥有足够的客户资源，还需要掌握一定的媒介端口，但一般的广告代理公司很难涵盖电视、广播、报刊、户外以及互联网等媒体平台。通过并购，不同类型的广告公司打通媒介资源，实现平台共享，可以实现更有效的整合营销，自然也就提升了自身议价能力。如2013年末，省广股份公告收购了上海雅润文化传播公司（以下简称"雅润文化"）。雅润文化是一家媒体广告代理媒介公司，拥有多家电视台的频道广告独家代理权以及户外广告资源，是国内最大的二线电视媒体广告代理企业之一，其独特的电视营销模式有望与省广原有业务实现互补，充分发挥协同效应。

实行纵向一体化战略的主要目的，一是满足广告主、媒体日益增加的全面代理需求。二是整合内部资源，降低交易的成本和与广告公司之间合作的不确定性。全面广告代理和整合营销传播代理可以在一个公司内部完成，降低了企业、媒体与广告公司的交易成本，而且由于外在价值链的内部化，也消除了合作的不确定性。比如，苹果公司收购手机广告公司Quattro。Quattro的业务主要涉足正在蓬勃发展的智能手机移动广告市场，它主要将广告传播给苹果手机、装配Android操作程序的手机和其他智能手机，其客户包括福特汽车、宝洁和Visa信用卡等。收购Quattro，有助于苹果借助iPhone应用的日渐流行来主导手机广告市场。三是整合客户资源和媒介资源，提升为客户整合传播服务的能力和价值。

3. 混合一体化

对广告产业而言,"有关联的混合一体化"[1] 成为广告公司和营销传播公司发展为广告集团、营销传播集团采用的重要方式。对广告公司而言,将自己经营运作的业务进行纵向拓展实现全面广告代理,同时可以根据市场环境和传播环境的改变以及企业对广告公司新的要求,并购和联合有实力的专门化的营销传播甚至营销类公司或数字营销类公司,向相关产业领域拓展实现整合营销传播代理。

广告公司实行混合一体化战略的主要目的:一是获得范围经济效益。二是开拓新的成长机会。传统广告的作用正日益下降,集中于广告代理的广告公司利润空间的萎缩也在情理之中,广告公司将自己的业务范围拓展到企业急需的其他营销传播领域,自然为广告公司的发展创造了新的市场机会。比如,分众传媒曾以 1500 万美元现金及价值 1500 万美元股票全资收购北京凯威点告网络技术有限公司,收购影院广告公司 ACL,以 7000 万美元现金和 1.55 亿美元分众传媒普通股(每股美国存股凭证折合 10 股普通股)收购国内最大网络广告服务商好耶……通过一系列混合并购,分众传媒将自己的经营领域从商业楼宇视频媒体、卖场终端视频媒体、公寓电梯媒体(框架媒介)、户外大型 LED 彩屏媒体拓展到电影院线广告媒体、手机广告媒体、网络广告媒体等诸多领域。[2]

(三) 建立战略联盟:实现资源共享与优势互补

如果说上述三种并购战略属于广告公司内部的一体化,即将外在价值链内部化,那么,战略联盟则是将广告公司间的一体化,将内部活动外部化。在广告产业集群内,建立战略联盟将会成为广告公司和营销传播公司之间开展合作的一种经常的方式。各个专门化的公司在各自擅长的领域都能做到高度专业化,但由于自身资源的限制或是出于管理成本的考虑,无法实现或不愿实现内部一体化,而采取战略联盟的方式,在节约各自经营运作成本的同时,又能提高为广告主全面服务的能力。广告产业间一般存在着三种战略联盟方式。[3]

---

[1] 混合一体化也即多元化战略,是指企业在多个相关或不相关的产业领域同时经营多项不同业务的战略。混合一体化可概括为两种基本形式:有关联和无关联的混合一体化。有关联的混合一体化是指企业新发展的业务与原有的业务具有战略上的关联性和适应性,即企业利用核心竞争力纵向或横向拓展自己的经营领域。

[2] 百度百科:https://baike.baidu.com/item/江南春/7421087?fr=aladdin。

[3] 廖秉宜:《中国广告产业集约化发展的路径分析》,《广告大观(理论版)》2012 年第 12 期,第 10~13 页。

1. 广告公司之间的战略联盟

如全球著名媒介购买公司传立媒体与浙江思美广告结成战略联盟,此外,传立媒体还与南京银都广告公司建立战略联盟,双方采取共同服务客户的方法,开展实质性的合作。

2. 广告公司与强势媒体的战略联盟

强势媒体广告资源的争夺当前尤为激烈,谁掌握了强势媒体的代理权,谁就拥有广告市场主导权。"广告资源整合的必要性增强,强强联合与资本统合成为方向"[①]。广告公司与强势媒体结成战略联盟,一方面可以为广告主提供优势媒体资源,另一方面也可以降低媒体经营成本,保证媒体稳定的利润来源,这也是媒介购买公司近年来迅猛发展的重要因素。如昌荣传播通过同央视及省级卫视等强势媒体建立战略联盟,实现快速发展。

3. 广告公司与营销传播公司的战略联盟

这一战略联盟建立的主要目的:一是优势互补,利益均沾,并追求规模经济;二是以最快的速度和最低的成本进入新的市场;三是有利于开展更高层次的竞争。

纵观西方广告业的发展史,并购一直是其保持不变的特色,近年来,中国广告产业开始进入了自己的并购时代。通过并购、联合与联盟,广告产业可以充分发挥资本的作用,推动广告公司的壮大和发展。中国广告业一直在走自己的集中之路。

二、广告企业的并购

(一) 中国广告企业施行并购的驱动力

1. 广告公司多以外生性资金作为经营扩张的核心驱动力

一些有实力、经营状况较好的广告公司的成长,已从依托内生性资源的缓慢路径,上升到资本化运营的快速路径,即广告公司利用外生性资金实现各种经营资源(包括人才、媒介、客户)的规模化,以快速提升经营规模和竞争实力。广告行业的资本运作形式主要有广告公司间的投融资、行业外特别是广告主和媒体对广告公司的投资、广告公司通过上市融资等。[②]

---

① 丁俊杰、黄河:《观察与思考:中国广告观——中国广告产业定位与发展趋势之探讨》,《现代传播》2007年第4期,第81页。

② 王静:《民营广告公司的定位与差异化竞争》,《新闻爱好者》2010年第4卷第10期,第29页。

第五章　公司边界扩张：从规模扩张到平台经营

传统上，中国本土广告公司主要是靠自我积累取得资本，或者从经营资源角度，可以说主要是依靠内生性资源来扩大经营。现在，广告公司趋向于通过股权合作、吸收行业外投资及上市等方式筹集更多的发展资金；通过资金运作的控制作用，运用并购等方式扩大公司规模与竞争实力，充实媒体资源、人才资源、技术资源和客户资源等经营战略资源。经营资源通过资本来积累和加以控制，是资源资本化的过程。

依托资金运作的并购，意味着中国广告业规模化时代的真正到来。这种调整将有利于广告业逐渐形成更健康的竞争环境。中国广告业发展过程中长期存在的恶性竞争将有可能被遏制。值得一提的是，WPP 的经验是中国广告业资本化的过程中应该认真研究和借鉴的。

2. 并购是为了应对环境变动威胁与跨国集团的竞争

国际传媒集团或广告集团在中国市场开展的广告并购活动，是其全球化扩张的重要组成部分。"中国广告企业开始的广告并购活动，是中国广告产业结构调整的现实反映。从市场格局看，跨国广告企业在中国广告市场的并购中仍扮演着主要角色"[①]。但广告市场并没有永远的主角，在中国，新的广告发展环境和新一轮产业结构调整的洪流中，中国广告企业的广告并购虽然只露出了小小的冰山一角，但凭借其对中国市场的深刻理解和对本土资源的有效整合，凭借新产业政策环境下资本和技术杠杆的巨大撬动力，凭借中国式的广告发展模式和中国式的广告发展智慧，本土企业广告并购的英雄时代的来临并不会永远是遥遥无期。

并购也是上市公司适应数字广告时代、向新媒体领域进军的快捷方式。原先做全案代理的广告公司希望将业务拓展到互联网新媒体领域，与其耗费大量的人力、物力、财力去组建自身的新媒体部门，不如直接进行市场并购，收购一家成熟而专业的互联网广告公司，从而能够在最短的时间内将新媒体部门投入到运作当中。

3. 通过资本垄断实现经营战略垄断

并购最直观的表现便是资源的叠加和整合，如广告公司最现实的重要资源——媒体资源和客户资源。并购趋动的叠加和整合可以带来即时的强势效应，这反映出目前广告业发展的无奈现实，也间接显现出中国当前广告产业发展的急功近利。因为资本的崛起，恰恰凸显出了广告传统专业服务与创新的弱势。

广告业众所周知的悲哀是，策划创意与设计制作虽然是广告业赖以生存的

[①] 韩淑芳：《中国广告产业不均衡发展问题探析——基于产业经济学的视角》，《湖北大学学报（哲学社会科学版）》2016 年第 2 期，第 112 页。

养分,但是,创意不如资源(资本),尤其是媒体资源,更容易攫取巨大的利润。在 Blue World 2012 社会化营销年会暨中国国际社会化营销高峰论坛上,时任蓝色光标传播集团董事长兼首席执行官赵文权在发言时坦承:"今天在中国从事这个行业的很多公司,如果规模大一点盈利强一点的话,许多都不是靠能力吃饭。……而是靠资源吃饭。而真正通过创意、通过策略、通过执行、通过服务获取大量收入和利润的企业很少。"①

并购整合得当,采用"不同公司一套人马",也有利于打破行规限制,整合与发展客户资源。在广告公关行业,有一个不成文的规定,那就是同一广告代理公司不能同时代理有竞争关系的客户。这也是蓝色光标一直奉行"并购不整合"政策的原因。正如赵文权所说,"品牌端是独立的,后端有一部分是打通的,比如公司的财务、法务、人力资源以及 IT 需要进行整合,前端各个公司在自己的平台上自由发挥"②。

(二) 西方跨国广告集团的并购模式

2013 年,WPP 拱手让出了广告业世界第一的宝座,对手超越 WPP 的方式正是其所擅长的并购。全球第二大广告传播集团法国阳狮和第三大广告传播集团美国宏狮达成合并,组成阳狮宏盟集团。在 2012 年,全球第五大广告传播集团日本电通宣布将以约 31.64 亿英镑的巨额价格收购全球第八大广告传播集团安吉斯,2013 年,电通最终成功收购安吉斯,组成电通、安吉斯综合广告公司。

跨国广告集团进行并购的考量基本包括以下几点:从外部看,一是获取客户资源,通过并购,不但能以较小代价拥有本公司业务之外的优质客户,而且可以通过整合业务、提升专业化水平来吸引新客户。二是提升议价能力,通过并购,可以使公司拥有雄厚资本,并形成规模效应,同时可以使公司获取更多消费者相关数据,这将有助于公司提升媒介购买的议价能力,优化媒介代理的盈利模式。从内部看,一是降低经营成本,并购可以实现集约经营,提高利润率;二是优化业务布局,并购可以在较大范围内优化资源配置,拓宽销售市场和业务版图。

从并购方式看,跨国广告集团既有"强强联合"型的兼并,也有"强弱分明"型的收购。从并购范围看,跨国广告集团的触角早已伸向全球各地。从并购重心看,跨国广告集团的收购主要偏向数字广告公司,以此应对新媒体

---

① 许烨:《并购,不要与广告渐行渐远》,《广告大观》2013 年第 1 期,第 20 页。
② 《蓝标这个高速并购机器是怎么运转的?》,2013-04-26,https://www.huxiu.com/article/13618.html。

兴起和大数据爆发给广告行业带来的挑战,并已成为常态。

跨国广告传播集团作为先行者,自然拥有更为丰富的并购经验。中国本土广告传播公司作为跟进者,虽然与之差距明显,但其并购尝试已让中国广告业不再零门槛。

从欧美跨国广告集团的发展历程我们也可以看到,并购是其发展壮大的重要途径。全球广告公司的并购浪潮大致经历了以下阶段,即横向并购—纵向并购—相关性混合并购—强强相关并购的过程,目前正处在相关性混合并购和强强相关并购阶段。早期的广告公司之间的横向并购主要是出于获取新客户、进入新市场或提高市场势力等目的,随着企业对全面广告代理的需求,纵向并购成为一种发展趋势,从而产生了大型的跨国广告集团。进入20世纪80年代以后,广告公司开始并购一些与广告产业相关联的营销传播公司,一些大型的跨国营销传播集团应运而生,这些公司能够为企业提供包括广告、公关、促销、直效行销、数字行销等在内的整合营销传播代理服务。

三、项目下的专业协作与连锁运营

(一)项目下的专业协作——精简机构,整合服务网络

由于客户的广告需求越来越趋于个性化,所需服务越来越复杂,从早期的推销产品功能向产品策划、市场调研、整合营销、效果评估等全方位服务演化,"单个的广告公司已经无法胜任全方位的客户需求,广告公司之间的战略合作就势在必行"[①]。这种战略合作包括两种形式,一种是战略合作松散型。即广告公司结成松散联盟,资源共享,通过有形和无形契约,以价值传递和价值分享的方式,由接单广告公司汇总,向客户提供一揽子服务。比如,户外广告公司可以结成联盟,整合区域户外广告资源,与本公司的客户资源对接,开发和利用客户需求,降低户外广告空置率,提高营业收入。如Victors & Spoils公司一开始就没有员工,之后的人员也十分精简,主要基于"众包"的方式与多家公司合作。公司于2009年建立,已经获得了美国维珍(Virgin)、李维斯(Levi's)、哈里·戴维森摩托和PayPal等客户的生意。显然,Victors & Spoils与传统大型广告公司相比,人员精简得多,却在节约成本的情况下集聚了各种专业服务。另一种是核心型。以一家大广告公司为主,联合众多资源互补型的小型广告公司(广告制作型公司为主),为客户提供比较完整的广告服务。在广告行业集团化规模化的全球趋势下,这将成为广告公司之间实现价值

---

① 刘萍:《论广告公司经营误区及对策》,《东南传播》2012年第11期,第45页。

分享的战略合作主要途径。

（二）连锁经营——建立分支机构，扩大服务网络

在整合营销传播服务中，与大型客户建立长期战略合作的门槛较高。大型客户特别是世界500强及国内著名公司，选择服务代理商的条件苛刻，要求代理商有健全的服务网点、高效的运作系统、丰富的行业经验、成功的实战案例、良好的品牌声誉、高水平的服务团队以及系统的服务支持。跨国广告集团的全球扩张过程是基于其所服务的跨国客户在全球的扩张。终端服务供应商华谊嘉信、公关公司蓝色光标、广告代理公司省广股份在招股说明书中都有建立分支机构的募投项目。以华谊嘉信为例，"虽然其目前主要客户在北京，在上海、武汉、成都的市场份额较小，但在当地有较好的客户基础，客户合作意愿较高，通过建立分支机构，可提高公司的盈利能力和市场份额；服务的前十大客户，都在当地有分公司，均表示愿意在当地展开进一步业务合作"[①]。

目前仍有许多本土客户以销售为主导，营销方面缺乏经验，这些客户需要的不仅仅是一个品牌专家，更需要一个全方位的营销智囊。另外，中国市场呈现着多样性发展态势，不同区域的市场情况相差甚远，所以，区域对应能力必将成为一个成功广告公司的必要条件。

第二节　数字化驱动下的规模扩张

数字化时代的媒体和用户细分后，广告公司已经很难做到全覆盖投放。前文已提及，并购数字广告公司正是进军数字领域的捷径，但广告业的并购肯定不只是为了迅速进入某个新领域，它的诉求应该更为复杂，价值应该更加多元。广告公司开展并购活动，其核心动机为获取新客户、进入新市场、提高垄断度和完善产业链等，但是并购之后的企业文化冲突、代理客户冲突风险、核心人才流失风险和并购对象经营风险是亟待解决的问题。

---

① 深圳证券交易所：《华谊嘉信股权说明书》（股票代码：300071），http://www.szse.cn/。

第五章 公司边界扩张：从规模扩张到平台经营

一、传统广告公司巨头之间的合并及其对数字营销公司的并购

（一）传统广告公司联合，应对互联网巨头的挑战

传统广告公司巨头联合作战，向数字营销领域进军，应对互联网平台巨头在数字广告领域的强势渗透。为了应对媒介平台的变革，以及谷歌、Facebook等互联网巨头在数字广告领域的渗透和捷足先登，传统广告公司不能不由单打独斗走向联合作战。

在电视、报纸、广播当道的传统媒体时代，广告代理商活得很滋润；但在互联网时代，媒介和广告代理商的角色愈发模糊，而由此兴起的包括移动广告、视频广告、网络原生广告等在内的数字广告，凭借互联网的可测量性、交互性和细分性，正不断分食传统媒体的广告收入，加速了行业洗牌。而以谷歌、脸书等为代表的互联网巨头随着在数字广告领域的野心和实力不断膨胀，已占据数字广告市场大部分份额，并迅速成长为传统广告公司的强劲对手。

目前，谷歌、脸书等新媒体创造的数字广告正以每年约15%的增幅席卷全球。eMarketer数据显示，2012年全球广告支出即有22%流向数字广告市场。而2019年全球数字广告支出达到3272.8亿美元，比2018年增长17.1%，这也意味着数字广告将首次占全球广告市场的一半。预计到2023年，全球数字广告支出将达到5175.1亿美元。

作为全球第一大数字广告公司，谷歌从网络搜索广告切入数字广告市场，正加速向显示广告、视频广告及移动广告等跨平台广告服务转型。据eMarketer统计，2013年谷歌占据全球数字广告市场33%的份额；至2019年，谷歌仍占数字广告市场主导地位，其数字广告收入高达1037.3亿美元，全球市场占比仍高达31.1%，远超排名第二的脸书。脸书凭借掌握全球最庞大的用户量跻身为全球第二大数字广告公司，2013年坐拥13%的市场份额，2019年即占20.22%。

另外，移动广告市场规模发展迅速，增速放缓，2019年全球移动广告市场规模近1902亿美元。谷歌在移动广告市场份额46.8%，占行业主导地位，脸书紧随其后。

全球数字广告市场集中度较高。2019年，前十企业市场累计占比为76.51%（如图5-1），显然，排名前十的企业全部为互联网平台企业。中国阿里巴巴则排名全球第三。而在英国，2019年脸书和谷歌占英国数字广告市场的68.5%。

2011年3月14日的《第一财经周刊》出版了封面文章《侵入者》。文章

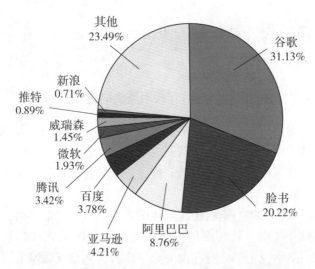

图 5-1 2019 年全球数字广告业主要企业排名

描述了那些庞大却无措的传统广告公司,在面对数字时代的多元、善变、分散和失控的沟通渠道时的彷徨与无助,而对互联网巨头对广告业的直接渗透,它们力图改变什么,但又不知道从何下手。

实质上,为了应对媒介形态的变化和新媒体对广告业务的抢食,传统广告巨头正通过合并,以及收购数字媒体来加速向数字广告转型。正如《第一财经周刊》另一篇重磅文章《收购者又来了》(2012 年 9 月 24 日)所描述的:在新媒体和新消费行为方式下,消费者的心理与行为模式状况变得越来越难以捉摸,传统大广告公司根本无法赶上市场和受众的变化创造出好的创意,于是他们采取了一个最简单粗暴却似乎是一劳永逸的方法,也是几乎所有商业经常采用的方法:兼并收购。

2013 年 7 月 28 日,美国宏盟集团与法国阳狮集团合并组建了新的广告机构阳狮宏盟集团。在媒介平台正由传统媒体向数字媒体转型的关键时期,阳狮和宏盟二者的强强联合,是期待可以创造更大的规模利润,增强在传统广告领域的实力,更重要的是还可抢食数字广告这块大蛋糕。通过购买数字媒体,阳狮宏盟集团已完成对数字广告市场的先期布局;此时合并,则可以产生合力。集团可以立足于二者的用户基数,利用大数据分析消费者行为,弥补传统广告机构在数字广告领域的不足;并凭借规模优势和大量的消费者数据,在购买广告时提升议价能力。

(二)广告巨头对数字营销公司的并购

2012 年夏,WPP 以 5.4 亿美元收购独立数字营销公司 AKQA,加快布局数字广告市场；全球第五大广告企业日本电通公司以近50亿美元的高价，收购了全球第八大广告公司英国安吉斯集团；阳狮集团将数字营销公司Digital和数字广告营销服务商（BBH）收入囊中，目前数字广告业绩已占据阳狮37%的收入份额；宏盟则通过与科技公司合作加强自身的网络能力，同时也收购了搜索和数字产品提供商网迈广告。

为什么跨国广告集团热切于并购数字型公司？广告需要广告人能够独立洞察和独特表述，其中对受众（即消费者，时至今日变成数字化产品、服务和媒体的用户）人性与行为的把握最为重要。然而，与此相伴的一个局限是，非规模化的广告公司并不能够承担个性创意所需花费的高昂成本，因此，在20世纪80—90年代全球广告公司大整合成为必然。

随着数字化的逐步发展，刚刚稳定的产业生态和制造技术（创意）又被打破了。传统广告人的生产方式不仅没有竞争优势，即便是高效获取其生产的基本要素（对人性把握和对传统渠道的控制）也已经成为一件日益困难的事情；因此，在数字化或死亡的选择中，获取更强的创新能力和数字技术成为必然，而实现这个目标的最快捷、最简单方式莫如收购。

虽然数字化和技术革命增加了独立广告公司和创新广告公司对传统广告集团的挑战能力，让它们面临窘境；但反过来，这些广告集团却可以凭借资本优势整合数字公司与人才。总之，对消费者的理解与引导，是广告行业人百年以来的内心期望，也是广告这种商业模式建立的前提与基础，因此，在将"数字"变成创意或故事之前，对平台、工具和人才的储备变成顺理成章的事情。

广告巨头间的合并，并向数字广告方向整合，引发了广告行业的整合大潮，也给新媒体的广告业务带来不小的冲击。实质上，传统公司和数字公司的整合，与其说是与谷歌和脸书之类新媒体的竞争，倒不如说是适应媒介形态变化所做出的必然选择。

二、数字广告公司的并购与战略联盟

（一）数字化并购的对象与目标

为优化经营结构，提升数字化经营能力，与技术类广告公司相关的并购在数字广告产业频繁发生，强势资本往往成为收购方，而收购的企业收购成功则往往与提升大数据资源、媒体资源及相应的能力有关。

技术变革使广告产业内分工不断垂直细分，一批专精于程序化购买、数字创意与内容生产、流量整合与引导等业务领域的专业数字营销公司应运而生。这些公司因拥有稀缺性的大数据资源，其独特的数据处理和服务能力也难以被模仿，有意进入数字广告领域的资本方被吸引，并将其作为并购目标。

最典型的是前述传统广告巨头公司或大型营销传播集团对专业数字营销公司的收购，快速提升在数字营销和程序化购买等方面的专业实力，实现转型发展。如2015年6月蓝色光标对多盟公司和亿动公司的收购①。多盟和亿动两家移动广告公司，在技术、资源、平台产品和服务方面有非常好的积累与经验；在区域优势、行业优势和技术优势方面高度互补。并购之后，蓝色光标与两家公司在资源体系、服务体系、客户体系及技术平台上可以实现战略共享，实现"1+1>2"的整合效应。

技术类公司也易被拥有大数据资源和媒体资源大型互联网企业所购，实现强强联合。如2015年1月，阿里巴巴集团战略投资并控股易传媒。此次合作被认为"不仅对易传媒的发展具有里程碑式的意义，对中国数字广告领域也会产生深刻且深远的影响"②。作为一家DSP公司，易传媒拥有大数据分析能力和专业的程序化购买广告交易工具，控股后，易传媒仍保持独立运营。依托易传媒的TradingOS平台以及阿里的大数据和云计算能力，通过双方数据的打通，双方将能够合作建立端到端的数字广告技术和大数据营销基础设施平台，帮助网络媒体更好地提升流量变现能力，向广告主及第三方专业机构提供领先的技术和数据产品。

新进入数字广告领域的资本为实现自身的战略布局，而收购数字营销类公司。如A股上市公司北京梅泰诺作为通信技术有限公司，为实现"大数据+人工智能"的战略发展布局，在2016年底收购BBHI集团。BBHI作为全球领先的SSP平台，拥有先进的广告技术和全球化的媒体资源和客户资源。③

广告技术公司或数字营销公司间的并购，力图完善产业链布局。一些有实力的公司可以通过并购其他同类或不同类型的广告技术公司或数字营销公司，

---

① 蓝色光标以2.89亿美元收购多盟100%的股权和多盟智胜网络技术（北京）有限公司（简称"多盟"）95%的股权，以6120万美元收购亿动51%的股权，同时以1000万美元对亿动进行增资，上述投资完成后，蓝色光标持有亿动54.77%的股权。

② 廖秉宜：《中国程序化购买广告公司经营的五大战略》，《数字营销》2016年第6期，第19页。

③ BBHI的核心技术优势在于利用算法提升程序化交易的效率，其基于上下文检索的广告（contextual advertising）技术全球领先，并依托其机器学习（machine learning）、预测数据分析（Predictive Analytics）等人工智能技术优势，利用自主算法自动权衡精准定位付费最高的竞价广告，从而帮助媒体大幅提高长期广告收入。同时，BBHI集团在全球范围内拥有7000多家媒体资源，包括福布斯（Forbes）、福神妙恩特（Fluent）等全球数百家最有影响力的媒体以及其他拥有优质内容的中小媒体，其中微软、谷歌、必应和脸书等均成为主要客户。

完善产业链布局，从而转型为大型的数字营销传播集团。中国的这类数字营销传播集团正在发展中。事实上，欧美国家一些独立发展的广告技术公司已经达到了体量庞大的级别，如 AppNexus、Turn、MediaMath 等一批平均年收入超过 3 亿美元的公司。

上述围绕数字营销或技术公司的并购，无论是哪种，参与并购公司的目的均是"以产业链并购为基础，构建自身的数字化业务生态系统"[①]。

在"强媒体，弱公司"的传统大环境下，传统广告公司以媒介代理和策划创意为主要业务模式。数字技术与市场环境的双重变革，带来产业链重构的重要机遇。广告公司借助数字化并购整合，业务向全产业链覆盖拓展，在"破"中寻"立"的战略机遇。如利欧集团在 2013 年开始实施的全产业链并购战略。利欧集团拟定了建立"数字营销业务生态圈"的转型发展战略，2014—2015 年，围绕该目标，通过资本运作持续进行并购整合扩张，陆续并购了漫酷广告、上海氩氪、琥珀传播、万圣伟业等 6 家数字营销公司，迅速成长为国内数字营销行业的龙头企业之一。

（二）战略联盟的合作方与目标

数字营销广告公司也通过建立战略联盟，补充自己的短板，提升相应能力。如程序化购买广告公司通过建立战略联盟，可以提升大数据的获取能力、应用服务能力和程序化广告投放的专业能力。

1. 与优势的互联网媒体建立战略联盟，从而获取大数据资源

如智子云是 2014 年才进入 DSP 行业的后起之秀，凭借数据挖掘技术，快速成为 DSP 市场的生力军。智子云和百度 BES 从合作之初关系就非常紧密，并在 2015 年一举斩获百度 BES "最佳合作伙伴"大奖。再如 2015 年 8 月，悠易互通与华数集团的战略合作，推动了程序化电视购买从概念走向实践，以"技术＋内容"的双重引擎，颠覆传统电视广告采购模式，打开互联网电视营销新局面。华数借助此次战略合作，将华电视领域的媒体销售方平台（SSP）与悠易互通 DSP 广告平台对接起来，进行互联网电视广告投放。

2. 与领先的广告技术公司之间建立战略联盟，完成更高质量的广告投入

如 2015 年 10 月，品友互动和全球领先广告环境技术公司 IAS（Integral Ad Science）达成战略合作，联手破局程序化广告的"广告环境"难题，重点解决品牌安全、可见性等重大问题。品友互动也成为国内首家引入国际最领先的广告环境技术的 DSP 公司，致力于为品牌客户打造最可控、最先进的品牌安

[①] 刘润峰：《数字化转型背景下的广告公司并购研究》，《传媒（下）》2017 年第 12 期，第 76 页。

全和可见性能力。与 IAS 的战略合作,能够让品友互动的客户在进行 DSP 投放时,提前对品牌安全程度、可见度程度进行筛选设置。广告主通过品友互动 DSP 系统可选取安全可靠的投放环境完成更高质量的广告投放。

3. 与专业的互联网技术公司合作,提升大数据应用服务能力

2015 年 11 月,"智子云"与"新三板"公司凌志软件签署了《战略合作框架协议》,双方拟建立全面战略合作伙伴关系,成立金融大数据合资公司,共同向国内银行、证券及保险等金融机构提供大数据 IT 体系建设、用户行为分析、电压调节模块(Voltage Regulator Module,VRM)、互联网营销等大数据相关的技术服务。

三、并购绩效的保证与风险

并购作为一种公司战略,能够依靠资本运作在短时间内获取大量的外部资源,实现超常规的快速发展。同时,这些外部资源进入公司内部后,往往在技术、业务、客户、组织架构、企业文化等层面存在着一定的冲突与矛盾,成为并购后的企业经营隐忧,这就需要公司管理层从企业战略和日常经营层面进行资源的重新优化配置。

业务整合通常体现在并购后广告公司业务流程的优化、业务范围的缩减或扩张、市场开发与客户服务的整体协调等层面。科学有效的业务整合能够带来良好的经营协同效应,被并购方通过公司整体业务层面的长期合作、分享等组织学习能形成知识扩散的"溢出效应",大规模的公司内部采购能有效降低企业的整体经营成本。数字营销作为轻资产业务,其核心资产是公司技术,而技术手段所依附的人力资源,是并购后广告公司组织架构调整的重心。在公司整体发展战略的指引下,给予被并购方充分的经营自主权,将其创始人或核心团队成员纳入公司管理层,制定业绩对赌的约束机制和提供股权激励政策是较为常见的人力资源治理手段。

当下的数字化并购前景如何?可能面临哪些风险?

当年阳狮和宏盟的联手,不论是为未来广告行业的变革未雨绸缪,还是要凭借规模优势,跟谷歌、脸书抢食数字广告的蛋糕,业界都对阳狮宏盟集团的前景表示质疑,主要问题是,在加入数字广告的抢夺大战之前,如何解决合并所带来的反垄断调查、文化冲突、客户冲突等。对此,WPP 旗下一家机构的中国区总裁表示:媒体投资管理在很大程度上依赖于规模,但规模若不能得到有效整合,再大也无益。

全球第六大广告公司哈瓦斯广告集团(Havas)原首席执行官大卫·琼斯就直言不讳地指出,客户需要广告公司变得更快、更敏捷,而不是更大、更官僚；而两个公司不同的文化将产生不和，将为合并带来负面影响。琼斯还认为，除了文化上的差异，由于合并后的新公司一举跃升为行业老大，由此所涉及的垄断问题也让新公司备受争议。①

苏铭天则认为，宏盟和阳狮合并导致的文化、客户冲突等问题，将使WPP和同行获得大量自然增长的机会。苏铭天的这一观点得到了大部分行业人士的认同。确实，在未来发展中，新公司还要面对客户冲突这一更为棘手的难题。宏盟的客户包括百事、苹果，阳狮则负责竞争对手可口可乐和三星的营销活动，另外，在汽车、通信等大客户中，二者也存在冲突。由于处于竞争状态的两家公司不可能选用同一家广告代理商，因此，阳狮和宏盟合并后将有部分客户流失到竞争对手手中。

更多时候，并购是由于外部的原因而发生的。近几年，各媒体集团、广告公司、公关公司对数字类公司如大数据营销、精准营销、互动代理、社会化营销公司、广告交易平台公司等的并购——简称为数字化并购，则可以看作业界各公司对当前所处的数字时代的一种积极应对。但是，并购后的公司是否会给客户带来福祉？经营上是否有广阔前景？最可能的冲突是什么？除了并购的一般性风险，我们还需要充分关注以下两方面。

一是企业文化冲突风险。企业文化之间的冲突，是广告企业并购中最为突出的风险之一，在数字化并购中可能更为显著。因为数字化公司本质上需要抱有互联网思维，这种思维方式与传统公司文化的差异，带来的文化冲突最终在企业价值观及经营、管理的各环节充分暴露出来。

二是能否实现有效的协同互补的风险。在服务协同上，即使并购，也存在不同的利益。在为客户提供服务时，能否从整体方案出发，实现有效的协同互补，真正消除并购后不同公司、不同部门的区隔，也会是一个挑战。对客户来说，一旦服务团队的人员还是在原有的公司体系下思考问题，则同样会处于并购前所处的困境，整合的解决方案求之不得。这样的情况并不少见。

因此，基于客户挑战和需求基础上的数字化并购，要考虑的不仅仅是在数字化服务领域增加客户，或者在现有客户领域增加数字化服务内容，而且要更深层次地考虑如何提升公司的整体数字化能力。与原有能力的服务整合而不是并行才是并购真正能够给客户带来福祉的基础。

需要谨记的是，数字化已经不是工具，而是土壤，所以，重点不是如何帮助品牌实现数字化或者用数字化做品牌，而是在数字化时代，如何帮助品牌全面提升，数字化并购无疑能提供这种可能。

---

① 《阳狮与宏盟联姻行业并购潮》，《IT时代周刊》2013年第10期，第20～23页。

第三节 趋势：平台化经营与小微服务端

一、产业趋势：建构平台、共享与微经济三位一体的分工新体系

迈入21世纪，中国经济经历着前所未有的蜕变。新经济的分工体系与原有经济体系注重"行业分工"不同，更强调"平台共享"的重要价值，其特征非常鲜明：一是"云网端"基础设施、"数据"生产要素与"大规模协作"结构将是新经济动力所在；二是"平台共享"将取代"行业分工"，从而主导新经济分工体系；三是"平台经济""共享经济"和"微经济"三位一体、相辅相成，构成了新经济基本形态。

传统广告业的代表——跨国广告或营销传播集团，一直是作为引领产业融合升级的核心力量。当前，它们凭借资本、专业、客户等资源优势，仍掌握着融合的主导权，一方面进行规模化、范围化价值链延伸，另一方面进行数字化服务价值提升，甚至有些公司在实施数据驱动战略方面已处于领先地位。但是，这种服务内涵与价值链的延伸，仍是在原有的体系内的修修补补。IT时代，营销集团实行的也是大企业封闭式、强调集中控制的信息化经营之路；现在进入数据作为核心资源的时代，仍走老路只会陷入泥淖。广告产业经济仍是基于行业与专业的分工；数字化融合的优势仍未充分体现。新产业的兴起与广告产业边界的模糊，意味着营销集团秉持的传统主流运作模式以及其作为核心主体的产业形态均受到冲击。从2013年起，广告经营额增速的下滑与中国经济增速下滑有关，但传统广告经营额占比的大幅下降更与传统广告产业运作与经营模式的失效密切相关。

广告产业边界的分化模糊，也意味着新兴产业的兴起；而产业将来会达到更高层次上相对稳定的形态。现在我们仍无法给予新兴广告产业的内涵与边界一个清晰的界定，但可以肯定的是，广告产业必然要遵循现代信息服务产业融合的发展规律。

广告产业作为新经济的代表，其发展应该遵循新经济的分工体系要求。跨国营销集团能否继续作为引领产业结构升级的核心力量，要看其是否对经济大势有清晰认知，要看其引领的产业转型是否符合新经济的分工体系要求。融合并不意味着广告业与其他产业都融为一体，使产业回归分工前的混沌状态；也不是在现有的营销传播产业框架下对原本各自分离的产业的简单整合，而是在

其相互渗透中形成一个新的产业框架结构。广告产业的业务流程、运作模式、公司形态以及协作模式的数字化再造要取得成功，必须基于新经济发展理念。从"平台经济""共享经济""微经济"协同发展的大局出发，踏上以数据资源激活生产力的新征程，如此，广告产业才能真正满足广告主新的需求，真正创造互联网时代新的专业价值。

二、平台赋能广告产业新生态

（一）平台作为广告业的"第三种力量"

进入数据、算法时代，广告界产生了一种神秘的"第三种力量"，它看不见摸不着，但却经常被人提起。什么是广告业的"第三种力量"[①]？内容、技术、场景、热点……不同的人有着不同的答案，现任美团点评广告市场总经理吴荻所理解的第三种力量之一为"平台的力量"。平台作为"第三种力量"之一，也在融合着各种能量。

平台力量助推消费升级。一方面，消费者对新的生活方式和便利性的追求，新的媒介接触习惯的养成，给了平台集聚市场、人群、流量的机会；另一方面，平台也为消费者提供了各种新的可能性。已如吴荻所言："过去传统的营销和广告，更多的是单点的传播和沟通，解决消费者生活中一个方面的问题，但平台的力量可以让我们的生活全方位迭代和升级。"[②]

平台经济的发展始终离不开技术力量的驱动[③]。虽然技术能力的提升只是起点，但将强大的技术能力应用于大规模平台数据的处理，并进而转换为经济工具，才是至关重要的一环。对广告产业，互联网各种各样的数字平台正在重构广告领域的市场结构和分工。利用数字技术打造平台，对广告业务的实施具有广阔的前景。[④] 也可以说，广告平台正在引导和践行广告产业融合的力量和趋势，在平台上，我们可以集合用户，整合数据、消费场景，结合人工智能，在消费者看不到的地方践行第三种力量。

[①] 李煜冰：《全场景打通，实现消费升级的平台力量》，《中国广告》2018 年第 6 期，第 47～48 页。

[②] 李煜冰：《全场景打通，实现消费升级之平台力量》，《中国广告》2018 年第 6 期，第 48 页。

[③] 周佳：《在线短租平台商业模式创新研究——以 Airbnb 为例》，《广东经济》2018 年第 7 期，第 85 页。

[④] 平台经济：《凝聚资源，引领营销风向》，《数字营销》2017 年第 12 期，第 45 页。

(二) 平台营销的趋势

随着数字平台经济的兴起，2017 年，平台营销逐渐成为互联网去中心化趋势下的主流。① 在国外，亚马逊、脸书、谷歌、软营（Salesforce）、优步等诸多公司正在构建网上平台以推动范围广泛的个体活动，这将彻底改变人们工作、社交、价值创造和价值分配的传统方式，而这些平台本身也在输出全新的营销理念。在国内，以 BAT 为代表的平台，占据了 62% 的数字广告市场，除此之外，今日头条、一点资讯等 App 也在改写营销方式。

伴随着平台崛起，"去乙方化"的趋势也浮出水面。这些平台通常扮演着多面角色，既可以作为甲方，也可以作为丙方，同时可以作为乙方，为各大品牌主出谋划策。凭借自身的技术与数据支撑，搭载其传播策略，最终为品牌主实现平台一体化整合传播，既迅速又快捷，贴合品牌主的需求，并能及时接受反馈。而一些客户端更是搭载电商平台，迅速为品牌广告实现及时转化，让品牌投放实现最优性价比。

广告平台已经实现了线上线下全场景打通，能够为商家和消费者提供更好的连接，按照消费者的地理位置和偏好，推送匹配的消费方式和内容。当消费者需要了解店面信息时，平台会给消费者推荐最合适的内容，这更像是朋友之间的口碑介绍。这既是广告，也是消费者所需要的实用信息，也就是我们所说的"广告即内容"。所谓线上和线下打通，平台通过消费数据分析，为消费者构建更丰富和精准的画像，数据的客观性可以帮助广告人和营销人洞察消费者内心以及生活的变化。

基于平台的营销传播价值网络正在形成之中。新的数字社会价值体系的建构，表现在广告产业中，就是广告产业的价值重构并泛化在与其他相关产业相互融合的过程中。同时，这个过程围绕着客户的新需求，基于大数据与平台，研发出一个复杂的数字融合传播价值网络。姚曦等分析了这种多元化价值网络系统的基本特征，即由大量小微前端、大规模应用平台以及大规模数据基础平台共同构成，是以顾客需求为中心彼此依赖的共生性价值网络系统。②

---

① 周杨：《新媒体时代下的互联网营销浅析》，《经济视角（中旬）》2011 年第 12 期，第 78 页。

② 姚曦、李斐飞：《价值重构——数字时代广告公司商业模式的创新》，《广告大观（理论版）》2016 年第 12 期，第 10～18 页。

三、平台化与小微化经营

在数字技术推动下,广告产业的共生性价值网络系统正在逐步构建。这也意味着广告公司的边界张大有两种趋向,一是基于数据基础平台和应用平台的大规模化,即向规模化的营销传播数据应用平台发展;二是小微化,满足个性化需求的精准服务端。

(一)平台化

目前,所谓的平台型广告公司,还是集中在媒介购买和媒介投放领域。这些平台公司依托自己独特的"大平台"运营模式,相异于传统的广告公司的运营模式,行使着广告产业链的价值聚合功能,在广告产业内逐渐取得了主导地位。

"大平台"是指基于关键数字技术基础上的平台构建;平台能够将数据、信息进行加工,并提供高效能的数字营销传播决策。或者说,平台挖掘数据和信息的最大效能,为所有具有营销传播需求的个体和组织提供大范围、精准、高效、安全、低价格的信息服务,其盈利模式的实现直接对应其客户价值,收费方式与传播效果高度相关。

平台型广告公司的价值提供,相比较于传统广告公司,有两个重要不同。

一是开发了长尾业务。传统广告公司运作的大众广告受成本限制,主要为大规模制造商和品牌商服务。大平台型广告公司依托大数据资源和精准算法,广告运作针对性强、精性和规模兼备。因此,它们不仅能为大规模制造商和品牌商提供广告服务,还能将海量的传统小型广告主和闲置媒体资源纳入服务范围,这就极大拓展了客户群体,释放了广告市场中的长尾增量。

二是平台型组织最大的优势是"精准"和"互动"兼备。无论是数据分析平台还是广告交易平台,所提供的精准的数据分析、实时的交易反馈都是传统的广告产业无法企及的。

前述第三章我们已对广告交易平台生态系统和各类数字广告平台公司的价值创造与核心经营模式做了简要介绍。双链(Doublelink)、广点通、精硕科技等企业,它们的商业模式逻辑是基于数字技术基础上的效率优先原则,为客户提供具有高价值、低价格的标准化信息服务。

平台型广告公司采用标准化界面与其他功能平台共同建构营销传播价值网络中的应用层,往往以核心数字技术作为支撑,它们所提供的具体功能是将数据转化为专业服务,核心竞争力是对数据的储存、归纳、分析、交易能力。如谷歌的移动互联网广告平台 AdMob 可在所有热门平台(如 Android 和 iOS)上使用，并且支持主流游戏引擎（如 Unity 和 Cocos2d-x），并与集团下的 Google Play、FireBase 实现服务整合。AdMob 不仅构建了自己的广告联盟，还与全球 40 余个广告联盟构建了协作关系。再如腾讯 DMP 平台，它的基础层价值网络是腾讯 QQ 的 8 亿在线用户，它通过整合、归并不同纬度的用户行为、兴趣，经过去身份化、脱敏后构建用户兴趣标准分类体系，目前覆盖了 400 余种细分标签。在此基础上，为营销传播的应用层提供数据分析、数据挖掘、数据管理、数据可视化等价值功能。

各种类型数字平台型广告公司要实现这种平台化运作，必须依赖具有竞争力的核心数字技术和相应技术人才。例如美国的 Criteo 是一家以重定向技术为核心的数字营销公司，它的核心技术是自身的预测算法——公司为广告客户提供更为精准的消费者分析，从而优化客户的实施在线广告系统。Criteo 公司服务 37 个国家的 4 万多家电子商务、在线旅游和其他在线平台，其产品包括 CPOP 平台、脸书、邮件服务器（Mail Server）、移动和 AD-X 跟踪系统，掌握大量的重新定向技术以及优势资源。这种价值服务对技术能力和经验的积累要求较高，在平台型广告模式建构过程中，技术和人才方面需要经历一个相对长期的积累过程。

上述应用平台能够提供精准、互动性的信息服务功能，也能实现广告信息的集聚和智能分发。但是，目前看来，深度学习、人工智能等数字技术仍无法深度取代人的创意、创造性工作，广告行业作为一种创意产业的根本属性仍会长期存在。另外，数字广告的交易体系非常复杂，其中也包括大量"创造性"工作。

因此，在数字广告产业价值链上，一些传统广告公司经专业化、归核化而进行业务收缩，一些个体或小型组织凭借独特的创意、技术创新能力新进入广告市场。这些企业规模小，但数量庞大，它们在基础数据层和数据应用层的平台系统上，以服务"端"的形式出现，围绕着多元化的客户价值需求，为客户提供个性化、定制化营销传播解决方案。

（二）小微化

小微服务"端"的服务更加专业化、多元化、弹性化；价值主张极具个性化；服务"端"之间以联合或独立的形式，彼此耦合。传统广告公司为提供"整合营销传播"服务，公司内外部所形成的协作和整合性功能结构，被这种开放式的自组织结构取代。如一些个性化创意、电子商务平台建设、商务渠道管理等小微公司，其价值建构的方式，是利用自身的专有"资源"，将自身嵌入特定的数字营销传播价值网络中，利用已有的基础层平台和应用平台进行价值传递。

第五章　公司边界扩张：从规模扩张到平台经营

在现有的数字技术背景下，网络已经变得越来越重要了，用户不再只是一个单纯的服务和产品接受者，开始更多地参与到价值创造中。允许外部参与者协同创造价值的在线平台，正在改写竞争规则。平台化的商业模式、工作程序、人力资源、工作方式等已经发生翻天覆地的变化，广告公司要么接受这种平台模式，要么承受被新加入者颠覆的风险。广告公司的掌舵者和管理者，应该更好地利用互联网带来的有力竞争优势，重新考虑公司的平台模式，适当调整运营方法。

总之，广告公司的扩张以资本的扩张为主要表现形式，不断进行并购与联盟是广告公司的生存之道。而并购作为一种从企业外部获取战略资源和服务能力的公司战略，现在仍是我国广告产业数字化转型发展中的热点现象。进入互联网时代，数字技术不断发展与成熟，资本扩张依然是主要形式，但是扩张的方向却发生了偏移，更多的广告公司偏向于数据技术公司、数字营销公司等。

将数字化，包括数字技术、大数据、云计算和人工智能等作为一种战略资源和业务驱动力，已成为广告公司数字化转型发展的主要内容和使命。因此，广告公司纷纷以稀缺性的创新技术、大数据等资产作为并购目标；以产业链并购为基础，构建广告公司自有的数字化业务生态系统；以并购后的业务整合与经营协同保证并购绩效，成为数字化转型背景下广告公司并购的基本逻辑。

为了适应市场化需求，越来越多的广告公司开始构建自己的平台，重新调整运营思维。作为广告大国的中国，应当顺应技术发展的潮流，实现广告公司的平台化运行，不断创新生产机制。

第六章　从差异化竞争到协同竞合

第一节　广告公司的传统竞争战略模式：差异化代理

找寻广告蓝海，已是眼下传统广告公司一种必要的生存策略。从外因来讲，数字与互动型广告公司的兴起，数字媒体带来的复合型传播，致使传统广告公司风光不再；从内因来看，广告公司的同质化、同行业间的恶性竞争以及创意的贬值，无不加剧着传统广告公司的危机。已经饱受红海的血腥竞争而筋疲力尽的广告公司，需要更加广袤的市场。因此，广告公司必须跳出原有框架，寻找新的利益增长点，从根本上把握蓝海战略的核心原则：差异化服务。

一、广告市场的"劣币逐良"与同质化代理

"劣币逐良币"是信息经济学的重要概念。所谓"劣币逐良"现象的产生，就是由于市场交易双方之间的信息不对称，使得信息劣势方只愿意根据平均质量支付平均价格，从而导致高质量商品退出市场，最终消费者只能购买到质量次的商品，而非质量高的商品。广告市场"劣币逐良"的发生，关键在于广告主和广告公司间信息不对称。信息不对称的形成有两种原因，一是广告主对广告公司具体情况缺乏了解，在选择广告公司时必然存在认知风险；二是认为广告公司之间没有太大差异，或者说，广告公司确实没有能够向广告主表现出服务差异，而其后果是：一方面，优秀广告公司将会被挤出市场，使得广告产业整体服务质量大大降低；另一方面，也将广告主置于十分不利的境地，广告主只能选择到服务质量低于或等于平均水平的广告公司，感觉好像是节约成本，但实质上却是广告公司代理服务无法达到预期销售效果和传播效果，造成营销成本大幅提升。

市场劣币逐良发生的主要原因在于交易双方的信息不对称。信息不对称造成市场交易双方利益失衡，影响社会公平、公正以及市场配置资源效率。[①] 同时，信息经济学针对市场"劣币逐良"现象，提出的具体解决途径——交易

[①] 妥艳贞:《不对称信息经济学理论观点述评》,《兰州学刊》2004 年第 5 期,第 88 页。

双方积极地传递、搜寻和甄别信息，即可以有效消解信息不对称，降低信息劣势方认知风险，从而有效规避市场劣币逐良。

究其根本，同质化代理是劣币逐良发生的根源。广告公司是市场专业化分工的必然产物，其存在的核心价值就在于为企业提供高度专业化的营销传播代理服务。我国广告市场也存在"劣币逐良"问题。长期以来，广告公司同质化竞争已经严重削弱我国广告创意产业竞争力，广告公司同质化竞争的事实和广告主对广告公司同质化的认知，使得广告市场"信号失灵"，广告公司信号传递以及广告主信息搜寻和信号甄别都无法发生作用，从而进一步加剧广告主和广告公司之间的信息不对称，导致广告市场劣币逐良的发生。①

当前，我国广告公司同质化竞争的原因多元，如，产业链中广告主传统的强势；广告公司人才缺乏，专业能力不足；著作权法对广告创意的著作权保护缺乏激励作用，以致创新动力不足；等等。无论何种规模的广告公司，服务内容、方式和水准趋同，往往找不到核心专长，这样广告公司就会陷入恶性竞争，尤其表现为恶性价格战。

总之，经营趋同，缺乏核心竞争力，已经成为当前限制我国广告公司发展的重大瓶颈。② 低端广告服务充斥市场，造成广告公司营业额和利润率下降，无力投入公司升级运作，无法集聚更多资源，使得广告公司核心竞争力锻造更为艰难，更不能适应市场需求结构的变化。

二、差异化代理的核心价值：信号传递机制

广告公司代理服务差别化，是指不同广告代理公司所提供的代理服务具有不同的特点和差异。在广告市场上，差异化代理服务作为广告公司重要的信号传递方式，有助于消解广告主与广告公司之间的信息不对称，是解决我国广告市场劣币逐良的重要途径。创造与传递服务的差异化，是一种典型的市场信号，"使由于非对称信息而呈现低效率的市场能够重新运转起来。……真实的市场信号是对信息不完备、非对称状况的有益补充"③。

从广告主对广告代理公司的选择心理和行为来分析，理性广告主在有限的时间和收入约束的条件下，追求效用最大化。为此，广告主需要做出两种决

---

① 廖秉宜、付丹：《广告创意产业的差异化竞争策略》，《商业研究》2011年第4期，第47～51页。
② 廖秉宜：《中国本土广告公司经营的问题与对策》，《中国广告》2005年第7期，第56～59页。
③ 陈瑞华：《信息经济学》，南开大学出版社2003年版，第236页。

策：一是需要委托广告公司代理哪些项目；二是在代理项目确定后，确定具体由哪家公司来代理。如果广告公司的代理服务能够成功地实现差别化，广告主就会出于非价格方面考虑而偏爱某一广告公司。

显然，成功的代理服务差别化可以产生两种效应：一是移动广告主的需求曲线，从而改变广告公司的需求水平；二是改变需求曲线的斜线，引起广告公司的需求价格弹性发生显著变化，这两种效应伴随着代理服务差别化策略同时发生。从代理服务差别化与广告市场结构的关系看，代理服务差别化能够提高广告公司的市场支配能力。

一般理解，从广告公司经营层面，差异化竞争战略的利益在于：帮助广告公司区隔市场，缓解竞争，赢得顾客忠诚；形成核心竞争优势，获取差异化高收益和高市场份额；增加新公司进入成本，提高市场进入壁垒；淘汰行业内低效益的广告公司，从而有利于形成良好的市场竞争格局等。

三、差异化竞争的两个战略方向与五种策略

（一）两个战略方向

寻找市场空白，换句话说，就是寻找国内广告市场低度竞争的分布区间。选择旁人不愿涉足的领域，便是选择差异。广告代理服务差异化包含两层含义，即广告公司提供的是差别化代理服务，同时这一代理服务是高度专业化的。只有高度专业的差异化代理服务才能形成广告创意产业核心竞争力和品牌优势，引起广告公司需求价格弹性显著变化。广告公司差异化可以通过两个战略方向来实现：一是产品（服务价值）差异化；二是市场差异化，包括四种策略。

（二）五种策略

廖秉宜等总结了广告公司代理服务市场差异化竞争的四种策略[①]。本书认为，根据公司内在的能力与进入市场行业和区域的不同，这四种策略包含两个维度：一个维度是市场（行业和区域），另一个维度是能力（业务范围和品牌）。而刘传红摆脱传统的广告服务同质化讨论思路，第一次研究广告公司产

---

① 廖秉宜、付丹：《广告创意产业的差异化竞争策略》，《商业研究》2011年第4期，第47～51页。

品差异化问题。① 她认为,"广告产品差异化是指广告产业内各企业提供的广告产品所具有的不完全替代性,或者特定企业的广告产品具有的可以与同行业其他企业产品相区别的特点"。她也考虑到了专业服务产品与一般产品的不同,指出广告产品差异化既有客观差异,又有主观差异,但以主观差异为主。当然,一般很少有企业只在一个竞争层面,采取其中一种差异化竞争策略。根据以上分析,以下简要图示了广告公司差异化代理竞争五种策略(如图6-1)。

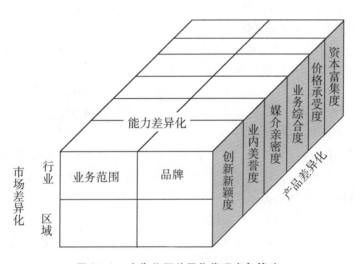

图6-1 广告公司差异化代理竞争策略

1. 代理业务范围差异化

广告主通常有不同营销传播问题,广告公司可以通过代理业务范围不同而形成公司差异化。比如,在广告代理领域,既可定位于广告运作的某个环节,也可定位于为广告客户提供全方位的广告代理服务;在营销传播代理领域,既可定位于营销传播某个领域,如营销咨询、市场调查、广告传播、公关活动、促销策划、网络行销、直效行销等,也可定位于为客户提供全方位整合营销传播代理服务,发展成为大型整合营销传播集团。

2. 代理行业领域差异化

广告公司可以定位于服务某个行业的广告代理公司,开展对该行业市场的深度研究,通过对行业市场的定量和定性研究,动态和静态分析,建立该行业的数据库,提高广告代理的科学性和有效性,从而形成在该领域的核心竞争优势。广告公司还可以主动开发一些极具成长性的朝阳产业,帮助这类行业的企

---

① 刘传红:《广告产业的产品差异化探究》,《现代传播》2010年第8期,第135~136页。

业扩大声誉并迅速成长壮大。

　　虚假医疗广告，因其背后的经济利益驱使，曾经铺天盖地，相关部门屡禁不止，受众不胜其烦，被列为中国新闻媒体"四大害"之一。正因为医疗广告本身的敏感性，近年来，该领域成了很多广告公司避之唯恐不及的黑色地带。然而，麦肯健康传播公司（以下简称"麦肯公司"）却独辟蹊径，避开众人目光的中心，选取一个旁人不愿涉足的争议性领域作为制胜点，精准进行广告创意定位，并取得成功。①

3. 代理公司空间差异化

　　广告公司因为居于不同地域空间，会造成广告主心理认知差异。也就是说，广告公司可以提供真正差别化的专业代理服务，也可以根据广告主心理进行空间布局，比如一些地区性的强势广告公司，为了拓展全国市场，将总部迁至北京、上海、广州等广告业发达城市，或在这些城市设立分支机构等。

4. 代理公司品牌差异化

　　广告公司品牌差异化是一个综合的评价指标，主有以下几个方面：广告公司规模；代理经验；行业声誉；广告作品影响力；公司或作品获奖情况；与政府、金融机构及媒体的关系。

5. 产品（服务价值）差异化

　　广告产品差异化的内涵主要包括创新新颖度、业内美誉度、媒介亲密度、业务综合度、价格承受度和资本富集度。

第二节　广告公司核心竞争力的系统建构

一、核心竞争力与广告公司的核心竞争力

（一）核心竞争力的内涵

　　随着企业营销传播的变化，面对国际广告集团全球化与本土化战略的成功实施，中国本土广告公司的核心竞争力正在逐渐消解。中国广告产业在产业升级还不充分的情况下，仓促进行第二产业升级，并且正在面临数字化升级的需要，因而面临的挑战和困境更大。由于广告公司专业化转型一直未能充分实现，在非专业化的基础上扩展自己经营业务的边界的现实，也使得中国本土广

---

① 李思：《蓝海无垠，出奇制胜》，《广告大观（综合版）》2008年第8期，第44～45页。

告公司呈现业务泛多元化的特点，面临"非专业"的信任危机。本节运用核心竞争力理论，重点对核心竞争力和广告产业核心竞争力的内涵和特征进行深度阐释，并系统阐述中国广告公司如何建构起自己的核心竞争力。

在经历了20世纪六七十年代多元化经营的高潮阶段后，西方企业界出现了反对多元化的呼声，80年代以后纷纷调整经营战略，表现出业务的"归核化"趋势，着手清理企业的非核心业务，强化核心业务，注重培养企业的核心竞争优势。1990年，普拉哈拉德和哈默尔发表的《公司的核心竞争力》一文，第一次正式提出了核心竞争力的概念。他们认为核心竞争力（Core Competence）就是"企业内部的积累性学习（collective learning），尤其涉及如何协调（coordinate）多种生产技能（introduction skills）和整合（Integrate）多种技术流（Streams of technologies）的问题"[1]。他们的理论和方法在东西方学界和业界迅速传播，被称为"西方管理学最前沿理论、最尖端武器之一"[2]。核心竞争力的概念提出后，在许多学者的贡献下，形成了现在影响较大的核心竞争力学派。

尽管企业核心竞争力理论目前尚无统一而严密的理论体系，不过在以下一些主要问题上已经达成了初步共识：①企业本质上是一个能力集合体；②能力是对企业进行分析的基本单元；③企业拥有的核心竞争力是企业长期竞争优势的源泉；④积累、保持、运用核心竞争力是企业的长期根本性战略。

理解核心竞争力的内涵，有四个重要的关键词，即资源、能力、整合与协调、价值。核心竞争力是指企业整合和协调各种资源（包括物质资源、技术资源、人力资源、知识资源、财务资源与组织资源等）与多种能力（包括生产能力、管理能力、营销能力、技术能力、员工能力等），能够创造并提升买方价值，所形成的一种确保本企业在市场竞争中获得竞争优势与可持续发展的独特能力。它并不是指某项单独的能力（如生产能力或营销能力），而是企业具有多种竞争优势的能力集合体。

（二）广告公司核心竞争力的内容

而所谓广告公司核心竞争力，就是指广告公司整合与协调各种资源（包括媒体资源、客户资源、消费者资源、知识资源、人力资源、技术资源、资金资源与组织资源等）与多种能力（包括营销传播咨询、市场调研与分析、广告策划创意、设计制作、媒体计划与购买、公关服务、促销服务、互动营销与

---

[1] C. K. Prahalad, G. Hamel, "The Core Competence of Corporation", *Harvard Business Review*, 1990（3）：68.

[2] 邬义钧、胡立君主编：《产业经济学》，中国财政经济出版社2002年版，第272页。

社会营销、体育行销、娱乐行销以及组织管理能力等),从而为广告主提供高度专业化的营销传播服务,由此形成的一种能够确保广告公司在广告市场竞争中获得竞争优势与可持续发展的独特能力。

广告公司核心竞争力可以是单方面能力,如在广告运作的某个领域(广告策划创意、广告设计制作、广告媒体计划与购买、广告效果监测与评估等),或在营销传播的某个方面(广告、公关、促销、事件行销、互动行销等),或在某个行业某类市场(房地产行业、化妆品行业、汽车行业等)形成核心竞争优势;也可以是整合多种能力,在整合营销传播领域形成核心竞争优势。对广告公司核心竞争力的理解,主要集中在两个方面:一是广告公司作为智力服务型企业,高度专业化的营销传播服务是广告产业核心竞争力的根本;二是市场环境和传播环境是不断变化的,广告公司需要适时调整自己的业务领域来满足广告主营销传播代理的新需求。

二、中国广告公司建构核心竞争力的系统思考

中国广告公司已经开始进入"后广告时代"。不论是何种类型的公司,如4A公司、本土公司、媒体资源型公司、数字传播型公司或广告平台公司,在数字化时代的广告产业网络中,各自扮演着不同的角色,同样都面临着如何打造具有核心竞争力这一亟待研究和解决的重要课题。广告公司如何建构自己的核心竞争力?显然,对任何公司来讲,这都是一个系统工程,需要有系统的整体观念。

(一)核心竞争力的重要属性

为指明系统思考的方向,这里从三个方面来思考:一是广告公司核心竞争力的重要属性思考;二是系统观;三是动态观。廖秉宜借鉴有关核心竞争力的相关理论[1],总结出广告产业核心竞争力具有以下五个方面的重要属性[2]。

一是在广告市场的差异化竞争能力。

二是由差异竞争能力形成的独特性要有市场价值。波特认为,"独特性如果对买方没有价值,就不可能经营差异性。一个成功的标新立异企业找到创造买方价值的途径,使获得的溢价大于增加的成本"。"一个企业通过两种机制

---

[1] 盛平、孙琳:《企业核心竞争力理论透视》,《经济问题探索》2006年第11期,第81~82页。

[2] 廖秉宜:《自主与创新:中国广告产业发展研究》,人民出版社2009年版,第122~125页。

为买方创造他们需要的价值,这种价值是一种合理的溢价(或者是在一种相同价格上的优惠),即降低买方成本,提高买方的效益"。①

对广告公司而言,其差异化经营是能够给广告主创造价值的,也是能够增加广告主的"转换成本"的。总之,对广告公司来说,创造差异性价值,提高转换成本,均是增强广告公司竞争力、提高广告主品牌忠诚度的重要途径。

三是广告公司核心竞争力的不可替代性。广告公司的核心竞争力,或是因为拥有优势媒体资源,或是能够提供更专业化的营销传播服务,或是在不降低专业服务水准的前提下价格更优惠,是在其长期的经营运作中所逐渐形成的相比较于竞争对手更具竞争优势的资源和能力。核心竞争力提高了其他广告公司进入该领域的壁垒,增加了新进入者的进入成本和市场风险,具有不可替代性。

四是核心竞争力应具有竞争优势的延展力。核心竞争力是形成广告公司强势品牌的重要构成元素。一个强势的广告公司品牌必然拥有强有力的核心竞争能力,这种核心竞争能力也是被广告主所广泛认知和认可的,具有强大的辐射效应,广告公司可以将其竞争优势扩散到本公司的其他领域。

五是核心竞争力应具有持久的影响力。广告公司的核心竞争力一旦形成,便具有持久的影响力,能够为广告公司带来品牌客户,提高广告公司的营业额和利润率。比如一些运作成功的大型广告公司的核心竞争力长盛不衰,在历史的磨砺中显示出持久的韧性。究其原因,就是广告公司的核心竞争力已深深扎根于组织体系之中,融入广告公司的文化和管理模式之中。

除了从在以上五个方面,深入理解广告公司核心竞争力的内涵外,还有两种观念需要特别强调。这里结合中国广告公司的经营实践讨论。

一是核心竞争力是动态的调整过程。竞争战略管理实质上是组织对其环境的适应过程以及由此带来的组织内部结构化的过程。或者说,广告公司的核心竞争力具有动态性,其组织也需要随着市场环境和传播环境的变化而重新结构化。如陈一枬就认为:"一家广告代理公司的核心竞争力可以概括为:适应变化的能力。许多成功的广告公司回归,曾经辉煌,但最终免不了走向没落;也有很多全新的广告公司迅速涌现。每一个广告从业者,都需要重新思考自己定位,重新学习广告的基本。能够在激烈的市场中存活的,就是那些可以跟随时代发展步伐而不断革新的胜利者。"②

二是核心竞争力的建构是一个系统工程。我们需要对以上五个方面的内涵深入理解已经说明了建构核心竞争力存在着系统难题。虽然能力是对企业进行

---

① [美]迈克尔·波特:《竞争优势》,陈小悦译,华夏出版社2005年版,第134页。
② 陈一枬:《3.0时代:如何看广告公司的核心竞争力》,《广告人》2008年第2期,第64页。

分析的基本单元，但企业本质上仍是一个具有多种竞争优势的能力集合体，对其核心优势的思考也更应具有整合观、协调观。

一些业界精英和学者也是以系统观来思考广告公司的核心竞争力的。如2006年威汉营销传播集团初成立是，威汉选择了一个业务发展方向，即根据市场发展需求，开拓更多元化的业务，发挥自己的最佳竞争力。陈一枬是从五个方面来看待威汉公司的竞争力建构的，目标正是建构公司的核心竞争力，即"与稳定的客户一同缔造具有影响力的品牌，一齐分享成功的喜悦，是威汉核心竞争力的一大体现"①。

陈一枬所言竞争力的建构包括以下四个方面：一是品牌建设服务竞争力；二是整合营销的能力，不论是传统的广告行业，或是新兴的电子营销领域，威汉希望，在丰富的品牌建设、创意执行和整合传播的经验之上，打造出属于自己的核心竞争力；三是有中国特色的品牌概念，核心竞争力在于我们能够把东西方的文化巧妙地融会贯通，帮助西方品牌本土化和本土品牌国际化；四是自主力量，拥有自己的独立性和决策权，有助于做出快速反应，有助于稳定军心，管理层同时是公司的拥有者，有利于巩固和团结专业团队。

廖秉宜也是秉承系统观来分析中国本土广告公司核心竞争力的消解与重构问题。他在重点分析我国本土广告公司核心竞争力消解的现状及其原因之后，从业务重构与管理创新的双重维度提出了本土广告公司核心竞争提升的系统策略。第一个维度是本土广告公司的业务重构与组织再造，受外部环境和竞争驱动，建立在专业化基础上的整合营销传播转型，以及以数字媒体广告代理为契机抢占市场制高点。第二个维度是以内部管理创新建构核心竞争力，他系统地从企业文化建设、客户关系管理、人力资源、战略规划及投资等方面提出了策略建议。②

第三节　协同进化的竞合

当下正在进行的广告产业数字化融合进一步促进了广告公司的竞合深化态势。依靠单个广告公司甚或传播集团，无论是互动公司、技术公司或平台公司，在复杂的数字广告产业链中，是无法包揽业务、一家独大、独立生存的。

---

① 陈一枬：《3.0时代：如何看广告公司的核心竞争力》，《广告人》2008年第2期，第64页。

② 廖秉宜：《中国本土广告公司核心竞争力的消解与建构》，《商业研究》2019年第9期，第92～97页。

它考验的是公司在数字信息产业中协同前行的竞合能力。竞合是一种竞争关系,是一种合作关系;在复杂的数字广告产业价值链与价值网络中,竞合更应表现为一种整合和协作关系。

一、广告产业数字融合促进广告公司的竞合深化

技术创新是广告产业融合发展的核心驱动力。布莱恩·阿瑟(W. Brian Arthur)认为"创新在产业演化中起着关键性的作用,这主要是由于技术创新能够为广告公司提升经营绩效、赢得竞争优势和实现成功转型"[①]。当下广告产业领域的创新表现为基于"数字化"的全媒体产业链的爆发;大数据推动下中国智能广告产业竞争力的提升;5G技术为产业融合加持;等等。广告产业内部的创新机制—产业组织间的互动与竞合关系,构成了广告产业融合的基本和长期的动因,反过来,当下,广告产业数字融合的一个明显效应,又进一步促进竞合关系的调整。

广告的融合效应带来竞合关系的调整表现为以下方面。

技术促成新服务、新需求不断涌现;技术成为一些公司进入广告市场、参与竞合的核心优势,如社交媒体推广的广泛运作、数字互动公司与程序化广告平台企业的大量兴起等。

新需求带来更多新产品、新服务,其带来的利润也吸引了众多企业的参与。由于市场的不断变化,广告主对广告服务的差异性、广告产品的独特和有效性看得越来越重;但是,广告企业数量的增加,使得广告市场上产品服务的同质化也越来越严重,这使得原本就在圈内的传统广告公司面临淘汰的风险。优胜劣汰,在此过程中必然会有企业倒闭或被并购重组的现象发生。

数字融合也带来广告产业效率的大幅提升;但同时,某些广告技术、产品或服务会被取代,其市场需求因此逐渐萎缩,在整个产业结构中的地位和作用不断下降,如2015年传统媒体广告全线下降7.2%;2016年上半年也下降了6.2%。无论是资金还是广告费用、人才等资源,将会向相应的产业集中。[②]如实时竞价广告技术与广告代理运作的结合,取代了原来的代理地位和媒介投放方式,造成代理市场的部分萎缩。再如,在大数据背景下,专业数字营销服务公司具有消费者洞察的特殊优势;而大型网络媒体已开发出基于整体用户行

---

① 秦雪冰:《广告产业演化:一个研究框架建构的尝试》,《广告大观(理论版)》2016年第6期,第22页。
② 中国广告协会报刊分会和央视市场研究(CTR)媒介智讯:《2015年1~12月中国报纸广告市场分析报告》,第15页。

为的数据分析、挖掘的可与大数据技术服务商媲美的产品，如"百度司南""腾讯 MIND"等，已有向广告传播平台发展的趋势，这意味着传统广告公司所具有的渠道价值、创意能力、议价能力都将受到威胁。

融合平台环境，不同广告公司价值创造途径的相互交融，全产业链的扩张举措，等等，促使分属不同产业或广告业内不同行业的公司由原先的非竞争关系转变为竞争关系。如 4A 广告公司与技术型数字营销公司的关系，正由雇主关系变成竞争关系。技术驱动营销的时代，4A 广告公司原先所具备的专业技能逐渐被互联网、大数据所取代。然而，许多以技术驱动的数字营销公司本身就可以独当一面，因此，昔日雇主也开始变成了竞争对手。

广告企业把融合过程推进到广告运作的各个层面，从而把产业融合的可能性转化为现实。产业融合中企业竞争合作关系发生变革，融合产业内的企业数量不断增加，企业间的竞争加剧，市场结构发生变化，增强了竞争性，促进了资源整合。企业创新与灵活性被提升到新的战略高度。

既然有竞争，便会有合作，在竞争中合作、在合作中竞争，对企业来说是双赢的局面。也就是说，参与融合的企业并非一味竞争，公司间也会利用在各自领域中的优势进行合作与分工，以谋取"共赢"。在共享化、个性化的市场消费新理念的驱动下，产品竞争已经从单体产品、服务升级为企业之间的竞争合作。在这种技术环境和消费环境下，任何一家企业如果离开了开放合作，必将寸步难行。企业只有适应市场、适应消费者的需求，通过改革创新和开放合作，才能够得到生存和发展，从产品研发、采购、制造到销售和售后服务，建立一个可持续发展的完整产业链条，这样才能够充分适应未来的市场竞争。[①]

虽然技术是基础和润滑剂，但资本这种超越了专业、知识、技术和资源的力量，在广告企业竞合关系博弈中起到支配作用。来自广告公司之间及行业外的投融资，将有助于广告公司快速扩张、频繁联盟与并购；而此种资本运作带来的集聚效应将取得公司规模的扩大、经营业务的多元以及整体服务水平提升等多重效果。资本推动下的战略联盟、并购等合作共赢，仍然是广告相关组织竞合的主要形式，但参与竞合的广告组织主体更为多元和跨界。线上线下整合布局、跨界合作等也为企业发展开辟了新的道路。广告公司作为开放型企业，积极与外界沟通，不拘泥于传统的企业边界，有利于整合各界资源获得更广阔的发展空间。

总之，数字技术尤其是大数据技术的发展，对不同规模、不同专业公司之间的关系带来不可避免的冲击，这种冲击必然促使广告产业组织间产生新的互

---

① 阎秉哲：《华晨宝马是共赢的范例，开放合作是产业发展的必由之路》，http://auto.ifeng.com/quanmeiti/20190831/1325447.shtml。

动与竞合关系。目前的冲击态势主要是数字化融合；广告产业的数字融合发展必然伴随广告组织间竞争与合作关系的调整；竞合压力的调整，帮助参与融合的公司获得更大空间，更强化了其面临的竞争，客观上提升了公司的市场竞争力。另一方面，也会促成广告企业间的共赢思维，即利用在各自领域中的优势，进行合作与分工。

二、广告公司协同进化的竞合态势

（一）广告公司协同进化的竞合内涵

整合不仅是公司个体的广告运作模式或运营模式问题，也是公司间在产业链内外的关系问题，更是广告产业在数字信息时代的经济形态的更新问题。根据"高斯（gause）竞争排斥原理"，产业生态系统内物种之间不能完全同质，必须保持一定的差异性；而存在互利关系的物种之间又不能形成过大的依赖性，必须保持一定的竞争。这种适当的竞合（Co-evolution）关系延伸到产业生态系统进化的角度来看，即协同进化的理念。[①]

我们说广告公司在数字化转型发展中，要坚持协同进化的竞合策略，实际上指的就是广告公司个体，应基于产业生态系统的全局或产业链构成的全局，而非孤立地对待发展问题。

郑斌认为："合久必分，分久必合，未来几年数字营销市场将趋向整合状态，在数字技术快速发展下，大众信息产业有了更为宽泛的外延。"[②] 谷歌、脸书、百度等巨头迎合人们获取数字信息的方式和习惯，同时把自己塑造为最赚钱的新型广告公司；反之，阿里巴巴对腾讯微信的信息入口管控，也能使成百上千的广告公司一夜之间损失近千万的业务；而电商让品牌直通消费者，实现沟通、销售于一体。之后独立数字营销公司的数量可能会越来越少，以后的数字化都是在集团内协作运营的。

在复杂的网状产业网络中，涉及众多或传统或新兴的各类型公司。目前，我们仍难以清晰地梳理和界定这些行业、公司主体间复杂的协同进化关系，如合作的内容、方式；或在产业链中的位置，如上下游、横向或纵向等传统产业的合作类型，只能扫描一下这种发展态势。

---

① 何继善、戴卫明：《产业集群的生态学模型及生态平衡分析》，《北京师范大学学报（社会科学版）》2001 年第 1 期，第 126～132 页。

② 陈晓燕：《郑斌：数字营销，务实自律实事求是》，《广告大观（综合版）》2013 年第 4 期，第 80 页。

（二）广告产业网络中公司的竞合态势

1. 传统广告公司和大型互联网企业的深度合作

广告公司具有创意和经验优势，大型互联网企业具有大数据资源优势和优质数字媒体资源优势等。2014年，国际互联网巨头谷歌取代默多克的新闻集团成为WPP集团的第一大媒介合作伙伴。阳狮集团旗下媒介代理公司麦迪逊邦（Media Vest）主要为可口可乐、丰田汽车等大客户服务，它们在2013年10月与谷歌达成了几千万美元的交易。

2. 传统广告公司在产业链中的价值共创合作

4A需要提供融合传播服务，满足广告主对广告成本、效率和广告有效性的需求，这就需要在产业链上与不同专业主体多方面的合作。如在营销策划服务方面，需要打破专业界限。传统广告商按照客户服务能力分为广告、公关、促销、互动数字等专业公司。而在营销环境零碎的今天，完成一个营销传播任务需要整合渠道和内容，这就要求在营销策划的流程上打破原来规定的专业界限。无论在创意层面还是媒介服务层面，这种横向的调整是不可避免的。如奥美本来有自己的数字媒体服务公司奥美世纪，现在也被横向合并到群邑媒体门下，整合传统和数字媒介的策划服务。再如各家广告集团争抢在互动领域有着突出表现和优质客户的中小型独立代理公司。

3. 媒介服务和创意服务两者间的深度合作

苏铭天说过："目前所有代理商都关注大创意，但实际情况是你必须坚决关注另一个问题，就是时刻在线提供个性化内容。"[①] 如今广告主更关心媒介和创意内容的紧密结合，因此4A广告服务商创意和媒介功能的分离在互联网时代的弊端越来越明显。在程序化广告上，这种创意和媒介采买的合作已有表现。如现在4A创意型广告公司都在加强自己的程序化部门，缩短创意和媒介投放的距离。而有的4A媒介公司直接接管了创意内容工作，比如优势麦肯把自己称为"创意性媒介公司"，拥有自己的内容生成部门。

4. 传统4A广告公司需要借助大数据提升竞争优势，以不同方式寻求数据公司的支持合作

如2018年10月，IPG集团花巨资购买了数据服务公司安客诚。但从总体上讲，代理商现有的数据部门还停留在支持业务部门的临时需要上，比如为某个项目比稿去收集数据，还没有把它上升到战略的高度来看待。

5. 媒介购买也需要实现和数据的纵向整合

现在媒介采购已成为一门"实时接触消费者"的生意。这不只是局限在

---

① 段培力：《4A的黄昏：自省与自救》，《中国广告》2019年第2期，第85页。

数字媒体的采买,电视等传统媒体采买也在朝着这个方向发展。大数据驱动的多媒体程序化购买已对传统的计划采购服务形成强大的冲击。4A 在这方面显然落后于广告技术公司和互联网公司,媒介服务的能力受到限制。正如奥克米斯(Alchenists)创始人安古斯·克劳泽(Angus Crowther)表示,技术发展让他们得以拥有数据并利用数据,而同时消费者对广告本身越来越厌烦。所以必须再次找到激活消费者的方式。① 而对品牌主来说,单方面地增加营销团队成员根本不现实,而从广告集团的层面来重塑多方代理商之间错综复杂的关系,借助广告集团的力量来进行整合,这种省时省力且有机互联的模式也许就是正确的途径。

6. 数字广告产业的生态系统充斥大量的非传统广告行业和公司,广告公司在此生态系统里协同进化过程中已离不开与这些行业公司的合作

如实力传播和渠道传播者、内容生产商的合作。时任实力传播首席执行官 Steve King 说:"一些公司制作出很棒的内容,另一些公司将这些内容传播出去,对于像实力传播这样的代理公司来说,我们可以和渠道传播者在全球的各个市场进行合作,因为它们的规模很大;而于内容创造者,我们需要在媒介策划的初期就让它们参与进来,共同创造出更具互动性的内容。"②

广告公司与今日头条、抖音等新兴的互联网技术公司合作,如在 2019 年 3 月,今日头条发起连接各领域优质创作者与知名广告主的"达人团 KOL"项目,实现互利共赢;在垂类内容营销方面,今日头条和华为、一加、OPPO 等 27 个知名手机厂商达成合作,通过"头条数码创作者联盟"为品牌及用户生产优质的数码产品测评内容;此外,头条还推出了"定制话题冠名合作""头条号征文"等产品。

广告公司与电子商务建立紧密的联系。"在美国,电子商务只是蛋糕上的糖霜,而在中国,电子商务是整个蛋糕"。③ 如 2018 年"双十一"期间,群邑电商助力各客户品牌的电商总销售额突破了 90 亿。WPP 中国首席执行官、群邑中国首席执行官徐俊表示:"电商平台拥有强大的营销资源,已经成为品牌沟通重要的传播媒体,但其营销环境也越来越复杂。品牌需要更体系化地规划和管理分散、复杂的电商流量,在整合与效率提升中不断进化。未来,群邑将

---

① 麦迪逊邦:《联合利华要舍弃传统代理商模式,会有更多广告主效仿吗?》,http://www.madisonboom.com/2019/07/10/will - more - clients - follow - unilever - in - adopting - a - holding - company - model/。
② 鲍妍:《数字搅动的一池春水》,《现代广告》2013 年第 4 期,第 18 页。
③ 《美媒:中国消费数字化发展惊人》,2013 - 07 - 26,http://finance.cankaoxiaoxi.com/2013/0726/245508.shtml。

继续以整合型的技能优势,携手平台合作伙伴,为品牌创造更大的价值。"①

(二) 实现协同进化需要有机整合和经营优化

协同不仅是整合,更需要有机融合和经营优化,才能实现共同进化。在新的产业生态中,并购带来整合并不足够。如 2018 年 11 月,全球老牌广告公司智威汤逊和数字营销公司伟门合并组建新公司伟门汤逊。WPP 合并数字创意代理商 VML 和扬罗必凯 (Y&R),组建新的品牌体验代理商 VMLY&R。这两次合并在一定程度上表达了对数字优化的一种考量。

通过并购吸收的数字力量,将挑战传统广告集团的管理智慧。如外资对本土企业的收购,在工作方式、理念、人才价值发挥、融合等方面都是难题。而当越来越多技术、社会化、无线领域的跨界专家进入广告公司时,怎样让他们发挥所长,成为广告公司有机的组成部分,则是广告公司需要解决的问题。

当讨论广告公司的竞争优势甚或核心竞争力时,传统上,我们强调广告公司的核心竞争力,多认为其来源于公司内部所拥有的资源,从媒介片面的占有,到专业人才和团队的能力,再到资金推动等。随着定位战略理论的兴起,我们也意识到,广告公司的核心竞争力来源于公司在产业内外的差异化。这些认识均建立在广告公司间对抗竞争的基础上,关注的重心在于如何通过排他性的竞争来获取优势。随着数字经济、平台经济与共享经济的兴起,生存于数字化与平台生态中的广告公司,其竞争优势仅仅依靠自身的独特力量已经是难以为继。更多地,竞争优势应该来自公司所处的公司群体或者说价值网络。在数字化广告产业价值网络中,公司努力挖掘市场价值和创造价值,而与其他广告公司可能是竞争或合作关系,但更多的应该是协同共进的竞合关系。

总之,在过去的十数年间,中国数字广告行业价值链和价值网络的各类公司兴起,公司数量剧增,有关联的公司或公司网络已成为公司经营战略领域越来越重要的分析单位。而不同类型的广告公司之间的特殊关系所创造的价值,更多地来源于竞合关系。这种关系,对不同公司而言,是提供各自的稀缺资源或能力进行互补,以及共同学习、交换知识或实现更有效的经营模式等。

---

① 群邑中国 (GroupM China):《群邑成为首家获阿里巴巴策略中心认证的 4A 媒介代理商》,https://www.adquan.com/post-3-284958.html,2019-06-03。

第七章　智能广告信息伦理风险

以大数据、算法和计算力作为支撑的人工智能，正与社会生活各个领域深度结合，其发展的不确定性给人类带来新挑战，尤其是伦理问题，引发了各国政府、学界和业界的广泛关注。2017 年 7 月 8 日，国务院印发了《新一代人工智能发展规划》，规划在"保障措施"中明确提出："开展人工智能行为科学和伦理等问题研究，建立伦理道德多层次判断结构及人机协作的伦理框架。制定人工智能产品研发设计人员的道德规范和行为守则，……"① 目前，广告业还处于弱人工智能应用阶段，"还需要从技术观念、机器学习升级和数据场景平台的搭建上进一步深入与升级"②。但在实现强—超人工智能之前，广告领域就不得不考量人工智能应用带来的新的伦理风险，最终将研究超级人工智能自主地做出恰当的伦理抉择。

当人机协同的广告运作时代到来，或者将来人工智能有了更全面的拟人性时，广告人必须把对自身伦理道德选择和拷问的结果写成一行行代码，融入广告人工智能的精准投放或自主创意的行动中，并让人工智能自己做选择。此时，广告人一贯秉持的商业伦理，一贯在其广告作品中表达与维持的道德品质，会受到哪些挑战？谁来为某则广告的伦理失范行为负责？信息时代，我们不应再笼统、宽泛性地讨论广告活动与广告符号的一般伦理风险，考虑到智能广告的信息化、大数据、拟人体的新形态新特征，基于信息伦理的内涵、分析维度与核心议题展开相关伦理研究，可能是一种正确的研究进路。弗洛里迪德建构的信息伦理 RPT 模型正是对信息伦理问题的直接回应，也是一种有效的初步分析定向。

---

① 国务院：《关于印发新一代人工智能发展规划的通知》，国发〔2017〕35 号，2017 年 7 月 8 日。

② 刘珊、黄升民：《人工智能：营销传播"数算力"时代的到来》，《现代传播》2019 年第 1 期，第 10 页。

第一节 相关研究

一、广告智能化趋势及信息伦理、人工智能伦理研究

(一) 广告智能化趋势研究的热潮与伦理体系化研究的缺失

广告产业与其他文化创意产业一起,正在迎接智能化趋势,其人工智能的应用可分为两个阶段:第一阶段是在程序化购买(DSP)、竞价(RTB)、数据分析管理(DMP)、广告交易平台(ADX)等技术应用的推动下,消费者研究、媒介接触与效果评估的数据化优化;第二阶段是以内容大数据为核心的应用,这意味着人工智能真正全面进入广告业。[①] 智能数据的应用与处理,逐渐从深度挖掘用户信息、用户画像、构建用户社交图谱,延伸到对内容的数据化运营,包括规模化、个性化和即时性的内容生产与创造、多感官型智能化广告、个性化自动化分发、数据的反馈、积累与广告效果优化、程序化创意叙事的技术、智能搜索引擎广告等。

姜智彬、马欣对"智能广告"做了清晰界定,即"以数据驱动为基础,利用人工智能技术实现广告内容的耦合生产、精准投放与互动反馈,从而个性化满足消费者生活信息需求的品牌传播活动"[②]。从2018年开始,国内广告学界掀起了一股智能广告的研究热潮。前期如姚曦、李娜[③]、廖秉宜[④]、秦雪冰[⑤]等学者的研究,注重扫描和总结人工智能在广告产业应用的趋势,主要研究智能广告的形式、传播模式创新、产业生态与产业链重构效应等问题。2019年,

---

[①] 陈刚:《跟上数字技术的步伐》,《广告研究》2017年第2期,第1页。

[②] 姜智彬、马欣:《领域、困境与对策:人工智能重构下的广告运作》,《新闻与传播评论》2019年第5期,第56页。

[③] 姚曦、李娜:《智能时代的广告产业创新趋势》,《中国社会科学报》2017年11月16日,第003版。

[④] 廖秉宜:《优化与重构:中国智能广告产业发展研究》,《当代传播》2017年第4期,第97~101页。

[⑤] 秦雪冰:《智能的概念及实现——人工智能技术在广告产业中的应用》,《广告大观(理论版)》2018年第2期,第27~31页。

姜智彬、郑新刚①、谭辉煌、张金海②、刘珊等人的一批核心文章的出现,表明研究者在追踪新趋势的同时,研究逐渐宽泛和深入。

国内专题研究智能广告伦理的文章仍比较欠缺,《人工智能广告的"时空侵犯"》一文是少有的一篇,作者以批判的态度,认为人工智能广告"技术在功能性美丽皮囊的包装下,对消费者进行着温柔的掠夺",并从信息暴力、推送暴力、娱乐暴力、选择暴力四个方面进行了分析。③ 前述姜智彬等人的数篇文章,在谈及人工智能对广告业的影响部分,实际上从不同层面、各有侧重地讨论了伦理问题,只是少见有体系化、全面性的总结。另外,在原生广告的消费者伦理感知框架内有少量实证研究,如康瑾等的深度访谈④;李明文、柏茹慧对消费者感知的问卷调查等⑤。

成果数量少见且体系研究缺失的原因,可能与广告作为传播实践的一个重要分支、已被人工智能传播研究所涵盖有关。但实际上,国内人工智能传播理论也尚处在探索阶段,仅有少数传播学者意识到智能传播伦理研究的意义,从不同角度展开了初步探究。如伦理失范的现象⑥、规范化的基础与伦理主体的确立⑦、对信息自由与价值观的破坏的拷问⑧、人机协作的趋势⑨等。

(二)信息伦理、人工智能伦理研究的核心内容

信息伦理,是指涉及信息开发、信息传播、信息管理和利用等方面的伦理

---

① 郑新刚:《超越与重塑:智能广告的运作机制及行业影响》,《编辑之友》2019年第5期,第74~80页。

② 谭辉煌、张金海:《人工智能时代广告内容生产与管理的变革》,《编辑之友》2019年第3期,第77~82页。

③ 蔡立媛、赖明妍:《人工智能广告的"时空侵犯"》,《企业管理》2019年第4期,第104~106页。

④ 康瑾、钱莉莉:《原生广告消费者伦理感知的扎根理论》,《湖北民族学院学报(哲学社会科学版)》2018年第4期,第36~41页。

⑤ 李明文、柏茹慧:《原生广告伦理问题及其解决路径》,《中南民族大学学报(人文社会科学版)》2019年第1期,第175~180页。

⑥ 董秀成:《受众心理视域下的智能传播伦理研究》,《浙江传媒学院学报》2018年第12期,第18~22页。

⑦ 许根宏:《人工智能传播规制基础:伦理依据与伦理主体的确立》,《学术界》2018年第12期,第93~103页。

⑧ 胡曙光、陈昌凤:《观念与规范:人工智能时代媒介伦理困境及其引导研究》,《中国出版》2019年第2期,第11~15页。

⑨ 刘伟:《智能传播时代的人机融合思考》,《学术前沿(下)》2018年第12期,第21~24页。

要求、伦理准则与伦理规约，以及在此基础上形成的新型的伦理关系。① 如果说人工智能伦理学是计算机伦理学的自然延伸的话，那么20世纪90年代开始直接使用的"信息伦理"这个术语，意味着随着信息社会来临，信息伦理学冲破了计算机伦理学的束缚，将研究对象更加明确地确定为信息领域的伦理问题。拉斐尔·卡普罗2000年后的系列成果，极大地促生了信息伦理学。

1986年，美国管理信息科学专家R. O. 梅森提出信息时代有4个主要的伦理议题：信息隐私权、信息准确性、信息产权及信息资源存取权。除学者的努力外，一些信息组织主动制定信息道德准则，从实践上推动了信息伦理的建立，如美国计算机伦理协会对其成员提出10条戒律②，中国人民大学哲学院法伦理学家曹刚教授在接受央视网的专访时建议，中国"应该尽快地提出、论证信息伦理的有关道德准则"③。

近年来，伴随人工智能应用带来伦理问题的凸显，人工智能技术伦理问题的相关研究著述已非常活跃。2017年1月，旨在规约人工智能伦理和价值观的《阿西洛马人工智能原则》签署。科学家们共同提出："人工智能应符合一般的'人的价值'之类的尊严、权利、自由和文化等多样性。这意味着将人工智能应用于个人数据不应侵犯任何人的隐私、自由或安全。"④ 基于此观点，文件提出了18项有关伦理和价值的原则。2019年初，谭铁牛在中国人民大学所做的报告《人工智能的创新发展与社会影响》，是国内系统介绍人工智能的一份典型成果。这份报告力图帮助社会客观认识人工智能的本质内涵、创新发展态势。除此之外，报告也重点谈及人工智能的社会影响。报告认为，"人工智能的社会影响是多元的，既有拉动经济、服务民生、造福社会的正面效应，又可能出现安全失控、法律失准、道德失范、伦理失常、隐私失密等社会问题"⑤。总体来看，国内学者对人工智能伦理问题的研究集中在以下两个层面：一是人工智能引发的伦理问题的具体表现；二是人工智能技术道德建立的必要性。⑥

---

① 裴宁欣：《人工智能发展中的科技伦理与法律规制》，《轻工科技》2019年第2期，第124～125页。
② 冯继宣、李劲东等：《计算机伦理学》，附录A，清华大学出版社2011年版。
③ 央视网：《专访中国人民大学哲学院法伦理学家——曹刚：个人信息应作为基本人权予以保护》，http://news.cntv.cn/special/wmzzdls/gerenxinxi/caogang/index.shtml。
④ 《阿西洛马人工智能原则》，《智能机器人》2017年第1期，第20～21页。
⑤ 谭铁牛：《人工智能的创新发展与社会影响》，《中国人大》2019年第3期，第36～43页。
⑥ 陈静如：《人工智能技术的伦理问题及其对策研究》，《学理论》2018年第12期，第97～98页。

二、智能广告的信息伦理及其基本分析框架

（一）智能广告的信息伦理：信息传播本体研究的回归

现代广告一直在承受社会对其运作规范的指责和人文价值影响的哲理批判（即规范伦理），网络营销广告又受到更进一步的指责。这种伦理批判的旨趣，一是探讨广告产业活动中人与人的关系，人与产业生态、社会生态的关系；二是讨论集中在广告的正当性、运作规范与社会人文价值影响三个层面；三是核心的分析对象，针对的是"广告信息（广告符码）在设计、制作与传播过程中的道德规范问题"[1]。

而"信息伦理"的概念，在20世纪90年代中期伴随着信息社会的逐渐明朗才确定。在当代信息社会，广告传播信息活动有了和以往不同的质量、结构性的变化，广告领域借助人工智能应用的东风引入信息伦理概念，也是适逢其时。业界精英对伦理问题的认知仍处在传统数字营销广告时代，也说明引入这个概念的必要性。[2] 而广告领域支持此概念的变化特征还表现在：

一是广告产业链各环节的运作过程，虽然也存在市场、消费者等各类数据的流通问题，但广告运作主要是围绕广告内容（作品）的生产、媒体到达与效果而展开。但信息、大数据与算法优化支撑的智能广告：信息、数据成为广告机构的核心资源，并在产业链运作过程中进行分配流通与计算优化；广告内容只是数据计算优化的一个重要部分。

二是智能策略与创意，将以往人类依托知识、思想主观表达的想法、文字与广告表现，转化为依托用户数据并经过标签化的标准化物料。

三是伦理问题最终研究的是人的道德问题，理应以人为主要研究对象。但在广告智能体逐渐具有"拟主体性"的时候，广告伦理的指涉对象可能要复杂得多。

此时对伦理风险的讨论，理应与现代广告伦理的讨论旨趣有所偏移：不再纯粹讨论人与人之间的关系、人与产业生态环境的关系，因为人与人之间的伦理已不能约束人与这个自己发明的一种特殊产品——拟人体的关系，更无法约束人机协作甚至超越奇点后，拟人体与人、社会环境的关系。

---

[1] 程士安、章燕：《广告伦理研究体系的构建基础》，《新闻大学》2008年第4期，第122页。

[2] 胡振宇：《国内数字营销伦理乱象探因与治理研究》，《当代传播》2018年第5期，第83～85页。

总之，人工智能的广告介入，不仅给产业运作形态、产业链生态带来一场革命性变革，也必然给广告产业带来一个新的信息伦理局面。广告的规范伦理内涵，无论是运作规范还是人文价值，均着重于符号意义的解读，很少关注和提出关于信息的搜集、使用、传播等行为的一种信息伦理的准则，因此，均已无力解释正在深刻变化中的智能广告的现实伦理问题。从传统的规范伦理内涵拓展至"信息伦理"（一般理解为应用伦理）这一新内涵，既是对信息传播本体研究的回归，也是广告伦理内涵伴随现代广告发展的自然延伸和深入。

（二）RPT 三维模型与智能广告信息伦理的基本分析框架

《信息伦理学》一书是对人工智能信息伦理的直接回应。作者弗洛里迪面对信息伦理学的多种问题，初步做出了自己的分析定向，即资源（resource）、产品（product）、目标（target）模型，简称 RPT 三维模型。他建立此模型的出发点，是为了"把信息圈当作信息主体在其中栖息的、伦理上值得注意与关注的新环境"。他认为，一个典型的信息主体（包括人及人造智能体），能够为自己获取某些信息（作为一种资源的信息）以产生某些其他信息（作为一种产品的信息），在此过程中，影响了他的信息化环境（作为目标的信息）。① 这个模型指示了信息伦理讨论的三个阶段，实质也构成了信息伦理共时的三个维度。

1. 信息资源伦理

从信息—资源的观点看，在信息道德语境中，人们是期待信息主体能采取"就其所掌握信息而言是最佳的"行动；但这需要两个方面的保障：一是相当可观的信息量，即伦理话语可归结为信息的更高数量、质量、可理解性和可使用性；二是数量并非唯一和最佳准则，避免获得某类或某些信息，也是道德上可取的目标。信息丰富未必总是一种得之为幸的属性，因为某些信息可能是道德危险的或错误的、令人心烦意乱或受到伤害的。简言之，信息资源伦理的关注点在于：有关信息或数据的保密性、可靠性、质量、数量与用法等问题。有些研究者也认为信息资源伦理是构造以下两类伦理的基础。

2. 信息化产品伦理

信息主体是一个信息消费者，也是一个信息生产者；他可能处在某种制约之下，但却能够在他的生产活动过程中利用各种机会，这就产生了信息化产品伦理，即关注产生于各种相关语境的道德问题，包括职责、责任、诽谤、见证、剽窃、广告、传播、错误信息、造谣、欺骗以及交流语用规则等。

---

① ［英］卢恰诺·弗洛里迪：《信息伦理学》，薛平译，上海译文出版社 2018 年版，第 25 页。

3. 信息化环境伦理

信息社会，人们生活、工作在信息环境中，无论信息主体的信息输入（信息资源）与输出（信息产品）如何，在影响信息环境的意义上，我们可以对信息做出伦理分析。最典型的如黑客，非法地进入了道德主体的信息化环境。其他问题包括安全性、破坏、盗版、公开软件源、言论自由、书报审查、信息过滤以及内容控制等。实质上，由于信息主体的信息输入与输出存在反馈输入与重新输出的过程，信息与其信息化环境的伦理影响是相互的。

本部分对智能广告已出现或将来可能出现的伦理风险的分析，对当前核心伦理议题的提出，依循弗洛里迪的三维分析维度初步定向和展开。同时，由于核心议题来对主要风险的认知；本部分深入考察了广告智能传播的现实状态和主要风险，也充分参照人工智能伦理相关原则和智能传播理论的相关观点。

第二节 伦理风险与核心议题

一、信息资源的伦理风险

智能广告的信息资源伦理，是有关智能广告运作和传播中的信息或数据的安全、保密、可靠、质量以及用法等问题。人工智能给广告业带来颠覆和重构性的改变，首要的即是大数据的搜集和处理，实现了对需求的深度探知和满足。数据环境成为广告领域人工智能深入发展的基础环境；数据也开始成为广告业的核心资源，策划创意人才、资源与媒介版面资源等已退隐幕后。目前的数字广告行业已形成了新的产业链条，包括广告客户（包括代理）、广告发布商（第三方网站和应用程序）、独立广告交易平台和数字广告网络提供商（指谷歌等超级平台）等各环节的主体多元，之间分工明确，共同编织起数字广告网络。广告产业围绕大数据的利用与运行，以下的伦理问题已经充分显现。

（一）个人信息与隐私保护

个人数据商业化处理的泛滥，带来个人信息被滥用，隐私被公开，是大数据广告必然会面对的最核心的伦理拷问。与个人信息密切相关的商业性网络企业，无论是谷歌、百度、阿里巴巴、腾讯这类互联网巨头，或是微博、SNS 社交网站和 LBS（基于位置的服务网站）等社会化网站，或是广告交易平台等，大数据与其经营运作密切相连，有时也是其增值利益的重要来源；一些企业和个人搜索、收集与不当利用个人信息数据的动机也就更为强烈。广告业已出现的一些事件，如，脸书擅用用户数据，Target 通过数据挖掘确定顾客怀孕，美国 Brightest Flashlight Free 独立软件追踪用户精确的地理位置信息，并将这些数据打包卖给第三方机构，① 这类事件已引发公众对大数据技术在广告领域应用中的伦理思考②。

（二）数据资源共享与保密的平衡

广告产业的数据共享才能实现最高的广告效率和成本节约，带来人工智能福利的最大化。而未来横跨各不同人机环境系统的综合联动平台的形成，才能最终帮助实现广告数据共享的目标——实现受众融合式场景接口。但是，现阶段的智能技术还很难为这一融合设想的实现提供支持，场景营销依然处在期待匹配消费人群的预设中。数据孤岛、割裂平台或生态未完全放开所持数据等限制因素，均影响着大数据智能化的进一步深入发展。数据共享也一定会受到主观共享意愿缺乏及数据权利保障的双重约束。就当前发展而言，广告产业链上的主体与其人工智能在履行数据共享权的同时，会与其他法律主体的共享权利存在相当明显的利益冲突。这是因为：一是数据已成为超级平台型广告提供商、广告服务商的核心资源和利益来源，甚至是垄断地位与市场支配特权的保障；二是数据资源包含一定的商业机密和用户、合作方隐私，社会大众与商业组织对数据权利的保障性十分重视。

人工智能广告的广泛应用，在过程中对数据分析结果十分依赖。当数据共享被限制时，数据垄断、数据孤岛与黑箱操作形成，人工智能的广告应用则缺乏足够大量、全面的数据支撑。企业在广告宣传中，大数据的应用受到约束，更受到一定的风险影响，人工智能广告的精准高效功能难以充分实现。因此，如何针对广告人工智能的数据资源共享权利、个体数据专有与利益分配等实现"中道的平衡"，目前还是一个难解的问题。

（三）数据造假与样本偏差

从数据本身来说，数据资源共享的难题以及数据样本的偏差等，均会导致"以偏概全"的问题；广告产业链上主体多元，同一环节多元机构的并存，使得数据来源更易不清不明，隐含了侵权风险；而被污染的数据则会导致信息内

---

① ［美］阿里尔·扎拉奇、莫里斯·E. 斯图克:《算法的陷阱：超级平台、算法垄断与场景欺骗》，余潇译，中信出版集团 2018 年版，第 230～231 页。

② K. Davis, D. Patterson. "Ethics of big data", *O'Reilly Media*, 2003 (5).

容的污染。从数据利用来说,数据解读由于算法的不同会带来偏差,也存在解读的随意性与简单化。①

数据造假是主观的自律问题,在伦理判断上更为严重。目前,程序化广告背后的造假方式"主要有流量作弊、广告不可见与广告不匹配三大类"②。2016年3月,因为数量惊人的劣质广告和虚假的广告流量,脸书正式宣布放弃Atlas DSP项目。而作为约束的他律方面,目前行业规范和标准的制定滞后,数字广告链上也缺失第三方监测机构的监督制约。2017年,宝洁重新审计公司签订的所有媒介购买合同,要求其广告合作环节各方必须启用第三方测量广告效果。

(四) 安全性和故障透明性

广告人工智能的应用性和可行性应当接受验证,这也是对数据安全、共享和信息保护的基础保障。而如果造成了某种损害,造成损害的原因要能被确定。

网络广告产业链上,各主体之间形成亦敌亦友的复杂关系:既是一致行动人,在数据分享时有时顾不上对用户隐私的保护,又是数据共享的利益冲突者、虚假数据的制造者;同时,大数据与算法的偏差也在支配着他们。无论是个人隐私被侵犯或是数据造假,均是人在"技术的贪欲"支配下的信息与数据滥用。算法的黑箱属性,使得广告产业链上,消费者、信息技术弱势企业与互联网平台、人工智能广告企业之间存在的信息鸿沟更加深,处于弱势地位。

总之,智能广告信息资源伦理目前面临核心的议题,包括系统与数据安全、个人信息和隐私保护、数据垄断与信息鸿沟的形成、数据资源共享与保密的平衡、数据造假与偏差等,大数据已成为一种资源。随着5G时代的来临,面向万物互联,大数据的深度利用与广泛共享无法扭转。广告与大数据的商业化滥用关系紧密,而大数据与算法的滥用会给人们带来对隐私自由、全景式监控的担忧。消除社会公众对大数据被滥用的关注,避免"技术的贪欲",是人工智能时代不可回避的伦理现实问题。

二、信息化产品的伦理风险

信息化产品伦理指产生于智能广告活动中相关语境的道德问题,包括广告

---

① 彭兰:《假象、算法因徒与权利让渡:数据与算法时代的新风险》,《西北师范大学学报(社会科学版)》2018年第5期,第20~29页。

② 鞠宏磊、李欢:《程序化购买广告造假问题的主要类型及影响》,《编辑之友》2019年第1期,第61页。

信息化产品生产过程，以及产品形态、所蕴含信息（包括各种符码）等所表现出的规范伦理问题，也包括伦理主体的相关职责和责任，对广告人工智能而言，还涉及一个核心问题：谁才是伦理主体？或者说谁应该为这些规范伦理问题负责？

（一）内容社交利用、原生广告与商业属性不透明

从广告的形态而言，即所谓的社交广告、隐性广告、原生广告等带来的伦理困境。广告正向媒体内容、新闻以及网络社交、生活场景等各领域隐秘、全面性地渗透。传统媒介广告或网络页面、链接广告等，受众一眼即知其商业叫卖属性；隐性植入式商品信息尚难无孔不入。但智能技术可以对消费者个人信息与网络行为进行深度挖掘，精准把握个体的生活状态，实现品牌信息的精准推荐与无缝渗透；加之黑箱化的操作，使得广告的商业目的更为隐蔽、广告的真实性更难验证。广告已深度融入内容与信息流，对受众的心理产生的作用更为震惊；消费者借助数字化、互动性拥有的选择权实质上被剥夺。内容、新闻等与广告边界的模糊，既影响了媒介内容的品质、新闻的真实客观性，也是一种隐形化欺瞒，侵害了消费者的知情权。在潜意识层面操控消费者，也易引发消费者购买决策的失当。

（二）广告自动创意与人文情感沟通的可能性

人工智能参与广告策略创意表现的生产，依托其大数据、计算能力和算法不断优化，以及24小时待命的工作状态、超强的时效性，还有广深的基础资源，可以实现大规模、高效率的广告内容生产与融媒体平台分发。如在策略创意管理方面，脸书的AI系统在30亿人的照片库中可以进行快速识别与锁定；谷歌提出了新广告管理工具"Auto Ads"，这个系统工具的广告投放，可以通过机器学习的方式实现，并能做到自我优化。在创意表现方面，天猫网站投放的大量网络广告作品，均出自人工智能"鲁班"之手；Saatchi LA利用超级机器人"沃森"，完成了丰田Mirai的广告文案写作100条；人工智能创意总监AI-CD β与人类创意总监Mitsuru Kuramoto的比赛结果实力相当等。

如果把拥有"心智"的AI作为主体进行透析，可以发现，上述创意运作仍处于基于大数据的自动化水平，离真正的智能化路程遥远。谷歌的"Auto Ads"系统的解决方案，还依赖于高成本的有监督的深度学习，依赖于人类对计算底层架构的设计。而人工智能创意总监AI-CD β的创作，需要创意机构麦肯组织项目团队，事先解构、分析和标记大量的电视广告，并给出一定的逻辑算法；人工智能再基于大数据进行运算，才能给一些产品和信息做出针对性的创意广告指导。

因此，所谓高效率的实质，仍是人工智能时代的工业化生产，在提高广告生产效率的同时，也带来对广告运作规范伦理的一种挑战。即使到了超智能时代，我们仍可能心存疑问，人工智能能够真正实现品牌与消费者和社会公众的沟通吗？

（三）智能广告信息伦理主体与责任

由于人工智能算法的复杂性特质，人工智能正在从根基上挑战我们伦理观念中对行为和主体的预设。现代广告代理制的"广告主—代理—媒介"三者分明的主体界限，保证了广告伦理的行为责任主体。广告主拥有最终审定权，对自己的广告信息负责；代理和媒介行使自身的广告策划创意和媒介投放专业义务，对自己的专业性能力和专业规范伦理负责。数字广告正在消解代理制度，广告责任主体开始混沌难分。现在，当人工智能作为一个具有"拟主体性"[①]的智能体，进入广告领域，伦理的主体划分也就更为艰难。

人工智能具备某种拟主体性，但"至少是现在，人工智能还没有伦理的概念"[②]。虽然具有完全的道德意识，还有很长的路要走，它们的行为仍可以看做与主体伦理行为类似的"拟伦理"行为。但是，人工智能自主道德意识和自我进化的发展趋势，决定了我们最终要考量人机协同下的广告伦理责任问题，甚或要提前研究人工智能自主决策下的伦理责任问题。在智能广告产业领域，将人的主导作用纳入"可计算的伦理"的思想和方法，必将付诸实践；只有通过代码转换，才能将广告人的伦理变成程序化的拟主体伦理。

总之，考察目前智能广告的现状，可以发现其信息化产品伦理主要存有商业属性不透明、伦理责任主体混沌、广告自动创意缺乏人文沟通能力等问题。在广告内容、社交的深度创新利用背后，有对商业动机的隐藏；当自动化广告创意普及成为一种工业流程，也"是在逼迫公众承受拟主体智能算法诱导与强制负载价值的风险"[③]。

三、信息化环境的伦理风险

信息化环境伦理关注智能广告与其信息化环境在伦理方面的相互影响、反

[①] 段伟文：《人工智能的道德代码与伦理嵌入》，《光明日报》2017年9月4日，第15版。

[②] 刘伟：《智能传播时代的人机融合思考》，《学术前沿（下）》2018年第12期，第21页。

[③] 解学芳：《人工智能时代的文化创意产业智能化创新：范式与边界》，《同济大学学报（社会科学版）》2019年第2期，第48页。

馈、促进和制约。这种信息化环境其实包括微观、中观与宏观三个层面：智能广告运作的信息主体与其周围微观、直接的影响关系；与广告产业链、产业生态的影响关系；社会、文化价值观的影响关系。除制度的基本保障之外，智能广告的伦理与其信息化环境的相互影响，主要存在以下关系。

（一）对人文伦理与价值观的挑战

文化创意产业是人类独有和自豪的领域。目前，不仅是在广告领域，人工智能也正在加速进入以精神生产为核心的文化创意领域，如文学创作、新闻智能写稿、演艺、绘画等领域。在与广告创意有关的领域，"鲁班"每秒产出不重样的商品海报，达到8000张；谷歌的Auto Draw、Adobe Sensei的抠图美工等，开启了人工智能的创意设计时代。在此趋势下，如何把人工智能控制在文化安全的范围内，确保智能机器人遵守社会责任、充分理解和尊重人类创意？

不可否认，非人类的广告内容生产模式的过度使用，人工智能冰冷的代码，以及技术人员重技术效率、轻人情人伦的思维，将在广告产业内外带来一系列的社会性问题。除了产业链结构改变带来的对就业冲击、信息鸿沟、著作权法中的定性等问题外，以下的一些因素还可能带来人文价值观与主流价值管控难题。

一是追求经济效益最大化下，忽略广告产品的内容品质与文化价值选择。

二是人工智能会习得人类的偏见等。人工智能对已有广告作品隐含信息和意义表达的深度学习是没有能力进行价值判断的。对广告符码输入与意义生成、输出之间的关系以及其中的算法机制，编程人员难以预知。也就是说，对伦理不当的信息，如歧视偏见、色情暴力等，人工智能并无内容过滤系统，价值观赋予系统是黑箱化的。而为了稳妥起见，预先和事后的广告信息审查往往采用"宁可错杀一千"的"自我约束"算法机制，加之算法的循环强化，广告创意可能走向单调和固化。

三是数据和算法导致的偏差，技术人员与创意人员无法快速有效地与之对抗。此时，"如何让人工智能习得人类社会的是非好坏的常识和价值判断标准，变得尤为重要"[1]。

人工智能研究最核心的问题在于关乎人类尊严和价值[2]。目前，数据分析工具的开发和利用存在着片面强调数据的工具理性的隐患；此外，还有着

---

[1] M. Hansen, M. Roca Sales, J. Keegan, G. King, "Artificial Intelligence: Practice and Implications for Journalism", *Policy Exchange Forum*, 2017 (4): 14.

[2] 《阿西洛马人工智能原则》，《智能机器人》2017年第1期，第20页。

"唯数据论"和"数据独裁"的风险。① 广告是社会价值生成和传播的主要机制之一，因此，在广告产业的智能化运作中，如何打开价值观赋予的黑匣子，如何通过积极的算法干预和介入，尽可能消除认知偏差，引导正确的价值观，将会是未来广告智能化发展需要关注的重点问题。

（二）信息鸿沟的扩大

人工智能的应用正在加剧广告产业链的失衡，改变行业结构和运作模式，也带来信息鸿沟。广告创意的重复性工作将越来越多地被人工智能所代替，导致大量低端的设计阶层失业。同时，在广告产业链中，那些垄断型应用平台、媒体平台，属于易获得数据的机构，通常在产业链中掌握特权；而那些创造和运用智能技术的机构和从业人群，如垄断性媒体平台、技术革新快的 DSP 等以及其中的技术型、高智力型员工受益更多；相反，遭受技术冲击的人群，如传统的策划创意人员、媒介计划购买人员等，可能由于技术透明度不高、不同群体之间的信息权力不平等以及技术知识的差异等，他们很难跟上技术进步的节奏，如不能很快地接受技术的洗礼，可能会付出更多的代价。

信息智能推荐下，不同阶层人群消费分级和固化更为明显，进而产生信息鸿沟。不同出身的人所获取到的信息差异，可能比现实世界的差异还大，因此，可能更早就形成截然不同的视野、格局和能力，从而加剧而不是减少阶层的固化。

（三）数据和算法对中立性的破坏

算法是技术编程，数据表面也是客观的；表面上客观的数据和理性的算法，也可能产生非中立性的结果。事实上，数据和算法导致的歧视往往更难发现，也更难以消除。数据和算法对中立性的破坏，可能来自多方面的原因：利益导向下采集数据或设计算法的相关人员蓄意为之；目前 AI 领域缺乏多样性，也必然反映为广告人工智能的设计者也不具有多样性；原始数据本身就存在偏见，因此，该数据驱动的算法结果也会有偏见。即便数据是人类社会客观中立的记录，如果人类社会本身就存在偏见、歧视和不公平，那么，相关数据自然也会将社会的不公带入进来。

（四）设计算法和学习过程中的技术偏向，也可能导致偏差甚至歧视的结果

标签设置与算法推荐导致歧视。线下店家的消费用户收入歧视等是我们所

---

① 胡曙光、陈昌凤：《观念与规范：人工智能时代媒介伦理困境及其引导研究》，《中国出版》2019 年第 2 期，第 13 页。

不能容忍的，但大数据和算法带来的类似偏见则更为隐蔽。虽然算法推荐的初衷是提高某用户的点击率，但事实上，价格敏感度之类标签的设置与算法的推荐与循环强化，事实上会形成同类商品对低收入消费者的歧视。另外，技术偏向导致认知的偏差，还包括"不确定性证据易导致不确定的行动；无法解读的数据导致失据和不透明；误导性数据易导致认知偏见"①。

智能广告引发的信息化环境的核心伦理问题，目前主要有对人文伦理与价值观的挑战、信息鸿沟的扩大、数据和算法引发歧视和偏见等方面。人工智能在广告产业的创新扩散过程，也是大数据与算法这种机器伦理不断侵入人的主体性伦理的过程。我们也要思考，如何从过滤审查等制度、广告产业伦理培育与建构等广泛层面，采取有效行动，以此促进智能广告的运作，对产业链上各主体和成员而言，能够体现公平、公正和负责任的特点，其传播内容的价值观能够与人类社会价值观保持一致；并在此基础上，促进人工智能广告的经济、文化等社会效益的最大化。

综上所述，通过自动化、智能化强化效率与节约，可以提升广告产业乃至全社会的商业经济和文化的繁荣程度；但是，伦理挑战会随着算法的逐渐深入，不断在我们面前展开。目前直接回应此风险的研究仍为少见；同时，相关研究的进路也亟须从现代广告规范伦理的批判框架，延伸至信息、大数据与人工智能时代的"信息伦理"分析框架，这是对信息传播本体研究的回归，也是广告伦理内涵自然延展的要求。

广告是商业经济属性与人文社会属性的复合体，"个人—组织—产业—社会"之间的关系尤为复杂，商业利益与社会利益难以平衡；同时，数字时代信息环境也多维与复杂。因此，值得指出的是，本书的研究有助于人们就智能广告面临多重问题的初步定向。但当我们就某一具体智能广告现象进行伦理判断时，单一维度的解释有过于简单化、还原论的倾向。对此，弗洛里迪提出了"信息系统伦理"加以应对，即信息伦理的三维度的关注点必须联系起来判断。具体而言，需要考虑以下三件事情：①合并三个"信息维度"；②考虑整个信息循环；③以一种与信息相联系的方式分析所有有关实体及其变化、行动与互动。②

---

① 陈昌凤：《媒介伦理新挑战：智能化传播中的价值观赋予》，《新闻前哨》2018年第12期，第10页。
② ［英］卢恰诺·弗洛里迪：《信息伦理学》，薛平译，上海译文出版社2018年版，第35～38页。

结语：重构与张扬广告代理业的话语权力

当前，广告产业正在经历方向多元、路径纷繁的融合转型；产业结构调整剧烈，产业生态由此一片混沌。以 4A 广告公司为代表的传统广告业转型不及，正陷入窘境；对其在数字时代的发展前景，广告界多持悲观立场。

一、边界的模糊：广告产业自我悲观的缘由

多重因素推动下的广告产业融合过程，必然带来产业边界的模糊。当前，广告产业融合转型是以技术融合作为基础生态和运作条件的，技术创新渗透产业与公司运作的各个层面；而资本越来越作为核心资源要素。当然，公司个体间的竞合关系，也在融合中起到核心驱动的作用。

由于广告业是作为双向代理的专业服务业而存在的，其产业链上下游各环节的关系并非那么清晰，其产业融合的方向也多元难分。同时，在多重因素的共推下，广告产业的融合发生在不同层面，既有从产品融合、业务融合到市场融合几个阶段前后衔接的过程，也有几个阶段同步相互促进的融合过程。融合路径复杂的必然结果，是广告产业与其他产业间，以及产业内不同行业间边界趋于模糊。

边界的模糊冲击了原本就脆弱的广告产业链平衡，动摇了以 4A 广告公司为代表的传统广告代理业的生存根基。广告产业链本就是一个动态的平衡。在西方，广告产业市场成熟度和集中度高，4A 广告集团顺利融合成长为营销传播集团，但因受到技术公司的冲击，原本营销传播领域清晰的分工开始模糊。而在中国，无论是从保持数十年的连续增长还是从广告额占 GDP 的比重来看，广告业已经发展为一个相对成熟的产业，且从 21 世纪初就进入一种相对稳定发展的状态。但是，相比于西方国家，产业内公司数量众多、规模小、泛专业化等结构型矛盾仍很突出。

现在，广告产业的数字新形态催生了各种新的业态，使得广告行业更加分化发展，结构型危机更为突出。广告业经多年的集团化、归核化、专业化转型发展，在此急剧转型期，所树立的专业权威形象、所形成的产业格局，尚未真正成型、稳定即开始溃散，或者说，广告产业原本不清晰的分工、不稳定的产业结构进一步模糊。

广告公司最直观的感受,是其传统优势正在被掳夺。基于深刻客户洞察的创意和媒介投放运作能力,这种广告公司一直引以自得的优势正在被技术分化和瓦解,其业务正在被取代。如新兴的程序化购买产业链直接对接受众与媒介,数字和互动广告公司以灵活、精准、效果可量化见长,它们甚至正在加快开发快速内容加工制作的模板化、程序化创意的技术,抢夺广告份额;平台企业如谷歌、脸书、百度、腾讯、新浪这样的公司凭借平台垄断、技术和大数据洞察的优势,直接为广告主客户提供营销解决方案和程序化购买方案。

广告公司其实正在积极提升数字广告服务能力,如收购、自建数字传播团队,研发新的广告技术工具,与百度、阿里巴巴、腾讯等数字平台合作,等等,已经创造了一些创意与技术结合的经典案例。也可以说,广告业数字服务水平有极大提升,但缺乏建立在数据库基础上的系统工具,且人才、运行架构、运作流程难以快速转型,仍不足以迅速扭转颓势。近几年,传统广告经营的收入及在广告主经费中占有的比例逐年下降,经营效益逐年下降。在新的混沌环境中,面对一片唱衰声,广告业自身也开始风声鹤唳,广告代理业似乎又回到了原点。或者说,又到了需要考虑广告代理制的生存空间的时候了。广告业开始了自我怀疑和专业悲观,似乎迷失了前进的方向。除经营收益下降、人才流失严重外,整体广告产业的话语权似乎已被技术所掌控。

二、落寞的代理:技术冲击下广告业话语权力的衰弱

数字生活空间中,数字技术营造了广告主与媒介、受众直接对接的平台路径。它似乎是一个巨大的砝码,它的冲击,破坏了原本就脆弱的广告产业链平衡,动摇了以4A广告公司为代表的传统广告代理业的生存根基。对广告业出路的探寻,人们多以经营的视野,跟上数字广告生态、形态的变化步伐,追求广告运作服务模式的升级,进而探寻公司商业模式的系统转型。这种经营的视野是基础性的,它重视广告公司如何变革,如何凭借及时的创新转型,获得市场竞争优势。

广告产业链生态的演变,带来了广告业话语语境的变化。由广告学术与行业刊物、大学课堂、行业论坛、智库信息发布、大众媒介、网文等构成的广告业话语场域,是广告主、媒介、代理、受众等多方博弈的场所。我们知道,话语在表达、呈现社会现实,也在建构这个世界。人们可以发现话语行动中掩蔽的权力的秘密,也可以高度主动、灵活地运用话语来建构、操纵现实。简单地说,话语与权力相连,具有现实的力量。依循这种话语建构的立场,我们可以获得另一种探究行业共性问题的视野,而且可以深入话语权力来源的核心,即广告知识与专业权威的建构层面,观察当下广告代理业的境遇,探寻作为产业

链的一个主体，广告业如何维持和强化其专业分工地位。

人们唱衰广告业，是因为广告资金持续从传统媒体转向数字媒体；代理费制全面失守，旱涝保收不再；广告技术自动化；数字、互动型公司、技术型公司如RTB的兴起对广告服务费的分流；等等。但在笔者看来，传统广告公司营业额、盈利双重下降，确有昭示意义；而其他的多数理由，似乎与广告业能否有生存发展权并无直接关联。

确实，广告业面对的数字生活空间，是一个新的生态。在这个生态系统中，广告主、媒介、受众、广告代理的角色不再那么清晰，分工不再那么分明；而广告代理似乎失去了自己的位置：受众可成为内容生产者、发布者，有时甚或是品牌主张建构者、传播者；中介流程甚至创意内容生产都可被技术取代；数字平台如百度、阿里巴巴、腾讯等可自主对接广告主。

有人说，这是一个浮躁的时代，对风潮、快感、速成的追逐，易使人失去逻辑和理性。表面看来，快速演进的数字广告，也使广告产业生态一片混沌；"乱花渐欲迷人眼"，广告业前景认知因此一片模糊。但是，话语背后的权力影响是隐性的、潜藏的，实际上，广告业话语的商业化、技术化趋势有加强的趋势。从这个层面理解，看似一片混沌的广告产业情势背后有着理性的博弈和角逐。

技术的门槛，对传统广告人和公司来说，一直是一道难以逾越的门槛，即便引进数字人才，构建数字团队，也因为传统的惯性，而缺乏朝气和变革的动力，转型难以及时奏效。但快速的环境变化并不可怕，只是需要时间去适应、调整。广告业真正的一个大麻烦在于话语权力在不断衰减，对其维持产业分工地位是一种负动力。

显然，新生态和新经济，推动技术成为显性话语：技术精英们凭借朝气蓬勃的力量，正逐步取代创意精英，成为各类商业论坛、报刊版面的宠儿；他们乐于在各种场合炫耀技术促生的广告营销威力，乐此不疲地宣扬一些有趣或有效的经典案例；数字营销咨询公司接踵发布各类资讯与数据；学者们害怕落伍于时代风潮，无论是方法还是选题，都在艰难地跟随技术的步伐。

不得不说，在对数字新技术、新业态一片讴歌声中，传统广告业的抵抗是微弱的：对自身的无可取代、对未来远景的肯定不足，语气孱弱；"生存"取代"发展壮大"成为核心关切。可能我们需要自省：有没有意识、有没有能力发起一场甚或数场"话语技术化"运动，救行业前途于水火？

三、风光不再的创意技能：亟须数字化和智能化升级

20世纪90年代中期之后，广告业开始有品牌创建、管理的能力，如奥美

一样实施"360度品牌管理";由整合营销传播作为知识工具,帮助客户科学布局、管控接触点,与目标受众沟通。同时,面对越来越专业的甲方,客户经理们尽可能展示这些专业所长。为提升服务,不同的公司也开发出各有所长的业务工具;内部业务流程看起来规范而序。广告公司开始在舆论场中展现工具和特长,虽然话语重心仍是创意,但不再唯创意是举,品牌与整合营销传播管理也开始成为宣扬能力的核心概念。

当下,广告数字新形态催生了各种新的业态,广告行业更加分化发展,数量众多、规模小、泛专业化等结构型危机更为突出。广告产业链本就是一个动态的平衡;广告业经多年的集团化、归核化、专业化转型发展,所树立的专业权威形象、所形成的产业格局,在此急剧转型期,尚未真正成型、稳定即开始溃散。广告公司其实正在积极提升数字广告服务能力,如收购、自建数字传播团队,研发新的广告技术工具,与百度、阿里巴巴、腾讯等数字平台的合作等,已经创造了一些创意、技术结合的经典案例。也可以说,广告业数字服务水平有极大提升,但仍不足以迅速扭转颓势。

显然,历史上,广告业对自身价值的宣扬,集中于个人或公司个体的专业技巧、能力层面,尤其是创意,一直是广告业引以为傲的核心专业技能。我们当然不能否认创意的价值,技术时代,创意仍然是广告效果发生的保障,更不能否认创意是广告公司专业价值的重要方面。但从行业作为一种社会专业而言,其专业地位的保持,仅仅依靠以创意为核心的技能技巧,显然是无法应对广告生态的变化的。从动态到相对稳态,从混沌到相对清晰,从稚嫩到相对成熟,这是一般事物也是广告业周而复始的发展规律。数字技术迭代、快速进步,广告业的专业技能一时更新不及,运作模式难以成型,服务范围和水平提升缓慢,其实无可避免。只是,当广告业仅把运作技能和服务水平作为话语权力的主要来源时,转型不及所引发的广告业的生存危机也就充分暴露出来了。

四、专业代理价值的弘扬

长期以来,广告业未能尽力张扬自身之所以生存的核心价值之所在。作为一个整体,广告业对社会与国民经济的价值,我们对之已有深刻认知,但是,广告业为何产生?有何价值?历史上,我们对之既缺乏全方位产业链经济层面上的解读,更未能尽力张扬,比如,术业有专攻,专业人做专业事;最经济和最有效率的分工安排;再如,持中立立场,能兼顾广告传播链条上广告主、媒介、受众与社会多方的利益;等等,我们还需要研究,也需要宣传。

现代广告业起始,就确立了双向代理的行业制度,这是由产业链的自然分工形成的;跌跌撞撞,但波澜不惊,上百年的历程,一路走来,虽非唯一,但也是主流的形式。非由法规强制、官方推动而催生，也不依赖某个人或某个公司的伟大创意、经典案例而得以延续；当然，技术更无法取而代之。

"术业有专攻""专业人做专业事"才是广告代理生存的基础。一方面，媒体只能将服务广告主市场的权利让渡一部分给代理，经营上专注于受众市场，如此，内容才最有竞争力，版面空间的利用才最有效率；另一方面，广告主只能专注于满足消费者市场，产品品牌才有市场竞争力。

无论是什么类型的商业传播，本质是动机、目的性极强的组织性操作，是要讲究成本和收益的。新传播环境下，对受众的极度重视，或者受众被动地位的反转，并不能改变商业传播的动机本质。受众的主动传播是零碎的、随性的，是无组织的；我们可以利用，可以引导，但不能失去主导和目标。

数字传播时代，广告运作需要更融合、更系统且更为精细。或者说，更需要专业的广告运作服务。如成功的爆点传播正成为广告主的"梦中情人"，但不承想，它其实大多只是一次次试错后的产物；一个成功的爆点是在数个甚至数十个"试爆点"中脱颖而出；数字终端页面上，一个原生型广告十分有趣、吸睛，但精准、个性化使它的覆盖面有限，而广告实效终究要有覆盖面支撑；一次搜索、一次点击，有时其成本比在电视上播出要贵出许多。其实，追踪下去，可以看到，所谓成功的技术性创意案例背后，往往有专业的广告人殚精竭虑，往往有精干团队的操弄。

当下，广告业要有前瞻性展望，更需要对此加以说明，为什么在数字生活空间时代，代理仍有不可取代的价值：仍是广告产业链的核心构成。除此之外，广告业还需要有大局观，在技术的风潮下站稳脚跟，不能失去自身的理性和自信。要确信，技术终究是被人控制、利用；广告终究是人心的相连、人情的沟通，我们永远会是此方面的权威。同时，要肯定自身作为行业规则制定者的身份；要做新技术的追逐、掌控者，而不是跟风者；要做产业引领者，引领建立融合了新技术、形态与业态的广告产业系统，营造合理的产业生态。

五、以知识建构专业权威

广告人不仅是专业理论的实践权威，而且应该是广告知识的生产者和传承者；同时，要有专业理念和素养作为我们的精神支撑和服务法则。

这是一个众生喧嚣的时代，信息不再闭塞，眼界已洞开。概念、知识与精彩案例经验，并非被广告人唯一掌握。点子大王早已走下神坛，技术又在逐渐削弱创意大师的威名。创意难以独立支撑广告业的专业地位，大创意前途未卜；定位、品牌理论本不是广告业的专利，现在更是营销界常识；整合营销传播的引入，对中国广告业的地位巩固功不可没，但其对数字平台传播及融合传播的解释力、实践引导力不够。

广告知识的生产还跟不上广告产业的数字化发展。或者说,广告业正需要新概念、新理论的支持,否则,其专业权威的构建没有了来源和支撑。不客气地说,总体而言,广告精英们对专业知识生产及其生产者是有些轻慢的。以前,他们有意愿去校园宣传,却多少有些怠慢了对专业研究的支持,缺乏深度合作。他们可能将他们的经验、案例和一点心得、体会当作广告知识本身。现在,被不明朗的前景所困,广告业逐渐淡化了支持知识生产的动力和机制;广告精英们失去了亲自参与知识生产并成为新的专业思想者的强烈兴趣和动机。

广告业一直是在质疑和仰慕的交织目光中成长,对当下的广告业境遇,有不同的解读,也有不同的主张。在以知识、信息为基础的当代社会,广告这种社会实践和其他社会生活一样,也是以文本为中介的。然而,当下的广告话语场域中,广告业对行业话题选择、概念、用语等修辞中所隐含的权力关系、利益博弈机制缺乏敏锐的认识,也缺乏主动、有效的话语策略行动;对不断增长的行业语言的经济价值认识不足,以致广告业的话语权力旁落,正快速被技术话语所取代。本书正是希望唤起广告业的自省,广告业需要肯定自身,并努力以话语向社会证明自身,彰显自身的权力,否则,一旦网络广告、数字广告技术的风潮不可避免地退去,我们将只能裸泳,那将情何以堪。

参 考 文 献

［1］奥格威．一个广告人的自白［M］．林桦，译．北京：中国友谊出版公司，1991．

［2］蔡畅．原生广告的程序化融合发展探析［J］．青年记者，2019（7）．

［3］陈刚．当代中国广告史（1979—1991）［M］．北京：北京大学出版社，2010．

［4］陈刚．发展广告学的理论框架与影响因素研究［J］．广告大观（理论版），2013（1）．

［5］陈刚．结构性焦虑与转型期焦虑的交织：对当代广告公司现状的一种解读［J］．广告大观（综合版），2007（6）

［6］陈刚，潘洪亮．重新定义广告：数字传播时代的广告定义研究［J］．新闻与写作，2016（4）：27．

［7］陈刚，孙美玲．结构、制度、要素：对中国广告产业的发展的解析［J］．广告大观（理论版），2011（8）．

［8］陈逸舟．场景营销的时代［J］．中国广告，2018（7）．

［9］程明，姜帆．整合营销传播背景下广告产业形态的重构［J］．武汉大学学报（人文科学版），2009（7）．

［10］程士安．数字媒体崛起，颠覆并重构传统广告产业链［J］．广告大观（综合版），2012（3）．

［11］储冠群，文星．论新媒体广告与内容融合的嬗变路径［J］．传播力研究，2017（1）．

［12］代婷婷．中国广告产业竞争优劣势研究：基于全球前五广告大国的实证分析［M］．北京：人民出版社，2015．

［13］德鲁克．创新与企业家精神［M］．蔡文燕，译．北京：机械工业出版社，2007．

［14］董保堂．经济严冬中广告业的破冰之道［J］．广告大观（理论版），2019（3）．

［15］窦春欣．区块链技术如何改变广告产业［J］．传播力研究，2018（34）．

［16］段淳林，李梦．移动互联网时代的广告产业链角色重构与平台化转

型[J]. 华南理工大学学报（社会科学版），2015（8）.

[17] 段淳林，杨恒. 数据、模型与决策：计算广告的发展与流变[J]. 新闻大学，2018（1）.

[18] 段培力. 4A的黄昏：自省与自救[J]. 中国广告，2019（2）.

[19] 多西. 创新过程的性质//多西，等，编. 技术进步与经济理论[M]. 钟学义，等，译. 北京：经济科学出版社，1992.

[20] 高渊. 智能广告时代行业从业者的职能转向[J]. 记者摇篮，2018（11）.

[21] 韩淑芳. 中国广告产业不均衡发展问题探析[J]. 湖北大学学报（哲学社会科学版），2016（2）.

[22] 韩文静. 数字背景下的市场融合与广告产业扩张[J]. 前沿，2015（3）.

[23] 扈邑. 阳狮与宏盟联姻：数字广告驱动行业并购潮[J]. IT时代周刊，2013（9）.

[24] 黄升民，刘珊. 三网融合下的"全媒体营销"建构[J]. 现代传播（中国传媒大学学报），2011（2）.

[25] 黄升民，杨雪睿. 碎片化背景下消费行为的新变化与发展趋势[J]. 广告大观（理论版），2006（2）.

[26] 姜帆. 数字传播背景下广告的生存与发展研究[D]. 武汉：武汉大学，2010.

[27] 姜智彬，郭钦颖. 技术驱动融合，智能引领创新：2019年中国广告十大现象盘点[J]. 编辑之友，2020（2）.

[28] 姜智彬，黄振石. "基础—工具—目的—本性"框架的智能广告定义探析[J]. 中国广告，2019（11）.

[29] 姜智彬，张静怡. 比较制度因素与中国网络广告产业发展[J]. 广告大观（理论版），2013（3）.

[30] 蒋海婷. 网络广告实时竞价（RTB）模式研究[D]. 长春：东北师范大学，2014.

[31] 金俊佶，田智恒. "互联网+"下的广告产业发展研究[J]. 新闻研究导刊，2017（1）.

[32] 景东，苏宝华. 新媒体定义新论[J]. 新闻界，2008（3）.

[33] 鞠宏磊. 大数据精准广告的产业重构效应研究[J]. 新闻与传播研究，2015（8）.

[34] 匡导球. 现代服务业的跨产业融合发展：动因、模式与效应[J]. 经济决策分析，2012（3）.

[35] 李菁菁. 上海诺牧并购基金海外并购风险研究［D］. 暨南大学, 2018.

[36] 李美云. 服务业的产业融合与发展［M］. 北京：经济科学出版社, 2007.

[37] 李名亮. 广告公司经营模式转型研究［D］. 上海：上海大学, 2014.

[38] 李名亮. 数字时代广告产业融合的效应与结局［J］. 山西大学学报（哲学社会科学版）, 2017, 40（5）.

[39] 李星熠. 新媒体环境下的广告创意与创新［J］. 出版广角, 2016（17）.

[40] 李亦宁, 杨琳. 大数据背景下广告产业生态的嬗变与重构［J］. 当代传播, 2014（2）.

[41] 李煜冰. 全场景打通, 实现消费升级的平台力量［J］. 中国广告, 2018（6）.

[42] 廖秉宜. 并购之外的博弈：专业化、集群化、集约化、国际化［J］. 广告大观（综合版）, 2013（1）.

[43] 廖秉宜. 大数据时代数字广告产业的发展模式与战略［J］. 广告大观（理论版）, 2015（8）.

[44] 廖秉宜, 付丹. 广告产业经济学理论与实践研究［M］. 北京：学习出版社, 2012.

[45] 廖秉宜, 付丹. 中国广告市场的结构失衡问题及对策研究［J］. 湖北大学学报（哲学社会科学版）, 2011（3）.

[46] 廖秉宜. 中国程序化购买广告产业现状、问题与对策［J］. 新闻界, 2015（24）.

[47] 廖秉宜. 自主与创新：中国广告产业发展研究［M］. 北京：人民出版社, 2009.

[48] 林莹. 79% 的广告主将增加数字营销预算：Ad Master 前瞻 2019 中国数字营销趋势［J］. 中国广告. 2019（1）.

[49] 林莹. 构建优质媒介资源管理平台［J］. 中国广告, 2016（10）.

[50] 林莹. 互联设备和数字平台引领消费热潮：2018 尼尔森消费趋势前瞻［J］. 中国广告, 2018（3）.

[51] 刘传红. 广告产业研究的几个基本问题［J］. 武汉大学学报（人文科学版）, 2007（2）.

[52] 刘传红. 广告产业组织优化研究［M］. 武汉：湖北人民出版社, 2012.

［53］刘传红. 我国广告产业组织的模式选择［J］. 西南民族大学学报（人文社会科学版），2011（4）.

［54］刘贵富. 产业链基本理论研究［D］. 长春：吉林大学，2006.

［55］刘庆振. 互联网＋背景下计算广告技术体系的创新与应用［J］. 新闻界，2016（2）.

［56］刘庆振. 计算广告："互联网＋"时代的广告业务流程重构［J］. 中国广告，2017（6）.

［57］刘庆振. 媒介融合新业态：数字化内容与广告融合发展研究［J］. 新闻界，2016（10）.

［58］刘祥. 广告产业园区的现实审视与前景展望［J］. 中国广告，2019（11）.

［59］刘徐方. 现代服务业融合研究［D］. 北京：首都经济贸易大学，2010.

［60］刘亚超. 中国程序化广告投放模式研究：以RTB广告为例［J］. 新闻研究导刊，2016（10）.

［61］卢山冰. 中国广告产业发展研究［D］. 西安：西北大学，2005.

［62］马澈. 计算广告对数字媒体的影响：基于技术、数据和市场的重构［J］. 中国出版，2017（24）.

［63］马二伟. 大数据时代广告产业结构优化研究［J］. 国际新闻界. 2016（5）.

［64］马静，娜仁. 网络时代下的广告播发平台：智能广告系统［J］. 数字传媒研究，2019（8）.

［65］尼葛洛庞蒂，数字化生存［M］. 胡泳，范海燕，译. 海口：海南出版社，1996.

［66］倪宁. 王芳菲. 新媒体环境下中国广告产业结构调整分析［J］. 广告大观（理论版），2014（4）.

［67］佩蕾丝. 技术革命与金融资本［M］. 田方萌，等，译. 北京：中国人民大学出版社，2007.

［68］秦雯. 大数据驱动营销革命［J］. 广告大观（综合版），2013（7）.

［69］秦雪冰. 广告产业特征与数字化发展［J］. 重庆社会科学，2015（2）.

［70］秦雪冰. 广告产业演化：一个研究框架建构的尝试［J］. 广告大观（理论版），2016（6）.

［71］秦雪冰. 基于创新的中国广告产业演化研究［D］. 武汉：武汉大学，2011.

[72] 秦雪冰，姜智彬. 人工智能驱动下广告公司的业务流程重组［J］. 当代传播，2019（2）.

[73] 秦雪冰. 市场融合与广告产业创新［J］. 广告大观（理论版），2013（2）.

[74] 秦雪冰. 智能的概念及实现：人工智能技术在广告产业中的应用［J］. 广告大观（理论版），2018（2）.

[75] 秦雪冰. 自组织创新：广告产业演化的内部动力［J］. 广告大观（理论版），2014（4）.

[76] 芮明杰. 产业经济学［M］. 上海：上海财经大学出版社，2008.

[77] 舍恩伯格. 大数据时代：生活、工作与思维的大变革［M］. 盛杨燕，译. 杭州：浙江人民出版社，2013.

[78] 沈国梁. 品牌跨界IP，需要开哪些脑洞？［J］. 中国广告，2019（9）.

[79] 史青. 大数据时代精准广告的运作研究［D］. 开封：河南大学，2016.

[80] 舒尔茨，童淑婷等. 广告的未来及其可能性［J］. 广告大观（理论版），2017（1）.

[81] 舒尔茨. 整合营销传播［M］. 吴怡国，译. 北京：中国物价出版社，2002.

[82] 舒咏平，祝晓彤. 品牌传播服务取向的广告产业转型［J］. 广告大观（理论版），2018（1）.

[83] 苏林森，郭超凯. 改革开放以来中国广告业、宏观经济与政策的互动关系［J］. 新闻大学，2015（5）.

[84] 谈镇. 开放型背景下的中国经济自主型发展战略［J］. 江苏商论，2006（10）.

[85] 谭辉煌. 广告的大数据生存：形态、价值与产业［J］. 广告大观（理论版），2015（2）.

[86] 王方. 创新扩散趋势下创新创业主体培育的思路：依托大企业的孵化与裂变［J］. 企业经济，2018（37）.

[87] 王菲. 大广告产业之变［J］. 广告大观（综合版），2014（1）.

[88] 王连河. 新媒体背景下地方电视新闻变革途径分析［J］. 新媒体研究，2017（3）.

[89] 王林娜. 好耶深度发力DMI，构建智能一体化数字营销平台［J］. 数字营销，2018（3）.

[90] 王昕，丁俊杰. "变"与"不变"中的广告业发展趋势思考［J］.

新闻与写作, 2014 (6).

[91] 吴瑾. 互联网时代广告与内容的边界 [J]. 中国广告, 2018 (5).

[92] 肖鸿江, 孙国华. 基于实时竞价的网络广告投放流程设计 [J]. 信息技术, 2013 (7).

[93] 谢佩宏. 新时代的中国广告：第九届发展广告学论坛会议综述 [J]. 广告大观 (理论版), 2018 (2).

[94] 熊彼特. 经济发展理论 [M]. 何畏, 等, 译. 北京：商务印书馆, 1990.

[95] 熊伟. 浅谈新媒体广告的发展与应用 [J]. 信息记录材料, 2016 (51).

[96] 熊晓远. 基于媒介融合背景下广告策划的创新研究 [J]. 经营管理者, 2017 (29).

[97] 许烨. 并购, 不要与广告渐行渐远 [J]. 广告大观 (综合版), 2013 (1).

[98] 许正林, 李名亮. 广告公司经营模式及其创新的系统架构 [J]. 广告大观 (理论版), 2015 (6).

[99] 许正林, 李名亮. 以国家的名义：广告产业发展战略的新境界："实施国家广告战略"的内涵、保障与路径 [J]. 广告大观 (理论版), 2012 (4).

[100] 许正林, 马蕊. 程序化购买与网络广告生态圈变革 [J]. 山西大学学报 (哲学社会科学版), 2016, 39 (2).

[101] 薛敏芝. 广告边界的演变：建构、解构与开放：现代广告的终结与后广告时代的来临 [J]. 中国广告, 2019 (4).

[102] 杨魁, 林媛熹. 新媒介环境下广告产业链的变革及中国广告产业的发展取向 [J]. 广告大观 (理论版), 2011 (6).

[103] 姚曦, 韩文静. 再论广告产业发展要素 [J], 湖北大学学报 (哲学社会科学版), 2016 (3).

[104] 姚曦, 李春玲. Logistic 模型曲线的中国广告产业发展阶段判断及预测 [J]. 华侨大学学报 (哲学社会科学版), 2017 (1).

[105] 姚曦, 李春玲. 中国广告产业结构效应研究 [J]. 新闻大学, 2019 (8).

[106] 姚曦, 李斐飞. 价值重构：数字时代广告公司商业模式的创新 [J]. 广告大观 (理论版), 2016 (12).

[107] 姚曦, 秦雪冰. 社会科学的使命与发展广告学 [J]. 广告大观 (理论版), 2013 (1).

［108］姚曦，张晓静. 做重轻资产：广告公司的并购策略［J］. 广告大观（综合版），2014（2）.

［109］尹铁钢. 失衡：中国广告产业结构性问题分析［J］. 广告大观（理论版），2013（6）.

［110］于月娥. 并购在中国广告业［J］. 广告大观（综合版），2014（2）.

［111］余瀛波. 互联网广告必须标明"广告"［J］. 青年记者，2016（23）.

［112］喻国明，兰美娜，等. 未来传播模式创新的核心逻辑［J］. 新闻与写作，2017（3）.

［113］曾静平，刘爽. 智能广告的潜进、阵痛与嬗变［J］. 浙江传媒学院学报，2018（6）.

［114］曾琼，刘振. 计算技术与广告产业经济范式的重构［J］. 现代传播（中国传媒大学学报），2019（2）.

［115］张惠辛. 技术改变广告，从哪几个方向？［J］. 中国广告，2017（10）.

［116］张静，鲜宁，等. 移动DSP平台在营销领域对广告行业的作用机理［J］. 现代营销，2018（7）.

［117］赵冬梅. 圈层文化语境下哔哩哔哩网站的广告形态探究［J］. 声屏世界，2019（6）.

［118］周楚莉. 数字传播时代RTB（实时竞价）广告模式研究［J］. 中国记者，2013（11）.

［119］周佳. 在线短租平台商业模式创新研究：以Airbnb为例［J］. 广东经济，2018（7）.

［120］周杨. 新媒体时代下的互联网营销浅析［J］. 经济视角（中旬），2011（12）.

［121］CHARLES T，PAUL R. A faster way to create better quality products［J］. International Journal of Project Management，2001（6）.

［122］BUSH. On the substitutability of local newspaper，radio，and television advertising in local business sales［J］. Media Bureau Staff Research Papers，2002

［123］CHAVEZ C. Hispanic agencies and profits of distinction：an examination of the advertising industry as a field of cultural production［J］. Consumption Markets & Culture. 2012.

［124］DUFFETT R G. Employment equity issues in the Cape Town advertising industry：a black economic empowerment perspective［J］. African Journal of Busi-

industry: a black economic empowerment perspective [J]. African Journal of Business Management, 2011.

[125] GAO Liping. Tencent Guangdiantong, the most unexpected winner of mobile advertising market [N]. First Financial Daily, 2014 (16).

[126] ZENITH. GroupM, magna, global, global advertising forecast [J]. Magna, 2019 (12).

[127] LIU Bin, CAI Ganghu, ANDY A T. Advertising in asymmetric competing supply chains [J], Prod Oper Manag, 2014 (11).

[128] PIERRE-Alexandre Balland, MATHIJS De Vaan, RON Boschma. The dynamics of interfirm networks along the industry life cycle: the case of the global video game industry, 1987 – 2007 [J]. Journal of Economic Geography, 2013 (5).

● 全科医学系列教材 ●

丛书主编：单　鸿
丛书副主编：夏瑾瑜　薛　青　李中和

CLINICAL SKILL OF
GENERAL PRACTICE MEDICINE

全科医学临床操作

曹庆东 ◎ 主编

·广州·

版权所有　翻印必究

图书在版编目（CIP）数据

全科医学临床操作/曹庆东主编. —广州：中山大学出版社，2022.5
（全科医学系列教材/单鸿主编）
ISBN 978 - 7 - 306 - 07364 - 8

Ⅰ.①全… Ⅱ.①曹… Ⅲ.①家庭医学—教材 Ⅳ.①R499

中国版本图书馆 CIP 数据核字（2021）第 253402 号

QUANKE YIXUE LINCHUANG CAOZUO

出 版 人：	王天琪
项目策划：	徐　劲
策划编辑：	鲁佳慧
责任编辑：	鲁佳慧
封面设计：	曾　斌
责任校对：	吴茜雅
责任技编：	靳晓虹
出版发行：	中山大学出版社
电　　话：	编辑部 020 - 84111996，84113349，84111997，84110779
	发行部 020 - 84111998，84111981，84111160
地　　址：	广州市新港西路 135 号
邮　　编：	510275　传　真：020 - 84036565
网　　址：	http://www.zsup.com.cn　E-mail：zdcbs@mail.sysu.edu.cn
印 刷 者：	佛山市浩文彩色印刷有限公司
规　　格：	787mm×1092mm　1/16　17.5 印张　430 千字
版次印次：	2022 年 5 月第 1 版　2022 年 5 月第 1 次印刷
定　　价：	99.80 元

如发现本书因印装质量影响阅读，请与出版社发行部联系调换

丛书编委会

主　　编：单　鸿

副 主 编：夏瑾瑜　薛　青　李中和

编写人员（以姓氏笔画为序）：

　　　　　于翠香　王　成　王建英　田　琳　孙　辽

　　　　　李中和　李绍林　李啸峰　张　雷　陈　剑

　　　　　陈红涛　陈新野　林岫芳　尚斌芳　罗礼云

　　　　　单　鸿　夏瑾瑜　黄燕霞　曹庆东　赖开兰

　　　　　薛　青　戴英波

本书编委会

主　　编：曹庆东
副 主 编：田　琳　戴英波　陈新野
秘　　书：霍雯雯
编　　委（以姓氏笔画为序）：

卜巨源　王小华　王晓进　尤　苓　卢华定
田　琳　付林林　先玉梅　伍　俊　刘夏磊
江燕华　苏兆娟　杨朝霞　李　冰　李　玲
李　婵　李　毅　李瑶瑶　张奎渤　张雪霞
陆文靖　陈贤珍　陈晓瑜　陈惠丽　陈新野
邵晶晶　岳计辉　周　奕　庞文正　姚　蓝
黄　茵　黄书畅　曹庆东　梁嘉碧　彭　湖
颜　扬　戴英波

全科医学系列教材

序 一

"共建共享、全民健康"是建设健康中国的战略主题。其核心是以人民健康为中心，坚持以基层为重点，以改革创新为动力，预防为主，中西并重。我国于20世纪80年代后期引进全科医学的理念，并一直致力于全科医学教育体系、医疗服务模式和全科医学人才培养模式的建设。国务院办公厅于2020年颁发的《关于加快医学教育创新发展的指导意见》对全科医学学科建设提出了明确的要求：系统规划全科医学教学体系，3年内推动医学院校普遍成立全科医学教学组织机构，加强面向全体医学生的全科医学教育，建设100个左右国家全科医学实践教学示范基地，加强师资培训，推进毕业后医学教育基地认证和继续医学教育学分认证，将住院医师规范化培训结业考核通过率、年度业务水平测试结果等作为住院医师规范化培训基地质量评估的核心指标。

加强党的全面领导是新时期教材建设工作的根本遵循。教材是解决培养什么人、怎样培养人、为谁培养人这一根本问题的重要载体，是国家意识在教育领域的直接体现。全科医学教材建设更要面向党和国家对健康事业发展的需求。

为了加快培养以岗位胜任力为导向的全科医生队伍，夯实全科住院医师医学理论基础，强化评判性临床思维和临床实践能力培养，在全科医学毕业后教育的不断实践基础上，来自临床实践与教学一线的教材编写团队，在单鸿教授的带领下，根据全科领域的发展现状及国家对全科医生培养的长远要求，不断总结经验，紧扣全科专业住院医师规范化培训的内容与标准，形成理论、实践教学与临床实际有效衔接的课程体系。在全科医学教育教材相对匮乏的当下，有针对性地组织编写这套全科医学系列教材，这一工作值得推荐。

中国工程院院士、教授、主任医师

2021年10月

序 二

以生物医学和前沿技术为支持的专科医学是现代临床医学的主体，体现"以疾病为中心"的指导思想；"以人为本"和"以健康为中心"的理念则是当下社会经济发展与进步的必然，于是，全科医学应运而生，乘势而起。

全科医学从"全科医生"（general practitioner，GP）而来，后演变为"家庭医生"（family physician）和"家庭医学"（family medicine）。1972年，世界家庭医生组织（The World Organization of National Colleges，Academies and Academic Association of General Practitioners/Family Physicians，WONCA）成立，系统地提出了全科医学的学科概念。我国著名的医学教育家陈竺院士、曾益新院士、付小兵院士及杨秉辉教授等是全科医学理念最早的传播者、设计者与先行者。全科医学历经30多载的建设发展，已形成具有鲜明中国特色理论、教育、实践相融合的学科体系，面向人民的生命健康，风帆劲起正当时。

全科医学（general practice medicine，GPM）是现代生物医学、工程与信息科学、社会科学的前沿交叉与高度融合的学科，是现代临床医学的重要组成部分。"以人民健康为中心"是该学科的核心思想，用以指导医生为个人、家庭及社会提供连续性、综合性与专业性的医疗与健康保障服务。

医学教育是卫生健康事业发展的重要基石。在实施健康中国战略的新任务的过程中，我国全科医学教育还存在人才培养结构亟须优化、培养质量亟待提高、创新能力有待提升等问题。为加快全科医学教育的创新发展，本教材编写团队以科学规划全科医学教育、培养服务基层群众的全科医学人才作为抓手，充分发挥广东省全科师资培训基地、广东省重点全科住院医师规范化培训基地的引领示范作用，在积极承担广东省骨干全科师资及全科医生培训任务的实践基础上，认真总结经验，针对全科医生规范化培训特点，组织编写了全科医学系列教材，包括《全科医学慢性病管理》《全科医学临床思维》《全科医学社区护理》《全科医学辅助检查》《全科医学临床操作》五个分册，重点在于提升全科住院医师规范化培训内涵建设及培训质量，加强岗位胜任力培养。后续还将编写关于社区感染防控、智慧医疗方面的两个分册，以完善全科医学系列教材的设置，初步形成具有理论引领与实用操作并重的专业特色教材。

本系列教材的特点是紧扣全科规范化培训大纲和最新基层防治指南，图文并茂，将严谨、规范、实用结合在一起。

各位编委历时 3 年，在完成繁重的临床、教学工作之余，尽心尽力，博采众长，倾囊相授，顺利完成了本书的编写工作。衷心感谢来自中山大学孙逸仙纪念医院的熊小强主任医师、金小岩副主任医师、张璟璐副主任医师，中山大学附属第三医院张扣兴主任医师、周凤丽副主任医师、董睿敏副主任医师，中山大学附属第一医院刘敏主任、陈妙虹副主任护师，中山大学护理学院张利峰副教授，华中科技大学同济医学院附属同济医院王良主任医师，南方医科大学深圳医院陈龙副主任医师、张楠楠副主任医师，深圳市宝安人民医院（集团）吴华主任医师对教材提出的宝贵意见和建议。在编写过程中，中山大学附属第五医院全科医学办公室的老师们进行了大量的素材、图片、表格处理，以及稿件校正、查实文献出处等工作，也一并致以感谢！

由于编者学识和经验有限，本系列教材仍会有许多不足之处，希望各位读者及专家予以批评指正。

丛书主编、教授、主任医师

2021 年 10 月

前 言

全科医学是一个面向社区与家庭，将临床医学、预防医学、康复医学及人文社会学科相关内容整分于一体的综合性医学专业学科，是我国医疗卫生建设重要的一环，也是现代分级医疗诊疗模式开展的基石。全科医生与专科医生各司其职，但又相互补充，在诊疗技术、理论知识及临床操作上都有所不同，有必要为全科医生编写一部规范的临床操作技能图书。

本书旨在将临床相关操作和全科医生的执业工作环境特点相结合，全面涵盖了各项操作实施步骤、注意事项等，方便全科医生在工作中学习、查找，易于掌握。同时，书中也提供了部分相关专业的临床操作技能，旨在帮助全科医生在工作中提升专业技能，巩固基础，稳步进阶。

本书是由中山大学附属第五医院各专科的临床专家共同撰写而成，希望它能为全科医生的临床实践提供帮助和参考。在本书的编写过程中，我们得到了在全科医学领域有丰富临床经验的南方医科大学深圳医院陈龙副主任医师、张楠楠副主任医师，以及深圳市宝安人民医院（集团）吴华主任医师给予的宝贵意见。感谢各位编委及秘书的辛勤付出。感谢圆果文创工作的赵梓云先生为本书绘制插图。

由于时间仓促和编者水平有限，书中难免有错误和不妥之处，恳请读者批评指正。

2021 年 3 月

目 录

第一章 全科医学诊疗书写规范及相关综合评价 1
  第一节 全科接诊流程 1
  第二节 SOAP 病历的规范书写 5
  第三节 处方书写规范 12
  第四节 多病共患案例解析 23
  第五节 家庭访视 27
  第六节 心理测量与筛查 31

第二章 常规临床技能操作 44
  第一节 心电图操作 44
  第二节 穿脱隔离衣 50
  第三节 肛门指诊操作 52
  第四节 各种注射操作 54
  第五节 胸腔穿刺术 67
  第六节 腹腔穿刺术 69
  第七节 腰椎穿刺术 70
  第八节 骨髓穿刺术 76

第三章 急救技能操作 80
  第一节 心肺复苏 80
  第二节 洗胃术 83
  第三节 吸痰术 86
  第四节 简易呼吸器的使用 91
  第五节 电复律/电除颤 94
  第六节 脊柱损伤的固定搬运术 98
  第七节 转运呼吸机的应用 100
  第八节 心脏起搏器程控 102
  第九节 临时心脏起搏器植入术 104

第四章 手术相关操作技能 106
  第一节 外科手消毒 106
  第二节 消毒铺巾 110

第三节	无菌操作	114
第四节	创伤包扎止血	116
第五节	伤口清创缝合术	120
第六节	骨折外固定术	123
第七节	小夹板固定术	126
第八节	关节腔穿刺术（膝关节）	128
第九节	伤口换药与拆线术	130
第十节	T 管拔管	133
第十一节	基本缝合方法	135
第十二节	体表肿物切除术	138
第十三节	浅表脓肿的切开引流	139
第十四节	气管插管术	142
第十五节	环甲膜穿刺术	147
第十六节	导尿术及拔管	148
第十七节	膀胱穿刺造瘘术	153
第十八节	胸腔闭式引流术及拔管	156
第十九节	疼痛的封闭治疗	159
第二十节	肠造口术前、术后护理	161
第二十一节	灌肠术	167
第二十二节	气管切开术	170
第二十三节	中心静脉置管术	172
第二十四节	心包穿刺引流术	177

第五章 社区重点人群保健操作技能 180

第一节	妇科检查及操作	180
第二节	妇女保健	190
第三节	儿童保健	199
第四节	老年人健康综合评估	215
第五节	产科检查及操作	221
第六节	儿童神经心理行为评估	225

第六章 常用眼、耳、鼻、喉科操作技能 230

第一节	视力检查	230
第二节	外眼一般检查	233
第三节	检眼镜的使用及正常眼底的识别	237
第四节	眼冲洗治疗	241
第五节	结膜异物处理方法	243
第六节	眼压测定	244

第七节　耳鼻喉一般检查 …………………………………………… 247
第八节　外耳查体及耳镜使用 ……………………………………… 251
第九节　听力检查 …………………………………………………… 253
第十节　鼻腔异物、咽喉部异物取出法 …………………………… 255
第十一节　外耳道疖切开术 ………………………………………… 256
第十二节　鼻内镜检查 ……………………………………………… 256
第十三节　纤维鼻咽镜检查 ………………………………………… 258
第十四节　纤维喉镜检查 …………………………………………… 259

附录　中英文名词对照表 …………………………………………… 262

第一章

全科医学诊疗书写规范及相关综合评价

第一节　全科接诊流程

全科医生接诊不同于专科医生接诊，有其自身的特点。专科接诊通常是指医生接待患者进行诊断治疗的过程，主要针对患者的疾病；而全科接诊是全科医生针对医疗需求者（包括健康人群）的健康问题进行综合处理的过程，强调以人为中心、以问题为导向、以预防为先导的健康照顾，要求体现全科思维、人文关怀。

一、接诊前准备

（1）接诊环境的准备：诊室应保持整洁、卫生状况良好、光线明亮柔和、温度适宜、环境舒适安静，且私密性良好，有利于保护来诊者的隐私等。

（2）接诊物品的准备：准备好身高和体重测量仪器、卷尺、体温计、压舌板、手电筒、听诊器、血压计、血糖仪等常用医用接诊物品。

（3）接诊医护人员的准备：全科医生应该注意自身形象和精神面貌。

二、接诊

（一）问诊

问诊是指医生通过提问和与患者交谈来收集关于诊断、评估、处理所需要的各种资料的过程和方法，同时也是一个医患沟通、建立积极的医患关系、开展医患合作的过程。问诊的质量不仅影响所收集资料的完整性和准确性，也影响诊断治疗的科学性、有效性及来诊者的满意度，甚至影响卫生资源利用的合理性。

1. **全科问诊技巧**

（1）注意问诊的情景：参与者有哪些人、是否合适，是否尊重来诊者的隐私权，是否影响问诊的效果。

（2）注意观察服务对象的个体化特征。

A. 全科医生应注意，因来诊者类型及其需求不同，问诊的方式和侧重点亦有不同。全科医生可将服务对象分为健康者、慢性病患者、急危重症患者，以及反复就诊、已建立健康档案的患者四类。全科医生应针对不同类型的服务对象采取不同的问诊方式与流程。

B. 了解来诊者的年龄、性别、职业、文化程度、生活习惯、嗜好、家庭背景、经济状况、宗教信仰、外貌特征、面部表情、态度、行为方式、心理状况、对疾病的认知、对治疗的依从性、社区背景及其陪同者等。这些重要资料对全科医生判断来诊者的特点、健康问题的性质、需求和期望有重要的参考价值。

（3）全科医生应该注意自己的位置、与来诊者的距离及自己的言行举止。全科医生与来诊者的距离应该保持在半米左右，这个距离既让双方感觉舒适又利于交流沟通。全科医生要不时与来诊者保持眼神的交流，并通过注视向来诊者传送重视、鼓励、同情、共鸣、关心的信息。同时，全科医生应停止其他一切无关的活动。

2. 全科问诊的特点与方式

（1）专科医生问诊主要关注患者的疾病，而全科医生除此之外还要关注患疾病的人。因此，全科医生的问诊主要围绕两条线展开：①延续传统的问诊内容，围绕疾病的发生、演变及预后等线索。②围绕患者患病后的身心感受，深入了解疾病对患者生活的影响，以及患者对疾病和健康的想法与观念，了解并尽可能地满足患者的合理要求。

（2）全科医生问诊的方式有封闭式问诊和开放式问诊两种。

A. 封闭式问诊。封闭式问诊犹如选择题，提问有可供选择的答案，如"痛不痛""有没有""好不好""是不是"等，常用于询问来诊者的症状、体征和既往健康情况等，也可用于医生澄清有关问题。封闭式问诊常常以疾病为中心，以了解与疾病有关的信息为目的，故能单刀直入，直接针对需要了解的问题，得到确切的答案，并节省时间，因此，全科医生在处理急危重症患者和为健康人群建立健康档案时常采用封闭式问诊。其缺点是提问涉及面窄，容易固定来诊者的思维，错误地引导来诊者，导致医生很难获取全面、详细的资料，也不容易了解其真实感受。因此，封闭式问诊并不适用于全科医生了解来诊者及其背景与主观体验。

B. 开放式问诊。开放式问诊犹如主观问答题，提问中不含可供选择的答案，只是引导来诊者回忆某些方面的情况，完全用来诊者自己的方式来叙述，不受医生的思考范围和思维方式的限制。开放式问诊常常以来诊者为中心，以了解与来诊者有关的信息为目的，故没有限制、没有思维定式，能让来诊者自由表述，有利于医生了解一些来诊者没有考虑到的问题。因此，全科医生在对非急危重症患者问诊时常采用开放式问诊。开放式问诊的缺点是来诊者不知道哪些内容与健康问题有关，导致其可能抓不住重点，不知道从何说起，从而浪费问诊时间。

3. 合理的问诊程序

全科医生面对不同的来诊者可采用不同的问诊程序。

（1）健康人群。问诊内容主要为健康档案的相关内容，包括来诊者的基本信息、健康信息、行为习惯。因为健康档案的内容是固定的，所以问诊时主要采用封闭式问诊。

（2）第一次接触的慢性病患者。问诊的程序应该是：引导式问诊（开场白）——本次就诊的主要问题（包括主诉、现病史、既往史）——就医动因——罹患疾病背景、身心健康问题及影响因素——进一步澄清有关问题。问诊时采用开放式与封闭式相结合的问诊方式，主要以开放式问诊为主。

（3）急危重症患者。直接以问病情为主，问诊、诊断、评估、处理同时进行，若已达到转诊指征，及时转诊。等患者病情稳定后转回基层医院，或等病情稳定后，按初次就诊的问诊程序详细询问。问诊时主要以封闭式问诊为主。

（4）反复就诊、已建立健康档案的患者。先浏览患者的健康档案，了解患者及其背景、既往的健康状况，再围绕现患疾病询问。对于复诊的患者，全科医生还应重点询问患者上次就诊以来的病情变化、早期并发症的表现、治疗依从性、有关药物不良反应的相关临床表现等。若为上级医院转回的患者，应查看相关资料，询问诊治经过。

（二）查体

体格检查对于全科医生进行疾病筛查、诊断与鉴别诊断、评估病情至关重要，是全科医生必须掌握的重要技能之一。全科医生不仅要操作规范、体现人文关怀，还要结合来诊者的不同情况做出针对性查体。

（1）健康人群。主要侧重于各类疾病的筛查，查体内容主要包括身高、体重、腰围、体质指数（body mass index，BMI）、脉搏、血压、皮肤、甲状腺查体、心肺腹查体、四肢等常规健康查体。

（2）第一次接触的慢性病患者。侧重于诊断与鉴别诊断，并发症评估。全科医生在询问完病史后，重点进行与慢性病诊断与鉴别诊断相关的检查，以及与各系统相关并发症有关的体格检查。

（3）急危重症患者。查体与问诊可同时进行。对于急危重症患者应立即监测生命体征，对于生命体征不平稳的患者，首先要积极进行抢救，待情况有所稳定后进行心肺腹、神经系统等相关检查。

（4）反复就诊、已建立健康档案的患者。重点针对患者上次就诊时的阳性体征进行体格检查。若出现新的症状，还应结合病史，进行相关的查体。若为上级医院转回的患者，对相关资料里记录的阳性体征还应再次进行检查确认。

（三）评估

专科医生接诊在问诊查体后要针对疾病进行诊断与鉴别诊断，但全科医生接诊还要针对健康问题进行综合评估。

（1）健康人群。主要进行家庭评估，包括家庭环境评估、家庭结构评估、生活周期评估、家庭资源评估、老年人活动能力评估等。

（2）第一次接触的慢性病患者。主要评估以下内容：①存在的危险因素与健康问题。②健康问题控制情况。③并发症或临床情况。④目前患者的综合评估（依从性、家庭可利用资源、社会压力、心理问题等）。

（3）急危重症患者。评估与问诊、查体同时进行，重点快速评估患者病情严重程度，有无转诊指征。

（4）反复就诊、已建立健康档案的患者。对于复诊的患者，重点评估患者治疗效果、有无药物不良反应、治疗依从性如何、目前病情如何。对于上级医院转回的患者，重点评估患者目前病情是否符合下转指征。

(四) 医患沟通

全科医生应采用以人为中心的沟通模式，要求全科医生了解来诊者的经历、背景和期望，而不只是关注疾病，要求和服务对象互动，形成合作伙伴关系，共同努力改善来诊者的健康状况。以人为中心的医患沟通模式有利于增进来诊者和医生之间的关系，改善就医、遵医行为。

1. 医患沟通技巧

（1）倾听。全科医生应克制自己提建议的欲望，如果患者陈述不够清晰，应要求其进一步说明和举例，没听清时应要求其重复，而不要不懂装懂。不要随意中断对方说话，要体现对对方的尊重。

（2）采用开放式提问方式。全科医生把怎样回答的权力交给来诊者，对其表示出重视和尊重，如此，全科医生才能从答案中得到更多东西，包括来诊者的观点、期望等。

（3）肯定对方的优势。全科医生要多用肯定的语气，尽可能少用否定的语气，要适当列举出来诊者的优点和优势，适当给予鼓励，这样有利于建立良好的医患关系。

（4）对来诊者的讲话做出反应。全科医生应认真聆听，然后要不时做出回应，让来诊者感到医生在听他讲话，从而感受到被认真对待和被理解。

（5）归纳。全科医生要将来诊者或其家属的意见归纳后反馈给对方，以再次确认医生对对方的意见理解正确，避免误解，减少沟通的障碍。

2. 不同类型来诊者的医患沟通

（1）非急危重症患者：①倾听。用心倾听，采用开放式提问的方式让来诊者充分表达。②解释。根据患者的知识文化水平，选择通俗易懂的语言进行病情相关的解释。③容许。解释后应主动询问来诊者有无疑问或提问，容许来诊者提出不同想法。④建议。兼顾来诊者的想法、诊治的合理性，并综合来诊者的家庭可利用资源、对疾病的认知、治疗依从性等多种因素，从实际出发，提出具体的处理计划。⑤协商。询问来诊者对全科医生提出的处理意见有无疑问，若有不同意见，要进一步协商，在患者理解、接受的基础上达成一致意见。

（2）急危重症患者：因为突如其来的病痛带来的打击，急危重症患者或/和家属的情绪与其他患者或/和家属相比会显得焦虑、烦躁不安、情绪不稳定，有的患者或/和家属甚至会因为病情的突然变化出现不知所措、否定、愤怒等情绪。全科医生在与患者或/和家属沟通时一定要注意自己的言行举止及沟通方式，要体现全科医生的同情、关爱和镇定。沟通的内容要以急危重症相关诊治内容为主，沟通的时间不宜太长，避免不必要的谈话。

(五) 处理

专科医生接诊的处理主要是针对疾病给予药物治疗，而全科医生的处理还包括健康教育、纠正不良生活习惯、心理家庭干预等非药物治疗，以及随访、转诊等内容。

（1）健康人群。根据家庭评估结果给予相应干预。

（2）第一次接触的慢性病患者。处理应包括诊查计划、治疗和医生建议。诊查计划包括本次要完善的检查和定期需要完善的检查。治疗除药物治疗外，还应包括健康教育、改变不良生活方式、心理干预、提高对疾病的认知和治疗依从性等非药物治疗。医生建议应包括是否纳入慢性病管理、随访计划、是否转诊等。

（3）急危重症患者。处理与问诊、查体、评估同时进行，主要处理原则是先救命、后治病。生命体征不平稳时要积极抢救。达到转诊指征时要积极联系上级医院转诊。等患者病情稳定转回基层医院，或等病情稳定后，按初次就诊的程序处理。

（4）反复就诊、已建立健康档案的患者。对于复诊的患者，主要根据患者的治疗效果、有无药物不良反应、治疗依从性、目前病情来进一步调整诊疗方案和随访计划。对于从上级医院转回的患者，主要根据上级医院的建议制订未来的诊疗方案和随访管理计划。

三、接诊后

（1）完善、更新、录入本次就诊的所有档案信息，包括基本信息更新、慢病随访、体检表录入等。

（2）接诊后，全科医生应自我反思、总结整个接诊过程中的不足，并针对不足及时学习，不断提升自身接诊水平。

四、小结

（1）全科接诊是全科医生针对医疗需求者（包括健康人群）的健康问题进行综合处理的过程，强调以人为中心、以问题为导向、以预防为先导的健康照顾，要求体现全科思维、人文关怀。

（2）全科医生接诊分为接诊前、接诊过程、接诊后三部分。

（3）全科医生接诊过程主要由问诊、查体、评估、医患沟通、处理五部分构成。根据来诊者的类型不同，全科医生的具体接诊流程与侧重点亦有不同。

参考文献

[1] 杜雪平，席彪. 全科医生基层实践［M］. 2版. 北京：人民卫生出版社，2017：9-15.
[2] 于晓松，王晨. 全科医生临床操作技能训练［M］. 2版. 北京：人民卫生出版社，2017：9-27.
[3] 祝墡珠. 全科医学概论［M］. 5版. 北京：人民卫生出版社，2018：39-42.

（周奕）

第二节　SOAP病历的规范书写

病历是一个学科的内涵所在，全科医疗要求以人为中心，以预防为先导，连续性、综合性地管理患者，因此，全科医学病历的内容与格式需要能体现全科医学的内涵。以SOAP形式书写的病历就可以很好地反映全科医生全方位、全过程、综合、连续、协调的服务过程。

一、概念

SOAP病历由主观资料（subjective，S）、客观资料（objective，O）、对健康问题的评估（assessment，A）、对问题的处理计划（plan，P）四部分组成，采用全科医疗健康档案中广泛使用的以问题为导向的记录方法中核心部分的描述方式。全科医师接诊记录建议采用SOAP形式进行书写。

二、SOAP病历的特点

（1）记录全面，除了疾病，还涵盖了社会、经济、心理、行为异常等多方面需要处理的健康问题，充分体现了生物—心理—社会医学模式。

（2）形式简洁，重点突出，充分体现以人为本、以健康为中心的连续性管理过程。

（3）清晰地展示了全科医生兼顾来诊者的社会环境、心理状况、家庭因素等社会关系构成，提供全人照顾服务的临床思维。

（4）当基层医院遇到症状与体征不明显、短时间难以明确诊断的情况，SOAP病历更便于收集来诊者的资料。

三、SOAP病历与专科病历的区别

SOAP病历与专科病历的区别见表1-1。

表1-1　SOAP病历与专科病历的区别

内容	专科病历	SOAP病历	
主诉	描述单一疾病	可描述多个健康问题	主观资料（S）
现病史	只关注疾病本身	以人为本，关注人的连续性管理	
个人史	描述简单	涵盖面广、记录详细	
真实资料	体格检查、辅助检查	还包括心理行为测量结果、来诊者的态度、行为等	客观资料（O）
诊断、鉴别诊断	生理问题，对疾病做单一评价	生理、心理、社会问题的综合评估	评估（A）
诊疗计划	生物诊疗	个体化方案，全方位管理，还包括健康教育、生活方式指导、转诊、随访计划等	处理计划（P）

四、SOAP病历的书写内容与要求

SOAP病历的书写可繁可简，但应由主观资料（S）、客观资料（O）、对健康问题的评估（A）、对问题的处理计划（P）四部分组成，缺一不可。

（一）初诊病历

1. **主观资料（S）**

主观资料主要包括来诊者的主诉、现病史、既往史、家族史、生活习惯。这部分内容类似专科病历中的主诉、现病史、既往史、个人史、婚育史、月经史和家族史，但其侧重点、书写方式有不同，主要体现在主诉、现病史、生活习惯三个方面。

（1）主诉。书写要求与专科病历大致相同，但专科病历的主诉通常只针对单一疾病进行描述，而全科SOAP病历的主诉可将来诊者同时存在的主要健康问题都记录下来。为清晰记录，以"问题一：……；问题二：……"的形式分别描述。

（2）现病史。现病史指健康问题的发生、发展、诊疗经过等方面的详细情况。现病史要以时间为主线，根据问题一、问题二、问题三等分别进行详细描述。不同于专科病历以症状为核心的描述方式，全科SOAP病历的现病史应突出体现对患者健康问题进行连续性管理的过程，因此要重点详细描述患者的治疗情况、疾病控制情况（是否出现症状、相应的检查结果、是否住院治疗、并发症的发生发展情况）、目前病情（是否存在危急情况）、生活状态、心理状态和体力活动状态等。

（3）既往史。重点记录过去的疾病和健康状态。

（4）家族史。重点描述与此次疾病有关联的家族病史。

（5）生活习惯。生活习惯指与健康问题相关的生活习惯。这部分类似于专科病历中的个人史，但又有所区别。因为全科医疗以健康为中心、以预防为导向，旨在向来诊者提供综合性照顾，故患者的健康行为亦是全科医疗关注的重点之一，因此，这部分内容比个人史涵盖面更广，记录更详细，包括饮食习惯（摄入食盐量、油量、热量等）、运动量、运动方式、生活习惯、烟酒等特殊嗜好、心理状态、工作环境、家庭资源和社区资源等。

2. **客观资料（O）**

客观资料是医生在诊疗过程中获得的来诊者的真实资料，除了包括体检发现、各项检查结果外，还包括心理行为测量结果、患者的态度与行为等其他资料。

3. **对健康问题的评估（A）**

对健康问题的评估主要包括诊断、鉴别诊断、存在的健康问题及评估。专科病历主要针对疾病做单一评价，而全科病历是对疾病、生理问题、心理问题、社会问题、不明确原因的症状和/或主诉等内容做全面的综合评估。

（1）诊断：书写诊断依据。

（2）鉴别诊断：对于诊断明确的疾病可不进行鉴别诊断，但初诊或诊断不明的需要进行鉴别诊断。

（3）存在的健康问题及评估：应重点评估存在的危险因素与健康问题、健康问题控制情况、并发症或相关临床情况、目前是否存在危急情况、目前来诊者的综合评估（治疗依从性、家庭可利用资源、社会压力、心理问题等）。

4. **对健康问题的处理计划（P）**

处理计划是针对健康问题而提出的，要求充分体现以人为中心、以预防为导向，对患者进行全方位管理的全科诊疗思维，而不仅限于药物治疗。计划内容一般应包括诊查计划、治疗计划、随访要求（医生建议）与转诊指征等。计划的制订要遵循个体化原则、药物治疗与非药物治疗相结合原则、患者实际和个人意愿相结合原则、初始干预目标的设定近期易达到原则。

（1）诊查计划：包括建议患者本次需要进行的检查和以后需要定期进行的检查。

（2）治疗计划：包括药物治疗、非药物治疗（饮食、运动、心理调节、危险因素干预等）。

（3）随访要求（医生建议）与转诊指征：包括建议参加社区慢性病管理、遵医嘱按时用药、随访频率、预约下次就诊、是否需要向上级医院转诊等。

（二）复诊病历

对于复诊患者的接诊记录可采用 SOAP 形式书写，但各部分侧重点与初诊记录有所差别，要求体现连续性管理过程。

（1）主观资料（S）：简单明了，重点记录上次就诊后病情变化、转诊情况、是否遵医嘱按时用药、治疗效果、有无药物不良反应、是否出现新的症状等。

（2）客观资料（O）：重点记录上次所发现的阳性体征及变化情况，若有新发现的体征也应记录，以及记录上次就诊至本次复诊期间所做的辅助检查的报告结果。

（3）对健康问题的评估（A）：包括过程评估和当前存在的主要问题评估，如生活方式是否改变、用药依从性如何、是否定期监测记录相关指标（如血压、血糖、脉搏等）、对疾病的认知有无改变等。

（4）对健康问题的处理计划（P）：根据现存问题制订下一步检查计划、调整药物治疗、健康教育、复诊时间等。

五、SOAP 病历举例

赵××，女性，50 岁，某公司职员。

（一）初诊接诊记录

主观资料（S）：

问题一：间断头痛 5 年。

问题二：发现血糖升高 2 年。

患者 5 年前无明显诱因间断出现头部双颞侧胀痛，每次持续 3～4 小时，程度较轻，休息或服用止痛药后可好转，伴头晕，无恶心、呕吐，无胸闷、气促，无心悸、胸痛，无视物模糊、鼻出血，无发热、鼻塞，无肢体感觉运动异常、眩晕，无多尿、大汗、面色苍白等情况。于当地市人民医院就诊，多次测得血压升高，最高达 150/100 mmHg，诊断为"高血压 2 级"，开始规律服用"培哚普利叔丁胺片 4 mg qd"。目前患者血压控制在 100～130/60～80 mmHg，无头痛、头晕，无意识障碍、肢体活动感觉异常，无恶心、呕吐，无胸闷、胸痛，无心悸、气促、下肢水肿，无夜尿增多、泡沫尿，无眼痛、视物模糊。

患者 2 年前于单位体检时发现血糖升高，空腹血糖 6.7 mmol/L，无口干、多饮、多尿，无多食、消瘦等不适，未行任何诊治。4 月前，患者于单位体检时查空腹血糖 7.9 mmol/L，无不适，后于当地市人民医院就诊，查空腹血糖 8.9 mmol/L，空腹血清 C 肽

823 pmol/L，糖化血红蛋白6.8%，糖尿病抗体三项正常，诊断为"2型糖尿病"。患者拒绝药物降糖治疗，自行调整饮食控制血糖。平素间断自测指尖血糖，空腹血糖控制在7.0~9.0 mmol/L，餐后2小时血糖控制在11.0~14.0 mmol/L。目前，患者无烦渴、多饮，无多食、多尿、消瘦，无下肢疼痛、足部溃疡，无食欲减退、腹痛，无饥饿感、心悸、出汗。一般情况可。

既往史：否认冠心病、脑梗死、肾脏病史，否认肝脏、甲状腺、胰腺病史。否认药物、食物过敏史。

家族史：其母62岁时诊断为2型糖尿病，其父65岁时诊断为高血压。

生活习惯：规律饮食，每日主食约200 g，喜食肉类，嗜咸，每日食盐量约10 g，每日食油量约50 g。不喜运动，每周最多运动1次，以散步为主。无烟酒嗜好。每日8小时睡眠。享受职工医疗保险。心态良好，家庭和睦，有较好的社会沟通能力。

客观资料（O）：

查体：身高159 cm，体重70 kg，BMI 27.69 kg/m^2，腹围96 cm，血压125/72 mmHg。双上肢血压对称，下肢血压高于上肢血压。神清，无眼睑水肿，双侧甲状腺未触及肿大，未闻及颈动脉血管杂音。双肺呼吸音清，未闻及干、湿性啰音。心界不大，心率76次/分，律齐，各瓣膜区未闻及病理性杂音。腹隆软，无压痛、反跳痛，腹主动脉、肾动脉未闻及血管杂音。双下肢无皮肤破溃及水肿，无感觉异常，双足背动脉搏动正常。

实验室检查：2018年11月19日于当地市人民医院查空腹血糖8.9 mmol/L，空腹血清C肽823 pmol/L，糖化血红蛋白6.8%，糖尿病抗体三项正常；血常规、血脂、肝功能、肾功能、尿常规正常。2019年2月20日于本社区卫生服务中心测末梢血空腹血糖8.5 mmol/L，餐后2小时血糖13.2 mmol/L。

对健康问题的评估（A）：

诊断：高血压2级（很高危）、2型糖尿病。

诊断依据：患者中年，慢性病程，临床症状为间断头痛，有高血压、2型糖尿病病史及家族史，既往多次测得血压升高，血压最高达150/100 mmHg。外院两次非同日空腹血糖大于7.0 mmol/L，餐后2小时血糖大于11.1 mmol/L，空腹C肽及糖尿病抗体三项正常。

鉴别诊断：既往诊断明确，无须鉴别。

存在的主要健康问题及评估：

（1）腹型肥胖、食盐量过多、喜食肉类、缺乏运动。

（2）主要健康问题：高血压规律治疗，血压控制尚可；糖尿病未规律治疗，血糖控制欠佳。

（3）尚未发现相关并发症情况及危急情况。

（4）患者依从性尚可，但糖尿病知识缺乏，有稳定的工作和收入，享受职工医疗保险，未发现心理问题及其他不良因素。

对健康问题的处理计划（P）：

（1）诊查计划：

A. 进一步完善检查，判断相关并发症情况，如空腹血糖、血脂、肾功能、糖化血红蛋白、尿常规、尿微量白蛋白、眼底、眼压、心电图、踝肱指数、心脏彩超、颈部血管彩超等辅助检查。

B. 建议定期自测血压、血糖并做好记录。近 2 周每周 3 日四段快速血糖检测（空腹及三餐后 2 小时）。每周至少监测 2～3 次血压。每月至少监测 1 次体重、空腹及餐后血糖、尿常规。每 3 个月测定糖化血红蛋白及足部检查。每 6 个月测腰围、BMI，复查尿蛋白。每 12 个月进行肝肾功能、血脂、眼底、心电图、血管及心脏超声检查。

（2）治疗计划：

A. 药物治疗：培哚普利叔丁胺片 4 mg qd，二甲双胍缓释片 1.0 g qn（晚餐时），阿司匹林肠溶片 100 mg qd。

B. 非药物治疗：

健康教育：包括糖尿病、高血压的基本知识、血糖、血压控制不达标的危害、详细的生活方式干预方案、血压血糖监测方案、药物不良反应监测（尤其是低血压和低血糖的识别与处理）、口腔、皮肤、足部护理等。

低盐糖尿病饮食：患者腹型肥胖，轻体力劳动，建议每日食物总热量 1 200 kal，其中碳水化合物 150～180 g，蛋白质 30～45 g，脂肪 35～50 g，按早 1/5、午 2/5、晚 2/5 的比例进行三餐分配，建议每日盐摄入量小于 6 g，食油量 20～25 g。予"限盐处方"指导低盐饮食，予"食物血糖生成指数"及"1 200 kal 饮食食谱"指导三餐饮食。

加强运动，减轻体重。建议晚饭后 1 小时开始运动，逐渐增加运动时间，每次运动时间 30～50 分钟，坚持每周至少运动 150 分钟，推荐快走、游泳、打太极拳、骑车、跳舞等有氧运动，以运动后身体稍微出汗无不适为宜。注意选择舒适的衣服鞋袜，运动前热身，注意保护关节，运动后检查足部，随身携带糖果避免低血糖发作。体重每月减少 1～2 kg，目标为 BMI 小于 24 kg/m^2、腰围小于 85 cm。

（3）随访要求（医生建议）：

A. 纳入高血压、糖尿病社区管理。

B. 患者及其家属积极参加社区卫生服务中心举办的健康教育活动，使家庭成员能协助监督患者进行治疗。

C. 服用阿司匹林后注意观察有无出血，若出现腹痛、黑便、呕吐咖啡色样物质等不适，及时就诊。注意如有低血糖反应，及时自测血糖、进食含糖食物，并及时就诊；服用二甲双胍后，如出现腹胀、呕吐、腹泻等不适，及时就诊；如无不适，1 个月后复查肝肾功能。

D. 嘱患者坚持规律治疗，2 周后复诊。

（二）复诊接诊记录

主观资料（S）：

高血压、2 型糖尿病复诊。

高血压、2 型糖尿病坚持规律治疗，近 2 周来无头痛、头晕，无意识障碍、肢体活动感觉异常，无恶心、呕吐，无胸闷、胸痛、无心悸、气促、下肢水肿，无夜尿增多、泡沫尿，无眼痛、视物模糊，无烦渴、多饮、无多食、多尿、消瘦，无下肢疼痛、足部溃疡，无食欲减退、腹痛。平时规律用药治疗，未发作低血糖，无咳嗽、皮疹、水肿，无腹胀、腹泻、黑便等药物不良反应，血压控制在 100～130/60～80 mmHg。空腹血糖控制在 5.0～6.0 mmol/L，餐后 2 小时血糖控制在 9.5～11.8 mmol/L。一般情况良好。

规律糖尿病饮食，每日碳水化合物 150～180 g，蛋白质 30～45 g，脂肪 35～50 g，按早 1/5、午 2/5、晚 2/5 的比例进行三餐分配。每日摄盐量 5～6 g，每日食油量 20～25 g。每周坚持 5 次快走，每次 40 分钟，无烟酒嗜好。

客观资料（O）：

查体：身高 159 cm，体重 69 kg，BMI 27.29 kg/m^2，腹围 95 cm，血压 120/76 mmHg。双肺呼吸音清，未闻及干、湿性啰音。心界不大，心率 70 次/分，律齐，各瓣膜区未闻及杂音。腹隆软，无压痛、反跳痛。双下肢无皮肤破溃及水肿，无感觉异常，双足背动脉搏动正常。

实验室检查：2019 年 2 月 21 日于本社区卫生服务中心查空腹血糖 8.3 mmol/L，糖化血红蛋白 6.9 %；血脂四项示 TG 0.9 mmol/L，TC 4.0 mmol/L，HDL-C 1.5 mmol/L，LDL-C 2.3 mmol/L；肾功能、尿常规、尿微量白蛋白、眼底、眼压、心电图、踝肱指数、心脏彩超、颈部血管彩超等辅助检查无特殊。

对健康问题的评估（A）：

诊断：高血压 2 级（很高危）、2 型糖尿病。

存在的主要健康问题及评估：

（1）腹型肥胖。

（2）主要健康问题：高血压规律治疗，血压控制尚可；糖尿病规律治疗，空腹血糖控制可，餐后血糖控制欠佳。

（3）尚未发现相关并发症及危急情况。

（4）患者已改变不良生活方式，用药依从性好，能坚持监测血压、血糖，对疾病认识较之前充分，未发现心理问题及其他不良因素。

对健康问题的处理计划（P）：

（1）诊查计划：2 周后复查空腹及餐后血糖、肝功能、肾功能、尿常规。

（2）治疗计划：

A. 药物治疗：培哚普利叔丁胺片 4 mg qd，二甲双胍缓释片 1.0 g qn（晚餐时），阿卡波糖 50 mg tid（随第一口饭嚼服），阿司匹林肠溶片 100 mg qd。

B. 非药物治疗：继续坚持目前饮食、运动方案。

（3）随访要求（医生建议）：

A. 每日三餐进食第一口饭的同时嚼服阿卡波糖，若出现腹痛、腹胀等不适，及时就诊。注意低血糖反应，若发作，及时自测血糖、进食葡萄糖（进食双糖及淀粉类食物无效），并及时就诊。

B. 嘱患者坚持规律治疗，2 个月后复诊。

六、小结

（1）SOAP 病历由主观资料（S）、客观资料（O）、对健康问题的评估（A）、对问题的处理计划（P）组成，它比普通专科病历更能反映全科诊疗思维，充分体现现代全科医学模式。

（2）主观资料（S）：主诉、现病史中可同时记录多个健康问题，现病史要注意突出体现对来诊者健康问题进行连续性管理的过程。来诊者的健康行为资料要详细记录。

（3）客观资料（O）：包括心理行为测量结果、来诊者的态度与行为等。

（4）对健康问题的评估（A）：内容可以是疾病、生理问题、心理问题、社会问题，以及未明确原因的症状和/或主诉。

（5）对问题的处理计划（P）：要考虑多方面因素，实行个体化方案，体现全方位管理。除药物治疗外，还包括健康教育、生活方式指导、转诊、随访计划等。

参考文献

[1] 杜雪平，席彪. 全科医生基层实践［M］. 2版. 北京：人民卫生出版社，2017：145-150.
[2] 于晓松，王晨. 全科医生临床操作技能训练［M］. 2版. 北京：人民卫生出版社，2017：289-291.

（周奕）

第三节　处方书写规范

规范的处方书写是全科医学诊疗规范的重要组成部分，处方书写的质量也是医疗质量的重要内容。为提高全科医生的处方书写质量、促进合理用药、保障医疗安全，故编写本节内容。本节主要参考《中华人民共和国药品管理法》《中华人民共和国执业医师法》《医疗机构管理条例》《医疗机构药事管理规定》《处方管理办法》《医院处方点评管理规范（试行）》《麻醉药品和精神药品管理条例》《医疗用毒性药品管理办法》《放射性药品管理办法》《抗菌药物临床应用管理办法》《中成药临床应用指导原则》《医院中药饮片管理规范》《医疗机构处方审核规范》等国家有关法律、法规及规定。

一、处方定义

根据《处方管理办法》规定，处方是指由注册的执业医师和执业助理医师（以下简称为"医师"）在诊疗活动中为患者开具的，由取得药学专业技术职务任职资格的药学专业技术人员（以下简称为"药师"）审核、调配、核对，并作为患者用药凭证的医疗文书。处方包括医疗机构病区用药医嘱单。处方是医师对患者用药的书面文件，是药剂人员审核、调配药品的依据，具有法律、技术、经济责任三种属性。

二、处方内容

处方内容包括前记、正文和后记三部分。

前记包括医疗机构名称，费别，患者姓名、性别、年龄，门诊或住院病历号，科别或病区床位号，临床诊断，开具日期等，可添加特殊要求的项目。麻醉药品和第一类精神药品处方还应该增加患者身份证明编号，或代办人姓名及其身份证明编号。

正文以"RP"或"R"起头标示，分列药品名称、剂型、规格、数量、用法与用量。

后记内容包括医师签名或加盖专用签章、药品金额、药师签名或加盖专用签章，注意签名必须为全名。

三、处方书写基本要求

每张处方为一位患者的用药，处方要求字迹清晰，不得涂改，如必须修改，修改处应有医师签名并标注修改日期。

前记部分除特殊情况外均应填写临床诊断，临床诊断要求清晰、完整，与病历记载相一致。患者年龄应填写实足年龄。

正文部分要求药品名称使用规范中文名称，无中文名称的使用规范英文名称。药品用法与用量超出药品说明书规定时，应再次签名确认并注明原因。处方开具后的画一斜线以示处方完毕。

后记部分要求处方医师的签名样式和专用签章应与备案样式一致，不得任意改动，若有改动需要重新备案。

普通处方笺书写参考样式见图1-1至图1-3。

图1-1 口服药处方书写参考样式

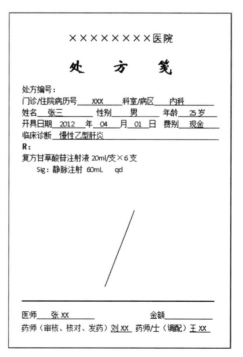

图1-2 静脉用药处方书写参考样式

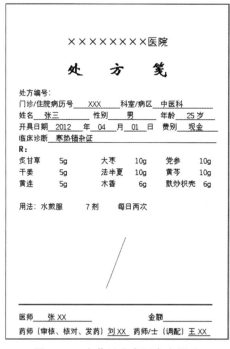

图1-3 中药处方书写参考样式

四、处方开具要求

(一)处方类型

处方分为普通处方,急诊处方,儿科处方,麻醉药品、第一类精神药品处方,第二类精神药品处方。不同类型处方以颜色及右上角标识进行区分,不同类型处方的保存年限各有要求,具体见表1-2,处方样式参考图1-4至图1-8。

表1-2 不同类型处方样式要求

类型	普通处方	急诊处方	儿科处方	麻醉药品、第一类精神药品处方	第二类精神药品处方
处方颜色	白色	黄色	绿色	淡红色	白色
右上角标识	无	急诊	儿科	麻、精一	精二
保存期限/年	1	1	1	3	2

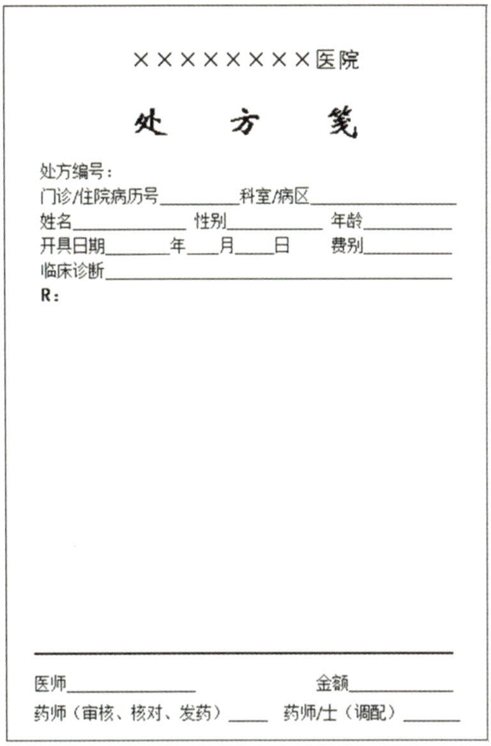

××××××××医院

处　方　笺

处方编号：

门诊/住院病历号________科室/病区____________

姓名__________ 性别__________ 年龄__________

开具日期______年___月___日　费别__________

临床诊断______________________________

R：

医师____________　金额____________

药师（审核、核对、发药）_____　药师/士（调配）______

图 1－4　普通处方参考样式

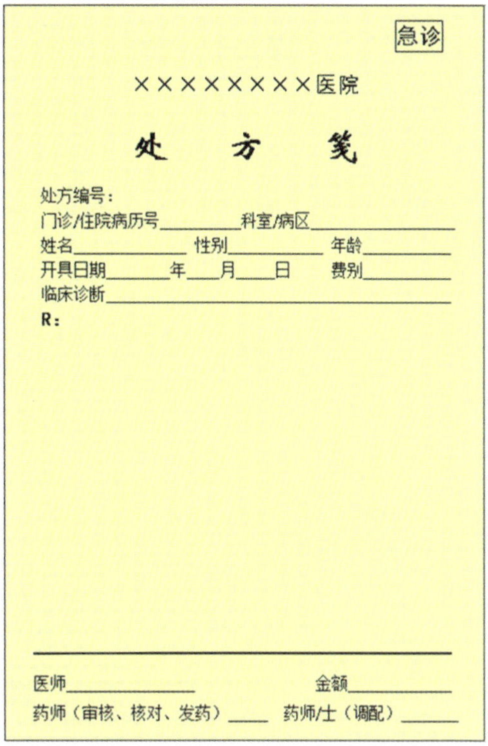

急诊

××××××××医院

处　方　笺

处方编号：

门诊/住院病历号________科室/病区____________

姓名__________ 性别__________ 年龄__________

开具日期______年___月___日　费别__________

临床诊断______________________________

R：

医师____________　金额____________

药师（审核、核对、发药）_____　药师/士（调配）______

图 1－5　急诊处方参考样式

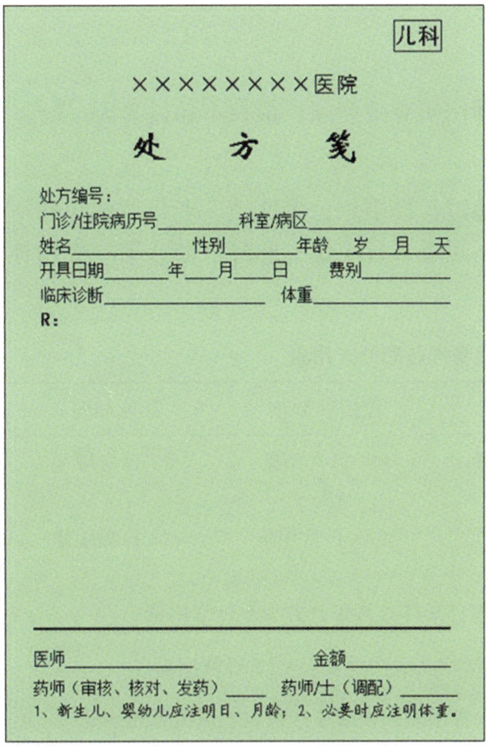

儿科

××××××××医院

处　方　笺

处方编号：

门诊/住院病历号________科室/病区____________

姓名__________ 性别________ 年龄__岁__月__天

开具日期______年___月___日　费别__________

临床诊断______________ 体重__________

R：

医师____________　金额____________

药师（审核、核对、发药）_____　药师/士（调配）______

1、新生儿、婴幼儿应注明日、月龄；2、必要时应注明体重。

图 1－6　儿科处方参考样式

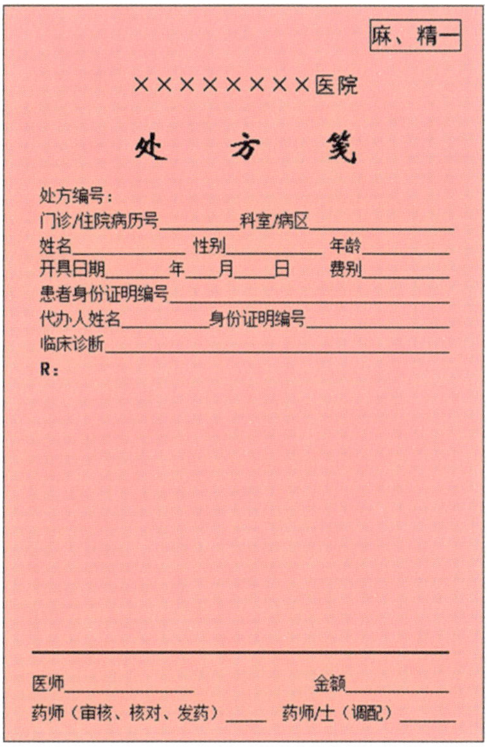

麻、精一

××××××××医院

处　方　笺

处方编号：

门诊/住院病历号________科室/病区____________

姓名__________ 性别__________ 年龄__________

开具日期______年___月___日　费别__________

患者身份证明编号__________________________

代办人姓名________身份证明编号______________

临床诊断______________________________

R：

医师____________　金额____________

药师（审核、核对、发药）_____　药师/士（调配）______

图 1－7　麻醉药品、第一类精神药品处方参考样式

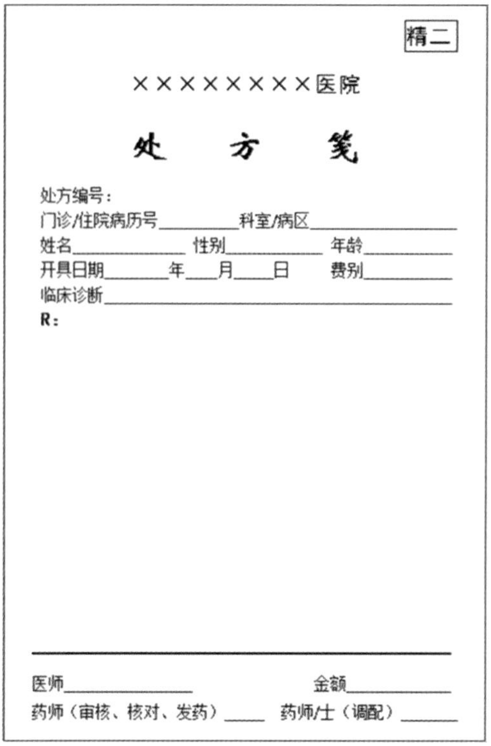

精二

××××××××医院

处　方　笺

处方编号：

门诊/住院病历号________科室/病区________

姓名________　性别________　年龄________

开具日期______年___月___日　费别________

临床诊断________

R：

医师________　金额________

药师（审核、核对、发药）____　药师/士（调配）____

图 1－8　第二类精神药品处方参考样式

（二）处方有效期

处方开具当日有效，特殊情况下由处方医师注明有效期限，最长不超过 3 天。

（三）处方用量

对于处方用量要求如下：普通处方一般不超过 7 日用量；慢性病、老年病或特殊情况可适当延长，但医师须注明理由；急诊处方不超过 3 日用量；麻醉药品、第一类精神药品处方用量有严格要求，具体见表 1－3。

表 1－3　麻醉药品和第一类精神药品处方用量

患者类型或特定药物	注射剂	控缓释制剂	其他剂型
门（急）诊一般患者	1 次常用量	≤7 日常用量	≤3 日常用量
门（急）诊癌痛患者 中、重度慢性疼痛患者	≤3 日常用量	≤15 日常用量	≤7 日常用量
住院患者	逐日开具，每张处方为 1 日常用量		
盐酸哌甲酯	治疗儿童多动症：≤15 日常用量		
盐酸二氢埃托啡	1 次常用量，仅限于二级以上医院使用		
盐酸哌替啶	1 次常用量，仅限于医疗机构内使用		

（四）特殊处方的开具要求

（1）麻醉药品和第一类精神药品处方，要求执业医师在取得相应处方权后，方可在本医疗机构开具，但不得为自己开具该类药品处方。该类处方除按处方书写基本要求填写科别，患者姓名、性别、年龄，临床诊断等基本信息外，还应填写患者身份证编号，若由他人代办，还需要填写代办人姓名、身份证明编号。门（急）诊癌痛患者及中、重度慢性疼痛患者若需要长期用药，首诊医师要亲自诊查患者，建立病历，签署《知情同意书》。病历中应当留存下述材料复印件：医疗机构为患者出具的医疗诊断书，患者户籍簿、身份证或其他相关的有效身份证明文件，代办人员的身份证明文件。麻醉药品注射剂仅限于医疗机构内使用，或由医务人员出诊至患者家中使用。麻醉药品、第一类精神药品名称不得使用缩写或简写。长期用药的门（急）诊癌症疼痛患者和中、重度慢性疼痛患者应每3个月复诊或随诊1次。医师在用计算机开具、传递处方时，应同时打印纸质处方，经签名或加盖签章后方有效。

（2）新生儿、婴幼儿患者处方，除按处方书写基本要求外，年龄应写实足日龄、月龄，必要时注明体重。儿科处方用药须根据小儿生理特点选择药品和计算用药量。

（3）中成药可与西药开具在同一张处方上，每种药品须另起一行书写，且药品总数不可超过5种，中药饮片须单独开具。

（4）医疗用毒性药品每次处方剂量不超过2日极量，未注明"生用"的毒性中药，应付炮制品，该类处方保存2年备查。

五、处方常见问题及防范

在诊疗过程中，处方提交前应进行审核，以提高处方的规范性和合理性，保障患者用药安全。根据《医疗机构处方审核规范》，审核可从处方的合法性、规范性和适宜性三方面进行。

（一）处方合法性

处方合法性可从处方、医师及药品三方面信息予以审核。有下列情况之一者，为不合法处方：

（1）处方为非本医疗机构的处方。
（2）处方笺格式不符合规定。
（3）不在有效期内的处方。
（4）未取得相应处方权的医师开具的处方。
（5）医师超地点、超专业范围执业开具的处方。
（6）处方医师的签名样式或专用签章与备案留存的式样不一致的处方。
（7）医师为自己开具的麻醉药品、第一类精神药品处方。
（8）没有填写患者身份证编号或代办人姓名及其身份证编号的麻醉药品、第一类精神药品处方。
（9）未执行国家有关规定开具麻醉药品、精神药品、医疗用毒性药品、放射性药品等特殊管理药品的处方（包括处方颜色、用量或证明文件等）。
（10）其他不符合相关法律、法规和医院管理相关规定的处方。

（二）处方规范性

处方规范性可从前记、正文、后记三部分进行审核。有下列情况之一者，为不规范处方：

(1) 前记、正文或后记内容出现缺项。

(2) 书写不规范或者字迹难以辨认。

(3) 医师签名、签章不规范。

(4) 为新生儿、婴幼儿开具的处方未注明日龄、月龄或体重。

(5) 药品名称不规范。

(6) 药品剂量、规格、数量、单位书写不规范或者不清楚。

(7) 使用含糊不清的字句，如"遵医嘱""自用"等。

(8) 修改处未签名，未注明修改日期。

(9) 未写临床诊断或临床诊断书写不全（若注明临床诊断会对个别患者治疗造成不利的情况除外）。

(10) 单张处方超过5种药品（中药饮片处方除外）。

(11) 用量超过规定天数。

(12) 未按照"君、臣、佐、使"的顺序排列开具的中药饮片处方，或处方中药物调剂、煎煮等特殊要求未进行标注。

(13) 中药饮片与西药或中成药开具在同一张处方上。

(14) 存在其他用药不规范的情况。

（三）处方适宜性

处方适宜性可从适应证、药物遴选、用法与用量、禁忌证等方面进行审核。有下列情况之一者，为不适宜处方：

(1) 说明书上规定皮试的药品，医师没有注明皮试或皮试结果。

(2) 处方用药与临床诊断不相符。

(3) 给药剂量和用法不正确。

(4) 遴选（联合）的药品不适宜。

(5) 选用的药品剂型与给药途径不适宜。

(6) 重复给药（如作用机理相同的药物、复方制剂有相同成分的药物、同时多科就诊重复开药）。

(7) 有配伍禁忌或有不良相互作用。

(8) 存在用药禁忌。

(9) 无适应证用药。

(10) 无正当理由开具高价药。

(11) 无正当理由开具超说明书用药量。

(12) 存在其他用药不适宜情况。

（四）案例分析

1. 用药与临床诊断不相符

[案例1]

患者信息：女，68岁。

临床诊断：高脂血症。

处方用药：

　　甲巯咪唑片 5 mg×30 片　　　5 mg qd po

　　葡醛内酯片 0.1 g×100 片　　　0.1 g tid po

审核结果：甲巯咪唑调节甲状腺功能，用于治疗甲亢，葡醛内酯为护肝药，防止甲巯咪唑对肝功能的损害，处方中无相关临床诊断，为用药与临床诊断不相符。

[案例 2]

患者信息：女，48 岁。

临床诊断：高血压，睡眠障碍，冠心病。

处方用药：

　　琥珀酸美托洛尔缓释片 47.5 mg×7 片　　　23.75 mg qd po

　　桉柠蒎肠溶软胶囊 0.3 g×36 粒　　　0.3 g tid po

　　硝苯地平控释片 30 mg×7 片　　　30 mg qd po

　　氯沙坦氢氯噻嗪片 62.5 mg×14 片　　　62.5 mg qd po

审核结果：桉柠蒎肠溶软胶囊属于黏液溶解性祛痰药，适用于急慢性支气管炎、肺炎、支气管扩张、肺脓肿、慢性阻塞性肺部疾病、肺部真菌感染、肺结核和硅肺等呼吸道疾病，亦可用于支气管造影术后促进造影剂的排出。处方中无相关临床诊断，为用药与临床诊断不相符。

[案例 3]

患者信息：女，4 岁 8 个月。

临床诊断：脾胃不和，抽动症。

处方用药：

木蝴蝶（机配）6 g	桔梗（机配）6 g	甘草（机配）3 g
蝉蜕（机配）3 g	炒牛蒡子（机配）6 g	射干（机配）6 g
玄参（机配）10 g	浙贝母（机配）6 g	炒僵蚕（机配）6 g
连翘（机配）6 g	胖大海（机配）3 g	瓜蒌（机配）10 g
芦根（机配）10 g		

　　用法：泡服，7 剂，每日 1 剂

审核结果：中医诊断为脾胃不和，但开具的处方用药为止咳化痰药，属于用药与辨证不符。

2. 遴选药品不适宜

[案例 1]

患者信息：女，26 岁。

临床诊断：早孕，宫颈炎。

处方用药：

　　保妇康栓 1.74 g×7 粒　　　1 粒 qd 阴道给药

审核结果：说明书指出保妇康栓为孕妇禁用，不适宜用于孕期妇女。该患者诊断为早孕，属禁忌人群，为遴选药物不适宜。

［案例2］

患者信息：男，20个月。

临床诊断：发热。

处方用药：

  布洛芬胶囊0.2 g×20粒 0.375 粒 tid po

审核结果：患者为20个月的幼儿，剂量需要拆分，但胶囊剂的剂量无法准确拆分，为遴选的药物剂型不适宜。针对婴幼儿可选择布洛芬混悬剂滴剂、颗粒剂。为遴选药品不适宜。

3. 用药禁忌

［案例］

患者信息：男，45岁。

过敏史：磺胺过敏。

临床诊断：骨关节炎。

处方用药：

  塞来昔布胶囊0.2 g×6粒 0.2 g qd po

审核结果：塞来昔布含磺酰胺基团，可与磺胺类药物发生交叉过敏反应，导致磺胺过敏者发生过敏反应，禁止用于该类人群。磺胺过敏患者应避免使用的药物包括：磺酰脲类降糖药，如格列美脲、格列喹酮、格列齐特、格列吡嗪、格列本脲等；利尿剂，如氢氯噻嗪、呋塞米、托拉塞米、螺内酯、吲达帕胺等；治疗青光眼的药物，如多佐胺、布林佐胺、乙酰唑胺等；解热镇痛抗炎类药物，如塞来昔布、柳氮磺吡啶等。此为存在用药禁忌。

4. 处方给药剂量和用法不正确

［案例1］

患者信息：男，52岁。

临床诊断：2型糖尿病。

处方用药：

  盐酸二甲双胍缓释片0.5 g×10片 1.5 g tid po

  格列齐特缓释片60 mg×60片 120 mg qd po

  罗格列酮片4 mg×30片 4 mg qd po

审核结果：二甲双胍缓释片，成人最大推荐剂量为2 g/d，该处方中，二甲双胍超剂量、超频次使用，存在用药风险，为处方给药剂量和用法不正确。

［案例2］

患者信息：女，27岁。

临床诊断：扁桃体炎。

处方用药：

  阿莫西林胶囊0.25 g×20粒 0.5 g qd po

审核结果：阿莫西林为时间依赖性抗菌药物，其 $T_{1/2}$ 为 1.0～1.3 小时，每日给药 1 次难以维持 24 小时有效杀菌浓度，达不到治疗效果且容易导致细菌耐药。成人宜每 6～8 小时给药 1 次，日剂量不超过 4 g。此为处方给药剂量和用法不正确。

［案例 3］

患者信息：男，56 岁。

临床诊断：高血压病，甲状腺功能减退，骨关节病，非器质性失眠症。

处方用药：

  附片（制附子）（颗粒）30 g 炙甘草（颗粒）30 g 丹参（颗粒）50 g

  用法：泡服，7 剂，每日 1 剂

审核结果：该处方诊断缺少中医证型，且"附子"使用超量。《中国药典》规定，毒性中药"附子"的用量为 3～15 g。该处方开具了 30 g，且没有注明理由和双签名，此为处方诊断不全和给药剂量不正确。

5. 药物剂型与给药途径

［案例］

患者信息：男，2 岁。

临床诊断：癫痫症。

处方用药：

  地西泮注射液 10 mg×1 支 10 mg st! im

审核结果：地西泮注射液中含有苯甲醇，可导致臀部肌肉萎缩，儿童禁止肌内注射，为药物剂型与给药途径不适宜。

6. 重复用药

［案例 1］

患者信息：男，53 岁。

临床诊断：高血压。

处方用药：

  脑心通胶囊 0.4 g×48 粒 1.6 g tid po

  养血清脑颗粒 4 g×15 袋 4 g tid po

  硝苯地平控释片 30 mg×7 片 30 mg qd po

审核结果：脑心通胶囊和养血清脑颗粒两种药物药理作用相似，且皆含有当归、川芎、鸡血藤等成分，为重复用药，不适宜联合使用。

［案例 2］

患者信息：女，75 岁。

临床诊断：腰椎间盘突出症。

处方用药：

  氨酚羟考酮片 1 片（325/5 mg）×10 片 1 片 qid po

  复方氯唑沙宗分散片 1 片（125/150 mg）×24 片 2 片 qid po

审核结果：氨酚羟考酮片含 5 mg 羟考酮和 325 mg 对乙酰氨基酚，复方氯唑沙宗分散片含 125 mg 氯唑沙宗和 150 mg 对乙酰氨基酚，两药中均含有对乙酰氨基酚。持续发热或疼痛，成人一次可用对乙酰氨基酚 0.5 g，间隔 4～6 小时重复用药 1 次，24 小时内不得超过 4 次，即最大日剂量为 2 g，老年人酌情减量，该患者对乙酰氨基酚的日用量为 2.5 g，超过安全剂量。

7. 不良药物相互作用和配伍禁忌

[案例 1]

患者信息：男，70 岁。

临床诊断：恶性肿瘤、脑转移。

处方用药：

  地塞米松磷酸钠注射液 10 mg qd ivgtt

  甘露醇注射液 250 mL qd ivgtt

审核结果：20% 甘露醇为过饱和溶液，联合应用其他药物时，可能会因新的溶质和溶媒加入，改变甘露醇的溶解度而析出甘露醇结晶，两药宜分开滴注。

[案例 2]

患者信息：女，70 岁。

临床诊断：心律失常。

处方用药：

  盐酸胺碘酮注射液 0.3 g 微量泵泵入

  0.9% 氯化钠注射液 50 mL 微量泵泵入（30 mL/h）

审核结果：氯化钠溶液中的氯离子可取代胺碘酮苯环上的碘，影响药效，禁用生理盐水、林格氏液配制。偏酸的环境可抑制胺碘酮的降解，故胺碘酮注射液要求用 5% 葡萄糖溶液配制。

（五）药师审核

医生提交处方后，药师会对处方进行二次审核，进一步保障处方的规范性和合理性，处方审核工作参照《医疗机构处方审核规范》实施，审核流程如图 1-9 所示。

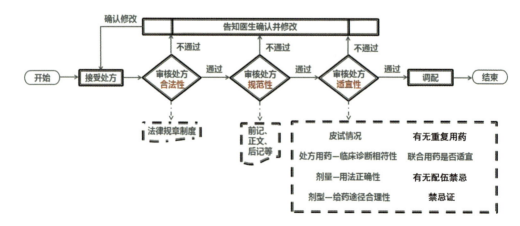

图 1-9 处方审核流程

处方是否规范、合理关系到患者用药的安全性和有效性，不规范、不合理的处方可能引起医疗纠纷和医疗事故，从而降低患者对医院的信任度，甚至给患者造成伤害。处方质量的管理是医院医疗活动中的重要环节，需要医师、药师和医疗管理部门共同努力。

（田琳　梁嘉碧　李玲）

第四节　多病共患案例解析

多病共患是指患者同时患有 2 种或 2 种以上的慢性疾病，包括躯体性疾病、老年综合征、精神心理疾病、药物成瘾，共患疾病之间可有相互联系，也可互不关联。目前，随着生活方式的改变及社会人口老龄化，我国高血压、糖尿病、冠心病、脑血管病、高脂血症、慢性阻塞性肺病、骨质疏松症等常见慢性疾病的发病率越来越高，并且多种慢性病共患的情况越来越多，这一现象在老年人群中表现得更为突出。

与患单个疾病不同，多病共患的情况更显复杂，并且不同个体各不相同，医生实施循证医学决策困难。临床用药多，药物之间的相互作用、疾病之间的相互干扰、治疗之间的矛盾、临床治疗效果减弱、患者生存质量下降、医疗资源消耗增加，使医疗决策变得更加复杂和艰难。老年人还存在认知能力减退、病史提供不完善、生理贮备功能下降及社会心理变化等复杂因素，且常有营养不良、衰弱、跌倒、认知功能减退等老年综合征存在，加之急危重症和肿瘤高发，使得多病共患的情况更加错综复杂，管理更为棘手。

目前，我国针对多病共患的治疗尚无统一的指导标准，仍是以专科诊治为主的多病共患诊疗模式。这种诊疗模式的弊端是患者需要去不同的专科就诊，解决不同器官和系统的问题，专科医生无法将患者作为一个完整的整体来看待。各学科之间往往缺乏有效沟通，临床医师则按照各自疾病的指南制定临床决策，造成多病共患患者治疗碎片化、不连续、多重用药、过度医疗等相关问题。全科医生对慢性病管理的优势在于提供以人为中心的全方位、全过程的照顾。这些常见的慢性疾病完全可由全科医生一人来统筹解决，大大地节省了患者候诊的时间，提高了诊治效率，提升了医疗保健服务的质量，也节约了医疗资源。因此，全科医生在多病共患的慢性病管理中发挥的重要作用是专科医生无法代替的。

全科医生管理多病共患患者时应该遵循全科医学的基本原则，就是以人为中心，以家庭为单位，以社区为基础，以预防为导向，提供连续性、综合性、可及性、协调性的照顾，并且以团队合作为基础。

一、全面评估患者情况

即便是共患疾病种类相同，但因不同患者的具体病情、心理状态、社会需求不同，干预方案也不相同。只有全面了解患者的情况，才能在制订治疗方案时避免出现偏差和遗漏，从而制订出合适的方案。全面评估不仅要对躯体疾病进行评估，还要对老年综合征、心理状态和认知状态、日常生活能力及社会支持等进行评估。

二、考虑干预的潜在获益与负担、风险

对于多病共患患者的干预，重要的是要结合患者病情严重程度及预期预后，大致判断所做的干预能否最终让其获益。特别是多病共患的老年人，要考虑老年患者的预期寿命，如果患者的预期寿命不长，不足以从干预措施中获益，则失去了干预的意义。

三、优先处理主要问题，识别影响多个疾病的共性问题

多病共患的情况往往比较复杂，有时疾病与疾病之间的治疗还存在矛盾，造成医生在治疗上不知从何入手。全科医生应理清主次，抓主要矛盾，优先处理主要问题。同时，要注意思考多个疾病之间的潜在联系，因为同一病因可引发多系统疾病，发现多个疾病的内在联系，从源头入手，可以达到"四两拨千斤"的效果。

四、进行充分有效的医患沟通，结合患者意愿制订方案

多病共患患者的病情通常会随着病程进展而发生不同程度的波动，在疾病的不同阶段，患者的需求也会发生变化，其治疗的重点也会随之发生变化。干预之前应进行充分有效的医患沟通，了解患者的健康需求，结合其意愿，制订相应的干预方案。只有符合患者意愿的医疗方案才会得到患者的认可，才能提高患者的遵医性，从而收到好的治疗效果。

五、合理用药，减少用药种类

（1）用药要结合患者的全身状况、预期寿命，并考虑药物的不良反应及药物之间的相互作用，避免不合理用药。

（2）要思考改变不良生活方式、心理调节等非药物治疗是否能够解决问题或缓解症状。能用非药物治疗时就应避免使用药物治疗，以减少用药种类，减少药物不良反应及药物之间的相互作用。

六、开展家庭治疗

个体的疾病与健康不仅与患者自身的身体条件、生活方式和环境因素有关，还与家庭内部人员的关系和家庭本身对患者的治疗及其康复意愿有重大关系。全科医生应了解患者的家庭情况，开展家庭治疗，包括家庭成员定位、家庭关系、情感氛围、家庭观念、生活方式、社会关系等。全科医生通过详细的家庭调查和评估，不仅有助于找到真正的病因，还可以动员家庭资源协助对患者进行诊疗与长期管理，提高患者的遵医性。

七、分级诊疗，双向转诊，团队合作，提供连续性、综合性、可及性、协调性的照顾

多病共患患者在综合性医院经治疗病情稳定后，要转至患者所在的基层医疗卫生服务机构继续随访管理。基层医疗卫生服务机构的全科医生要与患者签约，并且由以全科医生为核心的全科医疗团队提供健康教育、纠正不良生活习惯、定期随访、防治并发症、护理、康复等个性化医疗服务及全程科学化管理。若病情变化达到转诊指征时进行双向转诊。分级诊疗模式下，社区全科医生和综合性医院专科医生联合管理多病共患患者，确保患者得到持续性、综合性、个体化的全程追踪管理。

【多病共患案例】

徐××，男性，54 岁，海鲜店老板，入某综合医院全科医学科。

主诉：发现血糖升高 1 年，乏力 10 天。

现病史：1 年前自测随机血糖 11.0 mmol/L，至当地医院测糖化血红蛋白 6.5%，无任何不适，患者未行进一步诊治。1 年来，患者自诉长期自行监测血糖，空腹及餐后血糖均偏高（具体不详），未处理。10 天前，患者无明显诱因出现乏力，偶有头晕不适，无头痛、发热、肢体活动感觉异常等不适，到综合医院全科医学科门诊就诊，门诊拟"糖尿病?"收入院。患者精神、食欲、睡眠尚可，二便正常，体重无明显改变。

既往史：患者于 12 年前在当地医院诊断为"痛风"，未处理。8 个月前发现血压升高（具体不详），自行服用倍他乐克 25 mg qd 控制血压，平素血压控制在 150/100 mmHg 左右。否认"冠心病、脑血管病"等其他慢性疾病。

生活习惯：平素饮食欠规律，常暴饮暴食，嗜咸，喜食肥肉，长期不运动，有嗜酒史 35 年，每周 5 次，每次乙醇摄入量约 24 g。患者心态良好，家庭和睦，经济条件较好，有较好的社会沟通能力。

家族史：其父患有糖尿病。

查体：身体 170 cm，体重 92 kg，腰围 110 cm，BMI 31.83 kg/m^2，血压 153/112 mmHg，腹型肥胖，其余查体未见明显异常。

辅助检查：尿糖 4+，空腹血糖 9.6 mmol/L，糖化血红蛋白 7.8%，尿酸 509 μmol/L；血脂结果示甘油三酯 6.83 mmol/L、高密度脂蛋白 0.89 mmol/L、低密度脂蛋白 2.16 mmol/L、总胆固醇 5.1 mmol/L；肝功能结果示谷丙转氨酶 230 U/L、谷草转氨酶 163 U/L。颈部血管彩超和双下肢动脉彩超示双侧颈动脉粥样硬化性改变，双下肢动脉粥样硬化性改变。腹部彩超示中度脂肪肝。眼底检查示高血压视网膜病变 2 期，血常规、肾功能、病毒性肝炎相关指标，以及空腹 C 肽、糖尿病自身抗体、尿蛋白、尿酮体、心电图、心脏彩超、感觉阈值测量无特殊异常。

诊断：2 型糖尿病、高血压 3 级（很高危）、高血压视网膜病变 2 期、脂肪性肝炎、动脉粥样硬化、混合型高脂血症、高尿酸血症、肥胖症。

【多病共患案例解析】

结合案例，患者患有 2 型糖尿病、高血压 3 级（很高危）、高血压视网膜病变 2 期、脂肪性肝炎、动脉粥样硬化、混合型高脂血症、高尿酸血症、肥胖症，属于典型的多病共患。但是治疗上存在一些困难：①患者血糖水平高，肝功能异常，常规考虑使用胰岛

素降糖，但使用胰岛素会有加重患者肥胖的风险。②患者明显肥胖、血糖高、血脂高，但患者对疾病的认知及依从性差，经健康教育后仍坚决不愿意运动及控制饮食。③患者多病共患，需要多种药物治疗。但患者肝功能异常，多重用药有加重肝功能损害的风险。面对以上问题，全面评估后，考虑患者年龄54岁，除发现大血管病变、微血管病变外，未发现其他严重并发症，预期寿命较长，应积极干预治疗。但患者肝功能明显异常，针对所患疾病同时用药会加重肝损害，结合患者目前情况，考虑2型糖尿病、高血压、肝功能异常为最需要优先处理的问题，待肝功能好转后再用药治疗其他疾病。虽然患者并存多种疾病，但均为蛋白质、脂肪、碳水化合物等物质发生代谢紊乱引起，高血压、动脉粥样硬化均为三大代谢障碍引发的并发症，腹型肥胖是患者代谢紊乱的始发因素，减重可以改善患者的整体病情、减少药物治疗。但患者坚决不愿意通过运动来减肥，并且因为工作性质经常需要应酬，难以控制饮食。基于以上原因，考虑患者经济条件较好，与患者沟通经其同意后，选择了利拉鲁肽治疗糖尿病，控制血糖的同时减少食欲，有利于控制饮食，并且有减轻体重、调脂的作用。因此，在院期间给予健康宣教，监测血压、血糖的同时给予厄贝沙坦0.15 g qd、苯磺酸氨氯地平片10 mg qd、水飞蓟宾胶囊70 mg tid、利拉鲁肽注射液1.2 mg 皮下注射 qd，控制血压与血糖，改善肝功能，待复查肝功能基本正常后，加用非诺贝特胶囊200 mg qd、苯溴马隆片50 mg qd、阿司匹林肠溶片100 mg qd，降脂、降尿酸、抗血小板。经积极干预，患者症状缓解，血糖、血压控制达标（空腹血糖波动于4.4～7.0 mmol/L，非空腹血糖≤10.0 mmol/L，血压控制在130/80 mmHg以下），可予出院。综合医院全科医生应让患者出院后至当地社区卫生服务中心继续诊治。当地社区的全科医生应将其纳入社区慢性病管理，对患者及其家属普及相关知识和健康教育，帮助其纠正不良生活习惯、减轻体重、定期随访、防治并发症。

八、小结

（1）多病共患是指患者同时患有2种或2种以上慢性疾病，包括躯体性疾病、老年综合征、精神心理疾病、药物成瘾，共患疾病之间可有相互联系，也可互不关联。

（2）多病共患的情况较为复杂，并且不同个体各不相同，使医疗决策变得复杂和艰难。专科诊疗为主的多病共患诊治模式并不能很好地解决这个难题。全科医生对于慢性病管理的优势在于提供以患者为中心的全方位、全过程的照顾。全科医生在多病共患的慢性病管理中发挥的重要作用是专科医生无法代替的。

（3）全科医生管理多病共患患者时应该遵循全科医学的基本原则，就是以人为中心，以家庭为单位，以社区为基础，以预防为导向，提供连续性、综合性、可及性、协调性的照顾，并且以团队合作为基础。

参考文献

[1] 符天旭，周国鹏. NICE指南概要：共病状态的临床评估和管理 [J]. 英国医学杂志中文版，2017，20（1）：51-56.
[2] 祝墡珠. 全科医学概论 [M]. 5版. 北京：人民卫生出版社，2018：39-42.

（周奕）

第五节 家庭访视

家庭访视简称"家访",是指在服务对象的家庭里,对服务对象及其家庭成员提供以促进和维持健康为目的的综合性健康服务活动。家庭访视有很多优点,如大部分人更乐意在家接受照顾;与健康有关的环境因素能被观察和考虑;人们在熟悉的环境中更容易接受信息;有利于家属的参与,提高遵医行为,减少住院频率和时间,降低医疗费用。

一、分类

家庭访视按访视目的不同可分为评估性家访、连续照顾性家访、急诊性家访、预防保健性家访四种。

(1) 评估性家庭访视。其目的是对家庭进行健康评估,及时发现家庭存在的健康问题。通常是一次性的,常用于存在心理问题或家庭问题的人,以及需要考察家庭环境的婴幼儿和老年人。

(2) 连续照顾性家庭访视。其目的是为居家患者提供护理服务。通常是有计划地定期进行,主要用于临终患者、患有慢性病或行动受限的患者。

(3) 急诊性家庭访视。其目的是处理临时情况或紧急事件,通常为随机性的。

(4) 预防保健性家庭访视。其目的是进行疾病预防与保健,如计划免疫与妇幼保健、产后访视和新生儿访视。

二、流程

(一) 访视前的准备

访视前的准备一般包括选择家庭访视的对象、确定访视顺序、确定访视目的、准备访视物品、提前联络被访视家庭、安排访视路线等步骤。

1. 选择家庭访视的对象

需要接受家庭访视的对象包括行动不便者、多病共患的老年人、需要临终关怀照顾的患者及其家庭、初诊患者、不明原因依从性差的患者、部分急症患者、存在心理社会问题的人、需要进行家庭结构和功能评估者、新生儿及产妇、需要进行家庭咨询和治疗者。

2. 确定访视顺序

家庭访视虽然有很多优点,但需要消耗较多的时间和人力,因此要根据被访者的具体情况,结合以下因素,提前安排好访视顺序,做到工作安全、高效。

(1) 访视影响的人数:影响人数多的健康问题应优先访视。

(2) 对健康的危害程度:病情危重或患致死率高的疾病的患者应优先访视。

（3）是否有后遗症：有后遗症者应优先访视。

（4）卫生资源的控制：某些疾病（如糖尿病、高血压）的控制结果将对患者以后的生活质量产生很大影响，未按预约时间如期进行此类疾病健康筛查的患者应优先访视。

（5）避免交叉感染：容易受感染者应优先访视。

3. 确定访视目的

初次访视的主要目的是和被访家庭建立好关系，采集基本资料，发现主要健康问题。连续性访视可在访视前查阅被访者的健康资料和以前的访视记录以确定本次访视的目的。

4. 准备访视物品

因被访对象各异，访视目的又有所不同，应根据情况准备访视物品。

（1）基本物品：体温计、血压计、量尺、电筒、听诊器等常用查体用品，棉签、纱布等消毒物品，剪刀、镊子等外科器具，常用药物，注射用具等。

（2）增设物品：新生儿体重秤、婴儿身高测量垫、经皮黄疸仪、母乳喂养、计划接种等宣传材料。

（3）家用物品：浴巾、婴儿智力开发玩具等。

5. 提前联络被访家庭

社区医务人员应在家访前电话联系被访家庭，提前确定好访视日期及具体的时间。

6. 安排防视路线

按优先访视原则，将问题较严重、易受感染者安排在先，传染病访视对象尽量安排在最后。在遵从优先访视原则的条件下，尽量以顺路线做安排，并多安排几家以防访视未遇，避免浪费人力和时间。

（二）访视中的工作

1. 建立关系

（1）医务人员先进行自我介绍，出示证件，取得访视家庭的信任。

（2）确认访视对象的住址、姓名无误。

（3）向被访者及其家庭解释家访的目的和必要性、提供的服务、访视所需时间，以便取得理解和配合。

2. 收集资料

（1）基本资料：包括年龄、性别、职业、婚姻状况、学历等人口学资料，生活习惯、遵医行为等健康行为资料，既往史、个人史、月经史、家族史等既往健康资料。

（2）定期健康检查记录：重点是疾病的三级预防，应准确、完整、系统、连续地收集相关健康资料，以便评估疾病控制措施的有效性，分析和明确主要的健康问题。

（3）儿童预防接种计划表：采用国家统一的儿童预防接种表。

（4）健康教育记录：对访视对象进行健康教育和健康指导的时间、方式、主要内容予以记录。

（5）家庭资料：如家庭详细地址、家庭结构类型、家庭成员的基本资料、医护人员的签名、建档日期等。

3. **实施访视**

根据收集的资料进行分析评估,找出现有的或潜在的健康问题,与家庭共同制订计划,采取及时有效的措施,以促进健康和预防疾病。访视的工作内容主要概括如下:

(1) 判断家庭存在的健康问题。通过家庭访视,了解家庭环境、结构、功能,以及家庭成员的健康状况,发现家庭环境中的不安全、致病因素及家庭成员的健康问题,制订措施计划,对家庭成员进行健康管理。

(2) 提供直接的护理和康复保健服务。为居家的病、伤、残者直接提供各种必要的康复保健和护理服务,如测量血压、注射、输液、换药、更换胃管、导尿、褥疮护理、各种康复理疗等。

(3) 健康教育和指导:①提供有关健康促进和疾病预防的一般性健康知识,如个人卫生知识、膳食营养健康知识、相关疾病防治知识等。②针对新生儿、孕产妇、儿童、老年人、残疾人等特殊人群进行健康教育,如产褥期保健知识、母乳喂养指导、新生儿护理指导、老年人的健康保健知识、残疾人的自我功能恢复指导和居家护理保健知识等。③还可就访视中发现的家庭问题,针对性地进行家庭健康行为的教育,如父母角色的技巧、家庭内部的有效交流、家庭自理能力等相关知识,以充分发挥家庭功能,促进家庭成员之间相互关心理解,维持和促进家庭健康。

(4) 建立有效的支持系统。提供关于如何利用各种社会健康福利资源的咨询知识,鼓励家庭充分利用各种健康资源。

4. **评价**

无论是在访视中还是访视后,应及时评价访视计划、访视效果等情况,以便及时修改访视内容,提高访视成效。

5. **简要记录访视情况**

访视记录可为以后的评价及工作改进提供参考,也可作为科研教学的素材或是与同行交流学习的资料。访视记录应使用统一、规范的表格,记录要求真实、简要、有时效性。

6. **结束访视**

(1) 预约下次访视时间,各自留取对方联系方式。

(2) 交代下次访视前所做工作。

(3) 整理用物,洗手。

(三) 访视后的工作

访视后的工作一般包括消毒及物品的补充、记录和总结当日访视情况、修改以后的访视计划等步骤。

(1) 消毒及物品的补充。访视结束回来后,医务人员必须整理、补充访视包内的各类物品。

(2) 记录和总结当日访视情况。整理和补充家访记录,包括访视对象的反应、检查结果、现存的健康问题、协商内容和注意事项等,最好建立资料库,建立家庭健康档案和病历。

(3) 修改访视计划。根据访视的情况,修改并完善以后的访视计划。若经过评估,考虑访视对象的健康问题已经得到解决，可停止家访。

三、注意事项

（一）注意良好的人际交流技巧

社区医护人员要运用交流技巧，获得访视对象的信任，更好地收集主观资料。只有得到患者及其家属的合作，医护工作计划才能顺利实施，使患者及其家属对医嘱能做到信得过、记得住、照着做。

（1）仪表：身穿职业服装，整洁、协调、便于工作。

（2）态度：称呼得体，举止大方稳重，要善于运用目光、表情等肢体语言表示出对访视家庭的关心和尊重。

（3）交流循序渐进：访视的医务人员要避免一开始交流就直接询问与疾病有关的问题。医护人员应先通过询问生活中如饮食、睡眠、大小便、体重变化、运动等一般情况，分析与健康有关的问题，再计划后面的谈话内容。

（4）尊重：尊重家庭的文化背景、社会经历、交流方式等，注意保守访视家庭的秘密。医务人员应注意不要让自己的态度、价值观、信仰等影响访视对象做决策，影响其家庭功能，要确保其决策的自主性。

（5）注意观察、随机应变：医务人员进入被访家庭后要留意家庭环境，注意观察被访者的反应，根据对方的反应灵活处理交流中要提的问题及提问时机等。例如，若发现患者心情不好，应考虑将原定的戒酒方案改期进行。

（6）耐心认真地倾听：首先医护人员在与患者交谈时要注意认真倾听，不要轻易打断对方的谈话或转变话题，并且在倾听过程中以点头或"嗯""是"等语言方式表示自己已接受对方的说话内容，以鼓励对方继续说下去。

（7）积极鼓励患者反馈：医务人员在与患者沟通交流时，对其提出的问题，要给予鼓励，表示理解，并给予帮助，用引导、启发式的语言鼓励对方，并不断给予反馈，才能使交流顺利、深入地进行下去。

（二）注意访视时间

访视要注意避开访视家庭吃饭的时间和会客的时间，且最好在家庭成员都在时进行。访视时间一般控制在 1 小时以内。

（三）服务项目与收费

由社区卫生服务机构制定，医患双方要明确收费项目与免费项目。

（四）安全问题与对策

（1）穿着合适、得体，不戴贵重首饰。

（2）家访前医务人员要尽可能通过电话与访视家庭取得联系。

（3）实施访视的医务人员要随身携带身份证、工作证，以备不时之需。

（4）医务人员有权决定是否进行家访，若觉得不安全可以不去或要求有陪同人员同行，如果在家访中遇到不安全因素，可立即离开。

（5）尽量避免去偏僻的地方，如地下室、胡同、空的建筑。

(6) 对于突发事件应随机应变，同时要保护被访家庭成员的安全。

(7) 访视包应随时放在医务人员视野以内的地方，不用时要盖上，以免小孩或宠物好奇玩弄。

(8) 在计划好的工作时间内进行访视，如果要在工作时间以外进行访视，应提前得到机构的同意。

(9) 做好相关记录。

四、小结

(1) 家庭访视是指在服务对象的家庭里，对服务对象及其家庭成员提供以促进和维持健康为目的的综合性健康服务活动。

(2) 家庭访视按访视目的不同可分为评估性家访、连续照顾性家访、急诊性家访、预防保健性家访四种类型。

(3) 家庭访视的流程包括访视前准备工作、访视中和访视后的工作。访视前准备一般包括选择家庭访视的对象、确定访视顺序、确定访视目的、准备访视物品、提前联络被访家庭、安排好访视路线等步骤。访视中的工作分为与访视家庭建立关系、收集资料、评估诊断、制订并实施计划、评价效果等步骤。访视后的工作一般包括消毒及物品的补充、记录和总结当日访视情况、修改以后的访视计划等步骤。

(4) 医务人员在进行家庭访视时应注意良好的人际交流技巧、注意访视时间、明确服务项目与收费、保障安全等问题。

参考文献

[1] 杜雪平，席彪. 全科医生基层实践 [M]. 2版. 北京：人民卫生出版社，2017：9-15.
[2] 于晓松，王晨. 全科医生临床操作技能训练 [M]. 2版. 北京：人民卫生出版社，2017：9-27.
[3] 祝墡珠. 全科医学概论 [M]. 5版. 北京：人民卫生出版社，2018：39-42.

（周奕）

第六节 心理测量与筛查

心理测量（psychological measurement）是指应用标准化的心理测验或心理量表，在标准环境下，对个体的外显行为进行客观的观察，并将观察结果按数量或类别的形式对个体内在心理特征加以描述的过程，是心理评估重要的手段之一，具有间接性、相对性及客观性。

抑郁症和广泛性焦虑障碍是常见的精神疾病，与躯体疾病高度共病。在内科、外科疾病诊治过程中，也常常由于共病抑郁症和/或广泛性焦虑障碍而导致诊疗难度加大，治疗效果欠佳，影响患者的预后。因此，加强抑郁症和广泛性焦虑障碍的临床评估和筛查对躯体疾病的诊治非常重要。本节将就如何通过心理测量对抑郁症和广泛性焦虑障碍进行评估和筛查进行阐述。

一、抑郁症的筛查

抑郁症是最常见的精神疾病之一，不仅具有非常显著的情绪症状，而且常伴有诸多躯体症状，如头痛、头晕、心慌、胸闷、腹痛、腹泻、尿频、尿急、躯体疼痛、多汗、乏力、躯体难以明确的不适感等。常用于抑郁症心理测量的评估与筛查工具有自评量表和他评量表。自评量表就是根据指导语，受试者按照量表要求自行评估。他评量表是由经过训练的专业人员对受试者进行检查和评定。

（一）9项患者健康问卷（PHQ-9）

9项患者健康问卷（Patient Health Questionnaire-9 items，PHQ-9）是由 Spitzer 于1999年编制的。（表1-4）

表1-4　9项患者健康问卷（PHQ-9）

序号	在过去的1周内，以下情况烦扰您有多频繁？	完全不会	好几天	一半以上的天数	几乎每天
1	做事时提不起劲或没有兴趣	0	1	2	3
2	感到心情低落，沮丧或绝望	0	1	2	3
3	入睡困难，睡不安稳或睡眠过多	0	1	2	3
4	感觉疲倦或没有活力	0	1	2	3
5	食欲不振或吃太多	0	1	2	3
6	觉得自己很糟或很失败，或让自己/家人失望	0	1	2	3
7	对事物专注有困难，如阅读报纸或看电视时	0	1	2	3
8	动作或说话速度缓慢到别人已经察觉，或正好相反——烦躁或坐立不安、走来走去的情况更胜于平常	0	1	2	3
9	有不如死或用某种方式伤害自己的念头	0	1	2	3

PHQ-9 的使用注意事项：

（1）本量表为自评量表，测试前告知受试者了解评定目的和方法。

（2）避免漏项。

（3）评定时间为过去1周的情况，也可以另作规定。

（4）核心项目分：项目1、项目4、项目9，任何一题得分大于1分（即选择2、

3），需要关注；项目1、项目4代表抑郁症的核心症状；项目9代表有自伤意念。PHQ-9 的结果分析见表 1-5。

表 1-5 PHQ-9 结果分析

评分	结果解释	处理意见
0～4	无抑郁症状	无须处理
5～9	轻度抑郁	建议咨询心理医生或心理医学工作者
10～14	中度抑郁	最好咨询心理医生或心理医学工作者
≥15	重度抑郁	建议到精神专科医生处就诊咨询

（二）PHQ-2 抑郁症筛查量表

PHQ-2 抑郁症筛查量表是 PHQ-9 的简版，其主要内容为情绪低落及快感下降的筛查。Kroenke 等招募了来自 15 所医疗机构的 6 000 名受试者，并对 PHQ-2 的效度进行了测定。PHQ-2 得分范围为 0～6 分。结果显示，随着 PHQ-2 得分的增加，受试者 SF-20 量表中 6 个亚量表所反映出的功能状态均显著下降，而与症状相关的困难度、患病时间及医疗机构的使用均有所上升。若将专业精神卫生人员的再次晤谈作为标准，3 分为理想的筛查临界值，当临界值取 2 分时敏感性升高，当临界值取 4 分时特异性升高。（表 1-6）

表 1-6 PHQ-2 抑郁症筛查量表

最近2周内，你被以下症状所困扰的频率	完全没有	≤7天	>7天	几乎每天
做事情时缺乏兴趣和乐趣	0	1	2	3
情绪低落、抑郁或无望	0	1	2	3

（三）抑郁自评量表（SDS）

抑郁自评量表（Self-Rating Depression Scale，SDS）由 Zung 于 1965 年编制，使用方法简便、应用广泛。该量表含 20 个评估项目，分 4 个等级。正向计分题按 1、2、3、4 分计；反向计分题按 4、3、2、1 计分。反向计分题号为 2、5、6、11、12、14、16、17、18、20。评估所得总分乘以 1.25 后取整数，即得标准分。（表 1-7）

表 1-7 抑郁自评量表（SDS）

问题	偶尔	有时	经常	持续
1. 我觉得闷闷不乐，情绪低沉	1	2	3	4
*2. 我觉得一天之中早晨最好	4	3	2	1
3. 我一阵阵地哭出来或是想哭	1	2	3	4
4. 我晚上睡眠不好	1	2	3	4
*5. 我的胃口跟以前一样	4	3	2	1
*6. 我跟异性交往时像以前一样开心	4	3	2	1
7. 我发现自己体重下降	1	2	3	4
8. 我有便秘的烦恼	1	2	3	4
9. 我的心跳比平时快	1	2	3	4
10. 我无缘无故感到疲劳	1	2	3	4
*11. 我的头脑像往常一样清楚	4	3	2	1
*12. 我觉得经常做的事情并没有困难	4	3	2	1
13. 我感到不安，心情难以平静	1	2	3	4
*14. 我对未来抱有希望	4	3	2	1
15. 我比以前更容易生气激动	1	2	3	4
*16. 我觉得决定什么事都很容易	4	3	2	1
*17. 我觉得自己是个有用的人，有人需要我	4	3	2	1
*18. 我的生活过得很有意思	4	3	2	1
19. 假如我死了别人会过得更好	1	2	3	4
*20. 平常感兴趣的事情我照样感兴趣	4	3	2	1

注：*为反向计分。

SDS 的使用注意事项：

（1）表格由受试者自行填写，填写前把整个量表的填写方法及含义向受试者解释清楚。

（2）评定时间为过去 1 周的情况，也可另作规定。

（3）避免漏项。

SDS 的结果分析：主要统计总分，根据常模，SDS 总粗分为 41 分，标准分为 53 分，分数越高，代表抑郁程度越重。

(四) 汉密尔顿抑郁量表 (HAMD)

汉密尔顿抑郁量表 (Hamilton Depression Scale, HAMD) 由 Hamilton 于 1960 年编制，是目前评定抑郁状态时使用最为普遍的量表，有 17 项、21 项、24 项三个版本。本节介绍 24 项版本，该量表采用 0～4 分的 5 级评分法，各级的标准：0 分表示无，1 分表示轻度，2 分表示中度，3 分表示重度，4 分表示极重度。(表 1-8)

表 1-8 汉密尔顿抑郁量表 (HAMD)

项目	分值	分数
1. 抑郁情绪	0 分 = 没有； 1 分 = 只在问到时才诉述； 2 分 = 在访谈中自发地表达； 3 分 = 不用言语也可以从表情、姿势、声音或欲哭中流露出这种情绪； 4 分 = 患者的自发言语和非语言表达（表情、动作）几乎完全表现为这种情绪	
2. 有罪感	0 分 = 没有； 1 分 = 责备自己，感到自己已连累他人； 2 分 = 认为自己犯了罪，或反复思考以往的过失和错误； 3 分 = 认为目前的疾病是对自己错误的惩罚，或有罪恶妄想； 4 分 = 罪恶妄想伴有指责或威胁性幻觉	
3. 自杀	0 分 = 没有； 1 分 = 觉得活着没有意义； 2 分 = 希望自己已经死去，或常想与死亡有关的事； 3 分 = 消极观念（自杀念头）； 4 分 = 有严重自杀行为	
4. 入睡困难（初段失眠）	0 分 = 没有； 1 分 = 主诉入睡困难，上床半小时后仍不能入睡（要注意平时患者入睡的时间）； 2 分 = 主诉每晚均有入睡困难	
5. 睡眠不深（中段失眠）	0 分 = 没有； 1 分 = 睡眠浅，多噩梦； 2 分 = 半夜（晚 12 点钟以前）曾醒来（不包括上厕所）	
6. 早醒（末段失眠）	0 分 = 没有； 1 分 = 有早醒，比平时早醒 1 小时，但能重新入睡，应排除平时习惯； 2 分 = 早醒后无法重新入睡	

续表 1-8

项目	分值	分数
7. 工作和兴趣	0 分 = 没有； 1 分 = 提问时才诉述； 2 分 = 自发地直接或间接表达对活动、工作或学习失去兴趣，如感到无精打采，犹豫不决，不能坚持或需要强迫自己去工作或劳动； 3 分 = 活动时间减少或成效下降，住院患者每天参加病房劳动或娱乐不满 3 小时； 4 分 = 因目前的疾病而停止工作，住院者不参加任何活动或者没有他人帮助便不能完成病室日常事务（注意不能凡住院就打 4 分）	
8. 阻滞（指思维和言语缓慢，注意力难以集中，主动性减退）	0 分 = 没有； 1 分 = 精神检查中发现轻度阻滞； 2 分 = 精神检查中发现明显阻滞； 3 分 = 精神检查进行困难； 4 分 = 完全不能回答问题（木僵）	
9. 激越	0 分 = 没有； 1 分 = 检查时有些心神不定； 2 分 = 明显心神不定或小动作多； 3 分 = 不能静坐，检查中曾起立； 4 分 = 搓手，咬手指、咬头发、咬嘴唇	
10. 精神性焦虑	0 分 = 没有； 1 分 = 问及时诉述； 2 分 = 自发地表达； 3 分 = 表情和言谈流露出明显忧虑； 4 分 = 明显惊恐	
11. 躯体性焦虑（指焦虑的生理症状，包括口干、腹胀、腹泻、呃逆、腹绞痛、心悸、头痛、过度换气或叹气、尿频、出汗）	0 分 = 没有； 1 分 = 轻度； 2 分 = 中度，有肯定的上述症状； 3 分 = 重度，上述症状严重，影响生活或需要处理； 4 分 = 严重影响生活和活动	
12. 胃肠道症状	0 分 = 没有； 1 分 = 食欲减退，但不需要他人鼓励便自行进食； 2 分 = 进食需要他人催促或请求和需要应用泻药或助消化药	

续表 1-8

项目	分值	分数
13. 全身症状	0 分 = 没有； 1 分 = 四肢、背部或颈部沉重感，背痛、头痛、肌肉疼痛、全身乏力或疲倦； 2 分 = 症状明显	
14. 性症状（指性欲减退、月经紊乱等）	0 分 = 没有； 1 分 = 轻度； 2 分 = 重度； 3 分 = 不能肯定，或该项对被评者不适合（不计入总分）	
15. 疑病	0 分 = 没有； 1 分 = 对身体过分关注； 2 分 = 反复考虑健康问题； 3 分 = 有疑病妄想； 4 分 = 伴幻觉的疑病妄想	
16. 体重减轻	（1）按病史评定： 0 分 = 没有； 1 分 = 患者诉说可能有体重减轻； 2 分 = 肯定体重减轻 （2）按体重记录评定： 0 分 = 1 周内体重减轻 0.5 kg 以内； 1 分 = 1 周内体重减轻超过 0.5 kg； 2 分 = 1 周内体重减轻超过 1 kg	
17. 自知力	0 分 = 知道自己患病，表现为忧郁； 1 分 = 知道自己患病，但归咎于伙食太差、环境问题、工作过忙、病毒感染或需要休息； 2 分 = 完全否认患病	
18. 日夜变化（如果症状在早晨或傍晚加重，先指出属于哪一种，然后按其变化程度评分）	0 分 = 早晚情绪无区别； 1 分 = 早晨或傍晚轻度加重； 2 分 = 早晨或傍晚严重	
19. 人格解体或现实解体（指非真实感或虚无妄想）	0 分 = 没有； 1 分 = 问及时才诉述； 2 分 = 自发诉述； 3 分 = 有虚无妄想； 4 分 = 伴幻觉的虚无妄想	

续表 1-8

项目	分值	分数
20. 偏执症状	0 分 = 没有； 1 分 = 有猜疑； 2 分 = 有牵连观念； 3 分 = 有关系妄想或被害妄想； 4 分 = 伴有幻觉的关系妄想或被害妄想	
21. 强迫症状（指强迫思维和强迫行为）	0 分 = 没有； 1 分 = 问及时才诉述； 2 分 = 自发诉述	
22. 能力减退感	0 分 = 没有； 1 分 = 仅于提问时方引出主观体验； 2 分 = 患者主动表示有能力减退感； 3 分 = 需要鼓励、指导和安慰才能完成病室日常事务或个人卫生； 4 分 = 穿衣、梳洗、进食、铺床或个人卫生均需要他人协助	
23. 绝望感	0 分 = 没有； 1 分 = 有时怀疑"情况是否会好转"，但解释后能接受； 2 分 = 持续感到"没有希望"，但解释后能接受； 3 分 = 对未来感到灰心、悲观和绝望，解释后不能排除； 4 分 = 自动反复诉述"我的病不会好了"或诸如此类的情况	
24. 自卑感	0 分 = 没有； 1 分 = 仅在询问时诉述有自卑感，觉得不如他人； 2 分 = 自动诉述有自卑感； 3 分 = 患者主动诉说自己一无是处或低人一等（与评 2 分者只是程度的差别）； 4 分 = 自卑感达妄想的程度，如"我是废物"或类似情况	
总分		

HAMD 的使用注意事项：

（1）适用于具有抑郁症状的成年患者。

（2）评定者需要经过专业培训，采用观察和交谈的方式。

（3）评定时间为过去 1 周的情况，也可另作规定。

HAMD 的结果分析：总分反映病情严重程度的指标，即总分越低，病情越轻，总分越高病情越重（表 1-9）；因子分归纳为 7 类因子结构（表 1-10）。

表 1-9 HAMD 结果判定

总分	诊断
<8 分	正常
8～20 分	可能有抑郁症
21～35 分	可确诊抑郁症
>35 分	严重抑郁症

表 1-10 HAMD 各因子项

因子	内容
焦虑/躯体化	由精神性焦虑、躯体性焦虑、胃肠道症状、全身症状、疑病和自知力六项组成
体重	由体重减轻一项构成
认知障碍	由自罪感、自杀、激越、人格解体或现实解体、偏执症状、强迫症状六项构成
日夜变化	由日夜变化一项构成
阻滞	由抑郁情绪、工作和兴趣、阻滞和性症状四项构成
睡眠障碍	由入睡困难、睡眠不深和早醒三项构成
绝望感	由能力减退、绝望感和自卑感三项构成

二、广泛性焦虑障碍的筛查

广泛性焦虑障碍是最常见的精神疾病之一。焦虑症状是常见的精神症状，而且多伴有诸多躯体症状，如神经系统、心血管系统、呼吸系统、泌尿系统、消化系统等。常用于广泛性焦虑障碍心理测量的评估与筛查的工具有自评量表和他评量表。

（一）7 项广泛性焦虑障碍量表（GAD-7）

7 项广泛性焦虑障碍量表（Generalized Anxiety disorder-7，GAD-7）是由 Spitzer 于 2006 年编制的患者健康问卷中的焦虑模块，已被广泛应用于广泛性焦虑障碍的筛查或辅助诊断。本量表为自评量表，分值为 0～3 分，4 级评分。（表 1-11）

表 1-11 7 项广泛性焦虑障碍量表（GAD-7）

在过去的 1 周内，有多少时候您受到以下问题困扰？（在您的选择下打"√"）	完全不会	几天	一半以上的日子	几乎每天
1. 感觉紧张、焦虑或急切	0	1	2	3
2. 不能停止或控制担忧	0	1	2	3

续表 1-11

在过去的 1 周内，有多少时候您受到以下问题困扰？（在您的选择下打"√"）	完全不会	几天	一半以上的日子	几乎每天
3. 对各种各样的事情担忧过多	0	1	2	3
4. 很难放松下来	0	1	2	3
5. 由于不安而无法静坐	0	1	2	3
6. 变得容易烦恼或急躁	0	1	2	3
7. 感到似乎将有可怕的事情发生而害怕	0	1	2	3
总分：____ = (____ + ____ + ____)				

GAD-7 的注意事项：

（1）本量表为自评量表，测试前告知受试者评定目的和方法。

（2）避免漏项。

（3）评定时间为过去 1 周的情况，也可另作规定。

GAD-的结果分析见表 1-12。

表 1-12　GAD-7 结果分析

评分	结果解释	处理意见
0~4	无临床意义的焦虑症状	无须处理
5~9	轻度焦虑	建议咨询心理医生或心理医学工作者
10~14	中度焦虑	最好咨询心理医生或心理医学工作者
≥15	重度焦虑	建议到精神专科医生处就诊咨询

（二）焦虑自评量表（SAS）

焦虑自评量表（Self-Rating Anxiety Scale，SAS）由 Zung 于 1971 年编制，主要评定患者的焦虑性主观感受。分为 1~4 级评分。正向计分题按 1、2、3、4 分计，反向计分题按 4、3、2、1 计分。反向计分题号为 5、9、13、17、19。评定时间为过去 1 周的情况。（表 1-13）

表 1-13　焦虑自评量表（SAS）

项目	没有或几乎没有	少有	常有	几乎一直有
1. 我觉得比平常容易紧张和着急	1	2	3	4
2. 我无缘无故地感到害怕	1	2	3	4
3. 我容易心里烦乱或觉得惊恐	1	2	3	4

续表 1-13

项目	没有或几乎没有	少有	常有	几乎一直有
4. 我觉得我可能将要发疯	1	2	3	4
*5. 我觉得一切都很好,也不会发生什么不幸	4	3	2	1
6. 我手脚发抖打战	1	2	3	4
7. 我因为头痛、颈痛和背痛而苦恼	1	2	3	4
8. 我感觉容易衰弱和疲乏	1	2	3	4
*9. 我觉得心平气和,并且容易安静地坐着	4	3	2	1
10. 我觉得心跳得很快	1	2	3	4
11. 我因为一阵阵头晕而苦恼	1	2	3	4
12. 我有晕倒发作,或觉得要晕倒似的	1	2	3	4
*13. 我吸气、呼气都感到很容易	4	3	2	1
14. 我的手脚麻木和刺痛	1	2	3	4
15. 我因胃痛和消化不良而苦恼	1	2	3	4
16. 我常常要小便	1	2	3	4
*17. 我的手脚常常是干燥、温暖的	4	3	2	1
18. 我脸红发热	1	2	3	4
*19. 我容易入睡并且一夜睡得很好	4	3	2	1
20. 我做噩梦	1	2	3	4

注:*为反向计分。

SAS 的使用注意事项:
(1)表格由受试者自行填写,填写前将量表的填写方法及含义向受试者解释清楚。
(2)评定时间为过去 1 周的情况,也可另作规定。
(3)避免漏项。

SAS 的结果分析见表 1-14。

表 1-14 SAS 结果分析

评分	结果解释	处理意见
<50	没有焦虑	无须处理
50~59	轻度抑郁	建议咨询心理医生或心理医学工作者
60~69	中度焦虑	最好咨询心理医生或心理医学工作者
≥70	重度焦虑	建议到精神专科医生处就诊咨询

(三) 汉密尔顿焦虑量表 (HAMA)

汉密尔顿焦虑量表 (HAMA) 是由 Hamilton 于 1959 年编制的精神科常用量表,特别适合对焦虑症状的严重程度的评定。此表有 14 个项目,采用 0~4 分的 5 级评分法。(表 1-15)

表 1-15 汉密尔顿焦虑量表 (HAMA)

项目		评分
1. 焦虑心境	担心、担忧,感到有最坏的事将要发生,容易激惹	
2. 紧张	紧张感、易疲劳、不能放松、情绪反应、易哭、颤抖、感到不安	
3. 害怕	害怕黑暗、陌生人、一人独处、动物、乘车或旅行及人多的场合	
4. 失眠	难以入睡、易醒、睡得不深、多梦、夜惊、醒后感疲倦	
5. 认知功能	或称记忆、注意障碍,注意力不能集中,记忆力差	
6. 抑郁心境	丧失兴趣、对以往爱好缺乏快感、抑郁、早醒、昼重夜轻	
7. 肌肉系统	肌肉酸痛、活动不灵活、肌肉抽动、肢体抽动、牙齿打战、声音发抖	
8. 感觉系统	视物模糊、发冷发热、软弱无力感、浑身刺痛	
9. 心血管系统	心动过速、心悸、胸痛、心血管跳动感、昏倒感、心搏脱漏	
10. 呼吸系统症状	胸闷、窒息感、叹息、呼吸困难	
11. 胃肠道症状	吞咽困难、嗳气、消化不良 (进食后腹痛、腹胀、恶心、胃部饱感)、肠鸣、腹泻、体重减轻、便秘	
12. 生殖系统、泌尿系统症状	尿意频繁、尿急、停经、性冷淡、早泄、阳痿	
13. 自主神经系统症状	口干、潮红、苍白、易出汗、起鸡皮疙瘩、紧张性头痛、毛发竖起	
14. 会谈时行为表现	(1) 一般表现:紧张、不能松弛、忐忑不安、咬手指、紧紧握拳、摸弄手帕、面肌抽动、不停顿足、手发抖、皱眉、表情僵硬、肌张力高、叹气样呼吸、面色苍白 (2) 生理表现:吞咽、呃逆、安静时心率快、呼吸快 (20 次/分以上)、腱反射亢进、震颤、瞳孔放大、眼睑跳动、易出汗、眼球突出	

HAMA 的使用注意事项:
(1) 由经过培训的专业人员进行评定。
(2) 由评定人员采用交谈与观察相结合的方式进行评定。

(3) 评定时间为过去 1 周的情况,也可另作规定。

HAMA 的结果分析见表 1-16。

总分能够较好地反映病情严重程度,评分越高,焦虑程度越高。

HAMA 包括躯体性焦虑和精神性焦虑评定。躯体性焦虑评定由项目 7、8、9、10、11、12、13 七项构成,精神性焦虑评定由项目 1、2、3、4、5、6、14 七项构成。

表 1-16 HAMA 结果分析

评分	结果解释
≤6	没有焦虑
7～13	可能有焦虑
14～20	肯定有焦虑
21～28	明显焦虑
≥29	严重焦虑

参考文献

张明园,何燕玲. 精神科评定量表手册 [M]. 长沙:湖南科学技术出版社,2015.

(岳计辉)

第二章 常规临床技能操作

第一节 心电图操作

一、常规心电图

（一）定义

常规心电图指在人体表面利用心电图采集器将心脏活动时心肌激动所产生的生物电信号进行放大、描记下来的检查方法,具有简单快捷、易于追踪观察、经济高效等特点。

（二）目的

常规心电图的目的是在身体表面记录心脏电活动,辅助临床工作者进行疾病的判识。

（三）适应证

（1）胸痛、胸闷、上腹不适等症状,可疑心血管急症、急性肺栓塞。

（2）各种心律失常的诊断,包括听诊可发现的心律异常,如期前收缩、心动过速、心动过缓,以及听诊不能发现的异常心脏电生理活动,如一度房室阻滞、束支阻滞及复杂心律失常等。

（3）对冠状动脉相关疾病如心肌梗死的诊断、定位及演变过程的监测具有重要价值。

（4）不能解释的头晕、黑矇、昏迷等症状,可疑窦房结功能障碍。

（5）房室肥大、心肌炎、心包炎、心肌病等疾病的诊断。

（6）了解某些电解质异常（如高血钾、低血钾等）对心脏的影响。

（7）帮助监测部分药物（如洋地黄、奎尼丁、胺碘酮等）对心脏产生的影响。

（8）各类型手术患者的手术前、手术中、手术后的监测。

（9）起搏器植入前、植入后的监测。

（10）对心脏可能产生影响的其他系统疾病发生时的心脏监测。

（11）急危重症患者病情的监测。

（12）正常人群的体检。

说明：本章第一节至第四节为基础内容,第五节至第八节为进阶提高内容。

(13) 临床研究。

(14) 其他各种需要监测心脏电生理的情况。

（四）禁忌证

无禁忌证。

（五）操作前沟通技巧

向患者及其家属解释此检查的目的和重要性，告知此检查简单无创、无风险，取得患者的信任和配合。

（六）操作前准备

（1）环境准备：检查室光线明亮，温度适宜，可用屏风或床帘遮挡，充分保护患者的隐私，心电图机 2 m 内不宜有任何带电设备，需要暂时关闭一些床边设备，如气垫床、理疗仪等，排除电磁波干扰。

（2）物品准备：心电采集仪器，电源线，肢体导联线及红、黄、绿、黑 4 个夹子，胸前导联线及 6 个吸球，75% 酒精棉球或生理盐水棉球，止血钳，污物盘。

（3）患者准备：衣着宽松，安静平卧数分钟，检查中需要四肢平放、肌肉放松，保持平静呼吸，身体不移动或颤抖，局部皮肤清洁。

（七）操作流程

（1）准备操作所需物品，患者取平卧位，完成操作前与患者的沟通，消除其紧张情绪，并取得其充分配合。

（2）连接电源，开机，检查机器性能及正常运行情况。

（3）详细阅读心电图检查申请的相关信息，快速了解患者初步临床诊断及申请医师对此次检查的要求。

（4）核对患者信息，并将受检者信息录入心电网络系统。

（5）操作者进行手部清洁消毒后，充分暴露患者两手腕内侧，两下肢内踝及胸部，并用 75% 酒精棉球（或生理盐水棉球）稍用力擦拭，起清洁、减少皮肤电阻及导电作用。

（6）准确连接导联线。

A. 肢体导联：LA（黄色）——左上肢，RA（红色）——右上肢，LL（绿色）——左下肢，RL（黑色）——右下肢。（图 2-1）

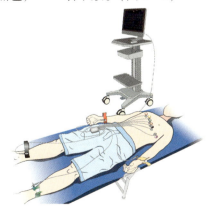

图 2-1　心电图肢体导联示意

B. 胸前导联：V_1——胸骨右缘第4肋间，V_2——胸骨左缘第4肋间，V_3——V_2和V_4导联连线的中点，V_4——左锁骨中线与第5肋间相交处，V_5——左腋前线与V_4导联处于同水平线上，V_6——左腋中线与V_4导联处于同水平线上。

C. 若需要完成18导联心电图（增加心脏右室和后壁导联），应加做：V_{3R}——V_1与V_{4R}导联连线的中点，V_{4R}——右锁骨中线与第5肋间相交处，V_{5R}——右腋前线与V_{4R}导联处于同水平线上，V_7——左腋后线与V_4导联处于同水平线上，V_8——左肩胛中线与V_4导联处于同水平线上，V_9——左脊柱旁线与V_4导联处于同水平线上。（图2-2）

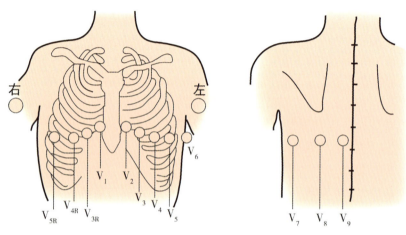

图2-2 心电图胸前导联示意

（7）检查标准灵敏度（10 mm/mV）和走纸速度（25 mm/s）。在操作屏幕上观察各导联图形采集情况，判断有无连接错误及接触不良，所见图形有无伪差及交流电干扰，待基线平稳后可开始记录及保存心电信息。常见伪差原因有：各电极与皮肤接触欠佳，胸前导联脱落，患者过度紧张致肌肉震颤及过度呼吸等。心电图记录时间必须在10 s以上或各导联至少记录3个完整的心动周期，若过程中有心律失常出现须及时进行截取。

（8）操作完毕后，移除所有导联线，协助患者整理衣物及下床，并告知其检查结果的获取方式。

（八）操作后注意事项

（1）人文方面：关怀患者操作后感受，重点观察胸前导联的吸球与皮肤接触处有无造成皮肤异常。

（2）仪器方面：整理导联线并妥善放置，若各导联线发生缠绕，易造成检查时波形的干扰及伪差。部分特殊患者在操作完成后需要对仪器进行特殊的消毒处理。

（3）操作者方面：接触患者后再次完成手部清洁消毒工作。

（九）特殊情况下操作应急处理

（1）若遇部分患者肢体缺失、四肢烧伤及四肢包扎等情况，肢体导联夹子可用吸球替代，吸在相应的肩膀和下腹部，符合 Einthoven 三角即可。

（2）若遇无法连接胸前导联的患者，如胸前有伤口包扎等，可仅连接肢体导联，单独采集肢体导联心电图。

（3）若遇右位心患者，先用正常连接方法采集一份心电图，再进行左、右手导联的反接，胸前导联依次采集（V_2、V_1、V_{3R}、V_{4R}、V_{5R}、V_{6R}）。

（4）若遇女性乳房下垂者，应将乳房轻柔托起，将 V_3、V_4、V_5 导联电极置于乳房下缘胸壁上。

（5）若遇有精神症状或婴幼儿等部分不能自主配合检查的患者，需要用药物进行镇静后完成检查。

二、动态心电图

（一）定义

动态心电图指通过给受检者随身携带一部记录仪，连续记录 24 小时的心电活动（必要时也可连续记录 48～72 小时），以便于分析人体心脏在安静和活动状态下心电图变化的检查方法，是一项实用、准确、无创的检查方法，又称为 Holter 监测心电图。

（二）目的

动态心电图的目的是通过记录较长时间的心脏电活动，应用数学统计方法，将各种心律失常及其他心电图改变以量化的表现形式展示出来。

（三）适应证

（1）各种不明原因的头晕、黑蒙、昏迷等症状，且通过常规心电图未查明病因者。

（2）无法解释的气短、胸痛或乏力，在常规心电图中未发现病因者。

（3）可用于动态捕捉记录时间内出现的所有类型心律失常，特别是一过性的心律失常、间歇性束支阻滞等短时的异常心电图。

（4）对心肌缺血患者的评估，如可监测一过性的心绞痛、变异性心绞痛、夜间发作心绞痛患者的心电图变化情况。

（5）用于心肌梗死患者发病过程及发病后的监测、随访。

（6）评估起搏器或植入型心律转复除颤器（implantable cardioverter defibrillator，ICD）植入后的起搏器功能。

（7）用于评价抗心绞痛、抗心律失常等药物的疗效及安全性。

（8）对无症状患者进行常规筛查。

（9）临床研究。

（10）其他各种需要连续监测心脏电生理的情况。

（四）禁忌证

（1）有胸部皮肤破损、创伤或包扎等情况无法在胸前进行操作的患者。

（2）对电极片长时间粘贴或导电凝胶有严重过敏反应者。

（3）无法控制自身行为（如精神疾病），不能配合全程检查的患者。

（4）需要实时反映当前心电状态的急危重症患者。

（五）操作前沟通技巧

（1）向患者及其家属解释操作的目的及必要性，强调此仪器简易轻便，安全、无创、无风险，消除患者的疑虑及紧张，介绍检查方式及检查时长，从而取得患者良好的配合，使其做好适应检查的心理准备。

（2）嘱咐患者保护好记录仪和导联线等，严禁自行拆除仪器。

（3）告知患者导联脱落后的处理方法，并需要及时报告医务人员排除故障。

（4）指导患者佩戴仪器后的正确生活方式，如不能进行有扩胸和耸肩动作的运动，不能怀抱小孩或者在胸前佩戴其他物件，远离电磁辐射等干扰心电信号的环境，当天应禁止沐浴。

（5）指导患者记录佩戴仪器过程中发生的特殊事件，如头晕、心悸、胸痛等症状及其时间点，使记录的生活日志更有助于临床诊断。

（6）询问患者过敏史。

（六）操作前准备

1. **操作者准备**

（1）提前预约患者，询问其检查意愿，判断其配合度。

（2）了解患者病史、症状及检查目的。尤其需要了解患者的重要心脏检查如既往心电图、动态心电图、超声心动图、冠状动脉造影等的检查结果。

（3）了解患者药物及非药物治疗情况，如植入心脏起搏器，应了解植入时间、起搏器类型及设定的有关参数。

（4）留患者联系电话备查。

2. **环境准备**

房间光线明亮，温度适宜，床帘遮挡，充分保护患者隐私。

3. **患者准备**

（1）为保证检查质量，防止电极片脱落，检查前一天沐浴，胸毛多者应剔除局部胸毛，检查时穿宽松、舒适的衣服。

（2）检查前，应停用对心脏有影响的药物 24 小时（除外检查目的为监测药物疗效者）。

4. **物品准备**

动态心电图记录仪、生活日志记录单、电极片、砂纸片、备皮刀（供胸毛多者备皮使用）、导电凝胶、胶布、电池、75% 酒精棉球（或生理盐水棉球）、止血钳、污物盘。

（七）操作流程

（1）患者进入动态心电图检查室后，取平卧位或坐位均可，休息数分钟，待情绪稳定、适应室温后开始操作。

（2）清洁消毒双手后，协助患者解开上衣，充分暴露上半身（胸腹部）。

（3）用砂纸片轻柔打磨要粘贴电极的皮肤上的油脂及皮屑，降低皮肤电阻，减少干扰及伪差形成，再用 75% 酒精棉球涂擦晾干。

(4) 正确定位导联位置，涂抹导电凝胶后用一次性电极贴片牢固粘贴，将导联线正确连接在电极贴片上，必要时可用胶布固定。导联位置如下：

A. 肢体导联：LA——电极片贴于左锁骨下窝左锁骨中线上，RA——电极片贴于右锁骨下窝右锁骨中线上，LL——电极片贴于左季肋区，RL——电极片贴于右季肋区。

B. 胸前导联：V_1——电极片贴于胸骨右缘第 4 肋间，V_2——电极片贴于胸骨左缘第 4 肋间，V_3——电极片贴于 V_2 与 V_4 导联连线的中点，V_4——电极片贴于左锁骨中线与第 5 肋间相交处，V_5——电极片贴于左腋前线与 V_4 导联处于同水平线上，V_6——电极片贴于左腋中线与 V_4 导联处于同水平线上。（图 2-3）

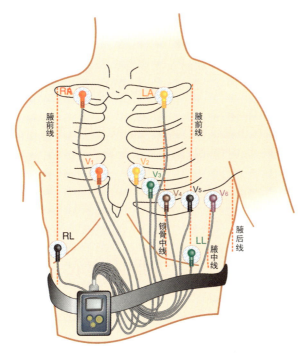

图 2-3 动态心电图电极位置示意

(5) 安装电池，检查仪器性能，校正记录仪时间，进行程序设置，激活记录仪。

(6) 将记录仪佩戴在患者身上，再次嘱咐注意事项及归还仪器时间，一般连续记录 24 小时。指导其记录有意义的生活日志。

(7) 翌日拆除记录仪，数据导入动态心电图分析软件并进行分析处理，分析结论时需要结合患者记录的生活日志。

(8) 筛选截取出来的数据、图表、心电图进行编排，以准确、清晰、典型为原则。阵发性心律失常尽量保证完整，需要截取发作前图片及发作后图片，注明发生时间和次数、持续时间，并对照患者生活日志记录单检查有无不适症状的发生。由于患者处于活动状态，因此常因肌电活动和电极移动引起基线不稳，图形漂移。分析时需要仔细辨认伪差和干扰，确保动态心电图结论的准确性。

（八）操作后注意事项

（1）患者佩戴动态记录仪后不宜进行剧烈运动，如跑步、健身操等，以免肌电干扰产生伪差或基线严重偏移，掩盖异常心电图形，影响分析的准确性。

（2）患者佩戴动态记录仪后不宜反常地静止不动或长时间卧床，应鼓励患者进行日常生活活动。

（3）患者佩戴动态记录仪当天不可沐浴，不可自行拆卸仪器。

（4）患者佩戴动态记录仪当天应记录有诊断意义的生活日志。

（5）操作者拆卸仪器时应仔细询问患者感受，因佩戴时间较长，应仔细观察电极片与皮肤接触处有无造成皮肤异常。

（6）完成检查后，记录仪需要用消毒湿巾擦拭及紫外线消毒备用。

（九）特殊情况下操作应急处理

（1）若遇仪器故障、导联线意外脱离而患者不自知的情况或患者有意自行拆除仪器时，需要检查数据是否完整，若不完整，结合患者意愿、临床医生要求及记录时间的长短来评估是否需要重新进行检查。

（2）若患者在已知情况下遇仪器故障、导联线意外脱落等可能影响检查结果的情况，应报告医护人员处理，及时排除故障，继续记录。

（陆文靖）

第二节　穿脱隔离衣

一、何时需要穿隔离衣

（1）进入严格隔离病区。
（2）进行手术操作可能受分泌物、排泄物、血液、体液沾染时。
（3）接触患者时实行保护性隔离，如接触大面积烧伤、器官移植患者等。
（4）接触经接触传播的传染病患者、多重耐药菌感染患者时。
（5）进行须严格无菌操作的侵入性操作，如深静脉置管、介入操作等。

二、穿脱隔离衣的流程

穿脱隔离衣的流程见表 2-1。

表 2-1 穿脱隔离衣的流程

穿隔离衣：
(1) 评估：需要隔离的环境条件、患者的病情、需要隔离的类别。
(2) 手卫生：七步法洗手，戴口罩、帽子。
(3) 取衣：手持衣领取出隔离衣，将隔离衣清洁面朝向自己，污染面向外，衣领两端向外折，对齐肩峰，露出肩袖内口。
(4) 穿衣：一手持衣领，另一手伸入一侧袖内，举起手臂，将衣袖穿好；换手持衣领，穿好另一袖。
(5) 系衣领：两手持衣领绳带打结。
(6) 系腰带：自一侧衣缝腰带下约 5 cm 处将隔离衣逐渐向前拉，见到衣边捏住，再依法将另一侧衣边捏住。两手在背后将衣边边缘对齐，向一侧折叠，按住折叠处，将腰带在背后交叉，回到前面打一活结系好

脱隔离衣：
(1) 腰带：解开腰带，在前面打一活结。
(2) 手卫生：七步法洗手。
(3) 解领口：双手解去领口系带。
(4) 脱衣袖：右手伸入左手袖口内，拉下右手衣袖；用遮盖住的左手拉右手衣袖，双手逐渐退出衣袖。
(5) 挂隔离衣：双手持衣领，对齐衣边，挂在衣钩上，若在半污染区需要将清洁面朝外。
(6) 手卫生：七步法洗手

（陈惠丽）

第三节 肛门指诊操作

一、目的

肛门指诊的目的是通过手指伸入肛门进行触诊，了解肛门内外、下段直肠甚至与直肠邻近器官功能状态，如男性前列腺、女性的子宫和附件等，以明确或排除相关疾病。

二、方式

肛门指诊可分为肛外指诊和肛内指诊。

肛外指诊：用食指触诊检查肛门周围有无红肿、压痛和结节、条索状物、窦道、瘘管等。

肛内指诊：将食指伸进肛门内，对肛管、下段直肠进行检查，包括肛管、直肠是否狭窄，有无触痛，黏膜是否光滑，是否松弛，有无肿物、痔或肛裂，肛门括约肌功能，检查结束时指套有无染血等。

三、适应证

（1）炎症性疾病：肛瘘、肛门直肠周围脓肿等。
（2）肿瘤性疾病：直肠癌、息肉、乳头状瘤等。
（3）痔。
（4）直肠相邻器官的检查：前列腺、子宫及其附件等的检查。

四、体位

肛门指诊操作体位：①胸膝位（图2-4）；②左侧卧位（图2-5）；③截石位或仰卧位；④前俯位；⑤蹲位。

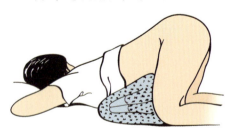

图2-4 胸膝位

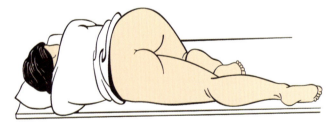

图2-5 左侧卧位

五、操作前准备

（1）常规准备：进行检查前，戴好口罩、帽子，熟悉患者病情，向患者解释操作的必要性和目的，在询问确认患者无尿意或便意后，建议患者采取相应体位，注意保护患者隐私。

（2）物品准备：橡胶手套、液体石蜡、纸巾。

六、操作流程

（1）操作前向患者说明操作的目的和必要性，并征得患者的同意。

（2）七步洗手法洗手，戴橡胶手套。

（3）观察肛门周围情况，有无皮肤红肿或溃烂、肿物脱出、痔、肛瘘外口等。

（4）进行肛外指诊：用手指仔细检查肛门周围，有无压痛、红肿、结节、条索状物、瘘管外口等。

（5）进行肛内指诊：手指涂润滑油，先用手指轻柔按摩肛门外口，使润滑油分布于肛门口并使得肛门括约肌松弛，嘱患者深呼吸，放松肛门，再慢慢将食指插入肛门直肠内，避免突然插入导致患者疼痛。探查内容如下：①直肠。其黏膜是否光滑，是否生长肿物，黏膜是否松弛、脱垂，是否有压痛区域；病情需要时可进行前列腺检查，了解前列腺大小、质地、中央沟情况等。②肛管。其是否有痔，是否有瘘管内口，是否有黏膜下脓肿、肛管息肉、肥大的肛乳头等，可嘱患者收缩肛门感受肛管括约肌收缩力度。③肛缘。肛门是否狭窄或松弛，是否有肛裂、前哨痔等。

（6）从肛门退出食指，观察指套有无血迹或黏液，若有，观察血迹颜色（鲜红还是暗红）及黏液的性状（透明还是脓性等）以作为相关诊断的参考。

（7）协助患者用纸巾擦拭肛门污物，并安抚患者，缓解患者紧张情绪。

（8）医疗垃圾分类处理。

（9）摘除手套，再次七步洗手法洗手。

七、操作注意事项

（1）注意保护隐私，男性医生为女性患者检查时，需要有女性医护人员在场。

（2）若触及直肠内肿物，需要明确肿物大小、形状、质地、活动度、有无压痛、位置、与肛缘距离，有无指套染血等。

（3）发现可疑病变，建议患者进一步完善肠镜、CT、MRI等检查。

（卜巨源）

第四节 各种注射操作

一、肌内注射

(一) 定义

肌内注射（intramuscular injection，IM）是临床上常用的一种药物注射治疗方法，指将一定量药液注入肌肉组织。

(二) 适应证

(1) 需要迅速发挥药物疗效，但不能经口服给药的药物。

(2) 适用于不宜或不能静脉注射的药物。

(3) 适用于要求比皮下注射能更迅速发生疗效时，或者药物的刺激性较强、药物的注射量过大时。

(三) 注射部位选择

通常情况而言，将臀大肌视为肌内注射部位的第一选择；其次为上臂三角肌、股外侧肌、臀中肌及臀小肌。

(四) 护理目标

正确无误地对患者进行肌内注射的操作，在规范操作的同时，需要保证注射安全（对患者、操作者、环境及其他人），应最大限度地降低操作过程给患者带来的不适感。

(五) 操作流程及注意事项

肌内注射的操作流程及注意事项见图2-6。

(1) 一切操作执行时必须严格遵守"三查八对"（"三查"：摆药后查，服药、注射、处置前查，服药、注射、处置后查；"八对"：对床号、姓名、药名、剂量、浓度、时间、用法、有效期）制度及床边双人核对制度；同时需要遵守四项原则，即标准预防原则、无菌技术操作原则、安全注射原则和给药原则。

(2) 执行医嘱前需要先评估患者病情、用药情况、配合程度，并对患者的皮肤情况进行合理评估，同时尽可能满足患者对穿刺部位的要求，选择最适合患者的注射部位。

(3) 注射前应告知患者药物使用相关知识，以及在注射过程中需要进行配合的技巧。

(4) 根据注射的药物正确选择合适的注射器规格和注射部位。如果患者有长期肌内注射的需要，为了减少或者避免硬结的发生，对于注射部位的变动要有计划性、目的性。

1. 双人核对
医嘱、患者基本信息、药品质量

→ 严格执行床边双人核对制度及操作的"三查八对"制度

↓

2. 评估
(1) 患者病情（有无基础疾病）、用药史、家族史、过敏史等；
(2) 患者的营养状态，皮下脂肪的厚度，确认注射部位的健康；
(3) 患者对药物的了解程度及配合程度

→ 分析患者的皮下脂肪厚度，结合病情，并根据注射药物选择合适型号的注射器和针头、注射部位、消毒药水等

↓

3. 告知
注射的原因、用药相关注意事项等

↓

4. 准备
(1) 操作者：着装整洁、洗手、戴口罩；
(2) 环境：符合无菌操作要求及保护患者隐私；
(3) 备物：遵医嘱备药及注射用物；
(4) 患者：取正确且舒适的体位

→ (1) 用物：治疗盘、消毒治疗巾、无菌注射器、皮肤消毒水（常规2%安尔碘）、棉签、弯盘、砂轮；
(2) 铺无菌盘：擦拭托盘，洗手，铺上无菌巾；
(3) 备药：双人核对医嘱及药物后遵循无菌原则抽吸药物，排气完毕置入无菌盘

↓

5. 实施
(1) 第一次双人核对医嘱、患者、药物；
(2) 协助患者取舒适坐位或卧位；
(3) 用2%安尔碘以穿刺点为中心螺旋式消毒皮肤2次，消毒直径应大于5 cm，皮肤待干
(4) 第二次双人核对患者，排尽针筒内空气，左手绷紧皮肤，右手执笔式垂直进针，深度为2.5～3.0 cm（约针头长度的2/3），固定针头，无回血后慢慢推注药液；
(5) 注射完毕，用无菌干棉签轻按穿刺点，第三次核对患者，分类处理用物

→ (1) 操作过程中须严格遵循无菌操作原则、"三查八对"制度及双人核对制度；
(2) 遵循"二快一慢"（进针快、拔针快、推药慢）原则

↓

6. 观察与记录
(1) 留意注射过程中、注射后患者的用药反应、药物治疗效果和副作用等；
(2) 在治疗单上签名并做好相关记录

图2-6 肌内注射的操作流程及注意事项

（5）进针深度因人而异，先从患者皮下脂肪的厚度进行评估；对于营养较差、体形消瘦的成人或者儿童，适当减少进针深度。如果有断针的情况发生，为避免针头发生移位，应在第一时间用手捏紧局部肌肉，同时用止血钳把断针取出来，越快越好。

（6）正确选择体位，能更好地帮助患者在注射操作过程中放松局部肌肉，缓解一定的疼痛感，因此在注射之前，视情况协助患者取卧位或者侧卧位的注射体位。

（7）进针后必须回抽且未见回血，方可缓慢推注药液。注射时遵循"二快一慢"（进针快、拔针快、推药慢）原则。对于注射 pH 过高或过低的药物，或者药物的刺激性较强、药物的注射剂量较大时，应考虑选择较长的注射针头；操作过程中进针要深，更加缓慢地控制推药速度。倘若存在 2 种或以上的药物需要在同一时刻进行注射的情况，药物注入的先后顺序为先无刺激性的，再刺激性较小的，最后刺激性强的；与此同时，推药速度需要更加缓慢。

（8）注射后需要指导患者休息，并注意观察患者的用药反应情况、用药效果及药物产生的副作用情况等。

（六）护理结果

（1）沟通到位，患者及其家属对护士的解释工作表示了解及配合。

（2）治疗到位，操作流程符合临床规范，未给患者增加不必要的损伤及痛苦。

（3）遵医嘱，对患者的用药剂量精准无误，用药时间及时、正确。

二、皮下注射

（一）定义

皮下注射（hypodermic injection，H）是指通过注射器将一定量的液体药物和生物制剂注入皮下组织，达到医疗目的的一种方法。

（二）适应证

（1）需要快速见效且不允许口服给药的情况。

（2）进行疫苗接种或胰岛素注射时。

（3）为手术进行局部麻醉时。

（三）注射部位选择

皮下注射的常用注射部位一般选择外侧股骨、股骨前侧、腹部、背部、上臂和前臂三角肌外侧下缘。

（四）护理目标

皮下注射的操作应按照医生的医嘱指示进行，在规范操作的同时，需要保证注射安全（对患者、操作者、环境及其他人），应最大限度地降低由操作给患者带来的不适感。

（五）操作流程及注意事项

皮下注射的操作流程及注意事项见图 2-7。

1. 双人核对
医嘱、患者基本信息、药品质量 → 严格执行床边双人核对制度及"三查八对"制度

↓

2. 评估
(1) 患者病情(有无基础疾病)、家族史、过敏史及用药情况等；
(2) 患者的营养状态，确认注射部位组织无瘢痕、炎症、硬结等；
(3) 药物的性质、作用及不良反应；
(4) 患者对药物的了解程度及配合程度

→ 分析患者的皮下脂肪厚度及营养状态，评估好进针深度，选择正确规格的注射器，避免误入肌肉组织

↓

3. 告知
注射的原因、用药相关注意事项等 → 必须先准备好食物放置在床头柜，方可进行胰岛素注射

↓

4. 准备
(1) 操作者：洗手、戴口罩；
(2) 环境：清洁、舒适、适合无菌操作；
(3) 用物：按医嘱备药、消毒用物、注射器；
(4) 患者：视情况取正确、舒适的体位

→
(1) 用物：治疗盘、消毒治疗巾、无菌注射器、皮肤消毒水(2%安尔碘或75%酒精)、棉签、弯盘、砂轮；
(2) 铺无菌盘：擦拭托盘，洗手，铺上无菌巾；
(3) 备药：双人核对医嘱及药物后遵循无菌原则抽吸药物，排气完毕置入无菌盘

↓

5. 实施
(1) 第一次双人核对医嘱、患者、药物；
(2) 协助患者取舒适体位；
(3) 用2%安尔碘以穿刺点为中心螺旋式消毒皮肤2次，消毒直径应大于5 cm，皮肤待干；
(4) 第二次双人核对患者，排尽针筒内空气，左手绷紧皮肤，右手平持式持针与皮肤呈30°～40°进针后固定针头，无回血后慢慢推注药液；
(5) 注射完毕，第三次双人核对患者，分类处理用物

→
(1) 操作过程中须严格遵循无菌操作原则。
(2) 根据患者皮下脂肪厚度控制好进针深度，以免刺入肌层；对消瘦者，可捏起皮肤并减少进针角度刺入；遵循"二快一慢"原则。
(3) 进针后无回血方可推注药液。
(4) 长期注射应注意更换注射部位，禁止在注射后进行按摩或热敷穿刺部位

↓

6. 观察与记录
(1) 留意注射过程中、注射后患者的用药反应、药物治疗效果和副作用等；
(2) 在注射单上签名，做好护理记录

图2-7 皮下注射法操作流程及注意事项

（1）一切操作必须严格执行"三查八对"及床边双人核对制度；同时需要遵守四项原则，即标准预防原则、无菌技术操作原则、安全注射原则和给药原则。

（2）执行医嘱前需要先评估患者病情、用药情况、配合程度，合理评估患者的皮肤状况，选择最合适的注射部位。

（3）注射前应告知患者药物使用的相关知识，以及在注射过程中应配合护士进行操作。

（4）对于需要长期皮下注射胰岛素的患者，应有计划、有目的地改变注射部位。避免或减少因长期在同一部位注射药物导致硬结的发生；如果注射部位产生硬结，应禁止按摩或热敷硬结部位皮肤。

（5）执行注射操作前协助患者取正确且舒适的体位。

（6）针尖斜面应朝上，与皮肤呈30°～40°进针，进针后必须回抽未见回血（表明操作无误，没有误扎进血管内），方可缓缓地推注药液。注射过程为减少患者的疼痛或不适感，应遵循"二快一慢"（进针快、拔针快、给药慢）原则。

（7）在对患者进行注射后，指导患者休息，观察患者用药后反应、药物治疗的效果及药物副作用等，并做好相关护理记录。

（六）护理结果

（1）沟通到位，患者及其家属对护士的解释工作表示了解及配合。

（2）治疗到位，操作流程符合临床规范，未给患者增加不必要的损伤及痛苦。

（3）遵医嘱，对患者的用药剂量精准无误，用药时间及时、正确。

三、皮内注射（药物过敏试验）

（一）定义

皮内注射（intradermic injection，ID）是指通过适当规格的注射器将少量的药液或生物制品注射于表皮与真皮之间的一种注射方法。

（二）适应证

（1）进行皮肤药物过敏试验。

（2）进行疫苗接种。

（3）为手术进行局部麻醉的第一步。

（三）注射部位选择

皮内注射的常用注射部位为前掌侧下端、上臂三角肌下缘或局部麻醉的部位。

（四）护理目标

对患者进行药物皮肤敏感试验，确保手术规范化和手术过程中过敏试验结果的准确性；同时能够更加精确地对过敏试验结果进行判断并对过敏反应进行正确、及时、有效的处理，保证患者安全，在最大限度上降低操作过程中产生的不良反应。

（五）操作流程及注意事项

皮内注射的操作流程及注意事项见图2-8。

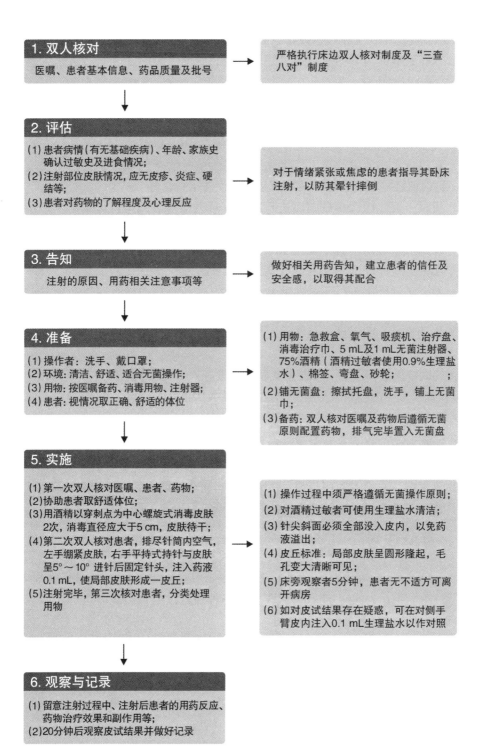

图2-8 皮内注射法（药物过敏试验）操作流程及注意事项

（1）所有操作都必须遵守"三查八对"及床边双人核对制度；同时应遵循四项原则，即标准预防原则、无菌技术操作原则、安全注射原则和给药原则。

（2）执行医嘱前需要先评估患者用药情况，核实患者有无药物过敏史，使患者理解并能配合皮试操作。

（3）配置皮试药液时，需要确保配置的皮试液浓度的正确性及配置好的皮试液的有效期（皮试液应现配现用），"一人一针一药一配一用"。

（4）皮试前询问患者进食情况，空腹时不能进行皮试操作。

（5）在进行皮试的过程中，应事先备好相关的抢救药物和设备，并将其放置在患者床旁，同时保证抢救药物在有效期内及抢救设备运行良好。

（6）皮试一般使用75%的酒精进行消毒，对酒精过敏的患者可采用生理盐水进行皮肤清洁。

（7）皮试后须告知患者不能用手揉按皮丘，观察时间内应以休息为主，避免剧烈活动，并且在皮试后20分钟内停留在病房，方便医生和护士观察皮试结果。

（8）对皮试结果能进行正确的判断和观察，应对各种过敏反应进行合理、有效处理，如果患者发生过敏性休克，应立即就地抢救。

（9）做完皮试，应详细记录结果，如果患者皮试结果呈阳性，其过敏药物应在一览卡、体温表、手腕带、护理记录单、床头卡、医嘱单、注射单、病历夹上用红笔注明；并将皮试结果通知医患双方及患者家属，做好护士交接班工作。

（10）如果使用的药物批号变更，皮试需要再次进行。

（六）护理结果

（1）沟通到位，患者及其家属对护士的解释工作表示了解及配合。

（2）治疗到位，操作流程符合临床规范，未给患者增加不必要的损伤及痛苦。

（3）遵医嘱，对患者的用药剂量精准无误，用药时间及时、正确。

（4）准确判断并记录皮试结果，及时、正确进行抢救治疗。

四、静脉注射

（一）定义

静脉注射（intravenous injection，IV）是一种通过注射器给患者进行静脉给药的注射操作方法。

（二）适应证

（1）适用于需要让药物能够快速发挥作用时，以及使用的药物无法进行口服且不能通过皮下注射、肌内注射、皮内注射、雾化吸入等方法给药的情况。

（2）需要比皮下注射更加快速地产生效果，注射的药物刺激性较大、浓度较高、药量较多。

（3）输入药物、补充营养、诊断及治疗疾病时。

（三）注射部位选择

静脉注射的常用注射部位为手背、足背、踝部等四肢浅静脉或肘窝的贵要静脉、正中静脉、头静脉等。

（四）护理目标

正确对患者进行静脉注射，并在操作过程中确保操作的规范性；同时能够更加精确地对过敏试验结果进行判断并对过敏反应进行正确、及时、有效的处理，保证患者安全，在最大限度上降低操作过程中产生的不良反应。

（五）操作流程及注意事项

静脉注射的操作流程及注意事项见图 2-9。

（1）必须严格执行"三查八对"及床边双人核对制度；同时需要遵守四项原则，即标准预防原则、无菌技术操作原则、安全注射原则和给药原则。

（2）操作前，对患者的病情（有无基础疾病、心肺功能等）、年龄、过敏史、配合程度及心理状况进行全面的评估。

（3）评判患者的穿刺部位的皮肤情况、血管情况、肢体活动水平等。

（4）判断患者目前使用的药物和推注的药物是否存在药物配伍禁忌；对医嘱存在疑惑时，暂不执行医嘱，询问过医生后再执行。

（5）告知患者静脉注射药物的目的、药品的名称、药物的主要疗效及常见的不良反应，以及患者需要在注射过程中配合的注意事项。

（6）根据使用药物的性质、量、使用时间来选择合适规格的穿刺针和注射器。不同药物对穿刺针及注射器的要求也不一样，如推注稠厚油性类药物选择较粗的针头，光感能力强的药物须选用避光注射器和避光延长管。

（7）正确选择穿刺部位。

A. 皮肤情况：无炎症、红肿、破溃、硬结、色素沉着、瘢痕等。

B. 血管情况：充盈、粗、直、弹性佳及无静脉窦等。

C. 穿刺方向：为了保护及合理使用血管，根据血液回流路径，遵循从远心端到近心端（从下到上）、先细小静脉后粗大静脉原则。

D. 位置选择：不宜选择偏瘫侧肢体或者有动静脉瘘的上肢静脉；尽量避免选择术侧部位的肢体，尽量避免选择在活动度较大的关节位置进针；上腔静脉压迫综合征的患者应视情况选择下肢静脉进行穿刺。

（8）若在患者现存的静脉管道上进行药物注射的操作，为确保静脉管道通畅，无堵管的情况发生，应先回抽见回血后予适当的液体快速冲洗静脉通道管路。对于强刺激性的药物，给药前须先使用生理盐水建立静脉通路，同时需要在给药前再次确认静脉通路是否通畅。如果药物有强刺激性，可以通过中心静脉的途径进行输注。

（9）结合评估的结果及患者病情和药物的性质，选择适宜的推注速度和推注量。

A. 患者年龄不同、病情不同，推注速度也应有所不同。特殊患者如儿童、老年人或者心肺功能不全的患者，静脉推注速度应缓慢，具体推注的速度和量应根据医嘱确定。

B. 对于特殊的药物，如氯化钾、葡萄糖酸钙、西地兰、氨茶碱等，应采用更加缓慢的推注速度；同时注意，此类药物对浓度有特定要求，需要根据医嘱稀释后使用。

1. 双人核对
医嘱、患者基本信息、药品质量

→ 严格执行床边双人核对制度及"三查八对"制度

2. 评估
(1) 患者病情(有无心肺功能不全)、年龄、过敏史、目前用药情况、理解配合程度及心理状况;
(2) 注射部位的血管及局部皮肤状况;
(3) 注射用药的目的及药物性质

→ (1) 长期静脉注射者应有计划地选择使用静脉，不合作者选择易固定的血管进行穿刺;
(2) 选择粗、直、弹性佳且无静脉窦的血管;
(3) 推注稠厚油性类药物时应选择较粗的针头

3. 告知
注射的原因、用药相关注意事项等

4. 准备
(1) 操作者：洗手、戴口罩;
(2) 环境：清洁、舒适、适合无菌操作及职业防护要求;
(3) 用物：按医嘱备药、消毒用物、注射器;
(4) 患者：取舒适体位，指导按需大小便

→ (1) 操作过程中须严格遵守无菌操作原则;
(2) 注意药物的配伍禁忌;
(3) 用物：治疗盘、消毒治疗巾、正确规格的无菌注射器及头皮针、一次性使用延长管、2%安尔碘、棉签、弯盘、砂轮、小垫枕;
(4) 铺无菌盘：擦拭托盘，洗手，铺无菌巾;
(5) 备药：双人核对医嘱及药物后遵循无菌原则配置药物，排气完毕置入无菌盘

5. 实施
(1) 第一次双人核对医嘱、患者、药物;
(2) 协助患者取舒体位;
(3) 第一次排气后，选择合适的静脉，视情况垫小枕，扎止血带位置距穿刺点上方约6 cm，嘱患者握拳，用2%安尔碘以穿刺点为中心螺旋式消毒皮肤2次，消毒直径大于5 cm，皮肤待干;
(4) 第二次双人核对，第二次排气，左手绷紧皮肤，右手平持式持针，针尖斜面朝上与皮肤呈15°～30°穿刺;
(5) 进针成功，嘱"二松"(松止血带、松拳)，第三次双人核对，根据病情调节推注速度并交代注意事项;
(6) 完善相关记录，分类处理用物

→ (1) 第一次排气到连接管的针乳头位置；第二次排气至针尖；排气后需要再次检查管道无空气进入;
(2) 见回血后持针角度放平将针再送进0.5～1 cm;
(3) 进针成功，嘱"二松";
(4) 一旦出现肿针，应立即拔出针头，局部按压1～2分钟，另选其他静脉注射

6. 观察与记录
(1) 留意注射过程中的主诉及注射部位有无红肿、疼痛，做好记录;
(2) 若患者不适，应暂停注射，对症处理

图2-9 静脉注射法操作流程及注意事项

（10）若连续使用多种药物，需要根据药物配伍禁忌原则，选择合适的液体进行冲管。

（11）监测患者的用药情况及不良反应，做好相关护理记录。

（六）护理结果

（1）沟通到位，患者及其家属对护士的解释工作表示了解及配合。

（2）操作流程规范，达到护理目标，未给患者增加不必要的损伤及痛苦。

（3）遵医嘱，给药剂量准确，用药时间及时、正确。

（4）观察到位，能尽快地对症处理患者在治疗过程中出现的不适感。

五、静脉留置针

（一）目的

静脉留置针适用于短期内非刺激性药物的静脉用药、补液及肠外营养，一般可保留3～7天；可减少穿刺次数，保护患者血管，减少药物外渗，减轻护士工作量。

（二）重点步骤

（1）操作前评估。

A. 评估患者病情、意识、心肺功能、出入液量、心理状态、合作程度、不良用药史、过敏史等。

B. 评估穿刺部位皮肤情况，如是否存在破损、瘢痕、皮疹或感染等；待穿刺静脉状况，如输液的血管的解剖位置、血管弹性等。

C. 评估药物的性质、用药目的、剂量及不良反应，告知患者药物名称、用药原因、疗效及常见不良反应等，取得患者的理解及配合。

D. 所选用留置针的种类、质量、型号及优缺点。在满足输液要求的前提下，选择型号最小的静脉留置针。

（2）合理选择静脉。

A. 遵循从远心端到近心端、从小静脉到大静脉的原则。

B. 一般选择粗、直、弹性好、无静脉瓣、利于固定及方便患者活动的血管，同时注意尽量避开关节、手指、脚趾等皮下组织少的部位。

C. 除上腔静脉压迫综合征的患者外，下肢静脉一般不作为成年患者的常规穿刺部位。

（3）严格执行无菌操作和查对制度。

（4）留置时间：留置针一般可保留3～7天。如果没有药物外渗或局部感染，可保留更长时间。

（5）做好严格的冲管与封管工作，常规使用脉冲式正压封管。

（三）操作流程

静脉留置针的操作流程见表2-2。

表 2-2 静脉留置针的操作流程

操作流程	要点说明
1. 核对医嘱、患者、药物	(1) 严格执行双人查对制度； (2) 有疑问时应及时与医生再次确认； (3) 检查药液质量
2. 评估 (1) 评估患者病情、年龄、意识、心理状态、营养状态、肢体活动能力及治疗目的、用药史、过敏史等； (2) 患者穿刺部位的皮肤情况、静脉充盈程度及管壁弹性； (3) 静脉用药的目的、药物的量、性质、作用及不良反应； (4) 患者对静脉输液的认知及合作程度； (5) 环境清洁安静、舒适安全、光线充足	(1) 根据患者病情、年龄、血管情况、用药情况选择留置针的型号； (2) 选择原则：在满足输液要求的前提下，选择型号最小的静脉留置针
3. 告知 (1) 告知患者药物名称、用药目的、疗效及常见不良反应及输液的不良反应； (2) 嘱患者输液过程中需要配合的事项，出现不适要立即告知护士； (3) 嘱患者根据需要提前排便	语言应通俗易懂，避免使用专业医学术语
4. 用物 (1) 治疗盘内备：基础治疗盘用物 1 套、液体及药物（按医嘱准备）、止血带、止血钳（视需要而定）、胶布、治疗巾、小垫枕、输液器 1 套、2% 安尔碘、消毒棉签、弯盘、输液卡、静脉留置针 1 套、透明敷贴； (2) 治疗盘外备：小夹板、棉垫及绷带（必要时）、输液泵（必要时）、洗手液、输液架； (3) 治疗车下层准备以下物品：污物桶 3 个，一个放置损伤性废弃物（用过的注射器针头），一个放置感染性废弃物（用过的注射器、棉签等），一个放置生活垃圾（用过的注射器、棉签等的外包装）	(1) 检查用物完整性及有效期； (2) 严格执行无菌技术操作原则； (3) 注意药物配伍禁忌

续表 2-2

操作流程	要点说明
5. 操作步骤 （1）洗手、戴口罩，必要时做好职业防护； （2）备好输液架，携用物至患者床旁，双人核对患者床号、姓名，协助患者取舒适体位； （3）双人查对药物：检查输液卡和药液瓶签（药名、浓度、剂量和时间），检查药液的质量及有效期，对光检查药液是否有浑浊、沉淀及絮状物出现； （4）用安尔碘消毒瓶口，将输液器插入瓶塞，关闭输液调节器，将输液瓶倒挂在输液架上； （5）反折茂菲氏滴管下端的输液管并倒置，挤压茂菲氏滴管使液体迅速流入滴管，在 1/2～2/3 满时，转正滴管，一手打开调节器，另一手持针栓，使液体沿着输液管缓慢下降，将导管内的空气排尽后关闭调节器； （6）将输液器针头连接在静脉留置针的肝素锁上，打开输液调节器，排气体于弯盘中，关闭调节器，将留置针放回留置针盒内； （7）铺治疗巾，将小垫枕置于穿刺肢体下，在穿刺点上方 10～15 cm 处扎上止血带； （8）按常规消毒穿刺部位的皮肤，消毒范围为 8 cm×10 cm，待干，备胶布及透明敷贴，并在透明敷贴上注明日期和时间； （9）再次核对，戴好手套，取出静脉留置针，去除前端针套，旋转松动外套管，调整针头斜面； （10）嘱患者握拳，绷紧皮肤，确保静脉固定良好，右手持留置针针翼部分，保持针尖向上，在血管上方以 15°～30°进针，见回血后降低角度，把针翼放平，沿静脉方向继续推进 0.2 cm； （11）左手持 Y 接口，右手后撤针芯约 0.5 cm 后将针芯与外套管一起送入静脉内； （12）左手固定针翼，右手迅速将针芯抽出，放于锐器收集器中； （13）松开止血带，嘱患者松拳，打开调节器； （14）运用无张力粘贴的方法将透明敷贴对留置针做密闭式固定，写明置管日期和时间，用胶布固定输液器针头及管道； （15）穿刺完毕，脱下手套，打开调节器，调节滴速，并再次查对； （16）撤去治疗巾，取出止血带和小垫枕，整理床单位，协助患者取舒适卧位； （17）交代注意事项，将呼叫器放于患者容易取得的地方； （18）输液卡上记录输液时间、输液速度、操作者签名； （19）输液完毕，用封管液采用正压封管法封管，关闭导管夹，妥善固定导管远端； （20）整理用物并分类处置，洗手	（1）输注液体量较大的患者应根据病情有计划地安排输液顺序； （2）尽量避免选择下肢浅静脉； （3）进针速度不宜太快，确保套管进入血管内； （4）定期更换留置针及固定的敷料； （5）妥善固定针头与肝素锁接口处，防止针头脱出； （6）粘贴敷料时运用无张力粘贴与高举平抬法，避免出现器械相关性压力性损伤； （7）正压封管法：一边退出针头一边推注封管液，直至针头完全退出肝素锁

续表 2-2

操作流程	要点说明
6. 观察与记录 (1) 观察穿刺部位皮肤有无红、肿、痛、皮温升高等及血管情况； (2) 导管回血是否明显，输液是否通畅； (3) 患者有无发热、呼吸困难等全身症状； (4) 有异常情况的，做好护理记录	(1) 穿刺部位若出现红、肿、热、痛等症状，应拔除留置针并酌情处理； (2) 导管堵塞时应拔除留置针，不可用注射器推注或挤捏输液器，以免将血栓推进血管内

（四）注意事项

(1) 严格执行查对制度和无菌操作原则。

(2) 合理选择静脉：应尽量选择粗、直、弹性好，充盈良好，表浅易触及，相对固定的血管，同时要避开关节和静脉瓣。若为长期输液患者，需要合理、有计划地选择静脉，注意保护静脉，一般从远端小静脉开始。

(3) 注意药物配伍禁忌：根据药物性质、用药原则及患者病情，有计划地安排药物输注顺序，以求尽快达到治疗效果。

(4) 确保针头在血管内才可以输注药液，以免造成组织损伤，增加患者痛苦。

(5) 根据患者病情、年龄及药物性质调节输液速度。一般成人设置为每分钟 40～60 滴，儿童设置为每分钟 20～40 滴，若为年老体弱、婴幼儿，以及心、肺、肾功能不良等患者或输注刺激性较强的药物时须将滴速调慢；对严重脱水、血容量不足、心肺功能良好等患者其输液速度可适当加快。

(6) 输液过程中要加强巡视，关注患者主诉，严密监测患者全身及局部反应，熟练掌握对输液故障或输液反应处理的流程。

(7) 连续输液患者应每 24 小时更换一次输液器。

(8) 防止空气栓塞：输液前应确保将输液装置中的空气排尽，输液过程中更换输液瓶应及时、快速，输液完成时应及时拔除针头，防止造成空气栓塞。

(9) 保证安全输液：严格检查药液，使用一次性输液用具并在输液过程中加强巡视。

参考文献

[1] 彭刚艺，刘雪琴. 临床护理技术规范（基础篇）[M]. 2 版. 广州：广东科技出版社，2017：310.
[2] 吴惠平，罗伟香. 护理技术操作并发症预防及处理 [M]. 北京：人民卫生出版社，2020：213-220.
[3] 钟华荪，李柳英. 静脉输液治疗护理学 [M]. 3 版. 北京：人民军医出版社，2014：207.
[4] WS/T433—2013. 静脉治疗护理技术操作规范 [S]. 2013.

（杨朝霞　陈晓瑜）

第五节　胸腔穿刺术

一、定义

胸腔穿刺术（thoracentesis）常用于检查胸腔积液的性质，通过穿刺进行抽液、抽气减压或胸腔内注药。

二、适应证

(1) 诊断性穿刺，明确胸腔积液的性质。
(2) 抽液或抽气，减轻对肺组织的压迫。
(3) 抽取胸膜腔脓液。
(4) 胸腔内给药。

三、禁忌证

(1) 出血性疾病、使用抗凝剂、凝血机制障碍者。
(2) 生命体征不稳定、不能耐受穿刺操作者。
(3) 有精神疾病不合作者。
(4) 穿刺部位皮肤感染者。

四、术前操作沟通技巧

(1) 告知患者胸腔穿刺的目的、意义、可能发生的并发症。
(2) 介绍操作流程，签署知情同意书。

五、操作前准备

(1) 了解患者病史，阅片、B超定位，让患者排空膀胱。
(2) 操作者及助手进行手卫生，戴好口罩和帽子。
(3) 精神过于紧张者，可于操作前半小时给予安定 10 mg 镇静。
(4) 操作器械准备：胸腔穿刺包、消毒物品、一次性手套、利多卡因、椅子、引流袋或量杯。若需要胸腔内注药，准备好注射药品。

六、操作流程

(1) 患者体位：骑跨坐于椅子上，双手平放在椅背上缘。
(2) 穿刺点定位：选择叩诊实音最明显的肋间隙或B超示胸腔积液深度最深处为

穿刺点，可用标记笔做标记。穿刺点常选择：①肩胛下角线第 7 至第 9 肋间；②腋中线第 6 至第 7 肋间；③腋前线第 5 至第 6 肋间；④超声定位点。

（3）皮肤消毒：从内向外画同心圆，消毒范围至少 15 cm，至少 2 次。

（4）检查器械、铺巾：打开穿刺包，戴手套，检查包内器械，铺无菌洞巾。

（5）麻醉：抽取 2% 利多卡因，在穿刺肋间隙肋骨上缘刺入，打皮丘后垂直于胸壁逐渐进针浸润麻醉，直至针尖有突破感为止，估计皮肤至胸腔的距离。

（6）穿刺：夹闭穿刺针尾部胶管，固定皮肤，右手持针垂直胸壁进针，当阻力消失表示穿刺针已到达胸膜腔，停止进针。

（7）抽液：接 50 mL 注射器进行抽液，或接引流袋引流，留取标本送检。

（8）拔针：抽液结束后拔除穿刺针，消毒穿刺点，使用纱块或止血贴包扎穿刺点，嘱患者静卧休息。

七、操作注意事项

（1）最常见的并发症为胸膜反应，多表现为头晕、脸色苍白、血压降低等。

（2）胸膜腔穿刺还可能导致血胸、气胸、穿刺口出血等。

（3）在肋骨上缘进针应避免刺激肋间神经及肋间动、静脉，减少发生胸膜反应的概率。

（4）气体由于重力关系集中于胸腔上部，故抽气时穿刺点应选择在锁骨中线第 2 肋间，液体则集中在胸腔下部，抽液时应选择 B 超定位最深的肋间隙。

（5）首次抽液量不大于 600 mL，以后每次抽胸水量不超过 1 000 mL。

八、并发症与处理原则

（1）胸膜反应。发生胸膜反应时应立即拔出穿刺针，扶患者平躺于病床，给予吸氧，测血压、脉搏，观察症状是否好转。必要时皮下注射 0.1% 肾上腺素。

（2）出血。出血多是因损伤肋间动静脉所致，发现抽出可凝的鲜血，应立即停止抽液，观察患者血压、脉搏、血常规的变化。

（3）气胸。胶管未夹闭时，由于胸腔内负压，空气可进入胸腔形成小量气胸，无须处理。但若穿刺过深，抽液过多，导致穿刺针损伤脏层胸膜，形成大量气胸，患者感突发胸痛、气促，须马上行胸片检查，严重者在床边行抽气治疗或行胸腔闭式引流。

（4）胸腔内感染。胸腔内感染多为穿刺时消毒不规范或无菌观念不强引起细菌感染，需要给予抗生素治疗，大量脓胸应行胸膜腔闭式引流术。

（5）复张性肺水肿。复张性肺水肿因抽气、抽液过快过多所致，给予吸氧纠正低氧血症，稳定血流动力学，必要时机械辅助通气。

（陈惠丽）

第六节 腹腔穿刺术

一、定义

腹腔穿刺术（abdominocentesis）是指对于有腹腔积液的患者，为诊断和治疗疾病进行腹腔穿刺、抽取积液以进行检验的操作。

二、适应证

（1）诊断性腹腔穿刺术，明确腹水性质。
（2）大量腹水致呼吸困难或腹胀时，放液以减轻症状。
（3）腹腔内注射药物。

三、禁忌证

（1）肝性脑病先兆者。
（2）严重肠胀气或因既往手术致广泛腹膜内粘连者。
（3）棘球蚴病（包虫病）、巨大卵巢囊肿、妊娠中后期者。
（4）凝血功能障碍者。
（5）精神异常不能配合者。

四、术前操作沟通

（1）向患者讲述腹腔穿刺的目的、安全性、治疗意义、可能发生的并发症。
（2）详细说明穿刺操作流程，签署知情同意书。

五、操作前准备

（1）了解患者病史，测血压、脉搏等，根据B超探查情况确定穿刺点及抽液量。
（2）嘱患者操作前排尿，避免刺伤膀胱。
（3）洗手，戴好口罩、帽子。
（4）器械准备：腹腔穿刺包、一次性手套、消毒物品、胶布、利多卡因、腹带、引流袋或量杯。若需要进行膜腔内注药，应提前备好药品。

六、操作流程

（1）穿刺体位选择：根据腹水量及穿刺需求选择平卧位、半坐卧位或侧卧位。
（2）穿刺点定位：大量腹水可选择常规穿刺点进行穿刺，诊断性穿刺选择脐水平相交于腋前线或腋中线的位置，少量腹水须在超声定位下穿刺。

(3) 皮肤消毒：从内向外画同心圆，消毒范围约 15 cm，至少 2 次。

(4) 检查器械：展开穿刺包，戴手套，查看包内物品，铺无菌洞巾。

(5) 局部麻醉：注射器抽取 2% 利多卡因，针尖与皮肤表面呈 30°进入皮内，先回抽无回血后打一皮丘，然后垂直逐层刺入浸润麻醉。

(6) 诊断性腹腔穿刺：左手按压固定皮肤，右手握持 20 mL 注射器，空针抽成负压再进针，当负压消失注射器中见腹水时，表明已进入腹腔，抽吸腹水。

(7) 大量放液：夹闭穿刺胶管，持穿刺针进入腹腔后，用注射器抽取送检腹水，然后可将穿刺胶管接引流袋引流腹水。

(8) 抽液结束，拔除穿刺针，消毒穿刺点，使用纱块或止血贴包扎穿刺点。若为大量腹水放液，需要压迫穿刺点数分钟避免渗漏。

七、操作后注意事项

(1) 术后嘱患者平卧，观察患者情况，伤口忌水 1 天。

(2) 大量放腹水后注意监测电解质，并观察患者有无肝性脑病表现。

八、特殊情况下操作应急处理

(1) 术中严密观测患者情况，若出现头晕、面色苍白、心悸等，应立即拔出穿刺针，监测患者血压，并做适当处理。

(2) 诊断性腹腔穿刺时，若抽出血性腹水，应判断是穿刺损伤还是腹腔内出血，腹腔内出血所抽出的为不凝的血性腹水。可将腹水置玻片上观察，若血液快速凝固多为穿刺本身造成的出血，须停止操作，监测血压、血常规变化。

(3) 对大量腹水者行穿刺后，为预防腹水沿穿刺针路外渗需要采用"之"字形进针穿刺，术后按压穿刺部位数分钟。

（陈惠丽）

第七节　腰椎穿刺术

一、成人腰椎穿刺术

成人腰椎穿刺术用于中枢神经系统各种炎症性疾病、血管性疾病、脊髓病变、疑有颅内占位病变、对诊断不明的神经系统疾病及气脑、椎管造影等的诊断及诊断性治疗；亦用于因脑脊液（cerebrospinal fluid，CSF）压力过高而进行的放液（减压）治疗和注入药物治疗中枢神经系统疾病。

（一）目的

（1）用于诊断：①留取脑脊液进行检验。②测压以了解颅内压高低。③检查脑脊液动力学情况。④进行脊髓或气脑造影。

（2）用于治疗：①引流血性脑脊液。②释放脑脊液，降低颅内压力。③鞘内注射药物治疗炎症或肿瘤。

（二）禁忌证

（1）存在小脑扁桃体疝风险：①已知或可疑颅内肿瘤；②梗阻性脑积水。

（2）穿刺区域有感染：若可能，选择另一个穿刺点。

（3）凝血功能异常：①血小板计数应大于 $50 \times 10^9 L^{-1}$；②正在进行抗凝治疗的患者；③有硬膜外血肿或硬膜下出血可能者，可造成继发性脊髓压迫。

（4）可疑动脉瘤性蛛网膜下腔出血（subarachnoid hemorrhage，SAH）者慎用：腰椎穿刺将降低 CSF 压力，可增加透壁压（透过动脉瘤壁的压力），增加动脉瘤再破裂风险。

（5）椎管完全梗阻患者慎用。

（6）相对禁忌证：Chiari 畸形。引流脑脊液可能导致脑疝形成。

单纯颅内压增高和（或）视盘水肿不是禁忌证（腰椎穿刺为诊断性操作，且可用于某些颅内压增高情况的治疗）。对确有腰穿检查必要的颅内压增高的患者，可在快速静滴甘露醇 100～250 mL 后，进行腰椎穿刺。

（三）术前操作沟通

部分患者及家属对腰椎穿刺有误解。腰椎穿刺非骨髓穿刺，脑脊液的流失对患者影响不大，腰椎穿刺术后常见并发症为头痛，其并不会对腰椎产生严重影响，不会造成术后长时间腰痛等。

由于患者侧卧位，背对操作者，可能会对即将进行的操作有恐惧感，操作者可详细介绍穿刺过程及引起疼痛不适的环节。

例如："您好，今天我们要给您做腰椎穿刺，就是在腰那里穿个针，放些脑脊液，了解颅内压力，留标本做检查，同时放出血性脑脊液（根据疾病不同选择）。检查是必须的，对您的治疗和恢复都有好处，一般也是安全的，打麻醉药时会有一点痛，麻醉后腰椎穿刺时一般不痛，腰椎穿刺后要躺 6 小时，然后就可以起身活动了。"

（四）操作前准备

（1）情况允许时，患者排空大小便。

（2）选择合适的穿刺针、测压管，准备好标本容器（如试管、培养瓶等）。

（五）操作流程

（1）体位：采用侧卧位，患者抱膝、屈颈有助于操作。背部平面垂直床面。诊断性腰椎穿刺，可使用 20 号穿刺针。若用于引流，可使用大号穿刺针。（图 2-10）

（2）穿刺点：成人多采用第 4 腰椎至第 5 腰椎间隙（平嵴间线或稍低于嵴间线）或上一个平面（第 3 腰椎至第 4 腰椎间隙）。对于儿童，第 4 腰椎至第 5 腰椎间隙较第 3 腰椎至第 4 腰椎间隙更常用。

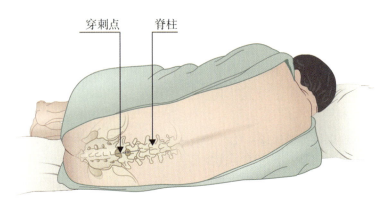

图 2-10　腰椎穿刺体位示意

(3) 穿刺部位消毒，铺无菌巾。

(4) 穿刺点局部浸润麻醉。以右手持针为例，先用左手拇指尖确定穿刺间隙，穿刺点位于棘突间最凹陷处，局麻针头刺入穿刺点皮内，注入少许利多卡因形成皮丘，再垂直背部平面进针 3 cm，回吸无血，边注入利多卡因边退针，拔出局麻针头，换穿刺针。左手拇指依然固定在穿刺点，穿刺针贴着左手拇指尖先刺入皮肤、棘上韧带，松开左手拇指，右手持针尾调整穿刺方向，确定方向无误，双手端针，持续刺入棘间韧带、黄韧带、硬膜外间隙，此时会有落空感，再进针少许，即进入硬膜下，退出针芯，有脑脊液流出表明穿刺成功。(图 2-11)

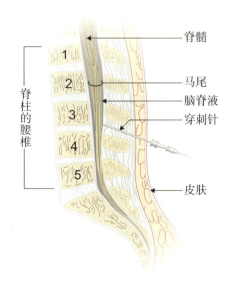

图 2-11　腰椎穿刺部位示意

(六) 操作注意事项

(1) 针尖的斜面应平行于脊柱的长轴，以减少腰椎穿刺后头痛的发生率。在穿过皮肤或皮下组织时应带针芯，以免将上皮细胞移植入椎管内形成医源性表皮样肿瘤。在第 4 腰椎至第 5 腰椎间隙，穿刺针尖应垂直于背部平面或稍向头侧倾斜（平行于棘突），通常稍下垂指向床（指向脐）；在第 5 腰椎至第 1 骶椎间隙，针尖应略偏向尾部。穿刺途中针尖触及骨质通常是由于偏离了中线方向而不是偏离了头—尾方向。调整方向的方法是先将针退至皮下再改变方向穿刺。

(2) 穿刺过程中患者感到向下放射痛，通常表示针尖触到了神经根。应立即退针，重新穿刺时穿刺方向向疼痛腿的对侧调整。

(3) 当发现脑脊液流出时，立即测量开放压，使用无菌小瓶留取脑脊液标本，需要同时注意脑脊液颜色、澄清度等。若发现压力较高，应先置回针芯，再缓慢拔出针芯，直至脑脊液缓慢流出。

（4）脑脊液若为血性，开始释放的 1～2 mL 脑脊液应弃掉，接取后续流出的脑脊液送检，以免穿刺时硬膜外的血性液混入脑脊液影响检验结果。

（5）在拔出腰椎穿刺针前，应将针芯放回，减少腰椎穿刺后头痛的发生。

（七）操作后注意事项

穿刺完毕后，患者去枕平卧 6 小时。对潜在颅高压风险者，注意观察其意识情况。

特殊情况下操作的应急处理：

（1）创伤性腰椎穿刺（指腰椎穿刺针损伤血管导致抽取到血液或混合血液的脑脊液）：穿刺损伤出血会使血液中的红细胞及白细胞混合在脑脊液中，故很难判断脑脊液中是否确实存在白细胞增多。这时候可以计算白细胞与红细胞的比例，并与外周血中的比例对比做出判断。

（2）脑脊液送检：脑脊液送检内容包括脑脊液常规检查、脑脊液生化检查。若怀疑感染，还要送涂片及培养和药敏；怀疑霉菌感染应送墨汁染色；怀疑结核应送抗酸染色，必要时送检高通量病原菌筛查。如果需要特殊培养（如抗酸、真菌、病毒），应在管上标明培养和药敏实验。如果需要行脑脊液的细胞学检查（如检出癌性脑膜炎或中枢神经系统淋巴瘤）则至少要有 10 mL 脑脊液以进行病理检测（离心检测细胞）。

（3）腰椎穿刺后头痛的处理：①卧床至少 24 小时。②补液（口服或静脉滴注）。③头痛镇痛。④使用紧腹带。⑤难治性头痛可用血填充法。硬膜外血填充：将 10 mL 未肝素化的自体血注射入硬膜外间隙。

二、儿童腰椎穿刺术

腰椎穿刺是一种将长针插入蛛网膜下腔的医学诊断手段。其目的是获取脑脊液，用于诊断，有时腰椎穿刺本身也被作为一种疗法使用。高颅内压是儿童腰椎穿刺的禁忌证，因为脑脊液压力的骤降可能引发脑疝。另外，低颅压头痛是腰椎穿刺一种常见的副作用。尽管如此，腰椎穿刺通常被认为是一种相对安全的操作。

（一）目的

（1）用于诊断：腰椎穿刺获得脑脊液用于排除中枢神经系统的感染、炎症和肿瘤类疾病。其中，最为重要的一项是排除或确诊脑膜炎，因为脑膜炎是一种极为危险但易于治疗的疾病，除了腰椎穿刺之外，目前无其他可靠的手段可以用来确诊。由于婴儿更易感染脑膜炎，感染后表现出非典型症状，因此腰椎穿刺检查是对不明原因发热的婴儿进行诊断的例行手段。腰椎穿刺还可以用于确诊或排除任何年龄层患儿的中枢神经系统感染和许多其他疾病。

儿童腰椎穿刺部位为第 4 腰椎至第 5 腰椎间隙（图 2-12）。

（2）用于治疗：如中枢神经系统白血病。

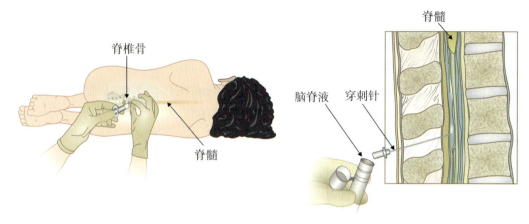

图 2-12　儿童腰椎穿刺示意

（二）操作沟通

（1）检查前：腰椎穿刺是临床上常见的相对安全的检查方法，只是皮肤麻醉时有瞬间的疼痛感。如果充分麻醉后，仍感到疼痛，可以随时追加麻醉药。

（2）检查中：检查者应与患儿交流操作进行到了哪一步，也要确认是否有部位疼痛。为保证穿刺顺利进行，需要患儿的充分配合。

例如："现在开始消毒了，消毒液有点凉哦。"

"下面要麻醉皮肤了，跟抽血一样都是瞬间的疼，但是千万不要动。很好，你做得很好。完全没动，你做得非常好。"

"现在开始要慢慢麻醉内部，虽然有压迫感，但是不会很痛。如果感到痛不要忍着，一定要说，麻醉药什么时候都可以追加。"

（3）检查后：穿刺针扎进去后脑脊液一流出，检查就快完成了。向患儿传达快要结束的信息，这样可以消除他们的紧张感。拔针前跟患儿说要拔针了，避免患儿受到惊吓。腰椎穿刺后的头痛症状是可预防的，需要术后去枕平卧 6 小时。

（三）操作流程

服装要求：灭菌手套、口罩、帽子是必须穿戴的。如果是长袖的白大褂，应挽上去只露半袖。

1. 穿刺前

（1）检查前必须核对患儿姓名。

（2）获得患儿家长同意。

（3）确认无禁忌证。

（4）确认穿刺部位无皮肤感染。

（5）确定应用镇静及局麻药品时，必须核对药物名称和剂量及有效期。

2. 穿刺时

（1）患者取侧卧位（图 2-13、图 2-14）。

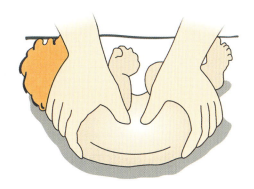

图 2-13　幼儿腰椎穿刺固定示意（两手固定位）　　图 2-14　新生儿腰椎穿刺固定示意（两手固定位）

（2）左手拇指固定在第 3 腰椎至第 4 腰椎（新生儿第 4 腰椎至第 5 腰椎）穿刺部位，上下触摸以确定最宽的间隙，并尝试用拇指的指甲标记位置或用笔创建一个小凹痕以标示穿刺点。

（3）在不影响无菌操作的情况下打开腰椎穿刺托盘。

（4）用无菌技术消毒穿刺点局部皮肤。

（5）戴无菌手套。

（6）打开脑脊液管进行准备，使用无菌孔巾。这是任何穿刺前的常规动作，请大家牢记。如果操作不规范，会造成一系列感染，危及患儿的生命。

（7）用 1～2 mL 2% 利多卡因局部麻醉穿刺部位。

（8）穿刺时针头略微偏向头侧。早产儿进针 0.5～0.7 cm，足月儿约 1 cm，婴幼儿 2～3 cm，儿童 3～4 cm，可达到蛛网膜下腔。新生儿用头皮针穿刺，婴幼儿及儿童用穿刺针穿刺。

（9）当穿刺针进入蛛网膜下腔时会有"落空感"，缓慢退出针芯后脑脊液滴出。让患儿慢慢伸展双腿。

（10）将无菌压力计连接到穿刺针的末端以测压。

（11）将压力计内的脑脊液倒入 1 号脑脊液管中，继而分别将大约 10 滴脑脊液滴入 2 号至 3 号管中。

（12）重新插入针芯后拔出穿刺针，立即对针孔部位消毒，纱布加压，胶布固定。

（13）术后去枕平卧 6 小时。

3. 穿刺后

（1）立即贴上脑脊液管的标签，送实验室进行分析。

（2）如果怀疑是脑膜炎，根据临床情况使用抗生素经验性治疗。

（3）评估腰椎穿刺后患儿实时的病情变化。

（4）书写操作记录。

（5）建议患儿多喝水，以补充流失的脑脊液，防止低颅压头痛（或在必要时给患儿静脉输液）。

（颜扬　尤苓）

第八节 骨髓穿刺术

一、成人骨髓穿刺术

（一）穿刺部位

（1）髂前上棘穿刺点，常取髂前上棘上方 1～2 cm 处作为穿刺点，此处骨面较平，容易固定，操作方便安全。

（2）髂后上棘穿刺点，位于骶椎两侧，臀部上方，骨性突出部位（图 2-15）。

（3）胸骨穿刺点，取胸骨柄和胸骨体相当于第 1、第 2 肋间隙的位置，此处骨髓含量丰富，当上述部位穿刺失败时，其可作胸骨穿刺点，但此处骨质较薄，其后有心房及大血管，操作不慎容易发生意外，较少选用。

（4）腰椎棘突穿刺点，位于腰椎棘突突出处，因穿刺点难以固定，极少选用。

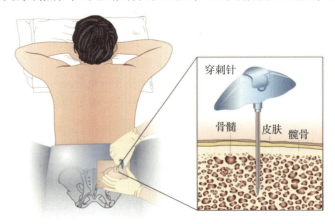

图 2-15 成人骨髓穿刺

（二）体位

胸骨及髂前上棘穿刺取仰卧位，髂后上棘穿刺时应取俯卧位或侧卧位，腰椎棘突穿刺时取坐位或侧卧位。

（三）操作流程

（1）常规消毒皮肤，戴无菌手套，铺消毒洞巾，用2%利多卡因 5～10 mL 做局部浸润麻醉，直至骨膜。

（2）将骨髓穿刺针固定在适当长度上，以左手拇指和食指固定穿刺部位皮肤，垂直刺入，当穿刺针接触到骨面后，左右旋转缓缓进针，当感到阻力消失，且穿刺针固定在骨内时，表示已进入骨髓腔。

(3) 拔出针芯放于无菌盘内，接上干燥的 10 mL 注射器，用适当力度缓慢抽吸，患者可能感觉到一种轻微的刺痛，随即可见少量红色骨髓液进入注射器内。骨髓液抽吸量以 0.1～0.2 mL 为宜，抽吸过多容易混入外周血造成骨髓液被稀释而影响检测结果。将骨髓液置于玻片上，由助手迅速制作涂片 5～6 张，送检细胞形态学及细胞化学染色检查。

(4) 若要做相关基因或骨髓流式检查，接上注射器抽吸骨髓液 1～2 mL 注入抗凝管中；若要做骨髓培养，抽吸骨髓液 3～5 mL 注入培养液内。

(5) 若未能抽得骨髓液，可能是针腔被皮肤、皮下组织或骨片填塞，也可能是进针太深或太浅，针尖未到骨髓腔内，此时应重新插上针芯，稍加旋转或再钻入少许或退出少许，拔出针芯，再行抽吸，即可获得骨髓液。

(6) 抽吸完毕，插入针芯，左手取无菌纱布置于针孔处，右手将穿刺针连同针芯一起拔出，随即将纱布置于针孔上，并按压 1～2 分钟（若血小板计数低，应延长按压时间），再用胶布将纱布加压固定。

（四）术后处理

(1) 观察穿刺部位是否有出血，嘱患者注意穿刺口护理，24 小时内穿刺位点勿沾水。

(2) 整理用物，医疗垃圾分类处理，标本及时送检，并做详细记录。

（五）注意事项

(1) 术前应做凝血功能检查，若有严重凝血功能障碍者，应禁止操作或者纠正后再操作。

(2) 注射器及穿刺针必须干燥，以免发生溶血。

(3) 穿刺针进入骨质后避免摆动过大，以免折断。

(4) 胸骨穿刺不可用力过猛、进针过深。

(5) 骨髓液取出后应立即涂片，否则会很快凝固。

(6) 涂片失败多次，干抽时应进行骨髓活检。

二、儿童骨髓穿刺术

骨髓穿刺是医学诊断手段，其目的是获取骨髓液用于诊断。

新生儿第一推荐穿刺部位是胫骨近端粗隆水平前内侧 1～2 cm 处（图 2-16），第二推荐穿刺部位是胫骨远端内膜（图 2-17）；儿童第一推荐穿刺部位是髂前上棘及髂后上棘，第二推荐穿刺部位是胸骨。

（一）穿刺部位

1. 胫骨穿刺部位

将患儿的腿放在外旋的一半位置并稳定下肢，胫骨近端粗隆水平前内侧 1～2 cm 穿刺如图 2-16 所示，胫骨远端内膜穿刺如图 2-17 所示。穿刺针与穿刺点呈 60°角，轻度旋转，有落空感即达骨髓腔。

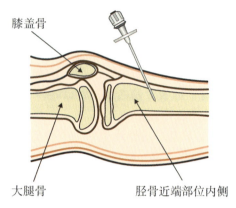
图 2-16 胫骨近端穿刺部位示意

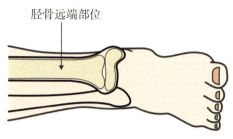
图 2-17 胫骨远端部位示意

2. 胸骨穿刺部位

通常情况下，患儿仰卧于床上，胸部抬起，对于婴幼儿，由助手将患儿固定在位，必要时应用镇静药以便操作。穿刺部位是胸骨中线、胸骨角上下各 1.0～1.5 cm 平坦处的位置，穿刺时针头与胸骨呈 45°～60°，做旋转动作进针，至胸骨骨膜下 0.5～1.0 cm，有落空感即达骨髓腔。

3. 髂前上棘及髂后上棘穿刺部位

（1）患者俯卧或侧卧，必要时，护理人员将帮助固定患儿的体位。

（2）髂前上棘穿刺点在髂前上棘上方 1～2 cm 处，骨面较平，易固定。

（3）髂后上棘位于骶椎两侧，臀部上方，骨性突出部位。

（二）操作流程

（1）确保骨髓穿刺无菌包没有损坏或弄湿。

（2）检查托盘上物品失效日期。

（3）将患儿摆好体位，确定穿刺部位。

（4）用聚维酮碘擦拭骨髓穿刺部位，以穿刺点为中心，直径约 15 cm，共消毒 3 遍，范围依次缩小，中间不留白。用新棉签重复擦拭，使聚维酮碘干燥。

（5）戴上无菌手套。

（6）放置无菌孔巾。

（7）穿刺点皮肤浸润麻醉后，垂直穿刺点皮面进针至骨膜处注射 1～2 mL 2% 利多卡因。避免注入过多而遮盖穿刺点。

（8）等待利多卡因起效 2～3 分钟的同时准备骨髓针，确保管芯针自由移动；准备 2 个 10 mL 注射器，确保柱塞自由移动。

（9）在穿刺部位保持一只手的拇指和食指冠状固定穿刺点。

（10）握住骨髓针刺入皮肤，抵达骨质后左右旋转进针，到达骨髓腔后有落空感，说明已进入骨髓腔。

（11）取下针芯放入无菌托盘内，接上 10 mL 注射器。

（12）吸取 0.1～0.2 mL 的骨髓液，注意吸取骨髓液不能过猛以免骨髓液被稀释。

立即涂骨髓片（按检验所需确定涂片数量）并贴上标签，送实验室进行分析。

（13）插入针芯，连同穿刺针一起拔出，进行皮肤消毒后用纱布按压2～3分钟直至出血停止。

（14）将干燥的无菌纱布覆盖在穿刺部位并用胶布固定。

（15）告知患儿父母等待骨髓检查结果并记录过程。

（三）注意事项

1. 骨髓穿刺检查前

（1）检查前必须核对患儿姓名。

（2）向患儿家长解释程序并回答所有的问题。

（3）获得患儿家长同意。

（4）确定应用镇静及局麻药品时，必须核对药物名称和剂量及有效期。

（5）确认没有禁忌证。

（6）确定穿刺部位无皮肤感染。

2. 骨髓穿刺前向患儿家长说明的要点

（1）说明部分手术过程很痛苦，但使用局部麻醉药和镇静药后将使不适和焦虑降至最低。

（2）鼓励患儿尽可能保持不动，以寻求患儿配合定位。增强患儿的信心，使操作者能够在最短的时间内完成操作。

（3）在此过程中，以简单的方式介绍每个步骤。手术前1～2小时涂抹局部麻醉药（利多卡因乳膏）可减轻患儿的局部疼痛。

3. 儿童骨髓穿刺看护注意点

（1）消除患儿不安。骨髓穿刺时患儿会有强烈的压迫感，因此要不断与患儿沟通，用握住患儿手等方法缓解其紧张感，并及时告知患儿进行到哪一步操作。

（2）父母站在患儿的头部附近，以便更轻松地安慰手术过程中的患儿。

（3）夸赞患儿的配合。

（4）确认无菌操作。骨髓感染后果非常严重，一定要保证无菌操作。

（5）实施后的观察：①穿刺后让患儿安静卧床30分钟，确认穿刺部位是否出血。②连续观察24小时，其间穿刺位点勿沾水。

（庞文正　尤苓)

第三章

急救技能操作

第一节 心肺复苏

一、定义

心肺复苏（cardiopulmonary resuscitation，CPR）是突发心跳呼吸骤停的主要抢救措施，可为抢救生命赢得最宝贵的时间，是一项必备的急救技能。当呼吸、心搏骤停时，心肺复苏必须马上进行，如果不能及时进行心肺复苏，4～6分钟后大脑就会发生不可逆转的损害。

二、适应证

CPR适应证为因各种原因导致的呼吸、心搏骤停。

三、禁忌证

CPR无绝对禁忌证。

四、操作前准备

物品准备：心肺复苏模型（成人）、简易呼吸器、除颤仪。

五、操作流程

（1）评估现场环境。施救者在现场发现有人突然倒地，进行施救前须观察四周环境（前、后、上、下、左、右）是否安全，保持自我保护意识，确认周围环境安全后再进行施救，并记录时间。（图3-1）

说明：本章第一节至第六节为基础内容，第七节至第九节为进阶提高内容。

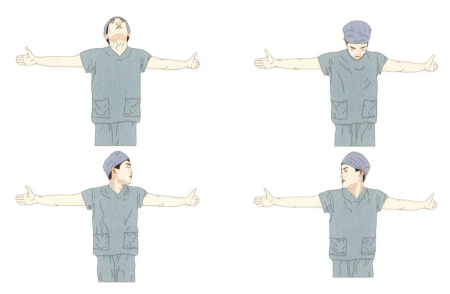

图 3-1 判断环境

（2）检查患者意识。以最快的速度到达患者身边并跪于患者右侧，双膝间距与肩同宽，轻拍患者的肩膀，贴近患者双耳（小于10 cm），并大声呼喊"先生/女士，您怎么了？"（轻拍重呼），根据患者反应确定患者是否有意识。（图3-2）

图 3-2 呼叫患者

（3）检查呼吸及循环。将患者置于仰卧位，并暴露患者胸部，左手食指和中指触摸同侧颈动脉（甲状软骨旁1～2 cm）感受颈动脉搏动，同时双眼注视患者胸部观察患者胸廓起伏，通过数数"1001"至"1010"计时6～10秒，确定患者是否存在颈动脉搏动及自主呼吸。（图3-3）

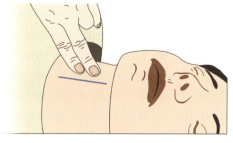

图 3-3 触摸颈动脉

(4) 启动紧急医疗服务 (emergency medical service, EMS)。如果呼叫患者无反应，经判断发现患者无颈动脉搏动及自主呼吸，施救者应立即启动 EMS 体系（拨打"120"），并立即对患者实施 CPR。

如果现场有多名人员，其中一名施救者按步骤进行 CPR，并指定一名有特征人员启动 EMS 体系（拨打"120"），如果现场有除颤仪，立即取来并优先进行电除颤。

如果发生在医院内，其中一名施救者按步骤进行 CPR，并指定另一名施救者启动 EMS 体系（呼叫专业急救人员）。

(5) 胸外按压 (circulation, C)。

体位：首先确保患者仰卧于硬地上或在患者肩背下垫硬背板，快速将患者体位扶正，并松解腰带。

定位：按压点一般位于胸骨中下 1/3 交界处。有两种定位方法，其一为双乳头连线中点，一般男性患者选用此定位方法，简便快捷；其二为剑突上两横指。

手法：施救者将一只手的掌根放在患者胸部的定位点，将另一只手的掌根置于前一只手上。双手五指交叉紧扣，以掌根部接触胸壁，手指向上翘起，不接触胸壁。

姿势：施救者一般跪于患者右侧，腰部挺直下弯，支点为髋关节，按压时双臂伸直，并与地面垂直，以上半身的重力下压，重力集中于掌根部，按压过程中保持双臂绷直，不可弯曲，不能进行冲击式按压，按压过程需要平稳、规律地进行。注意施救者在按压过程中头转向左侧观察患者面色。（图 3-4）

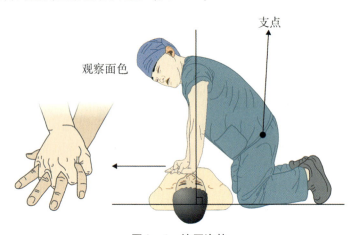

图 3-4 按压姿势

深度：按压放松时掌根部不能离开胸壁，防止按压点移位；按压过程中按压深度为 5~6 cm，保持胸廓回弹充分。

频率：成人按压速率为 100~120 次/分，按压时间与放松时间各占 50%，为了控制按压速度，可通过数数来控制，如大声数"01, 02, 03, 04, 05, …, 26, 27, 28, 29, 30"。

(6) 开放气道 (airway, A) 并通气。开放气道前须观察口腔内有无分泌物。如果口腔内有分泌物，当首个循环按压结束后须首先清理气道分泌物。方法为头转向一侧，使用患者衣角或施救者使用手指伸入患者口腔内清理（动作迅速）。如果进行口对口人工呼吸，使用压额抬颏法开放气道，即左手小鱼际置于患者的前额，然后用手掌推动，使患者头部后仰，同时将右手的食指和中指置于颏下，提起下颌，使颏骨上抬，防止舌后坠堵塞气道（图3-5）。进行送气时须捏住双鼻孔，送气结束后须松开鼻孔，同时用双眼的余光观察患者胸廓起伏。如果使用呼吸气囊进行人工通气，使用"E-C"手法或推举下颌法开放气道，按压过程中注意须保持"E-C"手法开放气道。推举下颌法多用于怀疑有颈椎损伤时（详见本章第四节"简易呼吸器的使用"相关内容）。运用上述方法进行通气时，送气时间控制在1秒以上，注意避免过度通气。按压—通气比为30∶2。

图3-5　口对口人工呼吸

复检：在进行5个循环的30∶2的按压—通气后，再次评估生命体征。左手触摸同侧颈动脉（甲状软骨旁1～2 cm）感受颈动脉搏动，同时双眼注视患者胸部，观察胸廓起伏，通过数数"1001"至"1010"计时6～10秒，检查患者颈动脉搏动及自主呼吸是否恢复，并观察四肢末梢甲床的颜色、瞳孔大小。如果颈动脉搏动及自主呼吸恢复，四肢甲床的颜色由青紫变为红润，瞳孔缩小，则表示复苏成功，将患者摆至复苏后侧卧位。如果复苏未成功，需要施救者交替进行CPR。若除颤仪到位，应立即检测心律，必要时立即进行除颤（详见本章第五节"电复律/电除颤"相关内容）。

最后，整理患者衣物，保持侧卧位，等待转运并进行高级生命支持。

六、注意事项

胸外按压质量至关重要，全程须保持高质量按压，按压过程中尽量减少按压中断时间，按压中断时间要小于10秒。

若院外发生呼吸、心搏骤停，无条件进行人工通气时，可单纯行胸外按压，保持气道开放。

（姚蓝　付林林）

第二节　洗　胃　术

一、定义

洗胃术是指将一定量的液体成分经过胃管注入胃腔内，当液体与胃内容物混合后再抽出，反复多次进行上述操作。洗胃的目的是尽量清除经口进入胃内未被吸收的毒物，减少毒物的吸收。洗胃术是抢救生命的一项非常重要的措施。

二、适应证

口服毒性物质未超过 6 小时者，特殊情况下虽超过 6 小时，若无禁忌证仍需要进行洗胃。

三、禁忌证

（1）严重食管胃底静脉曲张。
（2）食入强酸、强碱等腐蚀性强的物质。

四、术前操作沟通

向患者及其家属解释进行洗胃操作的必要性。如果当时患者神志清楚，需要安慰患者，告知其洗胃过程中可能出现的不适症状，以及不及时洗胃可能造成的不良后果，以取得患者的充分配合。

五、操作前准备

1. 物品准备

胃管、镊子、止血钳、液体石蜡、治疗巾、无菌纱布、弯盘、治疗碗、棉签、压舌板、开口器、听诊器、洗胃液、电动洗胃机、洗胃机连接管、盛水桶、量杯、50 mL 注射器、吸引装置、标本容器。

2. 操作者准备

（1）操作者洗手，戴帽子、口罩。
（2）确认患者身份。
（3）详细了解患者的病情，明确本次操作的目的及操作过程中可能出现的状况，再次安抚患者。
（4）床边备好吸引器。
（5）检查洗胃机：将进水管的一端连接洗胃机相应端口，另一端放置洗胃液中；将出水管的一端连接洗胃机相应端口，另一端放置污物桶中；打开洗胃机，检查各管路是否可正常运转。

六、操作流程

（1）洗手，安抚患者。
（2）患者取侧卧位，取出活动义齿（如有）。
（3）置入胃管前准备。将治疗巾铺于颈部，弯盘置于患者口角下方，将盛水桶置于患者床下靠近头部。取得患者配合后置入开口器。选用较粗大的胃管，检查其是否通畅，测出并标记所需长度（前发际线与脐的距离），于胃管前部涂抹液体石蜡润滑。（图 3-6）

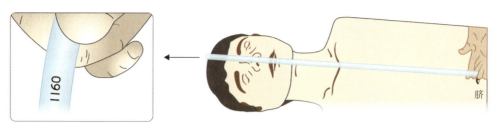

图 3-6 长度测量

（4）置入胃管。经口腔缓慢插入胃管，待胃管进入适当长度后嘱患者做吞咽动作，以促使胃管经食管下行至胃内。在操作过程中需要密切观察患者面色、生命体征，操作过程中若患者出现呛咳、发绀或者呼吸急促等情况，证明胃管误入气管内，应马上停止置入胃管并将胃管拔出，待患者呼吸平稳，确定生命体征平稳后方可重新置入胃管，胃管经口一般插入 55～65 cm。（图 3-7）

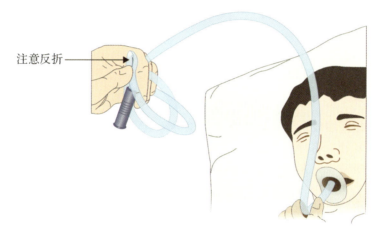

图 3-7 置入胃管

（5）判断胃管是否在胃内。一般有三种方法确定：①抽取胃液，如果见有胃液抽出，证明胃管在胃腔内（图 3-8a）；②将胃管末端置于水中，观察有无气泡，如果未见气泡溢出，证明胃管在胃腔内（图 3-8b）；③经胃管快速注入气体，同时将听诊器置于上腹部听诊，若闻及气过水声，可确定胃管在胃腔内（图 3-8c）。

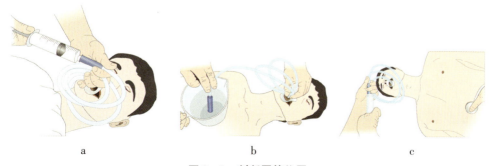

a　　　　　　　　　b　　　　　　　　　c

图 3-8 判断胃管位置

（6）灌洗前抽出全部胃液，留取标本，连接电动洗胃机，每次注入灌洗液 300～500 mL 进行灌洗，反复进行，直至灌洗液呈无色透明、无特殊气味。洗胃过程中，密切观察患者神志、面色及生命体征变化，通常灌洗液的量为 2～10 L。如果洗胃过程中，灌洗液出现血性，或患者出现腹部不适时，应视具体情况考虑停止洗胃，并进行相应处理。

（7）拔胃管：首先将胃管和电动洗胃机分离，按压腹部排除胃内残留液。然后，夹闭胃管，将胃管缓慢地从患者口腔中拔出。

（8）清理用物，安抚患者，消毒洗胃机。

（姚蓝　付林林）

第三节　吸　痰　术

一、定义

吸痰术是指借用吸痰管、纤维支气管镜等工具经口腔、鼻腔或人工气道（气管导管、气管切开套管）将呼吸道的分泌物吸出，以保持呼吸道通畅的一种方法。其主要包括人工气道的吸痰、无人工气道的吸痰两种吸痰方法。

二、目的

吸痰术的目的是尽可能把痰液吸净，保持呼吸道通畅，预防肺部感染或感染加重。

三、适应证

（1）无力咳嗽或没有咳嗽反射或不敢咳嗽但分泌物很多的患者。

（2）听诊发现异常呼吸音，如啰音。

（3）不能通过自己咳嗽留取标本或有气管插管的患者，需要采集痰标本或肺泡灌洗液检查。

（4）除非有禁忌证，所有气管插管患者都推荐用密闭式吸痰系统，特别是以下患者更应采用：①需要频繁的吸痰，如每天大于 3 次；②要求呼气末正压（positive end-expiratory pressure，PEEP）大于 10 cm H_2O；③吸入氧浓度大于 50%；④吸痰时患者 SpO_2 持续下降。

四、禁忌证

（1）鼻咽部有癌肿或者鼻咽部有比较严重的急性炎症的患者。

（2）胃底食管静脉曲张，并有上消化道出血的患者。

(3) 严重高血压、心力衰竭等生命体征不平稳的患者。
(4) 吞服有腐蚀性化学物品的患者。
上述（1）（2）（4）适用于无人工气道者。

五、操作流程

（一）人工气道内吸痰

1. 普通吸痰管行人工气道内吸痰

（1）评估：①患者的病情、神志、状态、生命体征、痰液的量及黏稠度。②呼吸状况：观察有无呼吸困难或发绀的情况，听诊肺部有无痰鸣音、湿啰音。③口腔及鼻腔黏膜有无红肿、出血。检查人工气道位置及固定情况。④心理状态，合作能力。

（2）准备：一次性吸痰包、吸引器、合适的无菌或清洁手套、冲洗装置（无菌生理盐水）。

（3）操作程序见表3-1。

表3-1 普通吸痰管行人工气道内吸痰的操作流程

	步骤	备注
1	评估患者的状态是否需要吸痰，如痰多致呼吸困难出现SpO_2下降，或者因气管内分泌物导致气道压力增加	定时听诊肺部呼吸音，按需吸痰，尽量减少不必要的操作
2	向患者解释	消除患者焦虑、害怕的心理，取得其合作
3	调整吸氧浓度至100%或开启呼吸机的智能吸痰模式	预防在吸痰过程中出现指脉氧下降
4	打开型号合适的吸痰管	
5	（1）戴口罩，洗手； （2）用左手打开负压装置并调节至合适负压后连接吸痰管； （3）右手戴上无菌手套拿住吸痰管，用拇指和食指控制瓣膜和旋转连接器	（1）为吸痰做准备； （2）预防感染并遵守无菌原则

续表 3-1

步骤	备注
6　（1）用左手打开连接口的帽盖； 　　（2）用左手握住导管口/套管口； 　　（3）在送入吸痰管时不予负压； 　　（4）用右手持吸痰管，轻柔地将吸痰管尽可能送入气管内，稍退 1 cm 后开始吸痰； 　　（5）吸力维持在 150～300 mmHg（0.02～0.04 Mpa）； 　　（6）吸管已从气管退出后，不要重复使用； 　　（7）吸痰过程中，应用左手扶住气管导管或气管切开套管以防止脱出或移位； 　　（8）一次吸痰不要超过 15 秒； 　　（9）观察分泌物的特征	防止不必要的气管损伤。吸痰过程中急性缺氧可导致心率异常。节律异常通常是由心肌缺氧、血流动力学不稳定所致，而刺激迷走神经可导致心率过缓
7　吸痰完毕，用无菌生理盐水冲洗吸引管及吸痰管，最后脱去手套，翻转过来包住吸痰管并丢弃	预防感染，遵守无菌原则
8　（1）把吸引连接管放入托盘内； 　　（2）关闭吸引装置； 　　（3）洗手，取下口包	对负压吸引装置进行正确的维护
9　（1）观察患者呼吸、SpO$_2$、生命体征等有无异常； 　　（2）进行肺部听诊，了解吸痰效果； 　　（3）在 ICU 记录本上记录护理过程	预防并发症主要包括：低氧血症、心律失常、低血压、肺不张、继发感染、气管黏膜损伤、呕吐和误吸等
10　特殊注意事项： 　　（1）需要时可从口吸痰； 　　（2）如果需要，可重复吸痰 4～6 次； 　　（3）若吸痰过程中出现 SpO$_2$ 下降、心率过缓或发绀应立即停止吸痰	—

2．密闭式吸痰系统吸痰

（1）评估：同普通吸痰管吸痰。

（2）准备：密闭式吸痰系统、吸引器、一次性手套、冲洗装置。

（3）操作流程见表 3-2。

表 3-2 密闭式吸痰系统吸痰的操作流程

	步骤	备注
1	评估患者的状态及是否需要吸痰，若痰多以致呼吸困难，出现 SpO_2 下降，或者因气管内分泌物导致气道压力增加	定期进行肺部听诊，按需吸痰，尽可能减少不必要的操作
2	向患者解释，取得患者合作	消除患者焦虑、害怕的心理
3	操作前给患者吸入纯氧 2~3 分钟	预防吸痰过程中出现指脉氧的下降
4	洗手并执行标准防护措施	预防感染
5	调节吸引力至 150~300 mmHg	—
6	连接吸引装置，控制密闭式吸痰系统的阀门	—
7	一般用左手抓住密闭式吸痰管的 T 形管段，右手的拇指和食指向气管插管或气管切开套管内插入吸痰管	预防感染，遵守无菌原则
8	置入吸痰管时不要吸引，轻柔地将吸痰管尽可能送入气管内，稍退 1 cm 后开始吸痰	减少不必要的气管黏膜损伤
9	固定吸引装置控制阀门，缓慢退出吸痰管；退出吸痰管时，阀门要完全压下，左手要固定 T 形管段，防止管道移位	维持负压吸引，每次吸痰时间不超过 15 秒，以预防出现低氧血症
10	完全退出吸痰管	预防气管插管或气管切开套管堵塞
11	在第二次吸痰操作前要使患者获得足够的氧供，确定患者生命体征稳定，才能再次插入吸痰管	—
12	重复吸痰直到分泌物被完全吸净，听诊呼吸音清晰	—
13	当通过吸引阀门清洗密闭式吸痰管时，至少要滴入 5 mL 生理盐水	防止吸痰后残留在吸痰管里的分泌物变干燥、变硬，从而影响吸痰效果
14	最后在护理记录单上记录痰的量和性质、特征，以及操作过程等	做到准确记录
15	特别注意： （1）为防止细菌移位，不要把生理盐水滴入气管插管或气管切开套管来稀释痰液； （2）为减少感染概率，至少每天更换密闭式吸痰系统	—

（4）评价：①清醒的患者知道吸痰的必要性并合作；②患者的气道通畅，无痰液潴留；③操作轻柔，无黏膜损伤，无人工气道的吸痰。

（二）无人工气道的吸痰

无人工气道的吸痰的操作流程见图3-9。

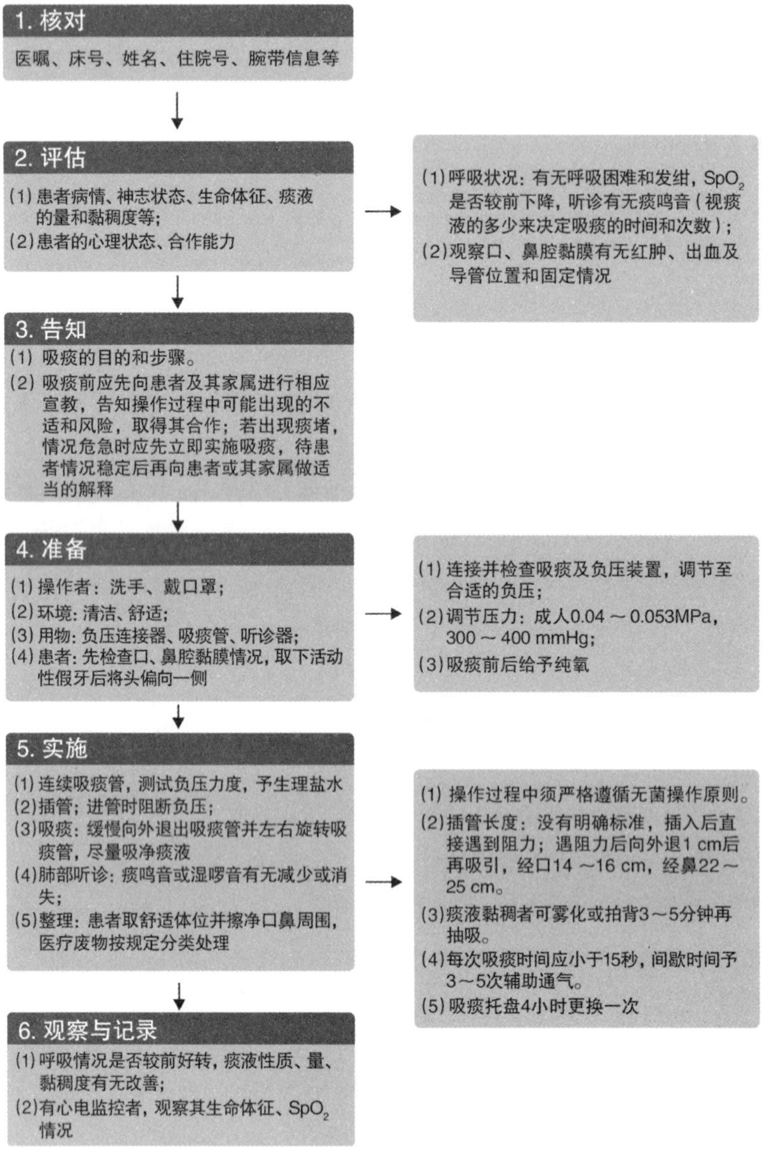

1. 核对
医嘱、床号、姓名、住院号、腕带信息等

2. 评估
(1) 患者病情、神志状态、生命体征、痰液的量和黏稠度等；
(2) 患者的心理状态、合作能力

→ (1) 呼吸状况：有无呼吸困难和发绀，SpO_2是否较前下降，听诊有无痰鸣音（视痰液的多少来决定吸痰的时间和次数）；
(2) 观察口、鼻腔黏膜有无红肿、出血及导管位置和固定情况

3. 告知
(1) 吸痰的目的和步骤。
(2) 吸痰前应先向患者及其家属进行相应宣教，告知操作过程中可能出现的不适和风险，取得其合作；若出现痰堵，情况危急时应先立即实施吸痰，待患者情况稳定后再向患者或其家属做适当的解释

4. 准备
(1) 操作者：洗手、戴口罩；
(2) 环境：清洁、舒适；
(3) 用物：负压连接器、吸痰管、听诊器；
(4) 患者：先检查口、鼻腔黏膜情况，取下活动性假牙后将头偏向一侧

→ (1) 连接并检查吸痰及负压装置，调节至合适的负压；
(2) 调节压力：成人0.04~0.053MPa，300~400 mmHg；
(3) 吸痰前后给予纯氧

5. 实施
(1) 连续吸痰管，测试负压力度，予生理盐水
(2) 插管；进管时阻断负压
(3) 吸痰：缓慢向外退出吸痰管并左右旋转吸痰管，尽量吸净痰液
(4) 肺部听诊：痰鸣音或湿啰音有无减少或消失
(5) 整理：患者取舒适体位并擦净口鼻周围，医疗废物按规定分类处理

→ (1) 操作过程中须严格遵循无菌操作原则。
(2) 插管长度：没有明确标准，插入后直接遇到阻力；遇阻力后向外退1 cm后再吸引，经口14~16 cm，经鼻22~25 cm。
(3) 痰液黏稠者可雾化或拍背3~5分钟再抽吸。
(4) 每次吸痰时间应小于15秒，间歇时间予3~5次辅助通气。
(5) 吸痰托盘4小时更换一次

6. 观察与记录
(1) 呼吸情况是否较前好转，痰液性质、量、黏稠度有无改善；
(2) 有心电监控者，观察其生命体征、SpO_2情况

图3-9 无人工气道的吸痰的操作流程

（王小华　李瑶瑶）

第四节　简易呼吸器的使用

一、定义

简易呼吸器（图3-10）又可称为气囊、皮球等，主要应用于需要人工呼吸或者心肺复苏的抢救场合，为患者提供临时的呼吸支持，具有轻便、使用方便、痛苦少、并发症少、有无氧气源均可立即通气的特点。

图3-10　简易呼吸气囊

二、目的

使用简易呼吸器的目的是维持或增加机体的通气量，改善氧合。

三、适应证

（1）心肺复苏。
（2）各种原因导致的呼吸抑制。
（3）转运患者。
（4）气管插管前的去氮储氧。

四、禁忌证

（1）中大量的活动性咯血。
（2）严重误吸。
（3）急性心肌梗死。
（4）未经减压的张力性气胸、纵隔气肿等。
（5）大量胸腔积液。
（6）重度肺大泡。

五、操作流程

(1) 准备物品,组装简易呼吸器并检查其性能(面罩完好并充气,单向阀组装正确,压力安全阀开启,球囊及储气袋完好无损,氧气连接紧密)。

(2) 将患者置于平地或床头摇平,去枕,平仰卧,清除口腔和鼻腔分泌物及假牙等,若有松动牙齿,尽量用线绑定标识并防止脱落至气道内。

(3) 开放气道。操作者应站于患者头部的后方,使其头部尽量向后仰,用仰头举颏法(图3-11)或双下颌上提法(图3-12)打开气道[标准:成人为下颌角与耳垂的连线与身体长轴垂直;儿童为下颌角与耳垂的连线与身体长轴成60°;婴儿(1岁以下)为下颌角与耳垂的连线与身体长轴成30°]。

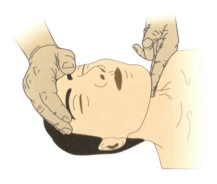

图3-11 仰头举颏法

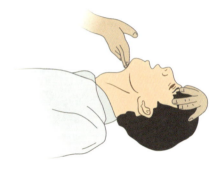

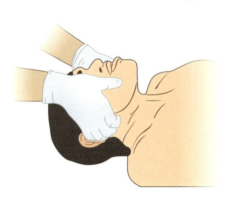

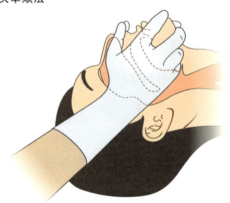

图3-12 双下颌上提法

(4) 将面罩扣住患者口鼻,面罩尖端朝向鼻梁,用"E-C"手法,"E"为保持气道开放,"C"为扣紧面罩。

A. 单人操作法(图3-13)。用左手食指和拇指固定及扣紧面罩,使面罩与患者口鼻紧合,剩余三指置于颏下维持头后仰姿势,右手规律挤压和放松球囊,重复挤压动作(成人呼吸频率为16~20次/分,儿童适当增加频次,新生儿呼吸频次为40~60次/分)。

B. 双人操作法(图3-14)。一人双手食指和拇指分别置于面罩的两侧,两侧食指和拇指相对朝内,向下固定及扣紧面罩,双手剩余六指置于双侧颏下,举起下颚和伸展颈部,另一人一只手托扶球囊,另一只手规律挤压和放松球囊,重复挤压动作。

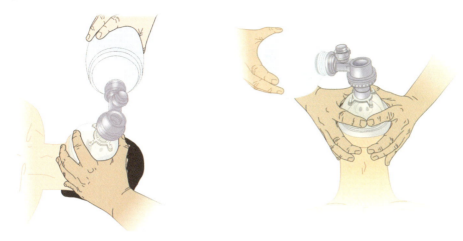

图 3-13　单人操作法　　　　　　图 3-14　双人操作法

（5）当患者存在自主呼吸时,应按照患者的呼吸运动加以辅助,以免影响患者的自主呼吸。

（6）挤压球囊时,应压力适中,不可忽大忽小、时快时慢,若患者气道压力较高,可下调压力安全阀以增加送气压力。

（7）操作过程中应观察患者的呼吸或胸廓的运动、生命体征及氧合情况是否有改善,单向阀是否正常工作。

（8）操作结束后应将患者头部复位,整理用物,洗手,并记录。

六、注意事项

（1）选择合适的面罩,面罩固定时不可漏气,面罩内充气 2/3~3/4,成人面罩充气 110~120 mL,儿童为 50~60 mL。

（2）反复挤压及放松球囊过程中,要确认患者的胸廓随之起伏。

（3）特殊情况下的通气频率：有心跳无呼吸为 10~12 次/分,建立人工气道为 8~10 次/分,心肺复苏时按压—通气比为 30：2。

（4）吸呼比成人一般为 1：（1.5~2.0）,慢性阻塞性肺病（chronic obstructive pulmonary disease,COPD）、急性呼吸窘迫综合征（acute respiratory distress syndrome,ARDS）患者为 1：（2~3）。

（5）每次使用前都应检查压力安全阀,当球内压力成人达 60 cmH_2O、儿童及婴儿达 40 cmH_2O 时,压力安全阀将自动开启以减压,避免压力过高造成气压伤。

（6）常规简易呼吸器呼吸囊容积分别为成人 1 500 mL、儿童 550 mL、婴儿 280 mL,正常所需潮气量为 8~12 mL/kg,成人 400~600 mL,即挤压球囊的 1/3 即可。

七、检测方法

（1）将单向阀和储气阀取下,挤压球囊,再松开手,正常情况下球囊应迅速恢复原形。

（2）用手堵住出气口,挤压球囊。正常情况下球囊应不易被压扁；若发现球囊逐渐松弛变扁，则需要检测进气阀是否安装正确。

（3）将单向阀连接球囊，在连接患者端连接储气袋，挤压球囊。正常情况下储气袋将迅速膨胀；若无，需要检查单向阀是否连接正确。

（4）将储气阀连接储气袋，将气体挤压进储气袋，使储气袋膨胀，再堵住接头，挤压储气袋使气体自储气阀溢出；若无，则需要检查储气阀是否安装正确。

（王小华　李瑶瑶）

第五节　电复律/电除颤

一、定义

电复律：适用于逆转各种类型的快速性心律失常。

电除颤：是一种特殊的电复律，用于终止心室颤动。

原理：高功率和短期电脉冲通过胸壁或直接通过心脏，所有心肌纤维在短时间内同时去极化，折返路径被中断，异位兴奋被消除，窦房结再次控制心律，恢复正常窦性心律。

二、目的

心搏骤停中最常见的心律失常类型是心室颤动。目前治疗心室颤动最快捷有效的方法是电除颤。未成功转复的心室颤动在几分钟内就可能会发生心搏骤停甚至心脏性猝死，而没有挽救的机会。电除颤成功的机会转瞬即逝，所以宜早不宜迟。除电除颤外，其他基本的医疗技术包括心肺复苏等，都不具备将心室颤动逆转成正常心脏节律心房扑动的作用。

三、分类

（1）同步电复律。自动检索 QRS 复合波，并在患者心电图中利用 R 波触发电流脉冲分布，以便在 R 波的下降分支内或 R 波开始后的 30 秒内发生放电，为避免在易颤期下降，功率设定为 50～200 J，其可用于心房颤动、心房扑动、室上性心动过速、室性心动过速等心律失常。

（2）非同步电复律。无须 R 波即可启动，直接充电和放电，功率设置为 200～360 J，可用于心室颤动和心室扑动等有死亡风险的心律失常类型。

电复律通常用于心房颤动和心房扑动，而电除颤通常用于心室颤动和心室扑动。两者使用不同的电功率，电除颤的功率高于电复律。

四、适应证

（一）同步直流电复律的选择性临床适应证

(1) 心房颤动。
(2) 心房扑动。
(3) 室上性心动过速。
(4) 室性心动过速。

（二）非同步直流电复律的紧急临床适应证

(1) 心室颤动。
(2) 心室扑动。
(3) 无脉室性心动过速。

五、电复律禁忌证

(1) 洋地黄过量引起的心律失常。
(2) 严重低钾血症：可以降低心室颤动的阈值。
(3) 心房颤动、心房扑动性心律失常合并高度房室传导阻滞。
(4) 病态窦房结综合征。
(5) 近期栓塞史：电击后栓塞可能脱落，形成血栓危及其他脏器。
(6) 使用较多抗心律失常药物尤其是负性心律失常药物：会影响电击后正常心律的恢复。

因此，在严格掌握适应证的前提下，电除颤具有快速、可靠、安全、唯一的优点。快速是指电击不仅有效而且迅速生效，可以抢救濒死患者。可靠意味着电复律对心律失常的疗效及影响是积极的。在大多数情况下，转律成功率大于90%，甚至接近100%，这是抗心律失常药物无法比拟的。安全是指电击的副作用和不良影响较少。与抗心律失常药物相比，电转律的副作用更小且更安全。唯一是指对于某些恶性心律失常类型（如心室扑动）无法用药物纠正，电复律是治疗此类心律失常类型唯一有效的方法。

六、电复律和电除颤的区别

电复律和电除颤的区别见表3-3。

表3-3 电复律和电除颤的区别

鉴别点	电复律	电除颤
适应证	(1) 新近发生心房颤动、心房扑动伴有快速心室率； (2) 非洋地黄中毒引起的室上性心动过速； (3) 室性心动过速	(1) 心室颤动、心室扑动； (2) 快速室性心动过速伴血流动力学不稳定； (3) 无法识别R波的快速室性心动过速

续表 3-3

鉴别点	电复律	电除颤
禁忌证	（1）洋地黄过量所致的心律失常； （2）严重低钾血症； （3）心房颤动、心房扑动伴高度或完全性房室传导阻滞； （4）病态窦房结综合征； （5）近期有栓塞史	一般无
并发症	（1）心律失常； （2）呼吸抑制、喉痉挛； （3）低血压； （4）心肌损伤； （5）栓塞； （6）皮肤烧伤； （7）肺水肿	一般无
麻醉操作	患者意识清醒，复律前需要进行麻醉	患者已处于濒死状态无须麻醉
放电模式	同步	非同步
放电能量	心房扑动 50～100 J； 心房颤动 100～200 J； 室上性心动过速 100～150 J； 室性心动过速 100～200 J； 最高一般不超过 200 J	200～360 J，比电复律要求能量高

七、电复律/电除颤操作流程

（1）准备手术，准备各种救援设备和药品，检查除颤仪（图 3-15）工作状态是否正常。

（2）患者仰卧在硬板床上，建立静脉通路，完全露出胸壁。

（3）常规术前心电图检查。完成心电图记录后，从心电图机器上拔下导线，以免电击损坏心电图机器。

（4）连接除颤器导线，打开电源，检查同步性能，然后根据实际情况选择同步还是非同步。当需要同步时，通常选择具有较高 R 波的导线进行示波法观察。

（5）根据需要进行静脉麻醉。紧急电除

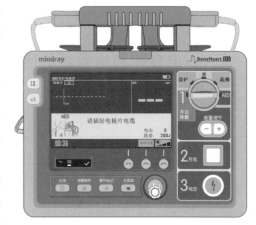

图 3-15　除颤仪（同时具备监护及起搏功能，既能手动除颤又能自动除颤）

颤不需要静脉麻醉。

（6）在电极板上涂导电胶或用浸有生理盐水的纱布包裹。在紧急情况下也可以使用水，但是绝对禁用酒精，因为有可能会导致患者皮肤灼伤。

（7）根据需要放置电极板，并尽可能避开胸骨。用力按压以施加一定压力以确保较低的阻抗，这有助于成功除颤。电极位置的放置方式如下：①前侧位（前尖位或标准位，为最佳的默认位置）：将一个电极板放置在右前壁的锁骨下方（胸骨右边缘的第二肋间隙），靠近但不与胸骨重叠；另一个电极板放置在心尖部（左乳头的左侧，其中心位于腋中线上），并且两个电极板之间的距离至少为 10 cm。②前-左肩胛位：一个电极板放在右前壁锁骨下，另一个电极板放在背部左肩胛下。③前-右肩胛位（尖后位）：一个电极板放在心尖部，另一个电极板放在患者背后右肩胛角，注意避开脊柱。④前后位：一个电极板放在左肩胛下区，另一个电极板放在胸骨左缘第四肋间水平。

（8）选择电能剂量，然后按"充电"按钮将机器充电至相应的能量（图 3-16）。禁止所有人员触摸患者、病床和与患者连接的设备，以免触电。

（9）按下"放电"按钮，当观察到电极板放电时，松开按钮并松开电极板。

（10）电击后，立即对心脏进行听诊并观察患者的心电图，观察电复律或电除颤是否成功，并确定是否需要再次电复律或电除颤。

（11）电击后，执行常规的 12 导联心电图检查，并通常监测持续 1 天的心电图、血压、呼吸和意识。

（12）在心室颤动期间，请勿做术前准备，也无须麻醉，应尽快实施电除颤。

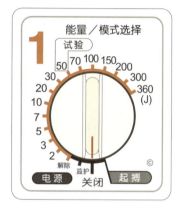

图 3-16　除颤仪能量及模式选择

八、特殊情况下的电复律（电除颤）

（1）心脏起搏器植入术后的患者。心脏起搏器多应用 Zinner 二极管保护起搏器电路，当高能电被感知后二极管开关闭合产生短路，使起搏器能耐受距起搏器 2～4 cm 距离的 400 J 电能。但如果电极板距离心脏起搏器过近，则有可能导致起搏器的阈值升高、急性或慢性感知障碍、起搏器频率奔放、微处理器程序可逆或不可逆的改变等。既往指南建议放置的电极片应距离起搏器至少 2.5 cm，而新指南则强调不要因放置电极片或电极板位置导致除颤延迟，应该避免将电极片或电极板直接放在植入器械之上。因此，对安置了起搏器的患者行电复律（电除颤）时应采取以下措施：尽可能用最低有效电能量；电极板放置位置应距离起搏器不少于 10 cm（国内经验做法）；尽量用前后位放置电极板；电击后立即测试起搏器功能，重新程控起搏器。

（2）怀孕期间的电复律（电除颤）。患者怀孕期间可能会发生多种快速心律失常，有时需要电击治疗。电复律（电除颤）时，到达胎儿心脏的电能很小，引起胎儿室颤的概率很低。国内外均有孕妇接受多次高能电复律治疗，而分娩的婴儿正常的报道。这说明怀孕期间电复律（电除颤）是安全的。但实施电复律时仍应检测胎儿心电图，尽量选择低而有效的电能量。

（3）洋地黄中毒所致心律失常。原则上，洋地黄中毒时禁忌电复律（电除颤）治疗，但是，若快速心律失常伴有严重血流动力学障碍禁忌电复律（电除颤）时，应从低电能（5 J）开始，无效时逐渐加大电能，必要时可于复律前静脉注射利多卡因或苯妥英钠，尽量减少或避免严重室性心律失常发生。

参考文献

[1] 葛均波，徐永健，王辰，等. 内科学［M］. 9版. 北京：人民卫生出版社，2018.
[2] 杨跃进. 阜外心血管内科手册［M］. 2版. 北京：人民卫生出版社，2013.
[3] 张铭，郑炜平. 心血管内科医生成长手册［M］. 北京：人民卫生出版社，2017.

（黄茵）

第六节　脊柱损伤的固定搬运术

脊柱损伤主要包括脊柱的骨折、脱位或半脱位及脊髓神经组织、椎旁软组织的损伤。根据外伤患者的急救处理原则，首先要对患者的伤情做出快速而准确的评估，了解是否合并其他重要器官的损伤，并做出相应的急救措施，如保持气道通畅、维持心脑血管循环和伤口包扎加压止血等。保证患者处于相对安全状态后，应尽快固定并转运患者至医院，以便得到全面的救治。

一、脊柱搬运

对于院前脊柱损伤，脊柱搬运是将患者转移至救护担架或长度合适的硬质平板上，以便快速转运。在整个搬运过程中，应时刻保持受伤者沿躯体长轴方向处于中立位的状态。由于人体颈椎的活动度较大，在搬运过程中应由经验丰富的医务人员专门负责，要求搬运时两手分别托住患者头部，手指张开避免遮挡外耳，并给予适当的轴向牵引，始终保持头颈部的中立位。同时，口头指挥并调度至少3名医务人员协助搬运患者的胸部、腹部及下肢，3人用双手分别合力扶住患者的对侧肩部、髂腰部、对侧下肢膝关节及踝关节（图3-17）。在口令一致的指挥下，沿身体长轴将伤者向3名救助者同侧翻转，使其保持侧躺并垂直于地面（图3-18），此时担架或硬板可由助手快速置于伤者身下，再统一将伤者平置于担架上，调整位置，完成搬运。

图 3-17　怀疑脊柱损伤患者的搬运准备

搬运怀疑脊柱损伤的患者时，一人平托保护头颈部，其余3人在胸部、腹部及下肢整体用力。

图 3-18　怀疑脊柱损伤患者的翻身过程

搬运怀疑脊柱损伤的患者时，一人平托保护头颈部沿身体长轴将伤者向3名救助者同侧翻转，使其保持侧躺并垂直于地面，此时担架或硬板可由助手快速置于伤者身下，再统一将伤者平置于担架上，调整位置，完成搬运。

二、脊柱固定

脊柱固定是院前救治脊柱损伤患者的重要措施。固定的目的主要有：①避免椎体骨折端在搬运过程中对周围重要组织（如血管、神经及内脏等）造成损伤。②减少骨折椎体的活动，减轻疼痛。③便于转运。对于怀疑存在颈椎损伤者，应使用颈托固定头颈部。若条件不允许，可在头部和颈部两侧放置沙袋保护，并用绷带将前额缠绕固定于担架上（图 3-19）。对于胸、腹部及双下肢，可采用"8"字固定法或横向固定法。"8"字固定法是将捆绑带交叉越过胸部和下肢以缠绕固定（图 3-20）。横向固定法是将捆绑带横向越过躯干和下肢固定。无论采用上述何种固定技术，都应将患者牢牢固定于担架上，确保在搬动担架时患者的身体保持稳定。

图 3-19　头颈部固定

对于怀疑存在颈椎损伤者，转运时可将头部和颈部稳定放置在保护装置中，并将前额限制固定于担架上。

图 3-20　躯干部固定

转运受伤者时，将捆绑带交叉越过胸部和下肢以"8"字方法缠绕固定。

三、迅速转运

完成上述步骤后，应尽快将患者转运至附近的医院进行治疗。

四、注意事项

（1）严禁怀疑脊柱骨折的患者直立行走。

（2）严禁采用双人抱抬的方式（即一人抱身、一人抱腿的方法）搬运怀疑脊柱骨折的患者（图3-21）。应至少3人搬运患者，要注意对骨折部位的保护。

严禁采用双人抱抬的方式（即一人抱身、一人抱腿的方法）搬运怀疑脊柱骨折的患者。

图3-21　错误搬运

（3）在搬运脊柱骨折患者过程中禁用软担架，而应用长度足够的硬质担架或将脊柱骨折患者置于硬质板上进行搬运。对怀疑颈椎骨折的伤者，搬运至担架后，其头颈部两侧要垫放实物，固定头颈，搬运过程中避免头颈部自由摇摆。

（张奎渤）

第七节　转运呼吸机的应用

一、定义

转运呼吸机是一种便携式的、为患者提供呼吸支持的机器，由主机、供氧管道、支架、电源组成。

二、目的

使用转运呼吸机的目的是转运患者及行重要检查时提供呼吸支持。

三、适应证

转动呼吸机适用于有转运需求的同时需要呼吸支持的患者。

四、禁忌证

使用转运呼吸机无绝对禁忌证;相对禁忌证为病情极度危重,不能承受搬动及转运过程颠簸的患者。

五、操作流程

(1)检查物品是否齐全,检查呼吸机电池情况,是否可正常开机及电池电量是否充足,氧气瓶里的氧气是否充足。

(2)检查呼吸机管路是否连接正确。

(3)转运呼吸机不能直接连接高压氧,打开氧气瓶开关后需要打开减压阀进行减压处理。

(4)检查气管导管口或气切口与转运呼吸机管道是否相匹配,观察插管深度、气囊有无漏气等,充分吸痰以保证患者呼吸道的通畅。

(5)设置转运呼吸机模式及参数。先选择呼吸机模式,再设置呼吸机参数,按"确定"按钮,即完成设置。若原有用呼吸机辅助呼吸的,根据原有呼吸机模式及参数设置转运呼吸机参数(图3-22)。

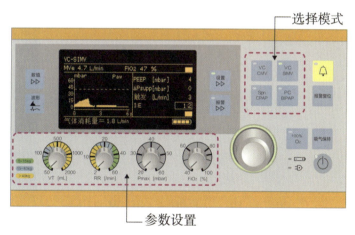

图3-22 转运呼吸机界面

(6)连接模肺,测试机器是否正常运作。

(7)取下模肺,连接至患者气管插管口或气切口,观察患者指脉氧及心率、胸廓起伏等,在确保转运呼吸机正常工作、患者呼吸情况稳定后再转运(图3-23)。

(8)在转运途中需要注意观察患者神志、生命体征,以及呼吸机是否正常工作、管道有无滑脱或打折等。出现报警时应及时检查报警信息并处理,转运过程中须携带急救箱。

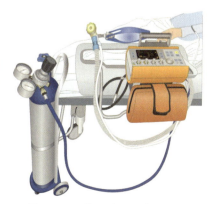

图3-23 转运呼吸机的使用

（9）至病房后，协助病房护士将连接至已设置好模式及参数的呼吸机。

（10）先关闭转运呼吸机总开关，再关闭氧源。

（11）患者指尖血氧稳定30分钟后查动脉血气分析。

（12）呼吸机放回原位，用消毒湿巾擦拭，填写使用记录，洗手。

（13）呼吸机及时充电备用，氧气瓶充氧气备用。

六、注意事项

（1）人工气道的护理。转运过程中确保气管插管或气管切开套管的良好固定十分重要。由于在转运过程中可能出现路途颠簸或患者烦躁等原因，容易出现患者头颈部位置的改变，可能导致导管或套管滑脱，也可能导致气囊的损伤与破裂，因此，转运过程中应尽量使患者头颈部保持一致性或同方向的转动，同时需要密切观察气囊的充盈度。

（2）保持呼吸道通畅。在转运途中须全程使用无创脉搏血氧饱和度监测仪持续监测心率及指尖血氧饱和度。转运途中若患者出现SpO_2下降，应立刻检查监测仪是否滑脱、呼吸机是否正常运行、管道有无打折等。若听诊有痰鸣音，应立即给予吸痰处理，以保证气道的通畅。其方法是使用注射器连接吸痰管或吸引管进行抽吸，吸引时应手法轻柔，注意无菌操作，保护气道，防止气道损伤或感染，吸痰管或吸引管的管径应略小于人工气道内径的1/2。

（3）转运过程中，若发生氧供不足，呼吸机电源不足或运作失常时，应立即使用简易呼吸器辅助呼吸。

（4）转运过程中，应密切观察患者的胸廓起伏是否规律、口唇部及指甲颜色的变化、呼吸机是否正常工作，以及心率、指尖血氧饱和度的变化。

（王小华　李瑶瑶）

第八节　心脏起搏器程控

一、定义

心脏起搏器程控（pacemaker program-controlled）是指在单位时间内，定期通过外部程控仪对患者体内起搏器系统工作的有效性、合理性进行评价；必要时结合起搏器的诊断功能，对每一个患者的不同情况做出参数调整。（图3-24）

图3-24　心脏起搏器程控仪

二、程控时间与内容

1. 程控时间

（1）植入起搏器后 1 周内。

（2）植入起搏器后 1 个月、3 个月、6 个月。

（3）之后每年随访 1 次，若患者有不适症状随时程控。

（4）一旦发现起搏器电池接近耗竭，随访要缩短间期，及时更换起搏器。

2. 程控内容

通过程控仪随访界面，可以了解各项参数，包括患者出现不良事件的详细情况及起搏器电池情况、起搏方式、频率、输出幅度、起搏比例、AV 间期、模式转换等。另外，可对电极导线阻抗、起搏及感知阈值、各种直方图、趋势图等进行查询和分析，帮助明确有无故障及其来源，同时也可程控特殊参数，如阈值管理、感知保障等。

三、操作流程

1. 程控准备

先与患者及其家属做好沟通，确定好起搏器品牌，选择好相应的程控仪。患者可坐位或平躺，处于放松状态。给患者肢体贴好贴片，再连接好连接线，能够清楚观察患者体表心电，程控仪需要接好电源。

2. 操作步骤

打开程控仪的电源开关，连接好心电监护，程控时将程控头放置于起搏器植入部位处的皮肤表面，通过程控头联系程控仪与起搏器。关联后，程控头上的指示灯会亮，指示灯不亮多提示程控头位置放置不佳或未建立好联系。若反复调整后均无反应，要检查起搏器型号与程控仪是否匹配。

3. 程控参数

（1）刚植入时起搏器的锂碘电池的输出电压显示为 2.8 V，然后缓慢释放直至电池耗竭（end of life，EOL）。

（2）程控起搏阈值、P/R 波幅度、起搏环路阻抗三个重要数据，并进行运动测试。运动测试根据患者正常行走 2 分钟内反应的频率和反应走势设置频率应答参数。

（3）判断各项程控参数的准确性、合理性，选择适合患者的参数。

（4）利用起搏器的特殊功能，程控出有价值的诊断数据及图表。对患者心律失常的发生发展给予评估，并给予合理的治疗方案。

总之，心脏起搏器程控应先检测起搏器的电池状态，然后重复术中的测试和运动测试，看程控仪诊断报告，了解患者病情与起搏参数的合理性。

（彭湖）

第九节 临时心脏起搏器植入术

一、定义

临时心脏起搏器植入术（temporary cardiac pacemaker implantation）是指使用临时心脏起搏器，用特定频率的脉冲电流，经过导线和植入的电极刺激心脏，代替心脏的起搏点以带动心脏搏动的治疗方法，是治疗心脏起搏传导功能障碍安全有效的方法。临时心脏起搏是由心脏起搏器发生脉冲电流通过电极刺激，以维持或控制心脏节律的方式。应用临时心脏起搏技术是一种必要的抢救技术，其能及时挽救患者生命，为进一步的治疗奠定基础。（图3-25）

图3-25 临时心脏起搏器

二、适应证

（1）一般治疗性起搏。例如，因急性起病引起的窦性心动过缓、房室传导阻滞、窦房结功能衰竭而导致的心脏停搏，心脏外伤或外科术后引起的房室传导阻滞，以及心率不稳定的患者在植入永久性心脏起搏器之前的过渡。

（2）诊断及研究性起搏。例如，窦房结功能、房室结功能的测定及抗心律失常药物效果的检测。

（3）预防性或保护性起搏。例如，心跳缓慢的患者拟施行大手术及心脏介入性手术时，或者起搏器依赖的患者在更换过搏器时需要保护性起搏。

三、禁忌证

临时心脏起搏术无绝对禁忌证，植入的目的就是为患者抢救创造条件。临时心脏起搏应评估患者各方面情况，如血管条件、感染、出血、全身状况等。

四、操作流程

（一）术前准备

物品准备：心电监护仪或心电图机、脉冲发生器、起搏电极导管、血管鞘、无菌手术包、无菌刀片及针线。起搏电极导管可选普通电极导管和球囊漂浮电极导管两种。告知患者及其家属手术中需要与医师配合的事项，并签署知情同意书。

（二）操作步骤

（1）患者平卧位，连接好心电监护仪做心电监护。

(2）手术者做好术前准备，常规消毒手术区皮肤，铺无菌洞巾。

（3）静脉选择：可采用右颈内静脉、左锁骨下静脉、右锁骨下静脉及股静脉。

（4）局部麻醉：用1%利多卡因局部麻醉穿刺部位的皮肤及皮下组织。

（5）用Seldinger法穿刺右颈内静脉、左右股静脉或左右锁骨下静脉成功后，在X线透视保证安全的情况下，沿穿刺针送J形导丝至下腔静脉里面，避免导丝误穿动脉或进入分支，撤出穿刺针，在穿刺处扩皮，再沿J形导丝植入6F动脉鞘，沿动脉鞘送入一次性临时起搏电极至右室心尖部或间隔部位。

起搏电极导管可选球囊漂浮电极导管或普通电极导管两种。球囊漂浮电极导管常为5F导管，优点是硬度小、较柔软，其顶端球囊进入静脉后充气，利用其球囊的漂浮作用，随着静脉血流漂回右心房、右心室；缺点是如果右心室明显扩大，存在三尖瓣大量反流时，漂浮电极难以到达右心室。而普通电极导管常为6F导管，优点是导管较硬，不易弯折，到位后起搏参数稳定；缺点是导管推送过程中容易进入心脏以外的血管，且导管硬度较大，心腔内粗暴操作可能造成心肌穿孔，发生严重并发症。因此，用普通电极导管进行临时心脏起搏时，建议在X线透视下操作，注意电极张力。

（6）调整起搏参数：电压2～5 V或电流10～15 mA，感知灵敏度2.0 mV，频率一般为60次/分，可超过自身心率10次/分。

（7）通过心电监护或心电图形观察起搏效果，观察起搏心电图形。

（8）给予缝合固定鞘管，贴膜固定临时起搏电极，无菌敷贴覆盖穿刺处，放置好临时起搏器。

五、注意事项

（1）术中应建立静脉通路，备好抢救药品。

（2）穿刺时注意穿刺并发症的发生。

（3）临时起搏电极置入时如果遇到电极不到位，一定要在X线透视下完成操作，这样可以避免机械刺激等导致的许多并发症。临时起搏电极与心肌接触不良时，可致间歇起搏或起搏完全失效。适当增加起搏输出值、嘱患者左侧卧位、尽量平静呼吸等可能有助于恢复起搏。必要时可在X线透视下重新调整电极位置。

（4）电极头端的位置可根据同步12导联的心电图来判断，无论在流出道还是心尖，能起到起搏作用即可。由于临时起搏应用的时间短，因此，在不同部位起搏不会造成严重的血流动力学异常。如果是急性右心室梗死的患者，操作一定要轻柔，防止穿孔引起心包填塞。

（5）术后嘱患者卧床休息，禁右侧卧位，避免大幅度翻身、屏气、用力咳嗽、排便等，以防出血或电极移位。

（彭湖）

第四章

手术相关操作技能

第一节 外科手消毒

一、定义

外科手消毒（surgical hand antisepsis）是指外科手术前医护人员用流动水和洗手液揉搓冲洗双手、前臂至上臂下 1/3，再用手消毒剂清除或者杀灭手部、前臂至上臂下 1/3 暂居菌和减少常居菌的过程，使用的手消毒剂具有持续抗菌活性。

二、目的

外科手消毒的目的是清除或者杀灭手表面暂居菌，减少常居菌，抑制手术过程中手表面微生物的生长，减少手部皮肤细菌的释放，防止病原微生物在医务人员和患者之间的传播，有效预防手术部位感染的发生。

三、外科手消毒原则

（1）先洗手，后消毒。
（2）不同患者手术之间、手套破损或手被污染时，应重新进行外科手消毒。

四、外科手消毒设施

洗手池，感应式水龙头，非手触式液泵，水质符合 GB5749 要求、水温 32～38 ℃，不宜使用储水箱，外科抗菌洗手液，速干手消毒剂，灭菌干手纸，时钟，洗手流程图及说明图示，镜子。

五、操作前准备

（1）检查所有物品的有效期，水龙头功能是否完好。
（2）标准着装，取下饰品，修剪指甲（图 4-1）。

说明：本章第一节至第二十一节为基础内容，第二十二节至二十四节为进阶提高内容。

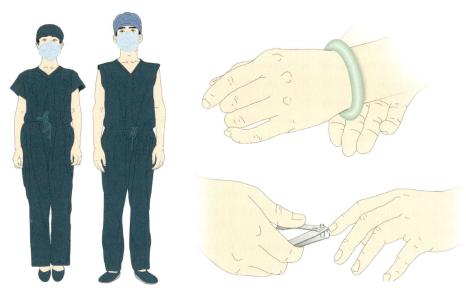

图 4-1　标准着装，取下饰品，修剪指甲

六、操作流程

（1）湿润双手：流动水冲洗双手→前臂→上臂下 1/3。

（2）取适量（2～3 泵）洗手液均匀涂抹。

（3）按照"内、外、夹、弓、大、立、腕、臂"八步法洗手 2 分钟，每个步骤 15 秒（图 4-2）。

（1）取适量吸收液均匀涂抹。　　（2）掌心相对揉搓（内）。　　（3）手指交叉，掌心对手背揉搓（外）。　　（4）手指交叉，掌心相对揉搓（夹）。

（5）弯曲手指关节在掌心揉搓（弓）。　　（6）拇指在掌中揉搓（大）。　　（7）指尖在掌心揉搓（立）。　　（8）环形揉搓腕部、前臂至上臂下 1/3 处（腕、臂）。

图 4-2　八步法洗手

(4) 冲洗双手前臂和上臂下 1/3（图 4-3）。

冲洗双手侧手指、手掌、手背→手抬高→水顺手、上臂向肘部流下，不可倒流。

图 4-3　流动水冲洗双手、前臂和上臂下 1/3

(5) 右手放在感应处、手取无菌干手纸（图 4-4）。

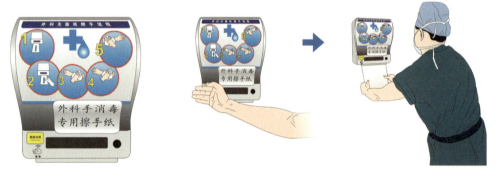

图 4-4　取无菌干手纸

(6) 擦干右手、前臂和上臂下 1/3，以同样的方法擦干左手、前臂和上臂下 1/3（图 4-5）。

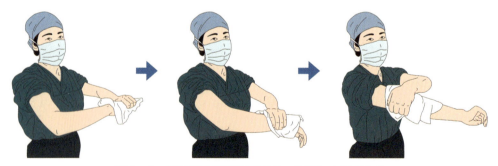

图 4-5　用无菌干手纸擦干双手、前臂和上臂下 1/3

(7) 先取适量的手消毒液揉搓一侧指尖停留 5 秒，将剩余手消毒液环转揉搓手背、手腕、前臂至上臂下 1/3 10～15 秒（图 4-6）。

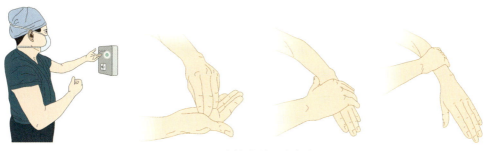

图4-6 涂抹外科手消毒液

（8）再取免冲洗手消毒剂于另一侧手心，对侧指尖停留5秒，将剩余手消毒液环转揉搓手背、手腕、前臂至上臂下1/3 10～15秒（图4-7）。

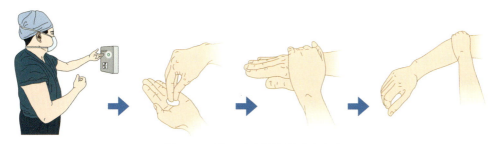

图4-7 另一手涂抹外科手消毒液

（9）最后取适量手消毒剂，按照"内、外、夹、弓、大、立、腕"七步洗手法揉搓至手腕部，揉搓至双手干燥（图4-8）。

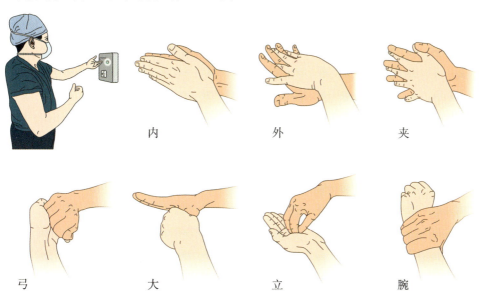

图4-8 取适量手消毒液，按照七步洗手法揉搓双手至手腕部至干燥

六、注意事项

（1）不得戴假指甲、装饰指甲，保持指甲和指甲周围组织的清洁。
（2）在外科手消毒过程中应保持双手位于胸前并高于肘部，使水由手部流向肘部。
（3）手部皮肤应无破损。
（4）冲洗双手时避免溅湿衣裤。
（5）戴无菌手套前，避免污染双手。
（6）术后摘除手套后，应用洗手液清洁双手。
（7）用后的清洁指甲用品、揉搓用品如海绵、手刷等，放到指定的容器中；揉搓用品、清洁指甲用品应一人一用一消毒或者一次性使用。

七、手卫生消毒要求

外科手消毒效果监测要求：细菌菌落总数$\leq 5 \ CFU/cm^2$。

参考文献

[1] 中华护理学会手术室护理专业委员会. 手术室护理实践指南［M］. 北京：人民卫生出版社，2021.
[2] 国家卫生健康委员会. 医务人员手卫生规范：WS/T 313—2019［S/OL］.［2022-03-20］. http://www.nbc.gov.cn/wjw/s9496/202002/dbd143c44abd4de8b59a235feef7d75e/files/ba3e2bf3d82b4ee8a718db.

（江燕华）

第二节　消　毒　铺　巾

一、目的

消毒铺巾用于消灭手术区域（包括切口及切口周围）的细菌。

二、器械

医疗模型、消毒液、消毒钳（包括卵圆钳、巾钳等）、无菌单（包括小单、中单、大单等）、棉球及小纱块等。

三、手术区皮肤消毒

（一）操作步骤

（1）清洁皮肤，若皮肤上有较多污迹，则用油类制品（如松节油）轻柔拭去。

（2）目前常用的消毒方法是用安尔碘或0.5%碘尔康溶液涂擦3遍。

（3）对于比较娇嫩的部位，如脸面部、肛门处皮肤、口腔、外生殖器等部位，可选用刺激性小、作用较持久的0.5%～1.0%聚维酮碘消毒。

（4）在植皮时，可用安尔碘溶液对供皮区的皮肤消毒3次。

（二）消毒范围

各手术消毒范围见图4-9至图4-18。

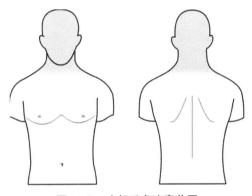

图4-9 头部手术消毒范围

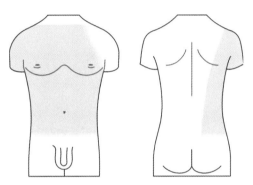

图4-10 单侧胸部手术消毒范围

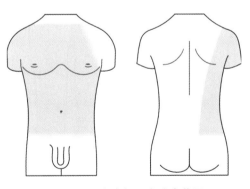

图4-11 胸腹部手术消毒范围

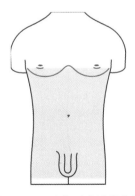

图4-12 腹部手术消毒范围

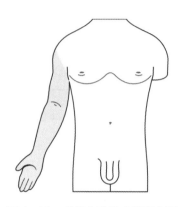

图 4-13 单侧上肢手术消毒范围

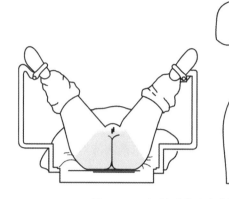

图 4-14 妇科手术消毒范围

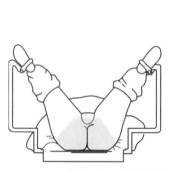

图 4-15 泌尿生殖手术消毒范围

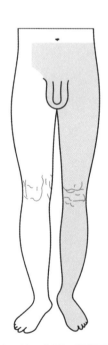

图 4-16 大腿、腿部手术消毒范围

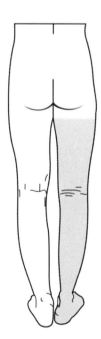

图 4-17 足部、小腿手术消毒范围

图 4-18 踝部及足趾手术消毒范围

（三）注意事项

（1）手术区皮肤消毒范围要以手术切口为中心，向四周扩展至少15 cm的区域。

（2）消毒前注意体表完整情况（避免破损）。

（3）注意无菌观念，不应使污染物接触无菌区域。

（4）清洁伤口应以手术区为中心，向四周扩展；若为感染或污染伤口则方向相反。原则是先消毒清洁区，再消毒污染区。

（5）消毒者的手为清洁区域，不能再触碰任何污染或可能污染的区域。

四、手术区铺巾

（一）操作步骤

（1）铺方巾。先用小方巾铺盖。方巾于1/4处折叠，其余3/4展开，折叠的1/4面向下。然后按顺序铺盖切口四周。

（2）铺方巾时的站位。通常站在患者右方。

（3）铺巾顺序。分为两种情况。若未穿无菌衣，则先铺相对不洁区域，再铺相对清洁区域。以腹部手术为例，第一块无菌巾应先铺在切口下方（相对不洁区域）（图4-19），第二块铺在切口左侧（图4-20），第三块铺在切口上方（图4-21），第四块铺在切口右侧（操作者一侧为相对清洁区域）（图4-22）。然后用巾钳固定方巾。若已穿无菌手术衣，则先铺相对清洁区一侧，再铺相对不洁区域一侧，然后铺其他两侧。

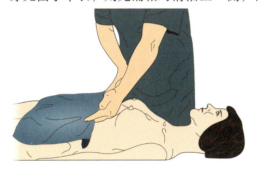

图4-19　铺切口下方（腹部手术）

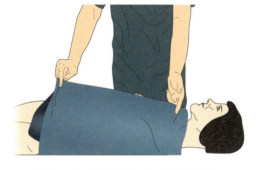

图4-20　铺切口左侧（腹部手术）

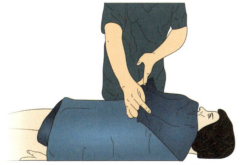

图4-21　铺切口上方（腹部手术）

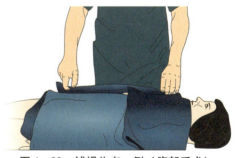

图4-22　铺操作者一侧（腹部手术）

(4) 铺中单。二人进行操作，一人站在患者右侧，另一人站在其左侧，先铺切口下方，后铺切口上方（图4-23）。

(5) 铺大单。仍然由二人进行操作，大单上有箭头指示，按箭头指示将大单的孔对准手术切口区，将大单向左右侧展开，再向下展开下方大单，最后向上展开其余大单（图4-24）。无菌巾铺盖层数：大手术见上述，稍大手术至少有2层无菌巾铺盖，表浅小手术一般铺盖一层小洞巾即可。

图4-23 铺中单

图4-24 铺大单（孔巾）

（二）注意事项

(1) 铺方巾时，无菌方巾应尽量离切口近些，一般在2 cm左右。

(2) 无菌巾移动方法：铺好无菌巾后，只允许向切口外移动，以免污染清洁区。

(3) 无菌巾更换或加盖：手术时，若无菌巾已渗湿，应及时加盖无菌巾或中单或大单，或更换之，并重新铺巾，以免失去无菌隔离的效果。重新铺巾时注意保护手术区。多数情况下，多用加盖无菌巾（单）的办法。

（李毅）

第三节 无 菌 操 作

一、定义

无菌操作技术是指防止细菌和病毒等微生物进入人体或其他无菌区域的操作技术。如外科手术中为了保持伤口清洁需要进行无菌操作。在各种生物实验中，为保证目标生物或细胞生长，防止微生物影响实验等，都要通过无菌操作实现。

二、要求

（1）操作前杀灭目标区域所有的微生物。
（2）操作区域需有独立空间，与外界区域隔离，以免细菌和病毒等微生物的侵入。

三、注意事项

（1）注意操作环境的管理：操作前 20～30 分钟，须停止制造环境污染的操作，如人员流动、大幅动作等。
（2）在执行过程中，必须明确物品的区域划分，无菌区和非无菌区有清楚界线。
（3）在执行操作前，操作者应完善帽子、口罩、手消毒，注意周围环境清洁。
（4）夹取无菌物件时，须使用无菌器械操作，如操作钳等，不可直接用手取物件。
（5）进行无菌操作时，接触无菌物的身体部分须严格消毒，若未经消毒，不可直接接触无菌物，也不能直接跨越无菌区。
（6）无菌物品应注意保存，保存的容器可选择无菌玻璃容器、金属容器或布质容器（包）等，不能旷置在空气中太长时间。无菌包打开后，由于已接触空气，不是绝对无菌，因此要尽快使用。无菌物品被取出后同样需要尽快使用。
（7）无菌包应放在固定的置物柜内，按消毒日期排列，注意与非灭菌包区域划分清楚。对无菌区域的环境，物品的存放期限做到定期检查。
（8）无菌棉球罐须定期消毒（每周 1 次），容器内敷料容量需要注意在适合范围，不可过多或过少，避免使用时取物困难造成误触导致污染。

四、无菌操作技术

（一）玻璃容器的消毒和清洁

1. 新采购的玻璃容器的处理

先使用热的弱碱性溶液（如肥皂水）洗刷，然后用流动的清水冲洗，再用弱酸性溶液浸泡，用清水冲洗干净，晾干。对于较大的玻璃容器，经清水洗净后应注入少量强酸性溶液，反复旋转容器，使强酸性溶液布满容器内壁，5 分钟后将注入的强酸性溶液倒出，清水冲洗，晾干。

2. 污染玻璃容器的处理

（1）小型的玻璃容器如试管等可用弱酸性溶液浸泡，然后开水煮沸半小时，或在弱碱性溶液（常用 3%～5% 漂白粉）放置 4 小时，再用流动的清水冲洗至游离碱消失为止。最后用蒸馏水冲洗干净。
（2）较大型的玻璃容器应先统一放置，用高压灭菌半小时，然后用热水冲洗，再用弱碱性溶液洗刷，流动清水冲洗，晾干。
（3）吸管使用后一般在弱碱性溶液中浸泡 1 天，然后反复冲洗干净，晾干。
（4）油蜡污染的玻璃容器，应单独进行消毒灭菌。先拭去沾染油蜡的污物，倒放在吸水纸上，100 ℃烘干 30 分钟，然后煮沸（常用碱水），再用弱碱性溶液（如肥皂水）洗涤，流水冲洗。

（5）染料污染的容器，可先用流动清水冲洗，再用弱酸性溶液处理，最后用清水冲洗。

（6）玻片可置于弱碱性溶液（常用3%煤酚皂）中浸泡，然后用流动清水冲洗，再用弱碱性溶液（如肥皂水）煮沸，待晾干后，再次使用清水冲洗，晾干。

（二）无菌器材和液体的准备

将上述物品清洁后，注意瓶口包好，吸管末端填塞棉花，装入干净的金属盒中，于120℃的干燥箱中干燥灭菌约2小时，备用。对于手术器械、布制品及PBS溶液，则采用高压蒸气灭菌法处理。而对于培养液、血清等物品需要用滤器（一般采用G5或G6型号的滤器），待抽吸过滤后再使用。

（三）操作过程中最重要的是无菌观念

在操作前半小时要先启动超净台和紫外灯，并做好完善的洗手和消毒工作。在操作时，注意保持安静，无菌物品须使用无菌器械，如用消毒的止血钳、止血镊等。培养瓶的操作注意在无菌区（超净台）进行，并且注意在瓶口开放关闭处理时要高温消毒（可使用酒精灯）。对于吸管的操作，一般来说，手取吸管后1/3，然后盖上橡胶帽，高温消毒处理后再吸取液体。

（李 毅）

第四节　创伤包扎止血

一、目的

创伤包扎是为了减少出血，预防失血性休克。

二、创伤止血的分类及特点

所有外伤出血的伤口，特别是严重出血的伤员，如果不能迅速有效地止血，可在短时间内危及生命。出血可分为动脉出血、静脉出血及毛细血管出血。动脉出血的特点是速度快、喷射状、颜色鲜红、不易凝固。静脉出血的特点是血流速度较慢、颜色暗红。由于大部分静脉损伤破裂后塌陷，因此静脉出血比动脉出血易控制。但深静脉出血量大，出血时也会难以控制。毛细血管出血其血色鲜红，呈渗出性，可自行凝固，但若存在大伤口或创面时，若不及时处理可引起出血性休克。

三、操作前沟通

了解、熟悉患者病情。向患者和（或）其法定监护人详细说明损伤止血的目的、意义、安全性，以及可能存在的风险。

四、操作前准备

无菌敷料、绷带、干净的毛巾及止血棉垫、(充气式或橡胶式) 止血带。

五、方法及操作流程

(一) 指压止血

指压止血是用手指、手掌或拳头经过骨骼表面压迫伤口近心端动脉的部位,阻断血流,起到临时止血的目的。其用于大动脉、中动脉的出血。指压法止血属于应急止血措施,因动脉存在侧支循环,效果局限,应及时根据情况改用其他止血方法。实施指压法止血时,应正确掌握按压的部位(指压点)。常用指压点及按压方法如下:

(1) 头顶部出血。压迫颞浅动脉同侧耳屏前方颧弓根部的搏动点,将动脉压向颞骨。(图 4 - 25)

(2) 颜面部出血。压迫面动脉同侧下颌骨下缘、咬肌前缘的搏动点,将动脉压向下颌骨。(图 4 - 25)

(3) 头颈部出血。用拇指或其他四指压迫颈总动脉同侧气管外侧与胸锁乳突肌前缘中点之间的强搏动点,用力压向第五颈椎横突处。应慎重压迫颈总动脉止血,绝对禁止同时压迫双侧颈总动脉,以免引起脑缺氧。(图 4 - 25)

(4) 头后部出血。压迫枕动脉同侧耳后乳突下稍后方的搏动点,将动脉压向乳突。(图 4 - 26)

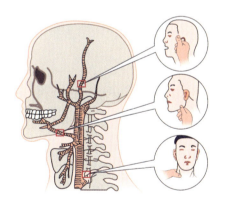

图 4 - 25 头顶部、颜面部、头颈部出血指压点

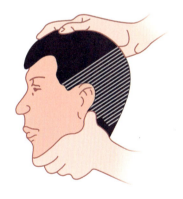

图 4 - 26 头后部出血指压点

(5) 肩部、腋部出血。压迫锁骨下动脉同侧锁骨上窝中部的搏动点,将动脉压向第 1 肋骨。(图 4 - 27a)

(6) 上臂出血。上肢外展 90°,在腋窝中点用拇指将腋动脉压向肱骨头。(图 4 - 27b)

(7) 前臂出血。压迫肱动脉肱二头肌内侧沟中部的搏动点,将动脉压向肱骨干。(图 4 - 27c)

(8) 手部出血。压迫尺、桡动脉手掌腕横纹稍上方的内、外侧搏动点,将动脉分

别压向尺骨和桡骨。（图4-27d）

（9）大腿出血。压迫股动脉腹股沟中点稍下部的强搏动点，可用拳头或双手拇指交叠用力将动脉压向耻骨上支。（图4-28a、b）

（10）小腿出血。在腘窝中部压迫腘动脉。（图4-28c）

（11）足部出血。压迫胫前动脉足背中部近脚踝处的搏动点和胫后动脉足跟内侧与内踝之间的搏动点。（图4-28d）

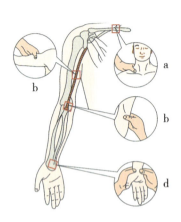

a. 锁骨下动脉；b. 腋动脉；c. 肱动脉；d. 尺动脉、桡动脉。

图4-27 上肢动脉出血指压点

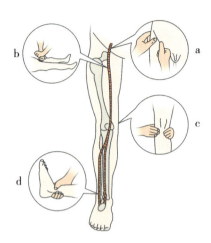

a. 股动脉；b. 用拳头或双手拇指交替压迫股动脉；c. 腘动脉；d. 胫前动脉、胫后动脉。

图4-28 下肢动脉出血指压点

（二）加压包扎止血法

加压包扎止血法适用于小动脉，中静脉、小静脉及毛细血管出血，加压包扎和抬高肢体可达到暂时止血的目的。将无菌敷料或衬垫覆盖在伤口上，用手或其他物体在包扎伤口的敷料上施加压力，一般需要持续5~15分钟。同时抬高患肢有利于止血。

（三）止血带止血法

止血带止血法适用于四肢大动脉出血及加压包扎或其他方法不能有效止血的出血。止血带有充气止血带（效果好）、橡皮止血带、卡式止血带等。在紧急特殊情况下，绷带、三角巾、布条等可代替止血带。使用应先在止血带下放好衬垫，再使用止血带。常用的止血带止血法如下：

（1）充气止血带止血法。根据血压计原理设计，有压力指示表，压力均匀时，表示止血效果较好。

（2）橡皮止血带止血法。将棉垫、纱布、毛巾或衣物等放置伤口的近心端，作为衬垫缠绕肢体，以左手拇指、食指和中指持止血带较短一端，将另一端绕肢体一圈后压住短端，再环绕肢体一圈，用左手食指和中指夹住尾端后将末端从两圈止血带下拉出，形成一个活结。放松止血带时，将末端拉出即可。（图4-29）

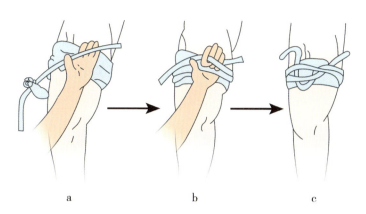

a. 将棉垫、纱布、毛巾等放置于伤口近心端,作为衬垫;
b. 将橡皮止血带缠绕肢体一圈;c. 缠绕后橡皮止血带形成活结。

图4-29 橡皮止血带使用方法

六、注意事项

止血带使用不当可造成神经、软组织损伤及肌肉坏死,甚至截肢,因此应特别强调以下注意事项:

(1) 准确的部位。止血带应放置在近心端,靠近伤口处。无"标准位置"的限制(有学者认为,上肢出血应放置在上臂的上1/3处,下肢应放置在大腿根部),不受四肢成对骨骼的限制。

(2) 适当的压力。止血带的标准压力为上肢250~300 mmHg,下肢300~500 mmHg,以达到远端动脉搏动恰好消失、出血停止、呈最松状态为宜。

(3) 下加衬垫。应先垫好衬垫再扎止血带,以免造成皮肤损伤。

(4) 严格控制时间。止血带使用的总时间不应超过4小时(气温低时可适当延长)。因患肢远端组织缺血、缺氧时产生大量组胺类毒素,突然松解,毒素释放、被吸收可引起"止血带休克",甚至出现急性肾功能衰竭。若止血带使用总时间已超过4小时,而肢体仍有挽救的可能,应先切开深筋膜引流,观察肌肉、组织及末梢血液循环;若肢体已有坏死征象者,立即行截肢术。

(5) 定时放松。应每隔30~60分钟放松1次,每次2~3分钟,放松时可用指压法止血,不可在同一平面上反复缚扎止血带。

(6) 标记明显。使用止血带的伤员须在手腕或胸前衣服上做好明显标记,并注明使用时间,以便后续救护人员处理。

(7) 做好松解准备。松解前先补充血容量,做好纠正休克,并准备好止血用物。

(卢华定)

第五节 伤口清创缝合术

一、定义与目的

伤口清创缝合术是指对开放性的新鲜伤口进行清洗、去污、去除异物和血块，以及切除因缺血失去生机的肌肉组织，缝合伤口，在尽量避免伤口污染的情况下，使之转为清洁伤口，达到Ⅰ期愈合，利于功能和形态结构的恢复。

二、适应证

满足以下1个或多个条件的各类开放性伤口，即新鲜伤口：
（1）伤后6～8小时以内。
（2）伤口污染较小，受伤时间小于12小时。
（3）局部血运较好的头面部伤口，伤后时间小于12小时；大于12小时则按污染伤口清创；在伤后24～48小时内，争取达到Ⅰ期愈合。

三、禁忌证

污染重、细菌量多、毒力强或化脓性感染的伤口，不宜Ⅰ期缝合。应先清洗伤口周围皮肤，去污、消毒后，敞开引流。

四、术前操作沟通

了解、熟悉患者病情。向患者详细说明清创缝合术的目的、意义、安全性，并解释手术可能存在的风险。例如：①手术中、手术后大出血，可能出现失血性休克，危及生命。②术中损伤神经、血管、器官。③术中根据病情或因解剖部位变异需要更换手术方式。④术后伤口并发症：感染、疼痛、出血、血肿、裂开、不愈合、瘘管及窦道的形成。⑤术后各种管道及植入物的脱落、断裂，严重异物反应等，需要紧急处理，或二次手术。

严格执行Ⅰ期缝合及无菌操作原则，告知Ⅰ期缝合可能发生感染及其局部表现；若不进行手术治疗，对患者和（或）其法定监护人详细说明相关事项，如对伤口愈合或美容方面的影响等。争取得到患者和（或）其监护人的同意、配合，签署手术知情同意书。

五、操作前准备

（1）清创前对患者进行全面评估，若有出血性休克，应先扩容补充血容量纠正休克，待休克好转后在最佳时间内进行清创。
（2）若有严重的头颅、胸椎、腰椎及腹部重要脏器损伤，应先处理。若有四肢开放性损伤，应确认是否合并骨折，可请相关专科会诊，拍摄X线片以便协助诊断。

(3) 应用止痛药物和术前镇痛药物。

(4) 伤口大且深，可疑污染重者，术前 1 小时预防性使用抗生素，预防感染；手术时间超过 3 小时者，可术中追加抗生素；术后根据情况调整抗生素的用量及频次。

(5) 注射破伤风抗毒素：轻者用 1 500 U，重者用 3 000 U。

(6) 了解、熟悉患者病情。对患者和/或其法定监护人详细说明相关事项，如对伤口愈合或美容方面的影响等。争取得到患者和（或）其监护人的同意与配合，签署手术知情同意书。

(7) 用物准备：无菌注射器、手术器械包、无菌 0.9% 氯化钠溶液、碘伏、2% 利多卡因、3% 过氧化氢、止血带、肥皂水、绷带、胶布等。

(8) 术者严格执行外科洗手，佩戴帽子、口罩和无菌手套。

六、操作流程

(1) 无菌纱布遮盖伤口，清洗周围皮肤，去除距离伤口边缘 5 cm 内的毛发。（图 4 - 30）

(2) 主刀医生、一助手、二助手严格执行外科洗手、穿手术衣、佩戴无菌手套；用肥皂水和无菌毛刷清洗伤口周围的皮肤，再用无菌 0.9% 氯化钠溶液反复冲洗；污染较严重的伤口应清洗多次至清洁。（图 4 - 31）

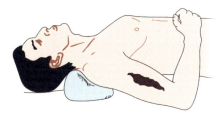

图 4 - 30 右上臂开放伤口

(3) 清洗、检查伤口。先不摘除无菌手套，去除覆盖在伤口上的无菌纱布，用无菌 0.9% 氯化钠溶液冲洗伤口，用小纱布轻轻擦拭伤口内的组织，用 3% 过氧化氢冲洗伤口至创面呈泡沫状，再次用无菌 0.9% 氯化钠溶液冲洗干净。擦干伤口及周围皮肤，检查伤口内有无异物及血凝块，探测伤口的深度，是否存在神经、血管、肌腱及骨骼损伤。若有较大的出血点，应予止血。若创面大、出血量多，可用止血带包扎、止血，记录使用止血带的时间。（图 4 - 32）

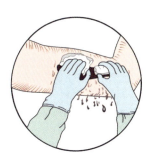

图 4 - 31 刷洗皮肤

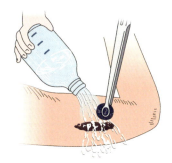

图 4 - 32 生理盐水冲洗伤口

(4) 消毒伤口周围皮肤，距伤口 15 cm 以上，铺无菌巾，建立最大无菌屏障，充分显露手术部位。必要时在伤口周围进行局部麻醉。

(5) 清理伤口。主刀医生和助手再次外科洗手，佩戴无菌手套，修整伤口边缘 1~

2 mm 处的皮肤，去除呈灰白色或不出血呈紫色失活的皮肤。若伤口过小，可适当扩大切口，从伤口两端沿纵轴延长。沿肢体纵轴切开深筋膜，以防组织肿胀，造成内压增加而导致组织缺血坏死，特别注意双手、面部及关节附近的伤口。供血较差的脂肪组织，其易坏死、液化及感染，影响伤口的愈合，可尽量予以切除。

（6）去除坏死和失去活力的肌肉组织。彻底切除夹捏不收缩、切开不出血或无颜色变化的肌肉组织。可运用"4C"[颜色（color）、韧性（consistency）、出血（capacity to bleed）、收缩性（contractility）]原则判断肌肉的活力。除去污染严重和与骨膜分离的小碎骨片，保留较大的游离骨片和与软组织相连的小骨片，以最大限度恢复解剖形态结构和功能，彻底清除关节囊内的游离小骨片，缝合关节囊。

（7）血管破裂的处理：结扎不影响伤口血液循环的血管；清创后须吻合或修补主要动脉、静脉。剥离损伤血管的两端，用血管钳阻断血流，将断端修剪整齐后对吻缝合。松开远端血管钳，评估吻合口是否渗血，若无渗血，松开近端血管夹，恢复远端血运。

（8）将清洁伤口由深至浅按局部的解剖层次进行逐层缝合，避免潜在的无效腔，防止血肿形成，缝合松紧度适宜，以免影响血运。多种缝合法相互结合缝合皮下组织及伤口周围皮肤（图4-33）。对齐皮缘，挤出积血，再次消毒，使用无菌纱布覆盖伤口，妥善固定包扎。

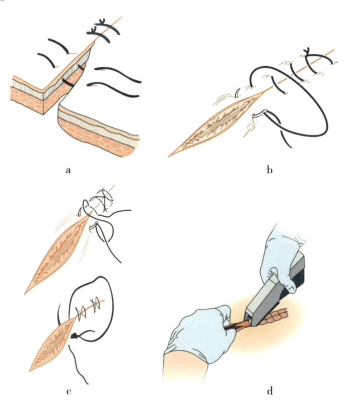

a. 间断缝合法；b. 连续缝合法；c. "8"字缝合法；d. 皮肤钉缝合法。

图4-33 皮肤缝合方法

（9）浅表性伤口，止血良好，不存在无效腔，无须放置伤口引流管。伤口较深、范围大、污染重，且无效腔可能存在血肿者，应放置引流管。

七、注意事项

（1）评估局部或全身情况后予以输液或输血补液治疗，重症者须转入 ICU 监护。

（2）合理使用抗生素，预防感染，促进炎症消退。

（3）抬高肢体，促进血液回流，减轻局部肿胀。

（4）严密观察患肢皮温、感知觉及末梢循环、伤口包扎松紧度及有无出血等，预防骨筋膜室综合征的发生。

（5）观察并记录伤口引流液的性质，在术后 24～48 小时内拔除伤口引流条或引流管。

（卢华定）

第六节　骨折外固定术

一、定义与目的

骨折外固定术是指以组织再生能力为基础，以应力法则和微创意识为准则，借助经皮骨穿针和体外机械装置与骨连接的复杂系统，固定骨折、矫正骨与关节畸形和延长肢体（骨）的治疗方法。

二、适应证

骨折外固定术适用于疑难病例（如骨感染、骨不连、骨缺损），显微外科、手外科、脊柱外科的骨折、四肢骨与关节脊柱畸形的矫治，肢体延长等。创伤骨科公认其适应证如下：①小夹板难以固定的某些部位的骨折。②开放性骨折骨不愈合，软组织不宜受压，不宜小夹板固定。③病理性骨折。④骨关节术后如关节融合术后，需要固定于特定位置一段时间。⑤畸形矫正术后维持位置。⑥化脓性骨髓炎、关节炎，用于固定患肢，缓解疼痛。⑦某些软组织损伤（如神经、血管、肌腱、肌肉）需要在松弛位固定。⑧骨折、脱位、关节损伤复位后的固定。⑨维持畸形矫正位置。

三、禁忌证

（1）可疑或确诊伤口有厌氧细菌感染者。

（2）进行性浮肿患者。

（3）全身情况恶劣者，如休克患者。

（4）孕妇和严重脏器疾病者、进行性腹水增多者禁用大型石膏。

（5）婴幼儿和新生儿不宜长期固定。

四、术前操作沟通

了解、熟悉患者病情。向患者或其家属告知骨折外固定术的目的、意义、安全性，以及可能存在的风险，做好各种解释工作，取得患者的配合，并将可能出现的并发症详细告知患者及其家属，以便取得同意。

五、操作前准备

（1）用物准备：石膏卷、绷带、纱块或棉垫、水桶或水盆、冷水、石膏剪、尺子。

（2）患肢皮肤准备：清水（或）肥皂水清洗石膏固定处的皮肤，使用敷料覆盖伤口，套上纱套，使用纱块（或）棉垫保护骨隆突处，预防出现压力性损伤，摆好肢体使之处于功能位或特殊位置。

（3）人员分工明确，密切配合。大型的骨折外固定术需要多人配合，1人负责固定功能位或特殊体位，1人浸泡石膏绷带卷，制作石膏条带，1人包缠及托住石膏。

六、操作流程

关节固定功能位置（注：除特殊骨折为维持骨折的位置外，应将关节固定于特定位置）：①肩关节外展60°～90°（儿童较成人大），前屈30°～45°，外旋15°～20°。②肘关节屈曲80°～90°，前臂中立位。③腕关节背屈30°，尺偏5°～10°（食指和前臂的纵轴在同一水平线上）。④拇指关节对掌位。⑤手各指间关节稍许屈曲，掌指关节140°，近指间关节130°，远指间关节150°。⑥髋关节外展10°～15°，前屈15°～20°，旋转0°。⑦膝关节屈曲5°～20°。⑧踝关节保持90°。

（1）测量固定肢体的长度，选择合适的衬垫及石膏/高分子夹板。

（2）制作石膏条带。将石膏卷平铺在水平桌面上，反向折叠，一般上肢厚度为10～12层，下肢厚度为12～15层，宽度为包围肢体周径的2/3。（图4-34）

图4-34 前臂石膏夹板外固定

（3）浸泡石膏。将石膏绷带浸没于水盆，使气泡全部溢出，握住石膏绷带两端缓慢移出水面，平放于桌面，挤出多余的水分和气泡，制作无空隙的管型石膏，可起到牢固的固定作用。（图4-35）

注意:不可用力拧石膏,以免造成石膏过多流失,影响固定效果。

图 4-35 浸泡石膏的方法(握住石膏绷带的两端)

(4)包扎及塑形。先在患肢铺一层衬垫,助手迅速将石膏贴于衬垫上,塑形后用绷带缠绕固定,使石膏绷带干硬后适应肢体的轮廓,如膝关节和足弓部。(图 4-36)

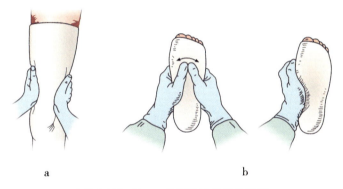

a   b

a. 膝轮廓的塑形;b. 足横弓及纵弓的塑形。

注意:外露手足指(趾),以便观察末梢血液循环、感知觉及肢端活动情况。

图 4-36 石膏绷带的塑捏成型

(5)塑形和美化。双手充分抚平,必要时予适当修剪和开窗(有创口)。
(6)标记日期、骨折端等。

七、注意事项

(1)维持固定的位置至石膏完全凝固。为加快石膏凝固塑形,可适当调高室温,使用红外线灯照射。因石膏导热性好,温度不宜过高,以免烫伤。
(2)转运时避免石膏移位、折断,若石膏折断应及时更换。
(3)适当抬高患肢,促进血液回流,减轻局部肿胀,指导患者早期行指间关节功能锻炼。
(4)密切观察末梢血循环、感知觉、皮温和肢端活动情况,若出现剧痛、麻木、血循环障碍等,及时松解石膏,继续观察;高度怀疑末梢血液循环障碍,若出现,立即拆除石膏，紧急处理。

（5）若患肢肿胀消退，石膏固定过松，可调整或更换。

（6）患肢注意保暖。

（卢华定）

第七节　小夹板固定术

一、定义与目的

小夹板固定术在创伤伤员的急救中具有重要的意义，是指以组织再生能力为基础，以应力法则和微创意识为准则，应用体外装置夹板、树枝与骨连接的复杂系统，实施骨折固定、骨与关节畸形矫治和肢体（骨）延长的临时固定骨折方法。及时、正确的固定有助于减少患肢活动，减轻疼痛，预防休克，避免血管、神经、骨骼肌软组织的二次损伤，以便于伤员转运。

二、适应证

闭合性骨折，复位后小夹板固定、维持骨折端对位者。

三、禁忌证

（1）错位明显不稳定的骨折。

（2）伴有软组织开放性外伤、感染及血运循环障碍者。

（3）难以确定的躯干骨折类型。

（4）昏迷或患肢失去感觉者。

四、操作前沟通

了解、熟悉患者病情。向患者或其家属告知固定术的目的、意义、安全性，以及可能存在的风险，做好解释工作，争取清醒患者的配合，并将可能发生的并发症详细告知患者及其家属，取得患者及其家属的同意。

五、操作前准备

固定器材最理想的是夹板，类型有木质夹板、金属夹板、充气性塑料夹板或树脂做的可塑性夹板。紧急情况下应注意因地制宜、就地取材，竹板、树枝、木棒、健侧肢体或躯干等可用于临时固定。固定时需要用纱布、绷带、三角巾、衣物等保护关节及骨隆突处。

六、操作流程

正常关节功能位置（注：除特殊骨折为维持骨折的位置外，一般固定于功能位）：①肩关节外展60°～90°（儿童较成人角度大），前屈30°～45°，外旋15°～20°。②肘关节屈曲80°～90°，前臂中立位。③腕关节背屈30°，尺偏5°～10°。④拇指关节对掌位。⑤手各指间关节稍许屈曲，指关节近指间关节130°，掌指关节140°，远指间关节150°。⑥髋关节外展10°～15°，前屈15°～20°，旋转0°。⑦膝关节屈曲5°～20°。⑧踝关节保持90°。

（1）上臂骨折固定。一块夹板时，夹板置于上臂外侧；两块夹板时，分别置于上臂的前内侧和后外侧，用两条纱布条固定骨折的两端，使肘关节屈曲90°，用腕肩悬吊带吊将上肢悬吊于胸前。在院外无夹板的情况下，可用两块三角巾，一条将上臂呈90°悬吊于胸前，另一条将患肢与胸部固定在一起。

（2）前臂骨折固定。将患肢屈曲90°，拇指向上。取两块夹板，长度分别为关节外侧、内侧至指尖，分别置于前臂外侧、内侧，用三条纱布固定骨折上端、下端和手掌部，再用腕肩颈吊带将前臂悬吊于胸前；单块夹板可置于前臂外侧。无夹板时，同上臂骨折固定方法；同时固定腕关节和肘关节。

（3）大腿骨折固定。选择长短合适的两块夹板分别置于大腿的内侧和外侧，长夹板长度从腋下至足跟，短夹板长度从大腿根部至足跟。在骨隆突处、关节处和空隙处加棉垫，固定稳固并防止局部皮肤受压，用纱布带分别在骨折上下两端、腋下、腰部和关节上下固定，足部用"8"字形方法固定，使患肢保持外展中立位。无夹板的情况下，可将伤员双下肢平行并紧，关节及骨隆突处加棉垫保护，将健侧肢体与患肢分段固定。

（4）小腿骨折固定。取长短、大小合适的两块夹板，长度为从大腿根部至足跟，分别置于外侧和内侧，在关节、空隙及骨隆突处加棉垫，纱布带分别固定骨折的上下端，足部使用"8"字形方法固定，使患肢保持外展中立位。无夹板时，同大腿骨折固定方法。

七、注意事项

（1）所选择的夹板长短、宽窄应当合适。太宽固定不牢固，太窄易造成皮肤坏死。夹板应为肢体周径的4/5。

（2）应合理、准确放置衬垫，顺序要正确，顺序为前侧、后侧、内侧、外侧。

（3）应用夹板前应准确评估神经、血管等的损伤情况。

（4）束带松紧度适宜，束带打结后其结可上下移动1 cm。

（5）指导患者有计划地做功能锻炼，并嘱随诊。

（卢华定）

第八节 关节腔穿刺术（膝关节）

一、目的

关节腔穿刺术（膝关节）用于检查关节液的性质、颜色及量，抽去适量的关节腔内滑液，以减轻关节肿胀，缓解关节疼痛，恢复关节功能，或用于向关节腔内注射药液。

二、适应证

（1）确诊的关节炎，迁延不愈的关节炎且出现积液较多的情况，严重影响关节功能。

（2）为明确引起关节肿痛伴积液的病因，做进一步的诊断。

（3）用于治疗骨关节炎等关节疾病，可行关节腔穿刺，向关节腔内注射药物进行局部治疗。

（4）行关节腔造影术前，先向关节腔内注入空气、造影剂，以便更清晰地了解关节软骨、骨端的变化。

三、禁忌证

（1）穿刺点皮肤严重皮疹，局部缺损、破溃、感染。

（2）严重凝血机制障碍，如血友病。

四、术前操作沟通

了解、熟悉患者关节情况及病情。向患者和（或）其法定监护人详细讲解关节腔穿刺术的治疗目的、意义、安全性，以及可能存在的并发症。

五、操作前准备

（1）无菌敷料、无菌手套、穿刺针、2支无菌注射器、消毒液、油性笔等用物准备。

（2）操作者七步洗手法洗手，穿戴无菌手套、口罩、帽子。

六、操作流程

（1）患者取仰卧位，膝关节伸直或屈曲，膝盖自然放松（图4-37）。触诊明确穿刺部位，定位后用油性笔做好标记。以膝关节为例，其常用的穿刺部位（图4-38）为：①关节伸直位，从髌骨上缘外上方或内上方，斜向膝关节中心刺入关节。②关节微屈位,从髌骨下方的髌韧带外侧、内侧关节间隙穿刺。③关节积液较多者,可在髌上囊位置穿刺。

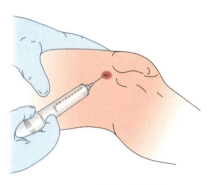

图 4-37 膝关节穿刺示意

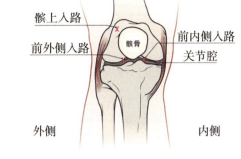

图 4-38 膝关节穿刺常用部位

(2) 严格无菌消毒 2 次,消毒范围直径 15 cm。消毒后铺巾,取髌骨下方外侧、内侧为穿刺点,用 2% 的利多卡因局部麻醉。

(3) 术者一手固定穿刺点,另一手持注射器,用 10 mL 注射器刺入关节腔,进入关节腔时有突破感、落空感,左手固定针头和注射器,根据实际情况调整针头方向,右手回抽关节液或注射药物,无阻力时注射药物。

(4) 在穿刺完成后,根据患肢情况向关节腔内注入药物,注射后轻轻活动关节。

(5) 拔针后用无菌敷料覆盖穿刺点,按压 3~5 分钟,以胶布固定,观察患者反应,整理用物。

七、注意事项

(1) 严格消毒物品及器械,执行无菌操作技术,以免关节感染。

(2) 边抽吸边进针,注意是否出血,避免损伤血管、神经;若抽到回血,表明误入血管,应适当退针,调整方向后再进针。进针深度不可过深,避免损伤关节软骨。

(3) 避免反复(≤3 次)向关节腔内注射类固醇药物,以免引起关节损伤。

(4) 及时对关节液做镜下检查、细菌培养和抗生素敏感试验,同时根据关节液的颜色、性质及量给予治疗。正常关节液呈清而透明的草黄色,外伤性关节液呈暗红色陈旧性血性液,有脂肪滴表示存在骨折,浑浊液体则提示感染。

(5) 关节腔积液较多者,适当固定,加压包扎,24 小时内避免剧烈运动。根据积液情况嘱患者复诊。

(卢华定)

第九节　伤口换药与拆线术

一、定义与目的

伤口换药是指对手术伤口或者其他伤口、瘘口或者溃疡等进行观察并清除伤口渗液、分泌物或坏死渗出物等，以及重新覆盖无菌敷料的操作。进行伤口换药是为了减少伤口继发性感染、促进伤口更快更好地愈合。当伤口顺利愈合后需要进行伤口拆线，减少伤口受到缝线的压迫及感染和排斥反应的发生，从而使得伤口完全愈合。若伤口在愈合过程中出现脂肪液化、积液或感染的情况，需要提前局部拆线，并进行伤口引流换药。

二、伤口换药与拆线时机

（一）缝合伤口换药

术后1～2天需要进行第一次伤口换药，此后可依据伤口渗液和愈合情况决定换药频率，一般1～2天更换1次。

（二）拆线时机

（1）正常拆线时间：手术切口位于不同部位，伤口愈合所需要的时间不同，相应的拆线时间亦不相同。一般情况下，头颈部切口愈合较快，伤口拆线时间为术后4～5天；下腹部、会阴部伤口愈合时间较头颈部延长，伤口拆线一般为术后6～7天；而胸部、上腹部及臀部伤口愈合更晚，拆线时间延长，一般为术后7～9天；四肢特别是近关节处的和背部的伤口愈合最晚，一般为术后10～14天，其中关节处的伤口需要在术后14天左右才能拆线。腹部伤口处的减张线亦需要较迟拆线，一般术后14天拆除。

（2）延迟拆线指征：①老年人及婴幼儿、体弱患者、伤口延迟愈合。②恶性肿瘤合并恶病质。③糖尿病、严重贫血、肝功能不全、低蛋白血症、腹水等。④长期应用大量糖皮质激素。⑤术后反复咳嗽，影响胸腹部伤口愈合。

（3）提前拆线指征：①伤口出现红、肿、热、痛，考虑感染。②伤口液化。③颈部伤口内出血并压迫气管，需紧急拆除伤口缝线，避免窒息。

三、操作前准备

（1）常规准备：戴好口罩、帽子，熟悉患者病情，核对患者信息，向患者解释操作的目的和必要性。用七步洗手法洗手后轻轻揭开患者的伤口进行初步检查，建议患者采取舒适且容易暴露伤口的体位，同时注意保暖。如果患者伤口情况较复杂，换药会导致明显疼痛，可在操作前适当给予镇痛药物以缓解患者的紧张、焦虑情绪。

(2) 物品准备：再次洗手后，准备相应物品，包括换药车、无菌换药碗、无菌线剪、碘伏/酒精/安尔碘棉球、无菌纱块、医用胶布。

具体流程如下：
(1) 戴口罩、帽子。
(2) 核对患者信息，告知操作目的和必要性。
(3) 用七步洗手法洗手，掀开患者伤口敷料，观察并口述伤口情况。
(4) 再次用七步洗手法洗手。
(5) 器械、物品准备：换药车、无菌换药碗、无菌线剪、碘伏/酒精/安尔碘棉球、无菌纱块、医用胶布。

四、操作流程

（一）伤口换药

(1) 再次核对患者信息，操作者选择距离伤口较近的一侧进行换药。
(2) 打开换药碗包布，用镊子将两个换药碗分开，靠近患者侧的为污染碗，远离患者侧的为清洁碗。将消毒液倒入清洁碗中，浸湿棉球。
(3) 暴露伤口。仔细揭开胶布，外层敷料用手移除，注意放入污染碗时将敷料内面向上。
(4) 用镊子沿一端顺伤口方向夹出内层敷料，若内层敷料与伤口粘连，可用碘伏（或者无菌生理盐水）浸湿辅料，待痂皮软化分离后，逐步揭开内层敷料。（图4-39）
(5) 观察伤口。换药时要注意观察伤口情况，如创面有无积血、积液，有无感染，有无针眼脓疱等，必要时做相应处理。

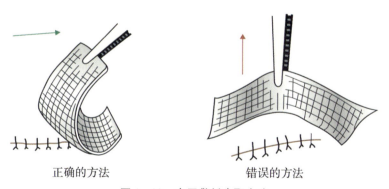

图4-39 内层敷料夹取方法

(6) 伤口消毒。双手持镊夹取消毒棉球时，镊尖要向下，防止消毒液沿镊柄倒流。选用有齿镊（图4-40）作为操作镊接触伤口，而无齿镊（图4-41）作为清洁镊从换药碗中夹取消毒棉球或无菌物品并传递给操作镊，两把镊子切勿直接碰触。消毒伤口及周围皮肤2遍，清洁伤口从中间向周围消毒，污染伤口从外周向中间消毒，消毒范围为伤口周围5 cm。

图 4-40 有齿镊　　　　　　　　图 4-41 无齿镊

（7）覆盖敷料。消毒完成后使用无菌敷料覆盖伤口，常用的是无菌纱布。敷料覆盖切口边缘 3 cm 以上，下层的无菌纱布其光滑面向下，而最上层纱布其光滑面向上，无菌纱块覆盖的层数一般是 8～12 层。敷料覆盖后需用胶布粘合固定于皮肤，胶布粘合方向应与该处躯体运动方向垂直。粘合时，胶布长度一般为敷料宽度的 2～3 倍。

（8）换药操作完成后，应告知患者操作完成及相关注意事项，帮助其整理衣物，注意遮蔽其隐私部位。

（9）医疗垃圾分类处理。

（10）再次用七步洗手法洗手。

（11）及时记录伤口情况。

（二）伤口拆线

（1）伤口消毒。同伤口换药的操作流程（1）至（6）。

（2）用镊子（有齿镊）将一侧的线结提起，于线结下方用无菌剪刀剪断线后，再用镊子将线结拉出，注意拉线的方向为剪线的同侧。（图 4-42）

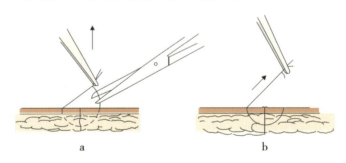

a. 提起线结；b. 拉出线结。

图 4-42 伤口拆线

（3）再用消毒液消毒皮肤一遍，覆盖无菌纱布，胶带固定（同伤口换药）。

（4）其余同伤口换药的操作流程（7）至（11）。

五、注意事项

（1）消毒伤口时，注意用消毒棉球擦拭缝线线眼，保证消毒充分。

(2) 伤口出现轻微的红、肿，可予酒精湿敷观察。当伤口出现明显红、肿、热、痛，考虑感染时，应及时拆除局部缝线，并将分泌物送培养和药敏检测，然后按照污染伤口定期换药。

(3) 注意尽量避免衣袖从清洁碗上方跨越，减少污染。

(4) 颈部、肛周、会阴部等处伤口，可适当调整胶布粘合方向，确保敷料不易脱落。

六、特殊情况下操作应急处理

伤口浅层活动性出血：出血量少者，可用纱块折叠后直接压迫并加压包扎，观察活动性渗血有无继续；出血量多或者压迫止血效果不佳时，可直接在局部麻醉下缝合止血。

（卜巨源）

第十节　T 管 拔 管

一、适应证

胆总管切开探查，T 管引流手术后 2 周以上可考虑拔除 T 管。

二、拔管指征

(1) 无腹痛，无发热，生命体征平稳。

(2) 黄疸消退。

(3) 引流胆汁颜色澄清，无沉淀物；胆汁平均每日引流量为 200～400 mL 且逐渐减少。

(4) 可尝试 T 管夹闭 2～3 天，患者无发热或腹痛等不适。

(5) 血常规示白细胞无升高；肝功能示肝酶、胆红素无异常，无梗阻性黄疸。

(6) 经 T 管行胆道造影证实无结石残留，无十二指肠乳头水肿，无胆管炎性狭窄，胆道下端通畅；造影后放开 T 管引流，24 小时后再次夹闭 T 管 1～2 天，若无不适，可拔管。

三、禁忌证

对高龄患者、一般情况较差者、长期使用激素者、低蛋白血症及营养不良患者，T 管周围形成纤维窦道需要较长时间，应推迟拔管时间。若胆道造影发现有结石残留，应保留 T 管 6 周以上，待 T 管周围窦道形成并牢固后，再拔除 T 管，并及时经窦道行软质胆道镜探查取石术。

四、操作前沟通

（1）向患者及其家属解释操作内容、操作的必要性、操作风险、操作后注意事项，取得患者及其家属的信任和配合。

（2）T管拔管可能会导致胆瘘，严重时形成胆汁性腹膜炎，必要时须进行二次手术。

五、操作前准备

（1）T管应当固定良好，引流通畅，防止受压、移位、扭曲或脱落。

（2）患者平卧位，准备换药碗、剪刀、油纱1块。

六、操作流程

患者取平卧位，常规消毒，拆除固定T管的缝线，逐渐将T管外退直至拔除。T管拔除后，因T管周围纤维窦道与胆总管相通，常会有胆汁沿窦道溢出，此时需要用一块油纱填塞窦道，无须塞入很深，仅塞紧窦道口防止胆汁溢出即可。24小时后拔除填塞的油纱，因窦道自行塌陷闭合，一般无胆汁溢出。

七、注意事项

若油纱填塞过松，容易脱落致胆汁溢出，需要再次填塞。油纱不能过小，避免经T管周围纤维窦道滑落进入胆总管。

八、特殊情况下操作应急处理

（1）T管滑脱。胆管壁缝合不佳；在搬运患者时或患者无意间翻身活动时牵扯T管均可致T管滑脱。若T管在术后24小时内滑脱或移位至胆管外，应立即再次手术重新放置T管。超过24小时者，若窦道口未闭合，可尝试经瘘道放入细引流管引流胆汁；但若有腹痛、发热等胆汁性腹膜炎表现时应手术治疗。若T管在术后1周以上滑脱，只要胆道下端通畅，无腹膜炎体征，大部分患者会在1~2天内自行愈合，无须特殊处理。

（2）T管堵塞。T管可被结石、血凝块或寄生虫等堵塞。临床表现为梗阻性黄疸和急性梗阻性胆管炎，也可出现胆汁性腹膜炎，或者无任何症状，无胆汁流出。T管堵塞时可尝试用生理盐水冲洗，用针管负压抽吸异物，或用取石钳夹取，切忌使用暴力。T管造影或上腹CT可了解堵塞的部位和性质，便于做相应处理。

（3）T管拔除困难。T管置入胆总管后缝合胆管壁时不慎缝住T管；留置T管时间过长，T管壁僵硬，与周围窦道紧密粘连可致拔管困难。禁止使用暴力拔管，否则会拉断T管或损伤组织。可尝试悬吊重物持续牵引T管，一般数小时后T管可能自动滑出。或者反复多次试行拔管。若T管部分断裂在胆管内，则应行胆道镜探查或再次手术取出残余T管，视情况重新放置T管。

(4) 拔管所致胆汁性腹膜炎。偶尔可在拔管后出现胆汁性腹膜炎，可能因拔管时间过早、长期服用肾上腺皮质激素、糖尿病等因素妨碍T管周围形成纤维窦道。少数患者可尝试经T管瘘道放入细引流管充分引流胆汁而痊愈，多数患者须再次手术重新放置T管。

（刘夏磊）

第十一节　基本缝合方法

一、适应证

手术造成的各种组织破损，需要通过缝合使之闭合而愈合。各种损伤，如肝破裂、软组织切割伤均需要缝合以达到止血、闭合残腔和愈合的目的；空腔脏器、血管部分切除后，为恢复其生理功能需要通过缝合达到重建再通和整形的目的。

二、禁忌证

污染伤口视情况可能须清创后敞开引流，待二期缝合。

三、操作前沟通

向患者及其家属解释操作的必要性、操作内容、操作风险、操作后注意事项，取得其信任和配合。

四、操作前准备

(1) 遵循无菌原则。
(2) 选择合适的缝合用具，包括持针器、缝针、各种缝线等。
(3) 选择合适的缝合方法。

五、操作流程

（一）单纯式缝合

单纯式缝合可分为间断缝合（图4-43）和连续缝合两类。单纯式缝合常用于皮肤、皮下组织，亦可用于肠道及血管吻合。间断缝合法最常用，每缝合一针即打结，优点是若有一针线结松动或脱落，不影响邻近缝线。连续缝合法是一根针线从切口一端开始连续缝合至另一端，包括单纯连续缝合（图4-44）、连续锁边缝合（图4-45）、"8"字形缝合（包括外"8"字缝合及内"8"字缝合）（图4-46）等。

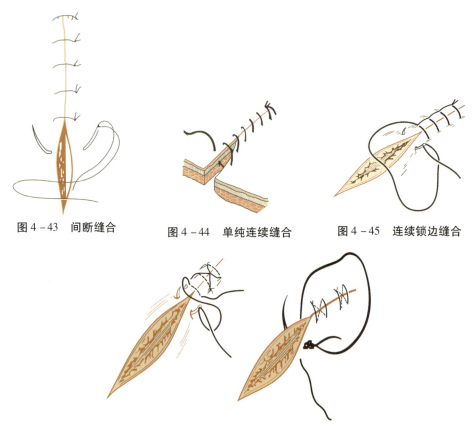

图4-43 间断缝合　　图4-44 单纯连续缝合　　图4-45 连续锁边缝合

a. 外"8"字缝合；b. 内"8"字缝合。
图4-46 "8"字形缝合

（二）外翻缝合法

切口缝合后创缘常呈轻度外翻状态，目的是保证内面光滑，主要用于血管吻合、胆管与胆管吻合、胆管空肠吻合及输尿管吻合等。外翻缝合法有间断缝合与连续缝合两种方式，间断缝合可分为垂直褥式与水平褥式两种缝合方法。（图4-47、图4-48）

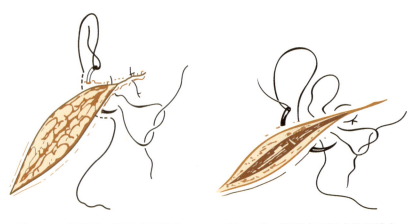

图4-47 间断垂直褥式外翻缝合　　图4-48 间断水平褥式外翻缝合

(三) 内翻缝合法

缝合后创缘翻转到深面或管腔内，表面光滑，主要用于胃肠道吻合，在胃肠道吻合时常行浆肌层缝合。内翻缝合法有间断缝合与连续缝合两种方式。基本要求是进针穿过浆膜和肌层，而不涉及黏膜。打结后浆膜对浆膜靠紧，呈轻度内翻状态，以保证愈合良好。（图4-49）

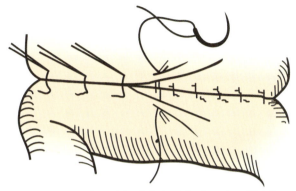

图4-49　间断垂直褥式内翻缝合（Lembert 缝合）

六、注意事项

（1）创面/腔、创缘无感染，止血彻底。

（2）创壁、创缘正确对合，如空腔脏器要求黏膜准确对合，血管吻合要求内膜对合满意，神经吻合要求神经纤维和神经鞘膜准确对合。各层组织应分别缝合，创面/腔密切闭合，不留腔隙，避免脂肪液化或渗出液积聚等引起术后感染。

（3）松紧适度，过紧会影响创缘血运，导致边缘坏死；过松则创缘无法紧密对合，可能发生错位，创隙间渗血或愈合后瘢痕粗大。切口缝合后应具有一定的强度，能承受一定的张力，腹部切口应能承受腹内压增高，避免发生切口裂开。

（4）应在创壁、创缘无张力或最小张力下进行缝合，以利于愈合，避免创口裂开和愈合后瘢痕增生，最大限度恢复原生理功能，如胃肠道通畅、无血栓形成等。

（5）皮肤缝合在进针或出针时，针尖尽量与皮肤保持垂直，穿透皮肤全层。创缘两侧皮肤针距相等，以保持两侧创缘的基本平整；创缘同侧的皮肤针距也要相等，以四个缝合皮肤针点基本构成正方形为宜。

（6）皮肤的缝线扣结要偏离缝合创缘，打在缝合线穿出皮肤处。

（刘夏磊）

第十二节 体表肿物切除术

一、目的
（1）用于诊断：进一步明确诊断肿物的性质。
（2）用于治疗：解除压迫症状，改善外观。

二、适应证
全身各处体表的良性肿瘤。

三、禁忌证
（1）凝血功能异常、有出血倾向者。
（2）一般情况差，不能耐受手术，如恶病质等。
（3）肿物周围皮肤感染属相对禁忌，若感染较局限、范围小可连同肿物一同切除；若染范围较大应治疗感染后手术；若形成脓肿则先行脓肿切开引流，待二期手术切除肿物。

四、操作前准备

（一）患者准备
（1）对患者一般状况进行评估，生命体征、凝血功能、肝肾功能、心电图、胸片、术前八项为常规评估内容。
（2）向患者明确告知术中、术后可能出现的风险，患者签署知情同意书。
（3）术前准备：更换患者服、备皮等。

（二）材料准备
（1）小手术包：包内应已配备手术需要的物品，注意使用前核对消毒时间、有无过期等。
（2）消毒用品：一般体表肿物常用安尔碘消毒，特殊部位如肛门、眼部、口腔、唇部等使用碘伏消毒。
（3）麻醉药物：一般使用2%利多卡因局部麻醉，较大肿物可在麻醉医师协助下使用静脉全麻或全身麻醉。

（三）操作者准备
（1）术前应注意根据安全核查表核对患者信息。
（2）熟练掌握手术技术，并对术中、术后并发症有应对处理能力。

（3）查看患者术前检查结果，确认手术指征，排除手术禁忌证。

五、操作流程

（1）体位。注意患者体位摆放位置，一般来说，以患者舒适、有利于暴露肿物的体位为佳。

（2）术前准备。术者常规外科洗手，消毒、铺无菌巾，穿手术衣，戴无菌手套。

（3）麻醉。以局部麻醉为例，在肿物周围进行局部浸润麻醉，以在肿物四周及深面均浸润麻醉满意为佳。

（4）切除肿物。

A. 切口选择：一般宜取皮纹切口或肿物表面行纵行或梭形切口，应注意避开大血管或关节处。

B. 切开皮肤、皮下组织：助手用组织钳将一端皮缘轻轻提起，主刀用电刀沿肿物包膜外或距肿物 0.5～1.0 cm 处做钝性或锐性分离。

C. 将肿物一侧分离满意后，同法分离肿物的另一侧及基底部，直到肿物被完全切除，整个过程注意将肿物完整切除，囊性肿物尽量勿损伤包膜，避免其破裂。

D. 将肿物完全切除后注意仔细止血，清点器械有无遗漏。

E. 逐层缝合切口，一般无须引流。

（5）标本处理。将标本妥善处置，送病理检查，并在 24 小时内及时记录整个手术过程。

六、并发症及处理

（1）出血。出血量如果较少，可予纱块局部加压，利用弹力绷带加压包扎；出血较多，须重新拆开切口，仔细检查出血点，妥善止血，然后用弹力绷带加压包扎。

（2）感染。局部用 70% 酒精湿敷，及时更换敷料，必要时放置伤口引流片，以及使用抗生素。

（3）复发。根据肿物病理情况，决定是否需要再次手术或加行放疗等。

（李毅）

第十三节　浅表脓肿的切开引流

一、目的

浅表脓肿的切开引流可促进脓液排出，减轻脓腔压力，防止感染扩散，创造愈合条件，减轻局部疼痛和张力。

二、适应证

触诊发现浅表脓肿已有明显波动感，腔内脓液形成。

三、禁忌证

（1）结核感染无合并混合感染。

（2）严重的全身出血性疾病，如血友病、血小板极度减少等。

此外，当脓肿尚未形成或者抗生素治疗有效、脓肿趋于好转阶段时，不建议选择脓肿切开引流术。

四、操作前准备

（1）常规准备：戴好口罩、帽子，去除前臂饰品，熟悉患者病情，核对患者信息，向患者解释操作的目的和必要性，患者签署知情同意书。用七步洗手法洗手后对脓肿部位进行查体。建议患者采取舒适且伤口暴露最好的体位并注意保暖。

（2）物品准备：再次用七步洗手法快速洗手后，准备相应物品，包括换药车、脓肿切开包、无菌手套、碘伏/酒精/安尔碘棉球、凡士林纱条、5 mL 注射器 2 支、2% 利多卡因、过氧过氢、生理盐水、无菌纱块、棉垫、医用胶布。

具体流程如下：

（1）戴口罩、帽子，去除前臂饰物。

（2）核对患者信息，告知患者操作目的和必要性。

（3）用七步洗手法洗手，做脓肿部位查体。

（4）患者签署相关同意书。

（5）再次用七步洗手法洗手。

（6）器械、物品准备：换药车、脓肿切开包、无菌手套、碘伏/酒精/安尔碘棉球、凡士林纱条、5 mL 注射器 2 支、2% 利多卡因注射液、过氧过氢、生理盐水、无菌纱块、棉垫、医用胶布。

五、操作流程

（1）再次核对患者信息，戴无菌手套，以脓肿为中心消毒周边 15 cm 的范围。脓肿未破溃时，由中心向四周消毒，若脓肿已破溃，则由四周向中心消毒。

（2）铺孔巾。

（3）于脓肿周围用利多卡因做多点局部浸润麻醉。

（4）于脓肿中央处用刀尖刺入脓肿波动最明显处的皮肤（图 4-50），划开皮肤，然后反挑式持刀向两端延长切口（图 4-51），切口可接近脓腔边缘，但不要超过脓肿边缘，否则会损伤正常组织，造成感染扩散。

图4-50 刀尖切开脓肿中央

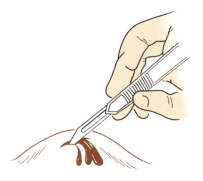
图4-51 反挑式持刀延长切口

（5）脓腔切开后，用注射器抽取部分脓液送培养和药敏检测。

（6）用手指将脓肿间隔分开（图4-52），利于脓液排出；当脓肿体积较大时，可做对口引流（图4-53）。

图4-52 手指分开脓肿间隔

图4-53 对口引流

（7）过氧过氢、生理盐水交替反复冲洗脓腔，直至冲洗液清亮。
（8）填入凡士林纱条。
（9）外用纱块、棉垫覆盖，胶布固定。
（10）操作完成后告知患者相关注意事项，帮助其整理衣物。
（11）医疗垃圾分类处理。
（12）用七步洗手法洗手。
（13）及时书写操作记录。

六、注意事项

（1）做局部麻醉时，若针尖进入脓腔被污染，需要更换新的注射器，才能继续麻醉。
（2）切口选择脓腔最低处，以利于充分引流。
（3）切口避免跨越关节，以防日后瘢痕挛缩影响关节活动。
（4）脓肿切开24～48小时后可取出填压创面的凡士林纱条，更换为普通纱条引流，直至脓肿腔肉芽生长，创面变浅缩小。
（5）切开后伤口周围红肿无减退甚至加重，提示脓腔引流不畅，应再次探查。
（6）长期不愈的脓肿可能与特殊类型细菌感染、结核或者患者自身免疫缺陷等疾病有关。

（卜巨源）

第十四节 气管插管术

一、定义与目的

气管插管术是将一种特制的气管导管，经过口腔或鼻腔通道，置入患者的气管内（必要时可达支气管内），并通过这种特制的气管导管，吸引呼吸道的分泌物，保持呼吸道的通畅及通气供氧，是目前临床工作中抢救呼吸功能衰竭患者的重要方法之一。

二、适应证

（1）患者可能存在意识不清醒，不能及时自主地清除上呼吸道的分泌物；可能存在大量的胃内容物，随时发生反流，有误吸到气管导致窒息和吸入性肺炎等危险。

（2）患者出现中枢性或周围性呼吸衰竭，不能满足机体的通气和氧气供应需要或突然停止自主呼吸等。

（3）危重患者，如休克、须心肺复苏者。

（4）仅凭单纯静脉麻醉不能满足手术需求，或为利于管理围手术期呼吸道，须使用肌松药等药物进行气管插管的全身麻醉等。

三、禁忌证

（1）除非急救情况下，急性喉头水肿、喉头黏膜下血肿、气道严重的急性炎症、气管插管的创伤可能会引起严重出血者，禁忌实施气管内插管术。

（2）除非急救情况下，主动脉瘤压迫气管引起呼吸困难者，气管插管容易造成动脉瘤损伤，可能发生破裂，导致大出血等。

（3）患者下呼吸道的分泌物较多，从气管导管内不能及时和有效地清除，应行气管切开置管术。

（4）有血友病、凝血功能障碍、血小板减少等患者为相对禁忌。因为气管插管容易造成喉头、声门或气管黏膜下出血或形成血肿，产生继发的呼吸道梗阻，所以须谨慎评估此操作的必要性。

（5）有严重凝血功能紊乱、严重的鼻内病变、脑脊液漏和颅底骨折等是经鼻插管的禁忌证。

四、术前操作沟通

根据患者的病情，结合适应证，排除禁忌证，说明原因，向患者及其家属解释操作的必要性。例如，患者目前意识不清醒伴有呕吐，不能正常自主地清除上呼吸道分泌物，使用吸引器吸引效果欠佳；甚至患者可能有大量的胃内容物，容易反流至咽喉部，并误吸到气管内，存在窒息和严重的吸入性肺炎等危险，需要紧急实施气管插管术，控制呼吸道，利于保持呼吸道通畅。但是患者喉头和气管的应激反应会很强烈，正常人咽喉部或气管有痰或异物堵塞时会产生剧烈的咳嗽反应，而对患者使用喉镜，通过咽喉部暴露声门和置入气管导管等操作会造成伤害性刺激和强烈的应激反应，可能会发生严重后果，甚至引发患者心跳、呼吸骤停等。总之，气管插管有风险，但病情需要时，必须仔细操作，尽量规避风险，并取得患者及其家属的信任和配合。

五、注意事项

（1）常规检查鼻腔、牙、张口度、颈部活动度和咽喉部等情况，及时清除口、鼻、咽分泌物，取下活动义齿；松动的牙齿可能会脱落，可考虑拔除或使用丝线与牢固的牙齿捆绑一起，以防脱落成为气管异物等。

（2）切忌以上门牙为支点。撬喉镜片暴露声门，用力过猛会导致上门牙脱落。

（3）为减少患者的应激反应，插管前，可用麻醉喷雾器在会厌声门周围喷洒利多卡因，若无麻醉喷雾器，可用 5 mL 注射器替代，针头塑形60°，利于喷射，但连接处须用胶布固定可靠后，方可使用。

（4）插管时用力过猛或动作粗暴，可致牙齿脱落、声带损伤或环杓关节脱位，甚至下颌关节脱位；或损伤鼻腔、咽喉部黏膜，引起出血和局部血肿等。

（5）选择合适的气管导管内径，成人男性常用 ID 7.5～8.5，成人女性常用 ID 7.0～8.0，若管径偏细，导管容易被分泌物堵塞，难以清除，增加呼吸道阻力，影响通气，甚至需要更换导管等；若导管偏粗偏硬，容易造成喉头黏膜损伤，甚至喉头水肿等。

（6）不提倡同一种方法或同一位操作者反复插管，容易造成喉头、会厌或声门水肿等，增加置管难度，延误抢救时间，应及时寻求帮助。

（7）颈椎骨折或脱位者，进行气管插管操作时，有可能造成二次损伤，应避免改变体位或颈部活动。

（8）呼吸道不全梗阻者，禁忌快速镇静插管，因插管困难时合并呼吸抑制，会加重低氧血症。

（9）若经鼻插管，因左鼻孔插管时，导管前端出鼻后孔后，导管斜口接近声门，容易插入气管，故此法一般为首选方法；而经右鼻孔插管时，导管斜口正对着鼻中隔，置管对鼻甲黏膜的损伤会较小，因此各有利弊。在经鼻插管过程中，遇到明显阻力时，切忌强行置管，有可能导致鼻咽部大出血等。

（10）患者没有颈椎疾病时，若经鼻盲探插管，在导管不能顺利插入声门时，可通过左右转动、前屈或后仰患者的头部以调节导管尖端的方向。

六、操作前准备

（1）物品准备：插管喉镜镜柄和镜片（提前检查镜片亮度，及时更换电池）、氧气设备（检查导管氧气是否供应正常）、氧导管、气管导管3根（合适的导管、备用大1号及小1号导管均准备1根）、牙垫、导管管芯、吸痰管、注射器、听诊器、负压吸引器、液体石蜡、喷雾器、面罩、简易呼吸气囊、胶布等。

（2）药品准备：局部麻醉药利多卡因，必要时考虑适当给予镇静剂及肌松药。

七、咽喉部解剖与气管导管插管示意

咽喉部解剖见图 4-54。

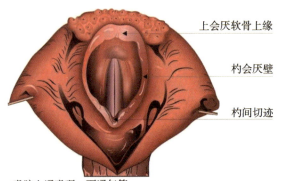

喉腔上通喉咽，下通气管。
喉口：由会厌上缘、杓会厌壁和杓间切迹围成，朝向后上方。

图 4-54　咽喉部解剖

经口气管导管插管见图 4-55，经鼻气管导管插管见图 4-56。

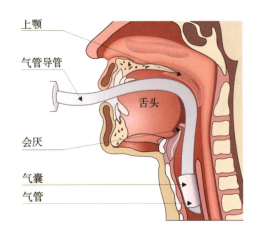

图 4-55　经口气管导管插管示意

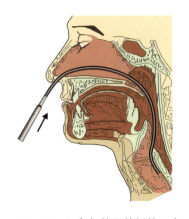

图 4-56　经鼻气管导管插管示意

八、签署知情同意书

知情同意书见图 4-57。

特殊操作、治疗知情同意书

科室＿＿＿＿ 姓名＿＿＿＿ 性别＿＿＿＿ 年龄＿＿＿＿ 床号＿＿＿＿ 住院号＿＿＿＿

诊断：

需施行：气管插管术

拟行该操作、治疗的必要性，可能出现的意外、并发症和预后如下：

(1) 该操作目的及必要性：辅助呼吸，利于抢救。
(2) 可能出现的意外及并发症：喉、支气管痉挛，喉头水肿，严重低氧血症，心肌缺血、心肌梗死、严重心律失常，甚至心跳、呼吸骤停等，诱发脑血管意外、牙齿脱落、反流误吸及其他等。
(3) 插管失败。
(4) 其他不可预知的情况。

　　对以上医生所述的（　）点内容，患者及家属表示理解，同意接受该检查、治疗，并愿意承担向其他家属说明和解释的义务和担当日后如有医患疑问发生时的全权责任人。

签署意见（同意或不同意）：

患者签名：　　　　　　患者不能签名的原因：1. 保护性医疗

　　　　　　　　　　　　　　　　　　　　2. 无（或限制）民事行为能力人

被授权委托人/监护人签名

签名人与患者的关系：　　　　　　医生签名：

　　　　　　　　　　　　　　　　　　　年　　月　　日　　时　　分

图 4-57　知情同意书

九、操作流程及记录书写

气管插管记录见图 4-58。

气管插管记录

科室＿＿＿＿ 姓名＿＿＿＿ 性别＿＿＿＿ 年龄＿＿＿＿ 床号＿＿＿＿ 住院号＿＿＿＿

插管摘要

插管方法：

□经口　□经鼻　□明视　□盲探　□其他＿＿＿＿

导管

ID：□6.5　□7.0　□7.5　□8.0　□8.5　□其他＿＿＿＿；置管深度＿＿＿＿cm

患者监护

□无监测　□心电血压监测　□吸氧　□镇静　□其他＿＿＿＿

图 4-58　气管插管记录

十、方法与操作流程

（一）经口明视插管法

将患者头后仰，操作者右手开放患者口腔，左手持喉镜镜柄，将喉镜片沿舌背弯度轻柔插入/沿右嘴角置入喉镜片,把舌体推至左边,直至看到会厌后,将喉镜片抵至舌根部和会厌之间,向患者的前上方提起喉镜片,显露声门,待患者吸气时,声门开放,右手执笔式持气管导管,迅速插入声门内,拔出导管管芯并继续置入气管导管,距离声门插入气管内的深度(成人)为4～5 cm,放置成人牙垫后,退出喉镜片;接简易呼吸气囊,手控呼吸,调整导管深度至听诊双侧肺部呼吸音一致,导管尖端至门齿的距离为21～23 cm;在导管前端气囊的外连接活瓣口,注入空气约5 mL,以封闭导管和气管壁之间的空隙;用胶布将气管导管和牙垫妥善固定。

(二)经鼻盲探插管法

首先通过患者鼻孔及气管施行表面麻醉,导管前1/3涂抹液体石蜡等润滑剂。操作者左手最大限度地掀起鼻尖或翻开鼻翼,右手执笔式持气管导管插入鼻孔,将导管与面部呈垂直方向置入鼻腔,导管经总鼻道,顺利出鼻后孔,从导管口能感受到明显的呼吸气流,继续插入导管,直到呼吸气流最大(一般成人导管深度为14～16 cm),提示导管尖端正好位于声门的上方,在患者吸气相将导管迅速插入声门,导管口有连续呼吸气流,听诊双侧肺部呼吸音,调整导管深度,直至呼吸音一致;在导管前端气囊的外连接活瓣口,注入空气约5 mL,以封闭导管和气管壁之间的空隙;用胶布将气管导管妥善固定。

十一、操作后注意事项

(1)气管导管刺激气管,分泌物可能会增多,要及时吸出气管内分泌物,以保持气管导管通畅。

(2)对长期须留置气管插管的患者,每日应进行口腔护理2次以上,以保持口腔清洁。

(3)注意气道的湿化管理和温化管理,保证吸入合适湿度和温度的空气。

(4)气管导管留置时间不宜过长,若患者须进一步治疗,应及时实施气管切开置管术。

(5)妥善固定导管位置,尽量避免导管脱出和移位;导管脱出须再次插管;导管过浅,套囊卡在声门下或声门,会引起声门下水肿、声带水肿;若导管过深,会刺激气管隆突,甚至误入一侧支气管内,变成单肺通气,而对侧肺通气不足、肺不张,造成缺氧等。

(6)2～3小时应放松气囊一次,避免气囊压迫气管壁时间过长,造成局部缺血坏死;在松气囊前,须仔细清理干净患者口腔内的分泌物,避免松气囊后,分泌物通过导管和气管壁之间的空隙流入气管内。

(7)气囊充气量以恰好封闭气管壁与导管间隙、不漏气为度,切勿注射大量空气。气囊张力过大造成气管壁局部压力过大,气管壁容易出现局部缺血坏死,导致气管狭窄或形成气管瘘口等严重后果。

十二、特殊情况下操作应急处理

(1)气管插管失败,立即使用简易呼吸气囊,对患者进行面罩加压通气,实施人工呼吸。

既无法插管又无法面罩加压通气的，可采用大口径静脉套管针（如 G14 号）。针体与患者成 30°，经环甲膜穿刺，针尖指向患者足部，有落空感，退出针芯，抽得空气后，判断在气管内，连接高频喷射呼吸机行高频喷射通气；也可以利用麻醉机连接呼吸管道，经 3 mm 直径的接头与套管针连接，间断按压快速充氧按钮，进行喷射通气。

（2）紧急实施环甲膜切开、气管切开等操作。

十三、其他注意事项

（1）气管插管可能出现的意外及并发症：喉、支气管痉挛，喉头水肿，严重低氧血症，心肌缺血、心肌梗死、严重心律失常，甚至心跳、呼吸骤停，诱发脑血管意外；牙齿脱落，反流误吸及其他等。

（2）须及时听诊双侧肺部呼吸音是否一致，妥善固定导管位置，避免导管移位和脱出，气管导管尖端至门齿的距离一般为 21～23 cm。

（3）气管插管失败，立即使用简易呼吸气囊，对患者进行面罩加压通气，实施人工呼吸。

（张雪霞）

第十五节　环甲膜穿刺术

环甲膜穿刺术是紧急抢救时，无法及时行气管插管或气管切开术，或缺乏气管插管、气管切开等设备时的暂时性抢救方案。

一、适应证

适用于需要紧急抢救的喉梗阻患者，缺乏气管插管或气管切开设备等情况。

二、禁忌证

无绝对禁忌证，若患者凝血功能欠佳，需要综合评估其全身情况。

三、操作前准备

紧急抢救时，若条件许可，建议与患者家属签署知情同意书。

四、操作流程

（1）触诊颈部结构，明确甲状软骨及环状软骨的位置，可触及两者间隙。有条件者应常规消毒后使用无菌注射器穿刺。

（2）患者呈甲状腺手术体位（头后仰，暴露颈部），局部消毒后，固定环状软骨两侧，以一粗注射针垂直刺入环甲膜。刺穿后随即感到穿刺处有落空感，操作者会感觉到穿刺阻力突然消失。

（3）接着回抽，若有空气抽出，则表明穿刺成功。患者可出现咳嗽、呛咳等明显的反应，随即呼吸道梗阻的症状缓解。

五、注意事项

应于手术48小时内进行气管插管或气管切开术，以缓解呼吸困难情况。

（陈新野　陈贤珍）

第十六节　导尿术及拔管

一、目的

（1）用于诊断：留取尿标本行细菌培养，尿流动力学检查，膀胱尿道造影，测定尿道长度等。

（2）用于治疗：暂时性解除下尿路梗阻；监测围手术期或急危重症患者尿量及肾功能变化情况；膀胱、前列腺术后引流，保持膀胱内处于空虚低压状态；恢复尿道损伤患者的尿道连续性；盆腔及大型手术的术前准备；神经源性膀胱患者导尿、膀胱内化疗药物或其他药物灌注等。

二、适应证

（1）重度排尿困难、急慢性尿潴留、各类尿失禁。
（2）获得清洁未受污染的尿液标本。
（3）围手术期暂时无法自行排尿者。
（4）监测危重患者尿量及评估肾功能情况。
（5）经尿管注入造影剂行膀胱尿道造影，辅助诊断下尿路病变。
（6）膀胱灌注，如膀胱癌术后化疗药物灌注。
（7）盆腹腔器官手术术前准备。
（8）评估膀胱尿道功能，需要留置测压导管行尿流动力学检查。

三、禁忌证

（1）泌尿生殖系感染急性炎症期，如急性膀胱炎、急性前列腺炎、睾丸附睾炎等。
（2）尿道断裂严重错位（多须行一期手术或先行膀胱造瘘）。

(3) 严重尿道狭窄或尿道畸形无法留置导尿管。
(4) 严重的凝血功能障碍及月经期（相对禁忌证）。
(5) 骨盆骨折、尿道损伤试插尿管失败者。

四、尿道解剖

成年男性尿道全长 16～22 cm，存在 2 个生理性弯曲（耻骨前弯、耻骨下弯）、3 个生理性狭窄（尿道外口、尿道膜部、尿道内口）。耻骨下弯因周围支持组织致密而基本固定不变，耻骨前弯则可通过上提阴茎与腹壁呈约 90°，使其变直而利于尿管顺利插入。在通过尿道狭窄及弯曲位置时，动作轻柔，在充分润滑下（必要时可予表面麻醉）沿合适的方向插入，切忌粗暴操作损伤尿道黏膜。（图 4-59）

女性尿道长度为 3～5 cm，具有短、直、粗的特点，其位于阴蒂与阴道口之间。少数老年妇女尿道口回缩难于暴露，需要细致辨别。若无法辨认尿道口，可嘱患者多饮水并适当利尿，使膀胱处于充盈状态，此时通过按压膀胱区被动排尿的方法辅助寻找尿道口。避免插入阴道，否则要重新导尿。（图 4-60）

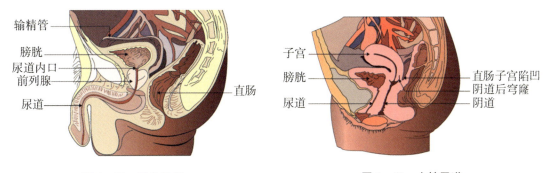

图 4-59　男性尿道　　　　　　　　图 4-60　女性尿道

五、操作前准备

（1）物品准备：无菌导尿包（内含配套消毒及导尿用物），治疗车、快速手消毒液等。（图 4-61）

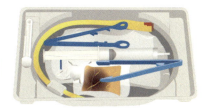

图 4-61　一次性无菌导尿包

（2）患者准备：告知患者导尿必要性、导尿流程及可能出现的不适感，消除患者紧张情绪，取得患者配合，必要时签署知情同意书；导尿前清洁外阴部。

（3）操作者准备：着装（戴口罩、帽子）、洗手，评估患者病情，核对患者信息等。

六、操作流程

导尿操作大致流程可分为五步：清洁→消毒→铺巾→插导尿管→连接集尿袋。男、女患者由于尿道解剖结构不同，操作过程有一定差别。

（一）男性导尿术

（1）携带导尿用物至患者床旁。

（2）核对患者信息，告知患者导尿注意事项。

（3）操作者多站于患者右侧，脱去患者对侧裤腿，盖在近侧，对侧腿可用被单遮盖。

（4）体位：患者平卧，两腿稍外展外旋，充分暴露会阴区域。

（5）铺垫巾于患者臀下。

（6）用手消毒液消毒双手。

（7）初步消毒外阴区。打开导尿包的外包装，取出弯盘（初步消毒用物，含镊子及碘伏棉球）置于两腿间。左手戴手套，右手持镊子夹取消毒棉球（镊尖保持向下），依次消毒阴阜、大腿内侧上1/3、阴茎、阴囊（初步消毒顺序：从外向内，从上向下，每个棉球只用1次）。左手将包皮向后推，暴露尿道口，自尿道口向外向后旋转擦拭尿道口、龟头至冠状沟。

（8）再次消毒双手。

（9）将导尿包置于患者两腿之间，按无菌原则打开包布，避免污染包布内无菌物品。戴好无菌手套，将孔巾铺于患者的外阴部并充分暴露阴茎。

（10）整理导尿用物。向导尿管气囊内注水检查有无渗漏，然后抽空。充分润滑导尿管，连接导尿管和集尿袋，打开消毒棉球。

（11）再次消毒。左手用纱布固定阴茎，向后推开包皮暴露尿道口。右手持镊子夹取消毒棉球，再次消毒尿道口、龟头及冠状沟2~3次，最后在尿道口处加强消毒1次（再次消毒顺序：从内向外，从上向下，每个棉球只用1次）。

（12）插入导尿管。左手固定阴茎并向上提起，使阴茎与腹壁大致呈90°，嘱患者平缓呼吸并放松，用镊子夹持导尿管（导尿困难时可手持导尿管，其灵活性及稳定性较好，利于插入），沿尿道口轻柔插入20 cm，见尿液流出后再进5~7 cm（基本插到尿管分叉处）。夹闭导尿管，连接注射器，根据导尿管上注明的容积向气囊内注入生理盐水（多为5~10 mL），轻柔回拉导尿管至有阻力位置，即证明导尿管固定于膀胱颈口处。导尿成功后注意复位包皮防止嵌顿，撤除孔巾，清洁外阴。集尿袋妥善固定，不能高于膀胱区，以防尿液反流，打开夹闭的导尿管，保持引流通畅。（图4-62）

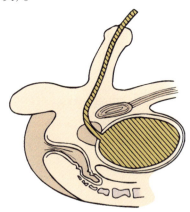

图4-62 男性导尿示意

（13）整理用物。撤除垫巾，脱去无菌手套。导尿用物按医疗垃圾分类丢弃。

(14）安置患者。安置患者舒适体位并告知其操作完毕。

(15）观察并记录。询问患者感受，适当安慰，观察患者反应及尿液引流等情况，应特别注意有无脓尿、血尿、血凝块等，并做好记录。

（二）女性导尿术

(1）携用物至患者床旁。

(2）再次核对患者姓名及床号，并再次向患者解释和交代相关情况。

(3）操作者站患者右侧，脱去患者对侧裤腿，盖在近侧，对侧腿可用被单遮盖。

(4）体位：患者取仰卧位，两腿屈膝外展外旋，充分暴露局部区域。

(5）铺垫巾于患者臀下。

(6）消毒双手。

(7）初步消毒外阴区。打开导尿包的外包装，取出弯盘（初步消毒用物，含镊子及碘伏棉球）置于两腿间。左手戴手套，右手持镊子夹取消毒棉球（镊尖保持向下），依次消毒阴阜、大腿内侧上 1/3、大阴唇，左手分开阴唇，消毒小阴唇、尿道口至会阴部（初步消毒顺序：从外向内，从上向下，每个棉球只用 1 次）。

(8）再次消毒双手。

(9）将导尿包放在患者两腿之间，按无菌操作原则打开治疗巾。戴好无菌手套后取出孔巾，铺在患者的会阴部并充分暴露阴道前庭。

(10）按操作顺序整理用物。取出导尿管并向气囊注水检查是否渗漏，然后抽空。润滑导尿管，连接导尿管和集尿袋的引流管，将消毒棉球打开置于弯盘内。

(11）再次消毒。左手用纱布分开并固定小阴唇，暴露尿道口。右手持镊子夹消毒棉球，再次消毒尿道口、两侧小阴唇，最后一个棉球在尿道口加强消毒（再次消毒顺序：从内向外，从上向下，每个棉球只用 1 次）。

(12）导尿。左手分开并固定小阴唇，充分暴露尿道口，用镊子夹持导尿管，沿尿道口轻柔插入约 5 cm，见尿液流出后继续前进 2～3 cm，夹闭导尿管，连接注射器，根据导尿管上注明的容积向气囊内注入生理盐水（多为 5～10 mL），轻柔回拉导尿管至有阻力位置，即证明导尿管固定于膀胱颈口处。撤除孔巾，清洁外阴。集尿袋妥善固定，不能高于膀胱区，以防尿液反流，打开夹闭的导尿管，保持引流通畅。（图 4 - 63）

(13）整理用物。撤下一次性垫巾，脱去手套。导尿用物按医疗废弃物分类处理。

(14）安置患者。协助患者穿好裤子，安置患者舒适体位并告知其操作完毕。

(15）观察并记录。询问患者感觉，观察患者反应及尿液引流等情况，应特别注意有无血尿，并做好记录。

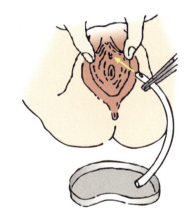

图 4 - 63　女性导尿示意

七、注意事项

（1）对膀胱高度充盈或极度虚弱患者，第一次放尿不宜超过 500 mL，且应缓慢放尿，以防止大量且快速放尿后腹压骤降，大量血液滞留于腹腔血管内，造成血压下降导致休克；亦可因膀胱突然减压，导致膀胱黏膜急剧充血，引起严重血尿。

（2）注意固定尿管，防止脱落；留置导尿后每日进行清洁消毒 2 次，预防及减少尿管源性尿路感染。

（3）特殊情况下操作应急处理：若常规导尿失败，可更换弯头导尿管或置入管芯，在其引导下再次试行导尿；必要时改行膀胱尿道镜辅助下导尿或膀胱穿刺造瘘暂时解除下尿路梗阻。

八、拔管

（一）拔管流程

（1）正确把握拔管时机：评估留置导尿的必要性，若患者病情稳定、自主排尿功能已恢复，且无尿道损伤、严重血尿等情况，则无须继续导尿，应尽早拔除导尿管，缩短留置导尿管时间，可减少感染、尿道狭窄的风险。

（2）拔管时应先将水囊内液体完全抽吸干净，夹闭引流管后将导尿管拔除。

（3）遇到拔管困难，应及时查找原因，常见拔管困难原因：管道堵塞导致水囊无法抽吸干净、尿道括约肌紧张卡压尿管、长期留置尿管导致尿道炎性狭窄等。须采取相应措施。

（二）拔管注意事项

（1）拔管前可定时关闭尿管，行膀胱逼尿肌功能锻炼，有利于拔管后恢复自主排尿。

（2）拔管前排空膀胱，并确认导尿时气囊内所注入的生理盐水的量。

（3）拔管前消毒尿道口及近尿道口处的尿管，降低感染机会。

（4）拔管时动作轻柔，取得患者配合。

（5）清醒的患者在拔管后嘱自行进行会阴清洁；意识不清和卧床患者由护士或护士指导护工进行尿道口消毒（男）或会阴抹洗（女）。

（6）拔管时彻底抽净气囊内液体，遇拔管困难或尿管气囊内的液体不能抽出时，严禁粗暴拔管，需要仔细查找原因，采取相应措施，必要时寻求泌尿专科医生帮助。

（7）注意观察患者拔管后是否恢复自主排尿；若拔管后不能自行排尿，应查明病因，必要时可再次留置导尿。

（8）气囊内注射生理盐水时，偶有出现盐分析出堵塞气囊导管的情况，导致拔管时无法抽空气囊，建议改用无菌注射用水。

（戴英波　黄书畅）

第十七节 膀胱穿刺造瘘术

一、定义与目的

膀胱穿刺造瘘术是处理各种原因导致的排尿困难、尿潴留的主要方法,多用于导尿失败或不宜行导尿的患者。该方法是用膀胱穿刺套管针做耻骨上穿刺,并通过套管置入导尿管引流尿液。

二、适应证

(1) 急性排尿困难、尿潴留患者,导尿失败。如尿道损伤、前列腺增生症、急性下尿路感染等情况并发急性尿潴留无法导尿者。

(2) 膀胱排空障碍所致的慢性尿潴留,长期留置导尿管存在较多并发症。如前列腺增生不宜手术的患者和有神经源性膀胱、脊髓损伤、糖尿病性末梢神经炎等疾病的患者。

(3) 阴茎、尿道损伤者,尿道成形、尿道吻合手术及膀胱手术后的患者,留置导尿会影响局部愈合,为确保尿路的愈合需要行暂时尿流改道者。

(4) 配合经尿道前列腺电切术,可保持术野清晰,缩短手术时间,避免前列腺电切综合征发生。

(5) 经穿刺采取膀胱尿液做检验及细菌培养,小儿和老年患者不宜留置导尿者。

三、禁忌证

(1) 有严重凝血功能障碍的患者。
(2) 有下腹部及盆腔手术史致局部组织器官粘连严重者。
(3) 盆腔巨大肿瘤致膀胱受压无法完成穿刺操作者。
(4) 下腹部皮肤、软组织有严重感染性疾病者。
(5) 膀胱癌合并尿潴留患者。
(6) 膀胱未充盈的患者。

四、膀胱解剖

膀胱是储存尿液的弹性囊状器官,其外形、大小、位置和壁的厚度随尿液充盈度而发生改变。通常成人的膀胱容量约为 500 mL,女性的容量略小于男性,老年人可因膀胱肌肉张力降低而容量增大。膀胱空虚时位于盆腔,充盈时膀胱上缘位于耻骨联合上与脐部之间。(图 4-64)

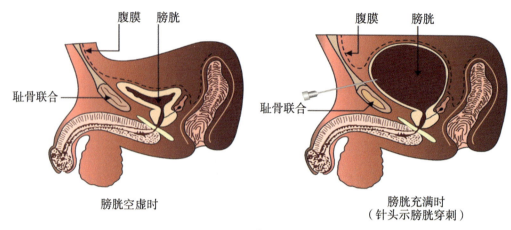

图 4-64 膀胱解剖示意

五、操作前准备

（1）物品准备：穿刺包（内含膀胱穿刺套管针、孔巾、消毒棉球、止血钳、纱布、持针器、缝针、缝线等）、导尿管、液体石蜡、消毒液（碘伏或安尔碘）、2% 利多卡因等。（图 4-65、图 4-66）

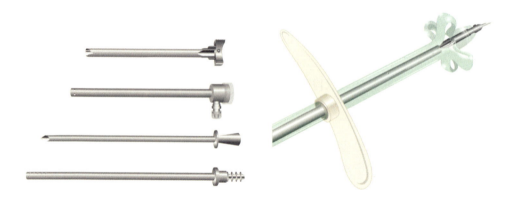

图 4-65　穿刺套管针　　　　　图 4-66　一次性穿刺造瘘套管针

（2）患者准备：向患者及其家属解释操作的必要性、操作内容、操作风险及操作后注意事项，取得其信任和配合，并签署手术知情同意书。

（3）操作者准备：核对患者信息，了解患者病情及确认膀胱充盈度，判断患者意识、生命体征等，着装整洁（戴帽子、口罩），洗手。

六、操作流程

（1）患者取平卧位，操作者站立于患者右侧。

（2）耻骨上方能叩及充盈的膀胱，若有必要可行 B 超检查进一步确认，避免操作过程中损伤腹盆腔内脏器。

（3）常规术野消毒、铺巾。

（4）穿刺点定位。取下腹正中，耻骨联合上方 2～3 cm（1～2 横指）为穿刺点。

（5）麻醉。在选定的穿刺部位注射局部麻醉药（2% 利多卡因约 5 mL），腹壁逐层麻醉，继续垂直进针直至刺入膀胱，回抽出尿液以确认穿刺方向正确。对于过度肥胖者可选用心内注射针穿刺，直至抽出尿液为止。若穿刺角度不当，向上易损伤腹腔脏器，向下可能刺入前列腺组织造成出血。

（6）切口。在穿刺点做长度为 0.5～1.0 cm 的皮肤横切口，充分切开皮肤、皮下组织和腹直肌前鞘，以减少穿刺阻力。

（7）穿刺。右手持握穿刺套管针，左手在下方保护，垂直进针缓慢刺入，在通过腹直肌前鞘时可有明显阻力，在穿过膀胱前壁时会有落空感。拔出套管针芯，可见尿液涌出，同时将套管针向膀胱腔内继续推进 2～3 cm，以防止套管针外鞘脱出膀胱，并即刻沿套管针外鞘（半环形）插入与其合适管径的球囊导尿管，多为 F16～F18 号双腔气囊导尿管。

（8）向导尿管球囊内注入生理盐水 10～20 mL，拔出套管针外鞘，适当外牵导尿管使尿管球囊贴于膀胱壁，以固定尿管并减少尿液外渗及膀胱壁渗血，连接引流尿袋。

（9）固定尿管。瘘口缝合一针并固定造瘘管，用无菌敷贴覆盖（图 4-67）。

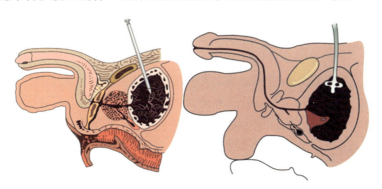

图 4-67　膀胱穿刺造瘘示意

七、注意事项

观察护理，定期更换切口敷料，每周更换引流尿袋，每月更换造瘘管；第一次更换造瘘管至少间隔 2 周以上，确保已形成完整的纤维窦道；注意防止管道脱落或堵塞。

特殊情况下操作应急处理：若患者膀胱处于空虚状态，可通过尿道向膀胱内注入 300～500 mL 生理盐水，或予充分补液并适当利尿处理，待膀胱充盈后再行造瘘，以防止穿刺失败或损伤肠管。

（戴英波　黄书畅）

第十八节 胸腔闭式引流术及拔管

一、定义

胸腔闭式引流术简称"胸引术",是将胸腔引流管带侧孔的头端置入胸膜腔,其尾端连接水封瓶,引出胸腔内的气体或液体,维持胸膜腔负压,使压缩的肺组织复张。其用于血胸、气胸、胸腔积液、脓胸和开胸手术后的引流。(图4-68)

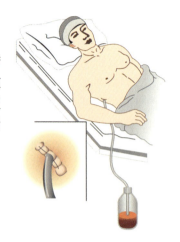

图4-68 胸腔闭式引流术

二、目的

引流胸腔内的积气、积液,促进肺复张。

三、适应证

(1) 气胸:中等量以上气胸或张力性气胸者。
(2) 血胸:中等量血胸或怀疑进行性血胸者。
(3) 中等量的持续性胸腔积液或需要呼吸机辅助通气的气胸患者。
(4) 脓胸:胸腔感染、支气管胸膜瘘及食管胸膜瘘患者。
(5) 胸腔或纵隔手术后需要引流胸腔积血、积液、积气者。

四、禁忌证

(1) 严重的凝血功能障碍。
(2) 多腔分隔包裹性胸腔积液不易充分引流者。
(3) 包裹性脓胸不易引流者。
(4) 未破裂的巨大肺大疱者。
(5) 怀疑肺包虫病积液者。
(6) 精神障碍,不能配合手术操作的患者。

五、操作前准备

(1) 明确告知患者诊断:根据已有的临床资料或影像,向患者或其家属告知患者当前的诊断(血胸、气胸、液胸或脓胸),以及病情可能演进的结果,是否危及生命等。
(2) 能够采取的治疗操作:及时行胸腔闭式引流是缓解危急状态的有效措施,同时有利于观察胸腔引流情况,帮助鉴别病因,为后续治疗赢得机会。
(3) 操作风险及并发症:疼痛、出血、感染、损伤肺、心或肝脾等相邻脏器及血管,长时间带胸腔引流管生活,必要时后续行胸腔探查手术等。

(4) 术后患者配合:保持引流管通畅,固定不滑脱,引流瓶不能倾倒或高于引流管固定位置。配合呼吸道排痰或者吸痰。

(5) 向患者或其家属告知操作风险及并发症,并签署知情同意书,尽量取得患者的配合。

(6) 选择合适的操作地点,床边或者换药处置室。

(7) 准备局部麻醉药、皮肤消毒液、注射器、1-0缝线、无菌操作包、无菌敷料,根据引流目的选择合适型号的胸腔引流管,安装及调节水封瓶液面。

(8) 核对患者影像资料,根据病情,选定合适的操作位置并标记,方便彻底引流。要求患者配合适当的体位。

六、操作流程

(1) 协助患者选择合适体位,避免患者在操作过程中移动和触碰无菌物品。全程密切留意患者的生命体征变化情况,及时给予处理。

(2) 显露操作部位并进行外科皮肤消毒、铺巾。根据选定的位置,给予2%利多卡因局部浸润麻醉,诊断性穿刺以明确是否能抽出符合术前诊断的气体或液体。

(3) 做沿肋间平行的皮肤切口,长度1～2 cm,用中弯血管钳逐层钝性分离至胸膜腔。

(4) 置入胸腔引流管头端,保持最后的侧孔进入胸膜腔5 cm,尾端连接水封瓶的延长管,观察引流是否通畅。(图4-69、图4-70)

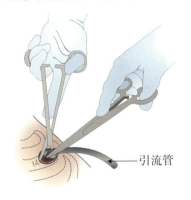

图4-69 胸腔引流管置入(外面观)   图4-70 胸腔引流管置入(剖面观)

(5) 确定引流管深度合适及引流通畅后,将引流管用双1-0丝线缝合固定于皮肤,消毒包扎,固定敷料。引流管及连接管外固定牢靠,预防脱落;水封瓶悬挂稳定,预防倾倒,至少低于床面40 cm。

(6) 妥善安置患者后,分类处理医疗垃圾。医师手消毒后交代患者注意事项。

(7) 及时完成医嘱及操作记录。

(8) 特殊情况下操作应急处理。

A. 开放性气胸或者血气胸:先消毒包扎将其转变为闭合性气胸或者血气胸后再置入引流管。进一步CT检查,评估是否需要行胸腔探查手术。

B. 连枷胸合并胸腔积液：消毒后切口应足够大，使一个手指能进入胸腔探查，引导胸管置入，预防血管钳损伤脏器、大血管等。对胸壁软化部分，进行加压包扎。

C. 进行性血胸：根据引流情况，一旦考虑为进行性血胸患者，需要及时手术剖胸探查止血。

D. 诊断性穿刺未见气体或者液体者，暂不进行胸腔闭式引流操作，需要进一步影像学（CT或者超声）明确诊断。

七、注意事项

（1）监测患者的生命体征，直到稳定。根据病情选择是否持续吸氧或心电监护。

（2）大量气胸或者液胸患者需要间断开放胸腔引流管，预防复张性肺水肿或者纵隔摆动导致的循环功能障碍。根据患者具体病情选择引流管是否间断开放引流。告知床位护士胸腔引流管的护理要求，观察总体引流液量和性状，根据病情决定引流液是否需要送微生物病原学或者病理学检测。

（3）根据病情变化及时复查胸片或者胸部CT，判断疾病转归，是否需要开胸探查或者后续手术治疗。

（4）定期局部换药，更换引流瓶。

（5）拔除胸腔引流管注意事项。

A. 准备凡士林纱块和宽胶布、换药碗、无菌剪刀、消毒液。

B. 拔管前确认胸片或CT肺复张可，无活动性漏气，引流液体清亮，量不大于 4 mL/（kg·d）。

C. 协助患者选择合适体位，局部消毒后，剪断固定线，左右旋转胸管，嘱患者深吸气后屏气，快速拔出胸管，并用凡士林纱布紧紧盖住伤口，胶布叠瓦状密封。外可覆盖棉垫，预防胸液外渗浸湿衣服。协助患者整理好衣物。

D. 检查拔出的胸腔引流管是否完整，若有残留立即汇报上级医师，须进一步手术处理。

E. 按规定处理医疗废物，防止污染。

（王晓进　曹庆东）

第十九节　疼痛的封闭治疗

一、简介

疼痛作为一种机体受到实际或潜在的损害而产生的不愉快的感觉和情绪体验，是一种复杂的生理心理活动，是临床上最常见的症状之一。封闭治疗指的是在局部组织（包括肌肉、腱鞘、韧带附着点、关节腔、神经周围、脊髓的硬膜外腔等）注射局部麻醉前及皮质类固醇药物，以达到改善局部血液循环、减轻炎症水肿、抑制致痛化学物质释放、缓解症状的治疗方法。随着影像学技术的发展，疼痛封闭治疗的准确性、安全性、有效性得到了显著提高。对于骨性标志明显的部位，借助于 C 形臂 X 光机或 CT 引导可进行精准的定位。此外，超声引导的可视化技术结合无创和可视的双重优点，可直观看到目标解剖结构（如神经和血管），增加局部给药的准确性，使得周围神经阻滞应用的范围和效果显著增加。

局部麻醉药的注射可阻断神经冲动的传导，抑制痛觉；糖皮质激素类药物的使用可消炎、止痛和松解粘连等；佐剂如阿片类药物、α_2 肾上腺素受体拮抗剂、右旋美托咪啶、维生素 B 类药物等的联合应用可以显著延长作用时间、提高效果。临床工作中应注意把握好适应证与禁忌证，进行个体化的选择。

二、适应证

各种原因所致的疼痛综合征，是封闭治疗的主要适应证。在止痛药物、康复理疗等保守治疗方案效果不佳时应考虑应用。具体疾病主要包括：腱鞘炎、周围神经卡压、肩关节疼痛（肩周炎、撞击综合征、冈上肌和肱二头肌长头肌腱炎等）、肌肉起止点及韧带附着点的劳损、非特异性腰背疼痛、滑膜炎、急性或慢性损伤后疼痛、软组织慢性炎症等。

对神经进行封闭的方法也可用于诊断。例如，在进行某一椎旁交感神经节切除术之前，常先对该神经节进行封闭，以预测该手术有无效果；对腰椎行神经根减压手术之前，可采用特定神经根封闭的方法来协助确定手术的节段；对腰椎关节突源性的疼痛，可使用腰椎脊神经背支封闭的方法治疗。此外，为治疗某种顽固性疼痛，如三叉神经痛、晚期肿瘤所致的剧烈疼痛，需要切断或酒精封闭相应的神经根或神经干，应在术前进行诊断性的封闭。在鉴别病灶痛或牵涉痛时也可采用区域局部封闭以明确诊断。

三、禁忌证

（1）封闭部位的皮肤或深层组织内有化脓性感染病灶。
（2）活动性结核、全身急性感染或者慢性感染未控制。

（3）体质极为衰弱，肝肾功能严重减退。
（4）存在严重的出血倾向或凝血功能异常。
（5）骨或软组织的肿瘤性病变。
（6）有严重消化道溃疡病、严重糖尿病患者，宜慎用激素药物封闭。
（7）孕妇及哺乳期妇女慎用。

四、常用药物

目前，常用糖皮质激素药物（如曲安奈德、地塞米松等）与局部麻醉剂（如利多卡因、罗哌卡因、丁哌卡因）配合使用。也有学者报道，可联合应用某些佐剂药物，包括阿片类药物如吗啡、丁丙诺啡、曲马多，镇静催眠药物如右旋美托咪啶、右旋糖酐，以及维生素 B_6、维生素 B_{12} 等。

五、操作流程

下面以"网球肘"的封闭治疗为例，简要介绍操作流程。

（1）向患者说明治疗目的以取得配合。询问药物过敏史。
（2）定位。充分暴露穿刺部位，明确患者的肱骨外上髁部位压痛点并做好皮肤标记。
（3）消毒。对注射部位常规皮肤消毒，一般使用安尔碘。
（4）进针。在注射器内抽好混悬液（2 mL 2% 利多卡因和 3～4 mL 的曲安奈德），将注射器针头于定位点迅速刺入皮下直至骨膜下，有针头碰触骨质感为止。
（5）回抽。回抽注射器，观察是否有回血。若误入血管应退针至皮下，调整角度、方向重新穿刺。
（6）推药。缓慢注入药物。
（7）退针。注射完毕后迅速拔出穿刺针，局部压迫止血。
（8）留观及重新检查。操作完毕后留观 15～30 分钟，观察有无异常反应。必要时再次按压痛点，若疼痛缓解或消失表明注射位置准确，作用明显。

六、注意事项

（1）封闭治疗为有创性操作，应严格遵循无菌原则。
（2）必须熟知封闭区域的局部解剖关系和体表的标志。准确地掌握操作技术，必要时可借助影像学手段指引，如X线或超声引导等。必须了解和正确处理封闭术中、术后可能发生的意外事故及并发症，做好应急预案。
（3）常规询问患者的药物过敏史。穿刺过程中应观察患者有无不适，便于及早发现过敏或其他意外。
（4）操作不当可能引起局部出血、感染、疼痛加重、损伤邻近的血管或组织脏器（如胸膜、神经组织等）。行硬膜外腔注射时，若将药物误注入蛛网膜下腔可导致全脊髓麻醉。
（5）封闭点要准确。压痛点常常是病变所在之处，因此要确定好封闭点。在皮肤消毒前做好穿刺标志。

（6）防止将药物注入血管、蛛网膜下腔或胸腔内。当将针刺入注射点后一定要回抽，确保无误后方可缓慢注药，同时观察、询问患者的反应。

（张奎渤）

第二十节　肠造口术前、术后护理

一、肠造口护理

肠造口（enterostomy）是指因治疗需要，通过手术方式在患者腹壁开口，将肠管拉出腹腔，缝合于腹壁，用于排泄粪便。（图4-71）

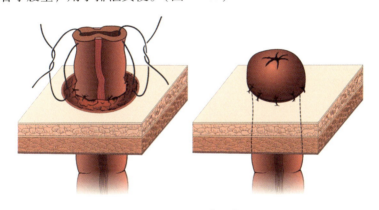

图4-71　肠造口术

（一）肠造口术前护理

1. 心理护理

肠造口术后由于排便途径的改变，给患者的生活带来极大不便，需要长期或一段时间佩戴造口袋来收集粪便。由于身体形象和心态的改变，患者出现各种各样的心理问题。对于造口患者来说，应对造口手术带来的各种问题是一项巨大的挑战。这既需要一段时间来进行生理上的康复，也需要更长的时间来愈合心理创伤。作为造口治疗师，需要通过教育和心理支持来帮助造口患者及其家属建立正确的应对模式，使其认识到造口术后要面对各种困难，同时坚定信心逐步回归到正常的生活状态。

2. 文化背景

护士在术前应评估患者的文化背景和生活习惯，以便术后更好地护理造口。如印度人认为右手是清洁的，习惯用左手抓污垢。

3. 职业特点

患者的职业特点将不同程度地影响造口位置的选择。例如，电工需要佩戴工具、警察需要佩戴枪支、司机需要长期坐着等，这些患者在进行造口位置选择时，都需要结合职业特点选择合适的造口位置。

4. 生理状况

患者是否能自我护理造口，是由他们的生理状况决定的。

（1）视力：对视力差的患者，宜选用透明造口袋，指导患者使用适合造口大小预裁剪的造口袋，通过触觉来掌握造口袋粘贴技巧。对于视力极差影响造口自我护理的患者，教会其家属造口护理方法，帮助患者护理造口。

（2）手的灵活性：评估患者有无肢体活动障碍、局限性关节炎、意向性震颤，能否更换造口袋。一件式造口袋操作简单，一些裁剪好的造口袋对手灵活性较差的患者比较合适，必要时请家属协助。

（3）语言沟通能力：对有听力障碍的患者，造口护理教育可通过观看相关视频、造口护理手册或微信公众号相关资料学习。

（二）肠造口术前定位

有研究发现，71%的造口并发症与造口位置有关。位置的选择以腹直肌内为原则，并适应患者手术后的日常生活习惯。

1. 造口定位的目的

（1）方便自我护理。

（2）便于粘贴造口袋。

（3）预防造口并发症。

（4）尊重患者的生活习惯。

2. 定位前评估

（1）手术类型：造口的位置是根据手术方式及术后造口的类型决定的。回肠造口位于右下腹；横结肠造口位于上腹部；降结肠造口位于左上腹；乙状结肠造口位于左下腹。

（2）患者的职业特点和生活习惯：如警察和电工经常会佩戴腰带，故造口位置应避开腰线部位。

（3）评估患者腹部皮肤是否有瘢痕、手术切口、皱褶、皮肤病等情况，避开骨突处。

（4）患者的合作程度：鼓励患者参与造口位置的选择，以便于自我护理造口。

3. 定位步骤

（1）环境准备：保护隐私，选择光线充足的地方，注意保暖。

（2）向患者解释造口定位的目的和重要性，取得配合。

（3）嘱患者平卧，放松身体，观察其腹部皮肤情况。

（4）选择造口位置：根据造口类型选择左边或右边腹直肌。回肠造口宜在右下腹的脐与髂前上棘连线中上1/3处或脐、髂嵴最高点、耻骨联合三点形成的三角形的三条中线相交点；乙状结肠造口在左下腹用前述方法定位；横结肠造口宜在上腹部以脐和肋缘分别做一水平线，两线之间，且旁开腹中线5～7 cm。嘱患者抬头看脚尖，操作者手指触及腹直肌边缘位置，并用油性笔以虚线做标记。（图4-72）

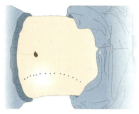

图 4-72　寻找腹直肌

（5）定位。以乙状结肠造口为例（左下腹）。脐部、髂嵴最高点、耻骨联合三点连线，形成等腰三角形。三点到对侧线中点连线，其交叉的点即造口定位处（图 4-73 中黑点）。让患者以半坐卧位、坐位、弯腰、站立等不同的体位来确定最合适的位置，并用油性笔画实心圆标记造口位置。（图 4-73）

图 4-73　乙状结肠造口定位

（三）肠造口术后护理

1. 造口术后评估

（1）造口的血运。正常造口的颜色通常为红色，且湿润。若出现暗紫色可能有造口缺血的表现。如果造口出现像水疱一样透亮的情况，为造口水肿，一般术后 1～2 个月消退。

（2）造口高度。理想的造口高度为 1～2 cm，这样便于收集排泄物。若造口高度平皮肤或低于皮肤位置，容易造成造口袋渗漏，引起刺激性皮炎等并发症。若造口突出皮肤过高，会造成佩戴造口袋困难，甚至导致摩擦肠黏膜引起造口出血或糜烂。

（3）造口形状及大小。造口的形状一般为圆形，由于手术技巧的不同，造口形状也会呈椭圆形或不规则形。

（4）造口位置。造口的位置通常在腹部的四个象限内，即右上腹、右下腹、左上腹、左下腹。

（5）造口类型。造口的类型是根据手术的方式不同来区分的，如结肠造口、回肠造口、泌尿造口等。

（6）造口模式。造口模式是指造口形成的结构，可分为单腔造口、双腔造口及袢式造口等。

（7）观察造口周围皮肤。是否有损伤、溃疡，正常皮肤是健康完整的。

（8）皮肤黏膜交界处。是否有皮肤黏膜分离，若有则按照伤口处理原则处理。

（9）造口功能的恢复。患者术后肠蠕动恢复，造口开始恢复排泄功能的时间，通常是由造口的类型来决定的。空肠造口肠功能恢复时间比较早，一般术后 2 天开始排便，通常为透明或深绿色的水样便，每天约 2 400 mL。回肠造口通常在术后 2～3 天内开始排便，每日可排出 1 500～1 800 mL 黄绿色水样便，之后会逐渐减少，排出糊状便，每日排泄量 500～800 mL。横结肠造口肠功能恢复一般在术后 3～4 天，进食后可排出糊状便或软便。乙状结肠造口肠功能恢复时间为术后 5～7 天，通常排出成形的大便。

2. **日常生活指导**

（1）造口观察。观察造口颜色是否正常，周围皮肤是否发红、糜烂，有无疼痛，排泄物颜色、性质和量、气味有无异常，是否有消化不良，有无造口并发症等。

（2）饮食。肠造口术后早期进食以清淡易消化为主，增加高蛋白饮食，如鱼汤等，以利于伤口愈合和体力恢复。饮食原则是多样化均衡饮食，少量多餐。勿进食容易产气的食物，如牛奶、大豆、洋葱等。避免进食高纤维蔬菜，如韭菜、芹菜等，以免造成造口堵塞。回肠造口患者每天饮水量 1 500～2 000 mL。

（3）衣着。衣着以休闲舒适为原则，避免压迫造口，不宜穿紧身衣裤。

（4）沐浴。患者术后体力恢复，伤口愈合即可沐浴。一般选择淋浴，避免使用浴缸浸泡。

（5）运动。根据个人喜好，可维持适度的运动，如游泳、跑步、太极、瑜伽等，游泳时可佩戴迷你袋。避免提重物、举重等剧烈运动，以免腹压增高，形成造口旁疝并发症，必要时佩戴造口腹带，以增加腹部支撑力。

（6）工作。造口患者可以正常工作和学习。从事重体力劳动者，可以适当调整工作。

（7）性生活。如果手术没有造成性功能损伤，性生活是完全可以的。可以更换迷你造口袋，与配偶进行充分交流，取得理解和鼓励，享受美好人生。

（8）社交活动。造口患者可以像正常人一样参与各种社交活动，融入社会大家庭，保持积极乐观的生活态度和生活方式，重塑幸福人生。

二、造口袋更换技术

造口袋更换是指将患者旧的造口袋拆除，评估造口及其周围皮肤情况，再将新的造口袋粘贴在造口处的过程，以提高患者舒适度，预防并发症发生。

（一）目的

（1）收集排泄物，观察其性质、量及颜色。

（2）保护造口周围皮肤，预防造口及造口周围皮肤并发症。

（3）保持造口周围皮肤完整性。

（二）适应证

适用于所有使用造口袋的造口患者。

（三）用物准备

治疗车上备生理盐水或湿巾、棉球、纱布、造口底盘及造口袋、封口条、造口测量尺、剪刀、造口粉、皮肤保护膜、防漏膏/条、造口腰带、吹风筒、除胶剂等。

（四）操作流程

（1）向患者及家属讲解换袋的目的。

（2）调节室温，保护隐私。协助患者取合适体位，暴露造口部位，身下铺一次性垫巾。

(3) 执行标准的造口袋更换流程——"ARC"换袋流程（图4-74）。

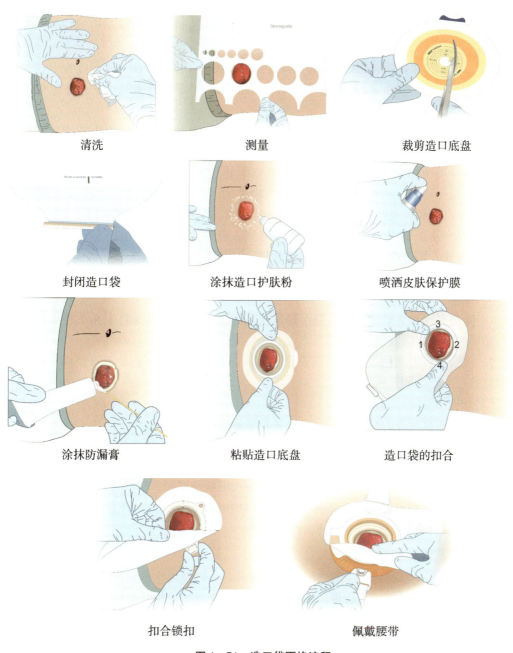

图4-74 造口袋更换流程

A. 佩戴（apply）。

a. 清洗：用生理盐水或湿巾清洗造口及周围皮肤，纱布抹干，冬天或潮湿天气需要用吹风筒吹干皮肤。

b. 测量：使用造口测量尺测量造口大小，选择合适底盘。

c. 裁剪：根据所测量造口的大小，并多出 0.2～0.3 cm，裁剪造口底盘，封闭造口袋。

d. 涂抹造口粉：在造口周围皮肤表面，喷洒少许造口粉，用纱布均匀抹开，几分钟后扫除多余粉末。

e. 喷洒皮肤保护膜：将皮肤保护膜均匀涂抹/喷洒在皮肤表面，晾干或吹干。

f. 使用防漏膏/条：将防漏膏/条涂在造口周围，用湿棉签将其抹平，注意棉签不能过湿，以免影响粘贴。

g. 粘贴底盘：撕开底盘保护纸，对准造口由下往上粘贴底盘，用手指或棉签由内往外按压底盘，反复多次，确保底盘与皮肤紧密粘贴。

h. 造口袋的扣合：四点操作法。将造口袋连接环6点钟方向与底盘扣紧（第1点）；另一只手在12点钟方向向上轻拉造口袋手柄，并压向腹部（第2点）；沿着造口袋连接环9点钟和3点钟方向向腹部轻压（第3点、第4点），扣合造口袋。

i. 扣合锁扣：将造口袋连接环锁扣转动到3点钟或9点钟位置，避免患者弯腰时锁扣压伤皮肤。用手指轻轻捏紧锁扣，听到"咔嗒"声，表明袋子与底盘被锁紧。

j. 戴腰带：将造口腰带锁扣与造口底盘扣合，四周用双手均匀抚平。

B. 揭除（remove）。

a. 除去底盘和造口袋。用一只手轻压皮肤，另一只手缓慢地自上而下轻柔揭除底盘，必要时喷少许除胶剂。

b. 观察造口的颜色、形状，是否有水肿，查看造口周围皮肤是否有浸渍，以及排泄物的颜色、性质和气味。

C. 检查（check）。

a. 检查底盘背面的粘胶是否变白，是否残留排泄物。

b. 检查造口周围的皮肤是否有皮炎和红疹，是否有疼痛和发痒，必要时可以借助小镜子查看。

c. 检查皮肤改变的形状是否与底盘粘胶变白形状相匹配，以确定渗漏的原因。

d. 如果底盘粘胶变白并残留排泄物，造口周围皮肤有浸渍，则需要改变更换频率。

（4）整理用物，垃圾分类处理，做好记录。

（五）注意事项

（1）造口袋更换时机，一般选择清晨空腹较好，以免发生渗漏。

（2）撕开底盘时要轻柔缓慢，不可用力过猛，避免造成皮肤损伤。

（3）清洗皮肤时禁止使用消毒剂或强碱性清洁剂，使皮肤抵抗力降低。

（4）清洗造口黏膜时使用不含酒精的湿巾或棉球轻柔擦洗，以免造成黏膜出血。

（5）造口袋内的排泄物一般不超过造口袋的1/3～1/2，超过要及时清理，防止造口袋爆裂。

（6）告知患者进食易消化食物，防止因腹泻导致刺激性皮炎的发生。

（7）术后1～2个月应避免重体力劳动，禁止提重物，以免发生造口旁疝等并发症。

参考文献

[1] 万德森,朱建华,周志伟,等. 造口康复治疗理论与实践 [M]. 北京:中国医药科技出版社, 2006:194 - 198.

[2] 王泠,胡爱玲. 伤口造口失禁专科护理 [M]. 北京:人民卫生出版社,2018:40 - 52.

[3] ROVERON G, DE TOMA G, BARBIERATO M. Italian society of surgery and association of stoma care nurses joint position statement on preoperative stoma Siting [J]. Journal of wound ostomy continence nursing, 2016, 43 (2):165 - 169.

[4] 中华护理学会. 成人肠造口护理:T/CNAS 07—2019 [S/OL]. [2022 - 03 - 20]. http://www.doc88.com/p - 99916634121592.html.

(杨朝霞)

第二十一节 灌 肠 术

一、定义

灌肠术是指用导管将一定量的溶液经肛管注入结肠从而达到治疗目的的方法。根据不同的治疗目的、适应证、禁忌证、液体量,灌肠术可分为大量不保留灌肠、小量不保留灌肠、保留灌肠。

三种灌肠术的区别见表4 - 1。

表4 - 1 三种灌肠术的区别

	大量不保留灌肠	小量不保留灌肠	保留灌肠
目的	解除便秘、帮助排气,降温,术前准备,减轻中毒	解除便秘、排除肠内气体以减轻腹胀	镇静、催眠、治疗肠道感染
禁忌证	急腹症、消化道出血、妊娠、严重心血管疾病	暂无	暂无
灌肠液温度	一般:39～41 ℃ 降温:28～32 ℃ 中暑:4℃	38 ℃	39～41 ℃
剂量	成人:500～1 000 mL 小儿:200～500 mL	等于灌肠液剂量	不大于 200 mL

续表 4-1

	大量不保留灌肠	小量不保留灌肠	保留灌肠
保留时间	5～10 分钟 降温则保留 30 分钟	10～20 分钟	1 小时以上
灌肠液	（1）0.1%～0.2% 肥皂液（肝性脑病禁用）； （2）0.9% 氯化钠（充血性心力衰竭禁用）	（1）50% 硫酸镁 30 mL，甘油 60 mL，温开水 90 mL； （2）油剂（甘油/液体石蜡）50 mL 加等量温开水； （3）各种植物油 120～180 mL	（1）10% 水合氯醛（镇静）； （2）2% 小檗碱液、0.5%～1.0% 新霉素/其他抗生素（肠道抗感染）
卧位	左侧	左侧	适当卧位、臀部抬高 10 cm（慢性细菌性痢疾左侧、阿米巴痢疾右侧）
肛管插入长度	成人：7～10 cm 小儿：4～7 cm	7～10 cm	10～20 cm
注意事项	（1）根据疾病，掌握灌肠的温度、浓度、流速、压力； （2）注意观察患者的反应，若出现面色苍白、剧烈腹痛、冒冷汗等应立即停止操作并报告医生； （3）保护患者自尊心	（1）把控速度； （2）用小容量灌肠筒，液面应低于肛门 30 cm； （3）避免液体反流	（1）肛门、直肠、结肠等手术患者不宜灌肠； （2）肠道感染患者宜选在夜间灌肠

三种灌肠术的具体操作流程大同小异，现以大量不保留灌肠为例。

二、目的

（1）解除便秘、帮助排气。
（2）降温。
（3）术前准备。
（4）减轻中毒。

三、操作前评估

（1）患者病情、临床诊断、灌肠目的。
（2）患者意识、生命体征、心理状况、排便情况及对灌肠的配合程度。

四、操作流程

大量不保留灌肠术操作流程见表 4-2。

表 4-2 大量不保留灌肠术操作流程

操作流程	要点说明
1. 核对 核对患者信息、医嘱、灌肠液	（1）严格执行双人查对制度； （2）有疑问及时向医生确认
2. 评估 （1）患者病情、年龄、意识、理解配合程度、对灌肠的认知； （2）环境清洁安静、舒适安全、光线充足、保护隐私	（1）评估肛周皮肤； （2）患者情绪是否稳定，能否配合操作
3. 告知 告知灌肠的目的、配合方法	语言通俗易懂，指导患者配合
4. 用物 （1）治疗盘内备灌肠袋1套、肛管、液体石蜡、棉签； （2）治疗盘外备卫生纸、橡胶或塑料单、治疗巾、弯盘、便盆及便盆巾、输液架、水温计、屏风； （3）灌肠溶液：遵医嘱准备，常用0.1%～0.2%肥皂液、生理盐水；成人每次用量500～1 000 mL，小儿200～500 mL。溶液温度为39～41 ℃，降温时用28～32 ℃，中暑时用4 ℃	（1）检查用物有效期及灌肠液的剂量； （2）注意选择合适的灌肠液
5. 操作步骤 （1）携用物至床边，向患者解释，嘱其提前排尿，用屏风或围帘遮挡； （2）协助患者向左侧卧，双膝屈曲，露出臀部，将治疗巾及橡胶单垫于臀下，弯盘放于臀边； （3）挂灌肠袋于输液架上，使液面与肛门距离为40～60 cm，用液体石蜡润滑肛管，打开调节器排气，关闭调节器，夹紧肛管； （4）将肛管轻轻插入直肠（成人插入长度为7～10 cm，小儿插入长度为4～7 cm），松开调节器，使灌肠液缓慢流入； （5）观察液体流入情况； （6）当灌肠液流完，夹闭调节器，用卫生纸包住肛管缓慢拔出，放置在弯盘内，擦净肛门。嘱患者平卧，保留5～10分钟后排便； （7）清理用物，并做好记录	（1）注意做好保暖，随时询问患者感受； （2）若灌入受阻，可稍移动肛管；有便意时，可适当放低灌肠袋并嘱患者张口深呼吸； （3）伤寒患者灌肠时，液面不可高于30 cm，液量不可大于500 mL； （4）灌肠过程中若患者出现大汗、面色苍白、腹痛等情况，应立即停止操作并及时报告医生

续表 4-2

操作流程	要点说明
6. 观察与记录 （1）患者感受； （2）大便颜色、性状、量及排便次数； （3）以降温为目的的患者，应在 30 分钟后复测体温并观察体温变化	—

五、注意事项

（1）灌肠时注意掌握灌肠液的温度、浓度、流速、压力和液量，若为伤寒患者灌肠，灌肠液不超过 500 mL，压力适当降低（液面到肛门的距离不超过 30 cm）；降温灌肠者保留 30 分钟后排出，排便后 30 分钟复测体温，并做好记录。

（2）灌肠过程中随时监测患者反应，若出现面色苍白、冒冷汗、腹部剧痛、心慌、脉速、呼吸急促等应立即停止操作，及时告知医生进行处理并安抚患者及家属。

（3）若患者存在急腹症、消化道出血、妊娠、严重心血管疾病等不宜灌肠。

（4）操作时注意保护患者隐私并防止受凉。

（5）肝性脑病患者禁止使用肥皂水灌肠，充血性心力衰竭患者或水钠潴留患者禁止使用生理盐水灌肠。

参考文献

[1] 彭刚艺，刘雪琴. 临床护理技术规范（基础篇）[M]. 2 版. 广州：广东科技出版社，2017：310.

[2] 吴惠平，罗伟香. 护理技术操作并发症预防及处理 [M]. 北京：人民卫生出版社，2020：213-220.

（杨朝霞　陈晓瑜）

第二十二节　气管切开术

在耳鼻咽喉科的临床工作中有时需要在紧急情况下对患者进行气管切开术，必要时也可行环甲膜穿刺术，目的是开放患者气道、改善通气等。因此，医生把握该手术指征非常重要，且须熟知患者的颈部解剖结构及了解其凝血功能等指标。与此同时，进行操作前须签署手术知情同意书。

一、适应证

（1）喉阻塞：各种病因引起 3 度至 4 度喉梗阻的患者，特别是短时间内难以改善的呼吸困难。

（2）下呼吸道阻塞：多见于长期卧床昏迷、长期呼吸机辅助呼吸气管插管、脑部病变、呼吸道及胸部外伤、烧伤等情况。

（3）预防性气管切开：头颈颌面外科的患者，术后为预防吸入性肺炎等并发症。

二、禁忌证

无绝对禁忌证，若患者凝血功能欠佳，需要综合评估全身情况。

三、操作前准备

（1）物品：操作包（手术刀、组织剪、2个拉钩、多个止血钳、合适的针线、不同型号的镊子、气切纱块、吸引器、适当的注射器等），同时应根据患者性别及年龄等个体情况，选择不同规格的气管套管（表4-3），术前需检查其气囊等有无漏气。

表4-3 气管套管型号

号别	00	0	1	2	3	4	5	6
内径/mm	4.0	4.5	5.5	6.0	7.0	8.0	9.0	10.0
长度/mm	40	45	55	60	65	70	75	80
适合年龄	1～5个月	1岁	2岁	3～5岁	6～12岁	13～18岁	成年女子	成年男子

（2）切口设计：在颈部体表，上为环状软骨，两侧为胸锁乳突肌前缘，尖为胸骨上切迹，称为气管切开的安全三角，此部位包括了7～8个气管软骨环及甲状腺峡部。其切开层次从外至内依次为皮肤、浅筋膜、颈筋膜浅层、胸骨上间隙、舌骨下肌群、气管前筋膜及气管前间隙（图4-75、图4-76）。

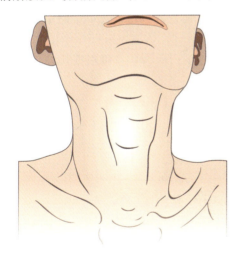

图4-75 颈部体表标志

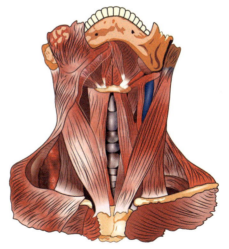

图4-76 颈部解剖标志

（3）注意事项：切口为颈前正中位，可行横向或纵向切口。术中注意保护重要的大血管及甲状腺组织，避免误吸，以免导致吸入性肺炎等风险。

四、操作流程

（1）摆好头后仰体位，类似行甲状腺手术的体位，尽量暴露颈部，并保持固定于正中位。

（2）铺巾与切口：常规消毒铺巾，铺四块无菌巾，面部的一块折起来呈"U"形，将下巴和两侧颊部包起，露出患者口鼻，再取一块无菌薄层纱布覆上，保证患者不憋气，适当缓解患者紧张的情绪。定位：胸骨上切迹上一横指水平（根据患者颈部的长短和所做咽喉手术的需要进行适当的调整）。

（3）切开皮肤后，分离皮下组织，逐层分离组织后暴露术野，与助手平行对牵，正中剪开浅筋膜及白线。（操作要保持在中线进行，在剪开的过程中可能会遇到颈前静脉的交通支，必要时可小心分离后切断结扎，避免手术向下进行时出现不断渗血，或因浅表静脉止血不佳，切开气管时患者咳嗽引起浅静脉出血。抵达并剪开白线后，将中弯止血钳，插入一侧带状肌浅面的间隙内，然后撑开钳子，拉钩对称对拉。）

（4）暴露气管（对于甲状腺较大者，必要时可用鼠齿钳将甲状腺峡部的腺体组织向上牵拉）。

（5）暴露气管后使用注射器穿刺，评估是否已抵达气管，若穿出气泡，则考虑已到达气管，使用尖刀切开气管，一般在第3至第4气管环进行切开，可行倒"U"或倒"T"形切口，注意避免切口过大过深，损伤食道及周围组织。（图4-77）

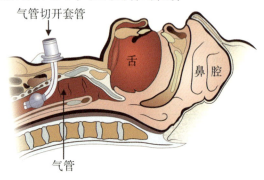

图4-77 气管切开置管

（6）确保气道在位后插入气管切开套管，评估是否在气道，确定后固定套管，打开气囊，避免血液进入气道引起吸入性肺炎。

（7）缝合切口：纵向切口，一般遵循缝上不缝下；横行切口可根据切口大小进行缝合，切勿缝合过紧，否则会导致皮下气肿。

（陈新野　陈贤珍）

第二十三节　中心静脉置管术

一、定义与目的

中心静脉主要是指颈内静脉、锁骨下静脉、股静脉及颈外静脉（相比其他大静脉，位置较表浅）等。中心静脉置管术是指通过皮肤入路，将导管置入静脉内，用于紧急情况下迅速补液和监测中心静脉压力（central venous pressure，CVP）。其目的是在临床工作中，可以有效地结合其他血流动力学参数，评估患者的右心功能和血容量变化。

二、适应证

（1）各类重症休克、严重创伤及急性循环功能衰竭等危重患者。
（2）需要在短时间内接受快速、大量输液、输血或血管活性药物，并通过监测中心静脉压随时调整输入量和速度的患者。
（3）各类大、中手术，有发生气体栓塞危险的手术及心血管代偿功能不全者。
（4）需要长期输液或使用静脉抗生素治疗，或不能进饮进食需要全胃肠外营养治疗的患者。
（5）经导管置入临时起搏器或肺动脉漂浮导管者。

三、禁忌证

（1）上腔静脉综合征应避免在颈内静脉和锁骨下静脉穿刺，可考虑股静脉穿刺。
（2）如果穿刺部位皮肤有感染，应选择另一个合适的穿刺部位。
（3）对于血小板减少或其他凝血障碍，应避免锁骨下静脉穿刺，以避免操作过程中不慎误伤动脉，因有锁骨阻挡，操作者不能有效压迫出血点，而引起局部巨大血肿。
（4）血气胸患者应避免患侧颈内静脉和锁骨下静脉置管。
（5）多发性系统性腔静脉血栓形成患者，穿刺操作容易导致血栓脱落等。

四、操作前沟通

根据患者的病情，结合适应证，排除禁忌证，向患者及其家属说明原因，解释操作的必要性。例如：患者重度烧伤，严重脱水，处于休克状态，须紧急大量并快速输液，并监测循环血容量；周围静脉难以满足临床治疗的需要，有必要实施中心静脉穿刺置管。但是穿刺的静脉位置比较深，不像表浅的外周静脉，周围伴行有大动脉、神经等其他组织，因此操作的过程中可能会损伤动脉、胸膜、胸导管等，严重者可形成局部血肿，可能发生呼吸困难、气胸、血气胸和乳糜胸等；导丝或导管穿破心脏，导致心包填塞，导丝进入心房或心室，引起心律失常；在穿刺过程中容易出现气体栓塞等；另外，因静脉位置深及解剖变异等因素，有可能穿刺失败。总之，中心静脉置管术有风险，但因病情需要，医生会仔细操作，尽量规避风险，患者及家属应信任和配合。

五、操作前准备

（1）根据条件选择患者的体位和穿刺部位。
（2）患者体位准备：取平卧位，采用颈内静脉入路时，头部向对侧倾斜（头低脚高，可增加静脉充盈度）；采用锁骨下入路时，将上肢轻轻伸展，保持锁骨稍微向前；

采用股静脉入路时，穿刺侧下肢稍外展等。

（3）中心静脉置管途径：主要有颈内静脉、锁骨下静脉、股静脉及颈外静脉置管（图 4-78）。

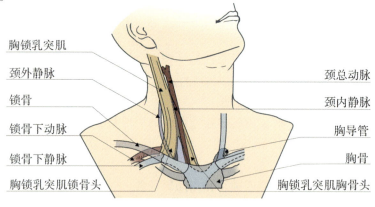

图 4-78　颈部血管解剖

A. 右颈内静脉与上腔静脉方向一致，胸膜较低，左颈内静脉与上腔静脉有一定角度；左侧有胸导管，若操作时误伤，影响淋巴液回流，会导致乳糜胸等。因此，首选右颈内静脉置管，其缺点主要是使颈部活动受限。

B. 锁骨下静脉穿刺并发症较多，穿刺过程中容易穿破胸膜及肺，尤其是反复操作时，严重者会导致气胸；误伤血管时，不容易压迫止血，可能会形成较大的血肿，甚至血胸，严重者需要手术止血，这是目前较少采用的原因。

C. 股静脉位于股动脉内侧腹股沟韧带下，即使股动脉搏动不明显也容易穿刺成功；但其缺点是容易形成下肢静脉血栓，护理困难，发生感染的概率较高。

D. 颈外静脉穿刺成功率高，但其属于外周静脉，且有静脉瓣，置管困难。

（4）采用超声定位或超声引导穿刺可提高穿刺成功率，减少穿刺并发症的发生。

（5）建议操作选择在手术室或治疗室等相对无菌的环境下进行。

（6）一次性中心静脉穿刺包（内有穿刺针、导引钢丝、导管等）。导管有成人（常见 7Fr、8Fr）和儿童型号（常见 5Fr），并有单腔、双腔和三腔，目前主要使用双腔导管。单腔导管只有单一通道，不能同时使用多种药物治疗；三腔导管会增加感染机会，故两者不推荐常规使用。

（7）2% 利多卡因 5 mL、肝素 100 mg、生理盐水 200 mL。

六、操作流程

（1）通常先使用细针（5 mL 注射器）试探穿刺，以颈内静脉中路入路穿刺为例，左手在颈动脉三角顶点摸到颈动脉的搏动点，旁开 0.5～1.0 cm，右手持注射器进针，方向对着同侧乳头，进针深度与患者颈部长短和粗细有关，一边进针一边回抽注射器，回血通畅，颜色偏暗，提示为静脉血；若不能确定，取下注射器，出血速度偏慢，甚至回吸（注意不能让空气进入血管造成空气栓塞），则提示为静脉。确定针的深度和方向后，用静脉穿刺针再次穿刺。

(2) 如果回抽没有血液，应将针头退回皮下，调整方向后进针，切忌针尖在深部改变方向，有切割血管的风险，尤其是 18G 的穿刺针。

(3) 左手固定穿刺针，右手插入导丝，深度一般不超过 15 cm；如果放置太深，可能刺激右心房，引起心律失常等。

(4) 导丝置入过程中有阻力时，不可强行置入，否则导丝容易变形和打折等，其原因可能是血管解剖变异或穿刺针偏离血管等；取出导丝，将血液回抽或调整穿刺针斜面方向，使其通畅，确保穿刺针在血管内，再次放入导丝。

(5) 导丝较柔软，使用扩张器扩张组织时要与导丝方向一致，否则导丝容易变形和打折，影响置入导管；扩张深度要足够，包括皮肤、皮下组织等，方可置入导管，但切忌暴力和置入过深，以免撕裂中心静脉。成人颈内静脉置入导管一般为 12 cm 左右。

七、签署知情同意书

知情同意书见图 4-79。

特殊操作、治疗知情同意书
科室　　　姓名　　　性别　　　年龄　　　床号　　　住院号 诊断： 　　需施行：深静脉置管。 　　拟行该操作、治疗的必要性，可能出现的意外、并发症和预后如下： (1) 该操作目的及必要性：开通快速静脉输液通道，有利于疾病的治疗等。 (2) 可能出现的意外及并发症：麻醉药过敏；操作中局部血肿形成，损伤周围正常组织、血管、器官及神经等；呼吸困难、乳糜胸、血气胸、气体栓塞、心包填塞、心律失常等；术后出血、渗出、感染等。 (3) 穿刺失败。 (4) 其他不可预知的情况。 　　对以上医生所述的（　）点内容，患者及家属表示理解，同意接受该检查、治疗，并愿意承担向其他家属说明和解释的义务和担当日后如有医患疑问发生时的全权责任人。 签署意见（同意或不同意）： 患者签名：　　　　患者不能签名的原因：1. 保护性医疗 　　　　　　　　　　　　　　　　　　　2. 无（或限制）民事行为能力人 　　被授权委托人/监护人签名： 　　签名人与患者的关系： 　　　　　　　　　　　　　　　　　　　　　　医生签名： 　　　　　　　　　　　　　　　　　　　　　　　年　　月　　日　　时　　分

图 4-79　知情同意书

八、操作记录书写

中心静脉穿刺记录见图 4-80。

```
                       中心静脉穿刺记录
  科室_____  姓名_____  性别_____  年龄_____  床号_____  住院号_____
                           穿刺摘要
  部位
  □左□右；□颈内静脉；□锁骨下静脉（锁骨□上□下法）；□股静脉
  导管
  ID：□5.0□7.0□8.0□单腔□两腔□三腔□抗感染  置管深度____cm  □缝线固定
  患者监护
  □无监测    □生命体征监测    □吸氧    □镇静    □接呼吸机
                           穿刺过程
     患者仰卧，充分暴露穿刺部位。用安尔碘（或氯己定等）常规消毒以穿刺点为中心至少
  15cm半径范围的皮肤，铺孔巾；穿刺点周围用1%利多卡因局麻后，逐层浸润至适当深度，回
  抽静脉血；用左手固定穿刺点周围皮肤，右手握住穿刺针保持负压，慢慢进针；回抽见血时，
  停止进针，若血色暗红，回血通畅，无搏动可基本确定为静脉；固定穿刺针的位置，将导丝插
  入适当深度，并退出穿刺针；用扩张管扩开皮肤及皮下组织后退出；通过导丝插入导管，拔出
  导丝时，及时夹紧导管，防止空气进入血管；根据穿刺部位不同，调整导管深度，并以注射器
  回抽排净导管各腔内空气，连接肝素帽，用肝素生理盐水（5 U/mL）封管或连接补液，安装导
  管-皮肤固定器，再以1%利多卡因局部麻醉周围皮肤，通过固定器缝线固定导管于皮肤；再次
  消毒穿刺部位，贴敷料，穿刺顺利完成。
                                                    操作者：
                                                        年    月    日    时    分
```

图4-80 中心静脉穿刺记录

九、注意事项

（1）加强中心静脉置管术后护理，降低感染发生率。

（2）患者出现严重感染，排除其他原因后，要考虑中心静脉导管感染可能。拔除导管，必要时进行导管尖端的细菌血培养，查找致病菌，合理使用抗生素。

（3）定期用肝素生理盐水冲洗，防止血栓；冲洗过程中，注意密闭管道，避免气体栓塞。

（4）导管内有血栓形成，不能顺利回抽血液时，应考虑拔除导管。

（5）拔出中心静脉导管方法：患者平卧位，予局部皮肤消毒；操作人员应戴消毒手套，用无菌剪固定导管夹的缝合线，缓慢拔出导管；同时，拔管时要观察患者的生命体征，因其可能引起呼吸困难、胸闷等不适，须及时处理；拔除后用无菌纱布局部压迫止血和局部包扎。

十、特殊情况下操作应急处理

穿刺误伤动脉时，应长时间压迫出血点至未见血肿进一步加重为止；尽量避免锁骨

下静脉重复穿刺,容易引起血气胸;多个部位仍未能置管成功,可考虑改为开放多条外周静脉,根据血压和心率等情况,判断血容量等。

(张雪霞)

第二十四节　心包穿刺引流术

一、定义

心包穿刺术是处理心包膜腔内积液、积血或积脓的有效手段,一般经心尖部或者剑突下途径置入心包腔引流管进行引流,减轻对心脏的压迫。心包穿刺术既是一种协助临床确诊的方法,又是一种解除心包压塞的紧急治疗措施。

二、目的

引流心包膜腔内积液、积血或积脓。

三、适应证

大量心包积液、积脓或积血出现心脏压塞症状者。

四、禁忌证

(1) 主动脉夹层致心包积液者。
(2) 以心脏扩大为主而积液量少者。
(3) 有严重出血倾向或凝血功能障碍者应慎重考虑手术的利弊。

五、操作前准备

(1) 明确告知诊断:根据已有的临床资料或影像,向患者或其家属告知当前的初步诊断(心包积液或积血),以及病情可能演进的结果,是否危及生命。
(2) 能够采取的操作:目前心包穿刺引流操作是缓解病情的有效方式,同时可以协助明确诊断和观察引流情况,为后续治疗赢得机会。
(3) 操作风险及并发症:有出血、感染、损伤肺脏、心脏破裂可能,必要时行开胸探查手术等。
(4) 嘱术后患者配合:保持穿刺局部干燥、清洁,保持引流管通畅,不脱管。
(5) 向患者或其家属告知操作风险及并发症,其签署知情同意书,尽量取得患者配合。
(6) 选择在床边或超声科介入室操作,如条件许可,建议超声引导下进行操作。

（7）预备局麻药、消毒液、注射器、合适型号的引流管、1-0 缝线、无菌操作包、无菌敷料、引流袋。

（8）核对患者影像资料，选定、标记合适且安全的操作位置，方便彻底引流。

（9）要求患者配合适当的体位。

六、操作流程

（1）患者可选择半卧位，床边心电监护，暴露左前胸壁和上腹部。超声引导下选好穿刺点并标记。常用的穿刺部位有胸骨左缘第 5 肋间或剑突下。

（2）以心尖部为中心，10 cm 为半径，消毒操作区域皮肤，铺巾，在穿刺点开始逐层局部浸润麻醉。（图 4-81）

（3）穿刺针尾端接注射器，在麻醉点进针，超声监视进针深度和方向。

（4）保持负压缓慢进针，见到液体抽出时，提示穿刺针已进入心包腔，停止进针，同时固定针体深度（图 4-82）。以 Seldinger 法置入引导钢丝后，扩皮鞘管进一步扩大皮肤切口，退出鞘管，保留导丝，再留置引流管，退出导丝。

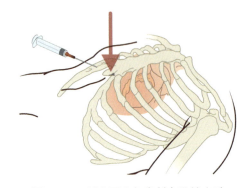

图 4-81 剑突下心包穿刺点进针麻醉

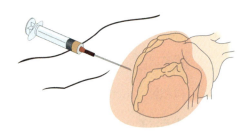

图 4-82 控制心包穿刺进针深度

（5）用注射器缓慢抽液，确定引流管通畅后接引流袋，缓慢引流心包积液。将引流管缝合固定于皮肤，留标本送检。（图 4-83）

（6）覆盖消毒纱布，并以胶布固定。

（7）妥善安置患者后，分类处理医疗废物。消毒洗手后，告知患者术后注意事项。

（8）及时完成医嘱及操作记录。

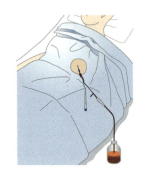

图 4-83 心包穿刺引流术

七、注意事项

（1）严格遵守心包穿刺引流适应证。心包穿刺风险较高，需要由有经验的医师操作或在其指导下完成。

（2）床边心脏超声协助定位，避开肋骨、胸骨干扰，选择积液深、距体表近的点作为穿刺部位，比较准确、安全。

（3）如果抽出血液应立即停止抽吸，并观察注射器内的血液是否凝固，患者有无心包压塞表现。如果高度怀疑发生心脏损伤引起活动性出血，立即做急诊手术探查准备。

（4）操作轻柔，进针切忌用力过度和过快，超声监视针尖位置，避免刺入心脏。

（5）抽液要缓慢，首次抽液量在 100 mL 左右，其后每次开放引流量以不超过 300 mL为宜，避免心包内压力骤降导致心脏急性扩张。

（6）监测生命体征及心电监护，预防急性右心衰。观察心包引流液的变化情况，患者有无呼吸困难、意识障碍、急性肺水肿的表现。

（7）定期局部换药，更换引流袋。

（8）特殊情况下操作应急处理：①心脏损伤破裂：严密观察有无进行性出血，心包填塞症状。若确定心脏有活动性出血，立即手术探查止血。②急性右心衰：利尿，强心，暂时夹闭引流管，减少静脉补液。

（王晓进　曹庆东）

第五章 社区重点人群保健操作技能

第一节 妇科检查及操作

一、妇科检查

妇科检查又称为女性盆腔检查,旨在初步了解女性外阴、阴道、宫颈、宫体,以及双侧附件是否存在解剖结构异常或疾病。

(一) 检查内容

妇科检查主要包括女性外阴检查、宫颈阴道窥器检查、阴道-腹部双合诊、阴道-直肠-腹部三合诊(简称"妇科内诊")和直肠-腹部双合诊(简称"肛诊")。

(二) 适应证

(1) 适用于所有需要进行盆腔检查的妇女。

(2) 三合诊主要针对患有妇科炎症、生殖器官肿瘤、生殖器结核、子宫内膜异位症的女性患者所需要进行的妇科检查。

(3) 直肠-腹部双合诊,即"肛诊",可应用于检查处女膜阴道闭锁、无性生活史,或因其他因素不适合行阴道检查的女性患者。

(三) 禁忌证

(1) 对于无性生活史的妇女,严格禁止使用阴道窥器检查。

(2) 阴道-腹部双合诊及三合诊严格禁用于检查无性生活史的妇女。

(四) 操作前沟通

面对盆腔检查,多数受检者可能会有紧张、惧怕等不适感。不恰当的检查也可能会引起交叉感染。因此,行妇科阴道内诊时需要注意以下几项:

(1) 室内温度适宜,注意保暖,环境安静。检查者应当严肃认真、语言亲切、动作轻柔、态度和蔼,使受检者身心放松,配合检查。

说明:本章第一节至第四节为基础内容,第五节至第六节为进阶提高内容。

（2）嘱受检者在检查前解小便，以排空膀胱内尿液，若病情需要可行导尿术。

（3）受检者臀部下面应置一次性使用垫单，防止交叉感染。

（4）于妇科检查床上铺消毒垫，指导并协助受检者脱去一侧裤脚，帮助受检者躺上检查床，同时要注意保暖。取膀胱截石位，缓慢下移，直至受检者臀部置于妇科检查台的边缘。嘱受检者放松腹肌，双手自然收放在身体两旁。

（5）检查前让受检者知悉盆腔检查有可能会引起不适感，嘱身体放松。检查者动作轻柔。

（6）避免在月经期做盆腔检查。若受检者为异常子宫出血者，对其进行妇科检查时，检查者须用无菌器械和戴无菌手套。先外阴消毒，然后行妇科检查，注意预防感染。

（7）进行妇科检查前，必须要向受检者询问是否有性生活史。对于无性生活史的受检者，严格禁止进行妇科阴道或窥器检查或阴道-腹部双合诊检查。若其病情需要，即病情的评估必须行妇科检查或如上操作方可了解时，须先征得受检者及其家属同意并签字后，方能开展上述检查。

（8）为尽量避免引发不必要的误会和缓解受检者紧张或尴尬的情绪，男性医师对女性受检者进行查体或妇科检查时，需要同时有女医务人员或者家属在场。

（9）对于肥胖、高度紧张、怀疑生殖器官有病变的受检者，若妇科检查不能了解具体情况时，应及早行超声波检查，必要时可在麻醉镇静后开展妇科检查以了解受检者的病情。

（五）操作前准备

（1）盆腔检查设备准备：检查床、脚凳、立灯、污物桶、洗手设备等。

（2）盆腔检查物品准备：阴道窥器、消毒手套、润滑剂、外用生理盐水、镊子、棉球、棉签、试管、玻片、刮板及常用药品等。

（六）操作流程

1. 外阴部检查

（1）于妇科检查床上铺消毒垫，指导并协助受检者脱去一侧裤脚，帮助受检者躺上检查床，同时要注意保暖。

（2）检查者戴无菌手套，观察外阴情况，了解外阴发育是否良好、阴毛分布情况及有无赘生物等。

（3）留意大阴唇、小阴唇及会阴的各部位有无皮炎、水肿、溃疡、赘生物或色素减退等改变，阴蒂长度需要注意（一般在 2.5 cm 以内）。

（4）用习惯手的拇指和食指轻柔地分离受检者的小阴唇，暴露其尿道及阴道外口、阴道前庭，观察尿道及阴道口周围黏膜的颜色，以及有无突出的赘生物。

（5）观察处女膜是否完整，一般无性生活史者处女膜完整，已经有性生活史的女性阴道口可容两指通过，经产妇可仅见到少许处女膜痕迹。

（6）通过观察，了解会阴部位有无后侧切瘢痕或陈旧性撕裂瘢痕。

（7）若怀疑受检者患有子宫脱垂、阴道前后壁膨出、压力性尿失禁等疾病，则可根据病情需要，在检查的同时嘱受检者深吸气后屏气，观察有无子宫脱垂、阴道前后壁膨出、压力性尿失禁等盆腔疾病，必要时需要记录突出物脱出阴道口的情况。

2. 腹部-阴道双合诊（简称"双合诊"）

双合诊是妇产科盆腔检查中最常用的方式，旨在检查阴道、子宫颈、子宫体、输卵管、卵巢、宫旁结缔组织及盆腔内壁有无异常。检查者将食指和中指两手指轻柔地伸入受检者的阴道内，触及宫颈及阴道穹隆部；另一手放置在受检者的腹部，与阴道内两手指配合同时进行触诊检查。

（1）于妇科检查床上铺消毒垫，指导并协助受检者脱去一侧裤脚，帮助受检者躺上检查床，必要时注意保暖。受检者躺下后取膀胱截石位，移动身体，使其臀部至妇科检查床的边缘，头部抬高，双手自然平放在受检者身体两侧。嘱其放松腹肌。危重患者无法移动时可在病房床上检查。检查者戴无菌手套，并涂抹适量润滑剂在食指和中指的指套上，然后将两指沿着阴道后壁伸入受检者阴道内，注意力度适中，动作轻柔。检查阴道是否通畅，同时了解阴道的深度，了解阴道有无先天发育异常、阴道壁有无瘢痕、结节或肿块等。

（2）检查完阴道情况后，继续检查其子宫颈，了解子宫颈的大小、质地的软硬度、外观形状及子宫颈外口的情况，有无赘生物，有无接触性出血，有无宫颈举痛及摇摆痛。

（3）随后将检查者的两指（食指及中指）放在受检者的阴道后穹隆处，检查者的另一手掌掌心朝下，手指放置在受检者腹部平脐处。当放在阴道内的两指向上、向前抬举宫颈的同时，放在腹壁表面的手指向下、向后滑动按压受检者的腹壁，与阴道内两手指同时配合，并慢慢向受检者的耻骨联合处的方向进行移动，通过双手相互协调，即可扪清子宫在盆腔内的位置、大小、轮廓、质地的软硬度、活动度和宫体有无压痛（图5-1）。正常子宫位置一般是前倾略前屈，少数女性子宫位置为后倾后屈。"倾"指子宫体的纵轴与阴道纵轴的关系，若子宫体朝向耻骨方向则称之为前倾（anteversion）；若子宫体朝向骶骨方向则称之为后倾（retroversion）。"屈"指宫体纵轴与宫颈的纵轴之间的关系，若两者间的纵轴构成的角度面朝前方称作前屈（anteflexion）；若构成的角度面朝后方则称作后屈（retroflexion）。

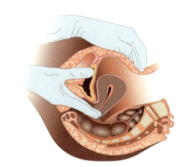

图5-1 双合诊（检查子宫）

（4）在扪清子宫状况后，检查者将放置在后穹隆的手指移至一侧穹隆部，尽量往上，向盆腔深部扪触。与此同时，另一只手从受检者同侧下腹壁的髂棘水平开始按压腹壁，与阴道内手指配合，以触诊该侧子宫及附件区有无包块、增厚或压痛等。如果触及肿物，应同时检查清楚，如肿物的位置、大小、形状、软硬度、活动度，肿物与子宫之间的关系，以及有无压痛等。正常输卵管不能扪及（图5-2）。

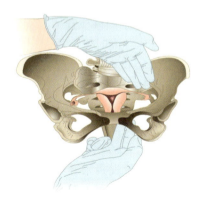

图5-2 双合诊（检查附件）

(5) 若怀疑受检者患有盆腔内病变，但由于受检者腹壁过于肥厚，或者受检者精神高度紧张无法配合检查，检查者对其盆腔检查结果不满意时，可在征求受检者及其家属同意之后，肌内注射镇静药物，必要时可施行骶管麻醉镇静后再开展盆腔检查，以期得出准确的判断。

二、阴道窥器检查

阴道窥器检查旨在辨别女性阴道的各个组织的解剖结构，应学习检查阴道的方法、步骤流程和技巧。

阴道窥器检查操作流程：

（1）根据受检者的实际情况选择合适大小的阴道窥器。根据阴道窥器的结构特点，检查受检者的阴道和子宫颈，在检查过程中要注意旋转阴道窥器，从不同的角度进行观察，以免漏诊。

（2）对于无性生活史的女性，在其未知情同意的情况下，严格禁止使用阴道窥器检查。

（3）检查者需要戴无菌手套，将阴道窥器的上下两叶自然合拢，旋紧阴道窥器的中部螺丝帽，松开其侧部螺丝，用润滑液润滑两叶的前端。

（4）在将阴道窥器放入阴道之前，先用食指和拇指轻柔地分离受检者的两边小阴唇，充分暴露阴道口，另一手持阴道窥器，取适当倾斜角度，沿阴道侧壁及后壁，将其缓慢伸入阴道内。然后再缓慢地将阴道窥器向上向后推进，推进的同时缓慢地将阴道窥器的两叶转平。当阴道窥器到达阴道穹隆处后，张开阴道窥器的两叶。动作缓慢轻柔，避免暴力，直至完全暴露出子宫颈为止。（图5-3）

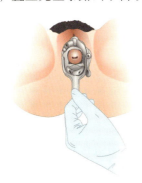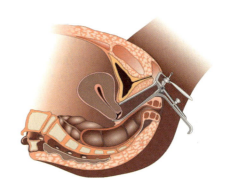

图5-3 阴道窥器检查（阴道窥器放置在阴道内的正、侧面观）

（5）观察阴道通畅情况。可直接观察阴道有无横隔或纵隔，阴道黏膜的颜色，其有无充血或水肿，阴道分泌物的性状、量、色、味等；观察子宫颈大小、形态、色泽、子宫颈外口形状，有无赘生物、溃疡、柱状上皮外移及瘢痕、腺囊肿；观察子宫颈外口有无接触性出血，有无异常分泌物从子宫颈管流出。

（6）旋转阴道窥器的侧部螺丝使其两叶放松，并缓慢旋转90°，注意阴道前后壁的黏膜皮肤色泽，有无出血、水肿，有无包块或者突出的赘生物等。

（7）调整阴道窥器中部的螺丝帽，避免将阴道窥器两叶前方松弛而膨出的阴道前后壁误认为是子宫颈前后唇。此时,应当尽可能地张开两叶,或换用大号阴道窥器来进行检查。

(8) 取出阴道窥器过程中,应一边退出阴道窥器一边将其两叶缓慢合拢,以免窥器两叶顶端挤压碰撞宫颈而导致受伤。

(9) 使用阴道窥器过程中,时刻注意避免阴道窥器夹伤小阴唇和阴道壁黏膜皮肤,以免引起患者的疼痛或不舒服感。

三、子宫颈涂片技术

(一) 子宫颈脱落细胞学检查

1. 检查目的

通过刮取或刷取受检者子宫颈的脱落细胞,进行细胞病理学检查,有助于早期筛查子宫颈癌前病变及早期子宫颈癌。

(1) 子宫颈刮片。在受检者子宫颈外口的鳞柱状上皮交接处进行取材。以受检者的子宫颈外口为中心,采用小刮板轻轻地刮取子宫颈外口1周,然后抽出刮板,在玻片上沿着一个朝向涂抹样本,涂片经固定液固定后,再放置显微镜下仔细观察。

(2) 薄层液基细胞学。对子宫颈细胞进行细胞学检查,目前在临床上绝大多数采用的是薄层液基细胞学检查(thin-prep cytology test,TCT)。该项检查主要是采用膜式液基薄层细胞检测系统,检验子宫颈脱落细胞的细胞量、有无病原体感染,并同步进行细胞学分类诊断。现该技术已在女性子宫颈的癌前病变及早期宫颈癌的筛查检测中被广泛应用,并有着重要的作用。

2. 适应证

(1) 对于21岁及以上年龄的有性生活史的妇女,应当每年进行1次子宫颈细胞学检查。若连续3次检查结果阴性,可适当延长为每3年复查1次。

(2) 有接触性出血症状,或者在妇科阴道检查时怀疑有子宫颈病变的患者。

(3) 既往有宫颈细胞学结果不正常、子宫颈癌前病变或子宫颈癌经过临床治疗以后必须要定期复查随访的患者。

3. 操作前准备

取样前24小时内须禁止以下情况:盆浴、性生活、阴道检查及阴道灌洗用药等。取材用具必须清洁干燥。

该检查应在非月经期或无阴道出血的情况下进行。

准备好阴道窥器、特制专用毛刷、含保存液的专用容器等。

4. 操作流程

(1) 嘱受检者在检查前解小便排空膀胱。于妇科检查床上铺消毒垫,指导并协助受检者脱去一侧裤脚,帮助受检者躺上检查床,同时要注意做好保暖措施。患者取膀胱截石位。

(2) 放置阴道窥器,暴露子宫颈,先用大棉拭子轻柔地将黏附在子宫颈表面的分泌物拭净,将特制毛刷放置于宫颈外口,也就是子宫颈鳞柱状上皮交界处周围。以子宫颈外口为圆心,在鳞柱状上皮交界处,沿顺时针方向旋动3～5周。

(3) 旋转并轻推毛刷杆，使毛刷头脱落浸入保存液中，拧紧专用容器盖子。

(4) 填写申请单并在保存液容器上标记患者的姓名和年龄，及时送检标本。

5. **子宫颈细胞学检查报告及分析**

关于宫颈细胞学检查报告，目前我国国内常用两种分类法，分别为巴氏五级分类法与TBS分类法。

(1) 巴氏五级分类法。巴氏五级分类法为传统的分类方法，是以不同的级别表示细胞形态学的改变，指导临床医生根据分类级别来诊治患者。其优点是方法简单、易学；其缺点是细胞各级之间的区别受检验人员的主观因素影响较多，实际上各级之间并没有严格的客观区分标准，该分类法无法很好地揭示子宫颈的癌前病变，假阴性率可高达20%。为使细胞学、组织病理学与临床能更好地结合，1988年美国制定了TBS命名系统，随后又进行了3次修改。目前，国内外多采用TBS分类法。子宫颈细胞学巴氏分类法诊断标准见表5-1。

表5-1　子宫颈细胞学巴氏分类法诊断标准

巴氏分级	临床意义	细胞特点
Ⅰ级	正常	正常子宫颈细胞涂片
Ⅱ级	炎症	细胞核增大，核染色质较粗，但染色质分布尚均匀，一般属良性改变或炎症，分为ⅡA和ⅡB。ⅡB是指个别细胞核异质明显，但又不支持恶性；其余为ⅡA
Ⅲ级	可疑癌	主要是核异质，表现为核大深染，核形不规则或双核；对不典型细胞，性质尚难确定
Ⅳ级	高度可疑癌	细胞有恶性特征，但在涂片中恶性细胞较少
Ⅴ级	癌	具有典型的多量癌细胞

(2) TBS分类法。TBS分类法从三个方面加以改进：①将子宫颈细胞涂片制作的质量列为妇产科细胞学检查报告的一部分；②对子宫颈细胞样本病变进行必要的描述；③为妇产科的临床诊治提供了细胞病理学的诊断依据，同时给予相对应的医疗意见。

TBS描述性诊断报告的主要内容包含下述几个方面：

A. 未见子宫颈上皮内病变细胞或恶性病变细胞。

a. 病原体：滴虫、白色假丝酵母菌、其他真菌、球杆菌、放线菌、单纯疱疹病毒、衣原体等。

b. 非瘤样发现：反应性细胞改变、子宫切除术后的腺细胞萎缩等。

c. 其他：40岁以上女性涂片所见的子宫内膜细胞未见异常上皮。

B. 上皮细胞异常。

a. 鳞状上皮细胞异常：①不典型鳞状细胞（atypical squamous cells，ASC），包括无明确诊断意义的不典型鳞状细胞（atypical squamous cell of undetermined significance，ASC-US）和不能排除高级别鳞状上皮内病变的不典型鳞状细胞（atypical squamous cells-cannot exclude HIS，ASC-H）；②低级别鳞状上皮内病变（low-grade squamous intraepithelial lesion，LSIL），与 CIN 术语符合；③高级别鳞状上皮内病变（high-grade squamous intraepithelial，HSIL），包括 CIN2、CIN3 和原位癌；④鳞状细胞癌，若能明确取材的组织类型，按角化型鳞癌、非角化型鳞癌、小细胞型鳞癌病理类型发报告。

b. 腺上皮细胞改变：①不典型腺上皮细胞（atypical glandular cells，AGC），包括子宫颈管细胞 AGC 和子宫内膜细胞 AGC；②腺原位癌（adencarcinoma in situ，AIS）；③腺癌，若可能，则推断其可能来自子宫颈、子宫内膜或子宫外。

C. 其他恶性肿瘤：原发于子宫颈和子宫体的不常见肿瘤及转移癌。

细胞学检查作为子宫颈癌的最基本筛查检查方法，也是辅助临床诊断的常用方法之一。相比较于高危型人乳头瘤病毒（human papilloma virus，HPV）检测，细胞学检查的特异性高，但敏感性较低，故提议 21 岁及其以上年龄的有性生活史的女性定期进行子宫颈细胞学检查，并结合 HPV 检测定期复查。

（二）子宫颈脱落细胞 HPV 检测

从子宫颈癌的流行病学及分子生物学的数据资料得出结论，HPV 感染能够引发女性的子宫颈上皮内病变，甚至导致子宫颈癌，而女性子宫颈癌发生的最主要因素是高危型 HPV 的持续性感染。因此，HPV 感染的早期发现对子宫颈癌预防和治疗均具有极其重要的意义。目前，HPV 检测作为子宫颈癌及其癌前病变的常规筛查方式已被普遍应用于临床。

1. HPV 的生理特性

HPV 归属于乳头多瘤空泡病毒科（papovaviridae）的乳头瘤病毒属，是一种环状双链 DNA 病毒。HPV 包含多种基因型，不同分型的 HPV 感染可能会引起不同的临床病变。根据致癌潜能及生物学特征，HPV 大致分为高危型和低危型。高危型如 HPV16、18、31、33、35、39、45、51、52、56、58、59、66、68 等，与癌及癌前病变相关。低危型如 HPV6、11、42、43、44 等，主要与子宫颈的轻度鳞状上皮内病变、泌尿生殖系统疣，以及复发性呼吸道息肉等疾病有关。HPV 的分型与子宫颈癌的病理分型密切相关：子宫颈鳞癌中大多数与 HPV16 感染相关，而子宫颈腺癌中大多数与 HPV18 感染相关。不同地方的 HPV 类型有不同的发生率，HPV52、58 在中国及东亚女性中检出率较高。

近些年，几乎所有实验研究都证实子宫颈癌和 HPV 感染有直接联系：①在子宫颈癌，99.7% 的病例都感染了高危型 HPV。②在动物实验和组织标本的研究中还发现感染的 HPV-DNA 滴度与女性子宫颈癌病变的程度有关，二者之间成正相关。③HPV 感染与子宫颈癌的发病具有时限的关系，一般感染 10～15 年后慢慢地演进为子宫颈癌，与生物学致病机理相一致。

2. HPV 的检测方法

目前，美国食品药品监督管理局（FDA）已批准四种 HPV 检测技术：①Hybrid Capture2（HC2）（USA，1999）；②Cenvista HPV（USA，2009）；③Cabas HPV（USA，2011）；④Aptima HPV（USA，2011）。前三种为病毒 DNA 检测，第四种是病毒 mRNA 检测。中国国家药品监督管理局批准的 HPV 检测技术达数十种之多，但绝大多数尚待临床试验验证。

3. HPV 检测的临床应用

对女性 HPV 的筛查，尤其是高危型 HPV 的检测，在早期子宫颈癌及子宫颈癌前病变的防治中有着极为重要的意义。HPV 检测主要用于子宫颈癌筛查中的以下几方面：

（1）与子宫颈细胞学检查联合使用，主要应用于女性子宫颈癌筛查，两者联合筛查可以有效地降低单一检测所导致的假阴性率。

（2）单一应用于子宫颈癌初筛。HPV 检测阳性女性需更进一步用细胞学分流。鉴于 HPV 在年轻女性中感染率高、且多为一过性的病毒感染，故不推荐 25 岁以下妇女采用 HPV 初筛。各型别 HPV 对子宫颈上皮的感染力并不相同，例如，发现感染有高危型 HPV16 或 HPV18 的妇女，其发生高级别病变的概率明显高于其他型别，因此，对于检测到 HPV16 或 HPV18 阳性的女性，可提议其进一步转诊行阴道镜检查。

（3）该检测可作为子宫颈细胞学初筛为 ASC-US 分流的实验依据，可减轻因过度诊断和治疗给患者及医师带来的负担。

（4）适用于对某些手术治疗后患者的疗效判断和随访监测。例如，子宫颈高度病变手术治疗后的患者，若术后 HPV 检测呈持续性阳性，提示仍存在残余病灶或有近期复发的可能性，需要严加随访。

4. 子宫颈癌筛查策略

目前有多种子宫颈癌筛查策略，权威的推荐机构有世界卫生组织（World Health Organization，WHO）、美国阴道镜和子宫颈病理学会（The American Society for Colposcopy and Cevical Pathology，ASCCP）、欧洲生殖器感染和肿瘤研究组织（The European Organization on Genital Infection and Neoplasia，EUROCIN）等。

筛查方案为细胞学与 HPV 联合筛查、细胞学初筛和 HPV 初筛三种。筛查要点如下：

（1）年龄达到或大于 21 岁，且有性生活史的女性需要进行筛查。

（2）若细胞学和高危型 HPV 检测结果均为阴性的女性，根据流行病学的研究结果，该情况的女性发病概率很低，因此，可提议其筛查间隔时间延长至 3～5 年。

（3）若细胞学检测结果阴性，而高危型 HPV 检测结果阳性的患者，建议其间隔 1 年复查。

（4）若细胞学检验结果为 ASC-US 及以上，且高危型 HPV 检验阳性，或细胞学检测结果为 LSIL 及以上、HPV16 及 HPV18 筛查阳性者，提议其进一步转诊行阴道镜检查。

（5）65 岁以上妇女，既往 20 年检查结果为阴性、无高级别病变史，可停止筛查。

（6）任何年龄女性，若因良性疾病已行全子宫切除，且无高级别病变史，也可停止筛查。

四、阴道分泌物悬滴检查

（一）定义

阴道分泌物（vagina discharge）主要是指由女性的生殖器官分泌到阴道内的液体，亦称"白带"（leucorrhea），主要由阴道黏膜、子宫颈管腺体、子宫内膜腺体、大阴唇汗腺、大小阴唇皮脂腺分泌物及前庭大腺液混合而成，其中又以前两者的分泌物居多。阴道分泌物成分较多，包含有脱落上皮细胞、白细胞、乳酸杆菌等。正常女性均有一定量的阴道分泌物，正常的阴道分泌物清亮透明，也可呈白色稀糊状、无味、无刺激，故不会导致外阴阴道瘙痒或其他不适感。处于接近排卵期的女性的阴道分泌物量会增多，色如蛋清状、稀薄、无味；待排卵期2～3天后，阴道分泌物量逐渐减少、浑浊、变黏稠；月经前的阴道分泌物量又稍有增加；妊娠期的阴道分泌物量可以出现生理性增多。阴道分泌物悬滴检查是临床上检测女性白带中有无滴虫、假丝酵母菌等致病菌及阴道炎症严重程度的最简单、最常用的方法。

（二）目的

查找隐藏在阴道分泌物里的病原体，以明确导致阴道炎症发生的病因及病情严重程度。

（三）适应证

白带异常或外阴阴道不适，临床可疑阴道或宫颈感染者。

（四）检查前准备及注意事项

（1）患者检查前24～48小时避免性生活、阴道检查、阴道灌洗或阴道用药等。特别注意的是，不可涂抹润滑剂在阴道窥器上，以免影响检查结果。

（2）嘱患者在检查前解小便排空膀胱。于妇科检查床上铺消毒垫，指导并协助受检者脱去一侧裤脚，帮助患者躺上检查床，同时要注意保暖，取膀胱截石位。

（3）准备好0.9%氯化钠溶液和10%氢氧化钾溶液、干净玻片，取材用具干燥清洁并做好标记，检查显微镜是否处于工作状态。

（4）取出阴道分泌物后，应注意保存，避免污染，并及时送检。

（5）多次检查结果均为阴性而反复有症状的，或顽固病例未明确诊断的患者，可改做培养法提升病原体的检出阳性率。

（五）检查方法与内容

1. 阴道分泌物清洁度检查

（1）用阴道窥器扩张阴道时，注意阴道窥器上避免涂抹润滑剂。观察阴道壁的情况，如有无点状出血等，阴道分泌物的量、颜色、性质及有无异味等。

（2）根据检测用意不同，收集阴道分泌物部位也有所不同。

A. 可疑真菌感染时，用阴道窥器扩张阴道后，使用女性灭菌拭子采样，取阴道口内4 cm内侧壁的白带来进行培养或涂片镜检。

B. 可疑滴虫或细菌感染时，使用无菌棉拭子采样，取阴道近穹隆侧壁或后穹隆处的分泌物作为检测标本。

C. 可疑子宫颈衣原体、支原体感染时，应先使用无菌棉球擦取宫颈口分泌物；再采用阴道分泌物拭子插进子宫颈管2 cm内进行采样，注意旋转拭子并逗留10～20秒钟，让拭子更好吸附分泌物，或用注射器吸取适量白带；取样后放置灭菌试管内送检。

（3）载玻片中间加1滴0.9%氯化钠溶液，将采取的阴道分泌物标本涂在溶液中，使样本均匀分布。

(4) 将标本玻片及时放在显微镜下进行观察。
(5) 阴道分泌物清洁度的分级标准：根据阴道分泌物中的阴道正常菌群（多为革兰氏阳性杆菌）与病原菌划分清洁度。正常白带清洁度为Ⅰ度至Ⅱ度，无病原体和特殊细胞。当阴道分泌物的清洁度为Ⅲ度或Ⅲ度以上，但未发现病原菌时，为非特异性阴道炎。当阴道分泌物的清洁度为Ⅳ度，同时发现有病原菌时，则为感染性阴道炎。阴道清洁度分级见表5-2。

表5-2 阴道清洁度分级

清洁度及意义	正常菌群	上皮细胞	白细胞	病原体
Ⅰ（正常）	大量	大量	0～5/HP	无或少量
Ⅱ（正常）	中等量	中等量	10～15/HP	—
Ⅲ（有感染）	少量	少量	15～30/HP	中等量
Ⅳ（严重感染）	无	少量	>30/HP	大量

2. 滴虫性阴道炎阴道分泌物悬滴检查

(1) 若患者是有性生活史的女性，则使用阴道窥器检查（不涂润滑剂），待充分暴露阴道及子宫颈后，观察并描述阴道分泌物的特性，然后使用无菌棉拭子在阴道近穹隆侧壁或后穹隆处取阴道分泌物作为标本。无性生活者可用无菌细棉棒进入阴道口提取分泌物标本。分泌物及时送检。

(2) 载玻片上滴1滴0.9%氯化钠温溶液，将标本均匀涂在溶液中，立刻在显微镜下仔细观察（防止因室温过低对结果造成影响）。

结果分析：采样标本放置在显微镜下观察，若能找到滴虫，即可诊断为滴虫性阴道炎。典型者在显微镜下可见呈波浪运动的滴虫及增多的白细胞。

3. 外阴阴道假丝酵母菌病的阴道分泌物悬滴检查

该检查取样部位最好取阴道口内4 cm内侧壁处。将采取的白带标本放于滴有10%氢氧化钾或0.9%氯化钠溶液的玻片上，混匀，然后立即在显微镜下展开仔细观察。由于10%氢氧化钾溶液可以有效地溶解其他细胞成分使显微镜视野下更容易显露假丝酵母菌，故用10%氢氧化钾的效果优于用0.9%氯化钠溶液。

结果分析：若在显微镜下发现有假丝酵母菌的假菌丝，就可以诊断。

4. 细菌性阴道病的阴道分泌物悬滴检查

该检查的最佳采样部位为阴道侧穹隆或后穹隆。取样方法与滴虫性阴道炎阴道分泌物取样法相同。

结果分析：以下4项中若有3项及3项以上为阳性者，临床上可诊断为细菌性阴道病。

(1) 阴道分泌物呈白色、稀薄、匀质状，附着在阴道壁上，阴道壁黏膜色泽正常。

(2) 胺臭味试验。将少量阴道分泌物均匀涂在载玻片上，再加入1～2滴10%氢氧化钾溶液，若导致有"烂鱼肉样"腥臭气味，则为阳性。

(3) pH的测定。使用阴道窥器扩张阴道，将pH试纸接触阴道壁上分泌物，或取少量阴道分泌物涂于pH试纸上。多数阴道分泌物pH>4.5。

(4）检查线索细胞。当有大量厌氧菌（如加德纳菌等）附着在脱落的阴道表层细胞表面，表层细胞的边缘模糊不清，似有颗粒状物附着，这些表层细胞就称为线索细胞。在载玻片上加 1 滴 0.9% 氯化钠溶液，取阴道分泌物混合成悬液，置于 400 倍的高倍显微镜下检查。显微镜下线索细胞多于 20% 为阳性。

（苏兆娟）

第二节 妇女保健

一、围生期保健

围生期保健主要是针对孕产妇一次妊娠包括从妊娠前、妊娠期、分娩期、产褥期及哺乳期内为孕产妇、胎儿及新生儿的健康所展开的一系列医疗保健措施，为母婴提供安全保障，降低孕产妇和围产儿死亡率。

（一）受孕前的保健

选取最佳的受孕时机，进行有计划的妊娠。在我国取消强制性婚前检查的政策后，主张计划妊娠，提倡在受孕的前 3~6 个月开展孕前的健康检查，目的是使受检者在受孕前就进入最佳的健康状态，对其进行身体健康状态的检查、健康教育知识的普及、开展优生指导与咨询。孕前仔细评估既往病史、家族遗传史，选择适宜时间受孕。受孕前的健康心理和社会环境同样重要，戒烟、戒酒，避免接触对人体有害的物质和放射线。非受孕的前 3 个月若能有效地补充叶酸，或补充含叶酸的复合维生素均可以大幅度地减少胎儿神经管病变、先天性心脏病等的发病率。若前次妊娠有不良孕产结局病史的患者，此次受孕应向接诊医师详细咨询，做好受孕前准备，以降低高危妊娠和高危儿的发生率。

（二）妊娠早期的保健

怀孕早期是胚胎或胎儿分化发育的重要阶段，容易受到外界因素和母体疾病的影响，造成胎儿畸形、胚胎停育或流产，需要注意防病防致畸。

早孕期保健主要有以下目的：①尽早确定并排除异位妊娠，根据孕早期胚胎发育确定准确的孕龄，对于多胎妊娠确定绒毛膜性。②预防出生缺陷。妊娠早期是胚胎形成器官的关键时刻。评估受孕前的保健情况，避免碰触有毒的化学制剂和放射线，避免密切碰触某些宠物，防止病毒感染等。③做好孕早期相关知识的宣传教育。例如，预防流产，指导孕早期的营养健康和良好的生活方式，保证足够的优质睡眠，适量活动，尽量避免高强度岗位、高噪声环境和家暴，避免精神受刺激，保证身心健康，避免心理压力，防范妊娠期及产后身心问题的出现。④开展高危妊娠的初步筛查，知晓有无不良孕产史、家族成员有无遗传疾病的病史，了解有无慢性高血压、心脏病、糖尿病、系统性红斑狼疮等慢性病史。对于不适宜继续妊娠者，应告知本人及早终止妊娠；对于高危人群仍要继续妊娠者，需要严加检查，严格遵守转诊制度。⑤针对出生缺陷的孕早期筛查，在妊娠10～14周可以进行早孕期唐氏综合征血清学筛查和胎儿严重畸形（如无脑儿、比较严重的心脏病、胎儿水肿等）的筛查。无创产前检查（noninvasive prenatal testing，NIPT）技术在孕期12—22周完成。

（三）妊娠中期的保健

该阶段的胎儿会快速生长发育。孕中期不易发生流产，因为胎盘已经形成，妊娠晚期并发症尚未出现。在此阶段，需要进行下列保健：①出生缺陷的筛查。孕中期的唐氏综合征血清学筛查、NIPT、胎儿结构异常的超声筛查等方法可筛查出生缺陷。②妊娠并发症筛查。妊娠糖尿病、早产、前置胎盘等妊娠常见并发症的筛查均可以在此阶段进行。③胎儿生长监测和评估，早期发现胎儿生长受限。④加强营养。补充铁、钙等矿物质，改变生活习惯，监测胎动、宫缩。⑤孕产妇心理评估。做好母亲的角色定位，早期发现孕产妇抑郁症，并及时处理。

（四）妊娠晚期的保健

妊娠晚期胎儿生长发育最快，体重明显增加。加强妊娠晚期的宣传教育：营养健康及良好的生活方式、自我监护、分娩及产褥期常识、哺乳、新生儿疾病筛查及预防接种等。按规定产检，动态观察胎儿生长发育的各种指标，预防或及时治疗妊娠期的并发症，如早产、胎膜早破、产前出血、妊娠期高血压疾病、妊娠期肝内胆汁淤积症等。争取早发现、早治疗胎儿宫内窘迫，做好分娩前的心理准备，适时、适式终止妊娠。协助孕妇乳房护理，指导哺乳等方面知识，便于产后哺乳。

（五）分娩期的医疗保健

分娩期在整个妊娠安全过程中是极为重要的时期，主张住院分娩，高危者须提早入院。近年来，我国卫生行政机构针对分娩期医疗卫生保健提出"五防、一加强"的要求。"五防"：预防产后出血（及早加强宫缩，尽快使胎盘娩出，纠正宫缩乏力，特别注意产后2小时的出血量）；预防产后42天内的感染（严格遵守无菌操作；未消毒就已经分娩者应给予破伤风抗毒素注射，以预防产妇产褥期感染、新生儿破伤风）；预防产程停滞（注意胎儿体积大小，产妇产道情况、精神状态，仔细观察宫缩，及时了解宫颈扩张程度和胎先露下降情况）；预防产妇产道损伤（尽量少干预，避免不适当或暴力操作，提升接生质量）；预防新生儿窒息（出现胎儿窘迫应及时处理，接产的同时呼叫新生儿科医师到场，做好新生儿抢救准备）。"一加强"：强化产时的密切监护和异常产程的及时处理。

（六）产褥期的保健

产后42天保健均在初级医疗保健单位完成，产后随访应分别在产后第3天、第14天、第28天开展。

（七）哺乳期的保健

哺乳期是指产后产妇亲自母乳喂养时期，一般为期1年。为保障母婴健康，提高婴幼儿的存活率，保护母乳喂养、促进母乳喂养和支持母乳喂养是该时期保健的核心任务。我国现有的三级医疗保健网已基本健全，可将出院的产妇转诊到街道妇幼保健组织，由其对母婴开展家庭随访。由于许多药物能通过乳汁排出，因此，哺乳期产妇用药须谨慎。母乳喂养者首选工具避孕。

（八）规范转诊原则

以下情况需要尽早会诊或尽快转诊：

（1）产前：①阴道流血。②血压超过 140/90 mmHg 或出现蛋白尿。③血红蛋白低于 90 g/L。④血小板计数低于 $100 \times 10^9 L^{-1}$。⑤肝肾功能异常。⑥内科疾病。⑦发现或怀疑胎儿畸形。⑧胎膜早破。⑨妊娠晚期的胎位异常，或者孕妇自觉胎动异常。⑩羊水过多或过少。⑪临产时发现相对头盆不称，或瘢痕子宫。

（2）分娩时及产后：①孕周小于 37 周或大于 42 周。②子宫肌层手术史（如肌瘤剔除、子宫穿孔或破裂修补、剖宫产等）。③既往有过死胎死产病史。④胎位异常。⑤无法处理的子宫收缩乏力。⑥怀疑胎盘植入。⑦Ⅲ度会阴裂伤。⑧难以修复的阴道或宫颈撕裂伤。⑨凝血功能障碍。⑩产后出血量达 500 mL 及以上。⑪新生儿重度窒息经抢救复苏后。⑫产褥感染。⑬急性乳腺炎。⑭产后抑郁。⑮晚期产后出血。

二、围绝经期保健

妇女在 40 岁左右开始进入围绝经期，随着生活条件的改善，绝经相关的生理变化可延缓到 50 岁以后。由于性激素分泌的减少，有部分女性在围绝经期前后出现一系列的身心异常症状。

（一）保健内容

围绝经期保健内容包括：①合理优质的生活，注重摄取蛋白质、维生素及微量元素，保持良好心情，加强身体锻炼。②保持外阴洁净，防治萎缩生殖器的感染，防治绝经过渡期出现的月经紊乱，警惕绝经后再次出现的阴道流血。③盆底韧带及组织结构松弛，较易出现子宫脱垂、压力性尿失禁，应行提肛锻炼，有利于提高盆底支持力。④该期为妇科肿瘤好发时期，应每年进行健康体检。⑤在接诊医师的指导下，给予补充激素、钙剂等治疗，预防及治疗绝经综合征、骨质疏松、心血管疾病等。⑥虽然受孕能力下降，仍应严格避孕直至月经停止满 1 年后。

（二）规范转诊原则

以下情况应尽早转诊上级医院或专科医师：①严重的更年期综合征。②更年期异常子宫出血。③尿失禁、子宫脱垂或其他盆腔器官脱垂。④更年期抑郁。⑤经 1 周的常规治疗无效者。⑥出现严重药物不良反应者。

三、生育指导

生育指导的本质为生育控制（birth control），即在夫妇或性伴侣双方尚未计划生育子女时避免妊娠或生育，主要通过避孕或绝育来实现，失败后则以人工流产或引产等补救方式来终止妊娠。在我国，政府曾经把以"控制人口数量，提高人口素质"为目标的计划生育（family planning）政策定为基本国策。2014 年，我国计划生育新条例允许"单独两孩"政策；2015 年年底，全面开放"二孩"政策，这意味着女性生育力的保护尤为重要。生育指导是在保障人们享有合理的生殖基本权利和自愿自由选择生育的前提下，通过更好的咨询，协助服务对象知晓和学会避孕节育的常识，根据各自情况，自由选取适合自己的、可获得的、安全有效的、可负担得起的避孕方法并得到相应技术服务的过程。以下介绍不同的避孕方法及其效果，以及可能出现的不良反应和失败后的补救处理方式。

（一）常用的避孕方法

避孕的原理：①产生对精子和卵子的抑制作用，阻止精卵结合。②使子宫内环境发生变化，阻碍精子获能、生存，妨碍受精卵着床和生长。③免疫避孕。

现阶段常用的避孕方法有药物避孕、工具避孕、手术绝育。根据具体药物组成作用和剂型不同，将药物分为长效复方口服避孕药、短效复方口服避孕药、紧急避孕药、皮下埋植的长效避孕针、外用型的杀精剂等。器械避孕主要有宫内节育器和阴道避孕环，宫内节育器与避孕药一起可形成缓释系统，从而增加避孕功效。隔离工具包括外用避孕套和宫颈帽。对输精管或输卵管结扎或粘堵可实现绝育。

（二）避孕方法的选择

避孕方法主要根据年龄、婚姻状态、性伴侣个数、生育状态、疾病状况、性交频率、生活方式等综合考虑来加以选择。避孕方法的选择见表5-3。

表5-3 避孕方法的选择

状态	宜选用	不宜选用
未婚	男用避孕套	宫内节育器、绝育
未确定结婚对象或多个性伴侣	男用避孕套	宫内节育器、绝育
已婚，暂不考虑生育	男用避孕套、宫颈帽、短效复方口服避孕药、自然节律法	宫内节育器、绝育、长效避孕药
已生育，不再生育	各种避孕法	—
已生育，有再生育要求	男用避孕套、宫颈帽、自然节律法	宫内节育器、绝育
暂时无计划	短效复方口服避孕药	长效避孕药
流产后	短效复方口服避孕药	宫内节育器
异地分居	紧急避孕、男用避孕套、宫颈帽、短效复方口服避孕药、自然节律法	—
哺乳期	月经恢复前无须采用任何措施避孕，月经恢复后可选用男用避孕套、宫颈帽、短效复方口服避孕药、自然节律法等方法避孕	—

续表 5-3

状态	宜选用	不宜选用
35岁以上的吸烟妇女	含铜宫内节育器、男用避孕套、宫颈帽	各种避孕药物
深静脉血栓形成或肺栓塞史、系统性红斑狼疮、病毒性肝炎急性期、肝硬化、肝脏肿瘤、高血压、心脏瓣膜病、乳腺癌、脑卒中、偏头痛、糖尿病肾病、糖尿病视网膜病变	含铜宫内节育器、男用避孕套、宫颈帽	各种避孕药物
妊娠滋养细胞肿瘤	短效复方口服避孕药、长效避孕针、皮下埋植	宫内节育器
子宫内膜异位症、卵巢良性肿瘤、宫颈上皮内瘤变、痛经	各种方法	—
艾滋病	男用避孕套	宫内节育器

(三) 复方口服避孕药的应用

1. 适用人群

凡是身心健康的育龄期妇女（包括新婚期、生育后）都可以使用复方口服避孕药。WHO指南指出：从月经初潮至40岁之前、不吸烟、血压正常、血糖正常、体重指数正常、无静脉血栓病史及家族史的女性均可服用。

2. 禁忌证

（1）绝对禁忌证：①怀疑或确诊妊娠；②年龄在35岁以上，每日吸烟超过15支；③产后6周内，母乳喂养；④高血压病史，血压≥160/100 mmHg；⑤血管疾病；⑥深静脉血栓形成及肺栓塞病史；⑦长期不能活动；⑧已知和凝血相关的突变；⑨脑血管意外史；⑩冠心病；⑪心脏瓣膜病（肺动脉高压、心房颤动、亚急性心内膜炎史）；⑫偏头痛（年龄35岁及以上，有局灶性神经症状）；⑬现患乳腺癌；⑭其他血管病变或患糖尿病20年以上；⑮病毒性肝炎活动期；⑯肝硬化重度；⑰肝脏肿瘤。

（2）相对禁忌证：①年龄在35岁以上，每月吸烟少于15支；②产后6周至6个月内，母乳喂养；③高血压140～159/90～99 mmHg；④高脂血症；⑤偏头痛（年龄小于35岁）；⑥乳腺癌史，5年内无复发迹象；⑦糖尿病并发症；⑧轻度肝硬化；⑨胆囊疾病药物治疗中。

3. 常见副作用及其处理

（1）恶心、呕吐、食欲减退、头晕等类似早孕反应，口服维生素B_6或复合维生素B，同时告知使用者随使用期延长，类早孕反应可逐渐减轻直至消失。

（2）突破性出血，每天加服1片正在服用的避孕药或加服适量雌激素。

（3）闭经，可服用雌孕激素序贯制剂，如戊酸雌二醇片/雌二醇环丙孕酮片复合包装或序贯使用雌孕激素，在单用雌激素 10 天后需要同时加服黄体酮 10 天。

（4）体重增加应停药或更换为屈螺酮炔雌醇片试用。

（5）头痛、乳房胀痛明显、黄褐斑、严重抑郁、肝功能异常时停药。

4．给使用者的建议

（1）用药前仔细阅读说明书。

（2）没有禁忌证，服用后未出现严重副作用者，应坚持使用。

（3）服药 1 周后应检查肝功能，异常者停药，正常者每年检查 1 次肝肾功能即可。

（4）每年 1 次妇科体检，包括子宫颈细胞学检测。

（5）与非固定性伴侣性交时，应要求对方使用避孕套。

（6）漏服 3 天内记起，立即补服，3 天后记起则必须使用避孕套或在 7 天内避免性生活。

（7）合并用药时应及时咨询。

（四）宫内节育器的使用

目前，常用的宫内节育器（intrauterine device，IUD）为含铜节育器（Cu-IUD）或含左炔诺孕酮（levonorgestrel）缓释系统的活性节育器（LNG-IUD），放置一次可维持有效避孕 5～10 年。我国妇女对宫内节育器有较高的接受率。

1．适用人群

（1）育龄女性要求放置 IUD 避孕而没有禁忌证者。

（2）需要紧急避孕，并且愿意继续 IUD 避孕，而没有禁忌证者。

（3）年龄 20 岁以上的经产妇、分娩 42 天后、流产后、异位妊娠手术后、盆腔手术后。

（4）吸烟者。

（5）BMI≥30 kg/m^2。

（6）宫颈上皮内瘤变者，宜选择 Cu-IUD。

（7）良性卵巢肿瘤患者。

（8）乳腺良性肿瘤或家族有乳腺癌病史者。

（9）心血管系统无并发症的心瓣膜病、脑出血史和高脂血症患者，宜选择 Cu-IUD。

（10）癫痫患者。

（11）偏头痛：非偏头痛者宜选择 Cu-IUD，无局部神经症状的偏头痛者宜选择 LNG-IUD。

（12）糖尿病患者宜选择 Cu-IUD，妊娠糖尿病患者宜选择 LNG-IUD。

（13）甲状腺疾病患者。

（14）胆道疾病、肝炎、肝硬化和肝脏肿瘤及肝内胆汁淤积症病史患者宜选择 Cu-IUD，贫血伴月经增多宜选择 LNG-IUD。

（15）正在服用影响肝酶活性药物者宜选择 IUD。

（16）有子宫内膜异位病变者宜选择 LNG-IUD，可缓解疼痛。

2．禁用人群

（1）妊娠或妊娠可疑者。

（2）生殖器的炎症病变、性病等，未治疗或还未治愈者。

(3) 3个月内有月经频发、月经过多（LNG-IUD 及吲哚美辛 IUD 除外），或不规则阴道出血者。

(4) 宫颈口松弛、严重撕裂（除固定式 IUD 以外）者。

(5) 子宫脱垂Ⅱ度以上者。

(6) 生殖器官解剖结构异常（如纵隔子宫、双角子宫、双子宫）者。

(7) 宫腔深度小于 5.5 cm 或大于 9 cm 者（人工流产时、剖宫产后、正常产后、有剖宫产史者及放置铜固定式 IUD 例外）。

(8) 人工流产前有不规则阴道出血史者，术时宫缩不良、出血过多、有组织物残留可疑者不宜放置。

(9) 有各种严重的全身急性或慢性疾病者。

(10) 有铜过敏史者，有左炔诺孕酮、吲哚美辛过敏者。

3. 放置时机

月经干净后 3～7 天且未发生性生活时。排卵延期或哺乳期闭经者，若排除妊娠，则可放置；人流术后可在术中立即放置；自然流产者正常月经后可放置；药流者须在 2 次正常月经后方可放置。分娩后或剖宫产时，待胎盘娩出后即可放置 IUD，但有潜在感染或出血的风险。

4. 放置前检查

(1) 妇科检查子宫附件无压痛。

(2) 白带检查以排除各种阴道炎症。

(3) 血常规排除常见的血液病或全身性感染。

(4) 排除妊娠，如尿人绒毛膜促性腺激素（human chorionic gonadotropin，HCG）阴性。

(5) B 超检查排除子宫畸形。

(6) 宫颈癌筛查（高危 HPV 测定加宫颈液基细胞学检测）排除宫颈癌及癌前病变。

5. 放置方法

(1) 仔细阅读准备放置的宫内节育器（目前国内市售宫内节育器主要有配有内藏式放置器或套管式放置叉，配有使用说明书）。

(2) 排尿后，摆好体位——膀胱截石位，常规外阴消毒，冲洗阴道。

(3) 铺无菌孔巾，排好器械。

(4) 妇科查体，明确子宫位置、大小，以及双附件有无压痛及肿块。

(5) 使用阴道窥器暴露宫颈，然后用棉球蘸取聚维酮碘，消毒子宫颈及阴道穹隆。用宫颈钳钳夹宫颈前唇，稍向外轻拉，若子宫位置呈过度屈曲，则缓慢用力向外牵拉，尽量使宫体位置呈水平位。使探针稍弯曲，探测宫腔深度。用扩宫棒按从小到大顺序扩张宫颈管，常规扩张到 5～6 号。

(6) 按照说明书所提供的放置方法放入宫内节育器。

6. 取出宫内节育器的方法

(1) 排尿后，摆好体位——膀胱截石位，常规外阴消毒，冲洗阴道。

(2) 铺无菌孔巾，排好器械。

(3) 妇科查体，明确子宫位置、大小，以及双附件有无压痛及肿块。

(4) 使用阴道窥器暴露宫颈，然后用棉球蘸取聚维酮碘，消毒宫颈及阴道穹隆。

(5) 用宫颈钳钳夹宫颈前唇，稍向外轻拉，若子宫位置呈过度屈曲，则缓慢用力向外牵拉，尽量使宫体位置呈水平位。

(6) 若在宫颈外口能看到尾丝者，可使用血管钳钳住尾丝，再缓慢向外轻拉出尾丝。

(7) 尾丝断裂或无尾丝者，使用专用取环钩或取环钳钩住或钳住宫内节育器后缓慢向外牵拉。

注意事项：休息1天，2周内禁性生活及游泳或盆浴。若出现以下情况须及时就诊：发热、较多阴道流血、腹痛、白带异常、停经等。

（五）紧急避孕

1. 适用人群

紧急避孕适用于未采取任何避孕措施、避孕套破裂或滑脱或使用不当、短效复方口服避孕药漏服2片及以上、IUD脱落的人群。

2. 服用时间

在性交后72小时内及早服用。

3. 常用药物及用量

(1) 左炔诺孕酮（每片0.75 mg）：口服1片q12h，共2次。

(2) 米非司酮（每片10～25 mg）：口服1片即可。

(3) 注意事项：

A. 紧急避孕药仅对服药之前那次的性生活有事后避孕效果，对服药后的性生活无避孕疗效。

B. 服药后出现少量阴道流血不代表成功避孕。

C. 若服避孕药后1小时内出现呕吐，应尽早补服1次。

D. 紧急避孕药仅可偶尔适用，不可替代常规避孕方式。

E. 正在怀孕中的女性禁止使用紧急避孕药，紧急避孕药对胚胎无致流产作用。

F. 事后服药越早，避孕效果越好。

G. 用药后停经应及时到医院检查，因紧急避孕药服用后避孕失败而妊娠者，其异位妊娠发生率较高，必须通过动态监测血HCG和B超检查及早确诊。

（六）人工流产

任何避孕措施均不能收到100%的效果，避孕失败后的处理主要根据所用避孕措施，有无生育要求、停经时间、孕周大小、疾病状态等综合考虑。避孕失败后的妊娠终止：7周内可选用米非司酮配伍米索前列醇流产或负压吸宫流产，7～10周采用负压吸宫流产，10～14周采用钳刮术流产，14周以后者则采用中期引产方法。

1. 药物流产

(1) 适用人群：自末次月经第1日始不超过49天，超声确认为宫内妊娠，且孕囊最大径线≤2 cm，年龄为18～40岁妇女，建议在门诊采用药物终止妊娠。

具有负压吸宫流产高危因素者：生殖道畸形、子宫过度前倾前屈、瘢痕子宫、哺乳期妊娠宫颈发育不全、对吸宫流产顾虑较多甚至恐惧。

自末次月经始超过 49 天，建议转专科住院实施。

（2）禁忌证：肾上腺疾病、糖尿病、肝肾功能异常、血栓病史、哮喘、青光眼、高血压、胃肠功能紊乱、心脏病、妊娠剧吐、血红蛋白低于 90 g/L、不能接受随访、生殖道炎症或全身感染性疾病。

（3）服药前检查血或尿 HCG，确定妊娠；盆腔 B 超，排除异位妊娠；血常规和凝血功能检查，排除疾病及中重度贫血；阴道分泌物检查，排除生殖道炎症。

（4）药物：

A. 米非司酮：总量 200 mg，可顿服 200 mg，亦可分次口服，即 50 mg q12h，首剂加倍（100 mg），服药前后 1～2 小时均禁食。

B. 米索前列醇：服用米非司酮的第三日一次性口服或阴道后穹隆放置米索前列醇 60 μg。

（5）向使用者交代注意事项：发生阴道流血、呕吐、腹泻、腹痛、心慌等情况后立即到院就诊；服用米索前列醇后，应在诊所或医院里观察 6 小时以上；阴道排出的妊娠组织须仔细查看，确认孕囊是否排出；6 小时后无组织排出，可回家观察，注意阴道是否排出组织物，若有，将排出的组织物用瓶或塑料袋装好带到医院确认是否孕囊已经排出。孕囊排出后，若阴道流血多，或流血时间长，持续 15 天以上，应尽快就医。

2. 负压吸宫流产

（1）适用人群：孕 10 周之内要求终止妊娠者；因严重全身性疾病或遗传性疾病而不宜妊娠者。

（2）禁忌证：生殖道炎症或全身感染性疾病；重要器官功能衰竭不能耐受手术；手术前 1 天每 4 小时测定 1 次体温，2 次体温均超过 37.5 ℃。

（3）术前准备：详细询问病史、全面体格检查、仔细妇科检查；必须进行的辅助检查有盆腔 B 超、尿 HCG 或血 HCG、血常规、白带常规、心电图 EGC、凝血功能。术前签署知情同意书。

（4）手术步骤：

A. 静脉麻醉（有条件时提供）。

B. 排尿后，摆好体位——膀胱截石位，常规外阴消毒，冲洗阴道。

C. 铺无菌孔巾，排好器械。

D. 术者做双合诊明确子宫位置、大小，以及双附件有无压痛及肿块。

E. 使用阴道窥器来暴露宫颈，然后用棉球蘸取聚维酮碘，消毒宫颈及阴道穹隆。

F. 术者先使用宫颈钳钳夹宫颈前唇或后唇，左手握住宫颈钳稍向外轻拉，右手用探针轻探子宫深度，并用右手一指尖在宫颈外口处的探针上定位标记。

G. 自 4 号半开始逐号更换扩宫棒至 6.5～8 号（较吸管大 0.5 号或 1 号即可）。

H. 连接好吸引管，检查吸引装置正常运行后，将吸管慢慢地放入宫腔直至宫底部，若遇到阻力，稍微后退。按孕周和宫腔大小选取合适的负压，常规控制在 400～450 mmHg（有条件时应在 B 超引导下进行），按顺时针或逆时针方向吸宫腔 1～2 圈。

感觉到宫腔壁粗糙时,停止操作,折叠塑料吸管或橡胶吸管后,退出宫腔,取出吸管。再使用小号刮匙轻刮宫底部及宫角两侧,确保宫腔吸净。需要时可再次操作,用负压吸宫腔 1 圈。

I. 取出宫颈钳,无菌棉球再次消毒阴道和宫颈且明确无活动性阴道流血后,取出窥器,术毕。

J. 将吸出组织用纱布过滤后清水漂,注意有无绒毛及胚胎。若未找到绒毛或刮出妊娠组织物太少,需要复查 B 超,排除异位妊娠,并把全部组织物送病检以确诊。

K. 术中严重并发症处理:出现人工流产综合反应(如脉搏减慢、血压下降、呼吸困难)时,应立即停止操作,同时给予阿托品 0.5 mg 静脉注射,建立畅通的静脉通道,输注葡萄糖盐水。术中出血:在排除侵蚀性葡萄胎或绒毛膜癌后,继续吸引清理干净胚胎及附属物即可止血。若出现剧烈性腹痛或明确子宫穿孔时,应立即停止操作。

(5) 术后处理:在医院的手术观察室观察 1～2 小时,注意生命体征、腹痛、阴道流血等情况,无异常时方可离开医院。术后 2 周及 1 月后,门诊复诊。若有异常(如出血多、发热、腹痛等),随时就诊。告知受术者休息 2 周,禁性生活 1 个月。加强生育指导的宣传教育,做好避孕知识指导,落实避孕措施。

(七) 规范转诊原则

以下情况需要尽早转诊至专科医生:
(1) 输卵管结扎或输精管结扎。
(2) 妊娠已经超过 70 天需要终止妊娠。
(3) 有内外科合并症或妊娠并发症。
(4) 怀疑宫内节育器嵌顿。
(5) 怀疑或确诊子宫穿孔。
(6) 术后剧烈腹痛、发热。
(7) 超过月经量的阴道流血。
(8) 带器妊娠。
(9) 瘢痕子宫妊娠。
(10) 吸宫后检查未见绒毛,高度怀疑异位妊娠。

(苏兆娟)

第三节 儿 童 保 健

一、体格测量

(1) 准备工作:体检医生穿工作服,戴口罩、帽子,洗手,自我介绍(可口述），说明来意；核对体检儿童个人信息，详细询问儿童的个人史、家族史、既往史、传染病史；询问有无进食；体检儿童已排空大小便，换好尿布；评估周围环境（光线充足，温度适宜），注意保暖；物品准备：量床、儿童体重秤、皮尺、皮褶厚度计等。

（2）体重：体重秤放平、校正零点（图5-4）；脱去鞋袜、帽子和外衣、尿布；注意使用正确的抱婴方法，使患儿平躺在体重秤盘中央；注意保护患儿；无哭闹时读数并记录，精确到0.01 kg；结果偏差不超过0.2 kg。

图5-4 儿童体重秤

（3）胸围：体检儿童取卧位或立位，平静呼吸，两手自然平放或下垂；皮尺经肩胛下角及乳晕下缘绕胸1周；松紧以不束缚呼吸为宜；读数取平静呼吸或者呼气、吸气时的中间数；读数并记录，精确到0.1 cm。

（4）头围：体检儿童取坐位或立位；皮尺经枕骨粗隆最高处、前过眉弓上缘，注意皮尺要紧贴皮肤，勿扭转（图5-5）；读数并记录，精确到0.1 cm。

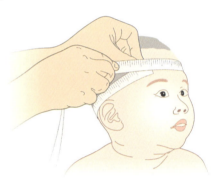

图5-5 头围测量

（5）腹围：体检儿童取卧位，空腹时测量；皮尺应平脐绕腹1周，测量婴儿腹围时，皮尺应在剑突与脐连线中点处绕腹1周；左右对称，松紧合适；读数并记录，精确到0.1 cm。

（6）上臂围：体检儿童取舒适位，一般上臂围测量儿童左上臂，沿上臂外侧肩峰至尺骨鹰嘴连线中点水平绕上臂1周；读数并记录，精确到0.1 cm。

（7）皮下脂肪：体检儿童取卧位或立位；测量部位选择锁骨中线上平脐处的腹壁，捏起皮肤及皮下脂肪，捏时两指间的距离为3 cm，捏起的皮肤皮折方向与儿童躯干长轴平行，用皮褶厚度计测量；读数并记录，精确到0.1 cm。

（8）身长：3岁以上儿童测量身高，3岁以下儿童测量身长；选用儿童测量床，检查有无破损，刻度是否清晰；体检儿童尽量脱去包被和衣物，仰卧于测量床正中，家长协助使儿童头顶接触头板，眼耳连线垂直于底板，测量者左手固定小儿膝部使双下肢伸直；将量床足板向患儿足底移动，使其紧靠足底，记录头板与足板之间的距离即患儿身长；读数并记录，精确到0.1 cm。（图5-6）

（9）顶臀长：与测量儿童身长体位相同，医生抬高儿童下肢使膝关节屈曲，大腿与底板垂直，骶骨紧贴底板；医生滑动足板移动至臀部，记录头板与臀部之间的距离即为顶臀长；读数并记录，精确到0.1 cm。

（10）前囟：用手触摸到前囟；取体检儿童前囟对边中点连线；读数并记录，精确到0.1 cm。（图5-7）

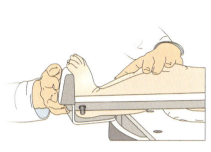
图 5-6 身长测量

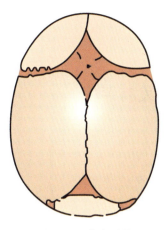
图 5-7 前囟测量

（11）结束：分析记录结果并向体检儿童家属报告。

（12）人文关怀：操作者动作轻柔、熟练，表情和蔼，善于沟通，体现对体检儿童的爱护。检查结束后，及时复原儿童的衣物，面带微笑向其告别并感谢家长的配合。

二、体格检查

（1）一般情况：首先观察体检儿童的营养发育情况，神志、面容、面色、呼吸和体位。

（2）皮肤：检查体检儿童皮肤颜色、弹性、温度、皮疹、紫癜、水肿和干燥情况。

（3）淋巴结：注意观察儿童浅表淋巴结的部位、数目、大小、硬度、活动度、有无压痛、粘连，有无红肿、瘢痕、瘘管等。

（4）头颈部：检查体检儿童头颅有无畸形，前囟闭合情况、大小及张力，颈部活动度、有无包块等。

（5）眼：必要时可检查儿童视力、观察眉毛是否有脱落或稀疏、睫毛是否有倒睫、眼睑运动情况及是否有水肿或下垂、眼球外观有无异常及震颤、结膜有无充血和水肿，观察瞳孔大小、形状、对光调节等情况。

（6）耳：检查体检儿童外耳道有无分泌物，乳突是否有压痛或局部红肿，必要时检测听力。

（7）鼻：检查体检儿童鼻有无畸形，鼻翼是否有煽动，有无异常分泌物或出血、阻塞等情况。

（8）口腔：检查体检儿童口腔气味，唇部、牙齿、舌部发育情况，观察口腔黏膜有无异常，扁桃体大小及充血情况。

（9）胸部：检查体检儿童胸廓是否对称、有无畸形或压痛，检查呼吸频率，听诊肺部呼吸音及有无杂音，听诊心脏节律及有无杂音。

（10）腹部：观察体检儿童腹部形态及皮肤，脐部有无分泌物或出血、有无脐疝，触诊儿童腹壁紧张度、有无压痛或反跳痛、有无包块，检查肝脾大小。

（11）外生殖器：观察体检儿童外生殖器有无畸形，包括隐睾、包皮过长、鞘膜积液、腹股沟疝等，检查睾丸位置及大小。

（12）脊柱四肢：观察儿童四肢是否对称，检查脊柱有无畸形如侧弯或后突等，必要时筛查先天性髋关节发育不良等疾病。

（13）神经系统：主要检查儿童四肢运动能力、活动度、对称性和肌张力。

三、发育评估

（一）评价指标

主要评估体检儿童的身长（身高）、体重、头围、体质指数等。

（二）评价方法

1. 数据表法

（1）离差法（标准差法）。一般采用三等级或五等级划分法（表5-4）。

表5-4 等级划分法

等级	<M-2SD	M-2SD~M-1SD	M±1SD	M+1SD~M+2SD	>M+2SD
五等级	下	中下	中	中上	上
三等级	下	中	中	中	上

（2）百分位数法。百分位数法中第3百分位相当于离差法的M-2SD，第97百分位相当于离差法的M+2SD。

2. 曲线图法

曲线图法能快速直观了解儿童的生长情况，如儿童的生长趋势，并能及时发现儿童生长是否有偏离的现象。

（三）评价内容

主要评价体检儿童的生长水平、匀称度和生长速度。生长水平主要反映的是儿童在同年龄、同性别人群中所处的位置；匀称度包括儿童体型和身材发育的过程；生长速度可判断儿童生长速度是否正常（表5-5）。

表5-5 生长水平和匀称度的评价

指标	测量值		评价
	百分位法	标准差法	
体重/年龄	<P3	<M-2SD	低体重
身长（身高）/年龄	<P3	<M-2SD	生长迟缓
体重/身长（身高）	<P3	<M-2SD	消瘦
	P85~P97	M+1SD~M+2SD	超重
	>P97	≥M+2SD	肥胖
头围/年龄	<P3	<M-2SD	过小
	>P97	>M+2SD	过大

四、儿童预防接种

（一）接种前准备

（1）环境要求。预防接种门诊布局要合理，分为疫苗接种咨询区、疫苗登记区、预防接种区、疫苗注射后留观区四个功能区，各个区域必须设置醒目标志，就诊指引简单明了。保持室内地面清洁，光线明亮，温度适宜，定期通风。设生活垃圾桶及医疗垃圾桶，摆放位置合理，方便使用，做好使用指引。留观区、候诊区设置固定椅子，摆放合理，方便候诊。门诊候诊区做好相关公示，内容包括国家免疫规划疫苗的品种、免疫程序、接种方法、接种疫苗后可能出现的副作用等；非免疫规划疫苗除了公示上述内容外，还需要公示疫苗价格及附加的非免疫规划疫苗服务费；另外，摆放相关疫苗的宣教资料；公示门诊疫苗接种服务时间、科室咨询电话及微信公众号。各种疫苗接种同意书分类摆放在工作台，方便工作人员取用。有专用的电脑及疫苗登记系统。

（2）工作人员要求。穿工作服，衣着整洁，佩戴工牌，除应具有医师、护士或乡村医生资格外，还需要参加县级以上卫生健康主管机构举办的预防接种理论学习及操作考试。持有预防接种上岗证。工作人员态度认真、负责、有耐心和爱心。

（二）预防接种登记

（1）核对受种者基本信息。预防接种登记人员通过核实预防接种证、预防接种电子档案和当面询问的方式，确认受种者的全名、性别、出生日期、联系电话、监护人全名等基本信息是否准确一致。

（2）确定当天可接种的疫苗品种。预防接种登记人员当面询问和了解受种者预防接种史，结合国家免疫规划程序、非免疫规划疫苗接种建议、临床检查检验资料等，判断受种儿童当天可接种的疫苗品种。

（3）提供预防接种前的告知、询问。通过讲解或发放宣教资料让受种儿童的监护人了解接种疫苗的名称、用途、禁忌、免疫程序、现场留观等需要注意的内容。非免疫规划疫苗为自费疫苗，须自愿接种，登记工作人员须告知接种者。

（4）了解受种者健康状况。询问受种者近1周的身体状况，测量受种者体温，检查口腔、身上皮肤情况，了解用药情况等；查看受种者病例资料，不能确定受种者健康情况的，建议其到相关专科就诊明确诊断；确认有无疫苗接种的禁忌证和慎用证，告知医学建议，并指导签署疫苗接种知情同意书。

（5）登记预防接种信息。在预防接种证和预防接种电子档案中登记本次疫苗接种信息，包括疫苗名称、接种时间、疫苗规格、接种剂量、生产厂家、有效期、接种途径等，核对接种信息无误后签字确认。受种者无接种电子档案的，根据其提供的资料重新建立电子档案，然后登记本次疫苗接种信息。

（6）预防接种预约。根据疫苗的免疫程序和传染病流行情况，告知下次疫苗接种的建议和接种时间，并做好记录。

（三）疫苗接种的实施

（1）接种室内地面清洁、光线明亮，温度22～25 ℃；接种台清洁干燥，有专用的电脑及预防接种系统;注射器、消毒棉签摆放合理,消毒液为75%酒精,备好手消毒液、锐器盒、医疗垃圾、外包装分类放置。

(2) 接种人员应穿工作服、胸前佩戴工牌、修剪指甲、刘海不过眉,头发绑好,洗手、戴口罩,护士应戴护士帽。

(3) "三查七对"加"一验证"。核对预防接种证、受种者、疫苗信息是否一致。"三查":一是核实受种者健康状态、有无接种禁忌证;二是核对预防接种证、预防接种电子档案中有关受种者和接种疫苗的信息;三是检查疫苗、注射器的包装和外观是否正常,检查疫苗批号,检查疫苗、注射器、稀释液是否在有效期内。"七对":查对受种者的全名、出生日期和接种疫苗的名称、规格、剂量、接种部位、接种方法。"一验证":告知受种者或其监护人接种疫苗的信息,确认无误后实施疫苗接种。

(4) 接种部位皮肤消毒。

A. 选择接种部位:皮肤有瘢痕、硬结、炎症和病变的部位不宜进行疫苗接种,应更换部位接种疫苗或暂缓疫苗接种。

B. 家长抱姿要求:接种时家长坐在椅子上,面朝接种人员,儿童侧坐在家长一侧大腿上,家长用一手扶着儿童肘关节,一手扶着儿童肩膀,两腿夹紧儿童小腿,把儿童抱紧,露出儿童接种部位。(图5-8)

C. 接种部位用无菌棉签蘸75%酒精,由内向外螺旋式涂擦2次;消毒范围为直径≥5 cm;待酒精晾干后进行疫苗接种。

(5) 接种方法。

A. 口服法。

适用疫苗:口服脊灰苗(OPV)。

操作方法:

图5-8 家长抱姿要求

a. 液体剂型疫苗滴2滴到儿童口中。

b. 使用糖丸剂型疫苗时,先将其溶于5 mL凉开水中,然后用勺子喂服。

B. 注射法。

a. 皮内注射法。

适用疫苗:卡介苗。

接种部位:上臂三角肌部位,以下缘为主。

操作方法:

a) 监护人固定儿童,露出其左/右上臂外侧三角肌下缘。

b) 用注射器抽吸疫苗,将注射器内空气排尽,予75%酒精消毒皮肤2遍,待酒精干后,左手绷紧注射部位皮肤,右手食指固定针管,针头斜面向上,进针角度为10°~15°。缓慢注入0.1 mL疫苗,局部可见一圆形隆起的皮丘,皮肤变白,毛孔变大,注射完毕,无须按压针眼。

b. 皮下注射法。

适用疫苗:麻疹疫苗、麻风疫苗、麻腮风疫苗、A群脑膜炎球菌多糖疫苗、A群C群脑膜炎球菌多糖疫苗等。

接种部位:上臂三角肌下缘处。

操作方法：

a. 监护人固定儿童，露出其左/右上臂外侧三角肌下缘。

b. 预防接种护士抽吸疫苗，将注射器内空气排尽，予75%酒精消毒皮肤2遍，待酒精干后，左手绷紧皮肤，右手持注射器，针头斜面向上，进针角度为30°～40°，进针深度为针头的1/2～2/3，缓慢推注疫苗，注射完毕，用干棉签按压针刺处约1分钟。

（C）肌内注射法。

适用疫苗：百白破疫苗、乙肝疫苗等。

接种部位：上臂三角肌下缘、大腿中部，以外侧常用。

操作方法：

a. 监护人固定儿童，露出儿童上臂外侧三角肌/大腿前外侧中部肌肉。

b. 预防接种护士抽吸疫苗，将注射器内空气排尽，予75%酒精消毒皮肤2遍，左手将注射部位肌肉绷紧，右手持注射器，以90°垂直进针，进针深度约为针头的2/3，握紧针管，缓慢推注疫苗，注射完毕，用消毒干棉球或干棉枝轻压针刺处约1分钟。

（6）接种人员按照操作流程进行疫苗注射，防止被使用过的针头误伤。操作完毕，将注射器投入锐器盒，注射器使用后不可回套针帽，不能分离针头，防止被针刺伤。

（7）接种护士完成疫苗接种后及时在接种证或接种卡上签名，告知受种者或其监护人在接种门诊留观30分钟及其必要性，无不适后方可离开；工作人员加强巡视，出现不良反应及时处理，按规定做好上报。

（8）接种人员为儿童完成预防接种后及时用快速手消毒液进行手消毒，避免交叉感染。接种室每天用流动紫外线灯管照射1小时，并做好记录，以达到消毒作用。

（9）疫苗接种注意事项。

a. 疫苗稀释液专苗专用，避免混合使用。

b. 含吸附剂的百破、百白破疫苗，使用前充分摇匀。冻干疫苗使用前先抽取稀释液，沿疫苗瓶内壁注入，注入稀释液要缓慢，摇荡时幅度不可过大，疫苗充分溶解后抽吸，减少或避免产生泡沫。

c. 减毒活疫苗在开启和注射时，禁止和75%酒精接触。

d. 疫苗开启后尽快使用。口服脊灰苗开启后未用完的，置2～8℃医用冰箱存放；已开启的灭活疫苗于冰箱内存放的时间不超过1小时。

e. A群流脑、百破疫苗为多人份疫苗，接种门诊安排儿童集中接种，减少疫苗浪费。

及时为适龄儿童进行疫苗接种，防止传染病暴发，让儿童免受疾病的威胁是我们的责任。良好的医德医风、严谨的工作态度、过硬的技术是我们每一位预防接种工作人员应该具备的素质。

五、新生儿与婴儿访视

（一）访视目的

新生儿及婴儿访视是为了宣传和普及科学育儿知识，指导家长合理喂养及家庭护理，预防疾病及早期发现疾病状态，降低新生儿及婴儿的发病率和死亡率，促进新生儿及婴儿的健康成长。

（二）访视次数

1. **正常足月新生儿**

出生后 28 天内应家访 3～4 次，最低访视次数不少于 2 次。

（1）首次访视：在出生后 7 天内进行。若发现异常情况应增加访视次数，必要时转诊。

（2）满月访视：在出生后 28～30 天进行。新生儿满 28 天后，询问是否按时接种第二针乙肝疫苗。

2. **高危新生儿**

首次访视应在出院 3 天内进行，根据具体情况酌情增加访视次数。

符合以下高危因素之一的新生儿为高危新生儿：

（1）早产儿（胎龄 < 37 周）。

（2）低出生体重儿（出生体重 < 2 500 g）、极低出生体重儿（出生体重 < 1 500 g）、超低出生体重儿（出生体重 < 1 000 g）或巨大儿（出生体重 > 4 000 g）。

（3）出生前有宫内窘迫或出生后有新生儿窒息及抢救史，缺氧缺血性脑病、颅内出血患儿。

（4）高胆红素血症患儿。

（5）新生儿肺炎、新生儿脐炎、新生儿坏死性小肠结肠炎、新生儿败血症等感染者。

（6）新生儿患有各种出生缺陷（如唇裂、腭裂、严重先天性心脏病等）及先天性、遗传代谢性疾病。

（7）孕母有异常妊娠或分娩病史、孕母疾病史、高龄产妇分娩（孕母年龄≥35 岁）。

3. **婴儿**

6 个月以内婴儿应每月访视 1 次，7～12 个月婴儿应 2～3 个月访视 1 次，高危儿根据情况适当增加访视次数。

（三）访视内容

1. **问诊**

（1）母孕期及新生儿出生情况：母亲疾病史，如感染、慢性心肺疾患、高血压、糖尿病、甲状腺功能亢进或低下、贫血，母亲为 Rh 阴性血型或过去有死胎、死产或性传播疾病史等，药物使用情况，吸烟、吸毒或酗酒史，孕周、分娩方式，是否双（多）胎，有无新生儿窒息、难产、手术产、急产、产程延长、产伤和畸形，出生时体重、身长、头围，是否已做新生儿听力、视力筛查和新生儿足底筛查。

（2）一般情况：睡眠，有无呕吐、腹胀、腹泻，有无惊厥、咳嗽、气促、发绀，大小便次数、性状及预防接种情况。

（3）喂养情况：喂养方式、吃奶次数、每次奶量及辅食添加等情况。

2. **测量**

（1）体重。

测量前准备：每次测量体重前均需要将体重计调零。新生儿或小婴儿需要排空大小便，脱去帽子、外衣裤、鞋袜，仅穿内层单衣裤或尿布，冬季应注意保持室内环境温暖。

测量方法：新生儿或小婴儿取仰卧位，待安静时数据稳定后读数，记录时需要减去衣服或尿布重量，体重记录以千克为单位，精确至小数点后 2 位。

（2）体温。

测量前准备：在测量体温之前，应将体温表水银柱甩至35℃刻度以下。

测量方法：用腋表测量，保持5分钟后读数。

3. 体格检查

（1）一般状况：观察精神状态，面色是否红润或苍白、发绀，吸吮反射，哭声，反应等。

（2）皮肤黏膜：有无黄染、发绀、苍白、皮疹、出血点、糜烂、破溃、脓疱、硬肿、水肿等。

（3）头颈部：前囟大小及张力，是否闭合、膨隆或凹陷，颅缝大小，是否重叠，有无头颅血肿，有无包块。

（4）眼：外观有无异常，结膜有无充血和异常分泌物，巩膜有无黄染，检查瞳孔对光反射情况。

（5）耳：外观有无畸形，外耳道是否有异常分泌物。

（6）鼻：外观有无畸形，呼吸是否通畅，有无鼻翼扇动，鼻腔是否有异常分泌物。

（7）口腔：有无唇、腭裂，口腔黏膜有无疱疹、溃疡、鹅口疮。

（8）胸部：外观有无畸形，有无呼吸困难和三凹征，计数1分钟呼吸次数和心率，肺部呼吸音是否对称、有无异常呼吸音及啰音，心脏听诊有无杂音。

（9）腹部：有无膨隆、凹陷，有无包块，肝脾有无肿大。重点观察脐带是否脱落，脐部周围有无红肿、渗出、出血、化脓。

（10）外生殖器及肛门：外观有无畸形，检查男孩睾丸位置、大小，有无阴囊水肿、包块，有无包茎、包皮是否过长，检查女孩大小阴唇及尿道口是否红肿，有无异常分泌物。

（11）脊柱四肢：外观有无畸形，臀部、腹股沟和双下肢皮纹是否对称，双下肢是否等长等粗。

（12）神经系统：四肢关节活动度是否对称，肌张力是否异常，原始反射是否可引出，颈部是否抵抗，病理征是否阳性。

4. 指导

（1）居住环境：新生儿及婴儿卧室应保持环境清洁安静，空气流通，阳光充足，室内温度在22～26℃为宜，湿度适宜。早产儿应注意保暖。

（2）喂养：观察母乳喂养的体位、新生儿含接姿势和吸吮情况，6个月以下的婴儿鼓励纯母乳喂养。对吸吮力较弱的早产儿，可将母亲的乳汁挤出后用滴管或勺子喂养。6个月后应逐渐添加辅食，遵循食物由少到多、由稀到稠、由一种到多种循序渐进的原则。

（3）家庭护理：衣着宜宽松、柔软，保持皮肤清洁。脐带未脱落前，每天用75%的酒精消毒脐部一次，保持脐部干燥清洁。对生理性黄疸、生理性体重下降、"马牙""螳螂嘴"、乳房肿胀、假月经等生理现象无须特殊处理。

（4）疾病预防：注意手卫生，减少探视，家人若患有呼吸道感染等急性感染性疾病时要相对隔离，戴口罩，避免交叉感染。出生后1周开始补充维生素D，足月儿每日口服 400 IU，早产儿每日口服 800 IU。对未接种卡介苗和第一剂乙肝疫苗的新生儿，提醒尽快补种。未接受新生儿疾病筛查的新生儿，告知家长到上级医疗保健机构补筛。有吸氧治疗史的早产儿，在生后 4～6 周或矫正胎龄 32 周转诊到指定医院进行眼底病变筛查。1 岁内按时完成国家计划基础免疫疫苗接种。

（5）伤害预防：注意喂养姿势、喂养后体位，预防乳汁误吸和窒息可能。保暖时注意避免烫伤，预防意外伤害的发生。

（6）促进母婴交流及技能锻炼：父母、家人多与新生儿及婴儿说话、微笑和皮肤接触，促进新生儿及婴儿感知觉和情感的发育。应逐渐培养婴儿良好的进餐及睡眠习惯。根据不同阶段运动发育特点，进行一些身体活动训练，如训练抬头、俯卧支撑、独坐、爬行等。

5. 转诊

（1）立即转诊。若新生儿或婴儿出现以下情况之一，应立即转诊至上级医疗保健机构：

　　A. 体温升高（体温≥37.5 ℃）或低体温（体温≤35.5 ℃）。

　　B. 精神反应差伴面色发绀、哭声弱或吸吮无力。

　　C. 呼吸异常：频率过慢（<20 次/分）或过快（>60 次/分），明显呼吸困难（鼻翼扇动、呼气性呻吟、三凹征阳性），呼吸暂停伴皮肤发绀。

　　D. 心率异常：心率小于 100 次/分或大于 160 次/分，有明显的节律异常。

　　E. 皮肤重度黄染、苍白、发绀，有瘀点、瘀斑，皮肤硬肿、水肿，严重皮肤脓疱。

　　F. 惊厥（如反复眨眼、凝视、面部或口角肌肉抽动、四肢抽动或强直、角弓反张、牙关紧闭等），前囟张力增高。

　　G. 四肢无自主运动，双上肢/双下肢活动不对称，肌张力增高或减弱、消失，无法引出原始反射。

　　H. 频繁呕吐、腹胀、腹泻、脓血便，出现眼窝或前囟凹陷、皮肤弹性差、尿少、末梢循环差等脱水征象。

　　I. 眼睑高度肿胀，结膜重度充血，有大量异常脓性分泌物，耳鼻有脓性分泌物。

　　J. 脐部脓性分泌物多，脐轮周围皮肤发红和肿胀、硬结。

（2）建议转诊。若新生儿或婴儿出现以下情况之一，建议转诊至上级医疗保健机构：

　　A. 生长迟缓、喂养困难。

　　B. 躯干或四肢皮肤、巩膜中度黄染。

　　C. 单眼或双眼溢泪，脓性分泌物增多或红肿。

　　D. 颈部扪及包块。

　　E. 心脏杂音。

　　F. 肝脾肿大。

　　G. 首次发现畸形并未到医院就诊者。

　　H. 在新生儿及婴儿检查中，若发现任何不能处理的情况，均应及时转诊。

六、儿童用药特点、药物剂量计算方法

（一）儿童用药特点

儿童的机体处于连续的生长发育状态，其全身各系统发育尚未完全，因此，儿童对许多药物的反应相对成人来说较为敏感。在选择儿童用药时，务必要注意其药代动力学特点、药物对生长发育的影响、药物对肝、肾等重要脏器的损害可能。为保证儿童用药安全有效，全科医生应掌握儿童用药的基本原则和用药特点、药物剂量的具体计算方法等。

儿童用药的基本原则是结合患儿的年龄、体重、生理特点、病情状况、既往用药史、药物过敏史、肝肾功能情况，严格掌握用药的适应证、禁忌证，准确安全给药，杜绝滥用，以免引起各种可能的药物不良反应及药源性疾病。具体用药原则见表5-6。

表5-6 儿童用药原则

项目	原则
用药品种	遵循"精简、能用1种药物就不用2种药物"的原则
药物途径	根据不同年龄选择合适的给药途径； 能口服给药的尽量口服，尽量减少静脉输液，昏迷患儿可经鼻饲或直肠给药； 皮下注射不适用于新生儿，有可能损害周围组织且吸收不良； 儿童皮肤黏膜用药易被吸收，严重者可引起中毒，外用药时应注意
药物剂型	根据不同年龄选择合适的药物剂型； 肠溶片不可掰开、压碎服用； 胶囊剂要整粒吞服，适合年龄较大且能吞服药物的儿童； 泡腾片应先在水中崩解后再服用
药物剂量	应按照药物说明书上的小儿剂量严格掌握剂量
解热镇痛药	布洛芬、对乙酰氨基酚是目前较安全有效的解热镇痛药，但小于3个月的儿童慎用布洛芬；氨基比林、尼美舒利、安乃近已禁用
微量元素及维生素	儿童生长发育阶段不可缺少，但滥用或长期过量使用会产生药物不良反应
中枢神经系统	对氯丙嗪、异丙嗪等中枢抑制药敏感，易致昏睡； 长期应用抗癫痫药物如苯巴比妥等，可因中枢抑制作用而影响儿童智力发育； 新生儿呼吸抑制宜用咖啡因，而不用其他易致惊厥的中枢兴奋药
水盐代谢和骨代谢	对能引起水盐代谢紊乱的药物，如利尿药，特别敏感，易致脱水； 糖皮质激素除影响钙盐吸收外，还影响骨质钙盐代谢，引起骨质脱钙； 四环素类能与钙盐形成络合物，除使牙齿黄染、四环素牙外，还易致蛀龋，并影响骨骼生长； 喹诺酮类药物对负重关节的软骨有损伤作用，一般不用于18岁以下儿童

续表 5-6

项　目	原　则
内分泌及营养	母亲用药对新生儿影响，如孕母用胰岛素有可能引起新生儿低血糖； 有致恶心、呕吐副作用的药物等可影响小儿食欲，长期应用对生长发育有一定影响； 某些抗菌药可影响一些维生素的吸收，如异烟肼影响维生素 B_6 的利用； 苯妥英钠、乙胺嘧啶等抗叶酸药物，长期服用可引起巨幼红细胞性贫血
遗传性疾病	葡萄糖-6-磷酸脱氢酶缺陷患儿应禁用磺胺类、伯氨喹、硝基呋喃类抗菌药等氧化类药物，因其可出现溶血反应； 遗传缺陷可影响药物生物转化，如乙酰化酶缺陷可导致异烟肼灭活减慢
过敏反应	青霉素类药物应皮试，其过敏反应严重者可引起过敏性休克，应引起高度重视

（二）儿童药物剂量计算方法

1. 根据小儿体重计算

根据小儿体重计算药物剂量的方法目前应用相当广泛，对于已测体重的小儿，可按实际测得的体重或标准体重（千克）计算用药量，注意小儿最大剂量不超过成人用量。

剂量计算公式：小儿剂量 = 每公斤每天（或每次）用药量 × 体重（kg）

2. 根据小儿体表面积计算

（1）体重在 30 kg 以下者，其体表面积计算公式：

体表面积（m^2）= 体重（kg）× 0.035 + 0.1。

（2）体重在 30 kg 以上者，其体表面积计算公式：

体表面积（m^2）= [体重（kg）- 30] × 0.02 + 1.05。

剂量计算公式：小儿剂量 = 每平方米每次用药量 × 体表面积（m^2）

3. 根据年龄计算

这种计算方法是按年龄比例从成人剂量推算出小儿剂量，简便易行，但每个小儿的个体差异大，虽是同年龄，但体重各有差异，因此这种方法相对比较粗糙。

小儿年龄相当于成人用量的比例见表 5-7。

表 5-7　小儿年龄相当于成人用量的比例

小儿年龄	相当于成人用量的比例
出生 ~ 1 个月	1/18 ~ 1/14
1 ~ 6 个月	1/14 ~ 1/7
6 个月 ~ 1 岁	1/7 ~ 1/5
1 ~ 2 岁	1/5 ~ 1/4
2 ~ 4 岁	1/4 ~ 1/3
4 ~ 6 岁	1/3 ~ 2/5
6 ~ 9 岁	2/5 ~ 1/2
9 ~ 14 岁	1/2 ~ 2/3
14 ~ 18 岁	2/3 ~ 3/4

4. 按成人剂量折算

这种计算方法是根据儿童体重，从成人剂量推算出小儿剂量，简便易行，但每个小儿的个体差异大，虽是同年龄，但体重各有差异，因此这种方法相对比较粗糙。

剂量计算公式：小儿剂量 = 成人剂量×儿童体重/50（即成人平均体重）。

七、婴儿配奶法

（一）适应证

需要人工喂养的婴儿。

（二）禁忌证

无明显禁忌证。

（三）物品准备

奶粉、3个无菌容器（1个盛热水、1个盛凉水、1个用来调温开水冲奶）、无菌器皿（里面有奶瓶、奶嘴、盖子、勺子、搅拌棒）、无菌持物钳（或镊子）、水温计、弯盘（用于盛污染物品）、压舌板、一次性湿纸巾、小毛巾。

（四）操作前准备

（1）选择奶粉及计算奶量。

A. 奶粉种类选择：早产儿选择早产奶；一般婴儿选择配方奶、全牛乳或8%糖牛乳；腹泻婴儿选择无乳糖奶粉；怀疑蛋白质过敏的婴儿（如患湿疹或食用普通配方奶长期腹泻的婴儿）选择部分或完全水解蛋白奶粉；特殊疾病如苯丙酮尿症的婴儿选择配方奶。

B. 计算每日所需能量：早产儿每日所需能量120 kcal/（kg·d）（1 kcal = 4.186 kJ）；婴儿100～110 kcal/（kg·d）。

C. 计算每日总奶量：根据热量计算出每日总奶量。100 mL早产奶热量80 kcal；1 g配方奶粉热量5 kcal；100 mL全牛乳热量67 kcal；100 mL 8%糖牛乳热量100 kcal。

D. 每日喂奶次数：一般初生婴儿每昼夜8次，以后逐渐改为7次，减去夜间1次，2～3月时每日6次；4～6个月时，每日5次。

E. 每次配奶奶量：每日总奶量除以每日喂奶次数得出每次配奶奶量。

F. 每次所需奶粉量：根据每次配奶奶量计算奶粉量。1小勺约等于4.4 g奶粉，需要30 mL水配制。

（2）操作者穿工作服，用六步洗手法洗手，戴帽子、口罩。

（五）操作步骤

婴儿配奶流程见图5-9。

全科医学临床操作

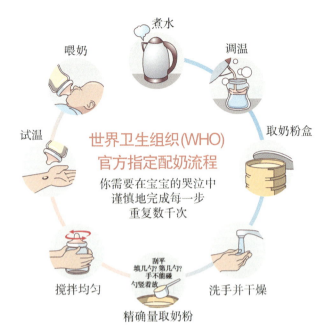

图 5-9 婴儿配奶流程

1. **配制奶粉**

（1）备物：按顺序摆放好物品。

（2）检查奶粉：奶粉包装完好，在有效期内，开封不足 1 个月，可使用。

（3）评估周围环境：环境温度适宜，适合喂养。

（4）配置温开水：热水与凉水按 1∶1 比例倒入空容器中，放入水温计（不可触碰容器底部），蹲下读数，温度以 40～50 ℃为宜。若水温过热则需要加入凉水。若温度合适，报告：水温×℃，按测出的实际温度读数，适合冲奶。最后放回水温计或将其放置于弯盘中。

（5）注水：取出无菌持物钳（注意不要触碰装持物钳的盖子），打开无菌器皿，用持物钳取出奶瓶放置桌面，放回持物钳。左手扶着奶瓶，右手拿起容器，向奶瓶注入需要的水量（注意容器不能触碰奶瓶，下蹲看刻度）。完成后把容器归位。

（6）压舌板备用，打开奶粉盖，左手取出无菌持物钳，打开无菌器皿，夹取勺子，右手持勺子取奶粉（注意不能触碰奶粉及奶粉罐），左手持压舌板刮平勺子中的奶粉。将奶粉倒入奶瓶中（注意动作一定要平稳，勺子不能触碰奶瓶），如有奶粉洒落要补回。重复操作直至取完所需奶粉，将压舌板及勺子放置弯盘中。

（7）打开无菌器皿，左手持无菌持物钳取出搅拌棒，右手持搅拌棒，此时可将持物钳放回原位，持搅拌棒按顺时针方向搅拌奶粉直至完全溶解。将搅拌棒放置于弯盘中。

（8）打开无菌器皿，右手持无菌持物钳取出奶嘴（切记不能用手触碰奶嘴）放在奶瓶上，放回持物钳，左手扶奶瓶，右手沿奶嘴下方拧紧奶嘴。

（9）拿起奶瓶滴奶于手背或前臂内侧测试奶温和出奶速度（以液体连续滴出为宜），报告："奶温正常，奶速适宜"。

（10）打开无菌器皿，右手持无菌持物钳取出奶盖，放置于奶瓶上，放回持物钳，用手盖紧盖子，配奶完成。

2. 指导喂养

（1）携物至儿童床旁，核对儿童信息及一般情况（姓名、床号、上次喂奶时间、是否已经换尿布）。

（2）双手将小儿抱起（注意保护其颈部），使小儿头枕于左上臂，靠近肘部（一般呈45°）。在小儿颏下垫小毛巾，测试奶温和奶速，要求奶温正常、奶速适宜。

（3）右手持奶瓶，将奶瓶倾斜（奶嘴内充满奶液，防止吸入空气），用奶嘴轻触其上唇，诱发觅食反射，待其张嘴时，将奶嘴放入其口中让其充分吸吮，喂养时间10～15分钟。

（4）喂奶完毕，去除小毛巾，用湿纸巾擦拭口周。左手扶颈部，右手托住臀部，让小儿头部侧靠于肩部（注意不能捂住小儿口鼻），拍背，直至小儿打嗝。将其放回婴儿床，侧卧，防止误吸。

（5）整理用物，洗手。

（6）记录小儿喂奶时间、奶量及吃奶情况。

3. 处理用物

（1）将奶具用清水清洗，放置污染区，待送高压蒸汽灭菌消毒。

（2）若有因传染病需隔离的患儿，其使用过的奶具应进行隔离处理，并使用1 000 mg/L浓度的含氯消毒液浸泡，再清洗，送高压蒸气灭菌消毒。

（六）注意事项

（1）牢记每种奶粉的适应范围、不同年龄段每日所需的能量、不同奶粉的能量、不同年龄段的喂养次数。

（2）注意无菌操作，奶嘴、持物钳、容器、奶粉罐、勺子等未被污染。

（3）奶粉量不应过多或过少，1勺量是指1平口量勺。

（4）配奶顺序流畅。

八、小儿心肺复苏

儿科心肺复苏方案适用于1岁以下及体重小于55 kg儿童，成人复苏方案适用于青春期后的儿童或体重55 kg以上的儿童。

50%～65%的需要进行心肺复苏术的儿童不到1岁，大多数在6个月以下。约6%的新生儿在出生时需要心肺复苏，当出生体重小于1 500 g时，该比例会显著增加。

小儿心肺复苏和成人心肺复苏的主要区别如下：

1. 心脏骤停前

儿童的心动过缓是即将发生心脏骤停的迹象。新生儿和婴儿由于低氧血症而更容易发生心动过缓，但是年龄较大的儿童起初往往会出现心动过速。婴儿或儿童，其心率小于60次/分，且通气支持不能改善循环衰竭的征兆，应进行胸部按压。

2. 胸部按压

在婴儿和儿童中（青春期之前或小于55 kg），应进行胸部按压直至肋骨下陷至前后直径的 1/3，具体来说为 4～5 cm；对于青少年或 55 kg 以上的儿童，建议胸部按压至与成人相同的深度（即 5～6 cm）。婴儿和儿童的压迫频率与成人的压迫频率相似（100～120 次/分），但胸部按压方法有所不同。

3. **人工呼吸**

对婴儿和儿童进行复苏时，一名救助者按压时通气比应为 30∶2，而 2 名或更多救助者为 15∶2，新生儿为 3∶1。

4. **开放气道**

开放气道采取仰头提颏法，如将患儿头部后仰，抬高下颌，左手放在婴儿或儿童的前额，右手放在下颌骨的颏部，仰头提起颏部。开放气道后将患儿头偏向一侧即可。

5. **药物应用**

经充分氧和通气后，心动过缓选择的药物是肾上腺素。肾上腺素 0.01 mg/kg 静脉注射（0.1 mL/kg，1∶10 000），可以每 3～5 分钟重复 1 次。如果是低灌注和低血压性心动过缓，静脉注射阿托品 0.02 mg/kg，间隔 5 分钟可重复 1 次。心室颤动用 1 mg/kg 的利多卡因，以 20～50 μg/（kg·min）剂量输注。

6. **血压值**

应使用对应尺寸的袖带测量血压，但对于病情很严重的患儿，有创直接动脉压监测至关重要。

尽管血压值会随着年龄而波动，但收缩压正常值下限的简单指标是：小于 1 个月，60 mmHg；1 个月至 1 年以下，70 mmHg。因此，将 5 岁儿童的低血压定义为小于 80（70+2×5）mmHg。非常重要的是，患儿具有强大的代偿机制（心率增加，全身血管阻力增加），可以使血压维持更长的时间。但一旦发生低血压，心脏骤停可能很快发生。如果有发生休克的迹象（如心率加快，四肢发冷，毛细血管充盈时间大于 3 秒钟，脉搏微弱等），尽可能在发生低血压之前及时治疗。

7. **体温管理**

婴儿和儿童由于具有较大的体表面积和较少的皮下组织而更容易失去热量。在心肺复苏过程中和复苏后维持适度的体外温度环境极为重要。对于体温低于 35 ℃ 的患儿，复苏更加困难。心脏骤停复苏时，尽量使体温恢复正常，如果发烧，则应积极治疗。

8. **自动体外除颤器**（automated external defibrillator，AED）

难治性室颤（ventricular fibrillation，VF）或无脉性心动过速（ventricular tachycarolia，VT）一旦发现，应立即应用 AED。儿童 AED 过程中的绝对能量少于成年人，除颤有双相波形（首选）或单相波形。无论使用哪种波形除颤，第一次电击的推荐剂量均为 2 J/kg，并根据需要逐渐增加至 4 J/kg，建议最大能量水平不超过 10 J/kg。无足够的证据支持在 1 岁以下儿童中使用 AED。

参考文献

[1] 陈红，朱正纲，肖海鹏. 中国医学生临床技能操作指南［M］. 2 版. 北京：人民卫生出版社，2014：379-381.

[2] 胡亚美，江载芳. 诸福棠实用儿科学［M］. 8 版. 北京：人民卫生出版社，2015：149-164.

[3] 胡亚美，江载芳. 诸福棠实用儿科学［M］. 8 版. 北京：人民卫生出版社，2015：348-351.

[4] 胡亚美,江载芳. 诸福棠实用儿科学 [M]. 8 版. 北京:人民卫生出版社,2015:445-449.
[5] 邵肖梅,叶鸿瑁,丘小汕. 实用新生儿学 [M]. 5 版. 北京:人民卫生出版社,2019:147-157.
[6] 邵肖梅,叶鸿瑁,丘小汕. 实用新生儿学 [M]. 5 版. 北京:人民卫生出版社,2019:327-336.
[7] 邵肖梅,叶鸿瑁,丘小汕. 实用新生儿学 [M]. 5 版. 北京:人民卫生出版社,2019:341-347.
[8] 王鸣,沈纪川,许建雄. 基层免疫接种培训教程 [M]. 广州:中山大学出版社,2019:46-48.
[9] 王卫平,孙锟,常立文. 儿科学 [M]. 9 版. 北京:人民卫生出版社,2018:32.
[10] 王卫平,孙锟,常立文. 儿科学 [M]. 9 版. 北京:人民卫生出版社,2018:40-42.
[11] 王卫平,孙锟,常立文. 儿科学 [M]. 9 版. 北京:人民卫生出版社,2018:58-61,91.
[12] 杨宝峰,陈建国. 药理学 [M]. 9 版. 北京:人民卫生出版社,2018:32-37.
[13] 郑慧贞. 广东省预防接种指导手册 [M]. 广州:中山大学出版社,2017:16-22.

(邵晶晶　李婵　伍俊　尤苓)

第四节　老年人健康综合评估

一、定义

老年人健康综合评估(comprehensive geriatric assessment,CGA)是对老年人的生理情况、心理健康、社会环境状况、功能状态进行多维度全面评价的一种方法。

老年人常多病共患,是全科医生重点关注的对象。CGA 是筛查老年综合征的有效手段,全科医生可根据 CGA 评估结果,有针对性地制订治疗计划,最大限度地改善老年人的生活质量,同时降低医疗需求和费用,节约卫生资源。对老年人进行 CGA,已成为全科医生的主要职责之一,也正是全科医生核心能力的体现。

二、适用人群

CGA 主要用于出现生活或活动功能不全(尤其是最近恶化者),已伴有老年综合征、多病共存、多重用药,合并精神心理障碍,合并存在社会支持问题(独居、疏于照顾、缺乏社会支持)以及反复住院的老年人。对严重痴呆、功能完全丧失、存在严重疾病(如疾病终末期、重症等)的老年人和健康老年人只能酌情进行部分 CGA 工作。

三、评估内容

(1) 全面医疗评估。老年患者常常患有多种疾病,因临床表现复杂,诊断较为困难,因此要通过问诊、查体、相关辅助检查等了解老年人的整体健康情况,做出全面的诊断。

（2）老年躯体功能评估。老年人常把一些早期的患病信号（如上下楼梯困难、跌倒、吞咽障碍等）误认为是衰老的表现，而这些信号又容易被专科医师忽视，从而延误诊治时机。CGA 有助于及时发现问题，并进行防治。

（3）老年精神心理评估。其包括认知功能、情感状态、人格、压力等。认知评估是老年人心理评估的重点。

（4）社会经济评估。良好的社会支持系统对老年人很重要，能增强其适应及应对能力。社会经济评估内容包括社会支持、经济状况、人际关系、医疗保障、照顾人员等。

（5）环境评估。其包括了解老年人的居住环境、文化环境，评估居住环境的活动安全性对于虚弱和有活动障碍的老年人尤为重要。

四、评估方法

（一）一般情况评估

一般情况评估内容包括人口学基本资料、身高、体重、吸烟、饮酒、文化程度、职业状况、业余爱好等。

（二）躯体功能状态评估

躯体功能评估包括老年人日常生活活动能力评估、平衡与步态评估、老年吞咽功能评估、跌倒风险评估等。

1. 日常生活活动能力评估

日常生活活动能力（activities of daily living，ADL）评估包括基本日常生活活动能力（basic activities of daily living，BADL）评估和工具性日常生活活动能力（instrumental activities of daily living，IADL）评估。

（1）BADL 评估。通常采用巴氏指数评定量表，通过直接观察法或间接询问法，进行生活自理活动和功能性活动能力的评估。全科医生在评估时应注意：①注意评估环境安全和选择适当的评估时间。②评估项目应由简至难，逐步过渡。③尽量通过直接观察的方式。在评估一些较难完成的动作时，可通过询问患者或其家属的方式间接进行评估。④虽然患者使用辅助器，但只要没有借助他人的帮助，仍归类为自理。⑤评估应以患者 24 小时内完成情况为准。

（2）IADL 评估。多采用 Lawton IADL 指数量表。全科医生在评估时应注意：①评估前应与评估对象说明评估的目的。②评估时按表格项目逐一询问。③评估除了直接询问，还可通过知情人的观察确定。④如果遇到项目从未做过或无法了解，应另外记录。⑤评估结果反映最近 1 个月的表现。

2. 平衡与步态评估

多种量表可用于评估平衡与步态功能，其中 Tinetti 量表是信度高、应用广泛的一种专用量表，包括平衡量表与步态量表两部分。全科医生在评估时应注意：①注意评估的环境安全。②准备好评估用的物品。③评估前向评估对象讲解清楚评估的目的和流程。④测试时紧跟评估对象，注意保护评估对象的安全，防止其跌倒。⑤根据评估对象的情况适当使用步态带。⑥在每个项目测评过程中尽量不要使用步行辅助器。

3. Morse 跌倒评估量表

Morse 跌倒评估量表包含 6 个项目，每个项目分别赋值不同分数，最后根据总分进行风险评估。全科医生在评估时应注意：①当患者无法或不愿提供相关病史时，应询问了解患者生活情况的家属和照顾者及查阅相关病案资料。②可通过观察结合询问的方式了解评估对象使用行走辅具的情况。

4. 吞咽功能评估

常用方法包括洼田饮水试验、标准吞咽功能评定量表、Gugging 吞咽功能评估工具等。

（三）营养状态评估

微型营养评定法（mini nutritional assessment short-form，MNA-SF）是目前常用的评价老年患者营养状况的初筛工具。全科医生在使用 MNA-SF 评估时应注意：优先选测体质指数，若不能测得时，可用小腿围替代；若需要对有营养不良风险的老年患者进行深入评估，需要使用完整版 MNA。住院老年患者可采用营养风险筛查（nutrition risk screen 2002，NRS 2002）。

（四）精神、心理状态评估

精神、心理状态评估的主要内容包括认知功能、谵妄、焦虑、抑郁等的评估。

1. 认知功能评估

老年患者认知功能障碍包括轻度认知功能障碍（mild cognitive impairment，MCI）和痴呆。简易智力状态评估量表（Mini Cog）及简易精神状态检查（mini-mental state examination，MMSE）是目前最常用的认知筛查量表。全科医生在评估时应注意：①选择舒适安静的环境进行评估。②为避免其他人的干扰，评估现场最好只有进行评估的医生和评估对象。③为消除评估对象的不配合情绪，评估医生在评估时注意态度，语气要温和。④严格遵循各套量表的手册要求，使用统一的指导语，评估医生应使用能让评估对象充分理解的语言，但要注意不暗示、不敷衍。⑤整个评估过程不限时，可计时，但有时间限制的要严格执行，按照规定提供一定范围的帮助。⑥情绪激动欠合作、语言障碍、听力或视觉受损严重、手不灵活的老年人不适合进行该评估。

2. 谵妄评估

意识障碍评估法（confusion assessment method，CAM）是一种常用的简便、高效的老年谵妄评估方法。

3. 焦虑评估

因目前尚无筛查老年人焦虑的专用自评量表，目前多采用成年人的焦虑自评量表（self-rating anxiety scale，SAS）进行评估。全科医生在评估时应注意：SAS 评估有口述或自填两种方式，严重痴呆或失语患者不适用 SAS 进行评估。

4. 抑郁评估

因老年人常饱受多种慢性疾病、恶性肿瘤的折磨，故抑郁症在老年人中并不少见，可通过量表进行筛查或评估。初步筛查老年抑郁，尤其是在门诊或社区时，可用包含 4 个项目的老年抑郁量表（geriatric depression scale-4，GDS-4）筛查，如果满足 2 项问题，则可做进一步评估检查，必要时建议到专科进一步诊治。简版老年抑郁量表（geriatric depression scale-15，GDS-15）是用于社区服务中心或养老机构的老年抑郁自评专用筛查量表。

（五）衰弱评估

目前，衰弱评估标准尚不统一，较常用的有衰弱模型、衰弱指数、衰弱筛查量表、临床衰弱量表等评估方法。所有评估衰弱的方法不适合用于严重残疾、依赖辅助用具、不能步行4 m、跌倒高风险、恶病质、严重的心力衰竭患者。目前，我国常用美国Fried的5项标准来评估衰弱（表5-8），但其中关于躯体活动能力评价方法，目前国内也尚无统一标准，可参考使用简易体能状况量表（short physical performance battery，SPPB）或明达休闲时间活动问卷。问卷式FRAIL量表因简单、易操作，可用于门诊衰弱及衰弱前期者的简单初筛。

表5-8 Fried表型衰弱量表

序号	检测项目	男性	女性
1	体重下降	过去1年中，意外出现体重下降>4.5 kg或>5%体重	
2	行走时间(4.57 m)	身高≤173 cm：≥7 s 身高>173 cm：≥6 s	身高≤159 cm：≥7 s 身高>159 cm：≥6 s
3	握力（kg）	BMI≤24.0 kg/m^2：≤29 BMI 24.1～26.0 kg/m^2：≤30 BMI 26.1～28.0 kg/m^2：≤30 BMI >28.0 kg/m^2：≤32	BMI≤23.0 kg/m^2：≤17 BMI 23.1～26.0 kg/m^2：≤17.3 BMI 26.1～29.0 kg/m^2：≤18 BMI >29.0 kg/m^2：≤21
4	体力活动（MLTA）	<383 kal/W（约散步2.5 h）	<270 kal/W（约散步2 h）
5	疲乏	CES-D的任一问题得分2～3分： 您过去的1周内以下现象发生了几天？ （1）我感觉做每一件事都需要经过努力； （2）我不能向前行走。 0分：<1天；1分：1～2天；2分：3～4天；3分：>4天	

注：MLTA：the Minnesota Leisure Time Activity Questionnaire，明达休闲时间活动问卷；CES-D：Center for Epidemiological Survey Depression Scale，流行病学调查用抑郁自评量表。散步60分钟约消耗150 kcal能量。标准：具备3项及以上可诊断为衰弱综合征，小于3项为衰弱前期，0项为无衰弱健康老人。

资料来源：FRIED L P, TANGEN C, WALSTON J, et al. Frailty in older adults: evidence for a phenotype [J]. The journal of gerontology. Series A, biological sciences and medical sciences, 2001, 56 (3): 146-156.

（六）肌少症评估

筛选肌少症的方法主要包括肌力（握力测定）和肌功能（日常步行速度测定）

评估。应用生物电阻抗分析（bioelectrical impedance analysis，BIA）或双能 X 线吸光仪（dual energy X-ray absorptiometry，DXA）测定肌量。肌少症诊断标准：男性四肢骨骼肌质量≤7.0 kg/m^2，女性四肢骨骼肌质量≤5.7 kg/m^2（BIA 法）；或男性四肢骨骼肌质量≤7.0 kg/m^2，女性四肢骨骼肌质量≤5.4 kg/m^2（DXA 法），同时步速降低（最大步速<0.8 m/s）或握力降低（最大握力：男性<26 kg，女性<18 kg）。

（七）疼痛评估

评估老年患者疼痛要详细询问疼痛相关病史并进行相关体格检查。视觉模拟法（visual analogue scale，VAS）和数字评定量表（numerical rating scale，NRS）是常用于老年人疼痛的评估工具。VAS 是一种能有效评价老年人急慢性疼痛的方法，适用于视觉运动功能基本正常的老年人。NRS 非常适用于评估老年人疼痛的强度和变化，而对描述理解力差或对感知能力差的老年患者不适宜采用 NRS。全科医生在用 NRS 评估时需要注意：①最好以小时为单位间歇进行评定。②因过度频繁进行疼痛评分会导致老年人产生焦虑的情绪，故不宜过度频繁使用周期性动态评分。③评分结果可受患者一些因素的影响，如自控丧失及焦虑情绪，均可加重疼痛感觉。

（八）共病评估

目前，对共病评估推荐使用较广的是老年累积疾病评估量表（cumulative illness rating scale-geriatric，CIRS-G）。CIRS-G 是对老年人各系统疾病的类型及级别进行评估，使共病评估更显完善。

（九）多重用药评估

因当前多重用药的诊断标准尚不统一，目前通常将应用 5 种及以上药品视为多重用药，常用我国老年人不恰当用药目录和老年人不恰当用药 Beers 标准来评估老年人潜在的不恰当用药。

（十）睡眠障碍评估

睡眠障碍评估的方式主要为量表评估、临床评估等。匹兹堡睡眠质量指数量表（Pittsburgh Sleep Quality Index，PSQI）是常用的评估量表，阿森斯失眠量表（Athens insomnia scale，AIS）是适用于社区或门诊的评估量表。临床评估包括详细询问失眠的相关症状、睡眠障碍对日间功能的影响、患者用药史及可能存在的物质依赖情况、体格检查和精神心理状态评估等。

（十一）视力障碍评估

视力障碍评估可用视力表进行评估，也可通过让评估对象阅读文字的简单方式进行初评筛查。建议全科医生询问视力障碍的相关病史、配镜史，对双眼视力障碍进行评估。视力障碍评估在 CGA 中只作为是否存在视力障碍的初步筛查，以评估视力障碍是否加剧跌倒等老年综合征的发生。若评估发现老年人存在视力障碍的问题，还需要到眼科专科进一步诊治。

（十二）听力障碍评估

听力障碍评估可使用简便的筛查方法：检查者站在评估对象后方约 15 cm，用气音说出几个字，若评估对象无法重复一半以上的字，则说明可能存在听力障碍。建议全科医生询问听力障碍的相关病史、助听器使用史，对双耳听力障碍进行评估。注意全科医生在检查前应排除中耳炎或耳垢阻塞。若评估发现老年人存在听力障碍的问题，还需要到耳鼻喉专科进一步诊治。

（十三）口腔问题评估

口腔问题评估是全科医生检查老年人牙齿脱落、佩戴假牙的情况，评估重点为口腔问题有无影响老年人进食、营养状况、情绪等。若评估发现老年人存在口腔问题，还需要到口腔专科进一步诊治。

（十四）尿失禁的评估

常用国际尿失禁咨询委员会的尿失禁问卷简表（International Consultation on Incontinence Questionnaire Short Form，ICI-Q-SF）。评估结果分为轻度、中度、重度三种程度的尿失禁。

（十五）压疮危险评估

压疮危险评估主要包括量表评估和皮肤状况评估。Braden 量表是应用最多的压疮危险评估量表和识别工具。皮肤状况评估内容为有无指压变白反应，局部有无热感、水肿、硬结及疼痛。

（十六）社会支持评估

社会支持评定量表（social support rating scale，SSRS）是我国最常用的测量社会支持量表，适用于神志清楚、认知良好的老年人。SSRS 包括客观支持、主观支持、对支持的利用度三个分量表。客观支持是指评估对象所接受到的实际支持。主观支持是指评估对象所能体验到的或情感上的支持。支持利用度是反映评估对象主动利用各种社会支持，包括倾诉、求助方式及参加活动的情况。SSRS 总分和各分量表得分分值越高，提示社会支持程度越好。

（十七）居家环境评估

居家环境评估只适用于接受居家护理的低危老年人，评估重点是预防。目前，我国主要采用自制评估问卷。

五、小结

（1）CGA 是对老年人的生理情况、心理健康、社会环境状况、功能状态进行多维度全面评价的一种方法。

（2）CGA 主要用于已出现生活或活动功能不全（尤其是最近恶化者），伴有多种慢性病共存、老年综合征、多病共存、多重用药，合并精神心理障碍，合并存在社会支持问题（如独居、疏于照顾、缺乏社会支持）及反复住院的老年人。

（3）CGA 主要包括全面医疗评估、老年躯体功能评估、老年精神心理评估、社会经济评估、环境评估 5 个方面内容。

（4）CGA 主要有一般情况评估、躯体功能状态评估、营养状态评估、精神与心理状态评估、衰弱评估、肌少症评估、疼痛评估、共病评估、多重用药评估、睡眠障碍评估、视力障碍评估、听力障碍评估、口腔问题评估、尿失禁的评估、压疮危险评估、社会支持评估、居家环境评估。

参考文献

[1] 陈旭娇, 严静, 王建业, 等. 老年综合评估技术应用中国专家共识 [J]. 中华老年医学杂志, 2017, 36 (5): 471-477.
[2] 于晓松, 王晨. 全科医生临床操作技能训练 [M]. 2 版. 北京: 人民卫生出版社, 2017: 9-27.
[3] FRIED L P, TANGEN C, WALSTON J, et al. Frailty in older adults: evidence for a phenotype [J]. The journal of gerontology. Series A, biological sciences and medical sciences, 2001, 56 (3): 146-156.

(周奕)

第五节 产科检查及操作

一、妊娠期四步触诊法

妊娠期四步触诊法（four maneuvers of leopold）：检查孕妇在妊娠中晚期不同孕周时的子宫大小、胎儿的胎产式、胎先露、胎方位，以及胎儿的胎先露部是否衔接。做此操作的前三步手法时，检查者应当面向孕妇的头端；当进行第四步操作时，检查者应当转身，面向孕妇的足端。

（一）操作步骤

第一步：检查者两手掌并拢，分别置于宫底部，以掌侧触诊子宫底最高部位，测得宫底高度。此操作可以初步估计胎儿的大小与妊娠的周数是否一致。然后以双手指腹相对轻推，目的在于对位于宫底的胎儿部分进行初步了解。若宫底的胎儿部分为胎儿头部，检查者手掌侧触感为硬而圆，又因胎头无法固定，触诊时可有浮球感；若位于宫底的胎儿部分为胎儿臀部，触诊时则为软而宽，且形状略不规则。

第二步：检查者两手并拢，分别放置在孕妇腹部的左右侧，一手固定在孕妇的一侧腹部，另一手在孕妇另一侧腹壁上，轻轻地进行深部按压检查，两手交替进行，触及子宫内平坦饱满部分为胎儿背部，同时确定胎儿背部朝向前方、侧方或后方。若扪及一侧腹部有高低不平的部分，则为胎儿的四肢肢体部分，若伴有胎动时，检查者手掌部可感到正在活动的胎儿肢体部位。

第三步：检查者将右手的拇指与其余四指尽量分开，将右手掌的虎口平放于耻骨联合上方，握住位于子宫下端的胎先露，更进一步核实胎先露是胎头或胎臀，然后利用右手腕的力度，左右轻推胎先露，以确认胎先露是不是已经衔接。若检查发现胎先露部分仍可以左右推动,则暗示着胎先露仍未衔接入盆。若胎先露已衔接,则无法被推动。

第四步:检查者两手并拢,将双手掌分别放于子宫下段,紧贴胎先露的两边,沿着骨盆入口方向,向下轻轻地深按,再一次对胎先露进行核对,同时确认胎先露入盆的程度。

（二）检查后处理

（1）告知孕妇检查已结束,并帮助行动不便的孕妇整理衣物及穿鞋下床。
（2）清理检查用物。
（3）书写检查记录:腹部视诊情况、胎心音位置和频次、胎方位。

（三）注意事项

（1）孕妇的检查体位需要随检查内容改变而不断变化。检查者位于孕妇右侧。
（2）检查动作要柔和,态度和善,语言友善,严肃认真。
（3）避免交叉感染,应注意检查物品的清洁消毒。使用一次性臀垫和手套,检查器材应一人一用一更换。
（4）男医生对孕产妇或女患者开展产科检查或妇科检查时,应同时有女医护人员在旁。

二、骨盆外测量

骨盆测量分外测量和内测量两种。要求掌握孕妇骨盆外测量的步骤和方法。

（一）适应证

骨盆测量可以了解孕妇的骨盆大小。适用范围:妊娠中晚期不同孕周的孕妇。

（二）器械准备

（1）设备准备:产检床、立灯、医疗废弃物桶、洗手清洁的设备等。
（2）用物准备:无菌手套、软尺、胎心监测仪、骨盆外测量尺、骨盆内测量尺等。

（三）检查前准备

（1）向孕妇简单解释骨盆测量检查的用意和步骤,以解除其担忧和疑虑,配合检查。
（2）检查前嘱孕妇先排空小便,以免对本次的检查结果造成影响,若有需要可行导尿术排空膀胱。
（3）在产检床上铺好一次性消毒垫或臀垫,指导并帮助孕妇解松裤带。
（4）帮助孕妇躺上检查床,并注意孕妇的保暖。

（四）操作步骤

骨盆外测量:临床上常使用骨盆内外径测量器来测量骨盆的下述各径线。

1. **髂棘间径（interspinal diameter,IS）测量**

受检者取仰卧位,双腿伸直,查找到受检者左右两旁的髂前上棘外缘,使用骨盆外径测量器测量两者之间的距离,其正常范围为 23～26 cm。（图 5-10）

2. **髂嵴间径（intercrestal diameter,IC）测量**

受检者取仰卧位,双腿伸直,找到受检者两边髂嵴外缘的最突出点,然后测得两点

之间的距离，其正常范围为 25～28 cm。（图 5-11）

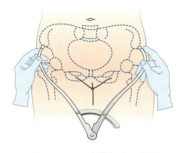
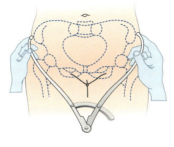

图 5-10　髂棘间径测量　　　　图 5-11　髂嵴间径测量

3. **骶耻外径**（external conjugate，EC）**测量**

受检者取左侧卧位，同时右腿伸直，左腿屈曲。在受检者的腰骶部可以看见一菱形窝，临床上被称作"米氏菱形窝"（Michaelis rhomboid），在该窝的上角处是第 5 腰椎棘突投影在体表的标志。检查者测量受检者菱形窝上角处的第 5 腰椎棘突下至耻骨联合上缘中点之间的距离，其正常范围为 18～20 cm。此径线在临床上可用于间接推测受检者骨盆入口前后径的宽度，是妇产科骨盆外测量中不可或缺的一条径线。受检者的骶耻外径与其骨盆的厚薄有一定相关性，EC 值减去 1/2 尺桡周径值（围绕右前臂下端的尺骨茎突及桡骨茎突测得的周径值为尺桡周径），即相当于骨盆入口前后径值。（图 5-12）

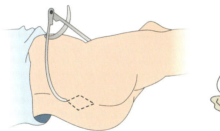
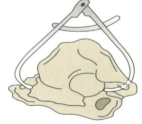

图 5-12　骶耻外径测量

4. **坐骨结节间径**（intertuberous diameter，IT）**测量**

受检者取仰卧位，两腿弯曲向腹部贴近，双手抱紧膝盖。检查者找到受检者两侧的坐骨结节，然后测量两结节内侧缘之间的距离，其正常范围为 8.5～9.5 cm。也可以用检查者的手拳大小进行大致测量，一般来说，若两坐骨结节之间能容纳成人一横置手拳，则为正常，不能容纳者则为异常。此径线可以直接测量出受检者骨盆出口横径的间距。若此径线值在 8 cm 以下，则需要加测该受检者的骨盆出口后矢状径。（图 5-13）

5. **出口后矢状径**（posterior sagittal diameter of outlet）**测量**

检查者右手食指戴指套，轻揉孕妇肛周，嘱孕妇放松肛门括约肌后，缓慢伸入肛门向骶骨方向触摸。检查者右拇指移到孕妇体外的骶尾处，两指一起找到孕妇的骶骨尖端。助手将测量器协助放置于孕妇坐骨结节的径线上。检查者将测量器的一头摆放在孕妇坐骨结节间径（IT）的中点处，然后再将测量器的另一头放置于骶骨尖端处，所测得的数值即为孕妇骨盆的出口后矢状径值，正常范围为 8～9 cm。只有当孕妇的 IT 值与出口后矢状径值之和大于 15 cm 时，方可表明该孕妇的骨盆出口狭窄不明显。(图 5 - 14)

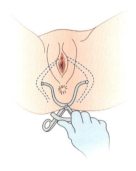
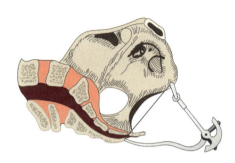

图 5 - 13　坐骨结节间径测量　　　　图 5 - 14　出口后矢状径测量

6. **耻骨弓角度**（angle of public arch）

测量孕妇取仰卧位，屈膝，两腿部向腹部紧贴后，双手抱膝。检查者将左右两拇指紧贴在孕妇耻骨联合下缘的耻骨降支上，两只手的拇指指尖靠紧，如图 5 - 15 所示，测量两拇指的指间角度，称作"耻骨弓角度"，正常值为 90°，小于 80° 则为异常。耻骨弓角度提示孕妇骨盆出口横径的跨度。

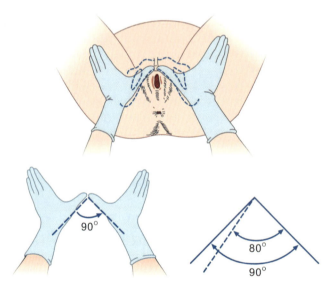

图 5 - 15　耻骨弓角度测量

（苏兆娟）

第六节 儿童神经心理行为评估

儿童神经心理行为评估主要测试儿童运动、语言、心理及感知觉等方面的能力,大部分通过量表评估。量表可分为筛查性量表及诊断性量表,需要由经过专门培训的专业人员进行评估。目前,应用较多的筛查性量表有儿童神经心理行为检查量表2016版、年龄及发育进程问卷(Age & Stages Questionnaires,ASQ)、丹佛发育筛查测验(Denver Development Screen Test,DDST)等,诊断性量表有盖塞尔发育量表(Gesell量表)、韦氏智力量表等。以下主要介绍儿童神经心理行为检查量表2016版、年龄及发育进程问卷。

一、儿童神经心理行为检查量表2016版(简称"儿心量表2016版")

该量表适用于0~6岁儿童,分为0~3岁和4~6岁两部分。根据儿童认知发展,从儿童的粗大运动、精细动作、语言能力、适应能力、社会行为、交流互动警示行为6个发育领域进行评估,可较准确地评估儿童智力发育水平,并对存在发育延迟、偏离、不均衡及交流互动障碍的儿童,及时指导和早期干预,以促进其感知觉和认知发育。

具体操作如下:

(一)准备

(1)检查者向家属说明检查目的,核对受检儿童的个人信息。

(2)准备好检查需要的工具箱及量表。

(二)体位

(1)检查者与受检儿童在专用检查桌前相对而坐(小婴儿及幼儿由家长环抱)。对小婴儿检查粗大运动时应将其放置在专用诊床上评估。

(2)受检儿童至少需要1名家长陪同完成检查。

(三)主测月龄

(1)根据受检儿童出生日期,以实际月龄作为主测月龄,若实际月龄介于两月龄组之间,则以前一个测试月龄为主测月龄,并在主测月龄上画"△"表示。

示例:小明,男,1岁0个月3天,需要完善儿心量表检查,如图5-16所示。先确定主测月龄为12月龄,并以"△"表示。

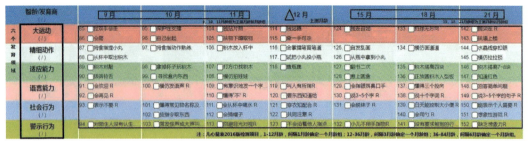

图 5-16 儿心量表 2016 版部分内容（1）

（2）如为早产儿，主测月龄不纠正胎龄。

（四）评估

（1）围绕主测月龄，分别检查主测月龄及前后月龄粗大运动、精细动作、语言能力、适应能力、社会行为 5 个领域能力。使用量表规定的工具进行检查。通过项目以"○"表示，不通过项目以"×"表示。

（2）各分领域，若连续通过主测月龄前两个月龄能力，则默认之前项目均通过，可停止往前评估；反之，则需要继续往前评估，直至连续通过两个月龄能力为止。若连续不通过主测月龄后两个月龄能力，则默认之后项目均不通过，可停止往后评估；反之，则需要继续往后评估，直至连续不通过两个月龄能力为止。

（3）评估标准：对各项目评估应遵循金春华编写的《儿童神经心理行为检查量表 2016 版》中规定的标准，切勿主观判断。

（4）检查者应经过专业培训考核、获得资格证并授权后才能操作。

（五）交流互动警示行为项目

（1）若考虑受检儿童有自闭症倾向，可进行交流互动警示行为评估。

（2）检测主测月龄前所有项目，直至主测月龄后连续两月龄不通过为止。

（3）通过项目以"○"表示，不通过项目以"×"表示。

示例：如图 5-17 所示。现需要对小明完善主测月龄（12 月龄）及主测月龄前后月龄的项目检查。先分别完善粗大运动、精细动作、语言能力、适应能力、社会行为 5 个发育领域检测项目。如粗大运动，在主测月龄前连续通过两月龄（9 月龄、10 月龄）能力，则停止评估；在主测月龄后连续不通过两月龄（15 月龄、18 月龄），则停止往后评估。其他发育领域以此类推，一一完善相应的检测项目。警示行为领域，需要完善主测月龄前即 1—11 月龄所有项目评估，并完善主测月龄后连续不通过两月龄组评估。以上项目纸质版通过项目以"○"表示，不通过项目以"×"表示。电子版通过项目以"√"表示，不通过项目以"×"表示。

图 5-17 儿心量表 2016 版部分内容（2）

（六）报告单

（1）进入"www.jinchunhuabj.cn"网页，输入账号、密码。

（2）选取"儿童信息管理"，在页面点击"新增"，录入受检儿童信息后，点击"确定"。

（3）在"儿童信息管理"主页面，选取受检儿童姓名，点击"儿心量表2016版"，在弹出的对话框中，核对儿童信息是否有误，再在"发育促进及指导"栏目选择相应月龄。将所检项目结果一一录入系统对应量表中。

（4）核对无误后，点击"保存"，窗口将自动弹出报告单，检查者将其打印，并在测试员处签字，向家长汇报检测结果。若仍存在疑问，可建议家长向就诊医生咨询，或向上级医院转诊。

（5）若要查询既往检查结果，可在"儿心量表2016版"主页面录入要查询的儿童姓名，点击"查询"。若查看既往量表内容，可点击"修改"查看。若查询儿童报告单，点击"详细结果"查看。

（七）报告解读

报告解读如图5-18所示。

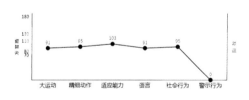

a. 儿童神经心理行为检查量表报告单；b. 发育商及评定；c. 交流互动警示行为领域评分及意义

图5-18 儿童神经心理行为检查量表报告单及评定标准

如图 5-18a 报告单所示，智龄为除警示行为领域外的 5 个发育领域各智龄平均值。发育商为除警示行为领域外的 5 个发育领域各发育的商平均值。

小明实际年龄为 1 岁 0 个月 3 天（12.1 月龄），所测结果智龄为 11.5 月龄，发育商为 95 分，警示行为领域得分为 0 分。根据图 5-18b 发育商及评定，小明的发育为中等水平。根据图 5-18c 交流互动警示行为领域评分，小明的检查结果为正常。综上所述，小明目前发育正常，无自闭症及交流互动障碍。值得注意的是，智龄及发育商可因训练学习而改变，不能仅凭一次测试结果判断儿童正常或不正常，应动态监测。

二、年龄与发育进程问卷第三版（ASQ-3）

该量表适用于 2—66 月龄儿童，有 21 份问卷，每份问卷包含孩子发育的 30 个问题，平均分配到 5 个发育领域即能区，每个能区各有 6 个题目。5 个能区分别是沟通能区、粗大动作能区、精细动作能区、问题解决能区、个人—社会能区，可作为评估发育异常的初筛工具。

具体操作如下：

（一）准备

（1）检查者向家属说明检查目的，核对受检儿童的个人信息。

（2）准备好检查需要的工具箱。

（二）体位

检查者与受检儿童在检查桌前相对而坐（小婴儿及幼儿由家长环抱）。对小婴儿检查粗大运动时应将其放置在专用诊床上评估。受检儿童至少需要 1 名家长陪同完成检查。

（三）评估

检查者用 ASQ 规定工具，依次评估儿童 5 个能区能力。每个能区的题目用语简单、直白，从易到难排列，最后有 5 个综合问题引导父母表述他们对孩子发育中存在的担忧。

（四）结果汇总

（1）检查者登陆 ASQ-3 系统，录入受检儿童信息、家长信息，点击"确认"将自动生成问卷。

（2）检查者和家长共同完成问卷问题。对于家长不能确定的问题，可对受检儿童进行再次评估。

（3）每个问题后有 3 个选项，分别是"是""有时是""否"，根据受检儿童平时出现的频次及熟练程度进行勾选。

（五）结果解读

（1）完成问卷后，系统将生成问卷结果，向家长解释结果及相关注意事项。

（2）若受检儿童发育延迟、落后，则应告知家长定期随访，根据儿童情况，必要时转诊。

三、年龄与发育进程问卷：社交-情绪（ASQ-SE）

ASQ-SE 是一个与 ASQ 配合使用的筛查工具，用于 3—66 个月需进一步进行社会和情绪行为评估的儿童，包含 8 份问卷，每一份问卷包括 7 个行为领域，分别是沟通、自我调控、适应功能、依从性、自主性、情感和人际互动，辅助了解儿童与人沟通、交流互动、调节处理自己情绪的能力。

具体操作如下：

（一）准备

检查者向家属说明检查目的，核对受检儿童的个人信息。

（二）评估

（1）检查者登陆 ASQ-SE 系统，录入受检儿童信息、家长信息，点击"确认"将自动生成问卷。

（2）检查者通过问询方式和家长共同完成问卷问题。对于家长不能确定的问题，可对受检儿童进行再次评估。

（3）每个问题后有 3 个选项，分别是"多数时间是""有时是""很少或从不"，根据受检儿童平时出现的频次及程度进行勾选。

（4）若家长对某一问题感到明显担心，可在相应问题"宝宝的表现令您感到担忧"栏目进行勾选。

（三）结果解读

（1）完成问卷后，系统将生成问卷结果，向家长解释结果及相关注意事项。

（2）若受检儿童评分明显偏离，或观察到儿童存在行为发育异常表现，则应告知家长定期随访，必要时转诊至心理行为科进一步检查。

参考文献

[1] 金春华. 儿童神经心理行为检查量表（2016 版）[M]. 北京：北京出版社，2016.
[2] 简·斯夸尔斯，等. 年龄与发育进程问卷使用指南[M]. 卞晓燕，等，译. 上海：上海科学技术出版社，2013.
[3] 简·斯夸尔斯，等. 年龄与发育进程问卷：社交-情绪使用指南[M]. 卞晓燕，等，译. 上海：上海科学技术出版社，2013.

（先玉梅）

第六章

常用眼、耳、鼻、喉科操作技能

第一节 视力检查

视觉系统里所能分辨外界物体两点之间最小距离的能力称为视力,又称为视锐度,主要反映的是黄斑视功能。视力包括中心视力与周边视力:远视力与近视力组成中心视力,周边视力又称为视野。应当注意的是,不同人的检查结果及同一人在不同场合下的检查结果会有一定波动。

一、远视力检查

(一) 视力表的设计及种类

(1) 国际标准视力表(图6-1)。常用小数记录。国际标准视力表中,将分辨1′视角空间变化的视力定为1.0。以5米作为远视力测试距离,到达被检眼时形成1′视角的视标,作为视力表中代表视力为1.0的视标。远视力表与近视力表1.0视力的视标,都是按照1′角的标准设计的。我国一般采用小数表示法。将视力表置于6 m处,记录为6/6、6/12、6/30、6/60,若计算为小数则分别为1.0、0.5、0.2、0.1等。

(2) 对数视力表(图6-1)。常用5分法记录。对数视力表中视标阶梯按数递增,视力计算则按数字级递减,相邻两行视标大小的恒比为1.26。

(3) 视标的种类。最常见的视标是Snellen视力表的"E"形字母或阿拉伯数字,还有Landolt带缺口的环形视标,以及给幼小的儿童使用的由简单图形或动物组成的视标等。

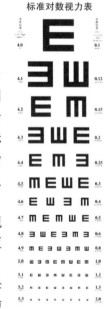

图6-1 国际标准视力与对数视力表

说明:本章第一节至第十一节为基础内容,第十二节至第十四节为进阶提高内容。

（二）以国际标准视力表为例

1. 操作步骤

（1）调整室内光线、固定检查距离、清洁受检者眼部。

（2）自上而下逐行阅读。

（3）裸眼最佳视力≥1.0时记录视力检查结果。

（4）裸眼最佳视力＜1.0进行针孔镜/戴镜检查；记录裸眼及针孔镜/戴镜检查结果。

（5）如果在距离5 m处不能识别最大的视标（即0.1或4.0的视标），则逐步向前走近视标，直到能够识别最大的视标时停止：视力＝距视力表实际距离（m）/5（m）×0.1。例如：3 m处看到最大视标，视力为"3 m/5 m×0.1＝0.06"；1 m处看到最大视标，视力为"1 m/5 m×0.1＝0.02"。以此类推。

（6）如果在距离1 m处仍不能识别最大视标（即0.1或4.0的视标），则需要查指数。检查者站在受检者旁边或前方，在受检者面前伸出手指，距离从1m开始，逐渐移近到受检者能准确辨认出手指的数目时，记录此时手指到受检者面前的距离，用指数/距离表示。例如：50 cm处看到手指，视力为"指数（FC）/50 cm"。30 cm处看到手指，视力为"指数（FC）/30 cm"。以此类推。

（7）如果在眼前5 cm处不能识别指数时，则需要进行手动检查，记录手动/距离。视力通常记录为"手动（HM）/眼前"。

（8）如果受检者眼前不能识别手动，则要进行光感检查，此时记录光感（LP）/距离或无光感（NLP）。例如：20 cm处可看到光，视力为"光感（LP）/20 cm"，对有光感的则需要检查光定位。

2. 注意事项

（1）检查室内光线应充足、明亮，检查视力时光线不能直接射入受检者的眼睛。

（2）视力检查前检查受检者双眼，清洁分泌物，擦去泪水及眼膏。

（3）应用遮眼板时，应严格遮挡对侧眼，不能留有空隙，避免受检者偷看。

（4）检查顺序一般遵循"先右后左"；注意遮盖眼睛时，勿加压于眼球表面。

（5）受检者不能眯眼看视标。

（6）遮眼板应每人一个，使用完毕后消毒，可重复使用。

二、近视力检查

近视力检查的是近距离的中心视力，一般用于屈光不正和老视的临床筛查及对低视力患者残余视功能的评价。平时经常使用的近视力表的设计，是依据特定距离的视角倒数表达，也可使用印刷字号记录表达。记录时须标明实际距离。

以标准近视力表为例：

1. 操作步骤

（1）通常让受检者采取坐位，检查者站立于受检者旁边，把近视力表（图6-2）放置于受检者正前方30 cm处，需要光线充足，找到受检者能正确辨识出方向的最小字号。

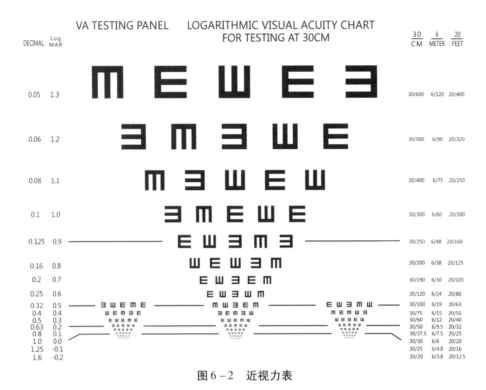

图6-2 近视力表

(2) 在30 cm处能够清楚地辨识出1号字或1.0处的视标，则为正常近视力，记录为J1或1.0。

(3) 在30 cm处不能辨识出1号字或1.0处的视标时，嘱受检者前后移动近视力表，直到找出能正确辨识的最小字号或视标，并记录下实际的距离。

2. **注意事项**

(1) 照明充足，检查视力时光线不能直接射入受检者的眼睛。

(2) 视力检查前检查受检者双眼，清洁分泌物，擦去泪水及眼膏。

(3) 受检者不能眯眼看视标。

(4) 检查顺序一般遵循"先右后左"；注意遮盖眼睛时，勿加压于眼球表面。

(5) 对检查结果持有怀疑态度时，可复查验证。

(6) 遮眼板应每人一个，使用完毕后消毒，可重复使用。

三、儿童视力检查

在临床检查中对于小于3岁及不能合作的幼小儿进行视力检查时，需要检查者具有足够的耐心、温和的诱导和及时的观察。正常情况下，新生儿能够做到追光运动和具有瞳孔对光反应；1月龄婴儿有主动浏览周围目标的能力；3个月时可双眼集合注视手指。交替遮盖法可发现患眼：当用遮盖物遮盖儿童患眼时，其一般无任何反应，而遮盖其健侧眼时会出现试图躲避的现象。

视动性眼球震颤，是临床检查中常用的检测婴幼儿视力的一种方法。通常在婴儿眼前适当的距离，放置黑白条栅测试鼓（勿贴近眼睛）。在转动测试鼓时，若婴儿的双眼眼球先是随着测试鼓顺向转动,然后骤然出现眼球逆向转动,称之为视动性眼球震颤。随后逐渐依次调窄测试鼓的条栅,直到被检的婴幼儿不再出现视动性眼球震颤时,此时即为婴儿的评估视力。

(李冰)

第二节　外眼一般检查

一、眼睑检查

(一) 眼睑一般检查标准操作流程

(1) 眼睑形态检查:检查皮肤皱襞改变、睑裂大小、有无睫毛异常及眼睑缺损。

(2) 眼睑运动检查:检查上睑有无退缩,有无闭合不全,眼睑痉挛及瞬目的次数有无增加或减少。

(3) 眼睑位置检查:是否存在睑内、外翻,上睑下垂等。

(4) 眼睑色泽检查:有无血管瘤、色素痣、色素沉着等。

(5) 眼睑肿物:肿物的大小、色泽、与周围组织是否粘连,以及肿物性质(炎症性或非炎症性)。

(6) 睑缘:有无鳞屑、瘢痕、倒睫毛等。

(二) 上睑下垂检查标准操作流程

(1) 告知受检者操作的目的和配合方法。

(2) 眼睑整体情况:眼睑是否红肿、淤血及出血,重睑线是否存在,眼睑高度及弧度的情况;睑缘位置是否正常;睫毛位置与生长方向。

(3) 睑裂高度测量:双眼平视前方并保持眼睑不动,用刻度尺测量上睑及下睑游离缘(睑缘)中点之间的距离,分别记录左右眼睑裂高度读数。

(4) 睑裂宽度测量:

A. 睑裂宽度测量:测量外眦点到内眦点的直线距离。外眦点:上下眼睑的颞侧结合处。内眦点:上下眼睑的鼻侧结合处。

B. 内眦间距测量:用刻度尺测量双眼内眦点的直线距离。

(5) 上睑提肌肌力测定:

A. 极度向下注视。

B. 用左手拇指按压眉弓额肌处。

C. 刻度尺上的"0"刻度对准上睑缘中点位置。

D. 嘱受检者保持头部不动,双眼努力向上方或头顶方向注视,此时测量上睑缘中点,对应在刻度尺上的读数即为上睑提肌的肌力。

(6) 额肌肌力测定：

A. 极度下视。

B. 眉弓下缘中央部做一标记点，将刻度尺 0 刻度对准标记点。

C. 再极度上视，读取标记点在刻度尺上的读数。

(7) Bell 征：

A. 嘱受检者自然闭眼，分别翻开双眼上眼睑。

B. 眼球向上、外方转动，并显露出白色巩膜为阳性，常见于特发性面神经麻痹，多为单侧；眼球未运动为阴性。

(8) Marcus-Gunn 征：

A. 平视前方，然后反复做张口、闭口动作。

B. 观察上睑运动情况。阳性：上睑随之运动或跳动；阴性：上睑不随之运动或跳动。

二、泪器检查

泪器包括泪液分泌部和泪液排出部两部分。泪液分泌部由泪腺、副泪腺、结膜杯状细胞组成；泪液排出部由泪小点、泪小管、泪总管、泪囊和鼻泪管组成，又称泪道。临床上应通过相应检查区分溢泪（排出受阻）或流泪（分泌过多）。（图 6-3）

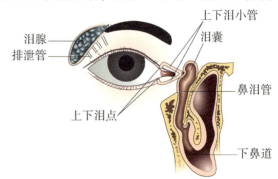

图 6-3 泪器示意

（一）泪器一般检查标准操作流程

操作步骤：

(1) 检查泪腺区皮肤是否存在红肿和"S"形的外观，按压皮下有无肿块及压痛。

(2) 检查泪小点时，应观察泪小点的位置是否正常，有无红肿、内外翻、狭小、闭塞及分泌物等，分泌物的性质及量如何。

(3) 检查泪囊区有无红肿、肿块或瘘管，按压泪囊区时有无压痛，泪小点有无泪液或分泌物溢出，分泌物的性质及量如何。

（二）泪液分泌试验操作流程

1. 操作前准备

(1) 说明检查目的及方法。

(2) 受检者取仰坐位。

(3) 准备试纸，清洁双手。

2. 操作步骤

(1) 检查前不滴用任何眼药，并拭去结膜囊内的液体。

(2) 取出泪液分泌试纸，在"0"刻度处折弯。

(3) 嘱受检者双眼尽量向上方或头顶方向凝视，同时将泪液分泌试纸轻柔地置于下睑中外 1/3 处的结膜囊内。

（4）计时5分钟后，拉下眼睑，取出泪液分泌试纸。
（5）判读泪液浸湿的长度，记录检查分类、检查时间、是否用表面麻醉药物等。
（6）检查结束后，眼内滴入抗生素滴眼液，并交代受检者注意事项。

（三）泪道冲洗检查操作流程

1. **操作前准备**

（1）告知受检者检查目的。
（2）受检者取坐位或仰卧位。
（3）准备5 mL注射器、泪道冲洗针头、泪点扩张器、表面麻醉药物丁卡因、消毒棉签和生理盐水，检查前应清洁双手或戴一次性手套。

2. **操作步骤**

（1）冲洗前轻轻按压泪囊，尽量挤出泪小点处的分泌物。然后将1~2滴丁卡因滴于结膜囊内，或使用沾有丁卡因的棉签在上下泪点之间放置1~2分钟。
（2）泪小点比较小时，应使用泪点扩张器扩张。扩张泪小点前，检查者可用左手拇指指腹轻轻牵拉下睑，使下睑外翻，露出下泪点，嘱受检者尽量向上方或头顶方向凝视，然后右手持注射器，将冲洗针头垂直插入泪小点约2 mm处，再转向水平方向，向鼻侧插入泪囊，直至触及骨壁后停止。
（3）受检者取坐位时，稍低头；受检者取仰卧位时，将头部偏向患侧。将针稍向后退，注入生理盐水。通畅者，推注时无阻力，注入的生理盐水从鼻孔流出或受检者诉有水流入咽部。
（4）若有生理盐水从鼻腔流出，但注水时感到通而不畅，则可能有鼻泪管狭窄。
（5）在下泪点冲洗时，针头无法触及骨壁，生理盐水从下泪点反流，受检者咽部无水，说明下泪小管阻塞。在上泪点冲洗时，生理盐水从上泪点反流，咽部无水，则说明上泪小管阻塞。
（6）在下泪点冲洗时，生理盐水从上泪点反流，且咽部无水，说明泪总管阻塞。
（7）若针头可触及骨壁，但逆流，鼻腔内无水，提示鼻泪管阻塞。
（8）冲洗后，发现有脓性分泌物从泪小点溢出，提示慢性泪囊炎。
（9）冲洗时出现下睑肿胀，提示可能是假道，必须立即停止注水。
（10）泪道冲洗后，眼内滴入抗生素滴眼液，并记录冲洗情况，包括进针位置、有无阻力、流通情况及有无分泌物等。

3. **注意事项**

（1）若进针遇有阻力，不可强行推进。
（2）若下泪点闭锁，可经上泪点冲洗。
（3）反复冲洗会引起黏膜组织的损伤或粘连，导致泪小管阻塞，应避免多次冲洗。
（4）受检者患有泪道急性炎症或泪囊有大量分泌物时，为避免炎症加重或扩散，暂不宜进行泪道冲洗。

三、眼球位置及运动检查

检查眼球位置及运动时，应观察双眼的角膜是否位于睑裂中央、是否双侧对称，眼球有无突出或内陷、有无震颤或斜视。

（一）角膜映光法检查标准操作流程

（1）嘱受检者取坐位，检查者站立于受检者旁边或正前方，检查者右手持手电筒，放置于受检者双眼前 33 cm 处，嘱被检者注视正前方的光源，正位角膜反光点（映光点）位于瞳孔中央。外斜：映光点偏鼻侧。内斜：映光点偏颞侧。上斜：映光点偏下。下斜：映光点偏上。

（2）映光点位于瞳孔缘：眼位偏斜约 15°；位于瞳孔缘和角膜缘间：偏斜约 30°；位于角膜缘：偏斜 45°。

（二）眼球运动检查标准操作流程

1. 运动检查

（1）双眼运动检查：受检者双眼向各方向（左、右、上、下、左上、左下、右上、右下）注视，观察运动的协调性。

（2）单眼运动检查：遮盖一眼，另一眼向各方向注视，观察眼球运动是否到位。

2. 正常眼球运动

（1）内转运动：瞳孔内缘达到上下泪点的连线。

（2）外转运动：角膜颞侧缘达到外眦角。

（3）上转运动：角膜下缘与内外眦连线相切。

（4）下转运动：角膜上缘与内外眦连线相切。

（5）眼球运动：超过以上位置的为亢进，达不到的为不足。

四、眼眶检查

眼眶疾病可伴发于全身其他疾病，与周围组织关系密切，病变种类复杂。需要全面了解病史，进行综合分析，才能避免误诊、漏诊。眼眶疾病的一个重要的体征是眼球突出或内陷。眼球突出度测量应结合睑裂宽度、上睑退缩、瞳孔反射、有无搏动、与体位关系等检查。

眼球突出度：直视时，测量眶壁外缘与角膜顶点平面的距离。

眼球突出度的检查标准操作流程如下：

（1）嘱受检者平视前方，检查者站立于受检者前方，双手持眼球突出计（图 6-4），平放于两眼前方，调整好金属框的间距，使其尖端固定在双眼外眦角的框缘。

图 6-4 眼球突出计

（2）单眼观察镜面内的两条红线，使之相互重叠。

(3) 记录反射镜里角膜顶点位置的读数（mm）。
(4) 记录眶距，即两金属框间的距离。
(5) 记录标准：右眼测量结果—左眼测量结果/眶距。例如：13—15/90 mm（正常值为 11.68—13.93 mm，两眼差值 < 2 mm）

（李冰）

第三节　检眼镜的使用及正常眼底的识别

一、检眼镜检查法

检眼镜检查法（ophthalmoscopy）用于检查眼的屈光间质与眼底，是一种常用的、基本的眼科检查方法。眼的屈光间质包括角膜、房水、晶状体及玻璃体。通常在暗室内检查，一般不需要散瞳。在检查时若发现问题，需要进一步检查，这时则需要受检者散瞳配合。散瞳前应常规排除青光眼，以免使受检者散瞳后，眼压急剧增高。眼底的检查方法一般包括直接检眼镜检查、间接检眼镜检查、前置镜检查和三面镜检查。间接检眼镜检查，需要受检者坐位或卧位；前置镜检查、三面镜检查通常需要受检者坐位，且需要配合裂隙灯使用。

（一）直接检眼镜检查

直接检眼镜检查常用于对玻璃体和视网膜病变的检查，其能够将眼底像放大 15～16 倍，所见眼底为正像。直接检眼镜检查也可用于检查角膜、房水、晶状体及玻璃体等眼的屈光间质。直接检眼镜（图 6-5）的观察孔内装有 -25D ～ +25D 球面透镜转盘，镜子自带光源。使用时，转动转盘进行调整，直到能清晰地看到视网膜结构（图 6-6）。

图 6-5　直接检眼镜

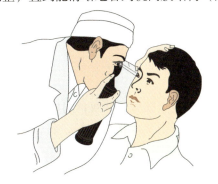
图 6-6　直接检眼镜检查

1. 操作前准备
(1) 核对受检者姓名、性别。

(2) 将室内光线调暗。

(3) 告知检查方法及目的，嘱受检者放松。

2. 操作步骤

(1) 受检者取坐位或卧位，必要时可散大瞳孔，嘱受检者放松，两眼平视前方。

(2) 检查受检者右眼时，检查者则站立于受检者右侧，右手持检眼镜，右眼观察。检查左眼时，反之。

(3) 先将检眼镜转盘调到 +8D ～ +10D，光线自 10～18 cm 射入眼内，由远及近观察角膜、前房、晶状体、玻璃体，检查屈光间质有无浑浊。

(4) 随后将转盘拨到"0"处，最后看到离正视眼底约 4 mm 处，可见到眼底红色反射，拨动转盘直到能清楚地看到视网膜的结构。

(5) 若屈光间质有浑浊改变，则在橘红色的反光中可见到黑影，此时嘱受检者来回转动眼球，通常玻璃体浑浊的黑影是漂浮的，固定的黑影则是角膜或晶状体浑浊的表现。

(6) 检查眼底结构时，应先观察视盘，找到由视盘发出的视网膜中央动静脉的大分支，然后自中心向周边部，按照颞上、颞下、鼻上、鼻下四个区域逐区检查，最后检查黄斑区。注意观察视盘的颜色、边界、杯盘比（cup/discratio，C/D）、视网膜血管的直径、颜色是否均匀一致、动静脉比值、黄斑及中心凹的反光、视网膜有无出血、水肿、渗出等。

（二）间接检眼镜检查

间接检眼镜，又称为双目间接检眼镜，是把眼底放大 4.5 倍后所显示的倒立的实像，眼底视野宽阔，可达到 25°～60°，且具有立体视觉，景深宽。其可同时看清眼底不在同一平面上的病变。若在使用时配合巩膜压迫器，可观察到视网膜锯齿缘及视网膜最周边的部分。

1. 操作前准备

(1) 核对受检者姓名、性别。

(2) 将室内光线调暗。

(3) 告知检查方法及目的，嘱受检者放松。

2. 操作步骤

(1) 受检者采取坐位或平卧位，检查者位于受检者对面（坐位时）或患者的头部方位（卧位时）。

(2) 检查者在头部佩戴好双目间接检眼镜，调整好瞳距及反射镜的位置。

(3) 用左手拇指及食指持物镜，将弧度较小的一面放在受检眼前，距离受检眼约 5 cm。

(4) 左手的小指或无名指固定于受检者额部，中指协助提起受检眼上睑。右手用于完成检查及手术操作。

(5) 在检查的过程中，检查者的视线应与间接检眼镜的目镜、物镜、受检眼的瞳孔保持在一条线上。

(6) 嘱受检者在检查的过程中尽量依次向上、下、鼻、颞、鼻上、鼻下、颞上、颞下 8 个方向注视，便于检查全部眼底，避免遗漏病变。

（三）前置镜检查

前置镜检查具有方便、快速、观察范围广、放大倍数高、立体视觉等优点，而且在检查时不用直接接触受检者眼球，对受检者的眼球的合作性要求不高，但要配合裂隙灯才能使用。操作者熟练的情况下，可在不散瞳的情况下观察后极和周边部眼底。（图 6-7）

图 6-7 前置镜

1. 操作前准备

（1）核对受检者姓名、性别。

（2）将室内光线调暗。

（3）告知检查方法及目的，嘱受检者放松。

（4）检查前充分散瞳（单眼或双眼）。

2. 操作步骤

（1）嘱受检者在检查时，应坐于裂隙灯的正前方，并调整好座椅、检查台、颌架及裂隙灯显微镜的高度；嘱受检者将下颌置于裂隙灯的下颌托上，前额紧贴裂隙灯头架的额带。

（2）调整裂隙灯光带：中等窄裂隙光（约 1 mm），夹角 0°～10°，将裂隙灯光带置于受检眼角膜中央聚焦。

（3）持镜手法：用左手拇指与食指持镜，与角膜相距 8 cm，小指与无名指放在受检者前额上，以确保镜面不与眼睛接触。

（4）调焦：用右手先将裂隙灯焦距后撤约 3 cm，然后缓缓向前推，当见到光带时，不再移动镜片，仅左、右、上、下移动光带，观察后极部眼底。

（5）有序全面检查：嘱受检者在检查的过程中尽量依次向上、下、鼻、颞、鼻上、鼻下、颞上、颞下 8 个方向注视，便于检查全部眼底，避免遗漏病变。在检查过程中对于疑似病变的部位进行重点、反复检查，避免误诊及漏诊。

（四）三面镜检查

三面镜眼底检查除了可准确定位视网膜病变如裂孔等，还能通过舌面镜检查前房角。三面镜中央为平凹镜，所成物像为正立实像；其周围可分为梯形镜（75°）、长方镜（67°）及舌面镜（59°），观察到的眼底像为倒像。梯形镜（75°）可看到视网膜后极部到赤道部之间的区域；长方镜（67°）用于检查周边视网膜；舌面镜（59°）用于观察视网膜锯齿缘、睫状体和前房角部。

1. 操作前准备

（1）核对受检者姓名、性别。

（2）将室内光线调暗。

（3）告知检查方法及目的，嘱受检者放松。

（4）检查前充分散瞳（单眼或双眼）。

2. 操作步骤

（1）嘱受检者在检查时，应坐于裂隙灯的正前方，并调整好座椅、检查台、颌架及裂隙灯显微镜的高度；嘱受检者将下颌置于裂隙灯的下颌托上，前额紧贴裂隙灯头架的额带。

（2）安放三面镜：在三面镜的凹面滴入接触液，嘱受检者双眼尽量往下看，检查者用左手轻轻提起受检者的上睑，右手轻微倾斜三面镜，使其凹面向上，并轻拉下睑向下，将三面镜靠近睑缘并放置在上穹隆部，再嘱受检者向前方注视。以下穹隆部的三面镜边缘作为支点，将三面镜向上转动90°，使其凹面与角膜接触。

（3）对焦：中等窄裂隙光（约1 mm），夹角0°～10°，焦点对准三面镜前表面，并向前推进，直到看清眼底。

（4）有顺序地检查各镜及范围中央。平凹镜：后极部30°；梯形镜：斜度75°，后极部至赤道部；长方镜：斜度67°，周边部；舌形镜：斜度59°，极周边部及房角。

3. **注意事项**

（1）眼底检查应在暗室进行。

（2）进行各种眼底检查时，应保持镜片的干净、清洁，否则会影响成像效果。

（3）使用各种眼底检查时，应尽量缩短光线直接照射黄斑的时间，以免造成损伤。

（4）在安放和使用三面镜的过程中手法应尽量轻柔，防止擦伤角膜。

（5）三面镜检查需要接触受检者眼表，若眼表有急性感染性炎症、异物、开放性伤口者禁止进行三面镜检查。角结膜上皮局部或大部分缺损者、眼球壁有较薄弱处（如巩膜葡萄肿）者进行三面镜检查时要慎重，尽量避免用力挤压。

（6）三面镜检查需要对受检眼进行表面麻醉，应告知受检者检查后1～2小时内尽量避免揉眼，以防擦伤角结膜上皮。

二、正常眼底

正常眼底如图6-8所示。

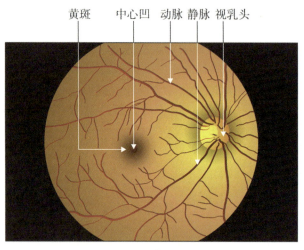

图6-8　正常眼底示意

（一）视盘

视盘位于眼球后极部，偏鼻侧约 3 mm 处，直径约 1.5 mm，又称为视盘。在检眼镜下，视盘呈圆盘状，橙红色，边界清楚。视网膜中央动脉、中央静脉、视神经在此处进出眼球。位于视盘的中央，颜色较白、呈漏斗形凹陷的部分称为视杯。在凹陷内有时可看到透明的巩膜筛板孔，在检眼镜下可表现为暗灰色小点。杯盘比（C/D）是视杯与视盘的垂直直径之比，正常人 C/D 约为 0.3。青光眼患者的视盘由于长时间受到高眼压的压迫，C/D 常较高，当 C/D＞0.5 时才有诊断意义。由于视盘上无感光细胞存在，无法形成视觉，因此在视野中表现为生理盲点。

（二）血管

视网膜中央动静脉穿过视盘后，分别发出上、下分支，再各自发出鼻上、鼻下、颞上、颞下 4 个分支，最后分为许多细小的分支，分布于整个视网膜。这些血管分支间彼此不相吻合。视网膜内层血供由视网膜中央动脉供给，外层血供由脉络膜毛细血管供给。动脉与静脉管径的比例约为 3:4 或 2:3。

（三）黄斑部

黄斑部位于视盘颞侧稍偏下，为视网膜后极部上、下血管弓之间的区域，距视盘 3～4 mm 处，面积约为 1 个视盘直径（pupillary diameter，PD）大小。其中心为中心凹，是视觉最敏锐处。

（四）眼底的一般形态

视网膜本身不具有任何颜色。在使用检眼镜时，检眼镜灯光照入眼底时，由于视网膜色素上皮、脉络膜的色素及脉络膜毛细血管内的血液具有色泽，因此整个眼底在检眼镜下呈现为橘红色。色泽多者，眼底颜色较深；色泽少者，可透见脉络膜血管。高度近视受检者所表现出的豹纹状眼底，正是由于脉络膜色素较多，聚于血管之间，从而呈现出一种红色与褐色相间的条纹。

（李冰）

第四节　眼冲洗治疗

一、适应证

（1）结膜炎。

（2）眼部化学伤。

（3）结膜囊异物。

（4）术前眼部冲洗。

二、禁忌证

无绝对禁忌证。

三、操作前准备

(1) 核对患者姓名、性别。
(2) 患者取仰卧位或坐位。
(3) 告知检查方法及目的，嘱患者放松。
(4) 按需准备物品。冲洗液温度要适宜，为 32～37℃。冲洗液通常为生理盐水。在冲洗侧患者的肩部下方铺上垫巾，嘱患者用左手或右手持受水器（图 6-9），紧贴在冲洗眼侧的颊部，以方便接收流下的冲洗液。

图 6-9　眼科洗眼壶

四、操作步骤

(1) 结膜囊冲洗：冲洗前，清洁眼分泌物或眼膏等，然后嘱患者头偏向一侧。用棉签或手指分开患者受洗眼的上下眼睑，用冲洗液先冲洗眼睑皮肤，再冲洗结膜囊。冲洗液在冲洗患者受洗眼上穹隆部时翻转上眼睑，嘱患者向下看，冲洗过后轻轻将上眼睑复位；冲洗液在冲洗患者受洗眼下穹隆部时嘱患者向上看，同时眼球向各个方向转动，充分冲洗结膜囊；冲洗结束用干净棉签擦干眼睑及周围皮肤。

(2) 化学伤冲洗：如果眼部仍残留有固体化学物，需要先取出后再冲洗，冲洗时力度要大，冲洗距离以 5～6 cm 为宜，冲洗的总量一般要达到 1 500～2 000 mL 才能彻底清除结膜囊内存在的化学物质。冲洗前后应测量并记录结膜囊 pH 值及使用冲洗液的总量。

(3) 眼周皮肤术前清洗：冲洗的范围上至眉弓上 3 cm，下至鼻唇沟，内至鼻中线，外周至太阳穴。嘱患者闭眼，先用干净棉签蘸生理盐水擦净睫毛、眼睑、眉毛及眼周的皮肤，再用生理盐水冲洗睫毛及眼睑，最后以眼为中心由内往外环形冲洗或从眉弓上 3 cm 处开始往下方冲洗周围皮肤。冲洗液量应依据皮肤清洁的程度而定，但最少要有 100 mL 的冲洗量。冲洗时距离以 3～4 cm 为宜，冲力不应过大。冲洗完毕后，嘱患者睁开眼睛，用眼部专用冲洗液冲洗结膜囊。结膜囊冲洗完成后，嘱患者再次轻闭双眼，再次冲洗眼睑及周围皮肤。

(4) 询问患者感觉，若无不适，用棉签轻擦干眼睑及周围皮肤，撤去受水器及垫巾，告知患者注意事项。眼化学伤的患者应再次检查有无异物残留在结膜、角膜上，尤其是穹隆部结膜易有异物残留。

五、注意事项

(1) 一般情况下，应避免把冲洗液直射在角膜上，同时要避免洗眼壶接触到患者受洗眼，以防污染洗眼壶或擦伤患者眼球。

(2) 当患者的受洗眼存在角膜溃疡、角膜穿孔、眼球穿通伤时，须注意勿按压眼球及翻转眼睑，以防眼内容物被挤出。眼球穿通伤患者发生眼内组织嵌顿时，冲洗眼部应注意区分眼内异物和正常组织。

（3）对假膜性结膜炎患者进行眼部结膜囊冲洗时，应先用消毒棉签轻轻擦去假膜，然后再冲洗。

（4）不能配合或眼部刺激症状较重的患者，可先给予眼部的表面麻醉药物，其起效后再冲洗；必要时可用开睑钩拉开上、下眼睑冲洗。

（李冰）

第五节　结膜异物处理方法

结膜异物常存在于上睑结膜内，且多位于睑板下沟、穹隆部及半月皱襞。为了避免遗漏，检查时必须充分暴露。

一、操作前准备

（1）核对患者姓名、性别。
（2）患者取仰卧位或坐位。
（3）告知检查方法及目的，嘱患者放松。

二、操作步骤

（1）灰尘、细沙、睫毛等常见的细小异物黏附于球结膜或睑结膜表面者，可先给予眼部的表面麻醉药物，表面麻醉药物起效后，以生理盐水蘸湿的棉签轻轻擦去即可。

（2）存在异物较多或局部有污染物时，先用生理盐水冲洗结膜囊，可清除大部分异物及污染物。必要时可先给予眼部的表面麻醉药物，表面麻醉药物起效后，用镊子、异物针、注射针头等将异物取出。

（3）因爆炸引伤起的火药微粒、细沙等钻入结膜下者，若不引起眼的刺激症状（如怕光、流泪、充血、疼痛等）可不加处理。因为这些细小微粒长期留在结膜下，并不会引起损害。较大的碎片引起眼刺激症状者，必须取出，必要时可于表面麻醉下行手术切开结膜取出。

（4）异物取出后，应滴抗生素眼药水并涂眼膏以预防感染，必要时予包扎，次日换药，或口服、肌内注射抗生素。

三、注意事项

（1）手术取异物时，一般不用黏膜下浸润麻醉，以避免因水肿而遮蔽异物位置，使术者无法准确判断。

(2) 有些异物如玻璃碎屑等，常不易被发现，应结合病史仔细检查，以免漏诊。

（李冰）

第六节 眼压测定

眼压是指眼球内部存在的压力，为眼内容物施加到眼球壁上的均衡压力。正常情况下，眼压通常稳定在 10～21 mmHg，眼压稳定有助于维持眼球的正常形态和眼睛的视觉功能。目前测量眼压的方法为指测法和眼压计测量法。

一、指测法

指测法是一种粗测眼压的方法，检查的医师需要积累大量的临床经验才能准确判定。

（一）操作前准备

(1) 核对患者姓名、性别。

(2) 患者取坐位。

(3) 告知检查方法及目的，嘱患者放松。

（二）操作步骤

(1) 嘱患者双眼尽量向下方注视，检查者用双手食指尖端轻柔地交替触压上睑板上方深部的眼球壁。其中一指按压眼球时，另外一指有波动感。

(2) 用上述检查方法轮流交替压迫双侧眼球并感触，以此评估眼球的软硬程度。

(3) 记录结果的方法：正常眼压以 Tn 表示，眼压轻度升高用 T＋1 表示，眼压中度升高用 T＋2 表示，T＋3 表示眼压极高。反之，眼压稍低、眼压较低和眼压极低分别以 T－1、T－2、T－3 表示。

（三）注意事项

(1) 该测量方法不适用于眼球开放性损伤。

(2) 局部清洁。

二、眼压计测量法

临床上常用的眼压计测量法包括非接触式眼压计测量法、压陷式眼压计测量法和压平式眼压计测量法。

（一）非接触式眼压计测量法

非接触式眼压计测量法是目前临床上最常用的眼压测量方法，能避免角膜损伤和交叉感染。其工作原理是以气流脉冲压平角膜，将角膜的压平时间，通过换算，转换为眼

压。(图 6-10)

1. 操作前准备

(1) 核对患者姓名、性别。

(2) 患者取坐位。

(3) 告知检查方法及目的,嘱患者放松。

2. 操作步骤

(1) 告知患者测量的目的,并向患者解释会有气体喷出,嘱患者放松,尽量不要眨眼。

(2) 调整座椅、颌架及操作台的高度,使患者处于相对舒适、放松的状态;嘱患者把下颌置于眼压计前方的下颌托上,双眼注视前方,前额紧贴额带。

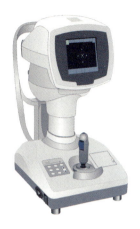

图 6-10 非接触式眼压计

(3) 按先右后左的顺序进行测量。

(4) 测量时嘱患者双眼注视前方测压头内的红色或黄色指示灯。

(5) 观察指示点,当指示点对准靶环中央时,启动按钮,并读数。

(6) 连续测量 3 次,取平均值。

(7) 若被检眼视力差,则选择外固视法:以对侧眼注视定位灯,确认被检眼的角膜位置无误后,启动按钮并读数。

3. 注意事项

(1) 测量时若出现眼球位置移动、泪液过多、数据相差过大,则需要重新测量。

(2) 眼压计推动调整幅度不宜过大,以免误伤角膜。

(3) 眼压计要定期进行校对。

(二) 压陷式眼压计测量法

压陷式眼压计(图 6-11)测量法是用一定重量的砝码压迫角膜中央,依据角膜被压的深度,通过换算,间接反映眼压值,以此来计量眼压。(图 6-12)

图 6-11 压陷式眼压计

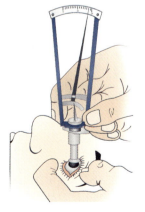
图 6-12 压陷式眼压计检查

1. 操作前准备

(1) 核对患者姓名、性别。

(2) 检查时患者取仰卧位,准备相关物品,清洁并消毒眼压计。

(3) 告知检查方法及目的,嘱患者放松。

2. 操作步骤

(1) 嘱患者稍抬高下颌,以食指作为固视点,调节眼位,保证角膜位于水平正中位置。

(2) 用检查者的左手拇指与食指分开患者被检眼的上下睑,充分暴露角膜,注意不要压迫角膜。

(3) 检查者用右手持眼压计,并将足板垂直放置于角膜正中,保持眼压计其他部位悬空,轻轻加压于角膜表面。

(4) 观察读数:读数小于3,换用7.5 g砝码;若读数仍小于3,换用10 g砝码。

(5) 操作时,不得遮挡注视眼视线,以免影响固视。

(6) 测量时一般先右眼后左眼,测量两次取平均值。除需要进行眼压校正的情况外,不宜连续反复多次测量,以免损伤角膜上皮。

(7) 测量后,被检眼需要滴抗生素滴眼液,并告知患者24小时内避免揉眼等注意事项。

(8) 查换算表,记录眼压。

(9) 清洁眼压计,消毒备用。

3. 注意事项

(1) 手指勿压迫眼球,测量勿遮挡对侧眼视线。

(2) 正确选用测量砝码。

(3) 准确记录眼别、测量值,并进行分析。

(三) Goldmann 压平式眼压计

Goldmann 压平式眼压计,是利用可变的重量压平角膜,依据所需的重量与被检者角膜面积改变之间的关系测定眼压。其测量结果受眼球壁和角膜曲率的影响比较小,是测量结果较准确、可靠的眼压计。

1. 操作前准备

(1) 核对患者姓名、性别。

(2) 患者取坐位。

(3) 告知检查方法及目的,嘱患者放松。

2. 操作步骤

(1) 裂隙灯光斑调至最大,滤光调至钴蓝光片,裂隙灯照明成35°~60°。测压螺旋转至1 g位置。

(2) 测压头正对角膜,缓慢推进裂隙灯,使测压头平面恰好接触角膜中部。

(3) 当在钴蓝光照射方向的对侧角膜缘出现蓝光时,停止向前推进裂隙灯。

(4) 用低倍目镜观察,可见两个黄绿色半圆环。调整操纵杆,使两个半圆环左右、上下对称,宽窄均匀地位于视野中央。

(5)转动测压螺旋，使两个半圆环的内界刚好相切。

(6)此时从测压螺旋上读出压力刻度数，再乘以10，即为眼压值，单位为mmHg。重复测量2～3次，每次所得结果的相差值不应超过0.5 mmHg，最后取平均值。

(7)检查结束后，在被检眼内滴入抗生素滴眼液，预防感染。

3. 注意事项

(1)测压头每次使用前后应认真清洗和消毒。

(2)分开上眼睑与下眼睑的时候，注意勿加压眼球。测压过程中，应避免接触睫毛或使睫毛夹在测量头与角膜之间。

(3)滴用荧光素不宜过多过浓。荧光环的宽度为半环直径的10%为宜。

(4)若患者眼压超过80 mmHg，则需要在眼压计上安装重力平衡杆，安装后可测量高至140 mmHg的眼压。

(5)测压过程中，测压头与角膜接触时间不宜过长，避免进一步引起眼压下降或损伤角膜上皮。测压完毕后，应详细检查角膜上皮有无擦伤。

参考书目

[1]林晓峰. 眼科基本技术标准操作流程[M]. 广州：广州科技出版社，2018.
[2]葛坚，赵加良，崔浩，等. 眼科学[M]. 北京：人民卫生出版社，2005.
[3]葛坚，赵家良，黎小新，等. 眼科学[M]. 2版. 北京：人民卫生出版社，2012.

（李冰）

第七节　耳鼻喉一般检查

一、外鼻的一般检查

外鼻由皮肤、软骨和骨组成，外观呈三棱椎体形态。外鼻的查体首先关注外鼻的形态，如有无外鼻形态学改变、鼻尖塌陷、鼻背畸形，鼻阈有无狭窄或不对称；外鼻皮肤的颜色，如有无皮肤潮红（早期酒渣鼻、鼻疖）等；外鼻的活动，如有无面神经瘫痪时出现的鼻翼塌陷及鼻唇沟变浅等。必要时需要配合外鼻触诊协助疾病的诊断，如鼻骨骨折时鼻骨凹陷或触及骨折线，鼻窦炎急性发作时头面部压痛点，鼻窦囊肿时触及乒乓球样弹性触觉等。同时，亦可仔细观察患者发声，以及小儿哭闹时有无鼻音（开放性或闭塞性）等，从而判断患者有无鼻阻塞或腭裂等疾病。

二、鼻腔的一般检查

鼻腔包括鼻前庭和固有鼻腔。

(一) 鼻前庭检查

常规使用前鼻镜和额镜的反射光线进行查体。光源高度比受检者耳旁稍高,保持10 cm左右的距离。额镜(图6-13)的镜面是一能聚光的凹面反光镜,直径约7.5 cm,焦距25～35 cm,镜面中央有一直径约1.25 cm的圆孔,可供检查者的视线通过。使用额镜对光时,保持检查者的瞳孔、额镜中央孔和受检部位三点一线,将光源反射到检查部位。检查鼻前庭时应注意观察皮肤有无溃疡、糜烂、红肿、疖肿、皲裂、鼻毛脱落、结痂、毛囊萎缩及压痛等,同时也要观察鼻前庭区域有无新生物(乳头状瘤、病毒疣、囊肿等),其中鼻前庭疖肿和鼻前庭炎是常见的鼻前庭疾病。

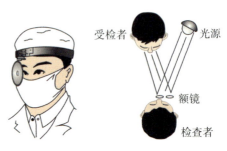

中央有一小孔的凹面反射聚光镜,焦距25 cm,借额带固定于头部额前,镜面可灵活转动。

光源置于同侧,略高于受检者耳部,相距约15 cm,将镜面贴近左眼或右眼,并使投射于额镜上的光线反射后聚集于受检部位,保持瞳孔、额镜中央孔和受检部位处于同一条直线,两眼睁开进行检查。

图6-13 额镜

(二) 固有鼻腔检查

使用前鼻镜、间接鼻咽镜(后鼻镜)或鼻内镜检查固有鼻腔。

1. 前鼻镜检查

前鼻镜检查(图6-14)是用鼻窥器撑开鼻前庭的皮肤,暴露鼻腔结构,有利于检查鼻腔的病变。前鼻镜操作风险包括:若患有鼻前庭炎或疖肿,撑开时会引起剧烈疼痛;鼻毛过长容易被夹持;鼻腔黏膜损伤出血等。

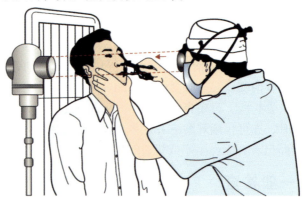

图6-14 前鼻镜检查

检查者手执鼻窥器时，右手或左手的拇指和食指捏住鼻窥器的关节，首先使鼻窥器呈闭合或半闭合状，与鼻底平行，正向（上下方向）伸入鼻前庭，深入深度不能超过皮肤黏膜交界处（鼻阈），轻轻张开鼻窥器，扩大前鼻孔，主要按三个头位依次进行检查。

第一头位：患者头稍低，观察鼻底、下鼻道、下鼻甲、鼻中隔前端和总鼻道。

第二头位：使患者头部后仰约30°，可观察中鼻道、中鼻甲和相应的鼻中隔中部及嗅裂部位。

第三头位：使患者头部逐渐后仰至约60°，可观察中鼻甲前上端、鼻丘、嗅裂和鼻中隔上段及鼻腔顶部。

检查过程中可根据患者的鼻腔结构及鼻腔病变的情况左右转动其头部，以便更好地观察鼻腔外侧壁和内侧壁的具体情况。使用鼻窥器探视鼻腔时，若鼻腔黏膜肿胀影响检查，可用1%～3%的麻黄碱类生理盐水棉片或表面麻醉药物喷剂收缩鼻腔黏膜3～5分钟后再行鼻腔查体。

固有鼻腔的观察指标包括：鼻腔黏膜充血、肿胀及溃疡情况，色泽（苍白、暗红、淡红），分泌物的来源、性质和量，鼻腔黏膜出血点，新生物的质地、大小、范围、是否触之易出血及与周围组织的毗邻关系等，鼻中隔有无解剖结构的异常（生理或病理偏曲）和畸形等。

2. 后鼻镜检查

后鼻镜检查也称为间接鼻咽镜检查。主要观察鼻咽部及后鼻孔，操作较难，小儿难配合，检查前应与患者或患儿家属交代注意事项和检查步骤，以及检查要求。检查时，检查者右手持大小合适的间接喉镜或鼻咽镜，先在加温器或酒精灯上适当加热，防止检查时因气温差而引起镜面起雾。同时，检查前检查者应将镜背至于手背上测试温度，避免温度过高烫伤患者，然后使用额镜将光线对准咽后壁。左手持压舌板将舌头前2/3压下固定于口底，右手以执笔的姿势将合适的鼻咽镜放置于软腭与咽后壁之间，调整镜面约呈45°倾斜。观察鼻中隔后缘、双侧下鼻甲后端、后鼻孔及鼻咽部，观察其形态、分泌物及新生物等。

3. 鼻窦检查

由于鼻窦的位置相对较深，因此常规检查肉眼不能观察鼻窦内病变情况，只能通过前鼻镜、间接鼻咽镜、上颌窦穿刺、体位引流、鼻部X线平片、鼻窦CT和鼻窦MRI等检查了解鼻窦内的病变情况。

（1）体表检查：急性鼻窦炎患者病情严重时，鼻窦所在皮肤表面可出现相应的病变。例如，急性上颌窦炎患者病情严重时会表现为眶内上角红、肿、热、痛；鼻窦囊肿可使相应部位的体表膨隆，若有局部骨质破坏，可有乒乓球样触感，突入眶内可以出现眼球移位、眼外观畸形等。

（2）鼻腔检查：用前鼻镜或者鼻内镜观察各鼻道分泌物的引流部位，观察有无新生物、解剖结构异常等。

（3）体位引流：用来判断各鼻道分泌物的来源，主要用以检查上颌窦来源的分泌物。

(4) 上颌窦穿刺（活检术）：具有诊断和治疗作用，主要用于判断上颌窦病变，现临床较少使用。

三、咽喉部检查

咽喉部的体格检查主要使用压舌板及间接喉镜检查法进行，口咽部主要使用压舌板进行体格检查。检查时，让患者取端坐位，上身稍向前倾，舌头不需外伸，适当张口，额镜准确对光后用压舌板将舌前 2/3 往下压，暴露口咽部的结构，注意观察患者双侧扁桃体有无充血、肿大、溃疡或新生物等，悬雍垂是否居中、有无过长，腭咽弓及腭舌弓有无充血水肿，咽后壁是否有淋巴滤泡增生及异常分泌物，咽反射是否存在或异常敏感等。

喉部及舌根部主要用间接喉镜检查法进行相应的检查。间接喉镜检查是检查咽喉部最常用、最便捷的方法。

患者端坐位，上身稍向前倾。检查者右手持合适大小的间接喉镜，先在加热器或酒精灯上适当加温，防止检查时镜面起雾模糊，同时需要将镜背至于检查者手背上测试温度，避免温度过高烫伤患者，然后使用额镜将光线对至咽后壁。用纱块适当包住舌头后，拉出舌头，使咽腔扩大，缓慢放入间接喉镜，镜面首先向前下倾斜 45°，镜背轻柔地将腭垂和软腭推向后上方，让受检者发长"yi"或"e"声，迅速观察患者舌根、会厌谷、会厌舌面、咽喉侧壁、室带、声带、杓区、梨状窝及声门下等部位。若患者咽反射比较敏感，会影响间接喉镜的观察，必要时可局部使用 1%～2% 丁卡因行表面麻醉，若受检者给予表面麻醉后仍难以配合间接喉镜检查，可进一步选择行纤维喉镜检查。（图 6-15）

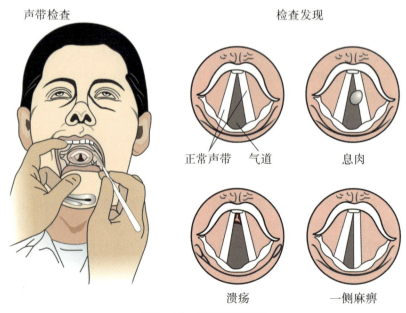

图 6-15　间接喉镜检查

（陈新野　陈贤珍）

第八节　外耳查体及耳镜使用

一、外耳检查

耳科检查最基本的方式为视诊、触诊、嗅诊和听诊。

（1）视诊：观察耳郭的形态、大小及位置。同时仔细观察患者双耳的对称性，有无隆起、畸形、新生物，皮肤厚度和色泽有无异常改变。观察耳轮前脚周围有无瘘口、瘢痕、赘生物，外耳道及耳后周围皮肤有无红肿、疖肿、异常分泌物、异常肿大包块等。

（2）触诊：检查者以手指指腹检查耳前和耳后有无肿大淋巴结、硬结或包块，检查双侧乳突区及鼓窦区有无压痛、肿胀和波动感。按压耳屏或牵拉耳郭，观察是否出现疼痛感，严重者可考虑是否存在外耳道炎或外耳道疖肿。

（3）嗅诊：耳分泌物的特殊异味有助于诊断胆脂瘤、恶性肿瘤等疾病。

（4）听诊：检查者在进行问诊和言语交流时观察受检者的反应，对其言语清晰度、声音大小、音调高低的观察，有助于评估受检者听力下降的程度和性质。

二、外耳道及鼓膜检查

外耳道及鼓膜检查可分为徒手检查法、电耳镜检查法与耳内镜检查法。

1. **徒手检查法**

（1）双手检查法。检查者的一只手将患者的耳郭向后外上方轻牵拉，使患者的外耳道变直，另一只手的食指将患者的耳屏向前方推压，使外耳道口稍扩大，便于检查者的额镜对光的同时观察患者的外耳道及鼓膜情况。

（2）单手检查法。当检查者的右手需要进行治疗或操作时，可使用另一只手（拇指和中指）牵拉患者耳郭，同时使用该手的食指将患者的耳屏往前方推压，扩大耳道口后，检查者使用额镜对光进行相应的检查及操作。

2. **电耳镜与耳内镜检查法**

电耳镜是临床工作中最为常用的检查设备，其特点是自带光源，便于携带和使用。耳内镜具有显微放大的功能，可更加准确地判断患者的外耳道及鼓膜病变情况。此两种方法有利于观察耳道深部情况，尤其是外耳道较为狭窄的患者，额镜对光情况下其深部结构无法窥清时，则可进一步使用电耳镜评估耳道深部情况，检查者亦可使用耳内镜判断患者的外耳道是否有异常分泌物或耵聍附着，是否有充血、骨质吸收等改变。

三、电耳镜与耳内镜检查

进行检查时首先向患者介绍检查目的，以及仔细告知患者可能会出现的操作风险。电耳镜的操作风险包括疼痛不适、外耳道黏膜损伤出血、眩晕等。耳内镜的操作风险包括：①外耳道壁黏膜损伤、黏膜水肿。②进行检查的过程中会出现不适感、异物感。患者需要配合检查，不能随意乱动，若需要咳嗽等，提前示意，可通过言语告知检查医师。③检查过程中可能会出现咳嗽、疼痛、眩晕等不适。（图6-16）

图6-16 电耳镜检查

（一）适应证

耳部疾病，如外耳道炎、大疱性鼓膜炎、中耳炎、鼓室硬化、疖肿、真菌性外耳道炎、鼓膜穿孔、外耳道胆脂瘤、外耳道畸形、耳道狭窄等。

（二）禁忌证

无绝对禁忌证，但应考虑患者全身状态，配合欠佳的患儿、存在交流障碍的患者等要综合评估检查的利弊。

（三）检查前准备

（1）电耳镜检查：指导患者勿乱动，取端坐位或侧卧位。

（2）耳内镜检查：交代相关风险和注意事项后，签署知情同意书。通常患者采取侧卧位或半侧卧位，检查者位于患者右侧，左手持耳内镜，右手辅助固定镜子及患者头部，患耳朝上方。（图6-17）

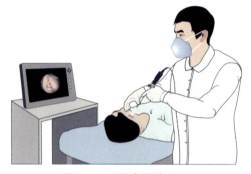

图6-17 耳内镜检查

（四）操作流程

检查时，根据外耳道的形态缓慢进入，从前往后进入外耳道深部，注意避免挤压外耳道黏膜，检查者应观察患者的外耳道是否有异常分泌物或耵聍附着，是否充血、有骨质吸收等改变。观察鼓膜时，主要辨别其结构是否清晰，标志是否存在，光锥反射情况，表面是否充血或有大疱形成，有无穿孔等；若患者的鼓膜穿孔，要仔细观察其鼓室内是否干洁、有无异常分泌物及炎性肉芽等。根据具体情况书写相应报告。

检查结束后，观察患者有无眩晕及其他不适，对有鼓膜穿孔或中耳炎等疾病的患者，叮嘱患者保持外耳道干洁。

（五）特殊情况下操作应急处理

（1）若患儿检查配合欠佳，需要多人按压或在静脉麻醉下进行检查。

（2）检查过程中，密切关注患者情况，若遇到频繁咳嗽的患者，应尽快进行检查，或根据情况随时退出镜子，提前结束检查。

（3）检查后患者外耳道黏膜破损，叮嘱患者近期保持外耳道干洁，必要时可局部使用药物治疗。

（陈新野　陈贤珍）

第九节　听力检查

对患者进行初步的查体，可观察患者外耳道是否干洁，必要时清理外耳道盯聍后再进行相应检查从而评估患者听力水平。常见的听力检查方法有音叉检查法和言语测听法。

一、音叉检查

音叉检查是常用的主观听力测试查体。常用的频率为 256 Hz 和 512 Hz。检查气导听力时，敲击音叉后，将音叉置于受检耳的耳旁外 1 cm 处。检查骨导时，敲击音叉末端后，将其底部置于骨部（乳突部）。其中，临床工作中较为常用的检查是林纳试验、韦伯试验和施瓦巴赫试验。当评估患者有无耳硬化时，应进一步行盖来试验，用以评估镫骨的活动情况。

（一）林纳试验

林纳试验（Rinne test，RT，气骨导比较试验）通过比较同侧受检耳的气导和骨导听觉的时间长短来判断听力下降的性质。首先进行骨导检查，音叉放置于骨导检测的部位后当受检者提示听不到声音，立即进行气导检查（外耳道口旁），亦可先测气导再测骨导。当气导时间长于骨导时，则为阳性（+）。骨导时间长于气导时间，则为阴性（-）。气导时间与骨导相当时，以（±）表示。RT 为（+）代表听力处于正常范围或感音神经性聋，（±）代表中度传导性聋或混合性聋，（-）代表传导性聋。（图 6-18）

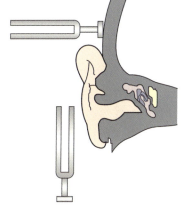

图 6-18　林纳试验

（二）韦伯试验

韦伯试验（Weber test，WT，骨导偏向试验）是比较骨导的听力偏向的检查。敲击音叉后，将音叉底端紧压于头面骨的正中线位置（前额、门牙等）。"←/→"表示偏向的侧别。传导性听力下降：偏向耳聋侧；感音神经性听力下降：偏向健侧。"="表示听力正常或两耳听力下降相当。（图 6-19）

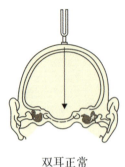 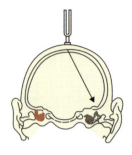 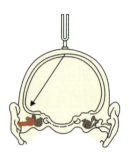

双耳正常　　　右耳感音神经听力　　　右耳传导性听力
WT居中　　　　损失，WT偏左　　　　损失，WT偏右

图 6-19　韦伯试验

（三）施瓦巴赫试验

施瓦巴赫试验（Schwabach test，ST，骨导比较试验）用于比较患者与正常者的骨导传导情况。先敲击音叉，将音叉底端紧压受检者耳后骨部（乳突部），当骨导声音消失后，迅速将音叉放置检查者（听力正常）的乳突部，再按反向检查。（-，感音神经性听力下降）代表患者的骨导较正常人缩短，（+，传导性听力下降）代表其延长，（±，正常）代表骨导水平与正常人相当。

二、言语测听法

言语是人类特有的，具有思维、表达、交流、传达等功能。检查患者能否听到声音及能否辨别不同的言语声（听懂表达的意义），是评估听功能的重要检查。言语测听主要包括言语识别阈和言语识别率。

（一）言语识别阈

让患者熟悉测试的单词表后，告知患者于听到词句时即刻进行复读（任何一侧耳），录音（汉语言语测听检查表录制）的声强逐步降低。监测患者能听懂并复读的听级的强度（阈值），正常范围为50%。

（二）言语识别率

言语识别率是评估患者正确识别言语的百分数比。检查患者日常交流的言语识别率时，可距离受检者约 1 m 处进行交流，使用 70 dB 声压级（sound pressure level，SPL）左右，得出患者的言语识别率。临床工作中，还有多种检测方法，需要听力师根据患者情况对其进行详细的检查。

（陈新野　陈贤珍）

第十节 鼻腔异物、咽喉部异物取出法

一、鼻腔异物取出法

鼻腔异物包括内源性异物和外源性异物两类,内源性鼻腔异物主要是因自体原发疾病产生的死骨、凝血块、鼻结石等,外源性鼻腔异物性质各异。鼻腔异物的患者多为儿童。

诊断:根据患儿的病史、临床表现及查体,基本可明确诊断。

取出方法:

(1) 根据异物的种类、大小、形状、性质来决定取出的方法和工具。

(2) 儿童鼻腔异物一般建议使用钩状或环状的器械进行操作。额镜对灯后,让家属以正确的姿势抱紧患儿,用鼻窥器张开其前鼻孔,沿异物间隙绕道至异物后方,再向前钩出。

(3) 对于圆滑的异物,切勿使用镊子夹取,由于患儿哭闹等不配合,家属无法紧抱患儿时,可能使异物滑脱成为气道异物。

(4) 对于动物类异物,须行表面麻醉后使用鼻钳取出,有条件的机构可在鼻内镜下进行操作。

二、咽喉部异物取出法

咽喉部异物包括咽腔异物和喉腔异物。若处理不当,患者自行吞饭、喝醋等,可能导致异物卡在食道入口,则考虑存在食道异物可能。其常见原因主要包括:误吞鱼刺、骨头、果核等;儿童常将玩具、硬币等放入口中,玩耍时误进入咽喉部,甚至进入食道入口;精神异常、醉酒、老人误吞异物等。

诊断:结合病史及体征,必要时进行食道吞钡检查进行诊断。

取出方法:

(1) 额镜对光后,患者取配合体位后,使用压舌板观察患者双侧扁桃体、咽后壁等部位有无异物,可使用镊子或止血钳取出。

(2) 口咽部(上部)未见异物时,进一步行间接喉镜检查喉部,若见异物,使用下咽异物钳取出,此操作难度较大,需要多次练习。

(3) 若口咽部及喉部未见异物,患者仍主诉吞咽时刺痛明显,且吞咽不适感增加,必要时可行食道吞钡检查,评估有无食道异物;若考虑为食道异物,建议胃镜下或食道镜下进行异物取出。

(4) 若喉部异物较难取出,且患者配合欠佳,易恶心不适,可于纤维喉镜下进行异物取出。

(陈新野 陈贤珍)

第十一节　外耳道疖切开术

外耳道疖是指皮脂腺或毛囊的局限性化脓性炎症（图6-20）。早期耳痛较剧烈，吞咽及张口时可产生放射痛，牵拉外耳道时疼痛明显，且按压耳屏可伴随触痛明显。

手术步骤：

（1）向患者交代注意事项，患者签署知情同意书。准备器械：尖刀、血管钳（纹式）、无齿镊（眼科）等。

（2）常规消毒后，可局部涂抹利多卡因凝胶或丁卡因小棉片行局部麻醉。

（3）选择疖肿隆起（波动感）最明显处，进行切开排脓。

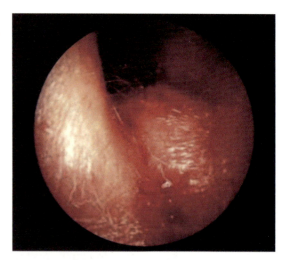

图6-20　外耳道疖肿

（4）考虑患者疖肿情况，大多情况需要留置引流条，并用敷料包扎伤口（每日换药，更换引流条）。

（陈新野　陈贤珍）

第十二节　鼻内镜检查

一、鼻内镜的操作风险

（1）鼻腔的局部表面麻醉药可能引起机体对麻醉药物过敏，严重时可能会出现过敏性休克，须立即进行抢救。

（2）检查时和检查后会出现不适感，如异物感、阻塞感等，这种感觉在麻醉药物代谢后随之消失。患者在接受检查时，需要配合，不能乱动，若要打喷嚏，提前示意，告知检查医师。

（3）鼻内镜是侵入性检查，当内镜在体腔内时，如果患者随意乱动，内镜可能引起黏膜创伤,导致鼻出血等。鼻内镜检查时,若敏感患者受刺激,可导致流鼻涕、打喷嚏,严重时可导致鼻腔黏膜损伤。检查时医师站于患者右侧,左手持鼻内镜,右侧扶住患者脸部或头部,避免患者乱动。(图6-21)

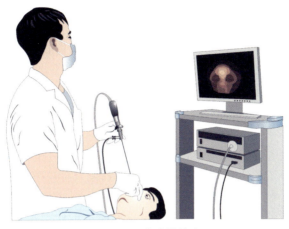

图6-21　鼻内镜检查

二、适应证

鼻内镜检查适应证:鼻部疾病(如鼻窦炎、各种类型鼻炎、变应性鼻炎、鼻腔新生物、鼻出血、鼻眼相关疾病、鼻前庭囊肿、鼻中隔偏曲、鼻骨骨折等)、鼻咽部疾病(如腺样体肥大、鼻咽纤维血管瘤、鼻咽炎、鼻咽癌等)。

三、禁忌证

无绝对禁忌证,但应考虑患者全身状态,对有血液系统相关疾病的患者、配合欠佳的患儿、交流障碍患者等需要综合评估检查的利弊。

四、操作前准备

(1)鼻内镜是侵入性检查,具有一定风险,进行鼻内镜检查前须向患者仔细交代相关风险和注意事项,患者签署知情同意书。

(2)检查前,应告知患者保持端坐位。

(3)准备表面麻醉的药物(血管收缩药及丁卡因),可使用棉片或鼻喷枪头给药收缩鼻腔黏膜,药物作用5~10分钟后可进行检查,通常患者取平卧位。

五、操作流程

鼻内镜检查系统包括0°、30°、70°及120°四种视角镜,临床上常使用0°镜进行常规检查,对于上颌窦术后或额窦术后的患者,可使用30°或70°镜检查窦内情况。

(1)观察下鼻甲前端、下鼻甲全表面、下鼻道和鼻中隔。使用0°镜从鼻底和下鼻道进入,从前往后进行观察。

(2)观察中鼻甲、中鼻道、鼻咽部侧壁及咽鼓管咽口、咽隐窝、蝶筛隐窝。建议可从鼻底直达后鼻孔，观察鼻咽侧壁及咽鼓管咽口、咽隐窝；然后缓慢退镜，观察中鼻道。

（3）观察鼻咽顶部、嗅裂、上鼻甲（部分患者可观察到上鼻甲）、上鼻道等。

鼻内镜检查结束后一般需要进行报告书写，要核对患者信息，从前往后描述鼻腔内部情况，包括鼻腔黏膜颜色、水肿情况、有无鼻道异常分泌物或鼻腔新生物（质地、边界、数量、大小、出血等）、有无鼻窦自然开口、鼻中隔偏曲情况、有无鼻咽新生物等。

检查结束后，由于使用了表面麻醉药物，应禁饮禁食半小时至1小时，或待咽部麻木感完全消失后再正常进食。

六、特殊情况下操作应急处理

（1）若儿童检查配合欠佳，需要多人辅助按压或必要时在静脉麻醉下进行检查。

（2）检查过程中，密切关注患者情况，若遇到频繁打喷嚏患者，应尽快进行检查，或根据情况随时退出鼻内镜，提前结束检查。

（3）检查后患者鼻腔黏膜破损，出现鼻出血时，可使用鼻翼按压的方法（5～10分钟），或者使用麻黄碱棉片或盐酸肾上腺素棉片止血，必要时可使用吸收性明胶海绵和高分子膨胀海绵填塞止血。

（陈新野　陈贤珍）

第十三节　纤维鼻咽镜检查

一、纤维鼻咽镜的操作风险

（1）表面麻醉药物可能引起机体过敏反应，严重时导致过敏性休克和喉头水肿，需要立即进行抢救。

（2）咽喉表面麻醉后，患者可能会出现咽喉部不适感，如异物感、阻塞感等，这种感觉在麻醉药物代谢后随之消失。患者在接受检查时，需要配合，不能乱动，若要打喷嚏，提前示意，告知检查医师。

（3）纤维鼻咽镜是侵入性检查，当内镜进入体腔内（可经口或鼻部）时，患者如果随意乱动，内镜可能引起黏膜创伤，导致鼻出血等。内镜检查时若敏感患者受刺激流鼻涕、打喷嚏、头颈部不自主活动，均可导致鼻腔、口腔黏膜损伤。

二、适应证

纤维鼻咽镜检查的适应证：鼻咽部疾病，如腺样体肥大、鼻咽部不明原因出血、咽鼓管异常、咽隐窝病变等。

三、禁忌证

无绝对禁忌证，但应考虑患者全身状态，对有血液系统相关疾病的患者、配合欠佳的患儿、交流障碍患者等需要综合评估检查的利弊。

四、操作前准备

（1）纤维鼻咽镜是侵入性检查，具有一定风险，进行检查前须向患者仔细交代相关风险和注意事项，患者签署知情同意书。

（2）检查前，应告知患者保持正常体位，端坐位或平卧位，勿乱动。

（3）准备表面麻醉的药物（血管收缩药及丁卡因），可使用棉片或鼻喷枪头给药收缩鼻腔黏膜或口腔黏膜，药物作用5～10分钟后可进行检查。

五、操作流程

纤维鼻咽镜检查进路有经口腔或鼻腔两种，左手持镜体，拇指控制镜头检查方向，直视下从口腔或鼻腔入镜达鼻咽部，使用不同的角度及方位，详细观察鼻咽顶部、后鼻孔、两侧咽隐窝及咽鼓管咽口，观察各部位黏膜是否光滑、色泽情况、有无溃疡、有无新生物和分泌物等，同时评估后鼻孔两侧大小是否对称。若检查儿童腺样体，应评估腺样体大小，进行大小分度。

纤维鼻咽镜检查结束后一般需要进行报告书写，再次核对患者信息，按从前往后的顺序描述鼻咽内部结构，包括鼻咽黏膜情况（充血、水肿、肿胀、出血）、有无异常分泌物（黏性、脓性）、有无新生物（形态、软硬、有无带蒂、数量、大小、基底及触之出血情况等）等。

（陈新野　陈贤珍）

第十四节　纤维喉镜检查

一、纤维喉镜的操作风险

（1）局部表面鼻腔麻醉可能引起机体对麻醉药物过敏，严重时可能会导致喉头水肿或过敏性休克，须立即进行抢救。

（2）检查时和检查后会出现不适感，如异物感、阻塞感和呼吸不畅等，这种感觉在麻醉药物代谢后随之消失。患者在接受检查时，需要配合，不能乱动，若要打喷嚏，提前示意，告知检查医师。

（3）纤维喉镜是侵入性检查，当内镜在体腔内时，如果患者随意乱动，内镜可能引起黏膜创伤,导致鼻出血、咽喉部出血等。内镜刺激会出现流鼻涕、打喷嚏,严重时可导致鼻腔黏膜损伤。检查时医师站于患者正前方,左手持喉镜镜体,右手持镜头,从患者鼻孔缓慢置入镜头。(图6-22)

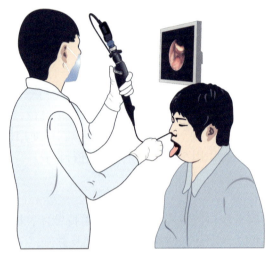

图6-22 纤维喉镜检查

二、适应证

纤维喉镜检查的适应证:咽喉部病变(如会厌囊肿、扁桃体肿物、咽喉部异物、纤维血管瘤、恶性肿瘤等),声带病变(如声嘶查因、声带炎、声带小结、声带息肉、声带乳头状瘤、接触性肉芽肿等)。

三、禁忌证

无绝对禁忌证,但应考虑患者全身状态,对有血液系统相关疾病的患者、配合欠佳的患儿、交流障碍患者等需要综合评估检查的利弊。

四、操作前准备

(1)纤维喉镜是侵入性检查,须向患者交代相关风险和注意事项,患者签署知情同意书。

(2)检查前,应告知患者保持正常体位,端坐位,勿乱动。咽喉敏感者,检查前应减少进食,必要时禁食,减少咽反射及呕吐。

(3)准备表面麻醉药物(血管收缩药及丁卡因),可使用棉片或鼻喷枪头给药收缩鼻腔黏膜,用1%~2%丁卡因喷喉3次,5~10分钟后可进行检查,通常患者取坐位。

五、操作流程及记录书写

受检者可保持坐位或平卧位,检查者右手持镜体远端,右手拇指上下调整镜子的角度,左手持握镜体远端操作部,左手协助镜体顺畅从鼻腔进入咽喉腔,也可直接从口咽部进入喉部，但受检者会出现咽反射等不适。观察舌根、咽喉侧壁和双侧扁桃体时，让受检者舌头外伸。检查声带活动度时可让受检者长发"yi"声及吸气、呼气等，观察其声门闭合相和吸气相。

（1）观察鼻咽部侧壁及咽鼓管咽口、咽隐窝、蝶筛隐窝。建议可从鼻底直达后鼻孔。

（2）观察口咽部，包括腭扁桃体、悬雍垂、舌根部、中鼻甲、中鼻道，观察鼻咽侧壁及咽鼓管咽口、咽隐窝，然后缓慢退镜，观察中鼻道。

（3）观察喉部室带和声带。检查声带活动度时可让受检者长发"yi"声及吸气、呼气等，观察声门闭合相、吸气相和梨状窝等部位。

纤维喉镜检查结束后，一般需要进行报告书写，核对患者信息，以从前往后的顺序描述咽喉腔内部情况，包括黏膜颜色、水肿情况、有无咽喉部异常分泌物或咽喉部新生物（质地、边界、数量、大小、出血情况等）、有无鼻窦自然开口、鼻中隔偏曲情况、有无鼻咽新生物等。

参考文献

[1] 孔维佳，周梁，等. 耳鼻咽喉头颈外科学（八年制）[M]. 3版. 北京：人民卫生出版社，2016.

[2] 孙虹，张罗. 耳鼻咽喉头颈外科学[M]. 9版. 北京：人民卫生出版社，2018.

（陈新野　陈贤珍）

附录　中英文名词对照表

英文缩写	英文全称	中文全称
ADL	activities of daily living	日常生活活动能力
AED	automated external defibrillator	自动体外除颤器
AIS	Athens Insomnia Scale	阿森斯失眠量表
ARDS	acute respiratory distress syndrome	急性呼吸窘迫综合征
ASC	atypical squamous cell of undetermined significance	不典型鳞状细胞
ASC-H	atypical squamous cells-cannot exclude HIS	不能排除高级别鳞状上皮内病变的不典型鳞状细胞
ASC-US	atypical squamous cell of undetermined significance	无明确诊断意义的不典型鳞状细胞
BADL	basic activities of daily living	基本日常生活活动能力
BIA	bioelectrical impedance analysis	生物电阻抗分析
CAM	confusion assessment method	意识障碍评估法
CGA	comprehensive geriatric assessment	老年人健康综合评估
CIRS-G	Cumulative Illness Rating Scale-Geriatric	老年累积疾病评估量表
COPD	chronic obstructive pulmonary disease	慢性阻塞性肺病
CPR	cardiopulmonary resuscitation	心肺复苏
CSF	cerebrospinal fluid	脑脊液
DXA	dual energy X-ray absorptiometry	双能 X 线吸光仪
EC	external conjugate	骶耻外径
EMS	emergency medical service	紧急医疗服务
EOL	end off life	电池耗竭
ERI	elective replacement indicator	更换指征
GAD-7	Generalized Anxiety disorder-7	7 项广泛性焦虑障碍量表
GDS	Geriatric Depression Scale	老年抑郁量表
H	hypodermic injection	皮下注射
HAMA	Hamilton Anxiety Scale	汉密尔顿焦虑量表

续上表

英文缩写	英文全称	中文全称
HAMD	Hamilton Depression Scale	汉密尔顿抑郁量表
HPV	human papilloma virus	人乳头瘤病毒
HSIL	high-grade squamous intraepithelial	高级别鳞状上皮内病变
IADL	instrumental activities of daily living	工具性日常生活活动能力
IC	intercrestal diameter	髂嵴间径
ICD	implantable cardioverter defibrillator	植入型心律转变除颤器
ICI-Q-SF	Incontinence Questionnaire Short Form	尿失禁问卷简表
ID	intradermic injection	皮内注射
IM	intramuscular injection	肌内注射
IS	interspinal diameter	髂棘间径
IT	intertuberous diameter	坐骨结节间径
IUD	intrauterine device	宫内节育器
IV	intravenous injection	静脉注射
LSIL	low-grade squamous intraepithelial lesion	低级别鳞状上皮内病变
MCI	mild cognitive impairment	轻度认知功能障碍
MMSE	mini-mental state examination	简易精神状态检查
MNA-SF	short form mini nutritional assessment	微型营养评定法
NIPT	noninvasive prenatal testing	无创产前检查
NRS 2002	Nutrition Risk Screen 2002	营养风险筛查
NRS	Numerical Rating Scale	数字评定量表
PD	pupillary diameter	视盘直径
PEEP	positive end-expiratory pressure	呼气末正压
PHQ-9	Patient Health Questionnaire-9 Items	9项患者健康问卷
PM	psychological measurement	心理测量
PPC	pacemaker program-controlled	心脏起搏器程控
PSQI	Pittsburgh Sleep Quality	匹兹堡睡眠质量指数量表
RRT	recommended replacement time	更换时间
SAH	subarachnoid hemorrhage	蛛网膜下腔出血
SAS	Self-Rating Anxiety Scale	焦虑自评量表
SAS	Self-Rating Anxiety	焦虑自评量表
SCF	cerebrospinal fluid	脑脊液
SDS	Self-Rating Depression Scale	抑郁自评量表
SHA	surgical hand antisepsis	外科手消毒

续上表

英文缩写	英文全称	中文全称
SOAP	subjective-objective-assessment-plan	S（主观资料）、O（客观资料）、A（对健康问题的评估）、P（对问题的处理计划）
SPL	sound pressure level	声压级
SPPB	Short Physical Performance Battery	简易体能状况量表
SSRS	Social Support Rating Scale	社会支持评定量表
TCPI	temporary cardiac pacemaker implantation	临时心脏起搏器植入术
VAS	visual analogue scale	视觉模拟法
VF	ventricular fibrillation	心室颤动
	abdominocentesis	腹腔穿刺术
	thoracentesis	胸腔穿刺术
4C	color、consistency、capacity to bleed contractility	颜色、韧性、出血、收缩性